DR. OETKER PARTYREZEPTE VON A–Z

DR. OETKER
PARTYREZEPTE VON A–Z

Dr. Oetker Verlag

Abkürzungen

EL	= Esslöffel
TL	= Teelöffel
Msp.	= Messerspitze
Pck.	= Packung/Päckchen
g	= Gramm
kg	= Kilogramm
ml	= Milliliter
l	= Liter
evtl.	= eventuell
geh.	= gehäuft
gestr.	= gestrichen
TK	= Tiefkühlprodukt
°C	= Grad Celcius
Ø	= Durchmesser

Kalorien-/Nährwertangaben

E	= Eiweiß
F	= Fett
Kh	= Kohlenhydrate
kcal	= Kilokalorie
kJ	= Kilojoule

Hinweise zu den Rezepten

Lesen Sie bitte vor der Zubereitung – besser noch vor dem Einkaufen – das Rezept einmal vollständig durch. Oft werden Arbeitsabläufe oder -zusammenhänge dann klarer.
In jedem Rezept ist die Portionsmenge oder Stückzahl angegeben.

Zutatenliste

Die Zutaten sind in der Reihenfolge ihrer Verarbeitung aufgeführt.

Arbeitsschritte

Die Arbeitsschritte sind einzeln und in der Reihenfolge, in der wir sie ausprobiert haben, hervorgehoben.

Backofeneinstellung

Die in den Rezepten angegebenen Gar- bzw. Backtemperaturen und -zeiten sind Richtwerte, die je nach individueller Hitzeleistung des Backofens über- oder unterschritten werden können. Bitte beachten Sie deshalb bei der Einstellung des Backofens die Gebrauchsanweisung des Herstellers und machen Sie nach Beendigung der angegebenen Gar- bzw. Backzeit eine Garprobe.
Backbleche bzw. -roste werden im Allgemeinen in der Mitte des Backofens eingeschoben.

Zubereitungszeiten

Die Zubereitungszeit beinhaltet nur die Zeit für die eigentliche Zubereitung. Die Backzeiten und längere Garzeiten sind in der Regel gesondert ausgewiesen. Längere Wartezeiten wie z. B. Kühl- und Marinierzeiten sind ebenfalls nicht mit einbezogen.

Vorwort

Partyrezepte von A–Z. Die beliebtesten und bekanntesten Partygerichte in einem Buch.

Eine einzigartige Zusammenstellung von über 550 Rezepten, für Sie, die Sie gern Gäste einladen.

Verwöhnen Sie Ihre Gäste mit Altbierbowle, Zwölfersalat, Präsidentensuppe, Würfelbraten oder Himbeer-Tiramisu und feiern Sie entspannt mit.

Unterstützt werden Sie mit über 40 Buffetvorschlägen, zum Beispiel für eine Mitternachts-Party, eine Cocktail-Party oder eine ungewöhnliche Löffel-Party.
Angaben, wann Sie welches Rezept für das Buffet vor- und zubereiten können, erleichtern Ihnen die Vorbereitung der Party.

Am Ende dieses Buches sind alle Rezepte noch einmal thematisch sortiert nach:
Häppchen und Snacks, Salate mit Fleisch, Salate mit Fisch und Meeresfrüchten, vegetarische Salate, Suppen und Eintöpfe mit Fleisch, Suppen und Eintöpfe mit Fisch und Meeresfrüchten, vegetarische Suppen und Eintöpfe, Aufläufe und Gratins mit Fleisch, Aufläufe und Gratins mit Fisch und Meeresfrüchten, vegetarische Aufläufe und Gratins, Partygerichte mit Fleisch, Partygerichte mit Fisch und Meeresfrüchten, vegetarische Partygerichte, Desserts, Cocktails, Bowlen und Drinks mit Alkohol, Cocktails, Bowlen und Drinks ohne Alkohol, Chutneys, Dips und Dressings, schnelle Partygerichte, Partygerichte für Kinder, Pastagerichte, Pizzen & Co. sowie Buffets.

Altbierbowle

Altbierbowle
8 Portionen

Mit Alkohol

Pro Portion:
E: 2 g, F: 0 g, Kh: 35 g,
kJ: 1373, kcal: 327

2 Bund Pfefferminze
250 ml (1/4 l) Whisky
3 l sehr kaltes Altbier
150 g Zucker
2 Karambole (Sternfrucht)
250 ml (1/4 l) Grapefruitsaft

Zubereitungszeit: 20 Min., ohne Durchziehzeit

1. Pfefferminze abspülen und trockentupfen. 1–2 Pfefferminzstängel zum Garnieren beiseite legen. Restliche Stängel in ein Bowlengefäß geben. Whisky hinzugießen und zugedeckt 1 Stunde kalt gestellt ziehen lassen.
2. Den Ansatz durch ein Sieb gießen. Altbier und Zucker unterrühren und das Ganze weitere 30 Minuten kalt stellen.
3. Karambole abspülen, trockentupfen und die Enden abschneiden. Früchte in dünne Scheiben schneiden. Einige Karambolescheiben zum Garnieren beiseite legen. Die restlichen Scheiben in die Bowle geben. Grapefruitsaft hinzugeben und die Altbierbowle umrühren.
4. Beiseite gelegte Pfefferminzstängel in kleinere Stängel zupfen. Die Bowle in Gläsern mit Karambolescheiben und Pfefferminze garniert servieren.

Ananasbowle
8 Portionen

Mit Alkohol

Pro Portion:
E: 1 g, F: 0 g, Kh: 41 g,
kJ: 1001, kcal: 239

1 große, reife Ananas (1,2 kg)
200 ml Ananassirup
200 ml Zitronensaft
1 l Ginger Ale
1 l Mineralwasser
1 Flasche kalter trockener Sekt (0,7 l)
Eiswürfel nach Belieben

Zubereitungszeit: 20 Min., ohne Kühlzeit

1. Von der Ananas Schopf mit Stielansatz und dem obersten Stück Schale abschneiden. Die Frucht der Länge nach vierteln. Den inneren Strunk herausschneiden. Fruchtfleisch in kleine Würfel schneiden.
2. Ananaswürfel mit Ananassirup und Zitronensaft in ein Bowlengefäß geben und zugedeckt etwa 1 Stunde kalt stellen.
3. Dann die Bowle mit Ginger Ale, Mineralwasser und Sekt auffüllen und einige Eiswürfel nach Belieben in die Bowle geben.

Antipasti-Buffet
12 Portionen

Dauert länger

Pro Portion:
E: 22 g, F: 25 g, Kh: 28 g,
kJ: 1792, kcal: 427

Für Bruschetta:
12 Tomaten (etwa 1,2 kg)
2 Bund Basilikum
3 Knoblauchzehen
4 EL Olivenöl
Salz, frisch gemahlener Pfeffer
24 Scheiben geröstetes Ciabatta-Brot

Für gefüllte Champignonköpfe:
24 große Champignons
2 EL Olivenöl
1 große Zwiebel
1 Tomate
1 Zucchini (etwa 200 g)
1 EL Olivenöl
Salz
frisch gemahlener Pfeffer
1/4 TL gerebelter Thymian

Für gefüllte Artischockenböden:
3 Dosen Artischockenböden
(Abtropfgewicht je etwa 500 g)
2 große Zwiebeln
200 g Champignons
2 grüne Paprikaschoten
(je etwa 150 g)

3 EL Speiseöl
Salz
frisch gemahler Pfeffer

Für Mozzarella-Tomaten:
5 Pck. Mozzarella-Käse (je 125 g)
1 kg Tomaten
2 Bund Basilikum
3 EL Balsamico-Essig
6 EL Olivenöl
frisch gemahlener Pfeffer

Zubereitungszeit: 2 1/2 Std.

1. Für Bruschetta Tomaten waschen, abtropfen lassen, kreuzweise ein schneiden und kurz in kochendes Wasser legen. Anschließend mit kaltem Wasser abschrecken, enthäuten, vierteln und die Stängelansätze herausschneiden. Fruchtfleisch würfeln.
2. Basilikum abspülen, trockentupfen und die Blättchen von den Stängeln zupfen. Blättchen grob hacken.
3. Knoblauchzehen abziehen, fein würfeln und mit Tomatenwürfeln und Basilikum mischen. Mit Olivenöl vermengen, mit Salz und Pfeffer würzen und auf den gerösteten Brotscheiben anrichten.
4. Für gefüllte Champignonköpfe die Champignons putzen, vorsichtig die Stiele herausdrehen. Öl in einer Pfanne erhitzen und die Köpfe darin braten. Stiele fein würfeln.
5. Zwiebel abziehen und in feine Würfel schneiden. Tomate und Zucchini waschen und trockentupfen. Tomate vierteln und die Stängelansätze herausschneiden. Tomate entkernen und in Würfel schneiden. Von der Zucchini die Enden abschneiden. Zucchini fein würfeln.
6. Öl in einer Pfanne erhitzen. Zwiebel-, Zucchini- und Tomatenwürfel darin bissfest dünsten, mit Salz, Pfeffer und Thymian würzen. Die Champignonköpfe mithilfe eines Teelöffels mit der Mischung füllen.
7. Für gefüllte Artischockenböden die Artischockenböden in einem Sieb abtropfen lassen. Zwiebeln abziehen und fein würfeln. Champignons putzen und in Würfel schneiden.
8. Paprikaschoten halbieren, entstielen, entkernen und die weißen Scheidewände entfernen. Schoten waschen, abtropfen lassen und würfeln. Öl in der Pfanne erhitzen. Zwiebel-, Paprika- und Champignonwürfel darin anbraten, mit Salz und Pfeffer würzen und in die Artischockenböden füllen.
9. Für Mozzarella-Tomaten den Mozzarella gut abtropfen lassen. Tomaten waschen, abtropfen lassen, halbieren und die Stängelansätze herausschneiden. Tomaten in Scheiben schneiden. Basilikum abspülen, trockentupfen und Blättchen von den Stängeln zupfen. Mozzarella in Scheiben schneiden.
10. Tomatenscheiben nebeneinander auf eine große Platte legen, darauf jeweils eine Mozzarellascheibe legen. Diese mit Essig und Öl beträufeln, mit Pfeffer bestreuen und mit Basilikumblättern garnieren.

Antipasti-Buffet

Rezeptvorschläge für ein Mittelmeer-Party-Buffet

Für ein Mittelmeer-Party-Buffet benötigen Sie für 10–12 Personen:

1 x Rezept Antipasti-Buffet, Seite 6
1 x Rezept Gnocchi-Topf, Seite 114
1,5 x Rezept Griechische Lammsteaks, Seite 116
1 x Rezept Früchte-Clafoutis, Seite 88

Außerdem:

3-4 Ciabatta-Brote für die Antipasti.

Vorbereitungen am Vortag:

Für die Antipasti den Tomatenbelag für Bruschetta zubereiten und kalt stellen.

Vorbereitungen am Tag der Party:

4-5 Stunden vorher:	• Für die Antipasti die Champignonköpfe und die Artischocken füllen (Punkt 4-8), kalt stellen.
4 Stunden vorher:	• Für die Lammsteaks Punkt 1 und 3 zubereiten. Punkt 4 bis zum Mischen des Gemüses zubereiten.
3 Stunden vorher:	• Für den Gnocchi-Topf Punkt 1 und 2 zubereiten.
2 Stunden vorher:	• Für den Clafoutis den Teig zubereiten.
1-2 Stunden vorher:	• Für die Antipasti Mozzarella-Tomaten Punkt 9 und 10 zubereiten und zusammen mit den gefüllten Champignonköpfen und Artischockenböden anrichten.
1 Stunde vorher:	• Lammsteaks zubereiten und in den Backofen schieben. • Für die Bruschetta das Brot rösten, Belag aufstreichen. Bruschetta anrichten. • Gnocchi-Topf zubereiten. Ciabatta-Brote schneiden.

Wenn die Lammsteaks aus dem Backofen genommen werden, das Obst für den Clafoutis in die Fettfangschale füllen, den Teig umrühren und über das Obst gießen. Clafoutis backen.

Es eignen sich auch folgende zusätzliche Rezepte:

1 x Rezept Mallorquinische Kohlsuppe, Seite 217
0,5 x Rezept Pfefferonen „italienisch“, Seite 258
1 x Rezept Frischkäse-Pesto-Kugeln, Seite 87
1 x Rezept Lammschnitzel in Kräuter-Knoblauch-Panade, Seite 205
1 x Rezept Cannelloni mit Ricotta-Spinat-Füllung, Seite 46

Außerdem:

Etwa 1,5 kg gemischtes Brot oder Brötchen.

Antipasti-Platte

12 Portionen

Beliebt

Pro Portion:

E: 31 g, F: 41 g, Kh: 33 g,
kJ: 2726, kcal: 651

je 3 rote und gelbe Paprikaschoten
300 g Champignons
3 Auberginen
3 Zucchini
6 Knoblauchzehen
200 ml Olivenöl
Salz
frisch gemahlener Pfeffer
3 TL gerebelte Kräuter der Provence
250 ml ($^1/_4$ l) trockener Weißwein
8 Tomaten
4 Pck. Mozzarella-Käse (je 125 g)
1 Bund Basilikum
3 Galia-Melonen
300 g Parmaschinken, in Scheiben geschnitten
500 g Parmesan-Käse am Stück

Zubereitungszeit: 90 Min., ohne Durchziehzeit

1. Paprika halbieren, entstielen, entkernen und die weißen Scheidewände entfernen. Schoten waschen, abtropfen lassen und in Streifen schneiden. Champignons putzen, mit Küchenpapier abreiben, evtl. abspülen, abtropfen lassen und in Scheiben schneiden.
2. Auberginen putzen, abspülen, abtrocknen, halbieren und in Scheiben schneiden. Zucchini putzen, waschen, abtrocknen und die Enden abschneiden. Zucchini ebenfalls in Scheiben schneiden. Knoblauch abziehen und fein hacken.
3. Die Hälfte des Olivenöls in einer Pfan-

ne erhitzen, das Gemüse nacheinander portionsweise darin andünsten, dabei mehrmals umrühren und mit Salz, Pfeffer und Kräutern der Provence würzen. Gemüse aus der Pfanne nehmen. Das Bratfett mit Weißwein ablöschen, etwas einkochen lassen und den Sud über das gedünstete Gemüse geben, durchziehen lassen.

4. Tomaten waschen, abtropfen lassen, halbieren und die Stängelansätze herausschneiden. Tomaten in Scheiben schneiden. Mozzarella abtropfen lassen und ebenfalls in Scheiben schneiden. Basilikum abspülen, trockentupfen und die Blättchen von den Stängeln zupfen.
5. Die Tomaten- und Mozzarellascheiben und Basilikumblätter fächerartig auf einer Platte anrichten, mit Salz und Pfeffer würzen und mit dem restlichen Öl beträufeln.
6. Melonen halbieren und entkernen. Jede Hälfte in 6 Spalten schneiden. Das Fruchtfleisch von der Schale schneiden und zusammen mit Parmaschinken neben den Tomaten mit Mozzarella anrichten.
7. Parmesan grob hobeln oder in dünne Scheiben schneiden und zusammen mit dem marinierten Gemüse auf der Platte anrichten.

Beilage: Frisch aufgebackenes Ciabatta-Brot.

Apfelauflauf

12 Portionen

Raffiniert

Pro Portion:
E: 12 g, F: 24 g, Kh: 94 g,
kJ: 2709, kcal: 647

Apfelauflauf

3 kg säuerliche Äpfel, z. B. Boskop
3 EL Zitronensaft
2 EL Wasser
2 helle, fertig gekaufte Biskuitböden (Wiener Boden, je 400 g)
1 l Milch
10 Eier (Größe M)
120 g Zucker
1/2 Fläschchen Bittermandel-Aroma
200 g abgezogene, gestiftelte Mandeln
80 g Amarettini (italienisches Makronengebäck)
80 g Butter

Zubereitungszeit: 60 Min.
Backzeit: 50–60 Min., je Form

1. Äpfel schälen, vierteln, entkernen und in Achtel schneiden. Zitronensaft mit Wasser verrühren und die Äpfel damit beträufeln.
2. Die Böden von 2 runden Auflaufformen (Ø 28–30 cm, gefettet) mit je einem Biskuitboden (jeweils alle 3 Lagen in eine Form) auslegen.
3. Milch mit Eiern verschlagen. Zucker und Aroma unterrühren.
4. Apfelachtel dachziegelartig auf den Biskuitböden (in den Formen) verteilen, mit den Mandeln bestreuen und Amarettini belegen. Eiermilch darüber gießen. Butter in Flöckchen darauf setzen. Die Formen nacheinander (bei Heißluft zusammen) auf dem Rost in den Backofen schieben.
Ober-/Unterhitze: etwa 180 °C (vorgeheizt)
Heißluft: etwa 160 °C (nicht vorgeheizt)
Gas: Stufe 2–3 (nicht vorgeheizt)
Backzeit: 50–60 Minuten je Form.

Beilage: Vanille- oder Fruchteis und steif geschlagene Sahne.

Abwandlung:
Statt mit Biskuitböden können Sie den Auflauf auch mit 500 g Löffelbiskuits zubereiten.

Tipp:
Den Auflauf nach etwa 40 Minuten mit Backpapier zudecken, damit er nicht zu dunkel wird.

Apfel-Camembert-Toast

10 Stück

Schnell

Pro Portion:
E: 13 g, F: 18 g, Kh: 23 g,
kJ: 1288, kcal: 308

5 Äpfel (z. B. Cox Orange oder Boskop)
100 g weiche Butter
10 Scheiben Vollkorntoastbrot
10 Scheiben Frühstücksspeck (Bacon)
400 g Camembert

Zubereitungszeit: 35 Min.
Backzeit: etwa 10 Min.

1. Äpfel waschen und abtrocknen. Mit einem Apfelausstecher das Kerngehäuse der Äpfel ausstechen. Äpfel in etwa 1 cm dicke Scheiben schneiden.
2. Die Hälfte der Butter in einer großen Pfanne zerlassen und die Apfelringe darin von beiden Seiten goldgelb braten.
3. Toastbrotscheiben dünn mit der restlichen Butter bestreichen, mit je einer Scheibe Frühstücksspeck belegen und auf ein Backblech (mit Backpapier belegt) legen.
4. Camembert in Scheiben schneiden. Apfelringe und Camembertscheiben dachziegelartig auf die vorbereiteten Toasts geben. Das Backblech in den Backofen schieben.
   Ober/Unterhitze: etwa 200 °C (vorgeheizt)
   Heißluft: etwa 180 °C (vorgezeizt)
   Gas: Stufe 3–4 (vorgeheizt)
   Backzeit: etwa 10 Minuten.

Apfel-Fleisch-Spießchen

16 Stück (8 Portionen)

Einfach

Pro Portion:
E: 27 g, F: 30 g, Kh: 19 g,
kJ: 1876, kcal: 448

800 g Gehacktes (halb Rind-, halb Schweinefleisch)
2 Zwiebeln
2 Eier (Größe M)
6–8 EL Semmelbrösel
Salz
frisch gemahlener Pfeffer
1–2 TL Paprikapulver edelsüß

Apfel-Fleisch-Spießchen

2 EL Rosinen
200 g durchwachsener Speck
4 mittelgroße feste Äpfel
(etwa 400 g)
40 g zerlassene Butter

Nach Belieben:
einige Basilikumblättchen

Außerdem:
16 Holz- oder Schaschlikspieße
evtl. Grillschalen

Zubereitungszeit: 45 Min.
Grillzeit: etwa 12 Min.

1. Gehacktes in eine Schüssel geben. Zwiebeln abziehen und in kleine Würfel schneiden. Zwiebelwürfel, Eier, Semmelbrösel, Salz, Pfeffer und Paprikapulver zum Gehackten geben. Die Zutaten gut vermengen. Rosinen unterkneten. Aus der Gehacktesmasse mit angefeuchteten Händen kleine Bällchen formen.
2. Speck in große Würfel schneiden. Äpfel waschen, abtrocknen, halbieren, entkernen und in Achtel schneiden. Apfelachtel mit Butter bestreichen.
3. Abwechselnd Fleischbällchen, Speckwürfel und Apfelachtel auf Spieße stecken.
4. Die Spieße auf den heißen Grill (evtl. in gefettete Grillschalen) legen und unter mehrmaligem Wenden etwa 12 Minuten grillen.
5. Die Spieße nach Belieben mit Basilikumblättchen garniert servieren.

Beilage: Curryreis und verschiedene Dips.

Tipp:
Servieren Sie zu den Fleisch-Apfel-Spießchen einen Ingwer-Curry-Dip. Verrühren Sie dazu: 300 g Naturjoghurt mit 300 g Crème fraîche, 1 gestr. Teelöffel Ingwerpulver, 1 Teelöffel Korianderpulver, 1–2 Teelöffeln flüssigem Honig, 2 Teelöffeln Dijon-Senf und 1 Esslöffel Ingwerkonfitüre. Schmecken Sie den Dip mit Salz, Zucker und Zimt ab.

Apfelsaft-Cocktail

1 Portion

Alkoholfrei

Pro Portion:
E: 0 g, F: 0 g, Kh: 20 g,
kJ: 409, kcal: 98

1 EL grob zerstoßenes Eis
(aus 2–3 Eiswürfeln)
8 cl Apfelsaft
4 cl roter Johannisbeersaft
1 Spritzer Angostura Bitter
1 dünne Apfelscheibe
gemahlener Zimt

Zubereitungszeit: etwa 5 Min.

1. Grob zerstoßenes Eis in ein Cocktailglas füllen. Apfelsaft, Johannisbeersaft und Angostura hinzufügen und umrühren.
2. Die Apfelscheibe in Zimt wenden und den Cocktail damit garnieren. Apfelsaft-Cocktail mit einem Trinkhalm servieren.

Aprikosen-Curry-Butter

8–10 Portionen

Gut vorzubereiten

Pro Portion:
E: 1 g, F: 23 g, Kh: 7 g,
kJ: 1023, kcal: 244

2 Schalotten
50 g Butter
100 g getrocknete Aprikosen
1 EL Currypulver oder 1/4 TL gelbe Currypaste (Asialaden)
200 g weiche Butter
1 Bund Koriander oder
2 TL getrockneter Koriander
1/2 gestr. TL Sambal Oelek
Salz
frisch gemahlener Pfeffer
Zucker

Zubereitungszeit: 25 Min., ohne Abkühlzeit

1. Schalotten abziehen und fein würfeln. Butter in einer Pfanne zerlassen. Schalottenwürfel darin glasig dünsten. Aprikosen fein würfeln. Currypulver oder -paste und Aprikosenwürfel in die Pfanne geben und kurz mitdünsten. Die Butter-Aprikosen-Masse erkalten lassen.
2. Butter mit Handrührgerät mit Rührbesen schaumig rühren. Koriander abspülen, trockentupfen, fein hacken und mit der Schalotten-Aprikosen-Masse unterrühren.
3. Die Aprikosen-Curry-Butter mit Sambal Oelek, Salz, Pfeffer und Zucker feurig-pikant würzen.

Tipp:
Passt hervorragend zu gebratenen oder gegrillten Steaks oder Fischfilets.

Armer-Ritter-Toast

10 Stück

Einfach

Pro Stück:
E: 15 g, F: 16 g, Kh: 27 g,
kJ: 1261, kcal: 302

Für die Sauce:
600 g Champignons
1 Bund Frühlingszwiebeln
1 Dose Gemüsemais (Abtropfgewicht 285 g)
1 Pck. Steinpilzsuppe
500 ml (1/2 l) Wasser
200 ml Schlagsahne
80 g Schinkenwürfel

Für den Toast:
10 Scheiben Kastenweißbrot
5 Frikadellen (etwa 400 g, aus dem Kühlregal)

Zum Garnieren:
1 Bund Petersilie

Zubereitungszeit: 50 Min.
Backzeit: 5–8 Min. je Backblech

1. Für die Sauce Champignons putzen, mit Küchenpapier abreiben, evtl. abspülen, trockentupfen und in Scheiben schneiden. Frühlingszwiebeln putzen, waschen, abtropfen lassen und in etwa 3 cm lange Stücke schneiden. Mais in einem Sieb abtropfen lassen.
2. Steinpilzsuppe mit Wasser und Sahne in einem Topf verrühren und unter Rühren zum Kochen bringen. Champignonscheiben hinzugeben und etwa 5 Minuten köcheln lassen. Dabei gelegentlich umrühren. Dann die Frühlingszwiebelstücke, den Mais und die Schinkenwürfel in die Sauce geben und nochmals kurz aufkochen lassen. Die Sauce von der Kochstelle nehmen, aber warm halten.
3. Für den Toast Weißbrot toasten und auf 2 Backbleche (mit Backpapier belegt) legen. Frikadellen waagerecht halbieren und je eine Frikadellenhälfte auf eine Weißbrotscheibe geben.
4. Die Backbleche nacheinander (bei Heißluft zusammen) in den Backofen schieben.
   Ober-/Unterhitze: etwa 200 °C (vorgeheizt)
   Heißluft: etwa 180 °C (vorgeheizt)
   Gas: Stufe 3–4 (vorgeheizt)
   Backzeit: 5–8 Min. je Backblech.
5. Zum Garnieren Petersilie abspülen und trockentupfen. Die Blättchen von den Stängeln zupfen und die Blättchen fein hacken. Die gebackenen Weißbrotscheiben auf Tellern anrichten und die Sauce gleichmäßig darauf verteilen. Toasts mit Petersilie bestreut sofort servieren.

Armer-Ritter-Toast

Tipp:
Sie können die Frikadellen auch selbst zubereiten. Dazu benötigen Sie: 1 Brötchen (Semmel) vom Vortag, 2 Zwiebeln, 500 g Gehacktes (halb Rind-, halb Schweinefleisch), 1 Ei, 1 Esslöffel mittelscharfen Senf, Salz und Pfeffer. Weichen Sie das Brötchen in kaltem Wasser ein und drücken Sie es gut aus. Ziehen Sie die Zwiebeln ab und schneiden Sie die Zwiebeln in Würfel. Vermengen Sie das Gehackte mit dem Brötchen, den Zwiebelwürfeln, dem Ei und dem Senf. Würzen Sie die Gehacktesmasse mit Salz und Pfeffer. Formen Sie mit angefeuchteten Händen 10 kleine flache Frikadellen und legen Sie diese auf ein gefettetes Backblech. Schieben Sie das Backblech bei der unter Punkt 4 angegebenen Backofeneinstellung für etwa 25 Minuten in den Backofen. Die Frikadellen nach der Hälfte der Garzeit wenden.

Asiatische Fischpäckchen

Asiatische Fischpäckchen

12 Portionen

Raffiniert

Pro Portion:
E: 31 g, F: 11 g, Kh: 37 g,
kJ: 1668, kcal: 398

300 g Sojasprossen
350 g Zuckerschoten
3 kleine Fenchelknollen
50 g Ingwer
3 rote Peperoni
3 Möhren
3 Stangen Porree (Lauch)
200 ml Sojasauce
frisch gemahlener Pfeffer
12 Fischfilets (je 150 g),
z. B. Rotbarsch oder Zander
Salz

12 Stücke Alufolie (je ca. 30 x 30 cm)
2 EL Speiseöl

Zubereitungszeit: 1 Std., ohne Marinierzeit
Garzeit: 20–30 Min.

1. Sojasprossen verlesen, unter fließendem kalten Wasser abspülen und abtropfen lassen. Zuckerschoten putzen, die Enden abschneiden und die Schoten evtl. abfädeln. Zuckerschoten waschen, abtropfen lassen und schräg in 2 cm große Stücke schneiden.
2. Fenchel putzen, waschen, abtropfen lassen, halbieren und in feine Streifen schneiden. Ingwer schälen und fein würfeln. Peperoni waschen, abtropfen lassen, halbieren, entkernen und in feine Würfel schneiden.
3. Möhren putzen, schälen, waschen, abtropfen lassen und in sehr feine Streifen schneiden. Porree putzen. Stangen seitlich einschneiden, waschen, abtropfen lassen, halbieren und in feine Streifen schneiden.
4. Das Gemüse mit Sojasauce mischen, mit Pfeffer bestreuen und 2–3 Stunden kalt gestellt marinieren, zwischendurch umrühren.
5. Fischfilets unter fließendem kalten Wasser abspülen, trockentupfen, halbieren und mit Salz und Pfeffer bestreuen.
6. Die Alufolienstücke auf der glänzenden Seite mit Öl bestreichen, jeweils eine Fischfilethälfte darauf legen. Auf jedes Fischstück etwas von der Gemüsemischung geben, wieder ein Stück Fischfilet und abschließend das restliche Gemüse darauf verteilen.
7. Die Alufolie an den Rändern hochschlagen und anschließend zu Päckchen verschließen, auf ein Backblech legen und in den Backofen schieben.
   Ober-/Unterhitze: etwa 200 °C (vorgeheizt)
   Heißluft: etwa 180 °C (vorgeheizt)
   Gas: Stufe 3–4 (vorgeheizt)
   Garzeit: 20–30 Minuten.
8. Jeweils ein Fischpäckchen auf einen Teller legen und geöffnet servieren.

Beilage: Weißbrot.

Asiatische Hackfleischpizza

8–10 Portionen

Raffiniert

Pro Portion:
E: 40 g, F: 40 g, Kh: 29 g, kJ: 2657, kcal: 634

2 Brötchen (Semmeln) vom Vortag
1 Glas Tomatenpaprika in Streifen (Abtropfgewicht 165 g)
1 große Dose Ananasscheiben (Abtropfgewicht 490 g)
100 g geröstete, gesalzene Erdnusskerne
2 Zwiebeln
4 Knoblauchzehen
3 Frühlingszwiebeln
1 $^1/_2$ kg gemischtes Gehacktes (halb Rind-, halb Schweinefleisch)
4 Eier (Größe M)
Salz
frisch gemahlener Pfeffer
$^1/_2$ TL Paprikapulver rosenscharf
2 TL Currypulver
$^1/_4$ TL Cayennepfeffer

Für die Tomatensauce:
3 Frühlingszwiebeln
2 Knoblauchzehen
3 EL Sesamöl
1 Pck. passierte Tomaten (500 g)
5 EL Ananassaft (von den Ananasscheiben)
$^1/_4$ TL Cayennepfeffer
3 EL Sojasauce
2–3 EL Honig

Zubereitungszeit: 85 Min.
Garzeit: etwa 60 Min.

1. Brötchen in kaltem Wasser einweichen. Tomatenpaprika und Ananasscheiben getrennt in Siebe geben und abtropfen lassen, dabei den Ananassaft für die Sauce auffangen. Ananas in kleine Stücke schneiden. Erdnusskerne grob hacken.
2. Zwiebeln und Knoblauchzehen abziehen und fein würfeln. Frühlingszwiebeln putzen, waschen, abtropfen lassen und in feine Ringe schneiden.
3. Die eingeweichten Brötchen kräftig ausdrücken und mit Gehacktem, Eiern, Zwiebel- und Knoblauchwürfeln gründlich verkneten. Frühlingszwiebelringe, Tomatenpaprikastreifen, Erdnusskerne und die Hälfte der Ananasstücke zugeben und unterkneten.
4. Die Masse kräftig mit Salz, Pfeffer, Paprikapulver, Currypulver und Cayennepfeffer würzen, in eine Fettfangschale (30 x 40 cm, gefettet) geben und glatt streichen. Die Fettfangschale in den Backofen schieben.

Ober-/Unterhitze: etwa 180 °C (vorgeheizt)
Heißluft: etwa 160 °C (vorgeheizt)
Gas: Stufe 2–3 (vorgeheizt)
Garzeit: etwa 60 Minuten.

5. In der Zwischenzeit für die Tomatensauce Frühlingszwiebeln putzen, waschen, abtropfen lassen und in feine Ringe schneiden. Knoblauch abziehen und würfeln.
6. Öl in einem Topf erhitzen. Frühlingszwiebelringe und Knoblauchwürfel darin andünsten. Die passierten Tomaten und etwas von dem aufgefangenen Ananassaft hinzufügen, zum Kochen bringen und unter Rühren etwas einkochen lassen.
7. Die Sauce mit Cayennepfeffer, Sojasauce und Honig würzen, die restlichen Ananasstücke unterheben und darin erhitzen. Die Sauce evtl. nochmals mit den Gewürzen süß-scharf abschmecken.

Asiatische Hackfleischpizza

8. Die gare Hackfleischpizza aus dem Backofen nehmen und, falls sich Flüssigkeit gebildet hat, diese abgießen. Die Hackfleischpizza in Stücke schneiden und mit der Sauce servieren.

Asiatischer Schweinefleischtopf

8–10 Portionen

Etwas Besonderes

Pro Portion:
E: 34 g, F: 18 g, Kh: 64 g,
kJ: 2456, kcal: 584

1 kg Schweinenacken ohne Knochen
Salz
frisch gemahlener Pfeffer
6 EL Speiseöl
500 g Langkornreis
Salzwasser
2 grüne Paprikaschoten (etwa 500 g)
50 g getrocknete Mu-Err-Pilze (schwarze chinesische Baumpilze)
2 Dosen Sojabohnenkeimlinge (Abtropfgewicht je 170 g)
2 Dosen Bambussprossen (Abtropfgewicht je 170 g)
1 Topf Koriander
2 rote Chilischoten
3 EL Speiseöl
200 ml Fleischbrühe
400 ml Sweet & Sour-Sauce (Fertigprodukt, Asialaden)
2 EL Sojasauce

Zubereitungszeit: 85 Min.

1. Schweinenacken unter fließendem kalten Wasser abspülen, trockentupfen und in kleine dünne Scheiben schneiden. Mit Salz und Pfeffer bestreuen.

Asiatischer Schweinefleischtopf

2. Die Hälfte des Speiseöls in einer großen Pfanne erhitzen. Fleischscheiben in 2 Portionen von beiden Seiten darin anbraten, herausnehmen und warm stellen.
3. Reis in kochendes Salzwasser geben, zugedeckt zum Kochen bringen und nach Packungsanleitung garen. Den garen Reis in ein Sieb geben, mit kaltem Wasser übergießen und abtropfen lassen.
4. Paprika halbieren, entstielen, entkernen und die weißen Scheidewände entfernen. Die Schoten waschen, trockentupfen und in Streifen schneiden. Mu-Err-Pilze in Wasser einweichen. Sojabohnenkeimlinge und Bambussprossen in einem Sieb abtropfen lassen. Bambussprossen in Streifen schneiden.
5. Koriander abspülen und trockentupfen. Die Blättchen von den Stängeln zupfen. Chilischoten abspülen, trockentupfen, entstielen, entkernen und in dünne Ringe schneiden.
6. Restliches Speiseöl in einem Bräter erhitzen. Paprikastreifen darin andünsten. Sojabohnenkeimlinge, Bambussprossen, Reis und die eingeweichten abgetropften Pilze hinzufügen. Brühe hinzugießen und kurz aufkochen lassen. Sweet & Sour Sauce, Sojasauce und Chiliwürfel unterrühren. Mit Salz und Pfeffer abschmecken, unter Rühren nochmals erhitzen.
7. Warm gestellte Fleischscheiben unterheben. Den Schweinefleisch-Topf mit Korianderblättchen garniert servieren.

Tipp:
Anstatt Langkornreis können Sie auch eine Wildreismischung oder Vollkornreis verwenden, beachten Sie dabei die auf der Packung angegebenen Garzeiten.

Atlantikzungenröllchen „Kreolische Art“

12 Portionen

Etwas aufwändiger

Pro Portion:
E: 31 g, F: 11 g, Kh: 9 g,
kJ: 1102, kcal: 263

24 TK-Atlantikzungenfilets (je etwa 80 g)
1 Staudensellerie (etwa 500 g)
2 rote Paprikaschoten (je 200 g)
1 Bund Frühlingszwiebeln (etwa 250 g)
2–3 Knoblauchzehen
1 Glas grüne Oliven in Scheiben (Abtropfgewicht 170 g)
4 EL Olivenöl
1 Pck. stückige Tomatensauce (450 g)
800 ml Gemüsebrühe oder Fischfond
Salz
frisch gemahlener Pfeffer
1–2 Msp. Chiliflocken
3 EL Olivenöl zum Beträufeln

Außerdem:
24 oder 48 kleine Holzstäbchen

Zubereitungszeit: 1 Std., ohne Auftauzeit
Garzeit: 20–30 Min.

1. Atlantikzungenfilets nach Packungsanleitung auftauen lassen.
2. Den Staudensellerie putzen, die harten Außenfäden abziehen, Staudensellerie waschen und abtropfen lassen. Staudensellerie in etwa 1 cm lange Stücke schneiden. Paprikaschoten halbieren, entstielen, entkernen und die weißen Scheidewände entfernen. Schoten waschen, abtropfen lassen und würfeln. 1–2 Esslöffel Paprikawürfel beiseite stellen. Frühlingszwiebeln putzen, waschen, abtropfen lassen und in 1–2 cm lange Stücke schneiden. Knoblauch abziehen und in Scheiben schneiden. Oliven in einem Sieb abtropfen lassen.
3. Öl in einem großen Topf erhitzen. Selleriestücke und Paprikawürfel darin andünsten. Frühlingszwiebelstücke, Knoblauch- und Olivenscheiben dazugeben. Die Zutaten etwa 10 Minuten dünsten. Tomatensauce und Brühe oder Fond hinzugießen. Mit Salz, Pfeffer und Chiliflocken herzhaft würzen.
4. Gemüsemischung in eine große Auflaufform oder einen Bräter geben.
5. Atlantikzungen evtl. längs halbieren, unter fließendem kalten Wasser abspülen, trockentupfen und mit Salz bestreuen. Filets mit der Hautseite nach innen zu Röllchen aufrollen. Röllchen mit einem Holzstäbchen feststecken. Fischröllchen auf das Gemüse legen, mit den beiseite gelegten Paprikawürfeln bestreuen. Die Form oder den Bräter zugedeckt auf dem Rost in den Backofen schieben.
   Ober-/Unterhitze: etwa 200 °C (vorgeheizt)
   Heißluft: etwa 180 °C (vorgeheizt)
   Gas: Stufe 3–4 (vorgeheizt)
   Garzeit: 20–30 Minuten.

Beilage: Langkornreis oder Weißbrot.

Tipp:
Anstelle von Atlantikzungen können auch Schollen- oder Seezungenfilets verwendet werden.

Atlantikzungenröllchen „Kreolische Art“

Auberginen à la Pasta

12 Portionen

Dauert länger – als Vorspeise geeignet

Pro Portion:
E: 13 g, F: 16 g, Kh: 36 g,
kJ: 1455, kcal: 347

6 Auberginen (etwa 1,8 kg)
Salz
3 Knoblauchzehen
300 g Tomaten
100 ml Olivenöl
frisch gemahlener Pfeffer
500 g Tomaten-Pastasauce (Fertigprodukt)
100 g geriebener Gratin-Käse

5 l Wasser
5 TL Salz
500 g Spaghetti

1 Topf Basilikum
Salz
frisch gemahlener Pfeffer
120 g geriebener Parmesan-Käse

Zubereitungszeit: 1 Std.
Garzeit: 25–30 Min.

Auberginen à la Pasta

1. Auberginen waschen, abtrocknen und die Stängelansätze abschneiden. Auberginen längs halbieren. Das Fruchtfleisch bis auf etwa 1 ½ cm mit einem Teelöffel herausschaben und in kleine Würfel schneiden. Auberginenhälften mit Salz bestreuen und etwa 10 Minuten Wasser ziehen lassen. Fruchtfleisch in kleine Stücke schneiden.
2. Knoblauch abziehen und durch eine Knoblauchpresse drücken. Tomaten waschen, abtropfen lassen, halbieren, entkernen und die Stängelansätze herausschneiden. Tomaten würfeln.
3. Olivenöl in einem Topf erhitzen. Die Auberginenwürfel und Knoblauch darin etwa 10 Minuten dünsten. Pastasauce unterrühren und etwa 2 Minuten köcheln lassen, mit Salz und Pfeffer würzen. Tomatenwürfel unterrühren.
4. Auberginenhälften abtropfen lassen und mit Küchenpapier austupfen. Auberginenhälften nebeneinander in eine Fettfangschale (gefettet) legen. Etwa drei Viertel der Sauce in die Auberginen füllen und mit Gratin-Käse bestreuen. Die Fettfangschale in den Backofen schieben.
   Ober-/Unterhitze: etwa 180 °C (vorgeheizt)
   Heißluft: etwa 160 °C (vorgeheizt)
   Gas: Stufe 2–3 (vorgeheizt)
   Garzeit: 25–30 Minuten.
5. Wasser in einem großen Topf zugedeckt zum Kochen bringen. Dann Salz und Spaghetti zugeben. Die Spaghetti im geöffneten Topf bei mittlerer Hitze nach Packungsanleitung kochen lassen, dabei zwischendurch umrühren.
6. Basilikum abspülen, trockentupfen. Blättchen von den Stängeln zupfen. Einige Blättchen zum Garnieren beiseite legen, restliche fein hacken.
7. Die Spaghetti in ein Sieb geben, mit heißem Wasser abspülen und abtropfen lassen. Restliche Sauce erhitzen und mit Spaghetti und Basilikum vermischen. Spaghetti auf den gebackenen Auberginenhälften anrichten, mit Parmesan-Käse bestreuen und den beiseite gelegten Basilikumblättchen servieren.

Beilage: Ciabatta-Brot.

Tipp:
Die gefüllten Auberginen evtl. kurz vor dem Servieren nochmals für 3–5 Minuten in den Backofen schieben. Anstelle der Fettfangschale können die Auberginenhälften auch in 3 Gratinformen gegart werden. Falls die Fettfangschale zu klein ist, benutzen Sie zusätzlich noch eine Gratinform.

Auberginenrouladen

8–10 Portionen

Etwas Besonderes

Pro Portion:

E: 12 g, F: 20 g, Kh: 4 g,
kJ: 1018, kcal: 243

2 Auberginen (je etwa 250 g)
Salz
50 g abgezogene, gehackte Mandeln
150 g Staudensellerie
250 g Magerquark
4 EL Olivenöl
frisch gemahlener Pfeffer
250 g Salami in Scheiben
(48 Scheiben)

Für die Sauce:

2 Zwiebeln
1–2 Knoblauchzehen
2 EL Olivenöl
1 Pck. stückige Tomaten (500 g)
1 Bund glatte Petersilie
1 Bund Schnittlauch
frisch gemahlener Pfeffer

Außerdem:

24 Holzstäbchen

Zubereitungszeit: 65 Min.,
ohne Durchziehzeit
Garzeit: etwa 25 Min. je Backblech

1. Auberginen waschen, trockentupfen und die Stängelansätze abschneiden. Auberginen der Länge nach in etwa 2 mm dicke Scheiben schneiden (evtl. mit einem Gemüsehobel oder mit einer Aufschnittmaschine). 24 möglichst gleich große Scheiben nebeneinander auf Backbleche legen und mit Salz bestreuen, etwa 30 Minuten Wasser ziehen lassen.
2. Mandeln in einer Pfanne ohne Fett goldbraun rösten, erkalten lassen. Staudensellerie putzen, die harten Außenfäden entfernen. Sellerie waschen, abtropfen lassen und in kleine Würfel schneiden. Quark mit Mandeln, Selleriewürfeln und 2 Esslöffel von dem Olivenöl verrühren, mit Salz und Pfeffer würzen.
3. Auberginenscheiben mit Küchenpapier trockentupfen und mit jeweils 2 Salamischeiben belegen. Quark-Sellerie-Masse darauf verteilen. Auberginenscheiben von der schmalen Seite her aufrollen und mit einem Holzstäbchen feststecken.
4. Die Auberginenrouladen auf 2 Backbleche (gefettet) legen und mit dem restlichen Olivenöl bestreichen. Backbleche nacheinander (bei Heißluft zusammen) in den Backofen schieben.
   Ober-/Unterhitze: etwa 200 °C (vorgeheizt)
   Heißluft: etwa 180 °C (vorgeheizt)
   Gas: Stufe 3–4 (vorgeheizt)
   Garzeit: etwa 25 Minuten je Backblech.
5. Für die Sauce Zwiebeln und Knoblauch abziehen. Zwiebeln in kleine Würfel und Knoblauch in Scheiben schneiden. Olivenöl erhitzen. Zwiebelwürfel und Knoblauchscheiben darin glasig dünsten. Tomatenstücke hinzugeben, etwa 5 Minuten ohne Deckel kochen lassen.
6. Petersilie und Schnittlauch abspülen und trockentupfen. Von der Petersilie die Blättchen von den Stängeln zupfen. Blättchen (einige Blättchen beiseite legen) fein hacken. Schnittlauch in Röllchen schneiden, ebenfalls einige Röllchen beiseite legen.
7. Die Rouladen von den Backblechen nehmen (Holzstäbchen entfernen), auf einer vorgewärmten Platte anrichten und warm stellen. Den Bratensud mit der Sauce verrühren. Petersilie und Schnittlauchröllchen unterrühren.

Auberginenrouladen

8. Die Sauce mit Salz und Pfeffer würzen. Die Rouladen mit der Sauce servieren. Mit den beiseite gelegten Petersilienblättchen und Schnittlauchröllchen garnieren.

Auberginenscheiben, gegrillt mit eingelegten Limetten

8–10 Portionen

Raffiniert

Pro Portion:
E: 4 g, F: 38 g, Kh: 13 g, kJ: 1786, kcal: 427

Für die eingelegten Limetten:
5 Bio-Limetten (unbehandelt, ungewachst)
1 EL Meersalz
150 ml Olivenöl
5 Knoblauchzehen
150 ml Olivenöl
10 mittelgroße Auberginen (je etwa 300 g)
Salz
grob gemahlener bunter Pfeffer
2 Bund Schnittlauch

Zubereitungszeit: 50 Min., ohne Durchziehzeit
Grillzeit: etwa 4 Min.

1. Für die eingelegten Limetten die Limetten waschen, trockentupfen und in dünne Scheiben schneiden. Limettenscheiben mit Salz bestreuen, in ein Glas schichten und mit Olivenöl begießen, so dass die Limettenscheiben bedeckt sind. Limettenscheiben mit Frischhaltefolie zudecken und mindestens 24 Stunden kalt stellen.

Auberginenscheiben, gegrillt mit eingelegten Limetten

2. Knoblauch abziehen, durch eine Knoblauchpresse drücken, mit Olivenöl verrühren.
3. Auberginen waschen, trockentupfen und die Stängelansätze abschneiden. Auberginen in Scheiben schneiden und mit Salz und Pfeffer bestreuen. Auberginenscheiben in eine flache Schale legen und mit dem Knoblauchöl übergießen. Auberginenscheiben mit Frischhaltefolie zudecken und kalt stellen.
4. Schnittlauch waschen, trockentupfen und in Röllchen schneiden.
5. Die Auberginenscheiben auf dem heißen Grill von jeder Seite etwa 2 Minuten grillen. Auberginenscheiben mit den eingelegten Limettenscheiben und Schnittlauchröllchen garnieren.

Beilage: Eingelegter Feta-Käse oder Mozzarellascheiben. Frisches Weißbrot.

Tipp:
Die Auberginen schmecken auch sehr gut zu gegrilltem Lammfleisch oder Fisch. Limettenscheiben schon einige Tage vor dem Verzehr in Olivenöl einlegen.

Auflauf in Kohlrabi

12 Portionen

Etwas aufwändiger

Pro Portion:
E: 19 g, F: 28 g, Kh: 15 g,
kJ: 1648, kcal: 394

12 große Kohlrabi (je etwa 450 g)
4 Möhren (etwa 400 g)
4 große Kartoffeln (etwa 400 g)
1 Gemüsezwiebel (etwa 450 g)
4 l Wasser
600 g gemischtes Hackfleisch (halb Rind-/ halb Schweinefleisch)
Salz
frisch gemahlener Pfeffer
300 ml Schlagsahne
6 Eier (Größe M)
100 ml Rapsöl
500 ml Gemüsebrühe oder -fond
2 Bund glatte Petersilie

Zubereitungszeit: 1 Std., ohne Abkühlzeit
Garzeit: etwa 60 Min.

Auflauf in Kohlrabi

1. Kohlrabi putzen, schälen, die Wurzelenden gerade schneiden (damit eine kleine Standfläche entsteht). Möhren putzen, schälen. Kartoffeln schälen. Kohlrabi, Möhren und Kartoffeln waschen und abtropfen lassen. Möhren und Kartoffeln in gleich große Würfel schneiden. Zwiebel abziehen und ebenfalls in Würfel schneiden.
2. Wasser in einem großen Topf zum Kochen bringen. Kohlrabi (in 2–3 Portionen) hinzugeben und etwa 25 Minuten vorgaren. Kohlrabi in einem Sieb abtropfen und etwas abkühlen lassen.
3. Kohlrabi mit einem Kugelausstecher oder Teelöffel so aushöhlen, dass ein 1½–2 cm dicker Rand stehen bleibt. Ausgehöhltes Kohlrabifleisch grob zerkleinern, ein Drittel davon in einer Schüssel mit dem Hackfleisch verkneten, mit Salz und Pfeffer würzen. Die ausgehöhlten Kohlrabi bis zu zwei Drittel damit füllen. Sahne mit Eiern verschlagen, mit Salz und Pfeffer würzen.
4. Öl in einem großen Topf erhitzen. Restliches Kohlrabifleisch, Möhren-, Kartoffel- und Zwiebelwürfel darin andünsten, mit Salz und Pfeffer würzen. Brühe oder Fond hinzugießen. Gemüse in 1–2 flachen Auflaufformen (gefettet) verteilen. Die gefüllten Kohlrabi auf das Gemüse setzen. Eiersahne in die Kohlrabi und auf das Gemüse gießen. Die Form oder Formen auf dem Rost in den Backofen schieben.
   Ober-/Unterhitze: etwa 180 °C (vorgeheizt)
   Heißluft: etwa 160 °C (vorgeheizt)
   Gas: Stufe 2–3 (vorgeheizt)
   Garzeit: etwa 60 Minuten.
5. Petersilie abspülen, trockentupfen, die Blättchen von den Stängeln zupfen und fein hacken. Den Auflauf vor dem Servieren mit der Petersilie bestreuen.

Aufläufe im Glas

Aufläufe im Glas

12 Stück

Einfach

Pro Stück:
E: 12 g, F: 19 g, Kh: 9 g,
kJ: 1066, kcal: 255

Für die Aufläufe:
300 g TK-Erbsen
300 g geräucherter Putenbrustaufschnitt
1 Glas Sojabohnen-Keimlinge (Abtropfgewicht 160 g)
½ TL Sambal Oelek
1 TL dunkles Sesamöl
250 ml (¼ l) Milch
4 Eier (Größe M)
Salz
frisch gemahlener Pfeffer

Für die Sauce:
300 g Salatmayonnaise
100 g Curryketchup
2–3 EL Naturjoghurt

Außerdem:
12 ofenfeste Auflaufförmchen oder Einmachgläser (je etwa 150 ml Inhalt)

Zubereitungszeit: 40 Min., ohne Auftauzeit
Garzeit: etwa 35 Min.

1. Für die Aufläufe Erbsen auftauen lassen. Putenbrustaufschnitt in kleine Stücke schneiden. Sojabohnen-Keimlinge in einem Sieb abtropfen lassen.
2. Erbsen, Putenbrustaufschnitt und Sojabohnen-Keimlinge mit Sambal Oelek und Sesamöl in einer Schüssel mischen. Die Mischung in den 12 Förmchen (gefettet) verteilen.
3. Milch und Eier verschlagen, mit Salz und Pfeffer würzen und in die Förmchen gießen. Die Förmchen mit Glasdeckeln oder Alufolie zudecken.
4. Die Förmchen in eine Fettfangschale stellen, die Fettfangschale in den Backofen schieben und etwa 2 cm hoch mit heißem Wasser füllen.
   Ober-/Unterhitze: etwa 200 °C (vorgeheizt)
   Heißluft: etwa 180 °C (nicht vorgeheizt)
   Gas: Stufe 3 (nicht vorgeheizt)
   Garzeit: etwa 35 Minuten.
5. In der Zwischenzeit für die Sauce Mayonnaise mit Ketchup und Joghurt verrühren. Die Aufläufe heiß oder kalt in den Förmchen servieren. Die Sauce dazureichen.

Tipp:
Sie können die Aufläufe natürlich auch in Keramik-Auflaufförmchen zubereiten.

Austernpilze vom Grill

8–10 Portionen

Etwas Besonderes

Pro Portion:
E: 10 g, F: 9 g, Kh: 4 g,
kJ: 554, kcal: 132

1,8 kg große Austernpilze
2 Bund Frühlingszwiebeln (etwa 12 Stück)
24 dünne Scheiben Frühstücksspeck
1 Pck. TK-Kräuter der Provence
8 EL Olivenöl
Salz
grober bunter Pfeffer

Außerdem:
Holz- oder Metallspieße

Zubereitungszeit: 40 Min., ohne Durchziehzeit
Grillzeit: Spieße etwa 10 Min., Pilze 8–10 Min.

1. Austernpilze verlesen, mit Küchenpapier abreiben, evtl. abspülen und trockentupfen. Die Stiele abschneiden, große Austernpilze halbieren.
2. Frühlingszwiebeln putzen, waschen und trockentupfen. Die Frühlingszwiebeln halbieren, mit je 1 Scheibe Frühstücksspeck umwickeln und auf Holz- oder Metallspieße stecken.
3. Kräuter der Provence mit Olivenöl verrühren.
4. Austernpilze und Zwiebel-Speck-Spieße in eine flache Schale oder Fettfangschale legen, mit Salz und Pfeffer bestreuen und mit dem Kräuteröl beträufeln. Spieße und Pilze mit Frischhaltefolie zudecken und etwa 1 Stunde durchziehen lassen.
5. Die Spieße auf den heißen Grill legen und etwa 10 Minuten grillen. Austernpilze in eine Grillschale legen und ebenfalls 8–10 Minuten grillen.

Beilage: Verschiedene Salate, verschiedene Brotsorten, gegrilltes Geflügelfleisch.

Austernpilze vom Grill

Baguettes mit Käse überbacken

Baguettes mit Käse überbacken

24 Stück

Einfach

Pro Portion:

E: 17 g, F: 19 g, Kh: 18 g, kJ: 1321, kcal: 318

6 mittelgroße Tomaten
2 gelbe Paprikaschoten
200 g Salatgurke
2 rote Zwiebeln
12 Baguettebrötchen
4 Becher Kräuter-Crème-fraîche (je 125 g)
150 g Salamischeiben
500 g mittelalter Gouda-Käse in Scheiben
200 g Putenbrustaufschnitt
200 g gekochter Schinken in Scheiben
250 g Raclette-Käse in Scheiben
$^{1}/_{2}$ Bund Basilikum
$^{1}/_{2}$ Bund glatte Petersilie
grob gemahlener Pfeffer

Zubereitungszeit: 40 Min.
Backzeit: 10–15 Min.

1. Die Tomaten waschen, abtrocknen, halbieren und die Stängelansätze herausschneiden. Die Tomaten in Scheiben schneiden. Paprika halbieren, entstielen, entkernen. Die weißen Scheidewände entfernen. Schoten waschen, abtropfen lassen und in Streifen schneiden.
2. Gurke waschen, trockentupfen und in dünne Scheiben schneiden. Zwiebeln abziehen. Zuerst in dünne Scheiben schneiden und dann in Ringe teilen.
3. Baguettebrötchen waagerecht aufschneiden. Baguettehälften mit Kräuter-Crème-fraîche bestreichen. 8 Baguettehälften nacheinander mit Tomaten-, Salamischeiben und der Hälfte der Gouda-Scheiben belegen.
4. Auf weitere 8 Baguettehälften nacheinander Gurkenscheiben, Putenbrustaufschnitt und die restlichen Gouda-Scheiben legen. Die restlichen Baguettehälften nacheinander mit Paprikastreifen, gekochtem Schinken und Raclettekäse belegen.
5. Alle Brötchenhälften auf Backbleche (mit Backpapier belegt) legen und nacheinander (bei Heißluft zusammen) in den Backofen schieben.
   Ober-/Unterhitze: etwa 200 °C (vorgeheizt)
   Heißluft: etwa 180 °C (vorgeheizt)
   Gas: Stufe 3–4 (vorgeheizt)
   Backzeit: 10–15 Minuten.
6. Basilikum und Petersilie abspülen und trockentupfen. Die Blättchen von den Stängeln zupfen und in Streifen schneiden. Baguettes nach dem Backen mit Zwiebelringen belegen und mit Pfeffer und Kräutern bestreuen.

Bananentoast

8 Portionen

Für Kinder

Pro Portion:

E: 19 g, F: 8 g, Kh: 56 g, kJ: 1669, kcal: 399

16 Scheiben Vollkorntoastbrot
300 g Doppelrahm-Frischkäse
4 Bananen
etwas Zitronensaft
8 Scheiben gekochter Schinken

Zubereitungszeit: 20 Min.

1. Brotscheiben toasten und mit Frischkäse bestreichen.
2. Bananen schälen, in Scheiben schneiden und mit Zitronensaft beträufeln, damit sie nicht braun werden. Die Bananenscheiben auf 8 Toastscheiben verteilen.
3. Schinkenscheiben auf die Bananen legen und mit je einer Toastscheibe (bestrichene Seite nach unten) bedecken.

Tipp:
Wer es lieber ganz süß mag, kann den gekochten Schinken weglassen und den Toast neben Bananenscheiben mit noch mehr Früchten, wie z. B. halbierten Weintrauben, belegen.

Bandnudeln auf Tomaten-Paprika-Ragout

8–10 Portionen

Schnell

Pro Portion:
E: 17 g, F: 10 g, Kh: 90 g,
kJ: 2191, kcal: 523

4 rote Paprikaschoten (etwa 600 g)
2 Bund Frühlingszwiebeln

4 l Wasser
4 gestr. TL Salz
1 kg schmale grüne Bandnudeln

4 EL Speiseöl, z. B. Olivenöl
1 Dose geschälte Tomaten (Einwaage 800 g)
330 g Ajvar (Paprikamus)
Salz, frisch gemahlener Pfeffer
1/2 TL Zucker
3–4 EL süß-scharfe Chilisauce (Asialaden)

Nach Belieben Basilikum zum Garnieren

Zubereitungszeit: 60 Min.

1. Paprikaschoten halbieren, entstielen, entkernen und die weißen Scheidewände entfernen. Schoten waschen, abtropfen lassen und in kleine Würfel schneiden.
2. Frühlingszwiebeln putzen, waschen und abtropfen lassen. Anschließend in kleine Stücke oder Ringe schneiden.
3. Wasser in einem großen Topf zugedeckt zum Kochen bringen. Salz und Nudeln hinzufügen. Die Nudeln im geöffneten Topf nach Packungsanleitung kochen, zwischendurch umrühren.
4. Öl in einem großen Topf erhitzen, zunächst die Paprikawürfel darin andünsten, dann die Frühlingszwiebeln hinzufügen und mitdünsten lassen.
5. Tomaten in der Dose mithilfe einer Gabel grob zerkleinern. Tomaten mit der Flüssigkeit und Ajvar in den Topf geben und unterrühren. Ragout mit Salz, Pfeffer, Zucker und Chilisauce pikant abschmecken und unter gelegentlichem Rühren bei schwacher Hitze etwa 10 Minuten köcheln lassen.
6. Nudeln in ein Sieb abgießen, mit heißem Wasser abspülen und abtropfen lassen. Grüne Bandnudeln auf dem Tomaten-Paprika-Ragout anrichten und nach Belieben mit Basilikum garnieren.

Bandnudeln auf Tomaten-Paprika-Ragout

Bauernpastete
8–10 Portionen

Deftig

Pro Portion:
E: 28 g, F: 37 g, Kh: 27 g,
kJ: 2327, kcal: 556

1 kg fest kochende Kartoffeln
150 g Porree (Lauch)
1 kg säuerliche Äpfel
50 g Butter
1–2 EL Olivenöl
1 kg ungebrühte grobe Bratwürste
Salz

Für den Guss:
4 Eier (Größe M)
250 ml (1/4 l) Milch
1 gestr. TL Salz
frisch gemahlener Pfeffer
1 TL Paprikapulver edelsüß

Zubereitungszeit: 50 Min.
Garzeit: etwa 45 Min.

1. Kartoffeln waschen, mit Wasser bedeckt zum Kochen bringen, zugedeckt in 20–25 Minuten gar kochen. Kartoffeln abgießen, mit kaltem Wasser abschrecken und pellen. Erkalten lassen.
2. Porree putzen. Stangen seitlich einschneiden, gründlich waschen, abtropfen lassen und in Streifen schneiden. Äpfel vierteln, evtl. schälen, entkernen und in dünne Spalten schneiden. Butter in einem Topf zerlassen. Apfelspalten hinzufügen und zugedeckt kurz andünsten, evtl. etwas Wasser hinzufügen. Kartoffeln in Würfel schneiden.
3. Öl in einer Pfanne erhitzen. Die Bratwurstmasse aus der Haut heraus in die Pfanne drücken. Masse gut durchbraten, evtl. Klümpchen mit einer Gabel zerdrücken. Bratwurstmasse mit einer Schaumkelle aus der Pfanne nehmen.
4. Porreestreifen in die Pfanne geben und im verbliebenen Bratfett andünsten. Kartoffelwürfel unterheben und mit Salz würzen.
5. Nacheinander die Bratwurstmasse, Kartoffel-Porree-Mischung und Apfelspalten in eine große, flache Auflaufform schichten.
6. Für den Guss Eier mit Milch verschlagen, mit Salz, Pfeffer und Paprikapulver würzen und über die eingeschichteten Zutaten gießen. Die Form zudecken und im unteren Drittel auf dem Rost in den Backofen schieben.
   Ober-/Unterhitze: 180–200 °C (vorgeheizt)
   Heißluft: 160–180 °C (nicht vorgeheizt)
   Gas: etwa Stufe 3 (nicht vorgeheizt)
   Garzeit: etwa 45 Minuten.
7. Die Bauernpastete vor dem Servieren etwa 10 Minuten in der Form ruhen lassen.

Bauernpastete

Tipp:
Dazu einen gemischten Salat servieren. Die Bauernpastete schmeckt auch kalt sehr gut. Die kalte Pastete in feine Scheiben schneiden, auf Bauernbrotscheiben legen, mit Senf bestreichen und nach Belieben mit Tomatenscheiben belegen.

Bellini
1 Portion

Mit Alkohol

Pro Portion:
E: 1 g, F: 0 g, Kh: 10 g,
kJ: 449, kcal: 108

1 weißer Pfirsich (etwa 5 cl Pfirsichpüree)
etwa 10 cl kalter trockener Sekt

Bellini

Zubereitungszeit: 5–7 Min.

1. Pfirsiche kurz in kochendes Wasser legen, mit kaltem Wasser abschrecken und enthäuten. Das Fruchtfleisch vom Stein lösen und pürieren.
2. Das Pfirsichpüree in eine Cocktailschale geben und mit kaltem Sekt langsam aufgießen, dabei mit einem Barlöffel leicht umrühren.

Tipp:
Es kann nach Belieben etwas Zitronensaft oder Pfirsichlikör hinzugegeben werden. Der Bellini schmeckt besonders gut, wenn man anstelle von Sekt Champagner verwendet.

Birnen-Ananas-Auflauf

12 Portionen

Fruchtig

Pro Portion:
E: 9 g, F: 39 g, Kh: 53 g,
kJ: 2574, kcal: 615

2 Dosen Birnenhälften (Abtropfgewicht je 450 g)
2 Dosen Ananasscheiben (Abtropfgewicht je 500 g)
1 l Schlagsahne
10 Eier (Größe M)
120 g Rohrzucker (brauner Zucker)
1 Fläschchen Rum-Aroma

100 g Kokosraspel
150 g Rosinen

Für die Formen:
40 g Butter

Zubereitungszeit: 35 Min.
Backzeit: 40–50 Min. je Form

1. Birnenhälften und Ananasscheiben in einem Sieb abtropfen lassen. Birnenhälften jeweils längs in 3 Spalten schneiden. Ananasscheiben halbieren.
2. Sahne und Eier verschlagen. Zucker und Aroma hinzugeben. Kokosraspel unterrühren.
3. Birnenspalten und Ananashälften abwechselnd reihenförmig in 2 große, flache Auflaufformen (gefettet) einschichten, mit Rosinen bestreuen. Jeweils die Hälfte der Eier-Kokos-Sahne hinzugießen. Die Formen nacheinander (bei Heißluft zusammen) auf dem Rost in den Backofen schieben.
   Ober-/Unterhitze: etwa 180 °C (vorgeheizt)
   Heißluft: etwa 160 °C (nicht vorgeheizt)
   Gas: Stufe 2–3 (nicht vorgeheizt)
   Backzeit: 40–50 Minuten je Form.

Tipp:
Nach Belieben den Auflauf mit Minze- oder Melisseblättchen garnieren. Birnenhälften und Ananasscheiben können auch in Würfel geschnitten und gemischt in die Auflaufformen gefüllt werden.

Birnen-Ananas-Auflauf

Black Velvet

1 Portion

Mit Alkohol

Pro Portion:
E: 1 g, F: 0 g, Kh: 6 g,
kJ: 486, kcal: 116

etwa 10 cl Champagner
etwa 10 cl Guiness Stout (dunkles englisches Bier)

Zubereitungszeit: 5 Min.

1. Den Champagner in ein Longdrinkglas gießen, mit dem Bier auffüllen.

Tipp:
Wenn das Bier auf den Champagner gegossen wird, schäumt der Drink weniger, verliert weniger Kohlensäure und bleibt dadurch frischer.

Blätterteigrouladen

Blätterteigrouladen

20 Stück

Raffiniert

Pro Stück:
E: 9 g, F: 21 g, Kh: 23 g,
kJ: 1341, kcal: 321

2 Pck. (je 450 g, je 10 Platten) TK-Blätterteig
400 g Kohlrabi
600 g Möhren
250 g Zucchini
1 Gemüsezwiebel (etwa 350 g)
40 g Butter oder Margarine
Salz
1 Bund Koriander
400 g Doppelrahm-Frischkäse
1 Msp. Cayennepfeffer

Zum Bestreichen:
2–3 EL Milch

Für die Sauce:
1 Glas (150 ml) Mango-Chutney
500 g Magerquark
1 Becher (150 g) Crème fraîche

Zubereitungszeit: 50 Min.,
ohne Auftau- und Abkühlzeit
Backzeit: 25–30 Min. je Backblech

1. Blätterteigplatten zugedeckt nach Packungsanleitung auftauen lassen. Kohlrabi und Möhren putzen, schälen, waschen und abtropfen lassen. Zucchini waschen, abtrocknen und die Enden abschneiden. Kohlrabi, Möhren und Zucchini in feine Streifen schneiden. Gemüsezwiebel abziehen, halbieren und in dünne Streifen schneiden.
2. Butter oder Margarine in einem Topf zerlassen, Zwiebelstreifen darin glasig dünsten. Kohlrabi- und Möhrenstreifen hinzufügen und mit andünsten, mit Salz würzen. Die Zutaten zugedeckt bei schwacher Hitze etwa 10 Minuten garen. Zucchinistreifen unterheben, abkühlen lassen.
3. Jeweils 2 Blätterteigplatten aufeinander legen und auf einer bemehlten Arbeitsfläche zu je einem Quadrat (etwa 28 x 28 cm) ausrollen. Koriander abspülen und trockentupfen. Die Blättchen von den Stängeln zupfen. Blättchen fein hacken.
4. Das Gemüse in einem Sieb abtropfen lassen, Gemüsewasser dabei auffangen und 6 Esslöffel davon abmessen. Frischkäse mit dem Gemüsewasser verrühren. Das Gemüse mit Salz und Cayennepfeffer würzen. Koriander unterrühren.
5. Blätterteigquadrate halbieren und mit der Frischkäsemasse bestreichen, rundherum einen etwa 1 cm breiten Rand frei lassen. Gemüse auf der Frischkäsemasse verteilen. Teigplatten von der schmalen Seite her locker aufrollen.
6. Die Blätterteigrouladen mit der Nahtseite nach unten auf 2 Backbleche (mit Backpapier belegt) legen und mit Milch bestreichen. Die Rouladen mit einem scharfen Messer jeweils 2–3 mal schräg einschneiden. Die Backbleche nacheinander (bei Heißluft zusammen) in den Backofen schieben.
   Ober-/Unterhitze: etwa 200 °C (vorgeheizt)
   Heißluft: etwa 180 °C (vorgeheizt)
   Gas: Stufe 3–4 (vorgeheizt)
   Backzeit: 25–30 Minuten je Backblech.
7. Für die Sauce Mango-Chutney (große Fruchtstücke klein schneiden) mit Quark und Crème fraîche verrühren,

mit Salz abschmecken. Die Blätterteigrouladen heiß oder kalt mit der Sauce servieren.

Tipp:
Anstelle von Mango-Chutney kann die Sauce auch mit 2 Bechern Crème fraîche zubereitet werden und mit 2 Esslöffeln Currypulver und Salz gewürzt werden.

Bloody Mary

1 Portion

Mit Alkohol

Pro Portion:
E: 0 g, F: 0 g, Kh: 2 g,
kJ: 467, kcal: 111

2–3 Eiswürfel
4 cl Wodka
8 cl Tomatensaft
1 Spritzer Worcestersauce
1 Spritzer Tabasco
1 Spritzer Zitronensaft
frisch gemahlener weißer Pfeffer
1 Prise Salz

Zubereitungszeit: 5 Min.

1. Eiswürfel in ein Longdrinkglas geben. Wodka mit Tomatensaft, Worcestersauce, Tabasco, Zitronensaft, Pfeffer und Salz hineingeben und gut umrühren.

Tipp:
Den Drink nach Belieben mit einem Stück Staudensellerie servieren.

Bloody Mary

Blue Dream

Blue Dream

1 Portion

Mit Alkohol

Pro Portion:
E: 0 g, F: 0 g, Kh: 0 g,
kJ: 531, kcal: 127

einige Eiswürfel
2 cl Gin
2 cl Curaçao blue
1 cl Zitronensaft
1 Cocktailkirsche

Zubereitungszeit: 5 Min.

1. Die Eiswürfel in einen Shaker geben. Gin, Curaçao und Zitronensaft hinzufügen und schütteln.
2. Mischung in ein Cocktailglas abseihen. Die Kirsche auf einen Spieß stecken und in das Glas geben.

Blumenkohl-Curry

12 Portionen

Vegetarisch

Pro Portion:
E: 14 g, F: 21 g, Kh: 38 g,
kJ: 1706, kcal: 408

3 Köpfe Blumenkohl (je etwa 900 g)
6 Zwiebeln
10–12 Knoblauchzehen
120 g frischer Ingwer
1,2 kg Kartoffeln
3 säuerliche Äpfel
100 ml Maiskeimöl
5 gestr. EL Currypulver
75 g Weizenmehl
900 ml Gemüsebrühe
75 ml Zitronensaft
3 gestr. EL Paprikapulver edelsüß
3 gestr. EL Garam Masala (indische Gewürzmischung)
Salz
750 g Naturjoghurt
6 rote Paprikaschoten
200–250 g grüne Kürbiskerne ohne Schale

Blumenkohl-Curry

Zubereitungszeit: 60 Min.
Garzeit: 30–40 Min.

1. Vom Blumenkohl Blätter und schlechte Stellen entfernen und die Strünke abschneiden. Blumenkohl in kleine Röschen teilen, waschen und abtropfen lassen. Zwiebeln und Knoblauch abziehen und würfeln. Ingwer schälen und ebenfalls fein würfeln. Kartoffeln waschen, schälen, abspülen und in etwa 2 cm große Würfel schneiden. Äpfel vierteln, schälen, entkernen und ebenfalls würfeln.
2. Öl in einem großen Topf erhitzen und nach und nach Knoblauch, Zwiebeln und Ingwer andünsten, Currypulver unterrühren.
3. Mehl unter Rühren hinzufügen, kurz anschwitzen lassen. Gemüsebrühe hinzugießen, mit einem Schneebesen verrühren und die Sauce aufkochen lassen.
4. Sauce auf zwei Töpfe verteilen und jeweils die Hälfte von den Kartoffeln, den Apfelwürfeln und dem Blumenkohl hinzugeben. Erneut aufkochen lassen, mit je der Hälfte von Zitronensaft, Paprika, Garam Masala und Salz würzen und je Topf die Hälfte des Joghurts hinzugeben. Alles zugedeckt etwa 25 Minuten bei schwacher Hitze garen, dabei ab und zu umrühren.
5. Paprika halbieren, entstielen, entkernen und die weißen Scheidewände entfernen. Schoten waschen, abtropfen lassen und würfeln. Jeweils die Hälfte der Paprikawürfel und Kürbiskerne in einen Topf hinzufügen und noch 5–10 Minuten mitgaren.

Beilage: Reis.

Blumenkohl-Frischkäse-Suppe

12 Portionen

Gut vorzubereiten

Pro Portion:
E: 7 g, F: 14 g, Kh: 14 g,
kJ: 912, kcal: 218

2 Köpfe Blumenkohl (je 1–1,2 kg)
1750 ml (1 3/4 l) Gemüsebrühe
500 ml (1/2 l) Milch
200 g Doppelrahm-Frischkäse
3–4 EL Zitronensaft
Salz, geriebene Muskatnuss
8 Scheiben Weißbrot
100 g Butter
5–6 Kerbelstängel

Zubereitungszeit: 50 Min.

1. Vom Blumenkohl Blätter und schlechte Stellen entfernen. Blumenkohl in kleine Röschen zerteilen, waschen und abtropfen lassen. Die Strünke schälen und in kleine Würfel schneiden.
2. Gemüsebrühe in einem großen Topf zum Kochen bringen. Blumenkohlröschen, -würfel und Milch dazugeben, aufkochen lassen und bei schwacher Hitze zugedeckt etwa 15 Minuten köcheln lassen.
3. Blumenkohl mit Kochflüssigkeit pürieren. Frischkäse, Zitronensaft, Salz und Muskatnuss hinzufügen, alles nochmals kurz pürieren und erhitzen.
4. Weißbrot in kleine Würfel schneiden. Butter in einer Pfanne zerlassen und die Brotwürfel darin goldbraun rösten, erkalten lassen. Kerbel abspülen, trockentupfen und die Blättchen von den Stängeln zupfen. Die Suppe auf Teller verteilen und mit Brotwürfeln und Kerbelblättchen garniert servieren.

Rezeptvorschläge für ein Reis-Party-Buffet

Für ein Reis-Party-Buffet benötigen Sie für 10–12 Personen:
1 x Rezept Blumenkohl-Curry, Seite 28
1 x Rezept Orientalischer Reistopf, Seite 255
1 x Rezept Reissalat, Seite 294
1 x Rezept Rote Grütze, Seite 308

Außerdem:
750 g Langkornreis.
750 g Milchreis aus dem Kühlregal.

Vorbereitungen am Vortag:
- Reissalat zubereiten und kalt stellen.
- Rote Grütze zubereiten und kalt stellen.
- Lammrückenfilet kalt gestellt auftauen lassen.

Vorbereitungen am Tag der Party:

2–3 Stunden vorher:
- Blumenkohlcurry und Orientalischen Reistopf zubereiten.

20 Minuten vorher:
- Den Reis nach Packungsanleitung zubereiten, abtropfen lassen und warm halten.
- Milchreis mit der Roten Grütze anrichten.

Es eignen sich auch folgende zusätzliche Rezepte:
1 x Rezept Reistopf, Seite 295
1 x Rezept Reisauflauf mit Schafkäse, Seite 293
1 x Rezept Kalbs-Currys, scharf, Seite 162
1,5 x Rezept Quark-Erdbeer-Speise, Seite 285

Außerdem:
750 g Langkornreis oder Duftreis.

Tipp:
Den Langkornreis können Sie wie folgt zubereiten:
2 Zwiebeln abziehen und fein würfeln. Etwa 80 g Butter in einem großen Topf zerlassen. Zwiebelwürfel und Reis darin andünsten. 1 1/2 l Gemüsebrühe hinzugießen, zum Kochen bringen. Den Reis zugedeckt bei schwacher Hitze 15–20 Minuten quellen lassen. Den Reis evtl. mit Salz abschmecken.

Bohnenauflauf

12 Portionen

Einfach

Pro Portion:

E: 62 g, F: 27 g, Kh: 48 g,
kJ: 2874, kcal: 687

2 kg TK-Dicke Bohnen
4 große Zwiebeln (300 g)
200 g durchwachsener Speck
1 Bund glatte Petersilie
250 g roher gewürfelter Schinken

Für die Sauce:

5 Eier (Größe M)
250 g saure Sahne
250 g Crème fraîche
300 g geriebener Käse,
z. B. Gratin-Käse
Salz, frisch gemahlener Pfeffer
1 TL Paprikapulver edelsüß

Zubereitungszeit: 55 Min.
Garzeit: etwa 35 Min.

1. Bohnen in einem Topf nach Packungsanleitung bissfest kochen. Anschließend in einem Sieb abtropfen lassen.
2. Zwiebeln abziehen und fein würfeln. Speck in Würfel schneiden und in einer Pfanne auslassen. Zwiebelwürfel darin andünsten. Petersilie abspülen, trockentupfen und die Blättchen von den Stängeln zupfen. Einige Blättchen zum Garnieren beiseite legen, restliche Blättchen fein hacken und unter die Speck-Zwiebel-Masse rühren. Bohnen mit der Speck-Zwiebel-Masse und den Schinkenwürfeln mischen und in eine Fettfangschale geben.
3. Für die Sauce Eier, saure Sahne, Crème fraîche und etwa zwei Drittel des Käses verrühren, mit Salz und Pfeffer würzen. Die Sauce auf der Bohnenmasse verteilen. Restlichen Käse darüber streuen.
4. Die Fettfangschale in den Backofen schieben.
   Ober-/Unterhitze: etwa 200 °C (vorgeheizt)
   Heißluft: etwa 180 °C (nicht vorgeheizt)
   Gas: Stufe 3–4 (nicht vorgeheizt)
   Garzeit: etwa 35 Minuten.
5. Den Bohnenauflauf mit den beiseite gelegten Petersilienblättchen garnieren.

Beilage: Bohnenauflauf kann zu allem kurz Gebratenem, wie Filetsteaks, Rumpsteaks oder Schweinefilet serviert werden.

Abwandlung: Der Auflauf kann auch mit 2,5 kg frischen grünen Bohnen oder 1 kg frischen grünen Bohnen und 3 Gläsern (Einwaage je 400 g) weißen Bohnen zubereitet werden. Zusätzlich noch einige halbierte schwarze Oliven hinzufügen.

Bohnenauflauf

Bohnenauflauf nach Cowboy-Art

10–12 Portionen

Deftig

Pro Portion:

E: 16 g, F: 12 g, Kh: 41 g,
kJ: 1425, kcal: 338

3 Dosen Gemüsemais (Abtropfgewicht je 140 g)
1,5 kg fest kochende Kartoffeln
4 Dosen gebackene Bohnen (Baked Beans, Einwaage je 420 g)
300 ml Wasser
200 g Zwiebeln
4–5 Knoblauchzehen
3 EL Speiseöl, z. B. Olivenöl
600 g Tomaten, Salz
frisch gemahlener Pfeffer

Bohnenauflauf nach Cowboy-Art

1–2 Msp. Chilipulver
300 g halbierte Frühstücksspeckscheiben (Bacon)

Zubereitungszeit: 20 Min.
Garzeit: etwa 60 Min. je Form

1. Mais in einem Sieb abtropfen lassen. Kartoffeln waschen, schälen, abspülen, abtropfen lassen, in dünne Scheiben schneiden. Kartoffelscheiben mit den gebackenen Bohnen (mit der Flüssigkeit) und Wasser vermischen, in 2 hohe Auflaufformen geben.
2. Zwiebeln und Knoblauch abziehen und in kleine Würfel schneiden. Speiseöl in einer Pfanne erhitzen. Zwiebel- und Knoblauchwürfel darin andünsten.
3. Tomaten waschen, abtropfen lassen, halbieren und die Stängelansätze entfernen. Tomaten in größere Stücke schneiden.
4. Zwiebel-, Knoblauch- und Tomatenstücke mit dem Mais unter die Kartoffel-Bohnen-Mischung rühren. Mit Salz, Pfeffer und Chili würzen. Die Formen nacheinander (bei Heißluft zusammen) auf dem Rost in den Backofen schieben.

Ober-/Unterhitze: etwa 200 °C (vorgeheizt, unteres Drittel)
Heißluft: etwa 180 °C (nicht vorgeheizt)
Gas: Stufe 3–4 (nicht vorgeheizt, unteres Drittel)
Garzeit: etwa 60 Minuten je Form.

5. Nach etwa 40 Minuten Garzeit den Auflauf umrühren. Die Speckscheiben auf dem Auflauf verteilen und den Auflauf weitere 20 Minuten garen.

Bohnen-Paprika-Salat

12 Portionen

Vegetarisch

Pro Portion:
E: 10 g, F: 7 g, Kh: 21 g, kJ: 791, kcal: 189

1 Glas grüne Bohnen (Abtropfgewicht 360 g)
2 große Dosen Kidneybohnen (Abtropfgewicht je 500 g)
2 Dosen weiße Bohnen (Abtropfgewicht je 250 g)
1 Glas Sojabohnensprossen (Abtropfgewicht 160 g)
3 rote Paprikaschoten
6 mittelgroße Zwiebeln

Für die Sauce:
125 ml (1/8 l) Wasser
3–4 EL Kräuteressig
1 gestr. EL Zucker
Salz
frisch gemahlener Pfeffer
6–8 EL Speiseöl, z. B. Olivenöl

2 Pck. gemischte TK-Kräuter (je 25 g)

Zubereitungszeit: 40 Min., ohne Durchziehzeit

1. Die 3 Bohnensorten und Sprossen in einem Sieb abtropfen lassen. Paprikaschoten halbieren, entstielen, entkernen und die weißen Scheidewände entfernen. Die Schoten waschen, abtropfen lassen und in feine Streifen schneiden. Zwiebeln abziehen, in Scheiben schneiden und in Ringe teilen.
2. Für die Sauce Wasser mit Essig, Zucker, Salz und Pfeffer in einer großen Schüssel verrühren. Öl unterschlagen. Paprikastreifen und Zwiebelringe untermischen, alles etwa 1 Stunde durchziehen lassen.
3. Die abgetropften Bohnensorten und Kräuter mit den Zutaten in der Schüssel mischen, nach Belieben noch etwas durchziehen lassen.

Vorbereitungstipp:
Sie können den Salat bereits am Vortag zubereiten.

Tipp:
Anstelle der TK-Kräuter gehackte frische Kräuter verwenden.

Bohnen-Paprika-Salat

Bohnensalat mit Kasseler

Bohnensalat mit Kasseler

8–10 Portionen

Raffiniert

Pro Portion:
E: 22 g, F: 26 g, Kh: 23 g,
kJ: 1749, kcal: 417

800 g Kasselerrücken (ohne Knochen)
4 EL Speiseöl, z. B. Rapsöl
50 g Honig
frisch gemahlener Pfeffer
4 Dosen weiße Riesenbohnen
(Abtropfgewicht je 250 g)
2 Gläser Gewürzgurken
(Abtropfgewicht 185 g)
1 Bund Schnittlauch

Für die Sauce:
3–4 EL weißer Balsamico-Essig
125 ml (1/8 l) Gurkenflüssigkeit
Salz
125 ml (1/8 l) Speiseöl, z. B. Rapsöl

1 Kopf Friséesalat

Zubereitungszeit: 40 Minuten, ohne Abkühl- und Durchziehzeit

1. Kasseler unter fließendem kalten Wasser abspülen, trockentupfen und in Würfel schneiden. Öl in einer Pfanne erhitzen. Die Fleischwürfel in zwei Portionen jeweils 8–10 Minuten darin braten und mit Honig und Pfeffer würzen. Die Fleischwürfel abkühlen lassen.
2. Riesenbohnen in ein Sieb geben, kalt abspülen und abtropfen lassen. Gewürzgurken ebenfalls in einem Sieb abtropfen lassen, dabei die Gurkenflüssigkeit auffangen und 125 ml (1/8 l) für die Sauce abmessen. Die Gurken in Scheiben schneiden.
3. Bohnen, Gewürzgurkenscheiben und Kasselerwürfel in einer großen Schüssel mischen. Schnittlauch abspülen, trockentupfen und in Röllchen schneiden.
4. Für die Sauce Balsamico-Essig und abgemessene Gurkenflüssigkeit mit Salz und Pfeffer verrühren. Öl unterschlagen. Sauce und Schnittlauchröllchen mit den übrigen Salatzutaten in der Schüssel mischen und etwa 20 Minuten durchziehen lassen.
5. Friséesalat putzen, kalt abspülen, trockenschleudern und in kleine Stücke zupfen. Den Friséesalat zu den übrigen Zutaten in die Schüssel geben und vorsichtig untermischen.

Tipp:
Sie können den Salat auch mit getrockneten Bohnen anstelle der Bohnen aus der Dose zubereiten. Dafür etwa 600 g getrocknete weiße Riesenbohnen über Nacht in Wasser einweichen, am nächsten Tag in dem Wasser etwa 1 Stunde kochen, in ein Sieb geben, mit kaltem Wasser übergießen, abtropfen und erkalten lassen.

Bohnensuppe mit Hähnchenfleisch

12 Portionen

Gut vorzubereiten

Pro Portion:
E: 22 g, F: 20 g, Kh: 6 g,
kJ: 1212, kcal: 290

5 mittelgroße Zwiebeln
3 Möhren
500 g junge grüne Bohnen
3 Zucchini (etwa 750 g)
1 kleine Peperoni
3 EL Olivenöl
1–2 TL gerebeltes Bohnenkraut
1–2 TL gerebelter Majoran
2 l heiße Gemüsebrühe
750 g Hähnchenbrustfilet
300 g durchwachener geräucherter Speck
2 EL Olivenöl
Salz, frisch gemahlener Pfeffer
1 Bund Schnittlauch
300 g Crème fraîche
frisch geriebene Muskatnuss

Zubereitungszeit: 1 Std.

1. Zwiebeln abziehen und fein würfeln. Möhren putzen, schälen, waschen und in Würfel schneiden. Bohnen putzen, die Enden abschneiden und die Bohnen evtl. abfädeln. Bohnen waschen, abtropfen lassen und in Stücke schneiden. Zucchini waschen, abtrocknen und die Enden abschneiden. Zucchini in Würfel schneiden. Peperoni halbieren, entstielen, entkernen, waschen, abtropfen lassen und fein hacken.
2. Öl in einer großen Pfanne erhitzen. Zuerst Zwiebel- und Möhrenwürfel darin andünsten. Dann Bohnenstücke, Bohnenkraut, Majoran und Peperoniwürfel hinzufügen, kurz mitdünsten. Brühe unterrühren, zum Kochen bringen, etwa 20 Minuten köcheln lassen.
3. Hähnchenbrustfilet unter fließendem kalten Wasser abspülen, trockentupfen und in grobe Würfel schneiden. Speck fein würfeln. Öl in einer Pfanne erhitzen und die Speckwürfel darin ausbraten. Speckwürfel mit einer Schaumkelle herausnehmen. Hähnchenwürfel portionsweise in der Pfanne anbraten, herausnehmen und mit Salz und Pfeffer würzen.
4. Zucchini-, Speck- und Hähnchenwürfel in die Suppe geben, die Suppe wieder zum Kochen bringen und weitere 15 Minuten köcheln lassen.
5. Schnittlauch abspülen, trockentupfen und in Röllchen schneiden. Crème fraîche in die Suppe rühren, nochmals kurz aufkochen lassen. Die Suppe mit Salz und Pfeffer abschmecken und mit Schnittlauchröllchen bestreut servieren.

Beilage: Fladenbrot

Bohnensuppe mit Hähnchenfleisch

Bohnentopf mit Käse
12 Portionen

Dauert länger

Pro Portion:
E: 48 g, F: 28 g, Kh: 19 g,
kJ: 2188, kcal: 521

300 g getrocknete weiße Bohnen
2 l Wasser
2 kg Rindfleisch (ohne Knochen, Hoch- oder Querrippe)
3 Zwiebeln
6 EL Olivenöl
Salz
frisch gemahlener Pfeffer

2 1/2 kg grüne Bohnen
1 kg Möhren
1 Bund Bohnenkraut
2 1/2 l Gemüsebrühe
250 g geriebener alter Gouda-Käse

Zubereitungszeit: 50 Min., ohne Einweichzeit
Garzeit: etwa 100 Min.

1. Weiße Bohnen über Nacht in Wasser einweichen. Am nächsten Tag die Bohnen in ein Sieb abgießen, dabei das Einweichwasser auffangen und 1 Liter abmessen.
2. Rindfleisch unter fließendem kalten Wasser abspülen, trockentupfen und in etwa 2 cm große Würfel schneiden. Zwiebeln abziehen und in Würfel schneiden.
3. Olivenöl in einer großen Pfanne erhitzen. Die Fleisch- und Zwiebelwürfel portionsweise darin anbraten, mit Salz und Pfeffer würzen.
4. Weiße Bohnen mit den Fleisch- und Zwiebelwürfeln in einen großen Topf geben. Abgemessenes Einweichwasser hinzugießen und zum Kochen bringen. Das Ganze bei mittlerer Hitze etwa 60 Minuten kochen lassen.
5. Grüne Bohnen putzen, die Enden abschneiden. Die Bohnen evtl. abfädeln, waschen, abtropfen lassen und in etwa 3 cm lange Stücke schneiden. Möhren putzen, schälen, abspülen, abtropfen lassen und in schräge, etwa 1 cm dicke Scheiben schneiden. Bohnenkraut abspülen, trockentupfen und die Blättchen von den Stängeln zupfen. Einige Blättchen zum Garnieren beiseite legen.
6. Bohnen- und Möhrenstücke, Bohnenkraut und Brühe mit in den Topf geben. Alles wieder zum Kochen bringen und noch weitere etwa 40 Minuten bei mittlerer Hitze kochen lassen.
7. Die Suppe mit Salz und Pfeffer abschmecken. Suppe portionsweise mit Käse und Bohnenkrautblättchen bestreut servieren.

Tipp:
Weiße Bohnen aus der Dose nehmen, dann entfällt die Einweichzeit.
Die weißen Bohnen dann erst unter Punkt 6 mit in den Topf geben.

Bohnentopf mit Käse

Börsenhäppchen
10 Stück

Mit Alkohol

Pro Stück:
E: 5 g, F: 2 g, Kh: 22 g,
kJ: 711, kcal: 170

10 Scheiben Weißbrot
3 EL Weinbrand
frisch gemahlener Pfeffer
20 grüne Salatblätter
(z. B. Friséesalat oder Lollo Bionda)
5 mittelgroße Tomaten
Salz
5 Scheiben Ananas (aus der Dose)
10 Scheiben durchwachsener Speck
2 EL Speiseöl
10 TL Weinbrand
10 grüne Oliven, mit Paprika gefüllt

Zubereitungszeit: 40 Min.

1. Weißbrot toasten, mit Weinbrand beträufeln und mit Pfeffer bestreuen.
2. Salatblätter waschen und trockentupfen. Jeweils 2 Salatblätter auf eine Toastbrotscheibe legen.

3. Tomaten waschen, abtrocknen und die Stängelansätze herausschneiden. Tomaten in dünne Scheiben schneiden und auf den Salatblättern verteilen, mit Salz und Pfeffer würzen.
4. Ananasscheiben in einem Sieb abtropfen lassen und halbieren. Die halbierten Ananasscheiben mit je einer Scheibe Speck umwickeln, evtl. feststecken.
5. Speiseöl in einer Pfanne erhitzen. Darin die mit Speck umwickelten Ananasscheiben von beiden Seiten etwas anbraten.
6. Jede Brotscheibe mit 1 Speck-Ananas-Scheibe belegen und mit einem Holzstäbchen feststecken. Die Speck-Ananas-Scheiben mit jeweils 1 Teelöffel Weinbrand beträufeln. Die Oliven auf die Enden der Holzstäbchen stecken. Sofort servieren.

Tipp:
Sie können die Börsenhäppchen auch als Fingerfood reichen. Aus Weißbrotscheiben runde Taler (Ø etwa 5 cm) ausstechen. Dann wie unter Punkt 1–3 beschrieben weiterarbeiten. Abgetropfte Ananasscheiben in je 4 Stücke schneiden, mit je einer halben Scheibe Speck umwickeln und mit Punkt 5 fortfahren.

Börsenhäppchen

Brathähnchensalat

Brathähnchensalat

10–12 Portionen

Schnell

Pro Portion:
E: 45 g, F: 23 g, Kh: 19 g, kJ: 1945, kcal: 465

2 Köpfe Eisbergsalat
2 Dosen Ananasstücke (Abtropfgewicht je 340 g)
2 Dosen Mandarinen (Abtropfgewicht je 175 g)
3 Kiwis
3 gebratene, abgekühlte Hähnchen vom Grill (je etwa 1 kg)

Für das Dressing:
250 g Salatmayonnaise
4–6 EL Tomatenketchup
4 EL Orangensaft
100 g Naturjoghurt (1,5% Fett)
1–2 TL flüssiger Honig
Salz
frisch gemahlener Pfeffer
1–2 Msp. Chilipulver

Zubereitungszeit: 40 Min.

1. Salat putzen, in mundgerechte Stücke schneiden, waschen und gut abtropfen lassen. Ananas und Mandarinen abtropfen lassen. Kiwis schälen, halbieren und in Scheiben schneiden.
2. Das Hähnchenfleisch vom Knochen lösen, evtl. enthäuten und in Stücke schneiden.
3. Für das Dressing Mayonnaise mit Ketchup, Orangensaft und Joghurt verrühren, mit Honig, Salz, Pfeffer und Chilipulver abschmecken.
4. Salatstücke mit Ananasstücken, Mandarinen und Hähnchenfleisch vermischen. Salat auf Tellern anrichten und mit den Kiwischeiben garniert servieren. Dressing darauf träufeln.

Bratkartoffelsalat mit Lamm und Tsatsiki

10–12 Portionen

Raffiniert

Pro Portion:
E: 28 g, F: 29 g, Kh: 35 g, kJ: 2168, kcal: 517

4 Lammrückenfilets (Lammlachse, je etwa 300 g)
4 Knoblauchzehen
2 rote Peperoni
6 EL Olivenöl
1–2 TL gerebelter Thymian

2 kg kleine neue Kartoffeln

Für das Tsatsiki:
1 kg Naturjoghurt (10% Fett)
2–3 EL Olivenöl
Salz, frisch gemahlener Pfeffer
1 Salatgurke
6 Knoblauchzehen

2 Bund Frühlingszwiebeln
6 EL Olivenöl

Zubereitungszeit: 55 Min., ohne Marinierzeit

1. Lammfilets unter fließendem kalten Wasser abspülen und trockentupfen. Filets in große Würfel schneiden und in eine flache Schale legen. Knoblauch abziehen und in kleine Würfel schneiden. Peperoni halbieren, entstielen, entkernen, abspülen, trockentupfen und würfeln.
2. Olivenöl mit Knoblauch-, Peperoniwürfeln und Thymian verrühren. Die Marinade mit den Lammfiletwürfeln mischen und kalt gestellt etwa 1 Stunde marinieren.
3. Kartoffeln gründlich waschen, mit Wasser bedeckt zum Kochen bringen, zugedeckt in 20–25 Minuten gar kochen. Kartoffeln abgießen, mit kaltem Wasser abschrecken, abtropfen lassen und warm stellen.
4. Für das Tsatsiki den Joghurt in eine Schüssel geben, Olivenöl unterrühren, mit Salz und Pfeffer würzen. Gurke schälen, halbieren, entkernen und auf einer Haushaltsreibe grob raspeln. Knoblauch abziehen und in kleine Würfel schneiden. Gurkenraspel und Knoblauchwürfel unter den Joghurt rühren. Tsatsiki beiseite stellen.
5. Frühlingszwiebeln putzen, waschen, abtropfen lassen und in Ringe schneiden. Olivenöl in einer großen Pfanne erhitzen. Kartoffeln halbieren und unter mehrmaligem Wenden darin anbraten. Zwiebelringe unterrühren und kurz mitbraten, mit Salz und Pfeffer bestreuen. Kartoffeln mit den Zwiebelringen aus der Pfanne nehmen und auf einer großen Platte anrichten.
6. Lammfiletwürfel aus der Marinade nehmen, in die Pfanne geben, von allen Seiten gut anbraten, evtl. mit Salz bestreuen und etwa 5 Minuten ruhen lassen.
7. Lammfiletwürfel auf den Kartoffeln verteilen. Beiseite gestelltes Tsatsiki in Klecksen darauf geben und sofort servieren.

Tipp:
Salat mit frischem Majoran, Oregano oder Thymian garnieren.

Bratkartoffelsalat mit Lamm und Tsatsiki

Bratwurstpfanne

Bratwurstpfanne

8–10 Portionen

Schnell

Pro Portion:
E: 30 g, F: 43 g, Kh: 10 g,
kJ: 2396, kcal: 572

10 ungebrühte grobe Bratwürste (etwa 1,3 kg)
je 1 rote, grüne und gelbe Paprikaschote
600 g Champignons
1 Salatgurke
1 Glas Silberzwiebeln (Abtropfgewicht 190 g)
2 Beutel Champignon-Rahmsauce (für je $^1/_4$ l Flüssigkeit)
250 g Crème fraîche
knapp $^1/_2$ TL Pul Biber (geschrotete Pfefferschoten)
1 Bund Petersilie

Zubereitungszeit: 45 Min.
Garzeit: etwa 40 Min.

1. Bratwürste in eine Fettfangschale (gefettet) legen, unter den Grill in den Backofen schieben und etwa 10 Minuten grillen, dabei 1-mal wenden.
2. Paprikaschoten halbieren, entstielen, entkernen und die weißen Scheidewände entfernen. Schoten waschen, abtropfen lassen und grob würfeln. Champignons putzen, evtl. mit Küchenpapier abreiben, kurz abspülen, gut abtropfen lassen und in Stücke schneiden.
3. Gurke schälen, längs halbieren und die Kerne mit einem Teelöffel herausschaben. Die Gurke in etwa 1 cm breite Stücke schneiden. Silberzwiebeln abtropfen lassen. Paprika, Champignons, Gurke und Silberzwiebeln zu den Bratwürsten geben und die Fettfangschale wieder in den Backofen schieben.
   Ober-/Unterhitze: etwa 200 °C (vorgeheizt)
   Heißluft: etwa 180 °C (vorgeheizt)
   Gas: Stufe 3–4 (vorgeheizt)
   Garzeit: etwa 40 Minuten.
4. Nach etwa 30 Minuten Garzeit Champignon-Rahmsauce mit dem sich gebildeten Saft in der Fettfangschale verrühren, mit Pul Biber würzen. Die Fettfangschale zurück in den Backofen schieben und die Bratwurstpfanne zu Ende garen.
5. Petersilie abspülen, trockentupfen und die Blättchen von den Stängeln zupfen. Blättchen fein hacken. Nach dem Garen Crème fraîche unter die Sauce rühren und die Bratwurstpfanne mit Petersilie bestreuen.

Tipp:
Dazu Baguette, Reis oder Kartoffelbrei servieren. Die Bratwürste können auch in einer Pfanne angebraten werden.

Bratwurstwähe

Für 12 Portionen

Raffiniert

Pro Portion:
E: 30 g, F: 60 g, Kh: 33 g,
kJ: 3330, kcal: 796

Für den Teig:
500 g Weizenmehl
250 g Butter
1 TL Salz
4–5 EL kaltes Wasser

Für den Belag:
2 1/2 kg Blattspinat
2 Zwiebeln
30 g Butter
Salz
frisch gemahlener Pfeffer
geriebene Muskatnuss
1 kg dünne grobe Bratwürste (wenn möglich aneinander hängende Bratwürste beim Schlachter vorbestellen)
2 EL Speiseöl
4 Eier (Größe M)
250 ml (1/4 l) Schlagsahne
250 g geriebener Gouda-Käse

Bratwurstwähe

Zubereitungszeit: 50 Min., ohne Teigruhezeit
Backzeit: etwa 45 Min.

1. Für den Teig Mehl in eine Schüssel sieben. Butter, Salz und Wasser hinzufügen und alles zu einem glatten Teig verkneten. Teig in Folie gewickelt mindestens 30 Minuten kalt stellen.
2. Für den Belag Spinat verlesen, gut waschen und abtropfen lassen. Zwiebeln abziehen und würfeln. Butter in einer Pfanne zerlassen und die Zwiebelwürfel darin andünsten. Spinat hinzufügen und mitdünsten, bis er zusammenfällt (eventuell in zwei Portionen). Spinat mit Salz, Pfeffer und Muskatnuss würzen, etwas abkühlen lassen.
3. Teig halbieren. Jede Hälfte auf einer bemehlten Arbeitsfläche zu einem Teigboden (Ø je 32–34 cm) ausrollen. Zwei Pie- oder Tarteformen (Ø 28–30 cm, gefettet) mit den Teigböden auslegen. Teig am Rand leicht andrücken. Teigböden mit einer Gabel mehrfach einstechen.
4. Die Formen auf dem Rost in den Backofen schieben und nacheinander (bei Heißluft zusammen) vorbacken.
   Ober-/Unterhitze: etwa 200 °C (vorgeheizt)
   Heißluft: etwa 180 °C (vorgeheizt)
   Gas: Stufe 3–4 (vorgeheizt)
   Backzeit: etwa 15 Minuten.
5. Spinat auf den Böden verteilen. Jeweils die Hälfte der Bratwürste zu einer Schnecke aufrollen (evtl. mit Rouladennadeln feststecken). Öl in einer Pfanne erhitzen. Die Bratwurstschnecken von beiden Seiten bei mittlerer Hitze darin anbraten. Rouladennadeln entfernen. Jeweils eine Schnecke in eine Form auf den Spinat legen.
6. Eier mit Sahne verschlagen. Käse unterrühren, mit Salz, Pfeffer und Muskat würzen. Eiermischung gleichmäßig über Spinat und Bratwurstschnecken gießen.
7. Die Formen nacheinander (bei Heißluft zusammen) wieder auf dem Rost in den Backofen schieben.
   Ober-/Unterhitze: etwa 200 °C (vorgeheizt)
   Heißluft: etwa 180 °C (vorgeheizt)
   Gas: Stufe 3–4 (vorgeheizt)
   Backzeit: etwa 30 Minuten.

Brokkoli-Blumenkohl-Auflauf

8–10 Portionen

Für Kinder

Pro Portion:
E: 41 g, F: 40 g, Kh: 21 g,
kJ: 2694, kcal: 644

1 kg Blumenkohl
1 1/2 kg Brokkoli
Salzwasser
750 g gekochte Pellkartoffeln
500 g Krakauer oder Fleischwurst mit Knoblauch

Für den Guss und zum Bestreuen:
6 Eier (Größe M)
400 ml Schlagsahne
250 ml (1/4 l) Gemüsebrühe
Salz
frisch gemahlener Pfeffer
geriebene Muskatnuss
400 g mittelalter Gouda-Käse

Zubereitungszeit: 30 Min.
Garzeit: etwa 45 Min.

Brokkoli-Blumenkohl-Auflauf

1. Von dem Blumenkohl die Blätter und schlechten Stellen entfernen, den Strunk abschneiden, die Röschen vom Strunk schneiden, waschen und abtropfen lassen. Von dem Brokkoli die Blätter entfernen, den Brokkoli waschen, in Röschen teilen und den Strunk schälen.
2. Blumenkohl und Brokkoli in kochendes Salzwasser geben und etwa 10 Minuten kochen lassen. Beide Zutaten dann in ein Sieb geben, mit kaltem Wasser übergießen und abtropfen lassen.
3. Kartoffeln pellen, in Scheiben schneiden und in eine große, flache Auflaufform geben. Wurst in Scheiben schneiden. Blumenkohl- und Brokkoliröschen abwechselnd mit den Wurstscheiben auf die Kartoffeln geben.
4. Für den Guss Eier mit Sahne und Gemüsebrühe verschlagen und mit Salz, Pfeffer und Muskatnuss kräftig würzen.
5. Gouda reiben. Die Hälfte des Käses unter den Guss mischen und die Mischung über die Zutaten in der Form gießen. Den restlichen Käse darüber streuen. Die Form auf dem Rost in den Backofen schieben.

Ober-/Unterhitze: 180–200 °C (vorgeheizt)
Heißluft: 160–180 °C (nicht vorgeheizt)
Gas: etwa Stufe 3 (nicht vorgeheizt)
Garzeit: etwa 45 Minuten.

Tipp:
Anstelle von 400 ml Schlagsahne können Sie für den Guss auch halb Sahne, halb Milch verwenden.

Brokkoli-Käse-Suppe

12 Portionen

Vegetarisch

Pro Portion:
E: 11 g, F: 14 g, Kh: 6 g,
kJ: 851, kcal: 203

1,5 kg Brokkoli
2,25 l (2 1/4 l) Gemüsebrühe
600 g Sahne-Schmelzkäse
3 Pck. helle Sauce (für je 250 ml Flüssigkeit)
frisch gemahlener Pfeffer
geriebene Muskatnuss

Zubereitungszeit: 30 Min.

1. Vom Brokkoli Blätter entfernen, den Brokkoli waschen, den Strunk schälen, klein schneiden und Brokkoli in Röschen teilen. Gemüsebrühe zugedeckt zum Kochen bringen und Brokkoli etwa 5 Minuten darin garen.
2. Knapp die Hälfte der Brokkoliröschen mit einer Schaumkelle entnehmen und in einem Sieb abtropfen lassen. Die andere Hälfte zusammen mit der Brühe pürieren, Käse hinzufügen und unter Rühren auflösen.
3. Saucenpulver mit einem Schneebesen in die Suppe rühren, Suppe aufkochen lassen und mit Pfeffer und Muskatnuss würzen.
4. Vor dem Servieren zurückgelegte Brokkoliröschen in der Suppe kurz erwärmen.

Brokkoli-Käse-Suppe

Brot, gefüllt mit Frischkäse

Brot, gefüllt mit Frischkäse

12 Portionen (Scheiben)

Gut vorzubereiten

Pro Portion (Scheibe):
E: 9 g, F: 21 g, Kh: 24 g,
kJ: 1428, kcal: 341

1 Weißbrot vom Vortag (etwa 500 g)
150 g weiche Butter
250 g Doppelrahm-Frischkäse
2 EL Tomatenmark
2 EL Remoulade
200 g magerer gekochter Schinken
1 Bund Frühlingszwiebeln
1 Bund Schnittlauch
2 Gewürzgurken
Salz, frisch gemahlener weißer Pfeffer
½–1 TL Paprikapulver edelsüß

Zubereitungszeit: 30 Min.,
ohne Kühlzeit

1. Von dem Weißbrot ein Viertel abschneiden, beide Teile aushöhlen.
2. Butter mit Frischkäse, Tomatenmark und Remoulade zu einer glatten Creme verrühren. Schinken in kleine Würfel schneiden.
3. Frühlingszwiebeln putzen, waschen, abtropfen lassen, sehr fein schneiden. Schnittlauch abspülen, mit Küchenpapier trockentupfen, in feine Röllchen schneiden.
4. Gurken abtropfen lassen, in feine Würfel schneiden. Die vier Zutaten unter die Creme rühren, mit Salz, Pfeffer, Paprika abschmecken.
5. Die Masse in die Brotteile füllen, die Teile zusammensetzen, mit Alufolie umwickeln und etwa 3 Stunden in den Kühlschrank legen. Vor dem Servieren mit einem elektrischen Messer in 12 Scheiben schneiden.

Tipp:
Dazu Tomaten-Ketchup und grüne Oliven, mit Paprika gefüllt, reichen.

Brot mit Käsefüllung

12 Portionen

Beliebt – dauert länger

Pro Portion:
E: 14 g, F: 13 g, Kh: 36 g,
kJ: 1351, kcal: 323

Für den Teig:
500 g Weizenmehl
1 Pck. (42 g) Frischhefe
1 EL Zucker
250 ml (¼ l) lauwarme Milch
1 gestr. TL Salz
60 g weiche Butter

Für die Füllung:
50 g getrocknete Tomaten
3 Frühlingszwiebeln (70 g)
200 g Feta-Käse
150 g Schichtkäse
1 Ei (Größe M)
100 g geriebener Emmentaler-Käse
frisch gemahlener Pfeffer

1 Eiweiß
3 EL kaltes Wasser
2 EL Sonnenblumenkerne

Zubereitungszeit: 40 Min.,
ohne Teiggehzeit
Backzeit: 40–50 Min.

1. Für den Teig das Mehl in eine Rührschüssel sieben und in die Mitte eine Mulde drücken. Die Hefe zerbröckeln, in die Mulde geben und mit Zucker bestreuen. Milch über die Hefe gießen. Milch, Hefe und Zucker mit einem Teil des Mehls verrühren, zugedeckt an einem warmen Ort 10–15 Minuten gehen lassen.
2. Salz und Butter in kleinen Stücken auf den Mehlrand in die Schüssel geben.

Die Zutaten mit Handrührgerät mit Knethaken zuerst auf niedrigster, dann auf höchster Stufe in etwa 5 Minuten zu einem Teig verarbeiten. Den Teig zugedeckt an einem warmen Ort so lange gehen lassen, bis er sich sichtbar vergrößert hat.

3. Für die Füllung Tomaten in eine Schüssel geben, mit kochendem Wasser übergießen, kurz ziehen lassen, dann in ein Sieb geben und abtropfen lassen.
4. Frühlingszwiebeln putzen, waschen, abtropfen lassen und in feine Ringe schneiden. Feta-Käse in kleine Stücke schneiden oder zerbröseln. Getrocknete Tomaten in kleine Würfel schneiden und mit Schichtkäse, Feta-Käse und Ei verrühren. Emmentaler-Käse und Zwiebelringe unterheben. Die Füllung mit Pfeffer würzen und kalt stellen.
5. Den Teig auf der bemehlten Arbeitsfläche kurz durchkneten und zu einem Quadrat (etwa 40 x 40 cm) ausrollen. Das Teigquadrat diagonal so auf ein Backblech (30 x 40 cm, mit Backpapier belegt) legen, dass eine Spitze nach unten zeigt und der Teig überhängt.
6. Die Füllung in der Mitte des Quadrates verteilen. Die Ecken des Quadrates zur Mitte hin über die Füllung legen, dabei die Teigkanten etwa 1 cm überlappen lassen. Die Füllung sollte ganz bedeckt sein, zugedeckt nochmals etwa 15 Minuten an einem warmen Ort gehen lassen.
7. Eiweiß mit Wasser verquirlen, die Teigoberfläche damit bestreichen und mit Sonnenblumenkernen bestreuen. Das Backblech in den Backofen schieben.
   Ober-/Unterhitze: etwa 180 °C (vorgeheizt)
   Heißluft: etwa 160 °C (nicht vorgeheizt)
   Gas: Stufe 2–3 (nicht vorgeheizt)
   Backzeit: 40–50 Minuten.

Brot mit Käsefüllung

Brühwürste, gefüllt

12 Stück

Einfach

Pro Portion:
E: 30 g, F: 59 g, Kh: 2 g,
kJ: 2732, kcal: 653

12 Brühwürste (je etwa 150 g)
4 Zwiebeln
40 g Butter
250 g mittelalter Holland-Gouda
1 Bund glatte Petersilie
1 Bund Schnittlauch
grob gemahlener Pfeffer
1 Becher (150 g) Crème fraîche
24 Scheiben Frühstücksspeck (Bacon)

Zubereitungszeit: 30 Min.
Garzeit: etwa 15 Min.

1. Würste der Länge nach tief einschneiden, so dass sie unten noch zusammenhängen.
2. Zwiebeln abziehen und würfeln. Butter in einer Pfanne zerlassen und die Zwiebelwürfel darin glasig dünsten, etwas abkühlen lassen. Käse fein würfeln.
3. Kräuter abspülen und trockentupfen. Petersilienblättchen von den Stängeln zupfen. Blättchen fein schneiden. Schnittlauch in Röllchen schneiden.
4. Zwiebeln mit den Kräutern, Pfeffer, Crème fraîche und Käsewürfeln mischen. Die Würste damit bergartig füllen.
5. Je 2 Scheiben Bacon um eine Wurst wickeln. Würste auf ein Backblech legen. Backblech in den Backofen schieben.
   Ober-/Unterhitze: etwa 200 °C (vorgeheizt)
   Heißluft: etwa 180 °C (vorgeheizt)
   Gas: Stufe 3–4 (vorgeheizt)
   Garzeit: etwa 15 Minuten.

Beilage: Frische Brötchen und Salat.

Tipp:
Brühwürste mit Knoblauch nehmen.

Cabanossi-Auflauf

12 Portionen

Beliebt

Pro Portion:
E: 25 g, F: 29 g, Kh: 27 g,
kJ: 2068, kcal: 493

6 dicke Möhren (etwa 800 g)
1,4 kg fest kochende Kartoffeln
3 Stangen Porree (Lauch, etwa 600 g)
1 Dose Sauerkraut
(Abtropfgewicht 770 g)
650 g Cabanossi
Salzwasser
1 l Milch
10 Eier (Größe M)
1–2 TL Paprikapulver edelsüß
Salz
frisch gemahlener Pfeffer

Zubereitungszeit: 50 Min.
Garzeit: etwa 60 Min.

1. Möhren putzen, schälen, waschen, abtropfen lassen. Kartoffeln waschen, schälen, abspülen und abtropfen lassen. Möhren und Kartoffeln in Scheiben schneiden. Porree putzen, die Stangen längs halbieren, waschen, abtropfen lassen und in feine Streifen schneiden.
2. Sauerkraut in einem Sieb abtropfen lassen. Cabanossi in Scheiben schneiden.
3. Salzwasser zum Kochen bringen, Kartoffel- und Möhrenscheiben darin etwa 5 Minuten garen, in ein Sieb geben, mit kaltem Wasser übergießen und abtropfen lassen.
4. Milch und Eier verschlagen, mit Paprikapulver, Salz und Pfeffer würzen. Möhren-, Kartoffelscheiben, Porreestreifen, Sauerkraut und Cabanossischeiben vermengen und in eine große, flache Auflaufform oder Fettfangschale geben. Eiermilch darüber gießen. Die Form auf dem Rost oder die Fettfangschale in den Backofen schieben.
Ober-/Unterhitze: etwa 180 °C (vorgeheizt)
Heißluft: etwa 160 °C (nicht vorgeheizt)
Gas: Stufe 2–3 (nicht vorgeheizt)
Garzeit: etwa 60 Minuten.

Cabanossi-Auflauf

Beilage: Rustikales Kümmel- oder Zwiebelbaguette.

Abwandlung:
Statt der Cabanossi können auch 6 Mettendchen oder Räucherwürstchen verwendet werden. Sie können statt Möhren und Porree auch 5 grüne Paprikaschoten halbieren, entstielen, entkernen und die weißen Scheidewände entfernen. Die Schoten waschen und in Streifen schneiden. Paprikastreifen in kochendem Salzwasser 1–2 Minuten garen. Paprikastreifen in ein Sieb geben und gut abtropfen lassen. Die Paprikastreifen statt Möhren und Porree zum Sauerkraut geben.

Caipirinha

1 Portion

Mit Alkohol

Pro Portion:
E: 0 g, F: 1 g, Kh: 13 g,
kJ: 805, kcal: 192

1 Bio-Limette (unbehandelt, ungewachst)
2–3 TL brauner Zucker (Rohrzucker)
grob zerstoßenes Eis oder Crushed Ice
5 cl Cachaça

Zubereitungszeit: 5 Min.

1. Die Limette mit heißem Wasser abwaschen und abtrocknen. Limette achteln, in einen Tumbler (Becherglas) geben, mit dem Zucker bestreuen und alles mit einem Holzstößel gut zerdrücken.

Caipirinha

2. Das Glas mit dem Eis auffüllen und Cachaça dazugießen. Den Drink umrühren und mit 1–2 kurzen Trinkhalmen servieren.

Tipp:
Cachaça ist ein brasilianischer Zuckerrohrschnaps, der nicht wie Rum aus Melasse, sondern aus frischem Zuckerrohr hergestellt wird.

Abwandlung:
Köstlich schmeckt auch Cachaça-Cola. Dazu 4 cl Cachaça in ein zur Hälfte mit Eiswürfeln gefülltes Longdrinkglas geben, mit kalter Cola auffüllen und nach Belieben einen Spritzer Limettensaft dazugeben.

Rezeptvorschläge für ein Halloween-Party-Buffet

Für ein Halloween-Party-Buffet benötigen Sie für 10–12 Personen:
1 x Rezept Cabanossi-Auflauf, Seite 42
1 x Rezept Eierigel, Seite 64
1,5 x Rezept Hick-Hack-Pfanne, Seite 141
1,5 x Rezept Götterspeise, kunterbunt, Seite 115

Außerdem:
Etwa 1 kg gemischte, kleine Brötchen.

Vorbereitungen am Vortag:
- Die Götterspeise fertig zubereiten und kalt stellen.
- Eier für die Eierigel kochen.

Vorbereitungen am Tag der Party:

2–3 Stunden vorher:	• Für den Cabanossi-Auflauf Punkt 1 bis 4 zubereiten, jedoch noch nicht in den Backofen schieben.
2 Stunden vorher:	• Für die Hick-Hack-Pfanne Punkt 1 und 2 zubereiten.
1 Stunde vorher:	• Den Cabanossi-Auflauf in den Backofen schieben. • Die Eierigel zubereiten und anrichten. • Hick-Hack-Pfanne zubereiten.

Es eignen sich auch folgende zusätzliche Rezepte:
1 x Rezept Mozzarellaspieße, Seite 238
1,5 x Rezept Lammragout mit Gemüse, Seite 203
1 x Rezept Hot Chicken Pizza, Seite 145
1 x Rezept Schokoladenauflauf mit Aprikosen, Seite 336

Calvados-Rouladen

8 Stück

Mit Alkohol

Pro Portion:
E: 47 g, F: 28 g, Kh: 7 g,
kJ: 2045, kcal: 489

8 Schweineschnitzel (je etwa 180 g)
Salz
frisch gemahlener Pfeffer
2 gestr. EL mittelscharfer Senf
2 gestr. EL Curryketchup
8 Scheiben Frühstücksspeck (Bacon, in Größe der Schweineschnitzel)
8 Scheiben junger Gouda-Käse
3 mittelgroße Zwiebeln
2 Stangen Porree (Lauch, etwa 400 g)
2 säuerliche Äpfel
50 g Butterschmalz
250 ml (1/4 l) heiße Fleischbrühe
20 g Weizenmehl
125 ml (1/8 l) Schlagsahne
4 EL Calvados (Apfelbranntwein)
1 Topf Estragon

Außerdem:
Küchengarn
oder Holzstäbchen

Zubereitungszeit: 60 Min.
Garzeit: etwa 45 Min.

1. Schweineschnitzel unter fließendem kalten Wasser abspülen und trockentupfen, evtl. in einen Gefrierbeutel geben und flach klopfen. Mit Salz und Pfeffer würzen. Senf mit Curryketchup verrühren. Die Schnitzel damit bestreichen und mit jeweils einer Scheibe Frühstücksspeck und einer Scheibe Käse belegen.
2. Zwiebeln abziehen und in Würfel schneiden. Porree putzen, Stangen längs halbieren, gründlich waschen, abtropfen lassen und in Streifen schneiden. Äpfel vierteln, schälen, entkernen und in kleine Würfel schneiden. Zwiebelwürfel mit den Porreestreifen und Apfelwürfeln vermengen.
3. Die Schnitzel mit einem Teil der Apfel-Zwiebel-Porree-Mischung belegen. Restliche Apfel-Zwiebel-Porree-Mischung beiseite stellen.
4. Die Schnitzel von der schmalen Seite her aufrollen und mit Küchengarn oder Holzstäbchen zusammenbinden bzw. -stecken.
5. Butterschmalz in einer Pfanne erhitzen. Die Rouladen von allen Seiten darin anbraten. Die beiseite gestellte Apfel-Zwiebel-Porree-Mischung hinzugeben und kurz mitdünsten. Brühe hinzugießen. Die Rouladen zugedeckt etwa 40 Minuten garen.
6. Die garen Rouladen herausnehmen (Küchengarn oder Holzstäbchen entfernen), auf einer Platte anrichten und zugedeckt warm stellen.
7. Mehl mit Sahne anrühren. Das angerührte Mehl mit einem Schneebesen in die Gemüsesauce rühren und unter Rühren etwa 5 Minuten köcheln lassen.
8. Estragon abspülen und trockentupfen. Die Blättchen von den Stängeln zupfen. Etwa die Hälfte der Blättchen fein hacken. Calvados und gehackten Estragon in die Sauce einrühren. Die Rouladen mit dem restlichen Estragon garnieren und mit der Sauce servieren.

Tipp:
Die Calvados-Rouladen können auch mit Kalbs- oder dünnen Putenschnitzeln zubereitet werden.

Calzonebraten

8–10 Portionen

Raffiniert

Pro Portion:
E: 65 g, F: 16 g, Kh: 20 g,
kJ: 2147, kcal: 512

Calvados-Rouladen

Calzonebraten

2 Stücke Schweinefleisch (aus der Oberschale, je etwa 1,2 kg)
Salz
frisch gemahlener Pfeffer
120 g getrocknete Tomaten in Öl
etwa 24 kleine schwarze Oliven (ohne Stein)
je 2 gelbe, rote und grüne Paprikaschoten
6 mittelgroße Zwiebeln
4 Knoblauchzehen
3 Scheiben Toastbrot
6 EL Olivenöl
2 Pck. TK-8-Kräuter-Mischung (je 25 g)
1/2–1 TL Paprikapulver edelsüß
250 ml (1/4 l) Gemüsebrühe
4 Dosen stückige Tomaten (je 400 g)

Außerdem:
Holzstäbchen oder Küchengarn

Zubereitungszeit: 65 Min.
Gesamtgarzeit: etwa 2 Std.

1. Schweinefleisch unter fließendem kalten Wasser abspülen, trockentupfen und jeweils in der Mitte soweit einschneiden, dass es noch an einem Ende zusammenhält. Die Fleischstücke auseinander klappen, flach klopfen und mit Salz und Pfeffer bestreuen.
2. Tomaten abtropfen lassen und in Streifen schneiden. Oliven halbieren oder vierteln. Paprikaschoten halbieren, entstielen, entkernen und die weißen Scheidewände entfernen. Die Schoten waschen, abtropfen lassen und in feine Streifen schneiden. Zwiebeln abziehen, halbieren und in Streifen schneiden. Knoblauch abziehen und würfeln. Toastbrot entrinden und in kleine Würfel schneiden.
3. Öl in einer großen Pfanne oder einem Topf erhitzen. Paprikastreifen, Zwiebeln und Knoblauch darin andünsten. Brotwürfel, Kräuter, Tomatenstreifen und Oliven zugeben und alles mit Salz, Pfeffer und Paprikapulver abschmecken.
4. Je knapp ein Viertel der Gemüse-Brot-Masse auf die eine Seite der Fleischstücke geben, die andere Seite darüber schlagen. Die Öffnung mit Holzstäbchen gut feststecken oder mit Küchengarn zunähen. Das Fleisch in eine Fettfangschale legen. Die Fettfangschale in den Backofen schieben.
   Ober-/Unterhitze: etwa 220 °C (vorgeheizt)
   Heißluft: etwa 200 °C (nicht vorgeheizt)
   Gas: Stufe 4–5 (nicht vorgeheizt)
   Garzeit: etwa 40 Minuten.
5. **Die Backofentemperatur um etwa 40 °C (Gas um etwa 2 Stufen) reduzieren**, etwas von der Gemüsebrühe hinzugießen und die Fleischstücke **weitere 40 Minuten garen**, dabei nach und nach die restliche Brühe zugießen.
6. Dann die restliche Gemüse-Brot-Masse und die stückigen Tomaten hinzufügen und alles noch etwa **40 Minuten garen**, dabei die Gemüse-Brot-Mischung gelegentlich umrühren.
7. Die garen Fleischstücke aus der Fettfangschale nehmen und zugedeckt etwa 10 Minuten ruhen lassen. Das Gemüse evtl. mit den Gewürzen abschmecken.
8. Den Braten in Scheiben schneiden und das Gemüse dazureichen.

Campari-Orange

1 Portion

Mit Alkohol

Pro Portion:
E: 0 g, F: 0 g, Kh: 21 g, kJ: 706, kcal: 169

3 Eiswürfel
5 cl Campari
etwa 8 cl frisch gepresster Orangensaft
1/2 Orangenscheibe

Zubereitungszeit: 5 Min.

1. Eiswürfel in ein Longdrinkglas geben. Campari hinzufügen, mit Orangensaft auffüllen, verrühren und mit der Orangenscheibe garnieren.

Campari-Orange

Cannelloni mit Ricotta-Spinat-Füllung

8–10 Portionen

Vegetarisch

Pro Portion:
E: 37 g, F: 46 g, Kh: 50 g,
kJ: 3207, kcal: 766

240 g Zwiebeln
8 Knoblauchzehen
100 g abgezogene, gestiftelte Mandeln
8 EL Olivenöl
1,4 kg TK-Blattspinat
1 kg Ricotta
Salz, frisch gemahlener Pfeffer
frisch geriebene Muskatnuss
2 Pck. Cannelloni (je 250 g, ohne Vorkochen)
4 Eier (Größe M)
4 EL Weizenmehl
1 l Milch
750 ml (3/4 l) Gemüsebrühe
160 g geriebener Parmesan-Käse

Zubereitungszeit: 75 Min., ohne Auftauzeit
Backzeit: 35–40 Min. je Fettfangschale

1. Zwiebeln und Knoblauch abziehen und in kleine Würfel schneiden. Mandeln in einer Pfanne ohne Fett hellbraun rösten, herausnehmen und auf einen Teller legen.
2. 4 Esslöffel von dem Olivenöl in einen großen Topf geben. Zwiebel- und Knoblauchwürfel darin glasig dünsten. Blattspinat hinzufügen und nach Packungsanleitung zubereiten.
3. Mandeln mit 500 g Ricotta gut vermischen und unter den Spinat geben, mit Salz, Pfeffer und Muskat kräftig würzen.

Cannelloni mit Ricotta-Spinat-Füllung

4. Die Spinatmasse in einen Spritzbeutel ohne Tülle geben. Die Cannelloni damit füllen und in 2 Fettfangschalen (mit restlichem Olivenöl ausgestrichen) verteilen.
5. Eier, Mehl und Milch in einen großen Topf geben. Mit einem Schneebesen unter ständigem Rühren zum Kochen bringen, mit Salz, Pfeffer und Muskat würzen. Brühe hinzugießen. Restlichen Ricotta unterrühren. Die Sauce auf den Cannelloni verteilen, mit Käse bestreuen.
6. Die Fettfangschalen nacheinander (bei Heißluft zusammen) in den Backofen schieben.
   Ober-/Unterhitze: etwa 200 °C (vorgeheizt)
   Heißluft: etwa 180 °C (nicht vorgeheizt)
   Gas: Stufe 3–4 (nicht vorgeheizt)
   Backzeit: 35–40 Minuten je Fettfangschale.
7. Nach etwa 20 Minuten Backzeit die Backofentemperatur auf Ober-/Unterhitze: etwa 160 °C, Heißluft: etwa 140 °C, Gas: Stufe 1–2 reduzieren.

Champagner Fizz

1 Portion

Klassisch

Pro Portion:
E: 0 g, F: 0 g, Kh: 21 g,
kJ: 946, kcal: 226

Eiswürfel
Saft von 1/2 Zitrone
2 cl Grenadinesirup
4 cl trockener Weißwein
Champagner
1 Zitronenscheibe

Zubereitungszeit: 5 Min.

1. Eiswürfel in den Shaker geben.
2. Zitronensaft, Grenadinesirup und Weißwein hinzufügen und gut schütteln.
3. Mischung in ein Longdrinkglas abseihen und mit Champagner auffüllen.
4. Den Cocktail mit der Zitronenscheibe garnieren.

Champagner Fizz

Champignongulasch mit Zuckerschoten

8–10 Portionen

Vegetarisch

Pro Portion:
E: 10 g, F: 19 g, Kh: 8 g,
kJ: 1009, kcal: 241

1 kg Champignons
400 g Zuckerschoten
Salzwasser
4 mittelgroße Tomaten
250 g getrocknete Tomaten in Öl
2 Zwiebeln
2 Knoblauchzehen
8 EL Olivenöl
Salz
frisch gemahlener Pfeffer
200 g Doppelrahm-Frischkäse
125 ml (1/8 l) Gemüsebrühe

Zubereitungszeit: 40 Min.
Garzeit: etwa 25 Min.

1. Champignons putzen, mit Küchenpapier abreiben, evtl. kurz abspülen und trockentupfen. Große Champignons evtl. vierteln. Von den Zuckerschoten die Enden abschneiden, evtl. abfädeln, waschen, abtropfen lassen und halbieren.
2. Salzwasser in einem Topf zum Kochen bringen. Die Zuckerschoten darin etwa 3 Minuten garen, in ein Sieb geben, mit eiskaltem Wasser übergießen und gut abtropfen lassen.
3. Tomaten waschen, kreuzweise einschneiden und einige Sekunden in kochendes Wasser legen. Tomaten kurz in kaltem Wasser abschrecken, enthäuten, halbieren, entkernen und Stängelansätze entfernen. Tomatenhälften in Würfel schneiden. Getrocknete Tomaten in Streifen schneiden. Zwiebeln und Knoblauch abziehen, in kleine Würfel schneiden.
4. Jeweils etwas von dem Olivenöl in einer großen Pfanne erhitzen. Champignons portionsweise darin anbraten, mit Salz und Pfeffer würzen und aus der Pfanne nehmen. Zwiebel- und Knoblauchwürfel im restlichen Öl andünsten. Zuckerschoten, Tomatenwürfel und -streifen und Champignons unterheben.
5. Frischkäse zuerst mit Brühe und dann mit dem Gulasch verrühren. Gulasch bei schwacher Hitze unter Rühren langsam erhitzen (nicht mehr kochen lassen), mit Salz und Pfeffer abschmecken.

Beilage: Reis oder Baguette.

Champignongulasch mit Zuckerschoten

Champignon-Zucchini-Auflauf

12 Portionen

Einfach

Pro Portion:
E: 19 g, F: 32 g, Kh: 8 g,
kJ: 1663, kcal: 399

1,8 kg Zucchini
750 g rote Paprikaschoten
900 g Champignons
2–3 EL Butter oder Margarine
Salzwasser
Salz
2 Töpfe Basilikum
12 Eier (Größe M)
150 ml Milch
3 Becher (je 150 g) Crème fraîche
frisch gemahlener Pfeffer
1–2 Msp. geriebene Muskatnuss
5–6 Knoblauchzehen
300 g geriebener mittelalter Gouda-Käse

Zubereitungszeit: 60 Min.
Garzeit: etwa 40 Min.

1. Zucchini waschen, abtrocknen und die Enden abschneiden. Zucchini in Scheiben schneiden. Paprikaschoten halbieren, entstielen, entkernen und die weißen Scheidewände entfernen. Die Schoten waschen, abtropfen lassen und in dünne Streifen schneiden.
2. Champignons mit Küchenpapier abreiben, evtl. abspülen, gut abtropfen lassen und in dicke Scheiben schneiden. Butter oder Margarine in einem großen Topf zerlassen, die Champignon- und Zucchinischeiben kurz darin andünsten.
3. Salzwasser in einem Topf zum Kochen bringen und die Paprikastreifen darin blanchieren, in ein Sieb geben, mit kaltem Wasser übergießen und abtropfen lassen. Basilikumblättchen von den Stängeln zupfen. Blättchen abspülen, trockentupfen und in feine Streifen schneiden.
4. Abwechselnd Champignon-, Zucchinischeiben, Paprikastreifen und Basilikum in eine Fettfangschale (gefettet) schichten.
5. Eier mit Milch und Crème fraîche verrühren und mit Salz, Pfeffer und Muskat kräftig würzen. Knoblauch abziehen, durch eine Knoblauchpresse drücken und unterrühren.
6. Die Eiermilch über das Gemüse geben. Gouda darauf streuen und die Fettfangschale in den Backofen schieben.
Ober-/Unterhitze: etwa 200 °C (vorgeheizt)
Heißluft: etwa 180 °C (nicht vorgeheizt)
Gas: Stufe 3–4 (nicht vorgeheizt)
Garzeit: etwa 40 Minuten.

Chicken Wings, mariniert

Champignon-Zucchini-Auflauf

Chicken Wings, mariniert

8–10 Portionen

Gut vorzubereiten

Pro Portion:

E: 43 g, F: 26 g, Kh: 4 g,
kJ: 1781, kcal: 426

200 ml Hühnerbrühe
3 EL Tomatenketchup
1 EL brauner Zucker
2 EL Sojasauce
1 EL Speisestärke
1 EL Weinessig
2 TL Sambal Oelek
1 TL Currypulver
2 kg Hähnchenflügel

Zubereitungszeit: 15 Min.
Garzeit: etwa 45 Min.

1. Hühnerbrühe mit Ketchup, Zucker, Sojasauce, Speisestärke, Essig, Sambal Oelek und Curry in einen Topf geben und unter Rühren aufkochen lassen.
2. Hähnchenflügel abspülen, trockentupfen, gegebenenfalls im Gelenk durchtrennen und auf ein Backblech (30 x 40 cm, gefettet, mit Backpapier belegt) legen.
3. Hähnchenflügel dick mit der Sauce bestreichen und das Backblech in den Backofen schieben.
   Ober-/Unterhitze: etwa 200 °C (vorgeheizt)
   Heißluft: etwa 180 °C (vorgeheizt)
   Gas: Stufe 3–4 (vorgeheizt)
   Garzeit: etwa 45 Minuten.
4. Die Hähnchenflügel während des Garens gelegentlich mit der restlichen Sauce bestreichen und heiß oder kalt servieren.

Tipp: Mit Baguette, Kartoffelsalat oder Pommes frites und Salat servieren.

Rezeptvorschläge für ein Faschings-Party-Buffet

Für ein Faschings-Party-Buffet benötigen Sie für 10–12 Personen:

1,5 x Rezept **Chicken Wings, mariniert**, Seite 49
1 x Rezept **Käsespießchen mit fruchtigen Dips** (TK-Himbeeren verwenden), Seite 185
1 x Rezept **Currytopf**, Seite 57
1 x Rezept **Karnevalsalat**, Seite 168

Außerdem:

750 g Basmatireis.

Vorbereitungen am Vortag:

- Für die Chicken Wings die Marinade (Punkt 1) zubereiten, erkalten lassen und kalt stellen. Die Hähnchenflügel wie unter Punkt 2 beschrieben vorbereiten und kalt stellen.
- Den Currytopf bis Punkt 3 zubereiten, erkalten lassen und kalt stellen.
- Für den Karnevalsalat Punkt 1 und 2 zubereiten und kalt stellen.
- Für die Käsespießchen den Käse schneiden. Käse zugedeckt kalt stellen. Für das Himbeerdressing gefrorene Himbeeren über Nacht im Kühlschrank auftauen lassen.

Vorbereitungen am Tag der Party:

3 Stunden vorher:
- Die Käsespießchen und die Dips (aufgetaute Himbeeren verwenden) zubereiten.

2 Stunden vorher:
- Den Karnevalsalat zubereiten.

Etwa 1 Stunde vorher:
- Die Chicken Wings zubereiten und in den Backofen schieben.
- Den Currytopf langsam erhitzen und wie unter Punkt 4 beschrieben weiter zubereiten.
- Den Basmatireis nach Packungsanleitung zubereiten.
- Käsespieße und Dips anrichten.
- Karnevalsalat und Currytopf nochmals abschmecken.

Es eignen sich auch folgende zusätzliche Rezepte:

1 x Rezept **Kartoffelsuppe**, Seite 180
1 x Rezept **Herings-Kartoffel-Salat**, Seite 140
1 x Rezept **Schinkenbraten „Hawaii“**, Seite 326
1 x Rezept **Porree-Curry-Salat**, Seite 273

Chinakohlsalat mit Frischkäse

Chinakohlsalat mit Frischkäse

10–12 Portionen

Schnell

Pro Portion:
E: 12 g, F: 12 g, Kh: 13 g,
kJ: 908, kcal: 217

1,8 kg Chinakohl
3 Dosen Mandarinen
(Abtropfgewicht je 175 g)
400 g gekochter Schinken

Für die Sauce:
300 g Kräuterfrischkäse
150 ml Schlagsahne
150 ml Mandarinensaft
3–4 EL Weißweinessig
Salz
frisch gemahlener Pfeffer
1 Prise Zucker
etwa 3 EL gemischte gehackte Kräuter, z. B. Basilikum, Petersilie, Schnittlauch

Zubereitungszeit: 40 Min.

1. Chinakohl putzen, halbieren und den Strunk herausschneiden. Den Kohl in schmale Streifen schneiden, waschen und gut abtropfen lassen oder trockenschleudern.
2. Mandarinen in ein Sieb geben und abtropfen lassen, dabei den Saft auffangen und 150 ml abmessen. Schinken in Streifen schneiden.
3. Für die Sauce Frischkäse mit Sahne und Mandarinensaft verrühren und mit Essig, Salz, und Zucker würzen. Die Kräuter unterrühren.
4. Die Sauce mit den Salatzutaten in einer Schüssel vermischen und den Salat sofort servieren.

Chinakohl-Stew

8–10 Portionen

Klassisch

Pro Portion:
E: 29 g, F: 16 g, Kh: 4 g,
kJ: 1241, kcal: 297

400 g Rindfleisch
400 g Lammfleisch
400 g Schweinefleisch
4 Zwiebeln
2 Knoblauchzehen
4–5 EL Speiseöl, z. B. Rapsöl
Salz
frisch gemahlener Pfeffer
600 ml Wasser oder Fleischbrühe
1750 g Chinakohl
4 Tomaten
250 ml–375 ml Wasser oder Fleischbrühe
250 ml (1/4 l) trockener Weißwein

Zubereitungszeit: 70 Min.
Garzeit: etwa 80 Min.

1. Alle Fleischsorten unter fließendem kalten Wasser abspülen, trockentupfen und in kleine Würfel schneiden. Zwiebeln abziehen und in Scheiben schneiden. Knoblauch abziehen und durch die Knoblauchpresse drücken.
2. Speiseöl in einem großen Topf erhitzen. Die Fleischwürfel darin portionsweise anbraten und mit Salz und Pfeffer würzen.
3. Zwiebeln und Knoblauch zum Fleisch geben und kurz mitbraten lassen. Wasser oder Brühe hinzufügen, alles zum Kochen bringen und zugedeckt etwa 45 Minuten schmoren lassen.
4. In der Zwischenzeit Chinakohl putzen, den Kohl halbieren und den Strunk herausschneiden. Den Kohl in schmale Streifen schneiden, waschen und gut abtropfen lassen.
5. Tomaten waschen, abtropfen lassen, kreuzweise einschneiden, kurz in kochendes Wasser legen und mit kaltem Wasser abschrecken. Tomaten enthäuten, vierteln und die Stängelansätze herausschneiden.
6. Tomatenviertel mit Chinakohlstreifen und Wasser oder Brühe zum Fleisch

Chinakohl-Stew

geben. Alles wieder zum Kochen bringen, nochmals mit Salz und Pfeffer würzen und zugedeckt etwa 30 Minuten schmoren lassen.

7. Das Stew vorsichtig umrühren, Weißwein hinzugießen und noch einige Minuten erhitzen.

China-Suppe, scharfe

8–10 Portionen

Schnell

Pro Portion:
E: 16 g, F: 13 g, Kh: 24 g,
kJ: 1175, kcal: 280

1 Stange Porree (Lauch, etwa 250 g)
2 rote Paprikaschoten (etwa 300 g)
50 g frische Ingwerwurzel
170 g Sojasprossen
1 Glas Bambusschösslinge in Streifen (Abtropfgewicht 180 g)
1 Glas kleine Champignons (Abtropfgewicht 170 g)
2 Entenbrüste (je etwa 350 g)
100 g Glasnudeln
1 EL Currypulver
1,7 l Hühnerbrühe
1 Dose Ananasstücke (Abtropfgewicht 340 g)
2 EL Speisestärke
3–4 EL Sojasauce
etwa 2 TL Sambal Oelek

Zubereitungszeit: 40 Min.

1. Porree putzen, seitlich einschneiden, waschen, abtropfen lassen und in feine Streifen schneiden. Paprikaschoten halbieren, entstielen, entkernen und die weißen Scheidewände entfernen. Schoten waschen und in feine Würfel schneiden.
2. Ingwer schälen und in kleine Würfel schneiden. Sojasprossen verlesen, abspülen und abtropfen lassen. Bambusschösslinge und Champignons in einem Sieb abtropfen lassen.
3. Die Entenbrüste unter fließendem kalten Wasser abspülen, trockentupfen und die Haut von den Entenbrüsten abziehen. Die Haut und das Fleisch getrennt in Streifen schneiden. Die Glasnudeln nach Packungsanleitung in Wasser einweichen.
4. Einen großen Topf vorsichtig erhitzen und die Hautstreifen bei mittlerer Hitze darin ausbraten. Anschließend die Hautstreifen mit einer Schaumkelle herausnehmen. Die Fleischstreifen in dem Entenfett anbraten. Currypulver und Ingwerwürfel unterrühren und kurz mit anschwitzen. Fleischstreifen aus dem Topf nehmen.
5. Paprikawürfel, Porreestreifen und Hühnerbrühe in den Topf geben, zum Kochen bringen und etwa 5 Minuten köcheln lassen. Ananasstücke mit dem Saft, Champignons und Bambusschösslinge hinzufügen und das Ganze wieder zum Kochen bringen.
6. Speisestärke mit Sojasauce verrühren und in die Suppe einrühren, mit Sambal Oelek abschmecken. Glasnudeln abtropfen lassen, mit einer Küchenschere in mundgerechte Stücke schneiden, zusammen mit den Fleischstreifen und den Sprossen in die Suppe geben, kurz erhitzen und die Suppe servieren.

China-Suppe, scharfe

Chinesische Gemüsepfanne

12 Portionen

Vegetarisch

Pro Portion:
E: 8 g, F: 5 g, Kh: 22 g,
kJ: 695, kcal: 166

30–40 g getrocknete chinesische Pilze (z. B. Mu-Err-Pilze)
je 3 kleine rote und grüne Paprikaschoten
1,5 kg Blumenkohl
Salzwasser
1 Salatgurke
600 g Möhren
1 Dose Gemüsemais (Abtropfgewicht 400 g)
1 Dose Kidney-Bohnen (Einwaage 400 g)
2–3 Zwiebeln
2–3 Knoblauchzehen
50 g frischer Ingwer
4 EL Speiseöl, z. B. Sesamöl
1 gestr. EL Fünf-Gewürze-Pulver
Salz, frisch gemahlener Pfeffer
250 ml (1/4 l) Gemüsebrühe
5–6 EL Tomatenketchup
5–6 EL süße Chilisauce
8–9 EL indonesische Sojasauce (Ketjab Manis)
1 gestr. EL Speisestärke
375 g Sojasprossen
1/2–1 TL Sambal Oelek

Zubereitungszeit: 100 Min.

Chinesische Gemüsepfanne

1. Die Pilze nach Packungsanleitung in heißem Wasser einweichen. Paprikaschoten halbieren, entstielen, entkernen und weiße Scheidewände entfernen. Schoten waschen, abtropfen lassen und in Würfel schneiden.
2. Den Blumenkohl putzen, in kleine Röschen teilen und waschen. Salzwasser zum Kochen bringen und die Röschen darin 2–3 Minuten garen, dann mit kaltem Wasser überspülen und abtropfen lassen. Salatgurke waschen, längs halbieren und in Scheiben schneiden.
3. Möhren putzen, schälen, waschen, abtropfen lassen und würfeln. Mais abtropfen lassen. Bohnen in ein Sieb geben, mit Wasser abspülen und abtropfen lassen. Zwiebeln und Knoblauch abziehen und würfeln. Ingwer schälen und fein würfeln. Eingeweichte Pilze abtropfen lassen und klein schneiden.
4. Das Öl in einem Wok oder einer großen Pfanne erhitzen. Gemüse, Pilze und Ingwer etwa 3 Minuten unter Rühren darin braten, mit Fünf-Gewürze-Pulver, Salz und Pfeffer würzen. Gemüsebrühe zugeben und zugedeckt etwa 5 Minuten garen, zwischendurch umrühren.
5. Ketchup, Chili- und Sojasauce mit Speisestärke verrühren, in das Gemüse rühren und kurz aufkochen lassen. Die Sojasprossen verlesen, abspülen, abtropfen lassen, hinzufügen und 1 Minute mitgaren lassen, alles mit Sambal Oelek würzen.

Tipp:
Das Gericht je nach Größe des Woks bzw. der Pfanne in 2 Portionen zubereiten. Dazu Reis servieren. Fünf-Gewürze-Pulver besteht aus Anispulver, Sichuanpfeffer, Nelken, Zimt und Süßholz.
In Asialäden und Spezialitätenabteilungen von Supermärkten gibt es die Mischung fertig zu kaufen.

Chinesischer Reisnudelsalat

12 Portionen

Schnell

Pro Portion:
E: 17 g, F: 15 g, Kh: 18 g,
kJ: 1153, kcal: 275

600 g Hähnchenbrustfilet
20 g frischer Ingwer
8 EL Sonnenblumenöl
10 EL Sojasauce
frisch gemahlener Pfeffer
Saft von 2 Orangen
300 g Porree (Lauch)
300 g Möhren
Salzwasser, Salz
200 g chinesische Reisnudeln
200 g rosé oder weiße Champignons
2 EL Erdnussöl
150 g geröstete, gesalzene Erdnusskerne

Zubereitungszeit: 45 Min., ohne Durchziehzeit

1. Hähnchenbrustfilet unter fließendem kalten Wasser abspülen, trockentupfen und in dünne Streifen schneiden. Ingwer schälen und fein hacken.
2. Zwei Esslöffel Sonnenblumenöl in einer großen Pfanne erhitzen. Die Fleischstreifen darin unter Wenden kräftig anbraten. 4 Esslöffel Sojasauce hinzufügen, alles kurz aufkochen lassen und mit Pfeffer abschmecken. Das Fleisch mit einer Schaumkelle aus der Pfanne nehmen und erkalten lassen.
3. Orangensaft und Ingwer zu dem Bratfond in die Pfanne geben, zum Kochen bringen und einige Minuten unter Rühren einkochen lassen. Den Orangensud erkalten lassen.
4. Porree putzen, die Stangen seitlich einschneiden, gründlich waschen und abtropfen lassen. Möhren putzen, schälen, waschen und abtropfen lassen. Porree und Möhren zuerst in etwa 6 cm lange Stücke, dann der Länge nach in dünne Streifen schneiden.
5. Salzwasser in einem Topf zum Kochen bringen und die Gemüsestreifen darin blanchieren, dann in ein Sieb geben, mit kaltem Wasser abspülen und abtropfen lassen.
6. Nudeln nach Packungsanleitung mit kochendem Wasser übergießen, etwa 5 Minuten quellen lassen, dann in ein Sieb geben, mit kaltem Wasser abspülen und abtropfen lassen. Nudeln mit einer Küchenschere in mundgerechte Stücke schneiden.
7. Champignons putzen, mit Küchenpapier abreiben, evtl. abspülen, abtropfen lassen und in sehr dünne Scheiben schneiden.
8. Den Orangensud mit Erdnussöl und dem restlichen Sonnenblumenöl verschlagen, mit der restlichen Sojasauce, Salz und Pfeffer abschmecken. Nudeln, Gemüse und Erdnüsse mit der Orangen-Sauce vermengen und etwa 30 Minuten durchziehen lassen. Den Salat vor dem Servieren nochmals umrühren.

Chinesischer Reisnudelsalat

Rezeptvorschläge für ein vegetarisches Party-Buffet

Für ein vegetarisches Party-Buffet benötigen Sie für 10–12 Personen:

1 x Rezept **Couscous mit Gemüse**, Seite 55
1 x Rezept **Gemüsesuppe, scharfe**, Seite 108
1 x Rezept **Fenchel auf Möhren-Orangen-Salat**, Seite 74
1 x Rezept **Exotika**, Seite 71

Außerdem:

4–5 große Baguettes.
Evtl. 1,2 l Zitronensorbet.

Vorbereitungen am Vortag:

- Die Gemüsesuppe bis Punkt 4 zubereiten. Bohnen abtropfen lassen. Suppe und Bohnen kalt stellen.
- Für den Salat Gemüse garen, Möhren schneiden, Dressing zubereiten und die Pinienkerne rösten. Gemüse und Dressing kalt stellen.

Vorbereitungen am Tag der Party:

3–4 Stunden vorher:	• Das Gemüse für das Couscous vorbereiten und schneiden. • Für den Drink Punkt 1 zubereiten und kalt stellen, dabei die Melisse noch nicht hinzufügen.
2–3 Stunden vorher:	• Für den Salat Punkt 1 bis 4 zubereiten.
Etwa 40 Minuten vorher:	• Das Couscous zubereiten und warm halten.
Etwa 20 Minuten vorher:	• Die Suppe aufkochen lassen und die Bohnen darin erhitzen. • Salat fertig stellen. • Für den Drink Ananaspüree mit Ananassaft auffüllen. Melisse hinzufügen und nochmals pürieren, portionsweise evtl. mit Sorbet anrichten oder mit Mineralwasser auffüllen.

Es eignen sich auch folgende zusätzliche Rezepte:

1 x Rezept **Vorspeisenspieße**, Seite 406
1 x Rezept **Zucchinisuppe mit Joghurt**, Seite 423
1 x Rezept **Gemüseragout mit Kartoffeln**, Seite 106
1 x Rezept **Apfelauflauf**, Seite 9

Cosmopolitan

Cosmopolitan

1 Portion

Mit Alkohol

Pro Portion:

E: 0 g, F: 0 g, Kh: 9 g, kJ: 747, kcal: 178

4 cl Wodka
2 cl Triple Sec Curaçao
1 cl Limettensaft
einige Eiswürfel
2 cl Preiselbeersaft

1 Bio-Limettenscheibe (unbehandelt, ungewachst)

Zubereitungszeit: 5 Min.

1. Wodka, Triple Sec und Limettensaft mit Eiswürfeln in einem Shaker gut schüt-

teln und durch ein Barsieb in ein zur Hälfte mit Eiswürfeln gefülltes Longdrinkglas abgießen.
2. Preiselbeersaft dazugießen, so dass der Preiselbeersaft auf den Boden des Glases sinkt. Den Drink mit einer Limettenscheibe garnieren.

Tipp: Der Cosmopolitan wird etwas süßer, wenn Sie anstelle von 2 cl Preiselbeersaft 1 cl Grenadinesirup verwenden.

Couscous mit Gemüse

12 Portionen

Vegetarisch

Pro Portion:
E: 14 g, F: 15 g, Kh: 53 g,
kJ: 1722, kcal: 408

5-6 Knoblauchzehen
5-6 Zwiebeln
750 g Zucchini
3 Auberginen (etwa 1 kg)
12-15 Fleischtomaten
750 g Kürbis
600 g Möhren
150 ml Olivenöl
Salz, frisch gemahlener Pfeffer
2 Döschen Safran (je 0,2 g)
etwas gemahlener Zimt
1 gestr. EL Paprikapulver edelsüß
1-2 gestr. EL Harissa (afrikanische Gewürzpaste)
2 Msp. gemahlene Gewürznelken
1/2-1 TL gemahlener Kreuzkümmel (Cumin)

750 g Couscous
900 ml heiße Gemüsebrühe

Zum Bestreuen:
einige glatte Petersilienstängel

Zubereitungszeit: 100 Min.

1. Knoblauch und Zwiebeln abziehen und in feine Würfel schneiden. Zucchini und Auberginen waschen, abtrocknen und die Enden abschneiden. Zucchini und Auberginen in Würfel schneiden.
2. Fleischtomaten waschen, abtropfen lassen und Stängelansätze herausschneiden. Fruchtfleisch in Würfel schneiden. Kürbis schälen und entkernen. Möhren putzen, schälen, abspülen, abtropfen lassen und in Würfel schneiden.
3. In einem großen Topf Olivenöl erhitzen, nach und nach Knoblauch, Zwiebeln, Zucchini, Auberginen, Kürbis, Möhren und Tomaten anbraten. Gemüsemischung mit Salz, Pfeffer, Safran, Zimt, Paprika, Harissa, Nelken und Kreuzkümmel würzen, und etwa 15 Minuten bei schwacher Hitze schmoren lassen. Dabei gelegentlich umrühren.
4. Inzwischen Couscous in einen Topf geben, mit heißer Gemüsebrühe übergießen und zugedeckt bei schwacher Hitze etwa 15 Minuten quellen lassen. Petersilie abspülen, trockentupfen. Die Blättchen von den Stängeln zupfen.
5. Couscous mit 2 Gabeln auflockern, auf Teller oder in Schüsseln verteilen und das Gemüse darauf geben. Couscous mit Petersilie garniert servieren.

Tipp:
Safran ist ein stark färbendes Gewürz mit einer besonderen, leicht bitteren Aromanote. Es findet beim Kochen und Backen Verwendung.

Couscous mit Gemüse

Cuba Libre

1 Portion

Mit Alkohol

Pro Portion:

E: 2 g, F: 0 g, Kh: 11 g,
kJ: 633, kcal: 151

einige Eiswürfel
4 cl weißer Rum
2–3 Spritzer Zitronensaft
kalte Cola

1 Zitronenscheibe

Zubereitungszeit: 5 Min.

1. Ein gekühltes Longdrinkglas zur Hälfte mit Eiswürfeln füllen, Rum und Zitronensaft hinzugeben und das Glas mit Cola auffüllen.
2. Den Drink leicht umrühren, mit einer Zitronenscheibe garnieren und mit einem Trinkhalm servieren.

Cuba Libre

Curry-Ananas-Rahmsuppe

Curry-Ananas-Rahmsuppe

12 Portionen

Schnell

Pro Portion:

E: 33 g, F: 20 g, Kh: 20 g,
kJ: 1661, kcal: 398

1,5 kg Putenbrustfilet
2 mittelgroße Gemüsezwiebeln
1 Dose Ananasscheiben (Abtropfgewicht 340 g)
6 EL Speiseöl
Salz
frisch gemahlener Pfeffer
3–4 gestr. EL Currypulver
1 Flasche (250 ml) Currysauce
2,5 l Hühnerbrühe
60 g Weizenmehl
400 ml Schlagsahne
200 ml Ananassaft
1 Bund glatte Petersilie

Zubereitungszeit: 45 Min.

1. Putenbrustfilet unter fließendem kalten Wasser abspülen, trockentupfen und in Streifen schneiden.
2. Zwiebeln abziehen, vierteln und in dünne Streifen schneiden. Ananas in einem Sieb abtropfen lassen, dabei den Saft auffangen und 200 ml abmessen. Ananas in kleine Stücke schneiden.
3. Öl in einer Pfanne erhitzen und die Fleischstreifen portionsweise darin anbraten, mit Salz, Pfeffer und Curry würzen. Fleischstreifen in einen großen Topf geben. Zwiebelstreifen in dem verbliebenen Fett kurz andünsten und zu dem Fleisch geben. Ananasstücke, Currysauce und Hühnerbrühe hinzufügen und alles einmal aufkochen lassen.
4. Mehl mit etwas von der Sahne anrühren, mit der restlichen Sahne und

Ananassaft in den Topf geben, zum Kochen bringen und unter Rühren etwa 5 Minuten kochen lassen.

5. Petersilie abspülen, trockentupfen und die Blättchen von den Stängeln zupfen. Blättchen fein schneiden. Die Suppe evtl. nochmals mit den Gewürzen abschmecken und mit Petersilie bestreut servieren.

Vorbereitungstipp:
Sie können die Suppe am Vortag bis zum Ende von Punkt 3 vorbereiten und vor dem Verzehr wie im Rezept angegeben fertig stellen.

Tipp:
Noch schneller geht es, wenn Sie das Fleisch bereits beim Metzger schnetzeln lassen.

Currytopf

8–10 Portionen

Raffiniert

Pro Portion:
E: 44 g, F: 56 g, Kh: 27 g, kJ: 3276, kcal: 784

300 g Zwiebeln, 90 g Ingwerwurzel
400 g Möhren
3 säuerliche Äpfel
6 EL Keimöl
1,5 kg Schweinemett
3 EL Currypulver
500 ml (1/2 l) Hühnerbrühe
400 ml Kokosmilch
80 g Rosinen
2 EL Speisestärke
3 EL kaltes Wasser
300 g TK-Erbsen
Salz, frisch gemahlener Pfeffer

Zubereitungszeit: 50 Min.

1. Zwiebeln abziehen. Ingwer schälen und beides in feine Würfel schneiden. Möhren putzen, schälen, waschen, abtropfen lassen und in Würfel schneiden. Äpfel vierteln, schälen, entkernen und in Stücke schneiden.
2. Öl in einer großen Pfanne erhitzen. Das Mett portionsweise darin anbraten, dabei Fleischklümpchen mit einer Gabel zerdrücken. Etwa die Hälfte der Zwiebel- und Ingwerwürfel hinzufügen und kurz mitbraten.
3. Das Mett mit Curry bestreuen, verrühren und alles in einen großen Topf umfüllen. Hühnerbrühe, Möhrenwürfel, Kokosmilch, Rosinen und Äpfel hinzufügen. Das Ganze zum Kochen bringen. Dann 8–10 Minuten köcheln lassen.
4. Speisestärke mit Wasser anrühren, mit der Sauce im Topf verrühren und einmal kurz aufkochen lassen. Erbsen unterrühren und den Currytopf noch 5 Minuten bei schwacher Hitze köcheln lassen, mit Salz und Pfeffer abschmecken.

Tipp:
Den Currytopf mit Basmatireis servieren. Wenn Sie rote Curry-Paste bekommen, so verwenden Sie 2 Esslöffel Curry-Paste anstatt Currypulver, da sie noch aromatischer ist. Die Ingwermenge kann dann auf etwa 50 g reduziert werden.

Daiquiri

1 Portion

Mit Alkohol

Pro Portion:
E: 0 g, F: 0 g, Kh: 18 g,
kJ: 707, kcal: 169

4 cl weißer Rum
2 cl Limetten- oder Zitronensaft
2 cl Zuckersirup

nach Belieben 1 Limetten- oder Zitronenscheibe

Zubereitungszeit: 5 Min.

1. Rum mit Saft, Zuckersirup und einigen Eiswürfeln in einen Shaker geben und gut schütteln.
2. Anschließend den Drink durch ein Barsieb in eine gut gekühlte Cocktailschale abseihen und nach Belieben mit einer Limetten- oder Zitronenscheibe garnieren.

Tipp:
Der Daiquiri kann statt mit Saft und Zuckersirup auch nur mit 4 cl Lime Juice zubereitet werden.

Dänischer Heringssalat

10–12 Portionen

Schnell

Pro Portion:
E: 18 g, F: 22 g, Kh: 8 g,
kJ: 1279, kcal: 305

1,2 kg kleine Tomaten
2 Salatgurken
700 g Eisbergsalat

Für die Sauce:
600 g Schmand
150 g Naturjoghurt
Salz
frisch gemahlener Pfeffer
1–2 TL Currypulver
1 Bund glatte Petersilie

800 g leicht geräucherte Herings- oder Makrelenfilets

Zubereitungszeit: 50 Min.

1. Tomaten waschen, abtrocknen, halbieren. Stängelansätze herausschneiden. Tomaten in Spalten schneiden. Gurke waschen, abtrocknen, der Länge nach halbieren, entkernen und in Scheiben schneiden.
2. Eisbergsalat putzen, vierteln und den Strunk herausschneiden. Die Salatviertel abspülen, abtropfen lassen und in Streifen schneiden. Tomatenspalten, Salatstreifen und Gurkenscheiben in einer Schüssel mischen.
3. Für die Sauce Schmand mit Joghurt verrühren und mit Salz, Pfeffer und Currypulver würzen. Petersilie abspülen, trockentupfen und die Blättchen von den Stängeln zupfen. Blättchen grob hacken. Die Hälfte der Petersilie unter die Sauce rühren. Die Salatzutaten mit der Sauce in der Schüssel mischen.
4. Die Fischfilets in kleine Stücke schneiden und mit dem Salat vermischen. Den Salat mit der restlichen Petersilie bestreuen.

Tipp:
Sie können die Herings- oder Makrelenfilets auch durch 600 g Schillerlocken ersetzen.

Dänischer Nudelsalat

10–12 Portionen

Klassisch

Pro Portion:
E: 31 g, F: 22 g, Kh: 56 g,
kJ: 2349, kcal: 561

6 l Wasser
6 TL Salz
600 g kleine Nudeln,
z. B. Gabelspaghetti
Salzwasser
3 Pck. TK-Erbsen (je 300 g)
10 hart gekochte Eier
500 g gekochter Schinken
3 Gläser Stangenspargel in Stücken
(Abtropfgewicht je 205 g)
3 rote Äpfel

Für die Salatsauce:
250 g Salatmayonnaise
450 g Naturjoghurt
5–6 EL Spargelwasser
Salz
frisch gemahlener Pfeffer
Zucker

Dänischer Nudelsalat

Nach Belieben zum Garnieren:
einige Apfelspalten
Petersilienblättchen

Zubereitungszeit: 50 Min., ohne Durchziehzeit

1. Wasser in einem großen Topf zugedeckt zum Kochen bringen. Dann Salz und Nudeln zugeben. Die Nudeln im geöffneten Topf, bei mittlerer Hitze, nach Packungsanleitung kochen lassen, dabei zwischendurch umrühren.
2. Anschließend die Nudeln in ein Sieb geben, mit heißem Wasser abspülen und abtropfen lassen.
3. Salzwasser in einem Topf zum Kochen bringen und die Erbsen darin in etwa 5 Minuten gar kochen. Dann die Erbsen in ein Sieb geben, mit kaltem Wasser übergießen, gut abtropfen und erkalten lassen.
4. Eier pellen und in Spalten schneiden. Schinken in Streifen schneiden. Spargelstücke in einem Sieb abtropfen lassen, dabei das Spargelwasser auffangen und 5–6 Esslöffel abmessen. Äpfel waschen, vierteln, entkernen und in dünne Spalten schneiden.
5. Für die Sauce Mayonnaise mit Joghurt und abgemessenem Spargelwasser verrühren, mit Salz, Pfeffer und Zucker würzen.
6. Die Salatzutaten mit der Sauce vermengen. Den Salat etwa 1 Stunde durchziehen lassen. Den Salat evtl. nochmals mit den Gewürzen abschmecken.
7. Nach Belieben den Salat mit Apfelspalten und Petersilienblättchen garnieren.

Rezeptvorschläge für ein Salat-Party-Buffet

Für ein Salat-Party-Buffet benötigen Sie für 10–12 Personen:

1 x Rezept Dänischer Nudelsalat, Seite 59
1 x Rezept Radieschensalat mit Cocktailwürstchen, Seite 288
1 x Rezept Teufelssalat, Seite 373
1 x Rezept Herings-Kartoffel-Salat, Seite 140
1 x Rezept Brathähnchensalat, Seite 35

Außerdem:

Etwa 1 kg gemischtes Brot oder Brötchen.

Vorbereitungen am Vortag:

- Für den Teufelssalat Punkt 1 und 2 zubereiten und kalt stellen.
- Für den Radieschensalat die Radieschen putzen, waschen, gut abtropfen lassen und in einem Gefrierbeutel verpackt kühl lagern.
- Den Herings-Kartoffel-Salat zubereiten und kalt stellen.

Vorbereitungen am Tag der Party:

4 Stunden vorher:	• Den Brathähnchensalat zubereiten.
3–4 Stunden vorher:	• Den Teufelssalat zubereiten.
	• Dänischen Nudelsalat zubereiten.
1–2 Stunden vorher:	• Den Radieschensalat zubereiten.
Kurz vorher:	• Brot schneiden
	• Salate evtl. nochmals abschmecken und anrichten.

Es eignen sich auch folgende zusätzliche Rezepte:

1 x Rezept Chinakohlsalat mit Frischkäse, Seite 50
1 x Rezept Tomaten-Schafkäse-Salat, Seite 383
1 x Rezept Hähnchen-Avocado-Salat, Seite 128
1 x Rezept Nudelsalat mit Fleischsalat, Seite 246
1 x Rezept Dänischer Heringssalat, Seite 58

Außerdem:

Etwa 1 kg gemischtes Brot oder Brötchen.

Daylight

Daylight

12 Portionen

Alkoholfrei

Pro Portion:

E: 2 g, F: 0 g, Kh: 31 g, kJ: 637, kcal: 152

4 reife Pfirsiche
750 ml ($^3/_4$ l) kalter Aprikosensaft
750 ml ($^3/_4$ l) kalter Pfirsichsaft
750 ml ($^3/_4$ l) kalter Grapefruitsaft
einige Eiswürfel

Zubereitungszeit: 20 Min.

1. Die Pfirsiche kurz in kochendes Wasser legen, mit kaltem Wasser abschrecken, enthäuten, halbieren, entsteinen und in feine Stücke schneiden.
2. Die Säfte gut vermischen. Pfirsichstücke und einige Eiswürfel auf 12 Gläser verteilen und mit der Saftmischung auffüllen.

Dinkel-Muffins mit Salami

12 Stück

Gut vorzubereiten

Pro Stück:
E: 8 g, F: 11 g, Kh: 19 g, kJ: 920, kcal: 220

150 g Salami
1 Bund glatte Petersilie
200 g Dinkelmehl
100 g Weizenmehl
2 gestr. TL Dr. Oetker Backin
½ gestr. TL Salz
2 Eier (Größe M)
250 ml (¼ l) Buttermilch
5 EL Olivenöl

Zubereitungszeit: 25 Min.
Backzeit: 25–30 Min.

1. Salami in kleine Würfel schneiden. Petersilie waschen, trockentupfen und die Blättchen von den Stängeln zupfen. Blättchen fein schneiden.
2. Mehl mit Backpulver mischen und in eine Rührschüssel sieben. Die Zutaten hinzufügen, mit Handrührgerät mit Knethaken zu einem glatten Teig verarbeiten.
3. Salamiwürfel und Petersilie unterheben. Den Teig in eine Muffinsform (für 12 Muffins, gefettet oder mit Papierbackförmchen ausgelegt) füllen. Die Form auf dem Rost in den Backofen schieben.
   Ober-/Unterhitze: etwa 180 °C (vorgeheizt)
   Heißluft: etwa 160 °C (vorgeheizt)
   Gas: etwa Stufe 3 (vorgeheizt)
   Backzeit: 25–30 Minuten.
4. Die Muffins 10 Minuten stehen lassen, dann aus der Form lösen.

Dinkel-Muffins mit Salami

Tipp:
Die Muffins schmecken lauwarm, mit einer Tomatensauce, am besten.

Veränderung:
Die Muffins aufschneiden und mit Tomaten- und Gurkenscheiben belegen.

Diplomatencreme

12 Portionen

Mit Alkohol

Pro Portion:
E: 7 g, F: 19 g, Kh: 58 g,
kJ: 1941, kcal: 464

2 Pck. Dr. Oetker Pudding-Pulver Vanille-Geschmack
100 g Zucker
1 l Milch
80 g fein gewürfeltes Zitronat
250 g Rosinen
2 TL Zucker
7 EL Wasser

500 ml ($^1/_2$ l) Schlagsahne
2 Pck. Dr. Oetker Vanillin-Zucker
etwa 250 g Löffelbiskuits
4–6 EL brauner Rum
100 g Raspelschokolade

Zubereitungszeit: 1 Std., ohne Kühlzeit

1. Aus Pudding-Pulver, Zucker und Milch nach Packungsanleitung einen Pudding kochen (evtl. in 2 Portionen) und in eine Schüssel füllen. Direkt auf den Pudding eine Lage Frischhaltefolie legen, damit der Pudding keine Haut bekommt. Pudding etwas abkühlen lassen.
2. Zitronat und Rosinen mit Zucker und Wasser in einem Topf verrühren, zum Kochen bringen. So lange köcheln lassen, bis das Wasser verkocht ist. Zitronat-Rosinen-Mischung kalt stellen.
3. Sahne mit Vanillin-Zucker in 2 Portionen steif schlagen. Den Pudding mit Handrührgerät mit Rührbesen durchrühren. Die Sahne portionsweise unter den noch weichen Pudding heben.
4. Löffelbiskuits mit Rum beträufeln. Abwechselnd die Löffelbiskuits, die Pudding-Creme, die Zitronat-Rosinen-Mischung und die Raspelschokolade in eine Glasschale schichten. Die oberste Schicht sollte aus der Pudding-Creme bestehen. Die Creme mit Zitronat-Rosinen-Mischung garnieren.

Diplomatencreme

Doraden mit Tomaten vom Grill

8 Portionen

Schnell

Pro Portion:
E: 30 g, F: 18 g, Kh: 3 g,
kJ: 1276, kcal: 305

8 kleine küchenfertige Doraden (Goldbrassen, je etwa 300 g)
Saft von 2 Zitronen
Salz, grob gemahlener weißer Pfeffer
4 TL getrocknete Kräuter der Provence
170 ml Olivenöl
8 Tomaten
2–3 Knoblauchzehen
frisch gemahlener Pfeffer
40 g Butter

Zubereitungszeit: 30 Min.

1. Doraden unter fließendem kalten Wasser abspülen, trockentupfen, mit Zitronensaft beträufeln, mit Salz und Pfeffer innen und außen würzen, anschließend innen mit den Kräutern der Provence ausstreuen.
2. Die Fische mit dem Öl bestreichen und auf den heißen Grillrost legen. Von jeder Seite 5–8 Minuten grillen, zwischendurch wieder mit Öl bestreichen.
3. Tomaten waschen, abtrocknen und die Stängelansätze herausschneiden. Tomaten an der runden Seite kreuzweise einschneiden. Knoblauch abziehen und durch eine Knoblauchpresse drücken.
4. Die Tomaten mit dem Knoblauch belegen und mit Salz und Pfeffer bestreuen. Butter in Flöckchen vorsichtig darauf setzen. Die Tomaten etwa 5 Minuten vor Ende der Grillzeit zu den Fischen auf den Grillrost legen.

Beilage:
Knoblauchbaguette und Eisbergsalat.

Tipp:
Die Doraden in einem Fischgitter auf den Rost legen.

Abwandlung:
In jeden Fisch je 1 Thymianstängel und Rosmarinzweig legen. Pfefferbutter in Scheiben schneiden und ebenfalls in den Fisch legen. Pfefferbutter kann fertig gekauft oder selbst gemacht werden:
125 g weiche Butter, Salz, 1 gestr. Teelöffel groben bunten Pfeffer verrühren, auf Alufolie legen, zu einer Rolle formen und fest werden lassen. Dann die fest gewordene Pfefferbutter in Scheiben schneiden. Die mit Pfefferbutter gefüllten Fische dann in Alufolie gewickelt etwa 15 Minuten grillen. Statt Doraden können auch Forellen genommen werden.

Doraden mit Tomaten vom Grill

Eierigel

Eierpunsch mit Arrak

8 Portionen

Mit Alkohol

Pro Portion:
E: 7 g, F: 8 g, Kh: 77 g,
kJ: 2344, kcal: 560

6 Eier
4 Eigelb
600 g Zucker
700 ml trockener Weißwein
1 l Wasser
Saft von 2 Orangen
Saft von 2 Zitronen
300 ml Arrak

Zubereitungszeit: 30 Min.

1. Eier mit Eigelb, Zucker, Weißwein und Wasser in einem großen Topf verschlagen und unter Rühren erhitzen. Nacheinander Orangen- und Zitronensaft

Eierpunsch mit Arrak

Eierigel

16 Stück

Für Kinder

Pro Stück:
E: 4 g, F: 4 g, Kh: 1 g,
kJ: 245, kcal: 58

8 hart gekochte Eier
16 Salamischeiben (Ø 3–4 cm)
einige dünne Salzstangen
etwas Tomatenmark

Zubereitungszeit: 20 Min.

1. Eier pellen, längs halbieren und mit den Schnittflächen auf eine Platte legen.
2. Jede Salamischeibe zur Hälfte einschneiden, zu einer Spitztüte formen und als Igelnase um das spitze Ende der Eihälften legen.
3. Salzstangen in 2–3 cm lange Stifte brechen und als Stacheln in die gewölbte Eiseite stecken, dabei etwa ein Drittel der spitzen Eiseite für das Igelgesicht aussparen. Mit Tomatenmark jeweils 2 Augen auftupfen.

Tipp:
Dazu passt ein gemischter Salat und Vollkornbrot.

Dekotipp:
Die Igel nicht zusammen auf einer Platte anordnen, sondern für jedes Kind einen Igel als eine Art Platzkärtchen auf den Teller legen.

und Arrak hinzugießen und unter ständigem Schlagen der Masse mit einem Schneebesen bis fast zum Kochen (etwa 85 °C) bringen. Punsch heiß in vorgewärmten Gläsern servieren.

Tipp:
Sie können den Arrak auch durch braunen Rum ersetzen.

Eisbergsalat „Alaska"

8–10 Portionen

Für Kinder

Pro Portion:
E: 2 g, F: 10 g, Kh: 13 g,
kJ: 668, kcal: 161

1 großer Kopf Eisbergsalat
2 Dosen Mandarinen
(Abtropfgewicht je 175 g)
500 g Himbeeren

Für die Sauce:
2 Becher (je 150 g) Crème fraîche
Saft von 1 Zitrone
4 EL Mandarinensaft
Salz
frisch gemahlener Pfeffer
etwas Zucker

Zubereitungszeit: 30 Min.

1. Eisbergsalat putzen und in mundgerechte Stücke schneiden. Salat waschen und gut abtropfen lassen oder trockenschleudern.
2. Mandarinen in einem Sieb abtropfen lassen, dabei den Saft auffangen und 4 Esslöffel davon für die Sauce abmessen. Himbeeren verlesen, vorsichtig abspülen und abtropfen lassen. Eisbergsalat, Mandarinen und Himbeeren in einer Schüssel vorsichtig mischen.
3. Für die Sauce Crème fraîche mit Zitronen- und Mandarinensaft verrühren und mit Salz, Pfeffer und Zucker würzen. Die Sauce getrennt zu dem Salat servieren oder kurz vor dem Verzehr vorsichtig unter die Salatzutaten rühren.

Abwandlung:
Anstatt der Mandarinen aus der Dose können Sie auch frische Orangenfilets nehmen. Anstatt des Eisbergsalates können auch andere Salatsorten, wie z. B. Chicorée- oder Endiviensalat, verwendet werden.

Beilage: Vollkorn-Baguette.

Eisbergsalat „Alaska"

Eisdrink „King Louis"

8 Portionen

Für Kinder

Pro Portion:
E: 4 g, F: 2 g, Kh: 44 g,
kJ: 953, kcal: 227

2 Bananen
8 Kugeln Joghurteis
1,6 l Maracujasaft oder -nektar

Zum Garnieren:
1 Banane
etwas Zitronensaft
1 Sternfrucht (Karambole)
8 Pfefferminzstängel

Zubereitungszeit: 15 Min.

Entenbrustragout mit Orangen

Eisdrink „King Louis"

1. Bananen schälen, in Stücke schneiden und mit Joghurteis und Maracujasaft oder -nektar im Mixer pürieren. Das Getränk in vorgekühlte Gläser füllen.
2. Zum Garnieren Banane schälen, in Scheiben schneiden und mit Zitronensaft beträufeln. Sternfrucht waschen, abtrocknen und ebenfalls in Scheiben schneiden.
3. Die Gläser mit Bananen- und Sternfruchtscheiben sowie Minzstängeln garnieren. Den Drink sofort servieren.

Tipp:
Anstelle von Joghurteis können Sie auch Vanille- oder Fruchteis verwenden.

Entenbrustragout mit Orangen

8–10 Portionen

Mit Alkohol

Pro Portion:
E: 29 g, F: 31 g, Kh: 10 g,
kJ: 1883, kcal: 449

4 Entenbrustfilets (je 350 g)
Salz, frisch gemahlener Pfeffer
3 EL Speiseöl, z. B. Rapsöl
3 Bio-Orangen (unbehandelt, ungewachst)
1 Bio-Limette (unbehandelt, ungewachst)
2 EL Tomatenmark
200 ml trockener Rotwein
500 ml ($^1/_2$ l) Geflügelfond oder -brühe
2 EL Himbeergelee
1 kleines Bund Zitronenthymian
1 EL Speiseöl, z. B. Rapsöl

Zubereitungszeit: 40 Min.
Garzeit: etwa 35 Min.

1. Entenbrustfilets unter fließendem kalten Wasser abspülen und trockentupfen. Jeweils die Haut der Entenbrust abziehen und beiseite legen. Entenbrustfilets in etwa 2 cm große Würfel schneiden, mit Salz und Pfeffer bestreuen.
2. Speiseöl in einer großen Pfanne erhitzen. Fleischwürfel evtl. in 2 Portionen von allen Seiten darin anbraten.
3. Orangen und Limette gründlich waschen, in Spalten schneiden, zu den Fleischwürfeln geben und kurz andünsten.
4. Tomatenmark unterrühren. Nach und nach Rotwein hinzugießen, zum Kochen bringen und etwas einkochen lassen. Anschließend Fond oder Brühe und Gelee hinzugeben, unterrühren und zum Kochen bringen. Das Fleisch zugedeckt bei schwacher Hitze etwa 35 Minuten garen, dabei gelegentlich umrühren.
5. Thymian abspülen und trockentupfen. Einige Stängel zum Garnieren beiseite legen. Von den restlichen Stängeln die Blättchen zupfen. Blättchen zum Ragout geben. Ragout mit Salz und Pfeffer abschmecken.
6. Beiseite gelegte Entenhaut in Streifen schneiden. Speiseöl in einer Pfanne erhitzen. Nach Belieben die Entenhaut darin knusprig braun braten, herausnehmen und auf Küchenpapier abtropfen lassen.
7. Entenbrustragout mit Thymianstängeln und nach Belieben mit der gebratenen Entenhaut garniert servieren.

Beilage: In Olivenöl und Gemüsebrühe gegarte Fenchelknollen und Salzkartoffeln.

Rezeptvorschäge für ein Neujahrs-Party-Buffet

Für ein Neujahrs-Party-Buffet benötigen Sie für 10–12 Personen:

1,5 x Rezept **Entenbrustragout mit Orangen**, Seite 66
1 x Rezept **Flammküchle, schnelle**, Seite 82
1 x Rezept **Brokkoli-Käse-Suppe**, Seite 39
1 x Rezept **Spitzkohl mit Champignons**, Seite 368
1 x Rezept **Vanillecreme mit Schokoladensauce**, Seite 398
10–12 x Rezept **Kir Royal**, Seite 190

Außerdem:

2,5 kg Kartoffeln.

Vorbereitungen am Vortag:

- Brokkoli-Käse-Suppe bis Punkt 3 zubereiten. Die Suppe und die Brokkoliröschen kalt stellen.
- Entenbrustragout bis Punkt 5 zubereiten und kalt stellen.
- Vanillecreme und Schokoladensauce zubereiten. Die Mandeln rösten. Vanillecreme und Schokoladensauce kalt stellen.

Vorbereitungen am Tag der Party:

3 Stunden vorher:	• Für die Flammküchle Blätterteigplatten auftauen lassen. • Die Kartoffeln waschen, schälen, abspülen und mit kaltem Wasser bedecken.
2–3 Stunden vorher:	• Die Flammküchle zubereiten und backen.
2 Stunden vorher:	• Spitzkohl mit Champignons zubereiten.
1 Stunde vorher:	• Für das Entenbrustragout evtl. die Entenhaut knusprig braten. • Vanillecreme aus der Form stürzen, anrichten und garnieren. Sauce bereitstellen.
40 Minuten vorher:	• Die Kartoffeln abgießen, mit Salzwasser zum Kochen bringen und in etwa 20 Minuten gar kochen. • Suppe erhitzen, abschmecken und die Brokkoliröschen dazugeben. • Entenbrustragout erhitzen und evtl. nachwürzen. • Kir Royal zubereiten.

Es eignen sich auch folgende zusätzliche Rezepte:

1 x Rezept **Gemüsetörtchen mit Ziegenkäse**, Seite 109
1 x Rezept **Spaghettini mit bunten Linsen**, Seite 359
1,5 x Rezept **Sizilianische Fischrouladen**, Seite 356
1 x Rezept **Pfirsich-Kirsch-Auflauf**, Seite 260
10–12 x Rezept **Apfelsaftcocktail**, Seite 11

Entenbrustspieße vom Grill

12 Spieße

Raffiniert

Pro Spieß:
E: 33 g, F: 22 g, Kh: 4 g,
kJ: 1447, kcal: 343

6 Entenbrustfilets (je etwa 350 g)
6 gelbe Paprikaschoten
5 Knoblauchzehen
einige Thymianstängel
4–6 EL Olivenöl
Salz
frisch gemahlener Pfeffer
1 TL Rosmarinnadeln

Außerdem:
12 Schaschlikspieße

Zubereitungszeit: 30 Min.

Entenbrustspieße vom Grill

1. Entenbrustfilets unter fließendem kalten Wasser abspülen und trockentupfen. Filets der Länge nach halbieren und in etwa 3 cm große Würfel schneiden. Paprika halbieren, entstielen, entkernen und die weißen Scheidewände entfernen. Schoten waschen, abtropfen lassen und in etwa 3 x 2,5 cm große Stücke schneiden.
2. Entenbrustwürfel und Paprikastücke abwechselnd auf Spieße stecken, dabei darauf achten, dass die Fleischwürfel mit der Fettseite der Entenbrust alle nach einer Seite zeigen. Knoblauch abziehen und durch eine Knoblauchpresse drücken.
3. Thymian abspülen, trockentupfen und die Blättchen von den Stängeln zupfen. Öl mit Thymian, Rosmarin und Knoblauch verrühren, mit Salz und Pfeffer würzen. Die Spieße mit der Öl-Kräuter-Mischung von allen Seiten bestreichen.
4. Die Entenbrustspieße auf den heißen Grillrost (mit Alufolie belegt) legen und etwa 15 Minuten grillen. Spieße zwischendurch wenden.

Beilage: Tomatensalat und Baguette.

Entenragout in Basilikum-Schalotten-Sauce

8–10 Portionen

Etwas Besonderes

Pro Portion:
E: 41 g, F: 56 g, Kh: 5 g,
kJ: 2941, kcal: 703

8 Entenkeulen (je etwa 250 g)
Salz, frisch gemahlener Pfeffer
3 EL Speiseöl
6 Schalotten (etwa 250 g)
2 EL Tomatenmark
300 ml Geflügelbrühe
1 kleiner Kopf Blumenkohl
(etwa 800 g)
1 kleiner Kopf Romanesco (etwa 800 g)
1 Topf Basilikum
200 ml trockener Weißwein
200 ml Schlagsahne

Zubereitungszeit: 60 Min.
Garzeit: etwa 80 Min.

1. Aus den Entenkeulen die Knochen lösen und entfernen. Fleisch unter fließendem kalten Wasser abspülen, trockentupfen und in große Stücke schneiden, evtl. Sehnen entfernen. Fleischstücke mit Salz und Pfeffer bestreuen.
2. Speiseöl in einem Bräter erhitzen. Fleischstücke evtl. in 2 Portionen von allen Seiten kräftig darin anbraten.
3. Schalotten abziehen, in Scheiben schneiden, zu den Fleischstücken geben und mit anbraten. Tomatenmark unterrühren. Brühe hinzugießen und zum Kochen bringen. Das Fleisch zugedeckt etwa 70 Minuten garen, evtl. etwas Wasser hinzufügen.
4. Von Blumenkohl und Romanesco Blätter und schlechte Stellen entfernen, den Strunk abschneiden. Blumenkohl und Romanesco waschen, abtropfen lassen, in Röschen teilen und in kochendem Salzwasser 6–8 Minuten garen. Anschließend in ein Sieb geben, mit kaltem Wasser übergießen und abtropfen lassen.
5. Basilikum abspülen und trockentupfen. Die Blättchen von den Stängeln zupfen, einige Blättchen zum Garnieren beiseite legen. Restliche Blättchen in Streifen schneiden.
6. Wein und Sahne zum Fleisch geben. Basilikumstreifen hinzufügen und unterrühren. Blumenkohl- und Romanescoröschen hinzufügen.

Entenragout in Basilikum-Schalotten-Sauce

7. Ragout mit den Gewürzen abschmecken, unter Rühren aufkochen lassen. Das Ragout nach Belieben mit Speisestärke binden und mit den beiseite gelegten Basilikumblättchen garniert servieren.

Beilage: Kleine Kartoffelklöße oder Kartoffelpüree.

Erbseneintopf

8–10 Portionen

Einfach

Pro Portion:
E: 26 g, F: 28 g, Kh: 32 g, kJ: 2034, kcal: 486

4 Dosen grüne Erbsen (Abtropfgewicht je 560 g)
300 ml Gemüsebrühe
Salz, frisch gemahlener Pfeffer
2–3 TL gerebelter Majoran
400 g Zuckerschoten
Salzwasser
600 g ungebrühte Kalbsbratwurst oder ungebrühte Bratwurst
Salzwasser
300 g Crème fraîche
1 EL rosa Pfefferbeeren
1 Bund Schnittlauch

Zubereitungszeit: 40 Min.
Garzeit: etwa 15 Min.

1. 2 Dosen Erbsen in einem Sieb abtropfen lassen. Restliche Erbsen mit Flüssigkeit und den abgetropften Erbsen fein pürieren.
2. Erbsenpüree in einen großen Topf geben. Brühe hinzugießen und unter Rühren zum Kochen bringen, mit Salz, Pfeffer und Majoran abschmecken. Den Topf von der Kochstelle nehmen und beiseite stellen.
3. Von den Zuckerschoten die Enden abschneiden, dabei evtl. abfädeln. Schoten waschen, abtropfen lassen und halbieren.
4. Salzwasser zum Kochen bringen und die Zuckerschoten darin etwa 3 Minuten garen. Dann in ein Sieb geben, mit kaltem Wasser abschrecken und abtropfen lassen.
5. Kalbs- oder Bratwurstbrät aus der Hülle herausdrücken und in eine Schüssel geben. Aus der Masse mit angefeuchteten Händen kleine Klößchen formen. Salzwasser in einem Topf zum Kochen bringen. Die Klößchen hineingeben und in etwa 5 Minuten gar ziehen lassen, bis sie an der Oberfläche schwimmen.
6. Klößchen mit der Schaumkelle herausnehmen und mit den Zuckerschoten in den Erbseneintopf geben. Etwa 200 g Crème fraîche und Pfefferbeeren unterrühren. Eintopf noch einmal kurz aufkochen lassen.
7. Schnittlauch abspülen, trockentupfen und in Röllchen schneiden. Restliche Crème fraîche glatt rühren. Den Erbseneintopf mit Schnittlauchröllchen bestreut und Crème fraîche beträufelt servieren.

Beilage: Weißbrotwürfel in Knoblauchbutter geröstet.

Tipp:
Anstelle von rosa Pfefferbeeren können auch klein geschnittene rote Paprikawürfel verwendet werden.

Erbseneintopf

Erdbeerbowle mit Schwips

Erdbeerbowle mit Schwips

10–12 Portionen

Mit Alkohol

Pro Portion:
E: 1 g, F: 0 g, Kh: 11 g,
kJ: 777, kcal: 186

500 g Erdbeeren
1 Bio-Zitrone (unbehandelt, ungewachst)
2–3 EL Zucker
1 Flasche kalter trockener Weißwein (0,75 l)
2 Flaschen kalter trockener Sekt (je 0,75 l)

Zubereitungszeit: 20 Min., ohne Durchziehzeit

1. Erdbeeren waschen, trockentupfen, entstielen und halbieren oder vierteln. Zitrone heiß abwaschen, abtrocknen und die Schale in Zesten oder Streifen abschälen. Erdbeeren und Zitronenschale in ein großes Bowlengefäß (3–4 l Inhalt) geben und den Zucker darüber streuen.
2. Die Hälfte des Weins darauf gießen und den Bowlenansatz etwa 1 Stunde kalt gestellt durchziehen lassen.
3. Anschließend den restlichen Wein und den Sekt dazugießen, die Bowle leicht umrühren, in Bowlengläser füllen und mit Löffeln servieren.

Erdbeerbowle ohne Alkohol

12 Portionen

Erfrischend

Pro Portion:
E: 0 g, F: 0 g, Kh: 11 g,
kJ: 225, kcal: 54

500 g Erdbeeren
1 l kalter Apfelsaft
Saft von 1 Zitrone
2 l kaltes Mineralwasser

Zubereitungszeit: 30 Min., ohne Durchziehzeit

1. Erdbeeren waschen, abtropfen lassen und entstielen. Erdbeeren halbieren oder vierteln.
2. Erdbeerstücke mit Apfel- und Zitronensaft in ein Bowlengefäß (etwa 4 l Inhalt) geben und zugedeckt etwa 1 Stunde kalt stellen.
3. Mineralwasser zur Mischung gießen und die Bowle gut gekühlt servieren.

Erdbeerklöße mit Vanillesauce

12 Portionen

Mit Alkohol

Pro Portion:
E: 5 g, F: 24 g, Kh: 44 g,
kJ: 1786, kcal: 425

24 kleine Erdbeeren
1 heller Wiener Boden (3-lagig, 400 g)
4–5 EL Orangenlikör
200 g weiche Butter
40 g gesiebter Puderzucker
80 g Kokosraspel
750 ml fertige Vanillesauce aus dem Kühlregal

Zubereitungszeit: 35 Min., ohne Kühlzeit

1. Erdbeeren waschen, gut abtropfen lassen und entstielen. Die 3 Lagen des Wiener Bodens mit den Händen zerbröseln, in eine Schüssel geben und mit Orangenlikör mischen.
2. Butter und Puderzucker mit Handrührgerät mit Rührbesen weiß-cremig aufschlagen und mit den Teigbröseln vermischen.
3. Aus der Bröselmasse 24 Klöße formen und mit je 1 Erdbeere füllen. Klöße in

Kokosraspeln wälzen und im Kühlschrank fest werden lassen.

4. Je 2 Erdbeerklöße auf Desserttellern mit Vanillesauce anrichten.

Abwandlung:
Für Himbeerklöße einen dunklen Wiener Boden verwenden und mit Himbeergeist statt mit Orangenlikör mischen. Für die Füllung frische Himbeeren verwenden.

Tipp:
Für eine alkoholfreie Variante Orangenlikör durch Orangensaft ersetzen. Für die Himbeerklöße anstatt Himbeergeist etwas mit Wasser verdünnten Himbeersirup verwenden.

Erdbeer-Sekt-Dessert

Erdbeer-Sekt-Dessert
12 Portionen

Mit Alkohol

Pro Portion:
E: 2 g, F: 18 g, Kh: 22 g,
kJ: 1291, kcal: 308

1 Flasche halbtrockener Sekt (0,75 l)
2 Pck. Dr. Oetker Gala Sahne-Pudding-Pulver
6 EL Zucker
750 g frische Erdbeeren
2 EL Zucker
500 g Mascarpone (italienischer Frischkäse)

nach Belieben 12 Schokogebäckstäbchen

Zubereitungszeit: 50 Min., ohne Kühlzeit

1. Vom Sekt 100 ml abnehmen und damit beide Päckchen Pudding-Pulver und den Zucker anrühren. Restlichen Sekt zum Kochen bringen. Topf von der Kochstelle nehmen, das angerührte Pudding-Pulver hineingeben und unter Rühren kurz aufkochen.
2. Den Sektpudding sofort in eine Schüssel geben und mit Frischhaltefolie zudecken, damit sich keine Haut bildet. Den Pudding erkalten lassen.
3. Erdbeeren waschen, abtropfen lassen und entstielen. Ein Drittel der Erdbeeren mit Zucker pürieren, restliche Erdbeeren vierteln.
4. Pudding und Mascarpone mit Handrührgerät mit Rührbesen zu einer Creme verrühren. Erdbeerpüree auf 12 Sektgläser verteilen. Gut die Hälfte der Sektcreme in einen Spritzbeutel mit großer Lochtülle füllen, vorsichtig auf das Erdbeerpüree spritzen.
5. Erdbeerviertel (12 zum Garnieren zurücklassen) auf die Creme in den Gläsern legen, restliche Sektcreme mit dem Spritzbeutel darauf verteilen und bis zum Servieren kalt stellen.
6. Vor dem Servieren die Gläser mit den zurückgelassenen Erdbeervierteln und nach Belieben mit Schokogebäckstäbchen garnieren.

Exotika
10–12 Portionen

Fruchtig

Pro Portion:
E: 1 g, F: 0 g, Kh: 16 g,
kJ: 304, kcal: 73

etwa 20 Zitronenmelisseblättchen
600 g Ananas-Fruchtfleisch
750 ml ($^3/_4$ l) kalter Ananassaft
750 ml ($^3/_4$ l) kaltes Mineralwasser

Zubereitungszeit: 15 Min.

1. Zitronenmelisseblättchen abspülen und trockentupfen. Das Ananas-Fruchtfleisch in Stücke schneiden, mit den Zitronenmelisseblättchen und etwas von dem Ananassaft in einen Mixer geben und pürieren.
2. Restlichen Ananassaft und Mineralwasser unterrühren. Exotika gut gekühlt in Gläsern servieren.

Exotika

Falsches Filet in dunkler Biersauce

10–12 Portionen

Einfach

Pro Portion:
E: 35 g, F: 18 g, Kh: 22 g,
kJ: 1676, kcal: 399

1,8 kg Falsches Filet vom Rind
Salz
frisch gemahlener Pfeffer
2 EL mittelscharfer Senf
4 EL Pflanzenöl, z. B. Rapsöl
500 ml (1/2 l) Malzbier
400 ml Rinderbrühe
5 Möhren (etwa 500 g)
1 Knollensellerie (etwa 500 g)
1 kg fest kochende Kartoffeln
4 Bund Frühlingszwiebeln (etwa 500 g)
2 EL Tomatenmark
einige Petersilienblättchen zum Garnieren

Zubereitungszeit: 65 Min.
Garzeit: etwa 2 1/2 Std.

1. Das Fleisch unter fließendem kalten Wasser abspülen und trockentupfen, mit Salz und Pfeffer würzen. Fleisch von allen Seiten mit Senf bestreichen.
2. Pflanzenöl in einem großen Bräter erhitzen, das Fleisch von allen Seiten darin gut anbraten. Etwas Bier und etwas von der Brühe hinzugießen. Den Bräter auf dem Rost in den Backofen schieben.
   Ober-/Unterhitze: etwa 180 °C (nicht vorgeheizt)
   Heißluft: etwa 160 °C (nicht vorgeheizt)
   Gas: Stufe 2–3 (nicht vorgeheizt)
   Garzeit: etwa 2 1/2 Stunden.
3. Das Fleisch zwischendurch mit der Bratflüssigkeit begießen. Restliches Bier und Brühe nach und nach hinzugießen.
4. Möhren und Knollensellerie putzen, schälen, waschen, abtropfen lassen. Kartoffeln schälen, abspülen und abtropfen lassen. Möhren, Knollensellerie und Kartoffeln in Würfel schneiden. Frühlingszwiebeln putzen, waschen, abtropfen lassen und in etwa 5 cm lange Stücke schneiden. Vorbereitetes Gemüse nach etwa 50 Minuten Garzeit zum Rindfleisch geben. Tomatenmark hinzufügen, mit Salz und Pfeffer würzen. Gemüse ab und zu umrühren.
5. Petersilienblättchen abspülen, trockentupfen. Das Gemüse damit garnieren. Fleisch in Scheiben schneiden.

Beilage: Hierzu passen ein kräftiges Bauernbrot, Semmelklöße oder Serviettenknödel.

Farfalle-Schichtsalat

12 Portionen

Vegetarisch

Pro Portion:
E: 14 g, F: 13 g, Kh: 37 g,
kJ: 1356, kcal: 324

Salzwasser
500 g bunte Farfalle (Schmetterlingsnudeln)

300 ml Wasser
1 TL Salz
750 g TK-Romanesco-Mix-Gemüse
600 g Tomaten
250 g Schafkäse
1 Zwiebel
2–3 Knoblauchzehen
500 g Naturjoghurt
200 g Kräuter-Frischkäse
1 Becher (125 g) Kräuter-Crème-fraîche

1 EL frisches gehacktes Basilikum
frisch gemahlener Pfeffer

Zum Bestreuen:
einige Basilikumblätter

Zubereitungszeit: 60 Min., ohne Abkühlzeit

1. Salzwasser in einem Topf zum Kochen bringen. Die Nudeln darin nach Packungsanleitung bissfest kochen, dann in ein Sieb geben, mit kaltem Wasser abschrecken, abtropfen und erkalten lassen.
2. 300 ml Wasser mit Salz zum Kochen bringen und das TK-Gemüse darin etwa 5 Minuten garen. Anschließend das Gemüse in ein Sieb geben, abtropfen und erkalten lassen.
3. Tomaten waschen, abtrocknen und in Scheiben schneiden, dabei die Stängelansätze herausschneiden. Schafkäse würfeln. Zwiebel und Knoblauch abziehen, in feine Würfel schneiden.
4. Joghurt, Frischkäse, Kräuter-Crème-fraîche und Basilikum verrühren. Zwiebel- und Knoblauchwürfel unterrühren. Sauce mit Pfeffer abschmecken.
5. Salatzutaten in einer großen, hohen Glasschüssel einschichten, dazu der Reihe nach ein Drittel Nudeln, Gemüse, Tomaten, Schafkäse und Sauce einschichten. Diese Schichtung noch zweimal wiederholen.
6. Den Salat mit Basilikumblättern bestreuen, bis zum Servieren kalt stellen.

Farfalle-Schichtsalat

Farmerkartoffeln

12 Portionen

Schnell

Pro Portion:
E: 12 g, F: 13 g, Kh: 30 g,
kJ: 1202, kcal: 287

12 große fest kochende Kartoffeln
Salz
frisch gemahlener Pfeffer
6 EL Olivenöl
200 g geriebener Käse,
z. B. Emmentaler-Käse
1 TL Paprikapulver edelsüß
24 dünne Scheiben Frühstücksspeck (Bacon)
1 EL Kümmelsamen

$^1/_2$ Bund Petersilie

Zubereitungszeit: 25 Min.
Garzeit: etwa 45 Min.

1. Kartoffeln gründlich waschen, evtl. bürsten, abtropfen lassen und längs vierteln.
2. Die Kartoffelviertel auf ein Backblech (gefettet) legen, mit Salz und Pfeffer würzen und mit Öl beträufeln. Das Backblech in den Backofen schieben.

Farmerkartoffeln

Ober-/Unterhitze: etwa 200 °C (vorgeheizt)
Heißluft: etwa 180 °C (nicht vorgeheizt)
Gas: Stufe 3–4 (nicht vorgeheizt)
Garzeit: etwa 45 Minuten.

3. In der Zwischenzeit Käse und Paprika vermischen. Baconscheiben der Länge nach teilen.
4. Etwa 15 Minuten vor Beendigung der Garzeit die Käse-Paprika-Mischung auf die Kartoffeln geben. Die Baconscheiben auf die Kartoffelspalten legen und mit Kümmel bestreuen. Die Kartoffeln fertig garen.
5. Petersilie abspülen, trockentupfen und die Stängel etwas kleiner zupfen. Kartoffeln mit der Petersilie garnieren.

Tipp:
Die Farmerkartoffeln zu gegrilltem Fleisch mit verschiedenen Dips servieren

Feeling Well

1 Portion

Mit Alkohol

Pro Portion:
E: 2 g, F: 0 g, Kh: 31 g,
kJ: 1204, kcal: 287

4 cl brauner Rum
2 cl Kokoslikör
8 cl Ananassaft
6 cl Maracujasaft
2 cl Zitronensaft

einige Eiswürfel

1 Stück Ananas
1 Cocktailkirsche
1 Holzspieß

Zubereitungszeit: 5 Min.

1. Rum mit Kokoslikör, den Säften und einigen Eiswürfeln in den Shaker geben und kräftig schütteln.
2. Den Inhalt durch ein Barsieb in ein zur Hälfte mit Eiswürfeln gefülltes Longdrinkglas abseihen.
3. Ananas an den Glasrand stecken und die Cocktailkirsche mit einem Holzspieß darauf stecken. Den Cocktail mit Trinkhalm servieren.

Fenchel auf Möhren-Orangen-Salat

12 Portionen

Vegetarisch

Pro Portion:
E: 4 g, F: 19 g, Kh: 20 g,
kJ: 1146, kcal: 274

12 kleine Fenchelknollen (etwa 1,2 kg)
10 dicke Möhren (etwa 1 kg)
Salzwasser
12 Orangen
4 EL Olivenöl
Salz
frisch gemahlener Pfeffer

Für das Dressing:
8 EL milder Apfelessig
Salz
frisch gemahlener Pfeffer
etwas Zucker
150 ml Olivenöl

Zum Bestreuen:
4 EL Pinienkerne

Zubereitungszeit: 60 Min.

1. Die Fenchelknollen putzen, waschen, abtropfen lassen und achteln. Die Möhren putzen, schälen, abspülen und abtropfen lassen.
2. Salzwasser zum Kochen bringen, Fenchel und Möhren darin etwa 8 Minuten kochen lassen, mit kaltem Wasser abschrecken und gut abtropfen lassen.
3. Orangen mit einem Messer so schälen, dass die weiße Haut vollständig entfernt wird. Orangen halbieren oder vierteln und in Scheiben schneiden. Möhren in Scheiben schneiden.

4. Öl in einer großen Pfanne erhitzen. Fenchel darin leicht anbraten und mit Salz und Pfeffer würzen.
5. Für das Dressing Essig, Salz, Pfeffer und Zucker verrühren. Öl unterschlagen. Möhren und Orangen mit dem Dressing vermischen, kurz durchziehen lassen und dann auf einer Platte anrichten.
6. Pinienkerne in einer Pfanne ohne Fett anrösten. Fenchel auf dem Möhren-Orangen-Salat verteilen und mit Pinienkernen bestreuen.

Fenchelgratin à la santé

Fenchelgratin à la santé

12 Portionen

Vegetarisch

Pro Portion:
E: 17 g, F: 20 g, Kh: 9 g, kJ: 1226, kcal: 293

8 Fenchelknollen (etwa 2,4 kg)
Salzwasser
1 Gemüsezwiebel (etwa 450 g)
4 Knoblauchzehen
6 große Fleischtomaten (etwa 900 g)
600 g Schafkäse, z. B. Feta-Käse
6 EL Olivenöl
400 ml Gemüsebrühe oder -fond
Salz
frisch gemahlener Pfeffer
200 g geriebener Parmesan-Käse

Zubereitungszeit: 60 Min.
Garzeit: etwa 15 Min.

1. Von den Fenchelknollen die Stiele dicht oberhalb der Knollen abschneiden. Braune Stellen und Blätter entfernen. Die Wurzelenden abschneiden. Die Knollen halbieren, waschen, abtropfen lassen und nach Belieben in Spalten schneiden. Fenchelspalten in kochendem Salzwasser etwa 10 Minuten garen, in ein Sieb geben und abtropfen lassen.
2. Gemüsezwiebel und Knoblauch abziehen und in kleine Würfel schneiden. Tomaten waschen, abtrocknen, halbieren, Stängelansätze herausschneiden und die Kerne entfernen. Tomatenhälften in Würfel schneiden. Schafkäse mit einer Gabel zerbröseln.
3. Öl in einem großen Bräter erhitzen. Zunächst Zwiebel- und Knoblauchwürfel darin andünsten. Fenchelspalten hinzugeben. Gemüsebrühe oder -fond hinzugießen, mit Salz und Pfeffer würzen. Tomatenwürfel und Feta-Käse darauf verteilen.
4. Parmesan-Käse darüber streuen. Den Bräter auf dem Rost in den Backofen schieben.
   Ober-/Unterhitze: etwa 220 °C (vorgeheizt)
   Heißluft: etwa 200 °C (vorgeheizt)
   Gas: Stufe 4–5 (vorgeheizt)
   Garzeit: etwa 15 Minuten.
5. Nach der Garzeit den Backofen auf Oberhitze 250 °C stellen und das Gratin etwa 5 Minuten überbacken.

Beilage: Kleine gebratene Röstkartoffeln.

Tipp:
Zu diesem Gericht passen gebratene Kochschinkenwürfel (pro Portion etwa 50 g) oder gebratene TK-Shrimps (pro Portion etwa 50 g).

Feuertopf

12 Portionen

Schnell

Pro Portion:
E: 41 g, F: 41 g, Kh: 27 g,
kJ: 2715, kcal: 648

2 mittelgroße Gemüsezwiebeln (600 g)
je 3 grüne und rote Paprikaschoten
1 Dose Ananasstücke (Abtropfgewicht 340 g)
2 Gläser Champignons in Scheiben (Abtropfgewicht je 315 g)
2 kg Schweinegulasch
3 EL Steakgewürz
6 EL Olivenöl
1 Glas Zigeunersauce (500 g, Fertigprodukt)
1 Flasche Barbecuesauce (250 g, Fertigprodukt)
500 ml (1/2 l) Schlagsahne
1 EL Currypulver
1 EL Paprikapulver edelsüß
1 TL Cayennepfeffer
1 TL gemahlener Kümmel
1 TL frisch gemahlener Pfeffer
150 g geriebener Käse, z. B. Gouda

nach Belieben einige Basilikumblättchen

Zubereitungszeit: 45 Min.
Garzeit: etwa 40 Min.

Feuertopf

1. Gemüsezwiebeln abziehen und in grobe Würfel schneiden. Paprikaschoten halbieren, entstielen, entkernen und die weißen Scheidewände entfernen. Schoten waschen, abtropfen lassen und in Streifen schneiden. Ananas und Champignons in ein Sieb geben und abtropfen lassen.
2. Die Fleischstücke evtl. etwas kleiner schneiden und mit Steakgewürz würzen. Öl in einer Pfanne erhitzen. Das Fleisch portionsweise darin anbraten. Zwiebeln und Paprika in die Pfanne geben und kurz andünsten (evtl. vorher noch etwas Öl hinzufügen).
3. Zigeuner- und Barbecuesauce mit Sahne und den Gewürzen verrühren. Zuerst die Hälfte der Zwiebel-Paprika-Mischung in eine Fettfangschale (gefettet) oder eine große, flache Auflaufform (gefettet) geben. Dann nacheinander die Hälfte der Fleischstücke, die Hälfte der Ananas-Champignon-Mischung und die Hälfte der Saucenmischung einschichten.
4. Die zweite Hälfte der Zutaten in derselben Reihenfolge einschichten. Die Fettfangschale in den Backofen bzw. die Auflaufform auf dem Rost in den Backofen schieben.
   Ober-/Unterhitze: etwa 180 °C (vorgeheizt)
   Heißluft: etwa 160 °C (nicht vorgeheizt)
   Gas: Stufe 2–3 (nicht vorgeheizt)
   Garzeit: etwa 40 Minuten.
5. Nach etwa der Hälfte der Garzeit den Feuertopf mit Käse bestreuen und fertig garen.
6. Nach Belieben den Feuertopf mit Basilikumblättchen garniert reservieren.

Feuerzangenbowle

8–10 Portionen

Klassisch

Pro Portion:

E: 1 g, F: 0 g, Kh: 35 g,
kJ: 1595, kcal: 380

8 Gewürznelken
Schale von 2 Bio-Orangen (unbehandelt, ungewachst)
4 Flaschen trockener Rotwein (je 0,7 l)
1 Zuckerhut (etwa 250 g)
250 ml (1/4 l) Rum (54 Vol.-%)

Zubereitungszeit: 20 Min.

1. Nelken mit Orangenschale in ein Mullsäckchen binden, mit Rotwein in einem Topf erwärmen (nicht kochen), dann in ein Feuerzangenbowlengefäß umfüllen.
2. Rotwein auf einem Rechaud heiß halten und die Gewürze herausnehmen. Den Zuckerhut auf einer Feuerzange darüber legen.
3. Rum nach und nach mit Hilfe eines Esslöffels über den Zuckerhut geben, so dass dieser vollständig mit dem Rum getränkt ist. Zuckerhut vorsichtig anzünden und den Zucker in die Feuerzangenbowle tropfen lassen. Die Bowle heiß servieren.

Tipp:
Orangenstücke mit in die Feuerzangenbowle geben.

Rezeptvorschläge für ein Winter-Party-Buffet

Für ein Winter-Party-Buffet benötigen Sie für 10–12 Personen:

1,5 x Rezept Kasselerroulade, Seite 189
1 x Rezept Käsesuppe mit Beilagen, Seite 186
1 x Rezept Birnen-Ananas-Auflauf, Seite 25
1–2 x Rezept Feuerzangenbowle, Seite 77

Außerdem:

Etwa 2,5 kg gemischte Paprikaschoten, 50 g Butter, 250 ml Gemüsebrühe, 2,5 kg Kartoffeln, für Paprikagemüse und Salzkartoffeln zur Kasselerroulade.

Vorbereitungen am Vortag:

- Für die Käsesuppe Punkt 5, 6 und 7 zubereiten. Die Beilagen, bis auf das Brot, kalt stellen.
- Für die Kasselerroulade Punkt 1 bis 3 zubereiten. Die Roulade zugedeckt kalt stellen. Möhren und Ingwer wie unter Punkt 5 beschrieben vorbereiten, in einen Gefrierbeutel füllen und kalt stellen.
- Paprikaschoten halbieren, entstielen, entkernen. Weiße Scheidewände entfernen. Schoten waschen, abtropfen lassen, in Streifen schneiden, kalt stellen.

Vorbereitungen am Tag der Party:

3 Stunden vorher:	• Die Kartoffeln schälen, abspülen und mit kaltem Wasser bedecken.
1–2 Stunden vorher:	• Den Auflauf bis zum Garen vorbereiten, jedoch noch nicht in den Backofen schieben.
1 Stunde vorher:	• Die Kasselerroulade zubereiten. • Die Kartoffeln mit Wasser bedeckt und 2 Teelöffeln Salz zum Kochen bringen und 20–25 Minuten kochen. • Für das Paprikagemüse die Butter in einem großen Topf zerlassen. Schoten darin andünsten. Gemüsebrühe hinzugießen, etwa 20 Minuten dünsten. Paprikagemüse mit Salz, Pfeffer und Zucker würzen. • Käsesuppe zubereiten, die Beilagen dafür anrichten. • Fleisch aufschneiden und anrichten. • Paprikagemüse und Salzkartoffeln anrichten. • Den Auflauf in den Backofen schieben. • Nach dem Essen die Feuerzangenbowle zubereiten.

Es eignen sich auch folgende zusätzliche Rezepte:

1 x Rezept Tomatenpizza mit Kräuterteig, Seite 382
1,5 x Rezept Gemüse-Hähnchen-Gulasch, Seite 102
1,5 x Rezept Quarkcremeauflauf, Seite 284
1–2 x Rezept Glühwein, Seite 114

Filetduo

Filetduo

8–10 Portionen

Raffiniert

Pro Portion:
E: 33 g, F: 13 g, Kh: 8 g,
kJ: 1199, kcal: 286

Für das Schweinefilet:
2 Schweinefilets (je etwa 600 g)
frisch gemahlener Pfeffer
4 EL Speiseöl
Salz
8 Scheiben Frühstücksspeck (Bacon)

Für die Bröselkruste:
60 g Semmelbrösel
1 Eigelb (Größe M)
50 g weiche Butter
3 geh. TL mittelscharfer Senf
1 Pck. TK-Kräuter-Mischung (25 g)

Für die Sauce:
125 ml (1/8 l) Wasser
100 ml Balsamico-Essig
2–3 EL Instant-Brühe
4 EL Sojasauce
1 geh. TL Zucker
Paprikapulver edelsüß
frisch gemahlener Pfeffer
2 TL Speisestärke
etwas kaltes Wasser

Zubereitungszeit: 60 Min.
Gesamtgarzeit: etwa 35 Min.

1. Schweinefilets unter fließendem kalten Wasser abspülen, trockentupfen, evtl. Sehnen oder Haut entfernen und das Fleisch mit Pfeffer würzen. Öl in einer Pfanne erhitzen. Die Filets darin rundherum anbraten und mit Salz bestreuen. Die Filets nebeneinander in einen Bräter (gefettet) legen. Speckscheiben auf den Filets verteilen.
2. Für die Kruste Semmelbrösel mit Eigelb, Butter, Senf und Kräutern verrühren und mit Salz und Pfeffer würzen. Die Masse auf den Speckscheiben verteilen und etwas andrücken.
3. Den Bräter ohne Deckel auf dem Rost in den Backofen schieben.
   Ober-/Unterhitze: 200–220 °C (vorgeheizt)
   Heißluft: 180–200 °C (vorgeheizt)
   Gas: etwa Stufe 4 (vorgeheizt)
   Garzeit: etwa 10 Minuten.
4. In der Zwischenzeit für die Sauce Wasser mit Essig, Instant-Brühe, Sojasauce, Zucker, Paprikapulver und Pfeffer in einem kleinen Topf verrühren und zum Kochen bringen.
5. Nach der Garzeit die Sauce in den Bräter geben. Den Bräter zurück in den Backofen schieben und das Fleisch noch **weitere 25 Minuten** garen.
6. Das Fleisch vorsichtig aus dem Bräter nehmen und etwa 10 Minuten zugedeckt ruhen lassen. Die Sauce, evtl. wieder in einen Topf gießen, etwas einkochen lassen. Speisestärke mit Wasser anrühren und die Sauce damit binden. Sauce nochmals mit den Gewürzen abschmecken.
7. Das Fleisch dann in Scheiben schneiden und mit der Sauce servieren.

Beilage: Angebratene Schupfnudeln (etwa 4 Packungen zu je 250 g, aus dem Kühlregal).

Tipp:
Wer es asiatisch mag, kann auch Gemüse, z. B. Zuckerschoten, Paprikaschoten, kleine Maiskolben und Spitzkohl im Wok zubereiten und dazuservieren.

Fischgulasch mit Sauerkraut

8–10 Portionen

Preiswert

Pro Portion:
E: 28 g, F: 10 g, Kh: 11 g,
kJ: 1059, kcal: 254

4 Zwiebeln
2–3 Knoblauchzehen
60 g durchwachsener Speck
6 EL Speiseöl, z. B. Olivenöl
1 kg Sauerkraut
2 kleine Dosen Tomatenmark
(je etwa 70 g)
2 Lorbeerblätter
1,5 l heiße Gemüsebrühe
Salz
frisch gemahlener Pfeffer
1–2 gestr. TL Paprikapulver edelsüß
3 EL Zucker
1 Dose Tomatenstücke (400 g)
1,2 kg Fischfilet, z. B. Kabeljau

Zubereitungszeit: 40 Min.
Garzeit: etwa 30 Min.

1. Zwiebeln und Knoblauch abziehen, fein würfeln. Speck fein würfeln. Öl in einem großen Topf erhitzen. Zwiebel-, Knoblauch- und Speckwürfel darin etwa 5 Minuten anbraten.
2. Sauerkraut mit einer Gabel locker zupfen, mit in den Topf geben und andünsten. Tomatenmark unterrühren. Lorbeerblätter hinzufügen.
3. Brühe hinzugießen, zum Kochen bringen, mit Salz, Pfeffer, Paprikapulver und Zucker würzen. Zutaten zugedeckt 20–25 Minuten garen. Tomatenstücke mit der Flüssigkeit hinzufügen. Das Ganze einmal aufkochen lassen.
4. Fischfilet unter fließendem kalten Wasser abspülen, trockentupfen und mit Salz und Pfeffer bestreuen. Fischfilet in etwa 2 cm große Würfel schneiden, auf dem Sauerkraut verteilen und zugedeckt in 5–8 Minuten gar ziehen lassen. Lorbeerblätter entfernen und das Fischgulasch nochmals mit den Gewürzen abschmecken.

Beilage: Salzkartoffeln.

Fischgulasch mit Sauerkraut

Fisch mit Kruste

12 Portionen

Einfach

Pro Portion:
E: 33 g, F: 16 g, Kh: 6 g,
kJ: 1265, kcal: 302

3 mittelgroße Zwiebeln
12 Fischfilets, z. B. Rotbarsch oder Zander (je 150 g)
Salz
frisch gemahlener Pfeffer
125 g weiche Butter
2 EL körniger Senf
2 EL scharfer Senf
125 g geriebener Käse, z. B. Emmentaler-Käse
80 g Semmelbrösel
3 EL gemischte gehackte Kräuter, z. B. Dill, Petersilie, Schnittlauch

Zubereitungszeit: 45 Min.
Garzeit: 20–30 Min.

Fisch mit Kruste

1. Zwiebeln abziehen und fein würfeln. Fischfilets unter fließendem kalten Wasser abspülen, trockentupfen, mit Salz und Pfeffer bestreuen und auf ein Backblech (gefettet) legen.
2. Butter mit beiden Senfsorten, Käse, Zwiebeln, Semmelbröseln und Kräutern zu einer Paste verrühren.
3. Die Paste auf die Filets streichen. Backblech in den Backofen schieben.
   Ober-/Unterhitze: etwa 180 °C (vorgeheizt)
   Heißluft: etwa 160 °C (vorgeheizt)
   Gas: Stufe 2–3 (vorgeheizt)
   Garzeit: 20–30 Minuten.

Beilage: Gemischter Salat und Baguette.

Tipp:
Nach Belieben können noch Tomatenwürfel oder Porreestreifen in die Paste gegeben werden.

Fisch-Mixed-Grill

8–10 Portionen

Raffiniert

Pro Portion:

E: 39 g, F: 34 g, Kh: 5 g,
kJ: 2026, kcal: 484

10 Scheiben Lachsfilet (je etwa 80 g)
10 Scheiben Zanderfilet (je etwa 60)
5 kleine Rotbarben (je etwa 130 g)
10 TK-Jakobsmuscheln ohne Schale (je 20–30 g)
etwa 60 g frischer Ingwer
Saft von 2 Zitronen
Salz
grob gemahlener bunter Pfeffer

6 EL Olivenöl
10 mittelgroße Tomaten

Für die Meerrettichbutter:

250 g weiche Butter
50 g geriebener Meerrettich

nach Belieben Dill zum Bestreuen

Fisch-Mixed-Grill

Zubereitungszeit: 65 Min., ohne Auftauzeit
Grillzeit: 10–15 Min., je nach Fischsorte

1. Lachsfilet, Zanderfilet, Rotbarben und Muschelfleisch unter fließendem kalten Wasser abspülen und trockentupfen.
2. Ingwer schälen, in hauchdünne Scheiben schneiden oder fein reiben.
3. Alle Fischsorten und das Muschelfleisch mit Zitronensaft, Ingwer, Salz und Pfeffer würzen und mit Öl bestreichen.
4. Tomaten waschen, abtrocknen, die Stängelansätze herausschneiden. Tomaten an der Oberseite mit einem scharfen Messer einritzen, mit Salz und Pfeffer bestreuen.
5. Für die Meerrettichbutter Butter und Meerrettich verrühren und kalt stellen.
6. Die einzelnen Fischsorten und das Muschelfleisch auf dem heißen Grill unter gelegentlichem Wenden 5–12 Minuten (je nach Fischsorte) grillen. Die vorbereiteten Tomaten ebenfalls auf den heißen Grill legen und 5–10 Minuten grillen. Den Fisch nach Belieben mit Dill bestreuen.
7. Die Merrettichbutter zum Fisch reichen.

Beilage: Verschiedene Salate und Brot.

Fischragout mit Fenchel

12 Portionen

Mit Alkohol

Pro Portion:

E: 27 g, F: 11 g, Kh: 6 g,
kJ: 1053, kcal: 251

Fischragout mit Fenchel

4 Fenchelknollen (je etwa 250 g)
3 rote Paprikaschoten (je etwa 200 g)
Salzwasser
etwa 200 g entsteinte schwarze Oliven
3 Zwiebeln
Salz
frisch gemahlener Pfeffer
1,6 kg Rotbarschfilet
1 Bund Dill
250 ml ($^1/_4$ l) trockener Weißwein
250 ml ($^1/_4$ l) Fischfond

Zubereitungszeit: 80 Min.
Garzeit: etwa 35 Min.

1. Von den Fenchelknollen die Stiele dicht oberhalb der Knollen abschneiden, braune Stellen und Blätter entfernen, die Wurzelenden gerade schneiden. Zartes Fenchelgrün beiseite legen. Die Knollen waschen, abtrocknen, halbieren und in Würfel schneiden.
2. Paprika halbieren, entstielen, entkernen, die weißen Scheidewände entfernen. Die Schoten waschen und in Würfel schneiden.

3. Salzwasser in einem Topf zum Kochen bringen. Fenchel- und Paprikawürfel darin etwa 10 Minuten kochen, anschließend in einem Sieb abtropfen lassen. Oliven ebenfalls in einem Sieb abtropfen lassen und in Scheiben schneiden. Zwiebeln abziehen und in kleine Würfel schneiden.
4. Fenchel-, Paprika-, Zwiebelwürfel und Olivenscheiben vermischen und in eine große, flache Auflaufform geben, mit Salz und Pfeffer würzen.
5. Rotbarschfilet unter fließendem kalten Wasser abspülen, trockentupfen und in große Würfel schneiden, mit Salz und Pfeffer bestreuen.
6. Dill abspülen, trockentupfen und fein schneiden.
7. Rotbarschwürfel zum Gemüse geben, Weißwein und Fischfond hinzugießen, mit Salz, Pfeffer und etwa zwei Dritteln vom Dill würzen. Die Form zugedeckt auf dem Rost in den Backofen schieben.
   Ober-/Unterhitze: 180–200 °C (vorgeheizt)
   Heißluft: 160–180 °C (vorgeheizt)
   Gas: etwa Stufe 3 (vorgeheizt)
   Garzeit: etwa 35 Minuten.
8. Fenchelgrün abspülen, trockentupfen und nach Belieben klein schneiden. Das Ragout vorsichtig umrühren, nochmals mit Salz und Pfeffer würzen und mit dem restlichen Dill und dem Fenchelgrün garniert sofort servieren.

Beilage: Reis oder Fladenbrot.

Fladenbrote, gefüllt und gebacken

12 Stück

Einfach

Pro Stück:
E: 30 g, F: 46 g, Kh: 61 g, kJ: 3272, kcal: 781

4 Dosen Tunfisch naturell (Abtropfgewicht je 150 g)
12 kleine Fladenbrote (je etwa 150 g)
100 ml Olivenöl
6 große Tomaten
1 Gemüsezwiebel
etwa 250 g schwarze Oliven
etwa 200 g mit Paprika gefüllte, grüne Oliven
Salz, frisch gemahlener weißer Pfeffer
1–2 TL gerebelter Oregano
12 Scheiben Holland-Schnittkäse mit Knoblauch (je etwa 50 g)

Zubereitungszeit: 40 Min.
Backzeit: 10–15 Min.

1. Tunfisch abtropfen lassen und zerpflücken. Fladenbrote waagerecht halbieren. Aus beiden Hälften etwas von der Krume herauslösen. Die unteren Brothälften auf ein oder zwei Backbleche (mit Backpapier belegt) legen, mit etwas Olivenöl beträufeln und mit Tunfisch belegen.
2. Tomaten waschen, abtropfen lassen und die Stängelansätze herausschneiden. Tomaten in Scheiben schneiden. Zwiebel abziehen und in dünne Ringe schneiden. Schwarze Oliven entkernen und hacken, grüne Oliven in dünne Scheiben schneiden.
3. Die vorbereiteten Zutaten auf dem Tunfisch verteilen und alles mit Salz, Pfeffer und Oregano würzen. Käse in dünne Streifen schneiden und gitterartig auf die Füllung legen. Mit den oberen Brothälften belegen und mit dem restlichen Öl einpinseln. Das Backblech in den Backofen schieben und die Brote backen, bis der Käse zu schmelzen beginnt.
   Ober-/Unterhitze: etwa 200 °C (vorgeheizt)
   Heißluft: etwa 180 °C (vorgeheizt)
   Gas: Stufe 3–4 (vorgeheizt)
   Backzeit: 10–15 Minuten.
4. Die Fladenbrote etwas abkühlen lassen und lauwarm servieren. Am besten isst man sie, in eine Papierserviette gehüllt, direkt aus der Hand.

Fladenbrote, gefüllt und gebacken

Flammküchle, schnelle

Flammküchle, schnelle

18 Stück

Einfach

Pro Stück:
E: 3 g, F: 10 g, Kh: 9 g,
kJ: 577, kcal: 138

1 Pck. (450 g) TK-Blätterteig
(6 rechteckige Scheiben)

Für den Belag:
1 Becher (150 g) Crème fraîche
1 Beutel Pfeffersauce
100 g geräucherter, durchwachsener Speck

Zubereitungszeit: 20 Min., ohne Auftauzeit
Backzeit: 10–15 Min.

1. Blätterteigscheiben nach Packungsanleitung nebeneinander zugedeckt auftauen lassen. Dann jede Scheibe in 3 Stücke schneiden und auf ein Backblech (mit Backpapier belegt) legen. Blätterteigstücke mehrmals mit einer Gabel einstechen.
2. Für den Belag Crème fraîche mit dem Pfeffersaucenpulver glatt rühren und auf die Teigstücke streichen.
3. Speck in feine Streifen schneiden und darauf streuen. Das Backblech in den Backofen schieben.
   Ober-/Unterhitze:180–200 °C (vorgeheizt)
   Heißluft: 160–180 °C (vorgeheizt)
   Gas: etwa Stufe 3 (vorgeheizt)
   Backzeit: 10–15 Minuten.

Tipp:
Die Flammküchle schmecken kalt und warm. Dazu einen gut gekühlten Weißwein servieren.

Fleisch-Reis-Bällchen mit Gemüse

8–10 Portionen

Raffiniert

Pro Portion:
E: 26 g, F: 28 g, Kh: 38 g,
kJ: 2135, kcal: 510

etwa 800 ml Salzwasser
400 g Langkornreis
500 g ungebrühte Bratwurst
500 g Hähnchenbrustfilet (vom Metzger durch den Fleischwolf drehen lassen oder sehr klein schneiden)
1 Ei (Größe M)
Salz, frisch gemahlener Pfeffer
1 kleiner Kopf Romanesco (etwa 500 g) oder 1 Kopf Brokkoli (etwa 500 g)
1 kleiner Kopf Blumenkohl (etwa 500 g)
Salzwasser
2 dicke Möhren (etwa 200 g)
1 Bund glatte Petersilie
4 EL Olivenöl
400 ml Fleischbrühe
200 ml Schlagsahne

Zubereitungszeit: 65 Min.
Garzeit: etwa 40 Min.

1. Salzwasser zum Kochen bringen, Reis hinzufügen und nach Packungsanleitung in etwa 15 Minuten ausquellen lassen. Den garen Reis in ein Sieb geben, mit kaltem Wasser übergießen und abtropfen lassen.
2. Wurstbrät aus der Hülle drücken und mit Geflügelhackfleisch, Reis und Ei in einer Schüssel gut vermengen, mit Salz und Pfeffer würzen. Aus der Masse mit angefeuchteten Händen kleine Bällchen formen.
3. Von dem Romanesco oder Brokkoli und Blumenkohl die Blätter und Strünke entfernen. Romanesco oder Brokkoli und Blumenkohl waschen, abtropfen lassen und in kleine Röschen teilen.
4. Salzwasser zum Kochen bringen und die Röschen darin 5–7 Minuten garen. Anschließend in ein Sieb geben, mit kaltem Wasser übergießen und abtropfen lassen.
5. Möhren putzen, schälen, waschen, abtropfen lassen und in dünne Scheiben schneiden. Petersilie abspülen und

Fleisch-Reis-Bällchen mit Gemüse

trockentupfen. Die Blättchen von den Stängeln zupfen. Blättchen fein hacken.

6. Öl in einem Bräter erhitzen. Fleisch-Reis-Bällchen darin in 2 Portionen rundherum gut anbraten. Romanesco- oder Brokkoli- und Blumenkohlröschen sowie Möhrenscheiben hinzugeben. Brühe und Sahne hinzugießen. Die Zutaten zum Kochen bringen und zugedeckt bei schwacher Hitze etwa 10 Minuten garen. Petersilie unterrühren, mit Salz und Pfeffer abschmecken.

Tipp:
Wer lieber eine gebundene Sauce mag, kann diese mit Kartoffelpüreepulver andicken.

Fleischröllchen mit Schinken-Salbei-Füllung

Fleischröllchen mit Schinken-Salbei-Füllung

12 Portionen

Mit Alkohol

Pro Portion:
E: 51 g, F: 35 g, Kh: 7 g,
kJ: 2301, kcal: 549

24 dünne Schweineschnitzel (je etwa 80 g) vom ausgelösten Kotelettstück
1 Topf Salbei
1 Topf Thymian
24 dünne Scheiben Schinkenspeck
24 dünne Scheiben mittelalter Gouda (in Größe der Schnitzel)
3 EL Rapsöl

Außerdem:
24 Holzstäbchen

Für die Sauce:
2 Dosen passierte Tomaten (je 800 g)
250 g Crème fraîche
125 ml ($^1/_8$ l) trockener Rotwein
3 EL Tomatenmark
2 EL Weizenmehl
Salz
frisch gemahlener Pfeffer

Zubereitungszeit: 40 Min.
Garzeit: etwa 45 Min.

1. Schnitzel unter fließendem kalten Wasser abspülen, trockentupfen, nebeneinander legen und etwas flach drücken. Salbei und Thymian abspülen und trockentupfen. Die Blättchen von den Stängeln zupfen. Etwa die Hälfte der Kräuterblättchen für die Sauce beiseite legen.
2. Jedes Schnitzel mit einer Scheibe Schinkenspeck und Käse belegen. Die Blättchen mischen und darauf verteilen. Die Schnitzel von der schmalen Seite her aufrollen und mit Holzspießchen feststecken.
3. Einen großen, flachen Bräter mit dem Öl ausstreichen. Den Bräter auf dem Rost in den vorgeheizten Backofen schieben und etwa 5 Minuten erhitzen.
4. Die Fleischröllchen in den heißen Bräter legen. Den Bräter wieder auf dem Rost in den Backofen schieben. Dabei die Fleischröllchen nach etwa der Hälfte der Zeit wenden.
   Ober-/Unterhitze: etwa 220 °C (vorgeheizt)
   Heißluft: etwa 200 °C (vorgeheizt)
   Gas: Stufe 4–5 (vorgeheizt)
   Garzeit: etwa 25 Minuten.
5. Für die Sauce passierte Tomaten mit Crème fraîche, Rotwein, Tomatenmark, Mehl und beiseite gestellten Kräuterblättchen verrühren. Sauce mit Salz und Pfeffer würzen und über die Fleischröllchen gießen. Den Bräter wieder in den Backofen schieben und bei der oben angegebenen Backofeneinstellung **weitere etwa 20 Minuten garen.**
6. Die Sauce vor dem Servieren nochmals mit Salz und Pfeffer abschmecken.

Beilage: Grüne oder weiße Bandnudeln oder ein frischer grüner Blattsalat.

Tipp:
Anstelle der Schweineschnitzel können auch Kalbs- oder Hähnchenschnitzel verwendet werden.

Fleischtopf mit Käse überbacken

8–10 Portionen

Raffiniert

Pro Portion:
E: 36 g, F: 30 g, Kh: 11 g,
kJ: 1936, kcal: 462

1 kg Auberginen
600 g Zucchini
3 Zwiebeln
3 Knoblauchzehen
je 2 grüne und rote Paprikaschoten
250 g Champignons
6 Tomaten
8 EL Olivenöl
4 EL Tomatenmark
250 ml (1/4 l) Gemüsebrühe
200 ml Schlagsahne
Salz, frisch gemahlener Pfeffer
1–2 TL gerebelter Oregano
1,2 kg Rinderfilet oder Roastbeef
6 EL Olivenöl
10 Scheiben Schmelzkäse

Nach Belieben:
einige Zucchinischeiben
Petersilie

Zubereitungszeit: 70 Min.
Backzeit: etwa 15 Min.

1. Auberginen und Zucchini waschen, abtrocknen. Von den Auberginen die Stängelansätze und von den Zucchini die Enden abschneiden. Auberginen und Zucchini in Würfel schneiden. Zwiebeln und Knoblauch abziehen und in kleine Würfel schneiden.
2. Paprika halbieren, entstielen, entkernen und die weißen Scheidewände entfernen. Die Schoten waschen, abtropfen lassen und ebenfalls in Würfel schneiden. Champignons putzen, mit Küchenpapier abreiben, evtl. abspülen, trockentupfen und halbieren.
3. Tomaten waschen, kreuzweise einschneiden und einige Sekunden in kochendes Wasser legen. Tomaten mit kaltem Wasser abschrecken, enthäuten, halbieren, entkernen und Stängelansätze herausschneiden. Fruchtfleisch in kleine Stücke schneiden.
4. Olivenöl in einer großen Pfanne oder in einem Bräter erhitzen. Zwiebel- und Knoblauchwürfel darin glasig dünsten. Das vorbereitete Gemüse in 2–3 Portionen nacheinander hinzugeben und jeweils etwa 10 Minuten andünsten. Tomatenmark unterrühren und mit andünsten. Brühe und Sahne hinzugießen, mit Salz, Pfeffer und Oregano würzen. Die Gemüsemasse zum Kochen bringen und etwa 10 Minuten garen.
5. Rinderfilet oder Roastbeef unter fließendem kalten Wasser abspülen, trockentupfen, von Haut und Sehnen befreien. Das Fleisch zuerst in etwa 2 cm dicke Scheiben, dann in etwa 2 cm große Würfel schneiden.
6. Olivenöl in einer großen Pfanne erhitzen. Fleischwürfel evtl. in 2 Portionen von allen Seiten darin anbraten, herausnehmen, mit Salz und Pfeffer würzen. Fleischwürfel mit dem Gemüse vermengen und in eine große, flache Auflaufform oder einen Bräter geben. Käsescheiben darauf legen. Die Form oder den Bräter auf dem Rost in den Backofen schieben und den Fleischtopf überbacken.
   Ober-/Unterhitze: etwa 220 °C (vorgeheizt)
   Heißluft: etwa 200 °C (vorgeheizt)
   Gas: Stufe 4–5 (vorgeheizt)
   Backzeit: etwa 15 Minuten.
7. Nach Belieben den Fleischtopf mit Zucchinischeiben und Petersilie garniert servieren.

Fleischtopf mit Käse überbacken

Försterpfanne

8–10 Portionen

Beliebt

Pro Portion:
E: 55 g, F: 45 g, Kh: 11 g,
kJ: 2767, kcal: 660

Försterpfanne

800 g Tomaten
1 kg braune Champignons
1,2 kg Schweinefilet
6–8 EL Speiseöl
Salz
frisch gemahlener Pfeffer
16 Scheiben Schinkenspeck
8 Scheiben gekochter Schinken

Für die Sauce:
6–8 EL Tomatenketchup
1 geh. EL Weizenmehl
500 g Schmand
500 ml (1/2 l) Schlagsahne
1/4 TL gerebelter Oregano
2 Knoblauchzehen
2 mittelgroße Zwiebeln
1 Pck. TK-Italienische Kräuter (25 g)
1 Pck. TK-Basilikum (25 g)

Zum Bestreuen:
40 g Parmesan-Käse

Zubereitungszeit: 65 Min.
Garzeit: etwa 30 Min.

1. Tomaten waschen, kreuzweise einschneiden und kurz in kochendes Wasser legen. Tomaten mit kaltem Wasser abschrecken, abtropfen lassen, enthäuten und halbieren. Die Stängelansätze herausschneiden. Tomaten in Scheiben schneiden. Champignons putzen, mit Küchenpapier abreiben, evtl. abspülen, abtropfen lassen und in Stücke schneiden.
2. Schweinefilet unter fließendem kalten Wasser abspülen und trockentupfen. Fleisch in dicke Scheiben (je etwa 80 g) schneiden. 4 Esslöffel von dem Öl in einer großen Pfanne erhitzen. Filets evtl. in 2 Portionen von beiden Seiten darin anbraten, herausnehmen, mit Salz und Pfeffer bestreuen. Filets in eine große, flache Auflaufform legen.
3. Restliches Speiseöl in der Pfanne erhitzen und die Champignonstücke darin anbraten. Schinkenspeck und Kochschinken in Streifen schneiden.
4. Champignonstücke, Schinken- und Speckstreifen und zuletzt die Tomatenscheiben auf dem Fleisch verteilen.
5. Für die Sauce Ketchup mit Mehl, Schmand, Sahne und Oregano in einem Topf verrühren. Knoblauch und Zwiebeln abziehen, fein würfeln und unterrühren. Die Sauce zum Kochen bringen und unter Rühren 2–3 Minuten kochen lassen. TK-Kräuter hinzufügen, mit Salz und Pfeffer abschmecken. Die Sauce vorsichtig über das belegte Fleisch und in die Form gießen. Käse auf die belegten Fleischstücke streuen. Die Form auf dem Rost in den Backofen schieben.
   Ober-/Unterhitze: etwa 200 °C (vorgeheizt)
   Heißluft: etwa 180 °C (nicht vorgeheizt)
   Gas: Stufe 3–4 (nicht vorgeheizt)
   Garzeit: etwa 30 Minuten.

Beilage: Gnocchi aus dem Kühlregal. Gnocchi nach Packungsanleitung zubereiten und dann in zerlassener Butter oder erhitztem Olivenöl anbraten, nach Belieben mit gehacktem Basilikum bestreuen.

Französische Gemüsesuppe mit Pistou

8–10 Portionen

Gut vorzubereiten

Pro Portion:
E: 8 g, F: 11 g, Kh: 19 g,
kJ: 889, kcal: 212

300 g Möhren
500–600 g fest kochende Kartoffeln
400 g grüne Bohnen
3 Zwiebeln
500 g Tomaten
3–4 EL Olivenöl
2 1/4 l Gemüsebrühe
1 gestr. EL gerebelter Thymian
2 dünne Stangen Porree (Lauch, etwa 350 g)
400 g Zucchini
1 kleine Dose weiße Bohnen (Abtropfgewicht 250 g)
Salz
frisch gemahlener Pfeffer

Für das Pistou:
6 Knoblauchzehen
1 1/2 EL Tomatenmark
1 EL fein gehackte Basilikumblättchen
3 EL geriebener Parmesan-Käse
4–5 EL Olivenöl

Zubereitungszeit: 80 Min.

1. Möhren putzen. Kartoffeln und Möhren schälen, abspülen, abtropfen lassen und in Würfel schneiden. Von den Bohnen die Enden abschneiden, die Bohnen evtl. abfädeln, waschen, abtropfen lassen und in Stücke brechen oder schneiden. Zwiebeln abziehen und fein würfeln.
2. Tomaten waschen, abtropfen lassen, kreuzweise einschneiden, kurz in kochendes Wasser legen und mit kaltem Wasser abschrecken. Tomaten enthäuten, halbieren und die Stängelansätze herausschneiden. Fruchtfleisch würfeln.
3. Öl in einem großen Topf erhitzen. Die Zwiebelwürfel darin andünsten. Brühe hinzugießen und zum Kochen bringen. Kartoffelwürfel, Möhrenwürfel und Bohnenstücke hinzufügen. Alles mit Thymian würzen, zum Kochen bringen und etwa 10 Minuten kochen lassen.
4. Porree putzen. Stangen seitlich einschneiden, gründlich waschen, abtropfen lassen und in Scheiben schneiden. Zucchini waschen, abtrocknen, die Enden abschneiden und Zucchini in kleine Würfel schneiden. Porreescheiben und Zucchiniwürfel in die Suppe geben, etwa 3 Minuten mitkochen.
5. Tomatenwürfel und weiße Bohnen mit der Flüssigkeit in die Suppe geben. Suppe wieder zum Kochen bringen, 3–5 Minuten kochen lassen, mit Salz und Pfeffer würzen.

6. Für das Pistou Knoblauch abziehen, durch die Knoblauchpresse drücken und mit Tomatenmark, Basilikum und Parmesan verrühren. Nach und nach Öl hinzufügen und so lange rühren, bis eine cremige Sauce entstanden ist.
7. Pistou kurz vor Beendigung der Garzeit in die Suppe rühren oder getrennt dazureichen.

Rezeptvorschläge für ein Löffel-Party-Buffet

Für ein Löffel-Party-Buffet benötigen Sie für 10–12 Personen:

1 x Rezept **Französische Gemüsesuppe mit Pistou**, Seite 86
1 x Rezept **Garnelen-Fisch-Topf**, Seite 93
1 x Rezept **Lammtopf mit Aprikosen,** Seite 207
1 x Rezept **Schokokuss-Schichtspeise**, Seite 335

Außerdem:

Etwa 1 kg gemischtes, helles Brot, z. B. Fladenbrot, Baguettebrot, Weißbrot.

Vorbereitungen am Vortag:

- Die Kichererbsen für den Lammtopf einweichen.

Vorbereitungen am Tag der Party:

4 Stunden vorher:	• Die Schokokuss-Schichtspeise zubereiten und kalt stellen. • Für den Fischtopf Kabeljaufilet und Garnelen auftauen lassen. Die Zutaten bis Punkt 2 vorbereiten. • Das Pistou für die Gemüsesuppe zubereiten.
3–4 Stunden vorher:	• Lammtopf bis Punkt 5 zubereiten.
2–3 Stunden vorher:	• Die Gemüsesuppe zubereiten, abkühlen lassen.
1,5 Stunden vorher:	• Den Garnelen-Fisch-Topf zubereiten.
Kurz vorher:	• Lammtopf fertig zubereiten. • Gemüsesuppe erhitzen, mit Pistou anrichten. • Garnelen-Fisch-Topf anrichten. • Brot schneiden.

Es eignen sich auch folgende zusätzliche Rezepte:

1 x Rezept **Gnocchi-Topf**, Seite 114
1 x Rezept **Fleischtopf mit Käse überbacken**, Seite 84
1 x Rezept **Italienische Fischsuppe**, Seite 148
1 x Rezept **Joghurt-Himbeer-Creme** , Seite 156

Frischkäse-Pesto-Kugeln

12 Portionen

Schnell

Pro Portion:

E: 8 g, F: 24 g, Kh: 4 g,
kJ: 1085, kcal: 261

60 g Pinienkerne
100 g getrocknete, eingelegte Tomaten
1 Bund Basilikum
400 g Doppelrahm-Frischkäse
400 g Ziegen-Frischkäse, z. B. Chavroux
etwa 100 g rotes Pesto (aus dem Glas)
Salz, frisch gemahlener Pfeffer
2–3 Bund Rucola (Rauke)

Zubereitungszeit: 35 Min.

1. Pinienkerne in einer Pfanne ohne Fett goldbraun rösten und abkühlen lassen.
2. Tomaten abtropfen lassen, in kochendes Wasser geben und 1–2 Minuten kochen lassen. Tomaten in ein Sieb geben, mit kaltem Wasser abspülen und abtropfen lassen. Tomaten in kleine Würfel schneiden. Basilikum abspülen, trockentupfen, die Blättchen von den Stängeln zupfen und in Streifen schneiden.
3. Etwa zwei Drittel der Pinienkerne hacken. Beide Frischkäsesorten mit dem Pesto glatt rühren. Pinienkerne, Tomaten und Basilikum zufügen, mit Salz und Pfeffer würzen. Mit einem Eiskugelformer aus der Käsemasse kleine Kugeln oder mit zwei Esslöffeln Nocken formen.
4. Rucola putzen, abspülen, trockentupfen oder -schleudern und auf einer Platte verteilen. Die Käsekugeln bzw. -nocken darauf anrichten und mit den beiseite gelegten Pinienkernen bestreuen.

Tipp: Dazu schmeckt Oliven-Ciabatta oder Baguette.

Früchtebowle

Früchtebowle

8 Portionen

Für Kinder

Pro Portion:
E: 0 g, F: 0 g, Kh: 17 g, kJ: 329, kcal: 19

500 g Früchte der Saison, z. B. Kirschen, Johannisbeeren, Melone, Ananas
1 l Apfelsaft
750 ml (3/4 l) Mineralwasser
Eiswürfel

Zubereitungszeit: 20 Min., ohne Kühlzeit

1. Die Früchte vorbereiten: Kirschen waschen, abtropfen lassen und entsteinen. Johannisbeeren waschen, abtropfen lassen und von den Rispen streifen. Melone halbieren, die Kerne entfernen. Melone schälen und mit einem Kugelausstecher aus dem Fruchtfleisch Kugeln ausstechen. Ananas schälen, in Scheiben schneiden, den harten Strunk entfernen und das Fruchtfleisch würfeln.
2. Die vorbereiteten Früchte in ein Bowlengefäß oder einen großen Glaskrug geben. Apfelsaft und Mineralwasser hinzufügen und die Bowle einige Stunden im Kühlschrank durchziehen lassen.
3. Die Bowle mit Eiswürfeln in Gläser füllen und servieren.

Dekotipp:
Die Gläser mit bunten Spießen oder Getränkelöffeln versehen.

Tipp:
Auch einfache Fruchtsäfte, wie z. B. Orangen- oder Maracujasaft finden reißenden Absatz, wenn Sie die Gläser mit Spießen mit Obststückchen versehen und Früchte oder Fruchtstückchen an den Glasrand stecken.

Früchte-Clafoutis

12 Portionen

Schnell

Pro Portion:
E: 8 g, F: 6 g, Kh: 31 g, kJ: 932, kcal: 222

200 g Weizenmehl
80 g Puderzucker
400 ml Milch
8 Eier (Größe M)
1 Pck. Dr. Oetker Vanillin-Zucker
1 große Dose Mandarinen (Abtropfgewicht 480 g)
400 g TK-Beerenobst
2–3 geh. EL Puderzucker

Zubereitungszeit: 20 Min.
Backzeit: etwa 30 Min.

1. Mehl und Puderzucker in eine Rührschüssel sieben. Milch hinzufügen und die Zutaten mit Handrührgerät mit Rührbesen glatt rühren. Eier und Vanillin-Zucker unterrühren.
2. Mandarinen in einem Sieb abtropfen lassen. Anschließend mit dem unaufgetauten Beerenobst in einer gefetteten Fettfangschale (30 x 40 cm) verteilen. Den Teig darauf verstreichen. Die Fettfangschale in den Backofen. Früchte-Clafoutis goldbraun backen.
   Ober/Unterhitze: etwa 200 °C (vorgeheizt)
   Heißluft: etwa 180 °C (vorgeheizt)
   Gas: Stufe 3–4 (vorgeheizt)
   Backzeit: etwa 30 Minuten.
3. Früchte-Clafoutis mit Puderzucker bestreuen und lauwarm servieren.

Abwandlung:
Sie können Clafoutis auch mit Sauerkirschen aus dem Glas, Äpfeln oder anderen Früchten zubereiten.

Tipp:
Clafoutis ist ein Auflauf aus einer mit Eiermasse überbackenen Früchten. Ursprünglich wurde er mit nicht entsteinten Süßkirschen zubereitet. Früchte-Clafoutis schmeckt auch kalt sehr lecker.

Früchte-Clafoutis

Frühlingsdip mit Kresse

8–10 Portionen

Schnell

Insgesamt:
E: 7 g, F: 17 g, Kh: 3 g,
kJ: 808, kcal: 194

250 g Magerquark
200 g Doppelrahm-Frischkäse
2 Becher (je 150 g) Crème fraîche
Salz
frisch gemahlener Pfeffer
2 Kästchen Kresse

Zubereitungszeit: 15 Min.

1. Quark mit Frischkäse und Crème fraîche verrühren, mit Salz und Pfeffer abschmecken.
2. Kresse abspülen und trockentupfen. Die Kresse abschneiden und fein hacken. Kresse unter den Dip rühren.

Tipp:
Nach Belieben in feine Würfel geschnittene Radieschen unterheben.

Frühlingsdip mit Möhren und Kräutern

8–10 Portionen

Einfach

Insgesamt:
E: 4 g, F: 19 g, Kh: 4 g,
kJ: 855, kcal: 204

150 g Möhren
1 EL Speiseöl
Salz
2 EL Wasser
1 Bund Schnittlauch
1 Bund Kerbel
200 g Doppelrahm-Frischkäse
500 g Schmand
2–3 TL Zitronensaft
1 Prise Zucker
1 Msp. Cayennepfeffer

Zubereitungszeit: 20 Min.,
ohne Abkühlzeit

1. Möhren putzen, schälen, abspülen, abtropfen lassen und in Scheiben schneiden. Das Öl in einer Pfanne erhitzen. Die Möhren darin andünsten, mit Salz würzen. Wasser hinzufügen und die Möhrenscheiben zugedeckt etwa 8 Minuten dünsten. Erkalten lassen.
2. Kräuter abspülen und trockentupfen. Schnittlauch in feine Röllchen schneiden. Kerbelblättchen von den Stängeln zupfen. Einige Blättchen und Schnittlauchröllchen zum Garnieren beiseite legen. Restliche Kerbelblättchen fein schneiden.
3. Möhren mit Frischkäse in einen hohen Rührbecher geben und fein pürieren. Schmand und Kräuter unterheben. Den Dip mit Salz, Zitronensaft, Zucker und Cayennepfeffer würzen. Mit den beiseite gelegten Kräutern garnieren.

Frühlingsdip mit Zwiebeln und Petersilie

8–10 Portionen

Schnell

Insgesamt:
E: 8 g, F: 5 g, Kh: 5 g,
kJ: 409, kcal: 98

100 g Frühlingszwiebeln
1 Bund glatte Petersilie

Frühlingsdips

500 g Speisequark (20 % Fett)
150 g Sahnejoghurt (10 % Fett)
1–2 EL mittelscharfer Senf
1–2 EL flüssiger Honig
Salz
frisch gemahlener Pfeffer

Zubereitungszeit: 15 Min.

1. Frühlingszwiebeln putzen, waschen, abtropfen lassen und in dünne Ringe schneiden. Petersilie abspülen, trockentupfen und die Blättchen von den Stängeln zupfen. Einige Blättchen zum Garnieren beiseite legen. Restliche Blättchen fein schneiden.
2. Quark mit Joghurt, Senf und Honig verrühren. Petersilie und Frühlingszwiebelringe unterheben. Den Dip mit Salz und Pfeffer abschmecken und mit den beiseite gelegten Petersilienblättchen garnieren.

Tipp:
Die Frühlings-Dips passen zu Gemüse-Rohkost, neuen kleinen Kartoffeln oder Backkartoffeln.

Frühlingsgemüse mit Penne

8–10 Portionen

Vegetarisch

Pro Portion:
E: 21 g, F: 13 g, Kh: 92 g, kJ: 2420, kcal: 579

1,2 kg weißer Spargel
1,2 kg grüner Spargel
600 g junge kleine Möhren
600 g Zuckerschoten
Salzwasser
Salz
frisch gemahlener Pfeffer

1 kg Penne (Nudeln)
2 Bund Kerbel
120 g Butter
Salz
frisch gemahlener Pfeffer

Zubereitungszeit: 90 Min.

1. Den weißen Spargel von oben nach unten schälen, darauf achten, dass die Schalen vollständig entfernt, die Köpfe aber nicht verletzt werden. Die unteren Enden abschneiden, holzige Stellen vollkommen wegschneiden. Vom grünen Spargel nur das untere Drittel schälen und die unteren Enden abschneiden.
2. Spargel waschen, abtropfen lassen und in etwa 5 cm lange Stücke schneiden. Möhren putzen, dabei etwa 2 cm vom Grün stehen lassen. Möhren schälen, abspülen und abtropfen lassen.
3. Zuckerschoten putzen, evtl. abfädeln, waschen und abtropfen lassen. Salzwasser zum Kochen bringen und nacheinander Spargelstücke, Möhren und Zuckerschoten in jeweils 5–10 Minuten bissfest kochen. Gemüse mischen, mit Salz und Pfeffer würzen und warm halten.
4. Penne nach Packungsanleitung (evtl. in 2 Portionen) in reichlich Salzwasser bissfest kochen, abgießen, mit heißem Wasser abspülen und abtropfen lassen. Penne ebenfalls warm halten.
5. Kerbel abspülen, trockentupfen und die Blättchen von den Stängeln zupfen. Einige Blättchen zum Garnieren beiseite legen. Butter in einer Pfanne zerlassen. Das Gemüse mit den Nudeln, den Kerbelblättchen und der Butter vermischen, mit Salz und Pfeffer abschmecken. Frühlingsgemüse mit Penne mit den beiseite gelegten Kerbelblättchen garnieren.

Frühlingsgemüse mit Penne

Frühlingsgratin

8 Portionen

Für Kinder

Pro Portion:
E: 19 g, F: 30 g, Kh: 8 g, kJ: 1630, kcal: 390

3 kg gemischtes Gemüse wie Kohlrabi, Möhren, Brokkoli, Blumenkohl, grüner und weißer Spargel
Salzwasser
2 Knoblauchzehen
400 ml Schlagsahne
5 Eier (Größe M)
Salz, frisch gemahlener Pfeffer
2 Msp. frisch geriebene Muskatnuss
200 g geriebener Emmentaler-Käse
50 g geriebener Parmesan-Käse

1 Bund glatte Petersilie

Zubereitungszeit: 30 Min.
Garzeit: 30–40 Min.

1. Kohlrabi und Möhren putzen, schälen, waschen und abtropfen lassen. Kohlrabi in Scheiben, Möhren in Stücke schneiden. Brokkoli und Blumenkohl putzen und in kleine Röschen teilen.
2. Spargel von oben nach unten schälen, darauf achten, dass die Schalen vollständig entfernt, die Köpfe aber nicht verletzt werden. Die unteren Enden abschneiden. Grünen Spargel nur im

Frühlingsgratin

unteren Drittel schälen, Enden ebenfalls abschneiden. Spargel in Stücke schneiden. Gemüse waschen und abtropfen lassen.

3. Salzwasser in einem großen Topf zum Kochen bringen. Die Gemüsestücke nacheinander darin jeweils 2–3 Minuten kochen, dann in einem Sieb abtropfen lassen.
4. Die Gemüsestücke nach Sorten getrennt in eine große flache Auflaufform (gefettet) oder eine Fettfangschale (gefettet) schichten. Knoblauch abziehen, durch eine Knoblauchpresse drücken oder fein hacken. Knoblauch mit Sahne und Eiern verschlagen, mit Salz, Pfeffer und Muskatnuss abschmecken. Die Eiersahne über das Gemüse gießen. Käse darauf streuen.
5. Die Form auf dem Rost oder die Fettfangschale in den Backofen schieben.
   Ober-/Unterhitze: 180–200 °C (vorgeheizt)
   Heißluft: 160–180 °C (vorgeheizt)
   Gas: etwa Stufe 3 (vorgeheizt)
   Garzeit: 30–40 Minuten.
6. Petersilie abspülen, trockentupfen und die Blättchen von den Stängeln zupfen. Blättchen grob hacken. Vor dem Servieren das Frühlingsgratin mit der Petersilie bestreuen.

Tipp:
Je nach Jahreszeit können Sie auch andere Gemüsesorten nehmen.

Frühlingszwiebeln im Bierteig

12 Portionen

Mit Alkohol

Pro Portion:
E: 8 g, F: 25 g, Kh: 40 g, kJ: 1771, kcal: 425

Für den Bierteig:
500 g Weizenmehl
6 Eier (Größe M)
500 ml ($^1/_2$ l) helles Bier, ersatzweise Malzbier
Salz
frisch gemahlener Pfeffer

12 Bund Frühlingszwiebeln (etwa 3 kg, möglichst dünne Zwiebeln)

Zum Ausbacken:
1,5 kg Frittierfett

Zum Dippen:
3 Becher (je 125 g) Kräuter-Crème-fraîche

Zubereitungszeit: 90 Min., ohne Teigruhezeit

1. Für den Teig Mehl in eine Rührschüssel sieben, mit Eiern, Bier, Salz und Pfeffer zu einer klümpchenfreien Masse verrühren und etwa 20 Minuten ruhen lassen.
2. Frühlingszwiebeln putzen und auf eine Länge von 10–15 cm schneiden, dabei den unteren hellen Teil verwenden. Frühlingszwiebeln gründlich waschen und mit Küchenpapier trockentupfen.
3. Frittierfett in einem Topf oder in einer Fritteuse auf 180 °C erhitzen (das Fett hat die richtige Temperatur, wenn sich um einen in das Fett gehaltenen Holzlöffelstiel Bläschen bilden).
4. Den Bierteig noch einmal durchrühren, Zwiebeln darin eintauchen und portionsweise im heißen Fett 3–5 Minuten ausbacken.
5. Die Zwiebeln im vorgeheizten Backofen (Ober-/Unterhitze: etwa 120 °C) warm stellen.
6. Zu den Frühlingszwiebeln Kräuter-Crème-fraîche zum Dippen reichen.

Tipp:
Sie können auch Blumenkohl und Brokkoli im Bierteig zubereiten. Dazu je 1,5 kg Blumenkohl und Brokkoli putzen, in kleine Röschen teilen, waschen und in Salzwasser etwa 5 Minuten vorgaren. Den Bierteig wie angegeben zubereiten, evtl. 100 ml weniger Bier verwenden. Röschen mit Hilfe zweier Gabeln durch den Teig ziehen und wie angegeben backen.

Frühlingszwiebeln im Bierteig

Gans mit Geflügelfüllung

8–10 Portionen

Mit Alkohol

Pro Portion:
E: 88 g, F: 121 g, Kh: 33 g,
kJ: 6651, kcal: 1586

500 g Zwiebeln
30 g Butter oder Margarine
200 g Risottoreis, z. B. Arborio-Reis
75 g Rosinen
1 Döschen Safran (0,2 g)
1 Msp. gemahlene Gewürznelken
1 gestr. TL gemahlener Ingwer
400 ml Gemüsebrühe
1 küchenfertige Gans (etwa 5 kg, mit Leber)
Salz
400 g Hähnchenbrustfilet
1 Ei (Größe M)
frisch gemahlener Pfeffer
$^1/_4$ TL Cayennepfeffer
2 Lorbeerblätter
500 ml ($^1/_2$ l) Gemüsebrühe
250 ml ($^1/_4$ l) roter Portwein
etwa 2 EL Saucenbinder
gemahlener Zimt

Außerdem:
Küchengarn

Zubereitungszeit: 65 Min.
Gesamtgarzeit: etwa 3 $^1/_2$ Std.

1. Zwiebeln abziehen. Zwei Drittel davon fein würfeln, die restlichen Zwiebeln halbieren, in Scheiben schneiden und beiseite stellen. Butter oder Margarine in einem Topf zerlassen. Reis und Zwiebelwürfel darin andünsten. Rosinen, Safran, Nelken und Ingwer unterheben. Brühe hinzugießen, zum Kochen bringen und etwa 10 Minuten bei schwacher Hitze zugedeckt vorgaren. Die Mischung dann abkühlen lassen.
2. Gans von innen und außen unter fließendem kalten Wasser abspülen, trockentupfen und mit Salz einreiben. Das Fett an der Bauchöffnung entfernen.
3. Hähnchenbrustfilet und die Gänseleber unter fließendem kalten Wasser abspülen und trockentupfen. Das Hähnchenfleisch sehr fein würfeln. Die Gänseleber würfeln. Beide Zutaten mit der Reismasse und dem Ei vermengen, mit Salz, Pfeffer und Cayennepfeffer würzen.
4. Die Gans mit der Masse füllen. Die Bauchöffnung mit Küchengarn zunähen. Keulen an den Enden zusammenbinden. Die Gans mit der Brustseite nach unten in eine Fettfangschale legen und etwa 125 ml ($^1/_8$ l) der Brühe hinzugießen. Fettfangschale in den Backofen schieben.
   Ober-/Unterhitze: etwa 220 °C (vorgeheizt)
   Heißluft: etwa 200 °C (vorgeheizt)
   Gas: Stufe 4–5 (vorgeheizt)
   Garzeit: etwa 30 Minuten.
5. **Die Backofentemperatur um etwa 20 °C (Gas um etwa 1 Stufe) reduzieren,** Zwiebelscheiben und Lorbeerblätter um die Gans legen und die Gans noch **weitere 2 $^1/_2$–3 Stunden braten.** Die Gans während der Garzeit zweimal wenden.
6. Während der Garzeit nach und nach 250 ml ($^1/_4$ l) von der Gemüsebrühe und 125 ml ($^1/_8$ l) von dem Portwein über die Gans gießen. Die Gans unterhalb der Flügel und der Keulen einstechen, damit das Fett ausbraten kann.
7. Die gare Gans auf eine Platte legen und im ausgeschalteten Backofen warm halten. Die restliche Brühe in die Fettfangschale gießen, die Röststoffe lösen, den Sud durch ein Sieb in einen Topf geben und entfetten.

Gans mit Geflügelfüllung

8. Die aufgefangenen Zwiebelscheiben durch das Sieb streichen, zu dem entfetteten Sud geben und mit dem restlichen Portwein auffüllen. Die Sauce aufkochen lassen, Saucenbinder einstreuen und nochmals unter Rühren aufkochen lassen. Die Sauce mit Salz, Pfeffer und Zimt abschmecken.
9. Die Gans tranchieren und mit Füllung und Sauce servieren.

Beilage: Rotkohl mit Klößen.

Vorbereitungstipp:
Die Gans bereits am Vortag füllen und zugedeckt im Kühlschrank aufbewahren, aber erst kurz vor dem Braten mit Salz einreiben.

Garnelen-Fisch-Topf

Garnelen-Fisch-Topf

8–10 Portionen

Beliebt

Pro Portion:
E: 25 g, F: 7 g, Kh: 25 g,
kJ: 1084, kcal: 259

600 g TK-Kabeljaufilet
400 g TK-Garnelen ohne Schale und Darm
500 g TK-Brechbohnen
1 Fenchelknolle (etwa 300 g)
2–3 Knoblauchzehen
300 g Cocktailtomaten
6–8 Stängel Zitronenthymian oder Thymian
4 EL Olivenöl
2 l Gemüsebrühe
250 g Suppen-Muschelnudeln
Salz
frisch gemahlener Pfeffer
Knoblauchpulver
4 EL süße Chilisauce

Zubereitungszeit: 50 Min., ohne Auftauzeit
Garzeit: 25–30 Min.

1. Kabeljaufilet, Garnelen und Brechbohnen nach Packungsanleitung auftauen lassen. Von der Fenchelknolle die Stiele dicht oberhalb der Knolle abschneiden. Braune Stellen und Blätter entfernen. Knolle waschen, abtropfen lassen, zuerst in Scheiben, dann in Würfel schneiden.
2. Knoblauch abziehen und in Scheiben schneiden. Tomaten waschen, abtrocknen, halbieren und die Stängelansätze herausschneiden. Thymian abspülen und trockentupfen. Die Blättchen von den Stängeln zupfen. Kabeljaufilet in Würfel schneiden. Garnelen evtl. entdarmen. Garnelen abspülen und trockentupfen.
3. Olivenöl in einem großen Topf erhitzen, Fenchelwürfel und Knoblauchscheiben darin andünsten. Brühe hinzugießen, zum Kochen bringen und etwa 7 Minuten kochen lassen. Dann Bohnen, Muschelnudeln und die Hälfte der Thymianblättchen hinzugeben.
4. Die Zutaten zum Kochen bringen und zugedeckt bei schwacher Hitze 10–15 Minuten garen. Fischwürfel, Garnelen und Tomatenhälften hinzufügen, etwa 5 Minuten gar ziehen lassen. Mit Salz, Pfeffer, Knoblauch und Chilisauce würzen. Restliche Thymianblättchen unterrühren.

Beilage: Aioli und geröstete Baguettescheiben. Für die Aioli 6 Esslöffel Salatmayonnaise mit 2 abgezogenen, gehackten Knoblauchzehen vermischen. Mit Salz und Pfeffer würzen. Dünne Baguettescheiben in heißer Butter gebraten.

Garnelen in Kräutermarinade vom Grill

8–10 Portionen

Mit Alkohol

Pro Portion:
E: 58 g, F: 9 g, Kh: 3 g,
kJ: 1355, kcal: 325

etwa 40 große Garnelenschwänze
(je etwa 80 g, mit Schale)

Für die Marinade:
100 ml Olivenöl
1–2 EL Cognac
2 EL frische gehackte Kräuter,
z. B. Estragon, Basilikum, Kerbel oder glatte Petersilie
grobes Meersalz
frisch gemahlener Pfeffer
Cayennepfeffer

Zubereitungszeit: 25 Min.,
ohne Durchziehzeit
Grillzeit: 5–6 Min.

1. Von den Garnelenschwänzen die Schale entfernen. Garnelen am Rücken einschneiden und den Darm entfernen. Garnelen kalt abspülen, trockentupfen und in eine flache Schale legen.
2. Für die Marinade Olivenöl mit Cognac, Kräutern, Meersalz, Pfeffer und Cayennepfeffer verrühren. Die Garnelen damit bestreichen und zugedeckt etwa 1 Stunde durchziehen lassen.
3. Die Garnelen aus der Schale nehmen und auf den heißen, mit Alufolie belegten Grill legen. Die Garnelen unter gelegentlichem Wenden 5–6 Minuten grillen, während des Grillens mit der Marinade bestreichen.

Garnelen-Limetten-Spieße

10 Spieße

Einfach

Pro Portion:
E: 33 g, F: 6 g, Kh: 3 g,
kJ: 834, kcal: 200

40 TK-Riesengarnelen ohne Schale
(je etwa 40 g)

Für die Marinade:
1 kleiner Topf Basilikum
5 Knoblauchzehen
Saft von 2 Limetten
Salz
frisch gemahlener Pfeffer
6 EL Olivenöl
4 Bio-Limetten (unbehandelt, ungewachst)

Außerdem:
10 Holz- oder Metallspieße

Zubereitungszeit: 30 Min.,
ohne Auftau- und Durchziehzeit
Grillzeit: etwa 6 Min.

1. Garnelen nach Packungsanleitung auftauen und evtl. den Darm entfernen. Garnelen kurz abspülen, trockentupfen und in eine flache Schale legen.
2. Für die Marinade Basilikum abspülen und trockentupfen. Blättchen von den Stängeln zupfen. Blättchen in feine Streifen schneiden. Knoblauch abziehen und durch eine Knoblauchpresse drücken.
3. Limettensaft, Salz, Pfeffer, Olivenöl, Basilikum und Knoblauch gut verrühren. Die Garnelen mit der Marinade übergießen und zugedeckt 3–4 Stunden im Kühlschrank durchziehen lassen.
4. Limetten heiß waschen, trockentupfen und in dünne Scheiben schneiden. Limettenscheiben abwechselnd mit je 4 Garnelen auf Holz- oder Metallspieße stecken.
5. Die Garnelen-Limetten-Spieße auf den heißen Grill legen und von jeder Seite etwa 3 Minuten grillen.

Beilage: Ciabatta.

Garnelen in Kräutermarinade vom Grill

Garnelen-Limetten-Spieße

Gazpacho aus Tomaten (Kalte Tomatensuppe aus Spanien)

8–10 Portionen

Gut vorzubereiten

Pro Portion:
E: 4 g, F: 23 g, Kh: 20 g,
kJ: 1281, kcal: 305

8 Scheiben Weißbrot (vom Vortag)
1 1/2 kg reife, saftige Tomaten
2 grüne Paprikaschoten (je 150 g)
2 Salatgurken (je 500 g)
4 Schalotten oder 1 Gemüsezwiebel
200 ml Olivenöl
6 EL Weinessig
Salz
frisch gemahlener Pfeffer
etwas Zucker
evtl. einige Eiswürfel

Zubereitungszeit: 60 Min., ohne Kühlzeit

1. Zwei Scheiben Weißbrot fein würfeln, die restlichen Scheiben in etwas kaltem Wasser einweichen.
2. Tomaten waschen, abtropfen lassen, kreuzweise einschneiden, kurz in kochendes Wasser legen und mit kaltem Wasser abschrecken. Tomaten enthäuten, vierteln und die Stängelansätze herausschneiden.
3. Paprikaschoten halbieren, entstielen, entkernen und die weißen Scheidewände entfernen. Die Schoten waschen und abtropfen lassen. Gurken schälen. Schalotten oder Gemüsezwiebel abziehen.
4. Tomaten, Paprika, Gurken und Schalotten oder Gemusezwiebel fein würfeln. Von den Tomaten-, Paprika- und Gurkenwürfeln jeweils 2 Esslöffel zum Garnieren beiseite stellen.
5. Das eingeweichte Brot ausdrücken und mit Öl und Essig pürieren. Gemüsewürfel nach und nach zufügen und so lange pürieren, bis eine cremige Suppe entstanden ist. Suppe mit Salz, Pfeffer und Zucker pikant würzen und mindestens 1 Stunde kalt stellen.
6. Vor dem Servieren nach Belieben einige Eiswürfel in die Suppe geben. Die Suppe mit den beiseite gestellten Gemüse- und Brotwürfeln garnieren oder sie in kleinen Schalen getrennt dazuservieren.

Tipp:
Schneller geht es, wenn Sie anstatt der frischen Tomaten 2 Dosen (je 800 g) geschälte Tomaten verwenden.
Anstatt Essig können Sie auch Rotwein verwenden.

Gazpacho aus Tomaten

Geflügelgulasch „Ungarische Art"

8–10 Portionen

Zum Vorbereiten

Pro Portion:
E: 32 g, F: 12 g, Kh: 48 g,
kJ: 1828, kcal: 437

4 Hähnchenbrustfilets (je etwa 120 g)
4 Hähnchenkeulen ohne Haut (je etwa 120 g), vom Metzger in Unter- und Oberschenkel teilen lassen
1 Gemüsezwiebel (etwa 300 g)
je 2 rote, grüne und gelbe Paprikaschoten (etwa 1 $^1/_2$ kg)
4 EL Speiseöl
2 EL Tomatenmark (50 g)
1 EL Paprikapulver edelsüß
500 ml ($^1/_2$ l) Gemüsebrühe
Salz
frisch gemahlener Pfeffer
Knoblauchpulver
1 TL Kümmelsamen
1 Pck. Dr. Oetker Finesse Geriebene Zitronenschale
1 Becher (150 g) Crème fraîche

Für die Nudeln:
5 l Wasser
5 gestr. TL Salz
500 g Bandnudeln

Zubereitungszeit: 60 Min.
Garzeit: etwa 45 Min.

Geflügelgulasch „Ungarische Art"

1. Hähnchenbrustfilets und halbierte Keulen unter fließendem kalten Wasser abspülen und trockentupfen. Hähnchenbrustfilets jeweils in drei Stücke schneiden.
2. Zwiebel abziehen und in größere Würfel schneiden. Paprika halbieren, entstielen, entkernen und die weißen Scheidewände entfernen. Die Schoten waschen, trockentupfen und ebenfalls in größere Würfel schneiden.
3. Speiseöl in einem Bräter erhitzen. Hähnchenfleisch portionsweise hinzugeben und von allen Seiten knusprig anbraten. Zwiebel- und Paprikawürfel hinzufügen und mit anbraten. Tomatenmark unterrühren, mit Paprikapulver bestäuben. Brühe hinzugießen, zum Kochen bringen und etwas einkochen lassen, mit Salz, Pfeffer, Knoblauch, Kümmel und Zitronenschale würzen, dann zugedeckt bei schwacher Hitze etwa 45 Minuten kochen lassen, evtl. noch etwas Brühe oder Wasser hinzufügen. Zuletzt Crème fraîche unterrühren.
4. Für die Nudeln Wasser in einem großen Topf zugedeckt zum Kochen bringen. Dann Salz und Nudeln zugeben. Die Nudeln im geöffneten Topf bei mittlerer Hitze nach Packungsanleitung kochen lassen, zwischendurch umrühren.
5. Anschließend die Nudeln in ein Sieb geben, mit heißem Wasser abspülen und abtropfen lassen.
6. Geflügelgulasch „Ungarische Art" mit den Bandnudeln servieren.

Tipp:
Statt Nudeln kleine Kartoffelwürfel von fest kochenden Kartoffeln nach dem Anbraten hinzugeben. Vor dem Servieren mit Petersilienblättchen garnieren.

Geflügel-Kebab

10 Stück

Raffiniert

Pro Portion:
E: 35 g, F: 12 g, Kh: 4 g,
kJ: 1136, kcal: 272

1,5 kg Geflügelhackfleisch (beim Metzger vorbestellen)
1 Becher Naturjoghurt (150 g)
1 EL geriebener Meerrettich
1 EL mittelscharfer Senf
3 Eier (Größe M)
Salz
frisch gemahlener Pfeffer
9 mittelgroße Zwiebeln (etwa 600 g)

Zum Beträufeln:
3 EL Olivenöl

Außerdem:
10 Holz- oder Metallspieße

Zubereitungszeit: 30 Min., ohne Durchziehzeit
Grillzeit: etwa 15 Min.

1. Hackfleisch mit Joghurt, Meerrettich, Senf und den Eiern vermengen, mit Salz und Pfeffer kräftig würzen. Aus der Masse mit angefeuchteten Händen etwa 40 Bällchen formen.
2. Zwiebeln abziehen und vierteln. Fleischbällchen und Zwiebelviertel abwechselnd auf Spieße stecken (je Spieß 4 Fleischbällchen und 3 Zwiebelviertel).
3. Die Spieße in eine flache Schale legen und mit Öl beträufeln. Spieße zugedeckt im Kühlschrank etwa 30 Minuten durchziehen lassen.
4. Die Geflügelspieße auf dem heißen Grill unter mehrmaligem Wenden etwa 15 Minuten grillen.

Beilage: Servieren Sie die Spieße mit einem Dip, z. B. Frühlingsdip von Seite 89.

Tipp: Falls die Stäbe des Grillrostes zu große Abstände haben, den Rost mit einem Bogen Alufolie belegen, diesen mit Öl bestreichen. Die Folie mit einer Fleischgabel mehrere Male einstechen. Statt Geflügelhackfleisch kann auch Lammhackfleisch verwendet werden. Falls die Fleischmasse zu weich ist, etwa 40 g Semmelbrösel unterkneten.

Geflügel-Kebab

Geflügelsuppe mit roten Linsen

Geflügelsuppe mit roten Linsen

8–10 Portionen

Gut vorzubereiten

Pro Portion:
E: 43 g, F: 18 g, Kh: 52 g,
kJ: 2311, kcal: 553

4 Hähnchenbrustfilets (je 200 g)
2 Zwiebeln
2 Knoblauchzehen
2 rote Paprikaschoten
2 Peperoni
6 EL Olivenöl
700 g rote Linsen
3–4 EL Weizenmehl
3 l Gemüse- oder Geflügelbrühe
2 TL Paprikapulver edelsüß
Salz
frisch gemahlener Pfeffer
2 Thymianstängel
2 Lorbeerblätter
8 Scheiben Weißbrot
8 EL Olivenöl
Saft von 1 Zitrone

Zubereitungszeit: 80 Min.

1. Hähnchenbrustfilets unter fließendem kalten Wasser abspülen, trockentupfen und in kleine Würfel schneiden. Zwiebeln und Knoblauch abziehen und fein würfeln.
2. Paprikaschoten und Peperoni halbieren, entstielen, entkernen, die weißen Scheidewände entfernen und die Schoten waschen. Paprika in Würfel schneiden. Peperoni fein hacken.
3. Olivenöl in einem Topf erhitzen. Die Fleischwürfel darin rundherum anbraten und herausnehmen. Zwiebel- und Knoblauchwürfel in dem Bratfett andünsten. Paprikawürfel und Peperoni ebenfalls hinzufügen und kurz mitdünsten. Die Fleischwürfel wieder in den Topf geben.
4. Linsen und Mehl in den Topf geben und unterrühren. Gemüse- oder Geflügelbrühe unter Rühren hinzugießen. Die Suppe zum Kochen bringen, mit Paprikapulver, Salz und Pfeffer würzen.
5. Thymian abspülen, trockentupfen und mit den Lorbeerblättern in die Suppe geben. Die Linsen bei schwacher Hitze in etwa 25 Minuten ausquellen lassen.
6. In der Zwischenzeit Weißbrot würfeln. Öl in einer Pfanne erhitzen und die Brotwürfel darin goldgelb rösten.
7. Die Lorbeerblätter und Thymianstängel aus der Suppe entfernen. Die Suppe nochmals kräftig mit dem Zitronensaft und den Gewürzen abschmecken. Mit den Weißbrotwürfeln bestreuen und sofort servieren.

Abwandlung:
Nach Belieben die Suppe zusätzlich mit 100 g geriebenem Käse, z. B. Emmentaler, bestreuen.

Vorbereitungstipp:
Die Suppe kann gut einige Stunden vorher oder am Vortag vorbereitet und vor dem Verzehr wieder erwärmt werden. Während des Erhitzens ab und zu umrühren, damit die Suppe nicht anbrennt. Die Brotwürfel dann getrennt dazuservieren. Sollte die Suppe durch das Stehen zu sehr nachdicken, noch etwas Brühe hinzufügen.

Gemüseauflauf mit Kichererbsen

8–10 Portionen

Vegetarisch

Pro Portion:
E: 23 g, F: 23 g, Kh: 21 g,
kJ: 1624, kcal: 388

1 kg Brokkoli
Salzwasser
1 kg Kürbisfruchtfleisch, z. B. Hokaido
3 rote Paprikaschoten (je etwa 150 g)
4 EL Speiseöl, z. B. Olivenöl
Salz
frisch gemahlener Pfeffer
2 Dosen Kichererbsen (Abtropfgewicht je 240 g)
400 g Schafkäse

Für den Guss:
8 Eier (Größe M)
4 EL Tomatenmark
2 TL Harissa (afrikanische Würzpaste)
2 EL gemahlener Kreuzkümmel (Cumin)
500 ml ($^1/_2$ l) Milch

Zubereitungszeit: 50 Min.
Garzeit: etwa 50 Min.

1. Vom Brokkoli die Blätter entfernen, Brokkoli waschen und in Röschen teilen. Salzwasser in einem Topf zum Kochen bringen. Die Röschen darin etwa 2 Minuten kochen. Brokkoli in ein Sieb geben und abtropfen lassen.

2. Kürbisfruchtfleisch entkernen und in 2–3 cm große Würfel schneiden. Paprikaschoten halbieren, entstielen, entkernen und die weißen Scheidewände entfernen. Die Schoten waschen und in breite Streifen schneiden.
3. Öl in einer Pfanne erhitzen. Die Kürbiswürfel darin unter Wenden etwa 5 Minuten anbraten. Die Kürbiswürfel dann aus der Pfanne nehmen.
4. Paprikastreifen in dem verbliebenen Bratfett kurz anbraten. Die Kürbiswürfel wieder hinzufügen und mit Salz und Pfeffer würzen.
5. Kichererbsen in ein Sieb geben, kalt abspülen und abtropfen lassen. Schafkäse sehr klein würfeln, mit Gemüse und Kichererbsen mischen und in eine große, flache Auflaufform geben.
6. Für den Guss Eier mit Tomatenmark, Harissa und Kreuzkümmel verquirlen. Milch, Salz und Pfeffer hinzufügen und unterrühren. Den Guss über die Gemüse-Schafkäse-Mischung gießen. Die Form auf dem Rost in den Backofen schieben.
   Ober-/Unterhitze: etwa 200 °C (vorgeheizt)
   Heißluft: etwa 180 °C (nicht vorgeheizt)
   Gas: Stufe 3–4 (nicht vorgeheizt)
   Garzeit: etwa 50 Minuten.
7. Falls die Oberfläche zu braun werden sollte, den Auflauf mit Alufolie zudecken.

Tipp:
Anstelle von Harissa können Sie auch etwas Sambal Oelek verwenden.

Gemüse-Carpaccio

Gemüse-Carpaccio

12 Portionen

Vegetarisch

Pro Portion:
E: 23 g, F: 18 g, Kh: 33 g, kJ: 1678, kcal: 404

Für das Gemüse:
300 g Möhren
1,5 kg grüner Spargel
1 Bund Frühlingszwiebeln
400 g Zuckerschoten
Salzwasser
Salz
500 g mittelgroße Tomaten
1 Bund Kerbel
1/2 Bund glatte Petersilie

Für das Dressing:
3 Schalotten
100 ml Balsamico-Bianco oder Weißweinessig
6 EL Orangensaft
2–3 EL flüssiger Honig
Salz
frisch gemahlener Pfeffer
200 ml Traubenkernöl oder Nussöl

Zubereitungszeit: 50 Min.

1. Für das Gemüse Möhren putzen, schälen, abspülen und abtropfen lassen. Vom grünen Spargel das untere Drittel schälen. Die Enden abschneiden. Spargel waschen, abtropfen lassen. Möhren und Spargel schräg in lange, dünne Scheiben schneiden.
2. Frühlingszwiebeln putzen, waschen, abtropfen lassen und in sehr dünne Ringe schneiden. Zuckerschoten putzen, evtl. abfädeln und waschen. Salzwasser zum Kochen bringen und die Zuckerschoten darin 2–3 Minuten garen. Zuckerschoten in ein Sieb geben, mit kaltem Wasser abschrecken und abtropfen lassen.
3. Tomaten waschen, kreuzweise einschneiden, kurz in kochendes Wasser legen, herausnehmen und mit kaltem Wasser abschrecken. Tomaten enthäuten, vierteln, entkernen und die Stängelansätze herausschneiden. Tomaten in Spalten schneiden.
4. Kräuter abspülen, trockentupfen und die Blättchen von den Stängeln zupfen. Etwa die Hälfte der Blättchen fein schneiden. Restliche Kräuterblättchen zum Garnieren beiseite legen. Zuckerschoten schräg halbieren.
5. Für das Dressing Schalotten abziehen und fein würfeln. Essig mit Orangensaft und Honig verrühren, mit Salz und Pfeffer würzen. Öl unterschlagen. Schalotten und Kräuter unterrühren.
6. Spargel, Möhren, Zuckerschoten und Frühlingszwiebeln auf einer Platte anrichten, mit etwa zwei Dritteln des Dressings beträufeln. Tomatenspalten darauf verteilen. Gemüse-Carpaccio mit den beiseite gelegten Kräuterblättchen garnieren und restliches Dressing dazureichen.

Gemüseecken mit Käsesauce

24 Stück

Vegetarisch

Pro Stück:

E: 4 g, F: 8 g, Kh: 10 g,
kJ: 543, kcal: 130

Für den Hefeteig:

250 g Weizenmehl
½ Pck. frische Hefe (21 g)
1 TL Zucker
3 EL lauwarmes Wasser
1 TL Salz, frisch gemahlener Pfeffer
4 EL Speiseöl
5 EL lauwarmes Wasser

Für die Käsesauce:

3 Eier (Größe M)
knapp 1 TL Salz
frisch gemahlener Pfeffer
2 Knoblauchzehen
1 Bund glatte Petersilie
100 g geriebener Emmentaler-Käse
1 Becher (150 g) Crème fraîche
125 ml (⅛ l) Schlagsahne

Für den Belag:

1 Stange Porree (Lauch)
1 rote Paprikaschote
1 Dose Gemüsemais (Abtropfgewicht 285 g)

Zubereitungszeit: 40 Min., ohne Teiggehzeit
Backzeit: etwa 30 Min.

1. Für den Teig Mehl in eine Schüssel sieben, in die Mitte eine Mulde drücken. Hefe zerbröckeln, in die Mulde geben. Zucker und Wasser über die Hefe geben, mit etwas Mehl leicht verrühren, an einem warmen Ort etwa 10 Minuten gehen lassen.
2. Salz, Pfeffer, Öl und Wasser hinzufügen, mit dem Handrührgerät mit Knethaken zunächst auf niedrigster, dann auf höchster Stufe in etwa 5 Minuten zu einem Teig verarbeiten.
3. Den Teig zugedeckt an einem warmen Ort gehen lassen, bis er sich sichtbar vergrößert hat. Teig auf einer bemehlten Arbeitsfläche nochmals gut durchkneten. Dann auf einem Backblech (30 x 40 cm, gefettet) ausrollen. Vor den Teig einen mehrfach geknickten Streifen Alufolie legen.
4. Für die Käsesauce Eier verschlagen, mit Salz und Pfeffer würzen. Knoblauch abziehen und durch eine Knoblauchpresse drücken. Petersilie abspülen, trockentupfen und die Blättchen von den Stängeln zupfen. Einige Blättchen zum Garnieren beiseite legen. Restliche Blättchen fein schneiden. Knoblauch, Käse, Crème fraîche, Sahne und Petersilie unter die verschlagenen Eier rühren.
5. Für den Belag Porree putzen, waschen, abtropfen lassen und in dünne Ringe schneiden. Paprikaschote halbieren, entstielen, entkernen und die weißen Scheidewände entfernen. Die Schote waschen, abtropfen lassen und in Streifen schneiden.
6. Mais in einem Sieb abtropfen lassen. Porree, Paprika und Mais mischen, auf dem Teig verteilen. Die Käsesauce darüber gießen. Das Backblech in den Backofen schieben.
   Ober-/Unterhitze: etwa 200 °C (vorgeheizt)
   Heißluft: etwa 180 °C (vorgeheizt)
   Gas: Stufe 3–4 (vorgeheizt)
   Backzeit: etwa 30 Minuten.
7. Den Gemüsekuchen zweimal längs und dreimal quer halbieren. Die 12 Stücke nochmals diagonal halbieren, so dass Dreiecke entstehen. Gemüseecken warm oder kalt mit den beiseite gelegten Petersilienblättchen garniert servieren.

Gemüseecken mit Käsesauce

Tipp:
Je nach Geschmack und Jahreszeit können die Gemüseecken auch mit anderem Gemüse, z. B. Brokkoli, Zucchini, Champignons, Cocktailtomaten belegt werden.

Gemüsefladen

24 Stück

Vegetarisch

Pro Stück:
E: 7 g, F: 7 g, Kh: 20 g,
kJ: 712, kcal: 170

Für den Hefeteig:
600 g Weizenmehl
1 Pck. (42 g) frische Hefe
1 TL Zucker
etwa 400 ml lauwarmes Wasser
50 ml Olivenöl
2 gestr. TL Salz

Für den Tomatenbelag (für 12 Fladen):
8–9 Tomaten
1/2 Bund Basilikum
Salz
frisch gemahlener Pfeffer
125 geriebener Käse, z. B. Gouda, Emmentaler

Für den Zucchinibelag (für 12 Fladen):
8–9 kleine Zucchini
3–4 Knoblauchzehen
5 TL Olivenöl
1/2 Bund Salbei oder Basilikum
125 g geriebener Käse, z. B. Gouda, Emmentaler

Zubereitungszeit: 80 Min., ohne Teiggehzeit
Backzeit: 15–20 Min. je Backblech

1. Das Mehl in eine Rührschüssel sieben und in die Mitte eine Mulde drücken. Die Hefe zerbröckeln, in die Mulde geben und mit Zucker bestreuen. Etwa 100 ml von dem lauwarmen Wasser über die Hefe gießen. Wasser, Hefe und Zucker mit einem Teil des Mehls verrühren, zugedeckt an einem warmen Ort 10–15 Minuten gehen lassen.
2. Restliches Wasser, Olivenöl und Salz auf den Mehlrand in die Schüssel geben. Die Zutaten mit Handrührgerät mit Knethaken zuerst auf niedrigster, dann auf höchster Stufe in etwa 5 Minuten zu einem Teig verarbeiten. Den Teig zugedeckt an einem warmen Ort so lange gehen lassen, bis er sich sichtbar vergrößert hat.
3. Teig mit Mehl bestäuben, auf der Arbeitsfläche nochmals kurz durchkneten. Anschließend den Teig in 2 Portionen etwa 1 cm dick ausrollen. Aus dem Teig 24 runde Fladen (Ø etwa 10 cm) ausschneiden oder mit einer kleinen Glasschüssel ausstechen. Die Teigfladen mit etwas Abstand auf 2 Backbleche (mit Backpapier belegt) legen.
4. Für den Tomatenbelag Tomaten waschen, abtrocknen, halbieren und die Stängelansätze herausschneiden. Tomaten in Scheiben schneiden. Basilikum abspülen und trockentupfen. Die Blättchen von den Stängeln zupfen und in Streifen schneiden. Tomatenscheiben auf 12 Fladen legen, mit Salz und Pfeffer würzen und mit Basilikum und Käse bestreuen.
5. Für den Zucchinibelag Zucchini waschen, abtrocknen und die Enden abschneiden. Zucchini in Scheiben schneiden. Knoblauch abziehen und durch eine Knoblauchpresse drücken. Öl in einer Pfanne erhitzen. Zucchinischeiben mit Knoblauch darin anbraten, mit Salz bestreuen. Salbei oder Basilikum abspülen, trockentupfen und die Blättchen von den Stängeln zupfen. Blättchen in Streifen schneiden.
6. Die restlichen Teigfladen mit Zucchini belegen, mit Kräutern und Käse bestreuen. Die Backbleche nacheinander (bei Heißluft zusammen) in den Backofen schieben.

Ober-/Unterhitze: etwa 200 °C (vorgeheizt)
Heißluft: etwa 180 °C (vorgeheizt)
Gas: Stufe 3–4 (vorgeheizt)
Backzeit: 15–20 Minuten je Backblech.

Tipp:
Dazu Knoblauch- oder Kräuterquark servieren.

Gemüsefladen

Gemüse-Hähnchen-Gulasch

8–10 Portionen

Einfach

Pro Portion:

E: 32 g, F: 6 g, Kh: 22 g,
kJ: 1156, kcal: 276

600 g fest kochende Kartoffeln
2 große Fenchelknollen (etwa 600 g)
600 g Zucchini
2 Bund Frühlingszwiebeln (etwa 500 g)
3 gelbe Paprikaschoten (etwa 750 g)
1 Dose geschälte Tomaten (800 g)
6 EL Rapsöl
1 EL Paprikapulver edelsüß
Salz
frisch gemahlener Pfeffer
200 ml Gemüsebrühe
1 kg Hähnchenbrustfilet
4 EL süße Chilisauce
1 Bund glatte Petersilie

Zubereitungszeit: 65 Min.
Garzeit: etwa 20 Min.

1. Kartoffeln waschen, schälen, abspülen und in Würfel schneiden. Von den Fenchelknollen die Stiele dicht oberhalb der Knollen abschneiden. Braune Stellen und Blätter entfernen. Die Knollen waschen, abtropfen lassen und in Würfel schneiden. Zucchini waschen, abtrocknen und die Enden abschneiden. Zucchini ebenfalls in Würfel schneiden. Frühlingszwiebeln putzen, waschen, abtropfen lassen und in Stücke schneiden.
2. Paprika halbieren, entstielen, entkernen und die weißen Scheidewände entfernen. Die Schoten waschen, trockentupfen und ebenfalls in Stücke schneiden.
3. Geschälte Tomaten in einem Sieb abtropfen lassen, die Flüssigkeit dabei auffangen und die Hälfte davon abmessen. Tomaten etwas zerkleinern.
4. Die Hälfte des Öls in einem Bräter oder einem großen Topf erhitzen, vorbereitetes Gemüse in 2 Portionen unter Rühren darin andünsten. Paprikapulver darauf streuen und kurz andünsten, mit Salz und Pfeffer würzen. Tomatenstücke unterrühren. Abgemessene Tomatenflüssigkeit und Brühe hinzugießen. Die Zutaten zum Kochen bringen und zugedeckt bei schwacher Hitze etwa 20 Minuten garen.
5. Hähnchenbrustfilets unter fließendem kalten Wasser abspülen, trockentupfen und in Streifen schneiden.
6. Restliches Öl in einer großen Pfanne erhitzen. Hähnchenstreifen in 2 Portionen darin braten, mit Salz und Pfeffer bestreuen, herausnehmen und zum Gemüse geben. Gulasch mit Chilisauce pikant abschmecken.
7. Petersilie abspülen und trockentupfen. Die Blättchen von den Stängeln zupfen. Gemüse-Hähnchen-Gulasch mit den Blättchen bestreut servieren.

Gemüse-Hähnchen-Gulasch

Gemüsekasserolle mit Maiskölbchen

Gemüsekasserolle mit Maiskölbchen

12 Portionen

Vegetarisch

Pro Portion:
E: 12 g, F: 8 g, Kh: 25 g,
kJ: 950, kcal: 227

750 g TK-Brechbohnen
750 g TK-Erbsen
750 g TK-Möhren, gewürfelt oder in Scheiben
1 kg fest kochende Kartoffeln
5 EL Olivenöl
Salz
1 Bund Schnittlauch
1 Bund Petersilie
1 Bund Kerbel
12 kleine Maiskölbchen (ersatzweise 350 g Gemüsemais aus der Dose)
frisch gemahlener Pfeffer
120 g geriebener Parmesan-Käse

Zubereitungszeit: 80 Min., ohne Auftauzeit

1. TK-Brechbohnen, -Erbsen und -Möhren in je einer Schüssel auftauen lassen. Kartoffeln gründlich waschen, evtl. abbürsten und mit Wasser bedeckt in einem Topf zum Kochen bringen. Kartoffeln zugedeckt in 20–25 Minuten gar kochen.
2. Kartoffeln abgießen, mit kaltem Wasser abschrecken, abtropfen lassen, etwas erkalten lassen, dann pellen. Kartoffeln in größere Stücke schneiden.
3. Öl in einem großen Topf erhitzen. Bohnen und Möhren darin andünsten, mit Salz bestreuen und unter gelegentlichem Rühren zugedeckt etwa 10 Minuten dünsten.
4. Schnittlauch, Petersilie und Kerbel abspülen und trockentupfen. Schnittlauch in feine Röllchen schneiden. Petersilien- und Kerbelblättchen von den Stängeln zupfen. Einige Blättchen zum Garnieren beiseite legen. Restliche Blättchen fein hacken.
5. Zum Schluss Maiskölbchen, Erbsen und Kräuter mit in den Topf geben. Gemüse weitere 3–5 Minuten dünsten, mit Salz und Pfeffer würzen. Das Gemüse vor dem Servieren mit Parmesan-Käse bestreuen und den beiseite gelegten Kräuterblättchen garnieren.

Tipp:
Das Gemüse über Nacht im Kühlschrank auftauen lassen. Die Gemüsekasserolle kann natürlich auch mit frischem Gemüse zubereitet werden. Die einzelnen Gemüse sollten dann aber nach dem Putzen getrennt voneinander in Salzwasser kurz blanchiert werden. Sie können zur Abwechslung auch andere TK-Gemüsemischungen verwenden.

Gemüse-Kartoffel-Salat mit Lachs

8–10 Portionen

Raffiniert

Pro Portion:
E: 16 g, F: 35 g, Kh: 25 g,
kJ: 2010, kcal: 481

1 kg fest kochende Kartoffeln

750 g grüne Bohnen
Salzwasser

Für die Marinade:
7 EL Kräuteressig
1–2 TL Zucker
150 ml Olivenöl
Salz, frisch gemahlener Pfeffer
3 gelbe Paprikaschoten
450 g Graved Lachs mit Sauce (3 Pck. je 150 g)
400 g Crème fraîche
500 g Cocktailtomaten
einige Dillstängel

Zubereitungszeit: 45 Min., ohne Abkühl- und Marinierzeit

1. Kartoffeln waschen, mit Wasser bedeckt in einem Topf zum Kochen bringen und zugedeckt in 20–25 Minuten gar kochen. Kartoffeln etwas abkühlen lassen und pellen.
2. Von den Bohnen die Enden abschneiden. Bohnen evtl. abfädeln und in etwa 3 cm lange Stücke schneiden. Bohnen abspülen. Salzwasser zum Kochen bringen. Die Bohnen darin etwa 10 Minuten garen. Dann die Bohnenstücke in ein Sieb geben, mit kaltem Wasser abschrecken, abtropfen und etwas abkühlen lassen.
3. Für die Marinade Essig mit Zucker verrühren. Olivenöl unterschlagen. Marinade mit Salz und Pfeffer würzen. Die Hälfte der Marinade mit den warmen Bohnen vermengen und etwas durchziehen lassen.
4. Paprika halbieren, entstielen, entkernen und die weißen Scheidewände entfernen. Die Schoten waschen, gut abtropfen lassen und in Streifen schneiden. Kartoffeln in Scheiben schneiden. Die Kartoffelscheiben auf eine große Platte legen, mit Salz und Pfeffer bestreuen.
5. Die marinierten Bohnen mit den Paprikastreifen mischen und auf den Kartoffelscheiben verteilen, dabei den Rand nicht belegen. Lachsscheiben dekorativ auf den Plattenrand legen.
6. Crème fraîche mit der Graved-Lachs-Sauce verrühren und mit Salz abschmecken. Etwas von der Sauce mit Hilfe eines Löffels auf den Salat sprenkeln.
7. Tomaten waschen, trockentupfen, halbieren und die Stängelansätze herausschneiden. Dill abspülen, trockentupfen und in kleine Stängel zupfen. Salat mit Tomaten und Dill garniert servieren. Restliche Sauce dazureichen.

Gemüse-Kartoffel-Salat mit Lachs

Gemüse-Mett-Brötchen

24 Stück

Schnell

Pro Stück:
E: 11 g, F: 13 g, Kh: 15 g,
kJ: 920 , kcal: 220

2 rote Paprikaschoten
1 grüne Paprikaschote
350 g mittelalter Gouda-Käse
800 g Thüringer Mett
12 Mehrkornbrötchen

Zubereitungszeit: 30 Min.
Backzeit: etwa 15 Min. je Backblech

1. Die Paprikaschoten halbieren, entstielen, entkernen und die weißen Scheidewände entfernen. Schoten waschen, abtropfen lassen und in kleine Würfel schneiden. 150 g von dem Gouda-Käse grob raspeln. Restlichen Käse in kleine Würfel schneiden.
2. Paprika- und Käsewürfel mit dem Mett vermengen. Brötchen waagerecht halbieren. Belag auf den Brötchenhälften verteilen. Brötchen auf Backbleche (mit Backpapier belegt) legen, mit Käseraspeln bestreuen und die Bleche nacheinander (bei Heißluft zusammen) in den Backofen schieben.
   Ober-/Unterhitze: etwa 200 °C (vorgeheizt)
   Heißluft: etwa 180 °C (vorgeheizt)
   Gas: Stufe 3–4 (vorgeheizt)
   Backzeit: etwa 15 Minuten.

Gemüse-Mett-Brötchen

Tipp:
Die Brötchen mit Petersilie garniert servieren.

Abwandlung: Pizzabrötchen
Für den Belag je 250 g gekochten Schinken und Salami in Würfel schneiden. Zusammen mit 165 g abgetropften Tomatenpaprikastreifen und 315 g abgetropften Champignonscheiben aus einem Glas, 200 g geriebenem Käse, 250 g Salat-Mayonnaise und 200 g Schmand verrühren, mit Oregano abschmecken. Belag auf den Brötchenhälften verteilen. Brötchen 10–15 Minuten überbacken.

Gemüsepfeile „Robin Hood"

8–10 Portionen

Für Kinder

Pro Portion:
E: 23 g, F: 26 g, Kh: 1 g,
kJ: 1393 , kcal: 333

2 Bund Radieschen (je etwa 100 g)
250 g Cocktailtomaten
1 Salatgurke (200 g)
800 g junger Gouda

Außerdem:
Holz- oder Schaschlikspieße

Zubereitungszeit: 30 Min.

1. Radieschen putzen, waschen, abtropfen lassen und in Scheiben schneiden. Cocktailtomaten waschen und abtropfen lassen.
2. Gurke waschen, abtrocknen und die Enden abschneiden. Gurke längs halbieren und in 1 cm breite Scheiben schneiden. Gouda mit einem Buntschneidemesser erst in dicke Scheiben, dann in kleine Würfel schneiden.
3. Die vorbereiteten Zutaten in bunter Reihenfolge auf Holz- oder Cocktailspieße stecken.

Gemüsepfeile „Robin Hood"

Tipp:
Die Kinder können sich ihre Spieße selbst zusammenstellen.

Abwandlung:
Es können auch andere Käsesorten verwendet werden. Anstelle von Gemüse eignet sich auch Obst, wie z. B. Weintrauben, Mandarinen, Birnen- oder Apfelspalten. Die Birnen- oder Apfelspalten mit Zitronensaft bepinseln, damit sie nicht braun werden.

Dekotipp:
Sie können einfache Holzspieße ganz schnell in Robin-Hood-Pfeile verwandeln, indem Sie am stumpfen Ende eine kleine Feder und am spitzen Ende ein buntes Dreieck aus Pappe befestigen.

Gemüseragout mit Kartoffeln

12 Portionen

Vegetarisch

Pro Portion:
E: 5 g, F: 11 g, Kh: 21 g,
kJ: 879, kcal: 209

4 Zwiebeln
4 Zucchini (je etwa 200 g)
je 3 rote und grüne Paprikaschoten
300 g Knollensellerie
3 Auberginen (je etwa 300 g)
1,2 kg fest kochende Kartoffeln
10 Tomaten
125 ml (1/8 l) Olivenöl
je etwa 5 Thymian- und Majoranstängel
6 abgezogene Knoblauchzehen
Salz
frisch gemahlener Pfeffer
125 ml (1/8 l) Gemüsebrühe

Zubereitungszeit: 70 Min.
Garzeit: 35–45 Min.

Gemüseragout mit Kartoffeln

1. Zwiebeln abziehen und fein würfeln. Zucchini waschen, abtrocknen. Die Enden abschneiden. Paprika halbieren, entstielen, entkernen und die weißen Scheidewände entfernen. Die Schoten waschen, abtrocknen. Sellerie putzen, schälen, waschen und abtropfen lassen. Auberginen waschen, abtrocknen. Stängelansätze abschneiden. Kartoffeln schälen, abspülen, abtropfen lassen. Tomaten waschen, abtrocknen, halbieren. Stängelansätze herausschneiden.
2. Zucchini, Paprika, Sellerie, Auberginen, Kartoffeln und Tomaten in etwa 1 cm große Würfel schneiden.
3. Olivenöl portionsweise in einem Topf erhitzen, portionsweise Zwiebel-, dann Gemüse- und Kartoffelwürfel darin andünsten. Zuletzt Tomatenwürfel hinzugeben.
4. Thymian und Majoran abspülen und trockentupfen. Die Blättchen von den Stängeln zupfen. Knoblauch abziehen und durch eine Knoblauchpresse drücken. Das Gemüse mit Kräuterblättchen, Salz, Pfeffer und Knoblauch würzen und in eine große oder 2 kleine Auflaufformen geben. Brühe hinzugießen. Die Form (Formen) auf dem Rost in den Backofen schieben.
   Ober-/Unterhitze: etwa 200 °C (vorgeheizt)
   Heißluft: etwa 180 °C (nicht vorgeheizt)
   Gas: Stufe 3–4 (nicht vorgeheizt)
   Garzeit: 35–45 Minuten.
5. Das Gemüse durchrühren und nochmals mit Salz und Pfeffer würzen.

Abwandlung:
Statt der oben genannten Gemüsesorten kann das Gericht auch mit 1,5 kg blanchiertem Wirsing, Kartoffeln und Tomaten zubereitet werden. Dann ist es gut, die Kartoffeln als Pellkartoffeln zuzubereiten.

Tipp:
Das Gemüseragout kann gut vorbereitet und kurz vor dem Verzehr gegart werden.

Gemüsesalat mit Knoblauchdressing

12 Portionen

Gut vorzubereiten

Pro Portion:
E: 7g, F: 13 g, Kh: 28 g,
kJ: 1096, kcal: 262

Für den Gemüsesalat:
1 kg fest kochende Kartoffeln
2 mittelgroße Köpfe Blumenkohl (je etwa 700 g)
5–6 Möhren
300 g grüne Bohnen
Salzwasser
300 g TK-Erbsen
3 Zwiebeln
3 rote Paprikaschoten

Für das Dressing:
5–6 Knoblauchzehen
500–600 g leichte Salatcreme
150 g Naturjoghurt
3 EL mittelscharfer Senf
Saft von 1 Zitrone
Salz, frisch gemahlener Pfeffer
1 gestr. TL Zucker
1–2 Msp. Cayennepfeffer

Zum Bestreuen:
1 Topf Petersilie

Zubereitungszeit: 80 Min., ohne Durchziehzeit

1. Für den Gemüsesalat Kartoffeln waschen, mit Wasser bedeckt in

Gemüsesalat mit Knoblauchdressing

einem Topf zum Kochen bringen und zugedeckt in 20–25 Minuten gar kochen. Kartoffeln abgießen, mit kaltem Wasser übergießen, abtropfen lassen, etwas abkühlen lassen und pellen.

2. Vom Blumenkohl die Blätter und schlechten Stellen entfernen. Den Strunk abschneiden. Den Blumenkohl in kleine Röschen teilen und waschen. Möhren putzen, schälen, abspülen, abtropfen lassen und in dünne Scheiben schneiden. Von den Bohnen die Enden abschneiden, die Bohnen evtl. abfädeln, waschen, abtropfen lassen. Bohnen in Stücke schneiden.
3. Salzwasser in einem goßen Topf zum Kochen bringen. Das vorbereitete Gemüse und die Erbsen nacheinander in je etwa 7 Minuten bissfest kochen, mit kaltem Wasser abschrecken, gut abtropfen lassen und in eine große Schüssel geben.
4. Zwiebeln abziehen und fein würfeln. Paprikaschoten halbieren, entstielen, entkernen und die weißen Scheidewände entfernen. Die Schoten waschen, abtropfen lassen und in feine Würfel schneiden. Kartoffeln ebenfalls würfeln, mit Zwiebeln und Paprika zum Gemüse geben und alles vorsichtig miteinander vermischen.
5. Für das Dressing Knoblauch abziehen, fein hacken oder durch eine Knoblauchpresse drücken. Knoblauch mit Salatcreme, Joghurt, Senf und Zitronensaft in eine Schüssel geben und mit dem Schneebesen glatt rühren. Die Sauce mit Salz, Pfeffer, Zucker und Cayennepfeffer würzen.
6. Den Gemüsesalat mit dem Dressing vermengen und im Kühlschrank etwas durchziehen lassen. Petersilie abspülen, trockentupfen, fein hacken und den Salat vor dem Servieren damit bestreuen.

Gemüseschnitzel

8–10 Portionen

Vegetarisch

Pro Portion:
E: 5 g, F: 12 g, Kh: 22 g,
kJ: 892, kcal: 213

1,2 kg Gemüse, z. B. Knollensellerie, Kohlrabi, Pastinaken, Petersilienwurzel, Kürbis, Steckrüben, Zucchini
Salzwasser
2 Eier (Größe M)
Salz
frisch gemahlener Pfeffer
1 gestr. TL gerebelter Thymian
120 g Weizenmehl
200 g Semmelbrösel
9 EL Olivenöl

Zubereitungszeit: 90 Min.

1. Gemüse putzen, schälen, waschen, abtropfen lassen und in etwa 1 cm dicke Scheiben schneiden. Gemüsescheiben (außer Zucchini) nacheinander in kochendem Salzwasser vorgaren. Sellerie 5 Minuten, Kohlrabi 6 Minuten, Pastinaken 2 Minuten, Petersilienwurzel 2 Minuten, Kürbis 2 Minuten und Steck-rüben 5 Minuten.
2. Gemüsescheiben in ein Sieb geben, mit kaltem Wasser übergießen und abtropfen lassen, mit Küchenpapier trockentupfen. Eier verschlagen, mit Salz, Pfeffer und Thymian würzen. Gemüsescheiben zuerst in Mehl, dann in den verschlagenen Eiern und zuletzt in Semmelbröseln wenden. Semmelbrösel gut andrücken.
3. Olivenöl portionsweise in einer Pfanne erhitzen. Gemüsescheiben darin portionsweise von beiden Seiten knusprig goldbraun braten.

Beilage: Kräuter-Crème-fraîche oder eine kalte Tomatensauce.

Gemüseschnitzel

Gemüsesuppe, scharfe

12 Portionen

Gut vorzubereiten

Pro Portion:
E: 11 g, F: 13 g, Kh: 38 g,
kJ: 1315, kcal: 313

2 Bund Suppengrün (Möhre, Sellerie, Porree)
6 Zwiebeln
4 Knoblauchzehen
2 Chilischoten
3 Stangen Porree (Lauch)
5 EL Speiseöl
50 g Tomatenmark
Salz
frisch gemahlener Pfeffer
300 g grüne TK-Bohnen
2 $^{1}/_{2}$ l Gemüsebrühe
2 Dosen stückiges Tomatenpüree (Inhalt je 800 g)

4 Baguettes mit Kräuterbutter zum Aufbacken (je 175 g, aus der Kühltheke)

1 Bund Petersilie
2 Dosen Kidneybohnen (Abtropfgewicht je 250 g)
1–2 gestr. TL Paprikapulver rosenscharf

Zubereitungszeit: 70 Min.

1. Das Suppengrün putzen, waschen, abtropfen lassen und klein schneiden. Zwiebeln und Knoblauch abziehen, fein hacken. Von den Chilischoten die Stängelansätze abschneiden, die Kerne mit einem spitzen Messer herauskratzen. Die Schoten waschen, abtropfen lassen und in Ringe schneiden.
2. Porree putzen, die Stangen seitlich einschneiden, gründlich waschen und abtropfen lassen. Porree in Streifen schneiden.
3. Öl in einem großen Topf erhitzen. Zwiebeln, Knoblauch und Suppengrün darin andünsten. Tomatenmark unterrühren und kurz mitdünsten, mit Salz und Pfeffer bestreuen. Porree, grüne Bohnen und Chili unterrühren. Brühe hinzugießen und zum Kochen bringen. Suppe etwa 10 Minuten bei mittlerer Hitze kochen.
4. Tomatenpüree unterrühren und die Suppe weitere 10 Minuten kochen.
5. Kräuterbaguette nach Packungsanleitung aufbacken. Petersilie abspülen, trockentupfen, die Blätter von den Stängeln zupfen und fein schneiden. Kidneybohnen in ein Sieb geben, mit kaltem Wasser abspülen und abtropfen lassen.
6. Kidneybohnen in die Suppe geben und erhitzen. Die Suppe mit Salz, Pfeffer und Paprikapulver abschmecken, mit Petersilie bestreuen. Baguettes in Scheiben schneiden und zur Suppe servieren.

Gemüsesuppe, scharfe

Gemüsetopf

8–10 Portionen

Raffiniert

Pro Portion:
E: 8 g, F: 5 g, Kh: 25 g,
kJ: 763, kcal: 182

1 kg kleine fest kochende Kartoffeln
Wasser
Salz
500 g kleine weiße Champignons
200 g kleine Schalotten (ersatzweise Perlzwiebeln)
800 g Zucchini
500 g Cocktailtomaten
800 g Staudensellerie
4 EL Speiseöl, z. B. Rapsöl
frisch gemahlener Pfeffer
3 EL Rohrzucker (ersatzweise Zucker)
3 EL Balsamico-Essig
2 EL Sojasauce
600 ml Gemüsebrühe
1 Bund glatte Petersilie

Zubereitungszeit: 100 Min., ohne Abkühlzeit

1. Kartoffeln gründlich waschen und bürsten. Wasser mit Salz und Kartoffeln in einem Topf zum Kochen bringen, zugedeckt etwa 20 Minuten kochen lassen (die Kartoffeln sollten noch Biss haben). Kartoffeln abgießen und abkühlen lassen.
2. Champignons putzen, mit Küchenpapier abreiben, evtl. abspülen und trockentupfen. Schalotten abziehen.
3. Zucchini waschen, abtrocknen und die Enden abschneiden. Zucchini in Würfel schneiden. Cocktailtomaten waschen und abtropfen lassen, halbieren und evtl. Stängelansätze entfernen.

4. Staudensellerie putzen und die harten Außenfäden abziehen. Sellerie waschen, abtropfen lassen und in Stücke schneiden.
5. Wasser mit Salz in einem Topf zum Kochen bringen. Schalotten hinzugeben und etwa 5 Minuten garen. Dann mit einem Schaumlöffel herausnehmen, in ein Sieb geben, mit kaltem Wasser übergießen und abtropfen lassen. Salzwasser wieder zum Kochen bringen. Selleriestücke etwa 3 Minuten darin garen, in ein Sieb geben, mit kaltem Wasser übergießen und abtropfen lassen.
6. Speiseöl in einem Bräter oder in einer großen Pfanne erhitzen. Zuerst die Schalotten, dann Kartoffeln, Selleriestücke, Zucchiniwürfel und Champignons darin andünsten, evtl. in mehreren Portionen. Tomatenhälften hinzugeben, mit Salz und Pfeffer würzen. Rohrzucker darüber streuen und unter Rühren karamellisieren. Essig und Sojasauce unterrühren. Brühe hinzugießen.
7. Den Gemüsetopf zum Kochen bringen und zugedeckt bei mittlerer Hitze etwa 10 Minuten kochen.

Gemüsetopf

8. Petersilie abspülen und trockentupfen. Die Blättchen von den Stängeln zupfen. Blättchen fein hacken. Den Gemüsetopf mit Petersilie bestreut servieren.

Tipp:
Den Gemüsetopf zusätzlich mit Cashewkernen und Sesamsamen bestreuen.

Gemüsetörtchen mit Ziegenkäse

12 Stück

Schneller Snack

Pro Stück:
E: 10 g, F: 8 g, Kh: 24 g, kJ: 858, kcal: 206

9 Yufka-Teigblätter (etwa 27 x 27 cm)
1 Zucchini (etwa 300 g)
300 g kleine Tomaten
250 g Ziegenkäse, z. B. Ziegen-Gouda
6 Thymianstängel
frisch gemahlener Pfeffer

Zubereitungszeit: 20 Min.
Backzeit: etwa 20 Min.

1. Yufka-Teigblätter mit kaltem Wasser bepinseln und etwas einweichen lassen. Die Teigblätter dann in je 4 gleich große Quadrate schneiden (am besten mit einer Haushaltsschere).
2. Zucchini waschen, abtrocknen, die Enden abschneiden. Zucchini in dünne Scheiben schneiden. Tomaten waschen, abtrocknen, vierteln und die Stängelansätze herausschneiden. Käse würfeln.
3. Die 12 Vertiefungen einer Muffinsform fetten. Je 3 Teigquadrate versetzt übereinander legen und in je eine Vertiefung drücken. Zucchinischeiben,

Gemüsetörtchen mit Ziegenkäse

Tomatenviertel und Käsewürfel darin verteilen.
4. Thymian abspülen, trockentupfen und die Blättchen von den Stängeln zupfen. Die Törtchen mit Thymianblättchen und Pfeffer bestreuen. Die Muffinsform auf dem Rost in den Backofen schieben.
Ober-/Unterhitze: etwa 200 °C (vorgeheizt)
Heißluft: etwa 180 °C (vorgeheizt)
Gas: Stufe 3–4 (vorgeheizt)
Backzeit: etwa 20 Minuten.
5. Die Törtchen etwa 10 Minuten in der Form stehen lassen. Sie dann aus den Vertiefungen lösen und heiß oder kalt servieren.

Abwandlung:
Anstelle von Yufka-Teig können Sie auch TK-Blätterteig verwenden. Dazu 1 Packung Blätterteig (450 g, 6 Scheiben) bei Zimmertemperatur auftauen lassen, dann dünner ausrollen, die Platten halbieren und die gefetteten Vertiefungen der Muffinsform damit auslegen.

Tipp:
Reichen Sie die Gemüsetörtchen als Vorspeise oder als Häppchen auf einem Buffet. Anstelle von Ziegenkäse können Sie auch Gouda mit Kräutern verwenden. Yufka-Teig bekommen Sie in türkischen Lebensmittelläden.

Gemüse und Apfelspalten, gegrillt, mit Zitronen-Soja-Vinaigrette

Für 8–10 Portionen

Vegetarisch

Pro Portion:
E: 4 g, F: 19 g, Kh: 19 g,
kJ: 1084, kcal: 259

3–4 Bund Frühlingszwiebeln
4 mittelgroße Zucchini (je 250 g)
6 Äpfel, z. B. Cox Orange
100 ml Olivenöl

Für die Zitronen-Soja-Vinaigrette:
6 EL Zitronensaft
12 EL Sojasauce
frisch gemahlener schwarzer Pfeffer
6 EL Olivenöl
4 Thymianstängel

2 Kästchen Kresse

Außerdem:
2 Alu-Grillschalen

Zubereitungszeit: 45 Min.
Grillzeit: etwa 12 Min.

1. Frühlingszwiebeln putzen. Dickere Zwiebeln der Länge nach halbieren. Frühlingszwiebeln waschen und abtropfen lassen.
2. Zucchini waschen, abtrocknen und die Enden abschneiden. Zucchini in etwa $^1/_2$ cm dicke Scheiben schneiden. Äpfel waschen, abtrocknen, vierteln, entkernen und in Spalten schneiden.
3. Frühlingszwiebeln, Zucchinischeiben und Apfelspalten in eine Schüssel geben. Die Zutaten mit dem Olivenöl vermischen.
4. Für die Vinaigrette Zitronensaft mit Sojasauce verrühren und mit Pfeffer würzen. Olivenöl unterschlagen. Thymian abspülen und trockentupfen. Die Blättchen von den Stängeln zupfen. Thymianblättchen unter die Vinaigrette rühren.
5. Das Gemüse und die Apfelspalten in Alu-Grillschalen füllen. Die Grillschalen auf den heißen Grillrost stellen. Das Gemüse und die Apfelspalten etwa 12 Minuten grillen, dabei einmal wenden.
6. Kresse abspülen, trockentupfen und abschneiden. Das gegrillte Gemüse und die Apfelspalten in eine Schale geben, mit Kresse bestreuen und mit der Zitronen-Soja-Vinaigrette servieren.

Tipp:
Die Zitronen-Soja-Vinaigrette schmeckt auch zu anderem gegrillten Gemüse.

Gemüse und Apfelspalten, gegrillt, mit Zitronen-Soja-Vinaigrette

Geschnetzeltes mit Frischkäse

12 Portionen

Mit Alkohol

Pro Portion:
E: 34 g, F: 30 g, Kh: 4 g,
kJ: 1839, kcal: 439

1,5 kg Schnitzelfleisch
2 Gläser Champignons in Scheiben (Abtropfgewicht 200 g)
2 Zwiebeln
1 Bund Frühlingszwiebeln
5 EL Speiseöl, z. B. Olivenöl
Salz
frisch gemahlener Pfeffer
500 ml ($^1/_2$ l) Gemüsebrühe
500 ml ($^1/_2$ l) Schlagsahne
400 g Doppelrahm-Frischkäse
200 ml trockener Weißwein
evtl. 1 EL Currypulver

Zubereitungszeit: 40 Min.

Geschnetzeltes mit Frischkäse

1. Schnitzelfleisch unter fließendem kalten Wasser abspülen, trockentupfen und in dünne Streifen schneiden. Champignonscheiben in einem Sieb abtropfen lassen.
2. Zwiebeln abziehen und fein würfeln. Frühlingszwiebeln putzen, waschen, abtropfen lassen und schräg in dünne Ringe schneiden.
3. Etwas Öl in einem Bräter erhitzen. Die Fleischstreifen portionsweise darin anbraten, mit Salz und Pfeffer bestreuen. Fleischstreifen aus dem Bräter nehmen und in dem verbliebenen Bratfett die Zwiebelwürfel andünsten.
4. Brühe und Sahne in einrühren und zum Kochen bringen. Champignons und Frühlingszwiebelringe hinzufügen. Frischkäse und Wein unterrühren und erwärmen. Fleischstreifen wieder hinzufügen, kurz erwärmen. Das Geschnetzelte nochmals mit Salz, Pfeffer und evtl. Currypulver abschmecken.

Beilage: Bandnudeln oder Reis und ein Salat.

Rezeptvorschläge für ein Osterbrunch-Party-Buffet

Für ein Osterbrunch-Party-Buffet benötigen Sie für 10–12 Personen:

1 x Rezept Geschnetzeltes mit Frischkäse, Seite 110
1 x Rezept Konfetti-Suppe, Seite 195
1 x Rezept Brot, gefüllt mit Frischkäse, Seite 40
1 x Rezept Salattorte mit Schafkäse, Seite 314
1,5 x Rezept Vanille-Kirsch-Speise mit Eierlikör, Seite 398

Außerdem:

750 g Langkornreis.

Vorbereitungen am Vortag:

- Für die Salattorte Punkt 1 bis 5 zubereiten. Torte kalt stellen.
- Für die Konfetti-Suppe Punkt 1 bis 4 zubereiten. Gemüse-Konfetti garen. Suppe und Konfetti erkalten lassen und kalt stellen.
- Geschnetzeltes fertig zubereiten, erkalten lassen und kalt stellen.
- Für die Vanille-Kirsch-Speise Punkt 1 bis 3 zubereiten und kalt stellen.
- Brot, gefüllt mit Frischkäse zubereiten und kalt stellen.

Vorbereitungen am Tag der Party:

2 Stunden vorher:
- Die Salattorte anrichten und aufschneiden.

1 Stunde vorher:
- Geschnetzeltes und Suppe erhitzen und abschmecken.
- Reis nach Packungsanleitung zubereiten.
- Vanille-Kirsch-Speise mit Schokolade bestreuen. Eierlikör, falls Kinder dabei sind, getrennt dazureichen.

Es eignen sich auch folgende zusätzliche Rezepte:

1 x Rezept Erbseneintopf, Seite 69
1 x Rezept Reissalat, Seite 294
1 x Rezept Kasselerbraten mit Möhrenkruste, Seite 187
1 x Rezept Erdbeer-Sekt-Dessert, Seite 71 (Wenn Kinder dabei sind, das Dessert anstelle von Sekt mit Apfelsaft zubereiten.)

Außerdem:

750 g Langkornreis.

Gespenstergrütze

Abwandlung:
Lecker schmeckt auch eine grüne Grütze aus 500 g Stachelbeeren, 250 g Kiwis, 250 g grünen Weintrauben und 600 ml hellem Traubensaft. Anstatt der Vanille-sauce kann auch Vanilleeis zu der Gespenstergrütze serviert werden.

Tipp:
Die Gespenstergrütze und die Sauce können bereits am Vortag zubereitet werden.

Dekotipp:
Als Tischdekoration aus dickem Papier oder dünner Pappe eine Gespenstergirlande ausschneiden und mit Gesichtern bemalen.

Gespenstergrütze

8 Portionen

Für Kinder

Pro Portion:
E: 4 g, F: 2 g, Kh: 43 g,
kJ: 944, kcal: 226

Für die Grütze:
300 g rote oder schwarze Johannisbeeren
500 g Kirschen
300 g Himbeeren
25 g Speisestärke
600 ml Kirschsaft
100 g Zucker

Für die Sauce:
1 Pck. Saucenpulver Vanille-Geschmack (zum Kochen)
500 ml (1/2 l) Milch
1 gestr. EL Zucker
1 Pck. Dr. Oetker Vanillin-Zucker

Zubereitungszeit: 40 Min., ohne Kühlzeit

1. Für die Grütze Johannisbeeren waschen, abtropfen lassen und die Beeren von den Rispen streifen. Kirschen waschen, abtropfen lassen und entsteinen. Himbeeren verlesen, vorsichtig abspülen und abtropfen lassen.
2. Speisestärke mit 6 Esslöffeln von dem Kirschsaft anrühren. Den restlichen Kirschsaft mit Zucker zum Kochen bringen. Die angerührte Speisestärke unterrühren und einmal aufkochen lassen. Den Topf von der Kochstelle nehmen und die vorbereiteten Früchte unterrühren. Die Grütze in eine große Schale füllen und kalt stellen.
3. Für die Sauce aus Saucenpulver, Milch, Zucker und Vanillin-Zucker nach Packungsanleitung eine Sauce zubereiten und abkühlen lassen. Dabei zwischendurch umrühren, damit sich keine Haut bildet.
4. Die Gespenstergrütze mit der Vanillesauce servieren.

Gin Fizz

Gin Fizz

1 Portion

Klassisch

Pro Portion:

E: 0 g, F: 0 g, Kh: 18 g,
kJ: 899, kcal: 214

5 cl Gin
3 cl Zitronensaft
2 cl Zuckersirup
einige Eiswürfel
Sodawasser
Zitronenscheiben von 1 Bio-Zitrone (unbehandelt, ungewachst)

Zubereitungszeit: 10 Min.

1. Gin mit Zitronensaft, Zuckersirup und einigen Eiswürfeln in einen Shaker geben, gut und lange schütteln.
2. Anschließend den Drink durch ein Barsieb in ein zur Hälfte mit Eiswürfeln gefülltes Longdrinkglas abseihen, mit Sodawasser auffüllen und mit Zitronenscheiben garnieren.

Giraffencreme

Giraffencreme

10 Portionen

Für Kinder

Pro Portion:

E: 4 g, F: 36 g, Kh: 30 g,
kJ: 1927, kcal: 461

1 Dose Pfirsichhälften (Abtropfgewicht 500 g)
600 g Mascarpone (italienischer Frischkäse)
80 g Zucker
4 EL Pfirsichsaft
200 ml Schlagsahne
1 Pck. Dr. Oetker Sahnesteif
150 g Schoko-Cookies
einige Minzeblättchen

Zubereitungszeit: 40 Min.

1. Pfirsiche in einem Sieb abtropfen lassen, dabei den Saft auffangen und 4 Esslöffel abmessen. 2 Pfirsichhälften zum Garnieren zurücklassen, die restlichen in einem Mixer pürieren.
2. Mascarpone mit Zucker und dem abgemessenen Pfirsichsaft glatt rühren. Sahne mit Sahnesteif steif schlagen. Ein Drittel der Sahne zum Garnieren beiseite stellen. Restliche Sahne unter die Mascarponecreme heben. Die Creme in 3 Portionen teilen.
3. Schoko-Cookies in einen Gefrierbeutel geben, den Beutel verschließen und die Cookies mit einer Teigrolle zerdrücken. Die Cookie-Brösel in 3 Portionen teilen.
4. Eine Portion Creme auf 10 Dessertschälchen oder kleine Gläser verteilen und eine Portion Cookie-Brösel darauf geben. So fortfahren, bis alle Zutaten aufgebraucht sind.
5. Die zurückgelassenen Pfirsichhälften in Spalten schneiden. Die Giraffencreme mit der beiseite gestellten Sahne und den Pfirsichspalten garnieren. Die Giraffencreme gut gekühlt servieren.

Abwandlung:
Anstelle der Schoko-Cookies können Sie auch Löffelbiskuits verwenden.
Die Pfirsiche können auch gegen Aprikosen ausgetauscht werden.

Glühwein

8 Portionen

Klassisch – mit Alkohol

Pro Portion:
E: 1 g, F: 0 g, Kh: 44 g,
kJ: 1487, kcal: 355

2 $^1/_2$ l trockener Rotwein
250–300 g Zucker
3 Zimtstangen
8 Gewürznelken
1 Pck. Dr. Oetker Finesse Geriebene Zitronenschale
Bio-Orangenscheiben (unbehandelt, ungewachst)

Zubereitungszeit: 30 Min.

1. Den Rotwein mit Zucker, Zimtstangen, Gewürznelken und Zitronenschale in einem Topf langsam erhitzen, aber nicht kochen lassen, etwa 10 Minuten zugedeckt ziehen lassen.
2. Den Glühwein durch ein Sieb geben und heiß mit Orangenscheiben servieren.

Gnocchi-Topf

8–10 Portionen

Vegetarisch

Pro Portion:
E: 18 g, F: 33 g, Kh: 62 g,
kJ: 2609, kcal: 620

700 g Brokkoli
500 g kleine weiße oder braune Champignons
400 g Cocktailtomaten
2 Zwiebeln
2 Knoblauchzehen
3 EL Olivenöl
1 l Gemüsebrühe
600 ml Schlagsahne
Salz, frisch gemahlener Pfeffer
Knoblauchpulver
3 l Wasser
3 gestr. TL Salz
1,5 kg Gnocchi (aus dem Kühlregal)
1 Topf Basilikum
200 g geriebener Parmesan-Käse

Zubereitungszeit: 60 Min.
Garzeit: 15–20 Min.

1. Von dem Brokkoli die Blätter entfernen. Brokkoli waschen, abtropfen lassen und in Röschen teilen. Champignons putzen, mit Küchenpapier abreiben, evtl. abspülen und abtropfen lassen. Cocktailtomaten waschen, abtrocknen und halbieren, Stängelansätze herausschneiden. Zwiebeln abziehen und in kleine Würfel schneiden. Knoblauch abziehen und durch eine Knoblauchpresse drücken.
2. Öl in einem Bräter erhitzen. Zwiebelwürfel und Knoblauch darin glasig dünsten. Champignons und Brokkoliröschen hinzugeben, mit andünsten. Gemüsebrühe und Sahne hinzugießen, zum Kochen bringen und zugedeckt etwa 10 Minuten garen, mit Salz, Pfeffer und Knoblauch würzen. Tomatenhälften hinzufügen.
3. Wasser mit Salz in einem großen Topf zum Kochen bringen. Gnocchi hinzugeben und nach Packungsanleitung in 5–10 Minuten gar ziehen lassen. Wenn die Gnocchi an der Oberfläche schwimmen, mit einem Schaumlöffel herausnehmen, in den Gemüsetopf geben und vorsichtig unterheben.
4. Basilikum abspülen und trockentupfen. Die Blättchen von den Stängeln zupfen, Blättchen evtl. hacken und unterrühren. Den Gnocchi-Topf mit Parmesan-Käse bestreut servieren.

Gnocchi-Topf

Götter-Schicht-Speise

8 Portionen

Klassisch

Pro Portion:
E: 9 g, F: 10 g, Kh: 20 g,
kJ: 917, kcal: 218

400 g Himbeeren
2 Pck. (4 Beutel) Götterspeise Himbeer-Geschmack
8–10 EL Zucker
1 l Wasser
250 ml ($^1/_4$ l) Schlagsahne

Zubereitungszeit: 30 Min., ohne Kühlzeit

Götter-Schicht-Speise

1. Himbeeren verlesen, kurz abspülen und abtropfen lassen. Einige schöne Himbeeren zum Garnieren beiseite legen und die restlichen Himbeeren in eine hohe Glasschale geben.
2. Die Götterspeise mit Zucker und Wasser nach Packungsanleitung – aber mit den hier angegebenen Zutaten – zubereiten. Die Hälfte der Flüssigkeit auf die Himbeeren in die Glasschale gießen, die Schale schräg in den Kühlschrank stellen und die Speise fest werden lassen.
3. Ein Drittel der restlichen Flüssigkeit in eine kleine, flache Schale gießen, die übrigen zwei Drittel in eine Rührschüssel gießen. Beides anziehen lassen.
4. Sobald die zwei Drittel der Götterspeise anfangen dicklich zu werden, Sahne steif schlagen. Die Götterspeise mit Handrührgerät mit Rührbesen schaumig schlagen und Sahne unterheben. Die Sahnemasse auf die feste Götterspeise in der Glasschale füllen, glatt streichen und wieder kalt stellen.
5. Die feste Götterspeise aus der kleinen Schale in kleine Würfel schneiden und mit den beiseite gelegten Himbeeren auf der Speise anrichten.

Tipp:
Nach Belieben die Götter-Schicht-Speise mit Hagelzucker bestreuen.
Die Götter-Schicht-Speise kann natürlich auch in Portionsschälchen angerichtet werden. Dann nach Belieben die Speise zusätzlich mit 50–100 g verlesenen Himbeeren garnieren.

Götterspeise, kunterbunt

8–10 Portionen

Für Kinder

Pro Portion:
E: 6 g, F: 0 g, Kh: 39 g, kJ: 781, kcal: 186

je 1 Beutel aus 1 Pck. Götterspeise Himbeer-Geschmack, Zitronen-Geschmack und Waldmeister-Geschmack
1,5 l Wasser
300 g Zucker
Obst je nach Jahreszeit, z. B. Bananen, Weintrauben, Äpfel, Erdbeeren
etwas Zitronensaft

Zubereitungszeit: 40 Min., ohne Kühlzeit

1. Aus Götterspeise-Pulver Himbeer-Geschmack, 500 ml ($^1/_2$ l) Wasser und 100 g Zucker nach Packungsanleitung eine Götterspeise zubereiten. Die Speise in eine große Glasschüssel gießen und in den Kühlschrank stellen, bis die Götterspeise fest wird.
2. Die Götterspeise Zitronen-Geschmack wie unter Punkt 1 angegeben zubereiten und bei Zimmertemperatur aufbewahren, damit sie noch nicht fest wird.
3. In der Zwischenzeit das Obst vorbereiten (je nach Sorte waschen, schälen, entkernen) und in kleine Stücke schneiden. Bananen und Äpfel mit Zitronensaft beträufeln, damit sie nicht braun werden.
4. Die erstarrte rote Götterspeise aus dem Kühlschrank nehmen, einige Obststücke darauf legen. Die gelbe Götterspeise darüber gießen. Die Schüssel wieder in den Kühlschrank stellen, bis die gelbe Götterspeise fest wird.
5. Die Götterspeise Waldmeister-Geschmack wie unter Punkt 1 angegeben zubereiten und bei Zimmertemperatur aufbewahren, damit sie noch nicht fest wird.
6. Die rot-gelbe Götterspeise wieder aus dem Kühlschrank nehmen, einige Obststücke darauf legen und die grüne Götterspeise darüber gießen. Die Schüssel wieder in den Kühlschrank stellen, bis die Götterspeise fest ist.

Tipp: Bereiten Sie die kunterbunte Götterspeise am besten bereits am Vortag zu, da das Erstarren der Götterspeise im Kühlschrank einige Stunden dauern kann. Schneller geht's, wenn Sie die Speise auf mehrere kleine Schüsselchen oder Gläser verteilen.

Götterspeise, kunterbunt

Green Door

Green Door

1 Portion

Mit Alkohol

Pro Portion:
E: 2 g, F: 0 g, Kh: 37 g,
kJ: 1225, kcal: 293

2 cl brauner Rum
2 cl Bananenlikör
2 cl Blue Curaçao
6 cl Ananassaft
5 cl Maracujasaft
4 cl Grapefruitsaft
einige Eiswürfel
1 Bananenscheibe
1 Cocktailkirsche

Zubereitungszeit: 8 Min.

1. Rum mit Likören, den Säften und einigen Eiswürfeln in den Shaker geben und kräftig schütteln. Den Inhalt durch ein Barsieb in ein zur Hälfte mit Eiswürfeln gefülltes Longdrinkglas abseihen.
2. Bananenscheibe an den Glasrand stecken und die Cocktailkirsche mit einem Holzspieß darauf stecken. Den Cocktail mit Trinkhalm servieren.

Griechische Lammsteaks

8 Portionen

Etwas teurer

Pro Portion:
E: 37 g, F: 31 g, Kh: 16 g,
kJ: 2081, kcal: 196

300 g TK-Blattspinat
600 g fest kochende Kartoffeln
8 Lammsteaks (aus der Hüfte, je etwa 150 g)
Salz
frisch gemahlener Pfeffer
1–2 TL gerebelter Oregano
6 EL Olivenöl
4 Knoblauchzehen
1 Zwiebel
frisch geriebene Muskatnuss
200 g Schafkäse
je 2 mittelgroße gelbe und grüne Zucchini
1 rote Paprikaschote
1 kleine Dose stückige Tomaten (400 g)

Zubereitungszeit: 60 Min.
Garzeit: etwa 45 Min.

1. Spinat auftauen lassen. Kartoffeln gründlich waschen oder bürsten, und mit Wasser bedeckt in einem Topf zum Kochen bringen. Kartoffeln in 20–25 Minuten gar kochen, dann abgießen, mit kaltem Wasser abschrecken und abtropfen lassen.
2. Lammsteaks unter fließendem kalten Wasser abspülen und trockentupfen. Lammsteaks waagerecht halbieren, mit Salz, Pfeffer und Oregano würzen. Jeweils 2 Esslöffel des Olivenöls in einer großen Pfanne erhitzen. Die Lammsteaks in 2 Portionen von beiden Seiten darin anbraten, herausnehmen

und in eine große, flache Auflaufform legen. Knoblauch abziehen, durch eine Knoblauchpresse drücken und auf den Lammsteaks verteilen.

3. Zwiebel abziehen und in kleine Würfel schneiden. Restliches Olivenöl in einem Topf erhitzen. Zuerst die Zwiebelwürfel und dann den Blattspinat darin etwa 5 Minuten dünsten. Spinat mit Salz, Pfeffer und Muskat würzen. Spinat auf den Lammsteaks verteilen. Schafkäse in 16 Scheiben schneiden und auf den Spinat legen.
4. Zucchini waschen, abtrocknen und die Enden abschneiden. Zucchini in Scheiben schneiden. Kartoffeln, evtl. pellen, längs halbieren und in Spalten schneiden.
5. Paprika halbieren, entstielen, entkernen und die weißen Scheidewände entfernen. Die Schote waschen, trockentupfen und in Stücke schneiden. Kartoffelspalten, Zucchinischeiben und Paprikastücke mischen, mit Salz, Pfeffer und Oregano würzen und in die Zwischenräume der Lammsteaks legen. Zuletzt die stückigen Tomaten darauf geben.
6. Die Form auf dem Rost in den Backofen schieben.

Ober-/Unterhitze: etwa 200 °C (vorgeheizt)
Heißluft: etwa 180 °C (vorgeheizt)
Gas: Stufe 3–4 (vorgeheizt)
Garzeit: etwa 45 Minuten.

Griechische Lammsteaks

Griechischer Nudelauflauf

12 Portionen

Raffiniert

Pro Portion:
E: 35 g, F: 48 g, Kh: 58 g,
kJ: 3387, kcal: 810

4 mittelgroße Auberginen
3 mittelgroße Zucchini
Salz
etwa 100 ml Olivenöl
750 g Makkaroni
4 l Wasser
4 TL Salz
3 große Zwiebeln
6 Knoblauchzehen
2–3 EL Olivenöl
1,2 kg Lammhack
(beim Metzger vorbestellen)
3 Dosen stückige Tomaten
(Abtropfgewicht je 400 g)
1 Glas Ajvar (püriertes
Paprikagemüse [Einwaage 300 g])
3 TL gerebelter Thymian
Salz, frisch gemahlener Pfeffer
450 g Crème fraîche
200 g geriebener Käse,
z. B. Gratin-Käse
3 EL Semmelbrösel

Griechischer Nudelauflauf

einige entsteinte, halbierte grüne
und schwarze Oliven

Zubereitungszeit: 85 Min.
Garzeit: etwa 40 Min.

1. Auberginen und Zucchini waschen, abtrocknen. Von den Auberginen die Stängelansätze und von den Zucchini die Enden abschneiden. Auberginen und Zucchini in dicke Scheiben schneiden. Auberginenscheiben auf einer Arbeitsfläche ausbreiten, mit Salz bestreuen und etwa 30 Minuten ziehen lassen. Anschließend ausgetretene Flüssigkeit mit Küchenpapier abtupfen.
2. Jeweils etwas Olivenöl in einer großen Pfanne erhitzen. Die Auberginenscheiben portionsweise von beiden Seiten darin anbraten.
3. Makkaroni nach Packungsanleitung in Salzwasser zubereiten. Anschließend die Makkaroni in ein Sieb geben, mit heißem Wasser abspülen und abtropfen lassen, nach Belieben in mundgerechte Stücke schneiden.
4. Zwiebeln und Knoblauch abziehen und in feine Würfel schneiden. Etwas von dem Olivenöl in einer großen Pfanne erhitzen. Hackfleisch mit den Zwiebel- und Knoblauchwürfeln portionsweise darin anbraten, dabei das Hackfleisch mit einer Gabel zerdrücken.
5. Tomatenstücke mit Ajvar vermengen und mit Thymian, Salz und Pfeffer kräftig würzen.
6. Etwa ein Drittel von der Tomatenmischung in eine große Auflaufform (gefettet) oder Fettfangschale (gefettet) geben. Die Hälfte der Makkaroni darauf verteilen. Mit der Hackfleischmasse bedecken, dann die Hälfte der Auberginen- und Zucchinischeiben darauf legen. Crème fraîche darauf streichen, dann die restlichen Makkaroni darauf geben. Den Auflauf mit den restlichen Auberginen- und Zucchinischeiben belegen und mit der restlichen Tomatenmischung bestreichen.
7. Käse mit Semmelbröseln und Olivenhälften mischen und auf dem Auflauf verteilen. Die Form auf dem Rost oder die Fettfangschale in den Backofen schieben.
   Ober-/Unterhitze: etwa 180 °C (vorgeheizt)
   Heißluft: etwa 160 °C (vorgeheizt)
   Gas: Stufe 2–3 (vorgeheizt)
   Garzeit: etwa 40 Minuten.

Griechische Ostersuppe

8–10 Portionen

Raffiniert

Pro Portion:
E: 34 g, F: 20 g, Kh: 6 g,
kJ: 1455, kcal: 348

1,2 kg mageres Lammfleisch
5 EL Olivenöl
Salz, frisch gemahlener Pfeffer
2–3 Bund Frühlingszwiebeln
$^1/_2$ Topf Pfefferminze
2 l heiße Rindfleischbrühe
1 Topf glatte Petersilie
$^1/_2$ Bund Dill
8 Eier (Größe M)
Saft von 4 Zitronen

Zubereitungszeit: 45 Min.
Garzeit: etwa 45 Min.

1. Fleisch unter fließendem kalten Wasser abspülen, trockentupfen und in kleine Würfel schneiden. Öl in einem großen Topf erhitzen. Die Fleischwürfel darin in 2 Portionen anbraten, mit Salz und Pfeffer würzen.

Griechische Ostersuppe

2. Frühlingszwiebeln putzen, waschen, abtropfen lassen und in kleine Stücke schneiden. Minze abspülen, trockentupfen und die Blättchen von den Stängeln zupfen. Blättchen fein hacken und zusammen mit den Frühlingszwiebeln zum Fleisch geben.
3. Rindfleischbrühe hinzugießen, alles zum Kochen bringen und bei schwacher Hitze etwa 45 Minuten kochen lassen, mit Salz und Pfeffer würzen.
4. Kräuter abspülen und trockentupfen. Dill in kleinere Stängel zupfen. Von der Petersilie die Blättchen von den Stängeln zupfen. Kräuter grob hacken.
5. Eier mit Zitronensaft und einigen Esslöffeln heißer Brühe verschlagen, vorsichtig unter die restliche Brühe rühren und die Suppe sofort von der Kochstelle nehmen. Die Suppe darf nicht mehr kochen, da das Eiweiß sonst gerinnt. Petersilie und Dill unterrühren. Die Suppe evtl. nochmals mit Salz und Pfeffer abschmecken.

Beilage: Geröstetes Fladenbrot.

Tipp:
Anstatt der Rinderbrühe können Sie auch Gemüsebrühe oder Lammfond verwenden.

Rezeptvorschläge für ein Party-Buffet mit Gerichten aus dem Ofen

Für ein Party-Buffet mit Gerichten aus dem Ofen benötigen Sie für 10–12 Personen:

1,5 x Rezept **Griechischer Nudelauflauf**, Seite 118
2 x Rezept **Flammküchle, schnelle**, Seite 82
1 x Rezept **Tomaten-Schafkäse-Salat**, Seite 383
1 x Rezept **Früchte-Clafoutis**, Seite 88

Vorbereitungen am Vortag:

- Für die Flammküchle den Speck schneiden und kalt stellen.
- Den Blätterteig im Kühlschrank über Nacht auftauen lassen.

Vorbereitungen am Tag der Party:

5 Stunden vorher:	• Flammküchle backen.
4 Stunden vorher:	• Für den Griechischen Nudelauflauf Punkt 1 bis 6 zubereiten.
2–3 Stunden vorher:	• Für den Tomaten-Schafkäse-Salat Punkt 1 und 2 zubereiten.
1 Stunden vorher:	• Nudelauflauf einschichten und in den Backofen schieben. • Tomaten-Schafkäse-Salat zubereiten.
Kurz vorher:	• Für den Clafoutis den Teig anrühren und die Mandarinen abtropfen lassen.

Wenn der Nudelauflauf fertig ist: Den Teig für den Clafoutis umrühren und wie beschrieben mit den übrigen Zutaten einfüllen und backen.

Es eignen sich auch folgende zusätzliche Rezepte:

1 x Rezept **Zucchini-Käse-Törtchen**, Seite 421
1 x Rezept **Zwiebelsuppe, feurig**, Seite 425
1 x Rezept **Cabanossi-Auflauf**, Seite 42
1,5 x Rezept **Quarkcremeauflauf**, Seite 284

Grillfische

10 Stück

Etwas Besonderes

Pro Portion:
E: 91 g, F: 60 g, Kh: 1 g,
kJ: 4108, kcal: 981

5 küchenfertige Forellen
5 küchenfertige Makrelen
Salz, frisch gemahlener Pfeffer
1 Bio-Zitrone (unbehandelt, ungewachst)
10 Estragonzweige
10 Petersilienstängel
10 Lorbeerblätter

Für die Marinade:
4 Knoblauchzehen
3 Lorbeerblätter
200 ml Speiseöl
2 TL Kräuter der Provence

Außerdem:
2 Grillkörbe

Zubereitungszeit: 45 Min.
Grillzeit: 15–20 Min.

1. Forellen und Makrelen unter fließendem kalten Wasser von innen und außen abspülen, trockentupfen, innen mit Salz und Pfeffer einreiben.
2. Zitrone in 10 dünne Spalten schneiden. Estragon und Petersilie abspülen und trockentupfen.
3. Die Fische mit je 1 Zitronenspalte, 1 Estragonstängel, 1 Petersilienstängel und 1 Lorbeerblatt füllen.
4. Für die Marinade Knoblauch abziehen und durch eine Knoblauchpresse drücken. Lorbeerblätter fein zerbröseln und mit dem Speiseöl verrühren. Knoblauch hinzufügen und mit Kräutern der Provence würzen. Die Forellen und Makrelen mit der Marinade bestreichen.
5. Forellen und Makrelen in je ein Fischbratgitter legen. Die Bratgitter auf den heißen Grill legen. Die Forellen und Makrelen unter mehrmaligem Wenden 15–20 Minuten grillen. Während des Grillens mehrfach mit der Marinade bestreichen.

Beilage: Gemischten Paprikasalat dazuservieren.

Tipp: Falls keine Fischbratgitter vorhanden sind, können Sie die marinierten Fische auch auf den heißen, mit Alufolie belegten Grillrost legen.

Gulasch mit Käse überbacken

8–10 Portionen

Einfach

Pro Portion:
E: 44 g, F: 31 g, Kh: 34 g,
kJ: 2497, kcal: 596

1,4 kg gemischtes Gulasch (Schweine- und Rindfleisch)
3 EL Rapsöl
1 1/4 l Wasser
3 Beutel „Fix für Gulasch“ (für je 375 ml Wasser)
1,4 kg mehlig kochende Kartoffeln
700 g gelbe, grüne und rote Paprikaschoten
250 g Cheddar-Käse
100 g Gewürzgurken
4 EL Röstzwiebeln (Fertigprodukt)

Zubereitungszeit: 60 Min.
Garzeit: etwa 60 Min.
Überbackzeit: etwa 20 Min.

1. Gulasch unter fließendem kalten Wasser abspülen und trockentupfen. Öl portionsweise in einem Bräter erhitzen. Gulasch portionsweise darin anbraten und mit dem Wasser ablöschen. Alles zum Kochen bringen, dabei das „Fix für Gulasch“ einrühren. Das Fleisch zugedeckt bei schwacher Hitze etwa 30 Minuten schmoren.
2. In der Zwischenzeit Kartoffeln waschen, mit Wasser bedeckt zum Kochen bringen und in 20–25 Minuten gar kochen. Kartoffeln abgießen, kalt abschrecken, abtropfen und etwas abkühlen lassen. Kartoffeln pellen und durch eine Kartoffelpresse drücken oder zerstampfen.
3. Paprikaschoten halbieren, entstielen, entkernen und die weißen Scheidewände entfernen. Schoten waschen, abtropfen lassen und in Stücke schneiden. Käse reiben und unter die Kartoffelmasse rühren. Gurken abtropfen lassen und fein würfeln.
4. Paprikastücke zum Gulasch geben und alles ohne Deckel weitere 30 Minuten schmoren.
5. Die Gurkenwürfel mit dem Gulasch vermengen und alles in eine große,

flache Auflaufform geben. Das Gulasch mit der Kartoffelmasse vollständig zudecken. Die Form auf dem Rost in den Backofen schieben.

Ober-/Unterhitze: etwa 220 °C (vorgeheizt)
Heißluft: etwa 200 °C (vorgeheizt)
Gas: Stufe 4–5 (vorgeheizt)
Überbackzeit: etwa 20 Minuten.

6. Das Gulasch mit Röstzwiebeln bestreut servieren.

Gulasch mit Käse überbacken

Gurken-Joghurt-Salat

8 Portionen

Schnell

Pro Portion:
E: 2 g, F: 1 g, Kh: 5 g,
kJ: 187, kcal: 45

3 Salatgurken (1, 5 kg)

Für die Salatsauce:
2 Zwiebeln
250 g Naturjoghurt
2–3 EL Weißweinessig
2–3 TL mittelscharfer Senf
Salz, 1–2 TL Zucker
frisch gemahlener Pfeffer
1 Bund Dill

Zubereitungszeit: 30 Min.

1. Salatgurke schälen, in dünne Scheiben schneiden oder hobeln.
2. Für die Salatsauce Zwiebeln abziehen, würfeln, mit Joghurt, Essig, Senf, Salz, Pfeffer und Zucker verrühren. Dill abspülen, trockentupfen und die Spitzen von den Stängeln zupfen. Spitzen fein hacken und unter die Salatsauce rühren.
3. Die Salatsauce mit den Gurkenscheiben vermengen, kurz durchziehen lassen, evtl. nochmals mit den Gewürzen abschmecken.

Gurkensuppe mit Joghurt

8 Portionen

Schnell – gut vorzubereiten

Pro Portion:
E: 4 g, F: 4 g, Kh: 7 g,
kJ: 428, kcal: 103

2 Salatgurken
4 Knoblauchzehen
1 kg Naturjoghurt (3,5 % Fett)
1 Bund Dill
Salz
frisch gemahlener Pfeffer
einige Tropfen Olivenöl

Zubereitungszeit: 20 Min.

1. Gurken schälen, waschen. Die Enden abschneiden. Gurken in kleine Stücke schneiden. Knoblauch abziehen und durch eine Knoblauchpresse drücken.
2. Beide Zutaten mit dem Joghurt pürieren, nach Belieben durch ein Sieb streichen. Dill abspülen, trockentupfen und die Spitzen von den Stängeln zupfen.
3. Suppe mit Salz und Pfeffer abschmecken. Dillspitzen unterrühren. Olivenöl nach Belieben unterrühren.

Gyros-Pizza

8–10 Portionen

Beliebt

Pro Portion:
E: 32 g, F: 24 g, Kh: 52 g,
kJ: 2301, kcal: 550

Für den Hefeteig:
600 g Weizenmehl
2 Pck. Dr. Oetker Trockenbackhefe
2 gestr. TL Salz
300 ml lauwarmes Wasser
5 EL Olivenöl

Für den Belag:
1 kleines Glas milde Peperoni (Abtropfgewicht 135 g)
600 g Gyros-Fleisch (vorbereitet, vom Fleischer)
2–3 EL Olivenöl
300 g Gouda-Käse
2 Dosen passierte Tomaten (je 400 g)
einige Stängel glatte Petersilie

Zubereitungszeit: 40 Min., ohne Teiggehzeit
Backzeit: etwa 25 Min. je Blech

1. Für den Teig Mehl in eine Rührschüssel sieben und mit der Hefe sorgfältig vermischen. Salz, Wasser und Öl hinzufügen.
2. Die Zutaten mit Handrührgerät mit Knethaken zunächst auf niedrigster, dann auf höchster Stufe in etwa 5 Minuten zu einem glatten Teig verarbeiten. Den Teig an einem warmen Ort so lange gehen lassen, bis er sich sichtbar vergrößert hat.
3. In der Zwischenzeit für den Belag Peperoni in einem Sieb abtropfen lassen. Öl portionsweise in einer Pfanne erhitzen. Gyros portionsweise darin anbraten. Käse reiben.
4. Den Teig aus der Schüssel nehmen, auf der leicht bemehlten Arbeitsfläche nochmals kurz durchkneten und halbieren. Jede Teighälfte auf einem Backblech (30 x 40 cm, gefettet) ausrollen.
5. Den Teig mit den passierten Tomaten bestreichen. Gyros und Peperoni darauf verteilen und mit Gouda bestreuen. Die Backbleche nacheinander (bei Heißluft zusammen) in den Backofen schieben.
   Ober-/Unterhitze: etwa 220 °C (vorgeheizt)
   Heißluft: etwa 200 °C (vorgeheizt)
   Gas: Stufe 4–5 (vorgeheizt)
   Backzeit: etwa 25 Minuten je Blech.
6. Petersilie abspülen, trockentupfen und die Blättchen von den Stängeln zupfen. Blättchen fein hacken und die Pizzen damit bestreuen.

Tipp:
Die Backbleche bei Ober- und Unterhitze im unteren Drittel in den Backofen schieben.

Gyros-Pizza

Gyros-Riesen-Toast

8–10 Portionen

Raffiniert

Pro Portion:
E: 40 g, F: 35 g, Kh: 76 g,
kJ: 3283, kcal: 785

800 g Schweinenacken ohne Knochen
etwa 1 EL Gyrosgewürz
6 EL Olivenöl
400 g Cocktailtomaten
1 Salatgurke (etwa 700 g)
1 mittelgroßer Eisbergsalat
2 große Fladenbrote (je etwa 600 g)
1 kg Tsatsiki (aus dem Kühlregal)
100 g schwarze Oliven (ohne Stein)
400 g Schafkäse

Zubereitungszeit: 60 Min.
Backzeit: 10–12 Min. je Backblech

1. Den Schweinenacken unter fließendem kalten Wasser abspülen und trockentupfen. Zuerst in dünne Scheiben, dann in dünne Streifen schneiden. Fleischstreifen mit Gyrosgewürz würzen. Olivenöl in einer Pfanne erhitzen und die Fleischstreifen darin portionsweise braten.
2. Tomaten waschen, abtrocknen und halbieren. Die Stängelansätze herausschneiden. Tomaten in Scheiben schneiden. Gurke schälen und die Enden abschneiden. Gurke in etwa 1 cm große Würfel schneiden. Von dem Eisbergsalat die äußeren welken Blättern entfernen. Den Salat halbieren, in dünne Streifen schneiden, waschen und trockenschleudern oder trockentupfen.
3. Die Fladenbrote waagerecht halbieren und je 2 Hälften mit den Schnittflächen nach oben auf ein Backblech (mit Backpapier belegt) legen. Die

Fladenbrothälften mit Tsatsiki bestreichen und mit Eisbergsalat, Gurkenwürfeln, Tomatenscheiben, Oliven und Fleischstreifen belegen.

4. Schafkäse in kleine Würfel schneiden und auf den belegten Fladenbrothälften verteilen, mit Gyrosgewürz bestreuen. Die Backbleche nacheinander (bei Heißluft zusammen) in den Backofen schieben.
   Ober-/Unterhitze: etwa 200 °C (vorgeheizt)
   Heißluft: etwa 180 °C (vorgeheizt)
   Gas: Stufe 3–4 (vorgeheizt)
   Backzeit: 10–12 Min. je Backblech.

Tipp:
Wer etwas Zeit sparen möchte, kann auch küchenfertiges Gyrosfleisch kaufen und wie unter Punkt 1 angegeben braten.

Gyros-Riesen-Toast

Gyrossuppe

12 Portionen

Klassisch

Pro Portion:
E: 33 g, F: 34 g, Kh: 20 g,
kJ: 2201, kcal: 526

1 1/2 kg Schweineschnitzel
2–3 Knoblauchzehen
6 EL Olivenöl
2 EL Gyrosgewürz
2 EL Olivenöl
600 ml Schlagsahne
4 große Zwiebeln
je 3 rote und grüne Paprikaschoten
4 EL Olivenöl
2 Beutel Zwiebelsuppenpulver
1 l Wasser
1/2 Bund Thymian
1 Glas Zigeuner- oder Chilisauce (500 ml)
175 g Sahne-Schmelzkäse
Salz, frisch gemahlener Pfeffer

Zubereitungszeit: 75 Min., ohne Marinier- und Kühlzeit

1. Schweineschnitzel unter fließendem kalten Wasser abspülen und trockentupfen. Das Fleisch in nicht allzu lange Streifen schneiden.
2. Knoblauch abziehen, durch eine Knoblauchpresse drücken und zusammen mit Öl und Gyrosgewürz zum Fleisch geben, gut durchrühren und 2–3 Stunden kalt gestellt marinieren.
3. Öl in einer Pfanne erhitzen. Das Fleisch portionsweise von allen Seiten darin anbraten. Fleisch erkalten lassen und dann in eine große verschließbare Form geben.
4. Sahne über das Fleisch gießen, die Form zudecken und das Fleisch kalt gestellt über Nacht marinieren.

Gyrossuppe

5. Zwiebeln abziehen, halbieren und in Scheiben schneiden. Paprika halbieren, entstielen, entkernen und die weißen Scheidewände entfernen. Schoten waschen, abtropfen lassen und in Streifen schneiden.
6. Öl in einem großen Topf erhitzen. Zwiebeln und Paprika darin andünsten. Das Zwiebelsuppenpulver und Wasser unterrühren, zum Kochen bringen und etwa 10 Minuten kochen lassen.
7. Thymian abspülen, trockentupfen und die Blättchen von den Stängeln zupfen. Thymianblättchen, Zigeuner- oder Chilisauce, Schmelzkäse und das marinierte Fleisch in die Suppe geben und unter Rühren zum Kochen bringen, bis der Käse sich gut aufgelöst hat.
8. Die Gyrossuppe mit Salz und Pfeffer abschmecken.

Tipp:
Schmelzkäse erst mit etwas Suppe glatt rühren und dann unter die Suppe rühren. So können sich keine Klümpchen bilden. Wer Zeit einsparen möchte, kann auch fertiges, mit Zwiebeln mariniertes Gyrosfleisch kaufen und startet dann mit Punkt 3. Nach Belieben eine Dose Gemüsemais (Abtropfgewicht 340 g) hinzufügen oder auch den Schmelzkäse weglassen. Es gibt dieses Rezept in mehreren Variationen.

Hack-Auberginen-Auflauf

8–10 Portionen

Einfach

Pro Portion:
E: 52 g, F: 53 g, Kh: 17 g,
kJ: 3185, kcal: 760

etwa 1 1/2 kg Auberginen
2 Dosen weiße Cannellini-Bohnen (Abtropfgewicht je 250 g)
9 EL Olivenöl
Salz
2 große Zwiebeln
2–3 Knoblauchzehen
1 1/2 kg Gehacktes (halb Rind-, halb Schweinefleisch)
2 Pck. TK-Suppengrün (je 50 g)
frisch gemahlener Pfeffer
Paprikapulver edelsüß
1 TL gemahlener Zimt

Für die Quarkhaube:
600 g Sahnequark
1 Dose Tomatenmark (140 g)
220 g fein geriebener Parmesan-Käse

Zum Betreuen:
einige Stängel glatte Petersilie

Zubereitungszeit: 60 Min.
Garzeit: 30–35 Min.

1. Auberginen waschen, abtrocknen und die Enden abschneiden. Auberginen längs in dünne Scheiben schneiden (evtl. mit einer Aufschnittmaschine). Bohnen in ein Sieb geben, kalt abspülen und gut abtropfen lassen.
2. Sieben Esslöffel Öl portionsweise in einer großen Pfanne erhitzen. Auberginenscheiben darin portionsweise unter Wenden goldbraun braten, mit Salz würzen und auf Küchenpapier abtropfen lassen.
3. Zwiebeln und Knoblauch abziehen, fein würfeln. Das restliche Öl in der Pfanne erhitzen. Gehacktes hinzufügen und unter Rühren darin anbraten, dabei die Klümpchen mithilfe einer Gabel zerdrücken.
4. Zwiebel- und Knoblauchwürfel und tiefgefrorenes Suppengrün hinzufügen und kurz mitbraten. Hackfleischmischung mit Salz, Pfeffer, Paprikapulver und Zimt würzen.
5. Bohnen untermischen. Hackfleisch-Bohnen-Mischung in eine große Auflaufform oder die Fettfangschale geben. Auberginenscheiben darauf verteilen.
6. Für die Quarkhaube Quark mit Tomatenmark und Käse glatt rühren und auf die Auberginenscheiben streichen.
7. Die Fettfangschale oder Auflaufform (die Form auf dem Rost) in den Backofen schieben.
   Ober-/Unterhitze: etwa 200 °C (vorgeheizt)
   Heißluft: etwa 180 °C (vorgeheizt)
   Gas: Stufe 3–4 (vorgeheizt)
   Garzeit: 30–35 Minuten.
8. Petersilie abspülen, trockentupfen und die Blättchen von den Stängeln zupfen. Blättchen in Streifen schneiden und den Auflauf vor dem Servieren damit betreuen.

Tipp:
Dazu passt Fladenbrot. Cannellini-Bohnen sind Bohnen aus der Toskana, die ohne Suppengrün eingekocht werden und nicht so schnell zerkochen.

Hack-Auberginen-Auflauf

Hackbraten mit Kürbiskernen

8–10 Portionen

Hackbraten mit Kürbiskernen

Preiswert

Pro Portion:
E: 42 g, F: 47 g, Kh: 17 g, kJ: 2744, kcal: 658

2 Brötchen (Semmeln) vom Vortag
200 g rote Zwiebeln
1 1/2 kg Schweinegehacktes
4 Eier (Größe M)
90 g geschälte Kürbiskerne
2 EL mittelscharfer Senf
200 g geraspelter Mozzarella-Käse
4 EL Semmelbrösel
1 TL gerebelter Thymian
Salz
frisch gemahlener Pfeffer

700 g Tomaten
1 Bund Frühlingszwiebeln
1/2 Topf Basilikum

Zubereitungszeit: 50 Min.
Gesamtgarzeit: etwa 80 Min.

1. Brötchen in reichlich kaltem Wasser einweichen. Zwiebeln abziehen und in feine Würfel schneiden. Gehacktes in eine große Schüssel geben.
2. Brötchen gut ausdrücken, mit Zwiebelwürfeln, Eiern, Kürbiskernen, Senf, Mozzarella, Semmelbröseln und Thymian zu dem Fleisch geben und kräftig durchmengen.
3. Hackfleischmasse mit Salz und Pfeffer würzen und zu einem Laib formen. Den Laib in eine Fettfangschale (gefettet) legen. Die Fettfangschale in den Backofen schieben.
   Ober-/Unterhitze: etwa 180 °C (vorgeheizt)
   Heißluft: etwa 160 °C (vorgeheizt)
   Gas: Stufe 2–3 (vorgeheizt)
   Garzeit: etwa 50 Minuten.
4. In der Zwischenzeit Tomaten waschen, abtrocknen, vierteln und die Stängelansätze herausschneiden. Tomaten in grobe Würfel schneiden.
5. Frühlingszwiebeln putzen, waschen, abtropfen lassen und in feine Ringe schneiden. Basilikum abspülen, trockentupfen und die Blättchen von den Stängeln zupfen. Blättchen in feine Streifen schneiden.
6. **Die Backofentemperatur um etwa 20 °C (Gas um etwa 1 Stufe) reduzieren,** die Tomatenwürfel zum Braten geben. Die Fettfangschale wieder in den Backofen schieben und alles noch **weitere 20 Minuten garen.**
7. Den garen Braten aus der Fettfangschale nehmen, auf eine Platte legen, zugedeckt etwa 10 Minuten ruhen lassen. Frühlingszwiebelringe zu den Tomaten in die Fettfangschale geben und im ausgeschalteten Backofen etwa 10 Minuten erwärmen.
8. Tomatengemüse mit Salz und Pfeffer abschmecken und mit Basilikumstreifen bestreuen. Den Hackbraten in Scheiben schneiden und mit dem Tomatengemüse servieren.

Beilage: Bandnudeln oder frisches Landbrot.

Tipp:
Sie können auch bereits gewürztes Schweinegehacktes (Mett, Thüringer Mett oder Hackepeter) verwenden. Das muss nicht mehr zusätzlich gesalzen und gepfeffert werden. Übrig gebliebener Braten schmeckt auch kalt am nächsten Tag.

Hackfleisch-Gemüse-Pfanne

12 Portionen

Dauert länger

Pro Portion:

E: 27 g, F: 26 g, Kh: 9 g,
kJ: 1605, kcal: 383

Zum Vorbereiten:

1 kg Wirsing
800 g Steckrübe
500 g Möhren
3 Bund Frühlingszwiebeln
(etwa 500 g)
Salzwasser
1 Topf glatte Petersilie
1,5 kg Gehacktes (halb Rind-, halb Schweinefleisch)
4 Eier (Größe M)
Salz
frisch gemahlener Pfeffer
6 EL Speiseöl, z. B. Rapsöl
800 ml Gemüsebrühe oder -fond
1 TL Fenchelsamen
2 TL gerebelter Thymian

Zubereitungszeit: etwa 120 Min.
Garzeit: 50–60 Min.

Hackfleisch-Gemüse-Pfanne

1. Von dem Wirsing die groben äußeren Blätter lösen. Den Wirsing vierteln, den Strunk herausschneiden. Wirsing in Streifen schneiden, waschen und abtropfen lassen. Steckrübe schälen, vierteln, in Würfel schneiden, abspülen und abtropfen lassen.
2. Möhren putzen, schälen, waschen, abtropfen lassen und in Scheiben schneiden. Frühlingszwiebeln putzen, waschen, abtropfen lassen und in etwa 2 cm lange Stücke schneiden.
3. Salzwasser zum Kochen bringen. Die Steckrübenwürfel darin etwa 5 Minuten garen, dann in ein Sieb geben, mit kaltem Wasser abschrecken und abtropfen lassen.
4. Petersilie abspülen, trockentupfen und die Blättchen von den Stängeln zupfen. Blättchen fein hacken. Hackfleisch mit den Eiern verkneten, mit Salz und Pfeffer würzen und mit angefeuchteten Händen 60–70 Bällchen formen.
5. Speiseöl portionsweise in einem Bräter erhitzen. Hackfleischbällchen portionsweise darin anbraten, dann aus dem Bräter nehmen. Das Gemüse in dem verbliebenen Bratfett kurz anbraten. Gemüsebrühe oder -fond hinzugießen und kurz aufkochen lassen. Fenchel, Thymian und die Hälfte der Petersilie unterrühren. Das Ganze mit Salz und Pfeffer würzen.
6. Die Hackfleischbällchen auf das Gemüse legen. Den Bräter zugedeckt auf dem Rost in den Backofen schieben.
   Ober-/Unterhitze: ca. 220 °C (vorgeheizt)
   Heißluft: etwa 200 °C (vorgeheizt)
   Gas: Stufe 4–5 (vorgeheizt)
   Garzeit: 50–60 Minuten.
7. Nach etwa der Hälfte der Garzeit die Hackfleisch-Gemüse-Pfanne umrühren. Zum Servieren die Hackfleisch-Gemüse-Pfanne nochmals mit Salz und Pfeffer abschmecken und mit der restlichen Petersilie bestreuen.

Tipp:
Zusätzlich können kleine Kartoffelwürfel mitgeschmort werden. Die Hackfleisch-Gemüse-Pfanne kann sehr gut einen Tag vor dem Verzehr zubereitet werden. Kalt aufbewahren und etwa 1 Stunde vor dem Verzehr erhitzen. Statt Steckrüben können auch Kohlrabi verwendet werden. Servieren Sie die Hackfleischpfanne mit kleinen gebratenen Kartoffeln. Die Hackfleisch-Gemüse-Pfanne kann auch in einer Fettfangschale zubereitet werden.

Hackfleischpizza

12 Portionen

Beliebt

Pro Portion:

E: 39 g, F: 34 g, Kh: 16 g,
kJ: 2198, kcal: 524

2 Brötchen vom Vortag
3 Zwiebeln
2 Knoblauchzehen
1 1/2 kg Gehacktes (halb Rind-, halb Schweinefleisch)
2 Eier (Größe M)
Salz, frisch gemahlener Pfeffer
1 EL gerebelter Oregano
300 g Schafkäse
1 große Zucchini
2 mittelgroße Möhren
2 Gläser Champignons in Scheiben (Abtropfgewicht je 200 g)
1 Glas Zigeunersauce (500 g)
3 Fleischtomaten
2 rote Paprikaschoten
250 g Mozzarella-Käse
1 EL gerebelter Oregano
100 g geriebener Pizza-Käse

Zubereitungszeit: 50 Min.
Garzeit: 45–55 Min.

Hackfleischpizza

Rezeptvorschläge für ein Hackfleisch-Party-Buffet

Für ein Hackfleisch-Party-Buffet benötigen Sie für 10–12 Personen:

1 x Rezept Hackfleischpizza, Seite 126
1 x Rezept Russischer Hackfleischtopf, Seite 311
1 x Rezept Gurken-Joghurt-Salat, Seite 121
1 x Rezept Räuberhackbraten, Seite 290

Außerdem:

1 kg Fladenbrot, 2 reife Ananas (je 1,8 kg), 2 Pck. Haselnusskrokant (je 100 g).

Vorbereitungen am Vortag:

- Räuberhackbraten zubereiten, erkalten lassen und kalt stellen.
- Für den Russischen Hackfleischtopf Punkt 1 bis 4 zubereiten, erkalten lassen und kalt stellen.

Vorbereitungen am Tag der Party:

3 Stunden vorher:
- Ananas schälen, jeweils achteln, die Strünke entfernen. Ananas in Stücke schneiden. Kalt stellen.
- Gurken-Joghurt-Salat zubereiten und kalt stellen.

2 Stunden vorher:
- Hackfleischpizza zubereiten und backen.

1 Stunde vorher:
- Hackfleischtopf langsam erhitzen, fertig zubereiten und abschmecken.
- Gurkensalat abschmecken und anrichten.
- Ananas anrichten (erst kurz vor dem Essen mit Krokant bestreuen).
- Brot schneiden.

Es eignen sich auch folgende zusätzliche Rezepte:

1 x Rezept Rinderchili, Seite 298
1 x Rezept Kartoffel-Schicht-Torte, Seite 178
1 x Rezept Lammhackbraten mit Schafkäse, Seite 202
1,5 x Rezept Quarkspeise mit Obst, Seite 286

1. Brötchen in kaltem Wasser einweichen. Zwiebeln und Knoblauch abziehen, fein würfeln. Schafkäse in Würfel schneiden oder zerbröseln. Zucchini abspülen, abtrocknen. Enden abschneiden. Möhren putzen, schälen, abspülen und abtropfen lassen. Zucchini und Möhren grob raspeln.
2. Gehacktes in eine große Schüssel geben. Brötchen gut ausdrücken, mit den Zwiebel-, Knoblauch- und Schafkäsewürfeln und Eiern gut vermengen. Hackmasse mit Salz, Pfeffer und Oregano würzen.
3. Champignons in einem Sieb abtropfen. Hackmasse in einer Fettfangschale (gefettet) verstreichen. Zigeunersauce darauf streichen. Champignonscheiben darauf verteilen. Fettfangschale in den Backofen schieben.
   Ober-/Unterhitze: etwa 200 °C (vorgeheizt)
   Heißluft: etwa 180 °C (vorgeheizt)
   Gas: Stufe 3–4 (vorgeheizt)
   Garzeit: 25 Minuten.
4. Tomaten waschen, abtropfen lassen, halbieren und die Stängelansätze herausschneiden. Tomaten in Scheiben schneiden. Von den Paprikaschoten die Stielansätze keilförmig herausschneiden. Kerne und weiße Scheidewände herauskratzen. Schoten waschen, abtropfen lassen und in Ringe schneiden. Mozzarella abtropfen lassen und in Scheiben schneiden.
5. Tomatenscheiben und Paprikaringe auf der Pizza verteilen. Mit Salz, Pfeffer und Oregano bestreuen. Mozzarellascheiben in die Paprikaringe legen, Pizza-Käse in die Zwischenräume streuen. Die Fettfangschale wieder in den Backofen schieben. Die Pizza bei der **angegebenen Backofeneinstellung weitere 20–30 Minuten garen.**

Tipp:
Es können nach Belieben statt Zucchini und Möhren auch Paprikawürfel, Mais oder nur Schafkäsewürfel in den Hackfleischteig gegeben werden.

Hähnchen-Avocado-Salat

8–10 Portionen

Schnell

Pro Portion:
E: 22 g, F: 40 g, Kh: 1 g,
kJ: 1918, kcal: 459

1 Kopf Endiviensalat
800 g geräucherter Hähnchenaufschnitt
4 reife Avocados
Saft von 1 Zitrone

Für die Sauce:
6–8 EL Weißweinessig
1 EL Dijon-Senf
Salz
frisch gemahlener Pfeffer
1 Prise Zucker
125 ml (1/8 l) Olivenöl
1–2 Kästchen Kresse

Zubereitungszeit: 40 Min.

1. Salat putzen und die äußeren Blätter entfernen. Salat in mundgerechte Stücke zupfen, waschen und abtropfen lassen oder trockenschleudern.
2. Hähnchenaufschnitt in Streifen schneiden. Avocados halbieren, entkernen und schälen. Das Fruchtfleisch in Würfel schneiden. Fruchtfleisch mit Zitronensaft beträufeln.
3. Für die Sauce Essig mit Senf verrühren, mit Salz, Pfeffer und Zucker würzen. Öl unterschlagen. Die Sauce kurz vor dem Verzehr mit den Salatzutaten vermengen. Kresse abspülen, trockentupfen, abschneiden und den Salat damit bestreuen.

Hähnchenbrustfilet, gegrillt nach mediterraner Art

10 Portionen

Gut vorzubereiten

Pro Portion:
E: 34 g, F: 8 g, Kh: 1 g,
kJ: 895, kcal: 214

Für die Marinade:
1 Topf Basilikum
1 Glas grüne Oliven, ohne Stein (Abtropfgewicht 90 g)
6 Sardellenfilets in Salzlake (aus einem Glas)
1 kleine getrocknete Peperoni
6 EL Olivenöl
10 Hähnchenbrustfilets (je 130–150 g)

Zum Bestreuen:
frisch gemahlener bunter Pfeffer

Zubereitungszeit: etwa 45 Min.
Grillzeit: 10–15 Min.

1. Für die Marinade Basilikum abspülen und trockentupfen. Die Blättchen von den Stängeln zupfen.

Hähnchenbrustfilet, gegrillt nach mediterraner Art

2. Oliven in einem Sieb abtropfen lassen. Sardellenfilets abspülen und trockentupfen. Oliven, Sardellenfilets und Peperoni fein hacken und in eine Schüssel geben. Olivenöl und Basilikumblättchen hinzufügen. Die Zutaten gut miteinander verrühren.
3. Hähnchenbrustfilets unter fließendem kalten Wasser abspülen, trockentupfen und auf den heißen Grillrost legen. Filets von beiden Seiten 10–15 Minuten grillen.
4. Die Hähnchenbrustfilets mit Pfeffer bestreuen und die Oberseite mit der Marinade bestreichen.

Hähnchenbrustfilet im Speckmantel

12 Portionen

Einfach

Pro Portion:
E: 38 g, F: 23 g, Kh: 8 g,
kJ: 1647, kcal: 394

1,5 kg Hähnchenbrustfilet
Salz
frisch gemahlener Pfeffer
24 Scheiben Schinkenspeck

Für die Sauce:
1 Tube Tomatenmark (200 g)
2–3 geh. EL heller Saucenbinder
500 ml (1/2 l) Hühnerbrühe
750 ml (3/4 l) Schlagsahne
Salz
frisch gemahlener Pfeffer
2 Salbeistängel
2 Lorbeerblätter
6 Tomaten

Nach Belieben einige Salbei- und Petersilienblätter zum Garnieren

Hähnchenbrustfilet im Speckmantel

Zubereitungszeit: 45 Min.
Garzeit: etwa 40 Min.

1. Hähnchenbrustfilet unter fließendem kalten Wasser abspülen, trockentupfen. 24 Filetstücke (je etwa 65 g) daraus schneiden, mit Salz und Pfeffer bestreuen. Jeweils 1 Filetstück mit je einer Scheibe Schinkenspeck umwickeln und senkrecht in eine große, flache Auflaufform legen.
2. Für die Sauce Tomatenmark mit Saucenbinder verrühren. Hühnerbrühe und Sahne hinzugießen und unterrühren, mit Salz und Pfeffer würzen. Die Filetstücke mit der Sauce übergießen. Salbei abspülen, trockentupfen und mit den Lorbeerblättern in die Sauce geben.
3. Die Form mit Alufolie zudecken und auf dem Rost in den Backofen schieben.
   Ober-/Unterhitze: etwa 200 °C (vorgeheizt)
   Heißluft: etwa 180 °C (vorgeheizt)
   Gas: Stufe 3–4 (vorgeheizt)
   Garzeit: etwa 40 Minuten.
4. Die Tomaten, waschen, abtropfen lassen, kreuzweise einschneiden und kurz mit kochendem Wasser übergießen. Tomaten dann mit kaltem Wasser abschrecken, enthäuten, halbieren und die Stängelansätze herausschneiden. Fruchtfleisch in Würfel schneiden.

Rezeptvorschläge für ein Grill-Party-Buffet

Für ein Grill-Party-Buffet benötigen Sie für 10–12 Personen:

1 x Rezept **Hähnchenbrustfilet, gegrillt nach mediterraner Art**, Seite 128
1 x Rezept **Gemüse und Apfelspalten in Zitronen-Soja-Vinaigrette**, Seite 110
1 x Rezept **Lammkoteletts in Zitronenmarinade**, Seite 203
1 x Rezept **Tintenfischspieße mit Knoblauch-Dip**, Seite 376
1,5 x Rezept **Kartoffelsalat mit Pesto**, Seite 177

Außerdem:

Etwa 1,5 kg helles Brot.

Vorbereitungen am Tag der Party:

5 Stunden vorher:	• Für die Tintenfischspieße die Tintenfische auftauen lassen. Die Kartoffeln gründlich waschen und bürsten.
4 Stunden vorher:	• Für das Gemüse und Apfelspalten mit Zitronen-Soja-Vinaigrette das Rezept von Punkt 1 bis Punkt 4 zubereiten und die Kresse abspülen, trockentupfen und abschneiden. Alle Zutaten kalt stellen.
3 Stunden vorher:	• Die Tintenfische marinieren, den Dip zubereiten. Die Lammkoteletts vorbereiten und marinieren.
2 Stunden vorher:	• Hähnchenbrustfilets und Marinade vorbereiten. • Kartoffelsalat zubereiten.
1 Stunde vorher:	• Den Grill anheizen. Aluschalen und Grillzubehör bereitstellen.
Kurz vorher:	• Kartoffelsalat abschmecken und anrichten. Mit dem Grillen beginnen, dabei die Garzeiten beachten. • Brot schneiden und evtl. auf dem Grill rösten.

Es eignen sich auch folgende zusätzliche Rezepte:

1 x Rezept **Schweinerippchen, gegrillt mit Paprika-Butter-Gemüse**, Seite 347
1 x Rezept **Kartoffel-Feta-Puffer vom Grill**, Seite 170
1 x Rezept **Lachskoteletts vom Grill**, Seite 198
1 x Rezept **Entenbrustspieße vom Grill**, Seite 68

Außerdem: Etwa 1,5 kg Brot oder Brötchen.

5. Nach etwa 30 Minuten Garzeit die Alufolie entfernen, die Tomatenwürfel unter die Sauce rühren. Die Form zurück in den Backofen schieben. Die Filetstücke fertig garen.
6. Salbeistängel und Lorbeerblätter aus der Sauce nehmen, die Sauce nochmals mit Salz und Pfeffer abschmecken.

Beilage: Reis oder Spätzle.

Hähnchen im Gemüsebett

8–10 Portionen

Für Kinder

Pro Portion:
E: 23 g, F: 4 g, Kh: 3 g,
kJ: 576, kcal: 138

200 g Brokkoli
200 g Blumenkohl
400 g Kohlrabi
400 g Möhren
8–10 kleine Hähnchenbrustfilets (je 80–100 g)
Salz
frisch gemahlener Pfeffer
4 EL Speiseöl, z. B. Rapsöl
500 ml (1/2 l) Gemüsebrühe
20 g Butter
einige Kerbel- oder Petersilienblättchen zum Garnieren

Hähnchen im Gemüsebett

Zubereitungszeit: 50 Min.

1. Von Brokkoli und Blumenkohl Blätter und schlechte Stellen entfernen, waschen, abtropfen lassen und in kleine Röschen teilen. Möhren putzen. Möhren und Kohlrabi schälen, abspülen, abtropfen lassen und in Stifte schneiden.
2. Hähnchenbrustfilets unter fließendem kalten Wasser abspülen und trockentupfen, mit Salz und Pfeffer bestreuen. Öl in einer Pfanne erhitzen. Die Filets darin bei mittlerer Hitze 8–10 Minuten braten.
3. Gemüsebrühe in einem Topf erhitzen. Zunächst Kohlrabi und Möhren darin 3 Minuten garen, dann Blumenkohl zugeben und alles etwa 2 Minuten garen, zum Schluss Brokkoli hinzufügen und alles weitere 3 Minuten garen. Gemüse mit Salz und Pfeffer würzen. Butter unterrühren.
4. Kerbel- oder Petersilienblättchen abspülen und trockentupfen. Die Filets auf dem Gemüse anrichten und mit den Kräuterblättchen garnieren.

Beilage:
Reis, Kartoffeln oder Baguette.

Hähnchen-Ratatouille-Schnitzel

8–10 Portionen

Beliebt

Pro Portion:
E: 43 g, F: 19 g, Kh: 12 g, kJ: 1656, kcal: 396

Für das Ratatouille:
1 große Gemüsezwiebel (etwa 400 g)
2 große rote Paprikaschoten (je etwa 300 g)
je 1 große grüne und gelbe Paprikaschote (je etwa 300 g)
600 g Zucchini
500 g Auberginen
100 ml Olivenöl
3 Knoblauchzehen
2 EL Tomatenmark
Salz
frisch gemahlener Pfeffer
gerebelter Rosmarin
Oregano
Thymian
200 g Schafkäse
8–10 Hähnchenbrustfilets (je etwa 150 g)
40 g Weizenmehl
6 EL Olivenöl

Zubereitungszeit: 60 Min.
Garzeit: etwa 35 Min.

Hähnchen-Ratatouille-Schnitzel

1. Für das Ratatouille Zwiebel abziehen, halbieren und in Streifen schneiden. Paprika halbieren, entstielen, entkernen, die weißen Scheidewände entfernen. Die Schoten waschen und in Streifen schneiden. Zucchini und Auberginen waschen, abtrocknen und die Enden abschneiden. Zucchini und Auberginen längs halbieren und in Scheiben schneiden.
2. Jeweils die Hälfte des Olivenöls in einer großen Pfanne erhitzen. Die Gemüsezutaten in 2 Portionen darin andünsten. Knoblauch abziehen und durch eine Knoblauchpresse drücken. Knoblauch und Tomatenmark unter das Gemüse rühren. Gemüse mit Salz, Pfeffer, Rosmarin, Oregano und Thymian würzen. Schafkäse in Würfel schneiden und unterheben.
3. Hähnchenbrustfilets evtl. nochmals halbieren, unter fließendem kalten Wasser abspülen und trockentupfen. Filets mit Salz und Pfeffer bestreuen und mit Mehl bestäuben.
4. Jeweils die Hälfte des Olivenöls in einer großen Pfanne erhitzen. Hähnchenbrustfilets in 2 Portionen von beiden Seiten darin anbraten, herausnehmen und in eine große, flache Auflaufform legen. Ratatouille darauf verteilen. Die Form auf dem Rost in den Backofen schieben.
   Ober-/Unterhitze: etwa 200 °C (vorgeheizt)
   Heißluft: etwa 180 °C (vorgeheizt)
   Gas: Stufe 3–4 (vorgeheizt)
   Garzeit: etwa 35 Minuten.

Beilage: Risotto-Reis oder Ofenkartoffeln.

Hähnchenschenkel in Mandarinensauce

Hähnchenschenkel in Mandarinensauce

8–10 Portionen

Fruchtig

Pro Portion:
E: 32 g, F: 24 g, Kh: 8 g,
kJ: 1592, kcal: 381

16–20 Hähnchenunterschenkel (etwa 2 kg)
Salz, frisch gemahlener Pfeffer
1 Zwiebel
200 g kleine Champignons
1 Dose Mandarinen (Abtropfgewicht 175 g)
5 EL Speiseöl
1 EL Tomatenmark
30 g Weizenmehl
300 ml Geflügelfond

Zubereitungszeit: 50 Min.
Garzeit: 35–45 Min.

1. Hähnchenschenkel unter fließendem kalten Wasser abspülen, trockentupfen, salzen und pfeffern. Zwiebel abziehen und in kleine Würfel schneiden. Champignons putzen, mit Küchenpapier abreiben und evtl. abspülen, abtropfen lassen. Mandarinen in einem Sieb abtropfen lassen, dabei den Saft auffangen.
2. Öl portionsweise in einem Bräter erhitzen, das Fleisch portionsweise von allen Seiten darin anbraten, herausnehmen und beiseite stellen.
3. Zwiebelwürfel und Champignons in dem verbliebenen Fett andünsten. Tomatenmark unterrühren. Mehl darüber stäuben und kurz anrösten. Geflügelfond und den aufgefangenen Mandarinensaft hinzufügen und umrühren. Die Sauce aufkochen lassen. Die angebratenen Hähnchenschenkel wieder in den Bräter geben. Den Bräter auf dem Rost in den Backofen schieben.
Ober-/Unterhitze: etwa 200 °C (vorgeheizt)
Heißluft: etwa 180 °C (vorgeheizt)
Gas: Stufe 3–4 (vorgeheizt)
Garzeit: 35–45 Minuten.

Hähnchenschenkel mit Parmaschinken-Pesto

4. Mandarinen kurz vor Beendigung der Garzeit hinzufügen und erwärmen. Die Sauce mit Salz und Pfeffer abschmecken.

Beilage: Spaghetti oder Reis.

Abwandlung:
Anstatt Mandarinenfilets können Sie auch frische Orangenfilets verwenden.

Hähnchenschenkel mit Parmaschinken-Pesto

8 Portionen

Raffiniert

Pro Portion:
E: 36 g, F: 49 g, Kh: 3 g,
kJ: 2503, kcal: 598

8 Hähnchenschenkel (je etwa 200 g)
Salz
frisch gemahlener Pfeffer
etwa 1 EL Olivenöl
2 dicke Scheiben Parmaschinken (etwa 240 g)
1 Topf Petersilie
1 Topf Basilikum
2 Knoblauchzehen
80 g gehackte Mandeln
7 EL Olivenöl

Für den Salat:
500 g Cocktailtomaten
1 Kopf Lollo bionda (etwa 400 g)
1 Pck. Kresse

Für die Salatsauce:
4–5 EL Essig
125 ml (1/4 l) Olivenöl

Zubereitungszeit: 40 Min.
Garzeit: 35–45 Min.

1. Hähnchenschenkel unter fließendem kalten Wasser abspülen und trockentupfen, mit Salz und Pfeffer bestreuen, mit Olivenöl einstreichen. Schinken in sehr kleine Würfel schneiden.
2. Petersilie und Basilikum abspülen, trockentupfen und die Blättchen von den Stängeln zupfen. Einige Basilikumblättchen beiseite legen. Blättchen fein schneiden oder hacken. Knoblauch abziehen und durch eine Knoblauchpresse drücken, mit Schinkenwürfeln, gehackten Kräutern, Mandeln und Olivenöl zu einem Pesto verrühren.
3. Die Hähnchenschenkel auf ein Backblech (gefettet) legen. Das Backblech in den Backofen schieben.
   Ober-/Unterhitze: 180–200 °C (vorgeheizt)
   Heißluft: 160–180 °C (vorgeheizt)
   Gas: etwa Stufe 3 (vorgeheizt)
   Garzeit: 35–45 Minuten.
4. Während der Garzeit die Hähnchenschenkel wenden und gelegentlich mit dem Bratensaft bestreichen. Nach etwa 25 Minuten Garzeit die Hähnchenschenkel mit dem Pesto bestreichen.
5. Für den Salat Cocktailtomaten waschen, abtrocknen. Stängelansätze herausschneiden. Von dem Salat die äußeren welken Blätter entfernen, den Salat waschen und trockenschleudern. Die Salatblätter in mundgerechte Stücke zupfen. Kresse abspülen, abschneiden und trockentupfen. Für die Salatsauce Essig mit Salz und Pfeffer verrühren, Öl unterschlagen.
6. Hähnchenschenkel mit Pesto und den Salatzutaten auf Tellern anrichten. Die Salatsauce über den Salat träufeln und mit den beiseite gelegten Basilikumblättchen garnieren.

Rezeptvorschläge für ein Balkon-Party-Buffet

Für ein Balkon-Party-Buffet benötigen Sie für 10–12 Personen:

1,5 x Rezept Hähnchenschenkel mit Parmaschinken-Pesto, Seite 132
1 x Rezept Gemüsetopf, Seite 108
1 x Rezept Gemüsesalat mit Knoblauchdressing, Seite 106
3 x Rezept Heidelbeer-Molke-Shake, Seite 138

Außerdem:

Etwa 1 kg Weizen- oder Mischbrot. Nach Belieben 1,2 l Vanilleeis.

Vorbereitungen am Vortag:

- Den Gemüsetopf bis Punkt 7 zubereiten, erkalten lassen und kalt stellen.
- Den Gemüsesalat bis Punkt 5 zubereiten. Den Salat mit dem Dressing vermengen und kalt stellen.
- Für den Shake evtl. gefrorene Heidelbeeren über Nacht im Kühlschrank auftauen lassen.

Vorbereitungen am Tag der Party:

2–3 Stunden vorher:	• Die Petersilie für den Gemüsesalat abspülen, trockentupfen, hacken und unterheben. Den Salat nochmals abschmecken und anrichten.
2 Stunden vorher:	• Die Hähnchenschenkel bis Punkt 2 vorbereiten. • Cocktailtomaten und Salat vorbereiten und mischen. Salatsauce zubereiten.
Etwa 45 Minuten vorher:	• Die Hähnchenschenkel in den Backofen schieben. • Den Gemüsetopf langsam erhitzen. • Brot schneiden.

Den Molkeshake kurz vor dem Servieren zubereiten. Nach Belieben mit jeweils 1–2 Kugeln Vanilleeis servieren.

Es eignen sich auch folgende zusätzliche Rezepte:

1 x Rezept Spargel-Schinken-Röllchen, Seite 363
1 x Rezept Mozzarella-Nudel-Salat, Seite 237
1 x Rezept Salat mit Hähnchenbrustfilet, Seite 313
1 x Rezept Champignongulasch mit Zuckerschoten, Seite 47
1 x Rezept KiBa-Quark, Seite 190

Außerdem:

1,5 kg gemischtes Brot oder Brötchen.

Hähnchenschnitzel in Kräuterpanade

Hähnchenschnitzel in Kräuterpanade

10 Portionen

Etwas Besonderes

Pro Portion:
E: 43 g, F: 22 g, Kh: 73 g,
kJ: 2806, kcal: 670

250 g Semmelbrösel
2 Pck. TK-Kräuter der Provence
4 Eier (Größe M)
10 Hähnchenbrustfilets (je etwa 120 g)
Salz
frisch gemahlener Pfeffer
100 g Weizenmehl
8 EL Speiseöl, z. B. Olivenöl

Für die Fenchelnudeln:
7 l Wasser
7 gestr. TL Salz
750 g feine Bandnudeln oder Spaghetti
1 Fenchelknolle (etwa 300 g)
100 g Butter oder Margarine

Zubereitungszeit: 80 Min.
Garzeit: etwa 20 Min.

1. Semmelbrösel in einer Schale mit den Kräutern vermischen. Eier in einer Schale verschlagen.
2. Hähnchenbrustfilets unter fließendem kalten Wasser abspülen und trockentupfen, mit Salz und Pfeffer bestreuen.
3. Filets zuerst in Mehl wenden, dann durch die verschlagenen Eier ziehen. Filets am Schalenrand etwas abstreifen und zuletzt in der Semmelbrösel-Kräuter-Mischung wenden, Panade fest andrücken.
4. Jeweils die Hälfte des Speiseöls in einer großen Pfanne erhitzen. Filets in 2 Portionen von beiden Seiten darin anbraten, herausnehmen und auf ein Backblech (gefettet) legen. Das Backblech in den Backofen schieben.
   Ober-/Unterhitze: 180–200 °C (vorgeheizt)
   Heißluft: 160–180 °C (vorgeheizt)
   Gas: etwa Stufe 3 (vorgeheizt)
   Garzeit: etwa 20 Minuten.
5. Für die Fenchelnudeln Wasser in einem großen Topf mit geschlossenem Deckel zum Kochen bringen. Salz und Nudeln zugeben. Die Nudeln im geöffneten Topf bei mittlerer Hitze nach Packungsanleitung kochen, dabei zwischendurch umrühren.
6. Anschließend die Nudeln in ein Sieb geben, mit heißem Wasser abspülen und abtropfen lassen, warm halten.
7. Von der Fenchelknolle die Stiele dicht oberhalb der Knolle abschneiden. Braune Stellen und Blätter entfernen. Wurzelende gerade schneiden. Knolle waschen, abtropfen lassen, halbieren, in feine Streifen oder in kleine Würfel schneiden.
8. Butter oder Margarine in einer großen Pfanne erhitzen, Fenchelstreifen oder -würfel darin andünsten, mit Salz und Pfeffer würzen. Nudeln hinzugeben und miteinander gut vermischen.

Tipp:
Anstelle von Hähnchenbrustfilets kann auch Kalb-oder Schweinefleisch verwendet werden. Zusätzlich noch frische Kräuter der Provence unter die Nudeln heben oder die Fenchelnudeln damit bestreuen.

Hähnchenstücke, mariniert und gegrillt

8 Portionen

Beliebt

Pro Portion:
E: 42 g, F: 17 g, Kh: 2 g,
kJ: 1376, kcal: 329

8 Hähnchenkeulen (je etwa 150 g)
6 Hähnchenbrustfilets (je etwa 120 g)

Für die Marinade:
1 kleines Glas Mango-Chutney (Einwaage 80–100 g)
6 EL Nuss- oder Sesamöl
3 EL Sojasauce
1 Topf frischer Koriander

Zum Bestreuen:
frisch gemahlener Pfeffer

Zubereitungszeit: 75 Min., ohne Marinierzeit
Grillzeit: etwa 10 Min.

1. Hähnchenkeulen und Hähnchenbrustfilets unter fließendem kalten Wasser abspülen und trockentupfen. Hähnchenkeulen im Gelenk halbieren. Hähnchenbrustfilets mit einem scharfen Messer in drei etwa gleich große Stücke schneiden. Das Hähnchenfleisch in eine flache Schale legen.
2. Für die Marinade Mango-Chutney, Nuss- oder Sesamöl und Sojasauce gut

verrühren. Koriander abspülen, trockentupfen und die Blättchen von den Stängeln zupfen. Blättchen fein hacken und unter die Marinade rühren.

3. Das Hähnchenfleisch mit Pfeffer bestreuen. Die Marinade auf dem Fleisch verteilen. Hähnchenfleisch zugedeckt im Kühlschrank über Nacht durchziehen lassen.
4. Das Hähnchenfleisch auf den heißen Grill legen und unter gelegentlichem Wenden etwa 10 Minuten grillen.

Beilage: Servieren Sie das gegrillte Hähnchenfleisch mit einem Gurkensalat in Minz-Joghurt. Dafür 3 Salatgurken waschen, abtrocknen und die Enden abschneiden. Gurken längs halbieren, mit einem Teelöffel das Kerngehäuse entfernen. Die Gurkenstücke in dickere Scheiben schneiden, mit Salz und frisch gemahlenem Pfeffer würzen. 300 g Naturjoghurt unterrühren. 1 Bund Minze abspülen, trockentupfen, fein hacken und zum Salat geben. Den Gurkensalat zugedeckt im Kühlschrank etwa 1 Stunde durchziehen lassen.

Hähnchenstücke, mariniert und gegrillt

Hähnchentopf „Indische Art“

8–10 Portionen

Raffiniert

Pro Portion:
E: 45 g, F: 34 g, Kh: 30 g, kJ: 2570, kcal: 615

2 mittelgroße Dosen Ananasstücke (Abtropfgewicht je 350 g)
2 kg Hähnchenfleisch (Brust und Keule ohne Haut)
5 EL Speiseöl, z. B. Olivenöl
40–50 g Currypulver
Salz
frisch gemahlener Pfeffer
1 gestr. TL gemahlener Kreuzkümmel (Cumin)
1–2 TL gemahlener Koriander
2 l Geflügelbrühe
2 Chilischoten
750 g rote Linsen
30 g Speisestärke
3 EL kaltes Wasser
1 Topf Koriander

Zubereitungszeit: 60 Min.
Garzeit: etwa 40 Min.

1. Ananasstücke in einem Sieb abtropfen lassen, den Saft dabei auffangen.
2. Hähnchenfleisch unter fließendem kalten Wasser abspülen und trockentupfen. Hähnchenbrüste in 2–3 Stücke schneiden. Die Keulen mit einer Geflügelschere in je 2–3 Stücke schneiden.
3. Jeweils die Hälfte des Speiseöls in einem Bräter erhitzen. Geflügelstücke in 2 Portionen von allen Seiten gut darin anbraten, mit Curry, Salz, Pfeffer, Kreuzkümmel und Koriander bestreuen und kurz mit andünsten.

Hähnchentopf „Indische Art“

4. Die Hälfte der Brühe und den aufgefangenen Ananassaft hinzugießen, zum Kochen bringen. Fleischtopf zugedeckt bei schwacher Hitze etwa 25 Minuten garen.
5. Chilischoten halbieren, entstielen, entkernen, abspülen, trockentupfen und in Streifen schneiden. Linsen, Ananasstücke, Chilischotenstreifen und restliche Brühe hinzugeben, zum Kochen bringen und zugedeckt weitere etwa 15 Minuten garen.
6. Speisestärke mit Wasser anrühren, unter Rühren in den Fleischtopf geben und aufkochen lassen.
7. Koriander abspülen und trockentupfen. Die Blättchen von den Stängeln zupfen und etwa die Hälfte der Blätter unterrühren. Den Hähnchentopf nochmals mit den Gewürzen abschmecken und mit den restlichen Korianderblättchen garniert servieren.

Beilage: Bandnudeln oder eine Reis-Wildreis- Mischung.

Tipp:
Noch fruchtiger wird der Hähnchentopf, wenn Sie statt Ananas aus der Dose eine frische Ananas (geschält und gewürfelt) verwenden und etwas Mango-Chutney unterrühren.

Häschensuppe

8–10 Portionen

Für Kinder

Pro Portion:
E: 2 g, F: 13 g, Kh: 6 g,
kJ: 638, kcal: 153

Häschensuppe

1 mittelgroße Zwiebel
500 g Möhren
40 g Butter
2 EL Speiseöl
2 EL Weizenmehl
1,2 l Gemüsefond oder -brühe
200 ml Schlagsahne
1 Kästchen Kresse
Salz, frisch gemahlener weißer Pfeffer

Zubereitungszeit: 40 Min.

1. Zwiebel abziehen und fein würfeln. Möhren putzen, schälen, waschen, abtropfen lassen und in kleine Stücke schneiden.
2. Butter und Öl in einem Topf erhitzen. Die Zwiebelwürfel und Möhrenstücke darin andünsten. Mehl darüber stäuben und unterrühren. Nach und nach Gemüsefond oder -brühe unterrühren und alles etwa 20 Minuten bei schwacher Hitze kochen lassen, dabei ab und zu umrühren.
3. Die Suppe pürieren. Sahne hinzufügen und nochmals kurz aufkochen lassen. Kresse abspülen, trockentupfen und abschneiden. Die Suppe mit Salz und Pfeffer würzen und mit Kresse bestreut servieren.

Tipp:
Die Suppe kann gut bereits am Vortag zubereitet werden. Sie kann auch eingefroren werden, dann die Sahne am besten nach dem Auftauen und Erwärmen frisch hinzufügen und die Suppe vor dem Servieren mit Kresse bestreuen.

Dekotipp:
Einige Möhren putzen, schälen, waschen und längs in dünne Scheiben schneiden (evtl. mit einem Sparschäler). Aus den Möhrenstreifen mit Hilfe von Plätzchenausstechern Häschen ausstechen und die Tellerränder damit garnieren.

Hawaii-Meeresfrüchte-Auflauf

8–10 Portionen

Raffiniert

Pro Portion:
E: 25 g, F: 37 g, Kh: 42 g,
kJ: 2638, kcal: 630

3 Pck. (je 200 g) gekochte, geschälte TK-Garnelen

Für die Marinade:
2–3 Knoblauchzehen
Saft von 1 Zitrone
8 EL Sonnenblumenöl

5 Bund Frühlingszwiebeln (800–900 g)
2 EL Sonnenblumenöl
Salz
250 g Tomaten
1 Dose Ananasscheiben (Abtropfgewicht 490 g)
1 Pck. Kartoffelpüree (für 9 Portionen)
1 ½ l Wasser

Für die Sauce:
500 ml (½ l) Schlagsahne
2–3 EL Currypulver
200 g geriebener Emmentaler-Käse

Zubereitungszeit: 35 Min., ohne Auftau- und Marinierzeit
Garzeit: 20–25 Min.

Hawaii-Meeresfrüchte-Auflauf

1. Garnelen nach Packungsanleitung auftauen lassen.
2. Für die Marinade Knoblauch abziehen und durch eine Knoblauchpresse in eine flache Schale drücken. Zitronensaft und Öl hinzufügen und gut verrühren. Die Garnelen hineingeben, wenden und zugedeckt im Kühlschrank 1–2 Stunden marinieren.
3. In der Zwischenzeit Frühlingszwiebeln putzen, waschen, abtropfen lassen und in etwa 4 cm große Stücke schneiden. Öl in einer Pfanne erhitzen. Die Frühlingszwiebelstücke darin unter Wenden 3–5 Minuten dünsten und mit Salz würzen.
4. Tomaten waschen, abtrocknen, halbieren und die Stängelansätze herausschneiden. Tomaten in Scheiben schneiden. Ananasscheiben in einem Sieb gut abtropfen lassen und in Stücke schneiden.
5. Kartoffelpüree mit der hier angegebenen Wassermenge nach Packungsanleitung zubereiten. Ananas- und Frühlingszwiebelstücke unter das Kartoffelpüree heben. Die Masse in eine große, flache Auflaufform (gefettet) füllen. Tomatenscheiben darauf verteilen.
6. Für die Sauce Sahne steif schlagen und zum Schluss Curry hinzufügen. Käse unterheben.
7. Die Garnelen aus der Marinade nehmen, trockentupfen und über die Tomatenscheiben streuen. Die Sauce gleichmäßig darauf verteilen. Die Form auf dem Rost in den Backofen schieben.
   Ober-/Unterhitze: etwa 200 °C (vorgeheizt)
   Heißluft: etwa 180 °C (vorgeheizt)
   Gas: Stufe 3–4 (vorgeheizt)
   Garzeit: 20–25 Min.

Tipp:
Dazu passt ein Feldsalat mit Orangenfilets oder Ananasstücken.

Heidelbeer-Molke-Shake

1 Portion

Fruchtig

Pro Portion:
E: 5 g, F: 12 g, Kh: 38 g,
kJ: 1210, kcal: 288

200 g Heidelbeeren (frisch oder TK)
1 EL Zuckerrübensirup
200 ml Molke
50 g Schmand
etwas gemahlener Zimt

etwas Pfefferminze

Zubereitungszeit: 10 Min.

1. Heidelbeeren verlesen, waschen und abtropfen lassen, bzw. auftauen lassen. Einige Beeren zum Garnieren beiseite legen. Beeren mit Sirup und Molke in einen Mixer geben und schaumig schlagen.
2. Schmand und etwas Zimt dazugeben und kurz untermixen. Dann den Shake in ein großes Fancy- oder Longdrinkglas füllen und mit einem Spieß aus Heidelbeeren und mit Minze garnieren.

Tipp:
Je nach Süße der Beeren kann die Sirupmenge noch etwas erhöht oder reduziert werden. Anstelle von Heidelbeeren schmecken auch Himbeeren oder Erdbeeren.

Heilbutt mit Gemüse in Folie gegrillt

Heilbutt mit Gemüse in Folie gegrillt

8 Portionen

Beliebt

Pro Portion:
E: 52 g, F: 17 g, Kh: 4 g,
kJ: 1587, kcal: 380

8 Heilbuttfilets (je 250 g)

500 g Möhren
300 g Knollensellerie
2 Stangen Porree (Lauch)
120 g Butter
1 TL Salz
2–3 TL Zitronensaft
frisch gemahlener Pfeffer

Außerdem:
8 Bögen Alufolie

Zubereitungszeit: 55 Min.
Grillzeit: etwa 25 Min.

1. Heilbuttfilets kurz unter fließendem kalten Wasser abspülen und trockentupfen.
2. Möhren und Sellerie putzen, schälen, abspülen, abtropfen lassen und in sehr kleine Würfel schneiden. Porree putzen, die Stangen längs halbieren, gut waschen, abtropfen lassen und in Streifen schneiden.
3. Butter in einem Topf zerlassen. Möhren-, Selleriewürfel und Porreestreifen darin andünsten, mit Salz und Zitronensaft würzen.
4. Jeweils etwas von dem Gemüse auf je ein Stück Alufolie geben. Je ein Stück Heilbuttfilet darauf legen, mit Salz und Pfeffer bestreuen. Heilbuttfilet und Gemüse in der Alufolie fest zu Päckchen verschließen.

5. Die Gemüse-Heilbuttfilet-Päckchen auf den heißen Grillrost legen und etwa 25 Minuten grillen.
6. Die Heilbutt-Päckchen öffnen und in der Folie servieren.

Helgoländer Fischtopf

8–10 Portionen

Etwas teurer

Pro Portion:

E: 23 g, F: 30 g, Kh: 11 g, kJ: 1688, kcal: 403

200 g durchwachsener Speck
4 EL Speiseöl, z. B. Rapsöl
2 Stangen Porree (Lauch)
500 g Champignons
Salz
frisch gemahlener Pfeffer
2 EL Tomatenmark
40 g Weizenmehl
250 ml (1/4 l) Fischfond oder -brühe
500 ml (1/2 l) Schlagsahne
300 g TK-Erbsen
600 g küchenfertiger Seeaal
2 EL Zitronensaft
1 EL gehackte Petersilie

Zubereitungszeit: 60 Min.
Garzeit: etwa 20 Min.

1. Speck in kleine Würfel schneiden. Speiseöl in einem großen Topf erhitzen. Speckwürfel darin auslassen.
2. Porree putzen, die Stangen längs halbieren. Porree waschen, abtropfen lassen und in Streifen schneiden. Champignons putzen, mit Küchenpapier abreiben, evtl. abspülen, trockentupfen und in Scheiben schneiden.
3. Porreestreifen und Champignonscheiben zu den Speckwürfeln geben (evtl. in 2 Portionen) und unter Rühren etwa 5 Minuten dünsten, mit Salz und Pfeffer bestreuen. Tomatenmark und Mehl kurz mit andünsten.
4. Fischfond oder -brühe und Sahne hinzugießen, zum Kochen bringen. Die Erbsen hinzugeben und das Ganze etwa 5 Minuten kochen lassen.
5. Aal abspülen und die Haut entfernen. Aal in 2–3 cm große Stücke schneiden, mit Salz und Pfeffer bestreuen, mit Zitronensaft beträufeln.
6. Aalstücke auf das Gemüse legen und in etwa 10 Minuten gar ziehen lassen.
7. Den Fischtopf nochmals mit Salz und Pfeffer abschmecken, mit Petersilie bestreut servieren.

Beilage: Frisches Ofenbaguette.

Tipp:
Anstatt Seeaal können Sie auch andere Fischsorten, z. B. Scholle oder Kabeljau, verwenden.

Helgoländer Fischtopf

Herings-Kartoffel-Salat

12 Portionen

Gut vorzubereiten

Pro Portion:
E: 16 g, F: 55 g, Kh: 40 g,
kJ: 3000, kcal: 724

2 kg fest kochende kleine Kartoffeln
2 kg Heringsfilet in frischer Sahnesauce
300 g Naturjoghurt
Salz
frisch gemahlener Pfeffer
etwas Zucker
4–6 rote Äpfel
2 EL Zitronensaft
20 Cornichons
6 Frühlingszwiebeln

einige Dillspitzen nach Belieben

Zubereitungszeit: 40 Min., ohne Abkühlzeit

1. Kartoffeln gründlich waschen, mit Wasser bedeckt zum Kochen bringen, zugedeckt in 20–25 Minuten gar kochen. Kartoffeln abgießen, mit kaltem Wasser abschrecken, abtropfen und etwas abkühlen lassen. Kartoffeln lauwarm pellen. Kartoffeln in Scheiben schneiden.
2. Heringsfilets aus der Sahnesauce nehmen, gut abtropfen lassen und in Stücke schneiden. Die Sahnesauce mit Joghurt verrühren. Mit Salz, Pfeffer und Zucker abschmecken.
3. Äpfel waschen, trockentupfen, vierteln, entkernen, mit der Schale quer in Scheiben schneiden. Apfelscheiben mit Zitronensaft beträufeln. Cornichons abtropfen lassen und ebenfalls in Scheiben schneiden. Frühlingszwiebeln putzen, waschen, abtropfen lassen und in Ringe schneiden.
4. Die vorbereiteten Salatzutaten mit der Sauce abwechselnd in eine hohe Glasschüssel oder Portionsschälchen schichten, dabei die Kartoffelscheiben jeweils mit Salz und Pfeffer bestreuen. Die letzte Schicht sollte aus Sauce bestehen. Den Salat nach Belieben mit Dillspitzen garnieren.

Herings-Kartoffel-Salat

Hexentrunk

8 Portionen

Für Kinder

Pro Portion:
E: 0 g, F: 0 g, Kh: 44 g,
kJ: 849, kcal: 204

2 Honigmelonen (etwa 1,5 kg)
Saft von 1 Zitrone
1 Pck. Dr. Oetker Vanillin-Zucker
2 geh. EL Zucker
1 l klarer Apfelsaft
750 ml (3/4 l) Orangensaft
1 Bio-Orange (unbehandelt, ungewachst)
1 Bio-Zitrone (unbehandelt, ungewachst)
750 ml (3/4 l) kaltes Mineralwasser

Zubereitungszeit: 20 Min., ohne Kühlzeit

1. Melonen in der Mitte längs durchschneiden, in Viertel teilen, die Kerne mit einem Löffel herauskratzen und die Schale dick abschälen.
2. Mit einem Buntschneidemesser kleine Würfel, Stäbchen oder Figuren aus dem Melonenfruchtfleisch schneiden und mit einem Kugelausstecher kleine Kugeln ausstechen. Alles in ein Bowlengefäß oder einen großen Glaskrug geben.

Hexentrunk

3. Zitronensaft über die Melonenstücke gießen und Vanillin-Zucker und Zucker darüber streuen. Dann Apfel- und Orangensaft dazugeben.
4. Orange und Zitrone gründlich heiß waschen, abtrocknen und in Scheiben schneiden. Die Scheiben in die Bowle geben, das Gefäß zudecken und etwa 6 Stunden in den Kühlschrank stellen.
5. Kurz vor dem Servieren Orangen- und Zitronenscheiben entfernen, das Mineralwasser in die Bowle gießen und mit einer Schöpfkelle umrühren.

Dekotipp:
Den Tisch mit aus schwarzer Pappe ausgeschnittenen Katzen und kleinen Hexenbesen dekorieren. Die Katzen eignen sich auch als Namenskärtchen.

Hick-Hack-Pfanne

8–10 Portionen

Für Kinder

Pro Portion:
E: 18 g, F: 27 g, Kh: 4 g,
kJ: 1483, kcal: 354

400 g Zucchini
1–2 Knoblauchzehen
1 kleine Dose abgezogene Tomaten (400 g)
4 Thymianstängel
4 EL Speiseöl
800 g Gehacktes (halb Rind-, halb Schweinefleisch)
Salz
frisch gemahlener Pfeffer
4 EL Tomatenketchup

Zubereitungszeit: 35 Min.

1. Zucchini waschen, abtrocknen und die Enden abschneiden. Zucchini in Scheiben schneiden. Knoblauch abziehen und fein hacken.
2. Tomaten in einem Sieb abtropfen lassen und in kleine Stücke schneiden. Thymian abspülen, trockentupfen und die Blättchen von den Stängeln zupfen.
3. Öl in einer großen Pfanne erhitzen. Gehacktes und Knoblauch hinzufügen und unter Rühren anbraten, dabei die Klümpchen mit einer Gabel zerdrücken, mit Salz und Pfeffer würzen.
4. Zucchini hinzufügen und kurz mitbraten. Tomatenstücke und Thymianblättchen hinzufügen und unter Rühren erwärmen. Hick-Hack-Pfanne mit Salz, Pfeffer und Ketchup abschmecken.

Beilage: Dazu schmecken Spiralnudeln.

Abwandlung:
Anstelle der Zucchini können Sie auch Paprikaschoten verwenden.

Tipp:
Wenn Sie etwas mehr Sauce haben möchten, können Sie den Tomatensaft aus der Dose hinzufügen. Die Hick-Hack-Pfanne kann bereits am Vortag zubereitet und vor dem Verzehr wieder erwärmt werden. Nach Belieben die Hick-Hack-Pfanne mit Thymianstängeln garnieren.

Hick-Hack-Pfanne

Himbeer-Tiramisu

12 Portionen

Mit Alkohol

Pro Portion:
E: 15 g, F: 18 g, Kh: 30 g,
kJ: 1561, kcal: 373

450 g TK-Himbeeren
1–2 gestr. TL Espressopulver
3 EL kochendes Wasser
1 kg Magerquark
150 ml Schlagsahne
150 g Zucker
1 Pck. Dr. Oetker Bourbon Vanille-Zucker
375 g Mascarpone
150 g Löffelbiskuits
100 ml Mandellikör
1–2 gestr. TL Kakaopulver

Nach Belieben:
Zitronenmelisseblättchen zum Garnieren

Zubereitungszeit: 30 Min., ohne Auftauzeit

1. Die Himbeeren nach Packungsanleitung auftauen lassen. Das Espressopulver in dem heißen Wasser auflösen, erkalten lassen.
2. Den Quark mit Sahne, Zucker, Vanille-Zucker und Mascarpone mit Handrührgerät mit Rührbesen verrühren.
3. Die Löffelbiskuits mit der Zuckerseite nach unten in eine große flache Form (oder je nach Größe 2 Formen) legen. Espresso mit Likör verrühren und die Löffelbiskuits damit beträufeln.
4. Die Himbeeren auf den Löffelbiskuits verteilen. Quarkcreme darauf verstreichen und mit Kakao bestäuben. Nach Belieben Zitronenmelisseblättchen abspülen, trockentupfen. Tiramisu damit garnieren.

Himbeer-Tiramisu

Hirtentopf

12 Portionen

Gut vorzubereiten

Pro Portion:
E: 50 g, F: 16 g, Kh: 19 g,
kJ: 1778, kcal: 425

2,5 kg Gulasch (halb Schweine-, halb Rindfleisch)
2 TL Salz, 2 TL frisch gemahlener Pfeffer
2 TL Paprikapulver edelsüß
1 TL gerebelter Thymian
1 TL gerebelter Oregano
1 gestr. TL Cayennepfeffer
500 g Zwiebeln
3–4 Knoblauchzehen
1 Glas Tomatenpaprika in Streifen (Abtropfgewicht 320 g)
1 Glas Brechbohnen (Abtropfgewicht 370 g)
2 Dosen Kidneybohnen (Abtropfgewicht je 250 g)
2 Dosen Champignons (ganze Köpfe, Abtropfgewicht je 230 g)
500 ml ($^1/_2$ l) Zigeunersauce aus einem Glas
500 g Tomaten

Zubereitungszeit: 40 Min.
Garzeit: etwa 2 ½ Stunden

1. Gulasch unter fließendem kalten Wasser abspülen und trockentupfen. Das Fleisch in einen Bräter (gefettet) schichten, dabei mit den Gewürzen bestreuen.
2. Zwiebeln und Knoblauch abziehen. Zwiebeln in Ringe, Knoblauch in dünne Scheiben schneiden. Das Gemüse nach Sorten getrennt in Siebe geben, mit kaltem Wasser abspülen und abtropfen lassen.
3. Die Zutaten nacheinander auf das Gulasch schichten (ohne zu verrühren), zum Schluss mit der Zigeunersauce übergießen. Den Bräter zugedeckt auf dem Rost in den Backofen schieben.
   Ober-/Unterhitze: etwa 180 °C (vorgeheizt)
   Heißluft: etwa 160 °C (nicht vorgeheizt)
   Gas: Stufe 3–4 (nicht vorgeheizt)
   Garzeit: etwa 2 ½ Stunden.
4. Tomaten waschen, abtrocknen, vierteln und die Stängelansätze herausschneiden. Nach der Garzeit die Tomatenviertel in den Bräter geben. Den Hirtentopf umrühren und evtl. nachwürzen. Den Bräter zugedeckt wieder auf dem Rost in den Backofen schieben und **weitere 10 Minuten garen**.

Tipp:
Den Hirtentopf mit Fladenbrot servieren. Nach Belieben mit frischen Kräutern bestreuen.

Hirtentopf

Holländischer Tomatentoast

10 Stück

Beliebt

Pro Stück:
E: 22 g, F: 19 g, Kh: 21 g,
kJ: 1438, kcal: 345

1 Bund Frühlingszwiebeln
Wasser
1 gestr. TL Salz
5 mittelgroße Tomaten
10 Scheiben Toastbrot
125 g weiche Kräuterbutter
10 Scheiben gekochter Schinken
Salz
frisch gemahlener Pfeffer
10 Scheiben junger Gouda-Käse

Holländischer Tomatentoast

Nach Belieben:
vorbereitete Zitronenmelisse

Zubereitungszeit: 30 Min.
Backzeit: 8–10 Min.

1. Frühlingszwiebeln putzen,waschen und abtropfen lassen. Frühlingszwiebeln längs halbieren und in große Stücke schneiden. Wasser mit Salz in einem Topf zum Kochen bringen. Frühlingszwiebeln hinzugeben und etwa 1 Minute blanchieren. Anschließend in ein Sieb geben, mit kaltem Wasser übergießen und abtropfen lassen.
2. Tomaten waschen, trockentupfen, halbieren und Stängelansätze entfernen. Tomaten in Scheiben schneiden.
3. Toastscheiben toasten, mit Kräuterbutter bestreichen und auf ein Backblech (mit Backpapier belegt) legen. Jeweils eine zusammengeklappte Scheibe Schinken auf eine Toastscheibe legen. Frühlingszwiebelstücke und Tomatenscheiben darauf verteilen, mit Salz und Pfeffer würzen. Käsescheiben halbieren und die vorbereiteten Toastscheiben damit belegen. Das Backblech in den Backofen schieben.
   Ober-/Unterhitze: etwa 220 °C (vorgeheizt)
   Heißluft: etwa 200 °C (vorgeheizt)
   Gas: Stufe 4–5 (vorgeheizt)
   Backzeit: 8–10 Minuten.
4. Nach Belieben den Tomatentoast mit Zitronenmelisse garniert servieren.

Tipp:
Statt mit Kräuterbutter können Sie die Toastscheiben mit Basilikum-Pesto bestreichen. Den Gouda-Käse können Sie durch in Scheiben geschnittenen Schafkäse ersetzen. Bestreuen Sie den Toast zusätzlich mit Oregano.

Hot-Chicken-Pizza

8–10 Portionen

Raffiniert

Pro Portion:
E: 52 g, F: 23 g, Kh: 89 g,
kJ: 3279, kcal: 783

Für den Hefeteig:
800 g Weizenmehl
2 Pck. Dr. Oetker Trockenbackhefe
2 gestr. TL Salz
1/2 TL Zucker
400 ml lauwarmes Wasser
3–4 EL Speiseöl

Für den Belag:
1 kg Hähnchenbrustfilet
3 EL Speiseöl, z. B. Olivenöl
Salz
frisch gemahlener Pfeffer
2 Dosen Gemüsemais
(Abtropfgewicht je 285 g)
120 g Peperoni (aus dem Glas)
400 g geriebener Pizza-Käse
1 Dose passierte Tomaten (400 g)
500 ml (1/2 l) Hot Chili Sauce

Zubereitungszeit: 65 Min.,
ohne Teiggehzeit
Backzeit: etwa 25 Min. je Blech

1. Für den Teig Mehl in eine Rührschüssel sieben und mit der Hefe sorgfältig vermischen. Salz, Zucker, Wasser und Öl hinzufügen.
2. Die Zutaten mit Handrührgerät mit Knethaken zunächst auf niedrigster, dann auf höchster Stufe in etwa 5 Minuten zu einem glatten Teig verarbeiten. Den Teig an einem warmen Ort so lange gehen lassen, bis er sich sichtbar vergrößert hat.
3. In der Zwischenzeit für den Belag Hähnchenbrustfilet unter fließendem kalten Wasser abspülen, trockentupfen und in Würfel schneiden. Öl portionsweise in einer Pfanne erhitzen. Die Hähnchenwürfel darin portionsweise unter Wenden kräftig anbraten und mit Salz und Pfeffer würzen.
4. Mais und Peperoni getrennt in Sieben gut abtropfen lassen.
5. Den Teig auf einer leicht bemehlten Arbeitsfläche nochmals durchkneten, dabei 60 g von dem Pizza-Käse unterkneten. Den Teig halbieren und jede Teighälfte auf einem Backblech (30 x 40 cm, gefettet) ausrollen.
6. Tomaten mit der Chili Sauce mischen und auf den Teig streichen. Hähnchenfleisch, Mais und Peperoni darauf verteilen und mit dem restlichen Käse bestreuen. Die Backbleche nacheinander (bei Heißluft zusammen) in den Backofen schieben.

Ober-/Unterhitze: etwa 220 °C (vorgeheizt)
Heißluft: etwa 200 °C (vorgeheizt)
Gas: Stufe 4–5 (vorgeheizt)
Backzeit: etwa 25 Minuten je Backblech.

Hot-Chicken-Pizza

Indische Ofensuppe

Indische Ofensuppe

8–10 Portionen

Raffiniert

Pro Portion:
E: 52 g, F: 18 g, Kh: 33 g,
kJ: 2403, kcal: 575

1,2 kg Putenbrust
6 EL Sojasauce
2 EL Currypulver
Salz, frisch gemahlener Pfeffer
1 Dose Pfirsichspalten
(Abtropfgewicht 490 g)
2 Gläser Champignonscheiben
(Abtropfgewicht je 315 g)
300 g TK-Erbsen
250 ml (1/4 l) Schlagsahne
2 Flaschen Currysauce
(je 500 ml [1/2 l])
1 l Gemüsebrühe

Nach Belieben:
Koriander- oder Petersilienblättchen
zum Garnieren

Zubereitungszeit: 20 Min.
Garzeit: 80–90 Min.

1. Putenbrust unter fließendem kalten Wasser abspülen, trockentupfen, zuerst in Scheiben, dann in Streifen schneiden. Die Fleischstreifen mit Sojasauce und Curry mischen, in einen großen Bräter geben, mit wenig Salz und Pfeffer bestreuen.
2. Pfirsichspalten und Champignonscheiben in einem Sieb abtropfen lassen. Gefrorene Erbsen, Pfirsichspalten und Champignonscheiben zu den Fleischstreifen geben und gut vermengen. Sahne, Currysauce und Brühe verrühren, ebenfalls in den Bräter geben und unterrühren.
3. Den Bräter zugedeckt auf dem Rost in den Backofen schieben.
   Ober-/Unterhitze: etwa 200 °C (vorgeheizt)
   Heißluft: etwa 180 °C (nicht vorgeheizt)
   Gas: Stufe 3–4 (nicht vorgeheizt)
   Garzeit: 80–90 Minuten.
4. Die Suppe während des Garens 2-mal umrühren. Koriander- oder Petersilienblättchen abspülen und trockentupfen. Die Suppe vor dem Servieren nochmals mit Salz, Pfeffer und Curry abschmecken und mit Koriander- oder Petersilienblättchen garniert servieren.

Indisches Currygemüse

12 Portionen

Vegetarisch

Pro Portion:
E: 12 g, F: 21 g, Kh: 76 g,
kJ: 2313, kcal: 552

Für die Currysauce:
1 Zwiebel (etwa 100 g)
2 Äpfel (etwa 200 g)
80 g Butter
2 gestr. EL Currypulver
2 gestr. EL Weizenmehl
250 ml (1/4 l) Schlagsahne
200 ml Gemüsebrühe
Salz, frisch gemahlener Pfeffer

900 g Langkornreis

Für das Gemüse:
2 Dosen Bambussprossen in Streifen
(Abtropfgewicht je 230 g)
2 Dosen Sojabohnenkeimlinge
(Abtropfgewicht je 230 g)
3 dicke Möhren (etwa 300 g)
300 g Zuckerschoten, Salzwasser

100 g Butter
250 g Mango-Chutney

Zubereitungszeit: 70 Min.

1. Für die Currysauce Zwiebel abziehen und fein würfeln. Äpfel waschen, schälen, halbieren, vierteln, Kerngehäuse entfernen und Äpfel würfeln.
2. Butter in einer großen Pfanne zerlassen. Zwiebel- und Apfelwürfel darin andünsten und mit Currypulver und Mehl bestäuben. Alles verrühren, Sahne und Gemüsebrühe nach und nach hinzugießen. Die Sauce etwa 15 Minuten unter gelegentlichem Rühren köcheln lassen, mit Salz und Pfeffer würzen, warm halten.
3. Reis nach Packungsanleitung zubereiten, danach in ein Sieb geben und abtropfen lassen, warm halten.
4. Für das Gemüse Bambussprossen und Sojabohnenkeimlinge in einem Sieb abtropfen lassen. Möhren putzen, schälen, abspülen, abtropfen lassen und in feine Streifen schneiden. Zuckerschoten putzen, die Enden abschneiden, evtl. abfädeln, waschen und abtropfen lassen.
5. Salzwasser zum Kochen bringen. Nacheinander die Zuckerschoten und Möhren darin je etwa 2 Minuten garen. Dann mit kaltem Wasser abschrecken und in einem Sieb abtropfen lassen.
6. Butter in einer Pfanne zerlassen. Gemüse darin anbraten, dann herausnehmen. Mango-Chutney in der Pfanne erwärmen. Reis mit dem Gemüse vermischen, auf Tellern anrichten und mit heißer Currysauce umgießen. Mango-Chutney in Klecksen darauf geben.

Indisches Currygemüse

Ipanema

Ipanema

1 Portion

Alkoholfrei

Pro Portion:
E: 0 g, F: 1 g, Kh: 24 g,
kJ: 520, kcal: 124

1 Bio-Limette (unbehandelt, ungewachst)
2 TL Rohrzucker (brauner Zucker)
Crushed Ice oder grob zerstoßenes Eis
Ginger Ale

frische Minze

Zubereitungszeit: 5 Min.

1. Die Limette heiß waschen, abtrocknen, in Achtel schneiden und in ein Longdrinkglas geben. Rohrzucker darüber streuen und die Limettenstücke mit einem Stößel darin zerdrücken.
2. Eis dazugeben und das Glas mit Ginger Ale auffüllen. Den Drink mit Minze garnieren und den Cocktail mit Trinkhalm servieren.

Italienische Fischsuppe

8–10 Portionen

Dauert länger

Pro Portion:
E: 33 g, F: 15 g, Kh: 20 g,
kJ: 1556, kcal: 371

1 kg Miesmuscheln
3 EL Olivenöl
2 Möhren
4 Stangen Staudensellerie
3 Zwiebeln
1 Knoblauchzehe
1 rote Pfefferschote
1 kg gemischtes Fischfilet, z. B. Schellfisch, Seehecht, Dorsch, Rotzunge
300 g vorbereitete Tintenfischringe
12 geschälte Scampi
3–4 EL Zitronensaft
200 g Tomaten
3 EL Olivenöl
2 gestr. TL gerebelter Thymian
250 ml (1/4 l) trockener Weißwein
1,6 l Fischfond oder Gemüsebrühe
Salz
frisch gemahlener Pfeffer
5 EL Olivenöl
8–10 Scheiben Weißbrot

Zubereitungszeit: 80 Min., ohne Durchziehzeit
Garzeit: etwa 45 Min.

1. Miesmuscheln in reichlich kaltem Wasser gründlich waschen und einzeln abbürsten, bis sie nicht mehr sandig sind. Eventuell die Fäden (Bartbüschel) entfernen. Muscheln, die sich beim Waschen öffnen, aussortieren, sie sind ungenießbar.
2. Olivenöl in einem großen Topf erhitzen. Muscheln hineingeben, im geschlossenen Topf erhitzen, bis sich die Muscheln öffnen (etwa 5 Minuten – Muscheln, die sich nach dem Garen nicht öffnen, sind ungenießbar und müssen aussortiert werden). Muscheln in einem Sieb abtropfen lassen, die Flüssigkeit dabei auffangen. Das Muschelfleisch nach Belieben aus den Schalen lösen und beiseite stellen.
3. Möhren putzen, schälen, abspülen, abtropfen lassen und in Scheiben schneiden. Sellerie putzen und die harten Außenfäden abziehen. Sellerie waschen, abtropfen lassen und in Scheiben schneiden. Zwiebeln und Knoblauch abziehen und in Scheiben schneiden. Pfefferschote halbieren, entstielen, entkernen, waschen, abtropfen lassen und fein würfeln.
4. Fischfilets, Tintenfischringe und Scampi unter fließendem kalten Wasser abspülen und trockentupfen. Nach Belieben z. B. Rotzungenfilets aufrollen. Restliche Filets in mundgerechte Stücke schneiden. Fischstücke und -rollen mit Zitronensaft beträufeln, etwa 10 Minuten stehen lassen.
5. Tomaten waschen, kreuzweise einschneiden, mit kochendem Wasser übergießen, dann mit kaltem Wasser abschrecken, abtropfen lassen und enthäuten. Tomaten vierteln, die Stängelansätze herausschneiden. Das Fruchtfleisch in Stücke schneiden.
6. Olivenöl in einem großen Topf erhitzen. Möhrenscheiben, Selleriestücke und Zwiebelringe portionsweise darin andünsten. Knoblauch, Pfefferschote und Thymian hinzugeben und kurz mit andünsten. Weißwein, die aufgefangene Muschelflüssigkeit und Fischfond oder Gemüsebrühe hinzugießen, zum Kochen bringen, mit Salz und Pfeffer würzen und zugedeckt bei schwacher Hitze etwa 10 Minuten kochen.
7. Dann zunächst die Tintenfischringe in die Suppe geben. Nach etwa 10 Minuten Kochzeit die Fischstücke und Scampi zur Suppe geben. Suppe einmal kurz aufkochen lassen. Die Zutaten dann in etwa 15 Minuten gar ziehen lassen.

Italiensiche Fischsuppe

8. In der Zwischenzeit Olivenöl portionsweise in einer großen Pfanne erhitzen und die Weißbrotscheiben portionsweise von beiden Seiten darin anrösten.
9. Zuletzt Muschelfleisch und Tomatenstücke in die Suppe geben. Suppe nochmals kurz aufkochen lassen und mit Salz und Pfeffer abschmecken. Weißbrotscheiben in tiefe Teller legen, mit der Fischsuppe auffüllen und sofort servieren.

Tipp:
Die Muschelflüssigkeit durch einen Kaffee- oder Teefilter gießen, damit kleine Sandkörnchen zurückgehalten werden.

Italienische Gemüsesuppe

Italienische Gemüsesuppe

8–10 Portionen

Vegetarisch

Pro Portion:
E: 9 g, F: 6 g, Kh: 32 g, kJ: 943, kcal: 226

1 dicke Gemüsezwiebel (350 g)
3 Knoblauchzehen
1 Staudensellerie (etwa 600 g)
1 Dose italienische Bohnenkerne oder weiße Bohnen (Abtropfgewicht 250 g)
75 g Kräuterbutter
2 $^{1}/_{4}$ l Gemüsebrühe
4 Tomaten
$^{1}/_{2}$ Topf Basilikum
250 g Spaghetti
300 g TK-Erbsen
Salz
frisch gemahlener Pfeffer

Zubereitungszeit: 60 Min.

1. Gemüsezwiebel abziehen, halbieren und in feine Würfel schneiden. Knoblauch abziehen und ebenfalls fein würfeln. Staudensellerie putzen und die harten Außenfäden abziehen. Stangen waschen, abtropfen lassen und in kleine Stücke schneiden. Bohnen in ein Sieb geben, mit kaltem Wasser abspülen und abtropfen lassen.
2. Kräuterbutter in einem großen Topf zerlassen. Zwiebel-, Knoblauchwürfel und Selleriestücke darin bei schwacher Hitze andünsten. Gemüsebrühe hinzugießen, zum Kochen bringen und 5–10 Minuten kochen lassen.
3. In der Zwischenzeit Tomaten waschen, abtropfen lassen, kreuzweise einschneiden, kurz in kochendes Wasser legen und mit kaltem Wasser abschrecken. Tomaten enthäuten, vierteln, entkernen und die Stängelansätze herausschneiden. Tomaten würfeln. Basilikum abspülen, trockentupfen und die Blättchen von den Stängeln zupfen.
4. Spaghetti einmal durchbrechen, in die Suppe geben und alles bei schwacher Hitze noch etwa 5 Minuten köcheln lassen. Erbsen und Bohnen hinzufügen und weitere 5 Minuten köcheln lassen. Die Suppe mit Salz und Pfeffer würzen.
5. Tomatenwürfel in die Suppe geben und kurz darin erhitzen. Die Suppe mit den Basilikumblättchen garniert servieren.

Tipp:
Wenn Sie die Spaghetti getrennt in Salzwasser kochen und erst kurz vor dem Verzehr in die Suppe geben, dann lässt sich die Suppe schon vorher zubereiten und wieder erhitzen. Die Suppe nach Belieben mit gehobeltem oder geriebenem Parmesan-Käse bestreuen.

Italienische Kichererbsensuppe

10–12 Portionen

Einfach

Pro Portion:
E: 25 g, F: 25 g, Kh: 52 g,
kJ: 2261, kcal: 541

3 Zwiebeln
3 Knoblauchzehen
350 g Staudensellerie
500 g Tomaten
2 Bund Petersilie
6 EL Olivenöl
9–10 Dosen Kichererbsen (Abtropfgewicht je 240 g)
5 EL gekörnte Gemüsebrühe
1–2 TL gerebelter Majoran
Salz
frisch gemahlener Pfeffer
8–10 Scheiben Vollkorn-Toastbrot
8 EL Olivenöl
150–200 g geriebener Parmesan-Käse

Zubereitungszeit: 70 Min.

1. Zwiebeln und Knoblauch abziehen und fein würfeln. Staudensellerie putzen und die harten Außenfäden abziehen. Stangen waschen, abtropfen lassen und in Stücke schneiden.
2. Tomaten waschen, abtropfen lassen, kreuzweise einschneiden, kurz in kochendes Wasser legen und mit kaltem Wasser abschrecken. Tomaten enthäuten, halbieren und die Stängelansätze herausschneiden. Das Fruchtfleisch würfeln.
3. Petersilie abspülen, trockentupfen und die Blättchen von den Stängeln zupfen. Blättchen fein hacken.
4. Öl in einem Topf erhitzen. Zwiebelwürfel darin glasig dünsten, Knoblauch- und Tomatenwürfel, Selleriestücke und Petersilie zugeben und alles zugedeckt etwa 10 Minuten dünsten. Dann etwas abkühlen lassen und pürieren.
5. In der Zwischenzeit Kichererbsen in einem Sieb abtropfen lassen, dabei die Flüssigkeit auffangen und mit Wasser auf 2 1/2 – 3 l auffüllen. Die abgemessene Flüssigkeit in einem großen Topf zum Kochen bringen. Kichererbsen und gekörnte Gemüsebrühe hinzufügen und etwa 5 Minuten kochen lassen.
6. Das Gemüsepüree zu den Kichererbsen geben. Suppe mit Majoran, Salz und Pfeffer würzen und noch etwa 5 Minuten kochen lassen.
7. Toastbrot in kleine Würfel schneiden. Öl in einer Pfanne erhitzen. Die Brotwürfel darin knusprig braun braten, in die Suppenteller geben und mit Käse bestreuen. Die sehr heiße Suppe darüber gießen. Oder Brotwürfel und Käse getrennt zur Suppe reichen.

Tipp: Sie können die Suppe auch mit getrockneten Kichererbsen zubereiten. Dazu 900–1000 g Kichererbsen in 3 1/2 l Wasser über Nacht einweichen. Sie dann in dem Einweichwasser etwa 90 Minuten kochen. Abhängig von der Quellfähigkeit der Kichererbsen kann die verwendete Flüssigkeitsmenge etwas variieren.

Italienische Kichererbsensuppe

Italienischer Puten-Gemüse-Eintopf

Italienischer Puten-Gemüse-Eintopf

8–10 Portionen

Beliebt

Pro Portion:
E: 30 g, F: 9 g, Kh: 14 g,
kJ: 1101, kcal: 263

1 kg Putenfleisch (aus Keule und Brust, ohne Haut und Knochen)
2 Bund Suppengrün (Möhren, Porree, Sellerie)
1 Brokkoli (etwa 400 g)
2 Dosen italienische große, weiße Bohnen (Abtropfgewicht je 450 g)
4 EL Olivenöl
Salz
frisch gemahlener Pfeffer
etwas Knoblauchpulver
1 l Gemüsebrühe
1 Pck. Tomatenstücke (250 g, Tetrapak)
1 Pck. TK-Kräuter der Provence
1 Topf Basilikum

Zubereitungszeit: 60 Min.
Garzeit: etwa 60 Min.

1. Putenfleisch unter fließendem kalten Wasser abspülen, trockentupfen und in mundgerechte Stücke schneiden.
2. Suppengrün putzen, schälen, waschen, abtropfen lassen und in Würfel oder Scheiben schneiden. Von dem Brokkoli die Blätter entfernen. Brokkoli waschen, abtropfen lassen und in kleine Röschen teilen. Bohnen in einem Sieb abtropfen lassen.
3. Olivenöl portionsweise in einem Bräter oder in einem großen Topf erhitzen. Putenfleisch von allen Seiten portionsweise darin anbraten, mit Salz, Pfeffer und Knoblauch bestreuen. Vorbereitetes Suppengrün hinzufügen und kurz mit andünsten. Brühe hinzugießen, zum Kochen bringen und alles zugedeckt bei schwacher Hitze etwa 45 Minuten garen.
4. Bohnen, Brokkoliröschen und Tomatenstücke mit der Flüssigkeit in den Fleischtopf geben. Kräuter der Provence unterrühren. Eintopf mit Salz, Pfeffer und Knoblauch würzen, wieder zum Kochen bringen und zugedeckt weitere etwa 15 Minuten garen.
5. Basilikum abspülen und trockentupfen. Die Blättchen von den Stängeln zupfen. Den Puten-Gemüse-Eintopf nochmals mit den Gewürzen abschmecken und mit Basilikumblättchen bestreut servieren.

Beilage: Ofenwarmes Olivenbrot oder Ciabatta.

Tipp:
Eintopf mit geraspeltem Pecorino-Käse bestreuen.

Italienischer Spaghettisalat

12 Portionen

Gut vorzubereiten

Pro Portion:
E: 24 g, F: 20 g, Kh: 36 g, kJ: 1787, kcal: 427

500 g Spaghetti
5 l Wasser
5 TL Salz

2 Gemüsezwiebeln
2 Zucchini
Salzwasser
4 Fleischtomaten
400 g gegartes Kalbfleisch

6 EL Weißweinessig
Salz
frisch gemahlener Pfeffer
1–2 TL gerebelter Oregano
8 EL Olivenöl
24 entsteinte schwarze Oliven
2 TL Kapern (aus dem Glas)

Für die Tunfischsauce:
2 Dosen Tunfisch in Öl (Abtropfgewicht je 185 g)
300 g Naturjoghurt
2 EL Salatmayonnaise

1 Topf Basilikum

Zubereitungszeit: 50 Min., ohne Durchziehzeit

Italienischer Spaghettisalat

1. Spaghetti 1–2-mal durchbrechen. Wasser zugedeckt in einem Topf zum Kochen bringen. Salz und Spaghetti zugeben. Spaghetti im geöffneten Topf bei mittlerer Hitze nach Packungsanleitung bissfest kochen, dabei zwischendurch umrühren.
2. Anschließend Spaghetti in ein Sieb geben, mit heißem Wasser abspülen und abtropfen lassen.
3. Zwiebeln abziehen, halbieren und in dünne Scheiben schneiden. Zucchini waschen, abtrocknen und die Enden abschneiden. Zucchini in dünne Scheiben schneiden. Salzwasser zum Kochen bringen. Zwiebel- und Zucchinischeiben darin kurz blanchieren, dann in ein Sieb geben, mit kaltem Wasser abschrecken und abtropfen lassen.
4. Tomaten waschen, kreuzweise einschneiden und einige Sekunden in kochendes Wasser legen. Tomaten mit kaltem Wasser abschrecken, enthäuten, halbieren, entkernen und die Stängelansätze herausschneiden. Tomaten in Spalten schneiden. Kalbfleisch in Streifen schneiden. Kapern

und Oliven in einem Sieb abtropfen lassen.

5. Essig mit Salz, Pfeffer und Oregano verrühren. Olivenöl unterschlagen. Spaghetti, Zwiebel-, Zucchinischeiben, Tomatenspalten, Kalbfleischstreifen, Oliven und Kapern in einer Schüssel vermengen. Essig-Öl-Sauce hinzufügen und untermischen. Den Salat etwa 20 Minuten durchziehen lassen.
6. Für die Sauce Tunfisch mit dem Öl aus der Dose pürieren. Joghurt und Mayonnaise unterrühren. Die Sauce mit Salz und Pfeffer abschmecken.
7. Basilikum abspülen und trockentupfen. Die Blättchen von den Stängeln zupfen. Den Salat mit den Basilikumblättchen garnieren. Die Tunfischsauce zu dem Salat reichen.

Tipp: Kalbfleisch kann durch Bratenaufschnitt ersetzt werden.

Italienischer Toast

Italienischer Toast

10 Stück

Beliebt

Pro Stück:
E: 10 g, F: 10 g, Kh: 17 g,
kJ: 844, kcal: 201

10 große Ciabattascheiben
4 EL Tomatenmark
2 EL Salatmayonnaise
Salz
1 TL getrocknete italienische Kräutermischung
frisch gemahlener Pfeffer
8 mittelgroße Tomaten
375 g Mozzarella-Käse
frisch gemahlener bunter Pfeffer

Zum Garnieren:
einige Basilikumstängel

Zubereitungszeit: 30 Min.
Backzeit: etwa 10 Min.

1. Ciabattascheiben toasten. Tomatenmark mit Mayonnaise, Salz, Kräutern und Pfeffer verrühren. Brotscheiben damit bestreichen und auf ein Backblech (mit Backpapier belegt) legen.
2. Tomaten waschen, abtrocknen, halbieren. Stängelansätze herausschneiden. Tomaten in Scheiben schneiden.
3. Mozzarella-Käse in einem Sieb abtropfen lassen und in Scheiben schneiden, diese nochmals halbieren. Die Brotscheiben abwechselnd dachziegelartig mit Tomaten- und Mozzarellascheiben belegen, mit Pfeffer bestreuen. Das Backblech in den Backofen schieben.
   Ober-/Unterhitze: etwa 200 °C (vorgeheizt)
   Heißluft: etwa 180 °C (vorgeheizt)
   Gas: Stufe 3–4 (vorgeheizt)
   Backzeit: etwa 10 Minuten.
4. Zum Garnieren Basilikumstängel abspülen, trockentupfen und die Blättchen von den Stängeln zupfen. Überbackene Ciabattascheiben mit Basilikumblättchen garniert sofort servieren.

Abwandlung:
Herzhafter schmeckt der Toast, wenn Sie die Hälfte des Mozzarella-Käses durch Schafkäse ersetzen und den Toast zusätzlich mit gerösteten Pinienkernen bestreuen.

Tipp:
Noch schneller geht es, wenn Sie die Ciabattascheiben mit einem Basilikum-Pesto bestreichen und dann mit den Tomaten- und Mozzarellascheiben belegen. Der Toast eignet sich gut als Vorspeise. Für ein Hauptgericht verdoppeln Sie die angegebenen Zutaten und reichen Sie einen bunten Salat dazu.

Jägersuppe

8–10 Portionen

Mit Alkohol

Pro Portion:
E: 10 g, F: 15 g, Kh: 20 g,
kJ: 1200, kcal: 287

2 Zwiebeln
700 g Champignons
1 Glas Pfifferlinge
(Abtropfgewicht 185 g)
1 Glas Stockschwämmchen
(Abtropfgewicht 155 g)
50 g Butter
1 TL gerebelter Thymian
1/2 TL getrocknete Rosmarinnadeln
Salz, frisch gemahlener Pfeffer
1 l Gemüsebrühe
500 ml (1/2 l) trockener Rotwein
250 ml (1/4 l) roter Traubensaft
1 Beutel Fix für Jäger-Topf
„Hubertus"
1 Glas Wildpreiselbeeren (220 g)
2 ungebrühte, grobe Bratwürste
(etwa 300 g)
1 Bund glatte Petersilie

Zubereitungszeit: 30 Min.
Garzeit: etwa 40 Min.

1. Zwiebeln abziehen und würfeln. Champignons putzen, mit Küchenpapier abreiben, evtl. kurz abspülen und gut abtropfen lassen. Champignons vierteln. Pfifferlinge und Stockschwämmchen in einem Sieb abtropfen lassen.
2. Butter in einem Topf zerlassen. Die Zwiebelwürfel darin andünsten. Champignons dazugeben, mit Thymian, Rosmarin, Salz und Pfeffer bestreuen. Champignons etwa 10 Minuten bei schwacher Hitze dünsten.
3. Abgetropfte Pilze hinzufügen. Gemüsebrühe unterrühren und zum Kochen bringen, etwa 5 Minuten köcheln lassen.
4. Rotwein und Traubensaft unterrühren. Fix für Jäger-Topf mit einem Schneebesen einrühren. Preiselbeeren ebenfalls unterrühren.
5. Die Bratwurstmasse aus der Haut drücken und mit angefeuchten Händen zu Klößchen formen. Klößchen in die Suppe geben. Die Suppe langsam zum Kochen bringen und die Klößchen darin bei schwacher Hitze in etwa 5 Minuten gar ziehen lassen.
6. Petersilie abspülen, trockentupfen und die Blättchen von den Stängeln zupfen, Blättchen fein schneiden.
7. Die Suppe mit Salz und Pfeffer abschmecken, mit Petersilie bestreuen.

Tipp: Die Suppe schmeckt etwas milder, wenn Sie zum Schluss 200–250 ml Schlagsahne unterrühren.

Jägertopf

12 Portionen

Deftig

Pro Portion:
E: 63 g, F: 48 g, Kh: 12 g,
kJ: 3087, kcal: 738

Jägersuppe

2 $^1/_2$ kg Schnitzelfleisch
60 g Maggi-Gewürzmischung Nr. 1 (aus einem Glas)
200 g Chester-Schmelzkäse in Scheiben
3 Stangen Porree (Lauch)
4 Dosen Champignons (Abtropfgewicht je 425 g)
400 g geräucherte Bauchspeckwürfel
6 große Zwiebeln
4 Pck. Jägersauce (für 250 ml ($^1/_4$ l) pro Pck.)
1 l Schlagsahne

Zubereitungszeit: 40 Min., ohne Durchziehzeit
Garzeit: etwa 2 Std.

1. Fleisch unter fließendem kalten Wasser abspülen, trockentupfen und in Streifen schneiden. Die Fleischstreifen mit der Gewürzmischung vermengen und in einen Bräter (gefettet) geben.
2. Schmelzkäse auf dem Fleisch verteilen. Porree putzen. Die Stangen seitlich einschneiden, waschen, abtropfen lassen und in Streifen schneiden. Champignons in einem Sieb abtropfen lassen. Porreestreifen und Champignons auf den Käse geben.
3. Zwiebeln abziehen und in Würfel schneiden. Bauchspeck in einer Pfanne auslassen. Zwiebelwürfel hinzufügen und kurz andünsten, alles zusammen in den Bräter geben.
4. Saucenpulver mit Sahne verrühren und über den Fleischtopf gießen. Fleischtopf zugedeckt im Kühlschrank über Nacht durchziehen lassen.
5. Den Bräter auf dem Rost in den Backofen schieben.
   Ober-/Unterhitze: etwa 200 °C (vorgeheizt)
   Heißluft: etwa 180 °C (nicht vorgeheizt)
   Gas: Stufe 3–4 (nicht vorgeheizt)
   Garzeit: etwa 2 Std.

Rezeptvorschläge für ein 70er-Jahre-Party-Buffet

Für eine 70er-Jahre-Party benötigen Sie für 10–12 Personen:

1 x Rezept Jägertopf, Seite 154
1 x Rezept Tunfisch-Mais-Salat, Seite 391
1 x Rezept Teufelssalat, Seite 373
1,5 x Rezept Schokobananen am Spieß, Seite 335
1,5 x Rezept Altbierbowle, Seite 6

Außerdem:

Etwa 12 Scheiben Toastbrot, 750 g Bandnudeln oder Spätzle.

Vorbereitungen am Vortag:

- Den Jägertopf bis Punkt 3 vorbereiten.
- Den Teufelssalat zubereiten und kalt stellen.

Vorbereitungen am Tag der Party:

3–4 Stunden vorher:
- Schokobananen zubereiten und kalt stellen.

3 Stunden vorher:
- Tunfisch-Mais-Salat zubereiten.

2 Stunden vorher:
- Jägertopf garen.

1 Stunde vorher:
- Bananen anrichten.
- Salate abschmecken und anrichten.
- Bowle zubereiten.
- Die Nudeln nach Packungsanleitung zubereiten.
- Toastbrot toasten.
- Jägertopf abschmecken.

Es eignen sich auch folgende zusätzliche Rezepte:

1,5 x Rezept Fenchel auf Möhren-Orangen-Salat, Seite 74
1 x Rezept Indisches Currygemüse, Seite 146
1 x Rezept Schmetterlingssteaks „Hawaii", Seite 330
1,5 x Rezept Schichtdessert, Seite 324
1,5 x Rezept Ananasbowle, Seite 6

Außerdem:

3–4 große Baguettes.

Japanischer Tofu-Eintopf

Japanischer Tofu-Eintopf

8–10 Portionen

Vegetarisch

Pro Portion:
E: 17 g, F: 12 g, Kh: 18 g,
kJ: 1016, kcal: 243

500 g Schwarzwurzeln
Essigwasser (2 EL Essig auf 1 l Wasser)
375 g Möhren
375 g weißer Rettich
375 g Kartoffeln
1 $^{1}/_{2}$ l Gemüsebrühe
2 Bund Frühlingszwiebeln
500 g Shiitake-Pilze
700–800 g Tofu
4 EL Sesamöl
4 EL Sojasauce
Cayennepfeffer

Zubereitungszeit: 60 Min.

1. Schwarzwurzeln unter fließendem kalten Wasser abbürsten, schälen, erst in 3 cm lange Stücke, dann in dünne Stifte schneiden und sofort in Essigwasser legen, damit sich die Schwarzwurzeln nicht verfärben
2. Möhren und Rettich putzen. Möhren, Rettich und Kartoffeln schälen, abspülen, abtropfen lassen und dünne Scheiben schneiden. Gemüsebrühe in einen Topf geben und zum Kochen bringen.
3. Frühlingszwiebeln putzen, waschen, abtropfen lassen. Dicke Zwiebeln längs halbieren oder vierteln und in 1 cm lange Stücke schneiden. Pilze putzen, mit Küchenpapier abreiben, evtl. abspülen, abtropfen lassen. Stiele herausdrehen und die Köpfe in feine Streifen schneiden.
4. Schwarzwurzelstifte abtropfen lassen und mit Möhren-, Kartoffel- und Rettichscheiben in die kochende Brühe geben. Alles wieder zum Kochen bringen und bei schwacher Hitze etwa 5 Minuten köcheln lassen.
5. Frühlingszwiebelstücke und Pilzstreifen hinzufügen und kurz mitkochen lassen. Tofu in Würfel schneiden, zum Eintopf geben und erhitzen. Den Eintopf mit Sesamöl, Sojasauce und Cayennepfeffer würzen.

Joghurt-Dressing

Für 10–12 Salatportionen

Einfach

Pro Portion:
E: 3 g, F: 1 g, Kh: 6 g,
kJ: 234, kcal: 56

1 kg Naturjoghurt (1,5% Fett)
Saft von 3 Zitronen
Zucker
Salz
frisch gemahlener Pfeffer

Nach Belieben:
3 EL frische gehackte Kräuter, z. B. Petersilie, Schnittlauch, Kerbel

Zubereitungszeit: 5–10 Min.

1. Joghurt mit Zitronensaft verrühren, mit Zucker, Salz und Pfeffer abschmecken. Nach Belieben Kräuter unterrühren.

Joghurt-Himbeer-Creme

Joghurt-Himbeer-Creme
10 Portionen

Beliebt

Pro Portion:
E: 9 g, F: 4 g, Kh: 36 g,
kJ: 1018, kcal: 243

Für die Creme:
500 g TK-Himbeeren
14 Blatt weiße Gelatine
150 g Zucker
1 kg Naturjoghurt (1,5% Fett)
1 Pck. Dr. Oetker Finesse geriebene Zitronenschale
2–3 EL Zitronensaft
4–6 EL roter Fruchtsaft oder Rotwein

Für die Vanillesauce:
1 l Milch
2 Pck. Dessert-Sauce Vanille-Geschmack zum Kochen
4–5 EL Zucker

Zubereitungszeit: 40 Min., ohne Auftau- und Kühlzeit

1. Für die Creme die Himbeeren auftauen lassen. Die Gelatine in kaltem Wasser nach Packunganleitung einweichen. Die Himbeeren pürieren, mit Zucker verrühren, die Hälfte abnehmen und beiseite stellen. Das restliche Püree mit Joghurt, Zitronenschale und -saft verrühren.
2. Die Gelatine leicht ausdrücken und in einem kleinen Topf bei schwacher Hitze erwärmen, bis sie völlig gelöst ist. Die Gelatine zuerst mit 2 Esslöffeln von der Himbeer-Joghurt-Masse verrühren, dann mit der ganzen restlichen Masse verrühren. Die Himbeer-Joghurt-Masse in 10 mit kaltem Wasser ausgespülte Portionsförmchen geben, kalt stellen und fest werden lassen.

Joghurtshake

3. Für die Sauce aus der Milch und dem Dessert-Saucenpulver nach der Packungsanleitung eine Sauce zubereiten, Zucker unterrühren. Sauce erkalten lassen, dabei ab und zu durchrühren.
4. Etwa drei Viertel von dem beiseite gestellten Himbeerpüree mit Fruchtsaft oder Rotwein verrühren, in die Mitte von 10 Tellern geben und etwas auseinanderstreichen. Die Joghurt-Himbeer-Creme stürzen und in die Mitte setzen. Etwas Vanillesauce als äußeren Ring darumgießen und mit einem Holzstäbchen das Himbeerpüree in die Vanillesauce ziehen. Das restliche Himbeerpüree auf die Creme geben und sofort sevieren.

Joghurtshake
2 Portionen

Einfach

Zubereitungszeit: 5 Min.

Pro Portion:
E: 9 g, F: 17 g, Kh: 32 g,
kJ: 1412, kcal: 338

350 g fettarmer Joghurt
4 Kugeln Schokoladen-Eiscreme
1 TL Instant-Kaffeepulver
4 EL Schlagsahne
Zucker
geschabte Schokolade

1. Den Joghurt mit Eiscreme, Kaffeepulver und Sahne verquirlen und nach Belieben süßen.
2. In zwei Bechergläser füllen und mit geschabter Schokolade bestreuen.

Johannisbeer-Shake
8 Portionen

Fruchtig

Pro Portion:
E: 4 g, F: 5 g, Kh: 26 g,
kJ: 779, kcal: 186

600 g rote Johannisbeeren
100 g Puderzucker
4 große Kugeln Vanilleeis
750 ml (3/4 l) kalte Milch

Zubereitungszeit: 15 Min.

1. Johannisbeeren waschen und abtropfen lassen. 8 kleine Rispen zum Garnieren beiseite legen. Restliche Johannisbeeren von den Rispen streifen. Johannisbeeren mit Puderzucker, Eis und Milch in einen Elektromixer geben und gut durchmixen.
2. Den Shake auf 8 Longdrinkgläser verteilen und die Gläser mit den beiseite gelegten Johannisbeerrispen garnieren.

Tipp:
Anstelle von Johannisbeeren schmecken auch Himbeeren oder Erdbeeren. Dann etwas weniger Puderzucker verwenden.

Kabeljaufilet in Folie gegrillt

Kabeljaufilet in Folie gegrillt

10 Portionen

Mit Alkohol

Pro Portion:
E: 28 g, F: 4 g, Kh: 1 g,
kJ: 733, kcal: 176

300 ml trockener Weißwein
2 Pck. TK-Kräuter der Provence
3 EL Olivenöl
1,6 kg Kabeljaufilet
Saft von 1 Zitrone
Salz
frisch gemahlener Pfeffer

Außerdem:
10 Bögen Alufolie

Zubereitungszeit: 60 Min.,
ohne Abkühl- und Durchziehzeit
Grillzeit: 10–12 Min.

1. Weißwein mit Kräutern und Öl mischen, in einem Topf zum Kochen bringen und erkalten lassen.
2. Kabeljaufilet unter fließendem kalten Wasser abspülen, trockentupfen und in 10 gleich große Stücke schneiden.
3. Kabeljaufilets in eine flache Schale legen. Den Weißweinsud mit Zitronensaft, Salz und Pfeffer würzen. Den Sud auf den Fischfiletstücken verteilen und zugedeckt im Kühlschrank etwa 30 Minuten durchziehen lassen.
4. Die Fischfiletstücke aus dem Sud nehmen. Je ein Stück Fischfilet in je einen Bogen Alufolie wickeln. Die Fischpäckchen auf den heißen Grill legen und 10–12 Minuten grillen.
5. Restlichen Sud in einen kleinen Topf geben, zum Kochen bringen und etwa um die Hälfte einkochen lassen. Den gegrillten Fisch damit beträufeln.

Beilage: Kartoffelsalat.

Kabeljaufilet „Italienische Art"

12 Portionen

Einfach

Pro Portion:
E: 37 g, F: 22 g, Kh: 21 g,
kJ: 1817, kcal: 434

6 Zucchini (etwa 1200 g)
1 Topf Zitronenthymian
6 EL Olivenöl
3 Pck. stückige Tomatensauce
(je 450 g)
Salz
frisch gemahlener Pfeffer
24 Kabeljaufilets (je etwa 75 g)
2 EL Zitronensaft
6 Eier (Größe M)
400 ml Milch
200 g geriebener Parmesan-Käse
100 g Weizenmehl
4 EL Olivenöl

Zubereitungszeit: 70 Min.
Garzeit: etwa 30 Min.

1. Zucchini waschen, abtrocknen und die Enden abschneiden. Zucchini längs halbieren und in Scheiben schneiden. Zitronenthymian abspülen und trockentupfen. Die Blättchen von den Stängeln zupfen und fein hacken.
2. Öl portionsweise in einem Bräter erhitzen. Zucchinischeiben portionsweise darin anbraten. Tomatensauce hinzugießen, mit Salz, Pfeffer und Zitronenthymian würzen, 5–10 Minuten köcheln lassen.
3. Kabeljaufilets unter fließendem kalten Wasser abspülen und trockentupfen, mit Salz, Pfeffer und Zitronensaft würzen.
4. Eier, Milch und Käse in einer Schale verrühren. Kabeljaufilets zunächst in Mehl, dann in der Eier-Käse-Mischung wenden (Filets am Schalenrand etwas abstreifen). Öl portionsweise in einer großen Pfanne erhitzen. Die Kabeljaufilets portionsweise bei mittlerer Hitze von beiden Seiten kurz darin anbraten.

Kabeljaufilet „Italienische Art"

5. Kabeljaufilets auf das Zucchinigemüse legen. Den Bräter auf dem Rost in den Backofen schieben.
   Ober-/Unterhitze: etwa 200 °C (vorgeheizt)
   Heißluft: etwa 180 °C (vorgeheizt)
   Gas: Stufe 3–4 (vorgeheizt)
   Garzeit: etwa 30 Minuten.
6. Die Kabeljaufilet mit dem Gemüse sofort servieren.

Tipp:
Etwa 10 Minuten vor Ende der Garzeit 800 g Gnocchi (aus dem Kühlregal) zum Gemüse geben und mitgaren lassen. Oder die Gnocchi nach Packungsanleitung zubereiten.

Kabeljauschnitzel in Dillpanade

Kabeljauschnitzel in Dillpanade

10 Stück

Raffiniert

Pro Portion:
E: 24 g, F: 15 g, Kh: 7 g, kJ: 1073, kcal: 256

1 Bund Dill
4 Eier (Größe M)
10 Kabeljaufilets (je etwa 120 g)
3 EL Zitronensaft
Salz
frisch gemahlener Pfeffer
6 EL Weizenmehl
7 EL Olivenöl

Für das Gemüse:
4 Fleischtomaten (etwa 600 g)
1 Salatgurke (etwa 600 g)
1 Zwiebel (etwa 60 g)
4 EL Olivenöl
1 Bund Dill

Zubereitungszeit: 80 Min.
Garzeit: etwa 15 Min.

1. Dill abspülen, trockentupfen und klein schneiden. Eier in einer Schale verschlagen, Dill unterrühren.
2. Kabeljaufilets unter fließendem kalten Wasser abspülen und trockentupfen. Kabeljaufilets mit Zitronensaft beträufeln, mit Salz und Pfeffer bestreuen.
3. Kabeljaufilets zuerst in Mehl wenden, dann durch die Dill-Eier-Masse ziehen, am Schalenrand etwas abstreifen. Öl portionsweise in einer großen Pfanne erhitzen. Kabeljaufilets portionsweise von beiden Seiten darin anbraten, herausnehmen und auf ein Backblech (gefettet) legen. Das Backblech in den Backofen schieben.
   Ober-/Unterhitze: 180–200 °C (vorgeheizt)
   Heißluft: 160–180 °C (vorgeheizt)
   Gas: etwa Stufe 3 (vorgeheizt)
   Garzeit: etwa 15 Minuten.
4. Für das Gemüse Tomaten waschen, abtrocknen, halbieren, entkernen und die Stängelansätze herausschneiden. Tomaten in Stücke schneiden.
5. Gurke schälen und die Enden abschneiden. Gurke längs halbieren und die Kerne mit einem Teelöffel herauskratzen. Gurkenhälften in Stücke schneiden. Zwiebel abziehen und in kleine Würfel schneiden.
6. Öl in einer großen Pfanne erhitzen. Die Zwiebelwürfel darin glasig dünsten. Tomaten- und Gurkenstücke hinzugeben und unter gelegentlichem Rühren etwa 10 Minuten dünsten lassen. Gemüse mit Salz und Pfeffer würzen.
7. Dill abspülen und trockentupfen. Die Dillspitzen von den Stängeln zupfen. Kabeljauschnitzel mit dem Gemüse anrichten, mit Dillspitzen bestreuen und servieren.

Beilage: Salzkartoffeln.

Tipp:
Anstelle von Kabeljaufilets können auch andere Fischfilets verwendet werden, z. B. Steinbutt.

Kaiser-Wilhelm-Kartoffelsuppe

12 Portionen

Zum Vorbereiten

Pro Portion:
E: 23 g, F: 24 g, Kh: 16 g,
kJ: 1583, kcal: 378

1 Zwiebel
1 Lorbeerblatt
3 Gewürznelken
1 Bund Suppengrün (Möhre, Porree, Sellerie)
1,2 kg Beinscheiben (vom Rind)
2 1/2 l Wasser
2 gestr. TL Salz
1 1/2 kg mehlig kochende Kartoffeln
60 g Butter
Salz
frisch gemahlener Pfeffer
1 Topf Kerbel
4 rohe, grobe Bratwürste
250 ml (1/4 l) Schlagsahne

Zubereitungszeit: 30 Min.
Garzeit: etwa 90 Min.

1. Die Zwiebel abziehen. Das Lorbeerblatt auf die Zwiebel legen und mit den Nelken darauf feststecken. Suppengrün putzen, abspülen, abtropfen lassen und in Würfel oder Streifen schneiden.
2. Beinscheiben unter fließendem kalten Wasser abspülen und in einem Topf mit Wasser und Salz zum Kochen bringen. Mit einer Schaumkelle den Schaum abschöpfen. Suppengemüse und gespickte Zwiebel in den Topf geben. Die Beinscheiben in etwa 60 Minuten gar kochen.
3. Kartoffeln schälen, waschen, abtropfen lassen und in kleine Würfel schneiden. Butter zerlassen und die Kartoffelwürfel darin in 2 Portionen unter Wenden etwa 10 Minuten dünsten, dann beiseite stellen.
4. Das Fleisch aus der Brühe nehmen und etwas abkühlen lassen. Dann in kleine Würfel schneiden. Die Brühe durch ein Sieb gießen und wieder in den Topf geben. Die Kartoffelwürfel in die Brühe geben. Das Ganze etwa 15 Minuten kochen lassen.
5. Kerbel abspülen, trockentupfen und die Blättchen von den Stängeln zupfen. Einige Blättchen zum Garnieren beiseite legen, die restlichen fein hacken.
6. Die Bratwurstmasse klößchenweise aus der Haut drücken, in die Suppe geben und etwa 5 Minuten erhitzen. Die Fleischwürfel wieder hinzufügen. Gehackten Kerbel unterrühren. Sahne steif schlagen.
7. In jede Suppenportion einen Klecks Sahne geben und mit den beiseite gelegten Kerbelblättchen garnieren.

Kaiser-Wilhelm-Kartoffelsuppe

Tipp:
Dazu getoastetes Mischbrot reichen. Die Sahne kann auch mit den Kerbelblättchen in die Suppe gegeben werden, dann ist die Konsistenz der Suppe insgesamt etwas cremiger. Nach Belieben können auch einige Kartoffeln etwas zerstampft werden. Die Brühe kann schon einige Tage vorher zubereitet und eingefroren werden.

Kalbfleisch-Parma-Röllchen

8–10 Portionen

Mit Alkohol

Pro Portion:
E: 28 g, F: 19 g, Kh: 1 g,
kJ: 1260, kcal: 300

8–10 Kalbsschnitzel (je etwa 120 g)
frisch gemahlener Pfeffer
2 Knoblauchzehen
1 Topf Salbei
8–10 Scheiben Parmaschinken
5 EL Olivenöl
125 ml ($^1/_8$ l) heiße Rindfleischbrühe
125 ml ($^1/_8$ l) trockener Weißwein

Holzstäbchen

Für die Sauce:
5 EL Marsalawein
100 g kalte Butter
Salz

Zubereitungszeit: 45 Min.
Schmorzeit: 20–25 Min.

Kalbfleisch-Parma-Röllchen

1. Kalbsschnitzel unter fließendem kalten Wasser abspülen, trockentupfen und flach klopfen, mit Pfeffer bestreuen. Knoblauch abziehen, flach drücken und die Fleischscheiben damit einreiben.
2. Salbei abspülen und trockentupfen. Die Blättchen von den Stängeln zupfen. 4 Blättchen für die Sauce beiseite legen. Die Fleischscheiben jeweils mit 1 Scheibe Schinken und je 2 Salbeiblättchen belegen, von der schmalen Seite her aufrollen, mit Holzstäbchen feststecken.
3. Olivenöl in einer großen Pfanne erhitzen. Die Fleischröllchen von allen Seiten darin anbraten (evtl. in 2 Portionen). Brühe und Weißwein hinzugießen, zum Kochen bringen. Die Röllchen zugedeckt 20–25 Minuten schmoren, gelegentlich wenden.
4. Die garen Röllchen herausnehmen, Holzstäbchen entfernen, und die Röllchen warm stellen.
5. Für die Sauce die beiseite gelegten Salbeiblätter in die Pfanne geben, den Bratenfond etwas einkochen lassen. Marsalawein hinzugießen, zum Kochen bringen und nochmals etwas einkochen lassen. Butter in Flöckchen in die Sauce rühren. Sauce mit Salz und Pfeffer abschmecken. Die Fleischröllchen mit der Sauce servieren.

Beilage: Reis.

Kalbs-Currys, scharf

Kalbs-Currys, scharf

8–10 Portionen

Raffiniert

Pro Portion:

E: 37 g, F: 24 g, Kh: 21 g,
kJ: 1881, kcal: 450

1,4 kg Kalbfleisch (aus der Oberschale, Schnitzelfleisch)
Salz
frisch gemahlener Pfeffer
1 Gemüsezwiebel (etwa 450 g)
6 EL Olivenöl
je 100 g rote, grüne und gelbe Currypaste (erhältlich im Asialaden)
600 ml Fleischbrühe oder Kalbsfond
300 ml Kokosmilch
1 Mango (etwa 500 g, nicht zu reife Frucht verwenden)
2 rote Paprikaschoten (etwa 300 g)
1 Bund Frühlingszwiebeln (etwa 250 g)
1 Bund Minze

Zubereitungszeit: 45 Min.
Garzeit: etwa 45 Min.

1. Kalbfleisch unter fließendem kalten Wasser abspülen, trockentupfen und in etwa 2 cm große Würfel schneiden. Fleischwürfel mit Salz und Pfeffer bestreuen und in drei gleich große Portionen teilen. Zwiebel abziehen und in kleine Würfel schneiden.
2. Die Fleischportionen getrennt in je einem Topf garen. Dafür jeweils 2 Esslöffel des Öls in einem Topf erhitzen. Je eine Fleischportion von allen Seiten darin anbraten. Je ein Drittel der Zwiebelwürfel mit anbraten. Die rote, grüne und gelbe Currypaste unter je eine Fleischportion rühren. Jeweils 200 ml Brühe oder Fond und 100 ml Kokosmilch hinzugießen, zum Kochen bringen und zugedeckt bei schwacher Hitze etwa 30 Minuten garen. Evtl. verkochte Flüssigkeit durch Wasser ersetzen.
3. Mango vom Stein schneiden. Mangohälften schälen. Fruchtfleisch zuerst in Scheiben, dann in Stifte schneiden. Paprika halbieren, entstielen, entkernen und die weißen Scheidewände entfernen. Die Schoten waschen, trockentupfen und in schmale Streifen schneiden. Frühlingszwiebeln putzen, waschen, abtropfen lassen und in Scheiben schneiden. Minze abspülen und trockentupfen. Je 2 Esslöffel der Mangostifte, Paprikastreifen und Frühlingszwiebelscheiben zum Garnieren beiseite legen.
4. Die Mangostifte zu dem gelben Curry, Paprikastreifen zu dem roten Curry und Frühlingszwiebelstreifen zu dem grünen Curry geben und unterrühren. Die Currys zugedeckt weitere etwa 15 Minuten garen. Currys mit den beiseite gelegten Mangostiften, Paprikastreifen, Frühlingszwiebelscheiben und Minzezweigen garniert servieren.

Beilage: Jasminreis.

Kalbsgeschnetzeltes mit Steinpilzen

8–10 Portionen

Mit Alkohol

Pro Portion:

E: 20 g, F: 16 g, Kh: 1 g,
kJ: 1149, kcal: 275

Kalbsgeschnetzeltes mit Steinpilzen

400 g junge feste Steinpilze
4 Schalotten
800 g Kalbsfilet
6 EL Olivenöl
2 EL Weinbrand
Salz, frisch gemahlener Pfeffer
2 TL Butter
500 ml ($^1/_2$ l) trockener Weißwein
1 Becher (150 g) Crème fraîche
5 Estragonstängel

Zubereitungszeit: 40 Min.
Garzeit: 5–8 Min.

1. Steinpilze putzen, mit Küchenpapier abreiben, evtl. kurz abspülen, trockentupfen und in Scheiben schneiden. Schalotten abziehen und in Würfel schneiden. Kalbsfilet unter fließendem kalten Wasser abspülen, trockentupfen und in dünne Streifen schneiden.
2. Olivenöl portionweise in einer großen Pfanne erhitzen. Filetstreifen portionsweise darin anbraten. Weinbrand hinzufügen und die Fleischstreifen mit Salz und Pfeffer würzen. Fleischstreifen aus der Pfanne nehmen.
3. Butter in der Pfanne zerlassen. Schalottenwürfel darin glasig dünsten. Steinpilze hinzufügen und andünsten, mit Salz und Pfeffer bestreuen. Wein hinzugießen. Das Ganze zum Kochen bringen und 5–8 Minuten köcheln lassen.
4. Crème fraîche einrühren. Die Fleischstreifen wieder hinzufügen und erhitzen. Estragon abspülen, trockentupfen und die Blättchen von den Stängeln zupfen. Geschnetzeltes mit Estragonblättchen bestreut servieren.

Beilage: Wildreis, Friséesalat.

Tipp:
Statt Steinpilze können Sie auch Austernpilze oder Shiitake-Pilze verwenden.

Rezeptvorschläge für ein Party-Buffet zum Herbstanfang

Für ein Party-Buffet zum Herbstanfang benötigen Sie für 10–12 Personen:

1,5 x Rezept Kalbsgeschnetzeltes mit Steinpilzen, Seite 162
1 x Rezept Tiroler Speckknödelsuppe, Seite 377
1,5 x Rezept Kartoffelgratin, Seite 172
1 x Rezept Pflaumen-Schupfnudel-Auflauf, Seite 261

Vorbereitungen am Vortag:

- Für die Speckknödelsuppe Punkt 3 bis 5 zubereiten, erkalten lassen und kalt stellen.

Vorbereitungen am Tag der Party:

4 Stunden vorher:	• Für die Speckknödelsuppe die Knödel zubereiten (Punkt 1 und 2). • Für das Gratin die Kartoffeln schälen, abspülen, in Scheiben schneiden und mit kaltem Wasser bedecken. Milch und Sahne verrühren und würzen.
3 Stunden vorher:	• Für das Geschnetzelte Pilze und Schalotten (Punkt 1) vorbereiten.
2 Stunden vorher:	• Für den Pflaumen-Schupfnudel-Auflauf Punkt 1 und 2 zubereiten. Die Pflaumen-Nudel-Mischung einfüllen. Die Eiermilch vorbereiten (Punkt 2) und kalt stellen.
1,5 Stunden vorher:	• Das Kartoffelgratin einschichten und in den Backofen schieben.
Kurz vorher:	• Die Suppe erhitzen und das Geschnetzelte fertig zubereiten.

Wenn das Gratin aus dem Backofen ist, die Pflaumen-Schupfnudel-Mischung mit der vorbereiteten Eiermilch begießen und in den Backofen schieben.

Es eignen sich auch folgende zusätzliche Rezepte:

1 x Rezept Kürbis-Käse-Cremesuppe, Seite 197
1 x Rezept Pfefferonen „italienisch", Seite 258
1,5 x Rezept Pfifferlings-Kartoffel-Gulasch, Seite 259
1,5 x Rezept Kasseler mit Kräuter-Pesto, Seite 188

Außerdem:

3–4 Ciabatta-Brote

Rezeptvorschläge für ein Mai-Party-Buffet

Für ein Mai-Party-Buffet benötigen Sie für 10–12 Personen:

1,5 x Rezept Kalbsragout mit Spargel, Seite 164
1 x Rezept Tortilla vom Blech mit Spargel, Seite 388
1 x Rezept Korsischer Tomatensalat, Seite 196
1 x Rezept Erdbeerklöße mit Vanillesauce, Seite 70
1 x Rezept Maibowle, Seite 214

Außerdem:

800 g Bandnudeln.

Vorbereitungen am Vortag:

- Die Tortilla zubereiten, erkalten lassen und kalt stellen.
- Für das Kalbsragout das Fleisch kochen und in Würfel schneiden (Punkt 1 und 2), kalt stellen.
- Für die Maibowle das Waldmeisterkraut vorbereiten (Punkt 1).

Vorbereitungen am Tag der Party:

3 Stunden vorher:
- Die Erdbeerklöße zubereiten und kalt stellen.

2 Stunden vorher:
- Die Tortilla in Stücke schneiden und anrichten.
- Die Bowle ansetzen.
- Das Kalbsragout zubereiten, erkalten lassen.

1 Stunde vorher:
- Bandnudeln nach Packungsanleitung in Salzwasser kochen, in ein Sieb geben, mit heißem Wasser abspülen und abtropfen lassen.
- Den Tomatensalat zubereiten.

Kurz vorher:
- Bandnudeln in 80 g Butter langsam erhitzen.
- Kalbsragout erhitzen, evtl. nochmals abschmecken.
- Die Bowlenansatz durch ein Sieb geben und auffüllen.
- Kurz vor dem Servieren das Dessert mit der Sauce anrichten.

Es eignen sich auch folgende zusätzliche Rezepte:

1,5 x Rezept Strawberry-Flip, Seite 369
1 x Rezept Eisbergsalat „Alaska", Seite 65
1 x Rezept Blumenkohl-Frischkäse-Suppe, Seite 29
1,5 x Rezept Putenbraten mit Kräutern, Seite 278

Außerdem:

Etwa 2,5 kg neue Kartoffeln, gründlich gebürstet und als Pellkartoffeln gekocht.

Kalbsragout mit Spargel

8–10 Portionen

Etwas Besonderes

Pro Portion:

E: 49 g, F: 32 g, Kh: 9 g,
kJ: 2173, kcal: 520

2 kg Kalbsschulter ohne Knochen
3 l kaltes Wasser
2 mittelgroße abgezogene Zwiebeln
2 Lorbeerblätter
4 Gewürznelken
Salz, einige Pfefferkörner
400 g kleine Champignons
400 g geschälter weißer Spargel
400 ml Schlagsahne
120 g Butter, 80 g Weizenmehl
frisch gemahlener Pfeffer
frisch geriebene Muskatnuss

Zubereitungszeit: 65 Min.
Gesamtgarzeit: etwa 2 Std.

1. Kalbsschulter unter fließendem kalten Wasser abspülen und trockentupfen. Wasser mit Zwiebeln, Lorbeerblättern, Gewürznelken, 2 Teelöffeln Salz, Pfefferkörnern und dem Fleisch in einem hohen Topf zum Kochen bringen (nach dem ersten Aufkochen die Kochflüssigkeit mit einem Schaumlöffel abschäumen) und zugedeckt 1–1 $^{1}/_{2}$ Stunden bei mittlerer Hitze garen.
2. Anschließend eine Garprobe machen (beim Drücken zwischen Daumen und Zeigefinger sollte das Fleisch problemlos nachgeben). Fleisch in dem Kochsud etwas abkühlen lassen, herausnehmen und in Würfel schneiden.
3. Champignons putzen, mit Küchenpapier abreiben, evtl. kurz abspülen und trockentupfen. Spargel waschen, abtropfen lassen und in Stücke schneiden.

4. Etwa 600 ml des Kochsuds mit Sahne auf 1 l auffüllen. Butter in einem Topf zerlassen. Mehl hinzufügen, unter Rühren so lange erhitzen, bis es hellgelb ist. Kochsud-Sahne-Flüssigkeit nach und nach hinzugießen, dabei mit einem Schneebesen durchschlagen, darauf achten, dass keine Klümpchen entstehen. Sauce zum Kochen bringen und etwa 5 Minuten köcheln lassen.
5. Champignons, Spargelstücke und Fleischwürfel in die Sauce geben, unter Rühren nochmals erhitzen. Kalbsragout mit Salz, Pfeffer und Muskatnuss würzen.

Beilage: Reis oder in Butter geschwenkte Bandnudeln.

Tipp:
Kalbsragout mit roten und gelben Paprikawürfeln und Kräutern bestreut servieren.

Kalbsragout mit Spargel

Kalbsschnitzel, gefüllt in Paprikarahm

8 Portionen

Etwas aufwändiger

Pro Portion:
E: 44 g, F: 18 g, Kh: 8 g,
kJ: 1571, kcal: 375

Für den Paprikarahm:
1 mittelgroße Zwiebel
2 Knoblauchzehen
3 große rote Paprikaschoten
3 EL Olivenöl
1 geh. EL Weizenmehl
1 EL Tomatenmark
500 ml (1/2 l) Rindfleischbrühe
Salz, frisch gemahlener Pfeffer
Paprikapulver rosenscharf
Zucker
2–3 EL Weinessig

8 dünne Kalbsschnitzel (Ober- oder Unterschale, je etwa 150 g)
2 TL mittelscharfer Senf

Für die Füllung:
250 g Mozzarella-Käse
4 mittelgroße Tomaten
1/2 Topf Basilikum
200 g dünne Scheiben Serranoschinken
4 EL Olivenöl
einige Basilikumblättchen

Außerdem:
Holzstäbchen

Kalbsschnitzel, gefüllt in Paprikarahm

Zubereitungszeit: 70 Min.
Garzeit: etwa 60 Min.

1. Für den Paprikarahm Zwiebel un Knoblauch abziehen, in kleine Würfel schneiden. Paprika halbieren, entstielen, entkernen und die weißen Scheidewände entfernen. Die Schoten waschen, abtropfen lassen und in Würfel schneiden.
2. Öl erhitzen. Zwiebel- und Knoblauchwürfel darin glasig dünsten. Paprikawürfel hinzufügen und kurz mitdünsten. Mehl darüber stäuben, Tomatenmark unterrühren. Brühe einrühren, zum Kochen bringen und zugedeckt 10–15 Minuten kochen. Mit Salz, Pfeffer, Paprika und Zucker würzen. Die Masse pürieren und anschließend durch ein Sieb streichen. Essig unterrühren.
3. Schnitzel unter fließendem kalten Wasser abspülen, trockentupfen und nebeneinander auf eine Arbeitsfläche legen. Schnitzel dünn mit Senf bestreichen.
4. Für die Füllung Mozzarella abtropfen lassen und in Scheiben schneiden. Tomaten waschen, abtrocknen, halbieren und die Stängelansätze herausschneiden. Tomaten in Scheiben schneiden. Basilikum abspülen und trockentupfen. Die Blättchen von den Stängeln zupfen.
5. Die Schnitzel jeweils zur Hälfte mit Mozzarella-, Tomaten-, Schinkenscheiben und Basilikumblättchen belegen. Unbelegte Hälfte darüber schlagen, die Hälften mit Holzstäbchen zusammenstecken.
6. Öl in einer großen Pfanne erhitzen. Die Schnitzel von beiden Seiten darin anbraten, herausnehmen und in eine große, flache Auflaufform legen. Paprikarahm darauf verteilen. Die Form auf dem Rost in den Backofen schieben.

Ober-/Unterhitze: etwa 200 °C (vorgeheizt)
Heißluft: etwa 180 °C (nicht vorgeheizt)
Gas: Stufe 3–4 (nicht vorgeheizt)
Garzeit: etwa 60 Minuten.

7. Holzstäbchen aus den Kalbsschnitzeln entfernen. Schnitzel mit Basilikumblättchen garniert servieren.

Kalte Ente

8 Portionen

Mit Alkohol

Pro Portion:
E: 1 g, F: 0 g, Kh: 18 g, kJ: 1069, kcal: 255

6 Bio-Zitronen (unbehandelt, ungewachst)
1 Glas grüne Cocktailkirschen (125 g)
2 Flaschen trockener Weißwein (je 0,7 l)
500 ml (1/2 l) kalte Zitronenlimonade
1 Flasche trockener Sekt (0,7 l)

Zubereitungszeit: 25 Min., ohne Durchziehzeit

1. Die Zitronen heiß abspülen, trockentupfen und die Schalen in dünnen Spiralen abschneiden (evtl. mit einem Zestenschneider).
2. Cocktailkirschen in einem Sieb abtropfen lassen und mit Weißwein, Zitronenlimonade und Sekt in ein Bowlengefäß geben. Die Zitronenschalen in die Bowle geben. Die Bowle gut durchrühren und 20 Minuten kalt stellen. Zitronenschalen herausnehmen.

Karibische Hähnchen

8–10 Portionen

Raffiniert

Pro Portion:
E: 57 g, F: 31 g, Kh: 23 g, kJ: 2540, kcal: 608

3 Hähnchen (je etwa 1 kg)
Salz
3 Knoblauchzehen
1 TL schwarze Pfefferkörner
2 TL Piment (Nelkenpfeffer)
1/2 TL Gewürznelken
1/2 TL gemahlener Zimt
2 getrocknete rote Chilischoten
3 EL Olivenöl
2 Bund Frühlingszwiebeln
2 Mangos
2 Papayas
3 Bananen
Saft von 5 Limetten

Zubereitungszeit: etwa 65 Min.
Gesamtgarzeit: etwa 70 Min.

1. Hähnchen von innen und außen unter fließendem kalten Wasser abspülen, trockentupfen und von innen und außen salzen. Knoblauch abziehen, durch die Knoblauchpresse drücken. Hähnchen damit einreiben und nebeneinander in eine Fettfangschale legen.
2. Pfefferkörner, Piment, Nelken, Zimt und Chilischoten im Mörser fein zerstoßen, die Hähnchen damit einreiben und mit Öl bestreichen. Die Fettfangschale in den Backofen schieben (unteres Drittel).
   Ober-/Unterhitze: etwa 200 °C (vorgeheizt)
   Heißluft: etwa 180 °C (vorgeheizt)
   Gas: Stufe 3–4 (vorgeheizt)
   Garzeit: etwa 45 Minuten.
3. In der Zwischenzeit Frühlingszwiebeln putzen, waschen, abtropfen lassen und in 2 cm große Stücke schneiden. Mangos halbieren, das Fruchtfleisch vom Stein schneiden und schälen. Papayas schälen, halbieren und die schwarzen Kerne mit einem Löffel herausschaben. Beide Zutaten würfeln. Bananen schälen und in Scheiben schneiden.
4. **Die Backofentemperatur um etwa 20 °C (Gas um etwa 1 Stufe) reduzieren,** den Limettensaft über die Hähnchen geben. Die vorbereiteten Frühlingszwiebeln und Früchte mit in die Fettfangschale geben und alles noch **weitere 15–20 Minuten garen.**
5. Die garen Hähnchen tranchieren, auf einer vorgewärmten Platte anrichten und mit den Früchten servieren.

Beilage: Reis-Wildreis-Mischung.

Tipp:
Sollten nicht alle Früchte mit in die Fettfangschale passen, geben Sie erst einen Teil der Früchte zu, garen die Hähnchen fertig, nehmen sie aus der Fettfangschale, geben die restlichen Früchte dazu und erwärmen sie noch etwa 5 Minuten. In der Zwischenzeit können Sie die Hähnchen tranchieren.

Karibische Hähnchen

Rezeptvorschläge für ein Länder-Party-Buffet

Für ein Länder-Party-Buffet benötigen Sie für 10–12 Personen:

1 x Rezept **Karibische Hähnchen**, Seite 167
1 x Rezept **Italienischer Spaghettisalat**, Seite 152
1 x Rezept **Mexikanische Bohnensuppe**, Seite 227
1 x Rezept **Chinesische Gemüsepfanne**, Seite 52

Außerdem:

Etwa 600 g Langkornreis für die Gemüsepfanne und 600 g Wildreismischung für die karibischen Hähnchen.

Vorbereitungen am Vortag:

- Die Mexikanische Bohnensuppe bis Punkt 5 zubereiten, erkalten lassen und kalt stellen.
- Für die Spaghettisalat die Tunfischsauce zubereiten und kalt stellen.

Vorbereitungen am Tag der Party:

4 Stunden vorher:	• Für die karibischen Hähnchen Punkt 1 und 2 zubereiten. Die Hähnchen noch nicht in den Backofen schieben. Punkt 3 zubereiten und die Zutaten kalt stellen.
3 Stunden vorher:	• Für die chinesische Gemüsepfanne Punkt 1 und 2 zubereiten. Die Sojabohnensprossen (Punkt 4) verlesen, abspülen und abtropfen lassen.
2 Stunden vorher:	• Den Spaghettisalat fertig zubereiten.
1 Stunde vorher:	• Die Hähnchen in den Backofen schieben und garen. • Die Bohnensuppe langsam erhitzen. • Die chinesische Gemüsepfanne zubereiten. • Beide Reissorten nach Packungsanweisung garen. • Alle Gerichte abschmecken, anrichten und den Reis dazuservieren.

Es eignen sich auch folgende zusätzliche Rezepte:

1 x Rezept **Japanischer Tofu-Eintopf**, Seite 156
1,5 x Rezept **Ungarisches Kartoffelgulasch**, Seite 397
1 x Rezept **Mexikanischer Bohnen-Geflügel-Topf**, Seite 228
1 x Rezept **Griechischer Nudelauflauf**, Seite 118

Außerdem:

Evtl. Taco-Chips oder ofenwarme Tortilla für den Mexikanischen Bohnen-Geflügel-Topf.

Karnevalsalat

12 Portionen

Gut vorzubereiten

Pro Portion:
E: 20 g, F: 38 g, Kh: 29 g,
kJ: 2245, kcal: 537

2 Gläser Bismarckheringe
(Abtropfgewicht je 250 g)
250 g Gewürzgurken
8 hart gekochte Eier
500 g Fleischwurst
4 Äpfel (800 g)
2 Zwiebeln
1 kg gekochte Pellkartoffeln
700 g Joghurt-Salatcreme
100 ml Gurkenflüssigkeit
4 EL Kräuteressig
Salz
frisch gemahlener Pfeffer

Zum Bestreuen und Garnieren:
etwas Petersilie
2 hart gekochte Eier

Karnevalsalat

Zubereitungszeit: 50 Min., ohne Durchziehzeit

1. Heringe und Gurken abtropfen lassen, anschließend in kleine Würfel schneiden. Eier pellen. Von der Fleischwurst die Schale abziehen. Äpfel schälen, vierteln und entkernen. Zwiebeln abziehen.
2. Eier, Fleischwurst, Apfelviertel, Zwiebeln und Kartoffeln in kleine Würfel schneiden. Die Salatzutaten in eine Schüssel geben und vermengen. Salatcreme mit Gurkenflüssigkeit und Essig verrühren. Mit Salz und Pfeffer abschmecken. Die Salatcreme unter die Salatzutaten heben. Salat kalt gestellt etwa 1 Stunde durchziehen lassen.
3. Zum Bestreuen und Garnieren Petersilie waschen, trockentupfen und fein hacken. Eier pellen und in Scheiben schneiden.
4. Den Karnevalsalat nochmals mit den Gewürzen abschmecken, mit Petersilie bestreut und mit Eierscheiben garniert servieren.

Kartoffelauflauf

12 Portionen

Schnell – gut vorzubereiten

Pro Portion:
E: 20 g, F: 20 g, Kh: 29 g,
kJ: 1617, kcal: 387

2,5 kg fest kochende Kartoffeln

500 g gekochter Schinken
150 g mittelalter Gouda-Käse
Salz
frisch gemahlener Pfeffer

Kartoffelauflauf

350 ml Gemüsebrühe
2 Becher (je 150 g) Crème fraîche
6 Eier (Größe M)
geriebene Muskatnuss
40 g Butterflöckchen

nach Belieben einige Basilikumblättchen zum Garnieren

Zubereitungszeit: 50 Min.
Garzeit: etwa 30 Min.

1. Kartoffeln gründlich waschen. Kartoffeln mit Wasser bedeckt in einem Topf zum Kochen bringen und in etwa 25 Minuten gar kochen. Kartoffeln abgießen, mit kaltem Wasser abschrecken, etwas abkühlen lassen und pellen.
2. Schinken in Würfel schneiden. Käse grob raspeln. Kartoffeln in gleich große Scheiben schneiden.
3. Kartoffelscheiben und Schinkenwürfel abwechselnd in eine große, flache Auflaufform (gefettet) oder eine Fettfangschale (gefettet) schichten. Dabei die Kartoffellagen mit Salz und Pfeffer bestreuen. Die letzte Schicht sollten Kartoffelscheiben sein.
4. Brühe mit Crème fraîche und Eiern verschlagen, mit Salz, Pfeffer und Muskat würzen.
5. Eiermasse über den Auflauf gießen. Auflauf mit Käse bestreuen. Butterflöckchen darauf setzen. Die Auflaufform oder die Fettfangschale auf dem Rost in den Backofen schieben.
   Ober/Unterhitze: etwa 200 °C (vorgeheizt)
   Heißluft: etwa 180 °C (vorgeheizt)
   Gas: etwa Stufe 4 (vorgeheizt)
   Garzeit: etwa 30 Minuten.
6. Nach Belieben Basilikumblättchen abspülen, trockentupfen und den Auflauf damit garnieren.

Tipp:
Sie können die Kartoffeln bereits am Vortag kochen. Schneiden Sie die Kartoffeln am Folgetag und schichten sie dann ein.

Kartoffel-Carpaccio

12 Portionen

Vegetarisch

Pro Portion:
E: 6 g, F: 17 g, Kh: 15 g,
kJ: 984, kcal: 237

1,2 kg fest kochende Kartoffeln
4 Bund Radieschen
24 große Champignons (etwa 600 g)
4 Becher (je 125 g) Kräuter-Crème-fraîche
Salz
grob gemahlener bunter Pfeffer
2 Bund Schnittlauch
2 Pck. Kresse
6 EL Olivenöl

Zubereitungzeit: 80 Min.

1. Kartoffeln gründlich waschen, schälen, abspülen und in dünne Scheiben hobeln oder schneiden. Scheiben in Salzwasser 5–10 Minuten kochen lassen, anschließend gut abtropfen lassen.
2. Radieschen putzen, abspülen und abtropfen lassen. Champignons putzen, mit Küchenpapier abreiben, nur bei starker Verschmutzung abspülen und trockentupfen. Radieschen und Pilze in dünne Scheiben schneiden.
3. Kräuter-Crème-fraîche mit Salz und Pfeffer abschmecken, auf einer flachen Platte glatt verstreichen und darauf kranzförmig Kartoffel-, Radieschen- und Champignonscheiben anrichten.
4. Schnittlauch und Kresse abspülen und trockentupfen. Schnittlauch in Röllchen und Kresse vom Beet schneiden. Kartoffel-, Radieschen- und Champignonscheiben mit Schnittlauchröllchen, Kresseblättchen und Pfeffer bestreuen und zum Schluss mit Olivenöl beträufeln.

Kartoffel-Feta-Puffer vom Grill

16–24 Stück

Beliebt

Pro Portion:
E: 20 g, F: 17 g, Kh: 43 g,
kJ: 1717, kcal: 410

1,5 kg mehlig kochende Kartoffeln
2 gestr. TL Salz
4 mittelgroße Möhren
500 g Feta-Käse
6 Frühlingszwiebeln
4 Dillstängel
4 Eier (Größe M)
Saft und abgeriebene Schale von 1 Bio-Zitrone (unbehandelt, ungewachst)
Salz, frisch gemahlener Pfeffer
4 EL Weizenmehl
etwa 120 g Semmelbrösel

Außerdem:
extrastarke Alufolie
Olivenöl zum Bestreichen

Zubereitungszeit: 40 Min., ohne Abkühlzeit
Grillzeit: etwa 15 Min.

1. Kartoffeln waschen, schälen und abspülen. Kartoffeln mit Wasser und Salz zum Kochen bringen und zugedeckt in etwa 25 Minuten gar kochen. Kartoffeln abgießen, sofort durch eine Kartoffelpresse drücken oder mit einem Kartoffelstampfer zerstampfen und in eine Schüssel geben, etwas abkühlen lassen.
2. Möhren putzen, schälen, waschen und abtropfen lassen. Möhren grob raspeln. Feta-Käse in Stücke schneiden und mithilfe einer Gabel zerdrücken.
3. Frühlingszwiebeln putzen, waschen, abtropfen lassen und in feine Ringe schneiden. Dill abspülen, trockenschütteln bzw. -tupfen und die Blättchen von den Stängeln zupfen. Blättchen fein hacken.
4. Möhrenraspel, Feta-Käse, Frühlingszwiebelringe, Dill, Eier, Zitronensaft und -schale zu den zerstampften Kartoffeln geben und die Zutaten gut vermengen. Kartoffel-Gemüse-Masse mit Salz und Pfeffer abschmecken.
5. Mehl und Semmelbrösel in einer flachen Schale vermischen. Aus der Kartoffel-Gemüse-Masse etwa 2 cm dicke Puffer formen und diese in der Mehl-Semmelbrösel-Mischung wenden, Panade gut andrücken.
6. Für den Grill ein etwa 20 x 30 cm großes Stück Alufolie bereitlegen. Die Ränder der Folie etwas hochfalten, so

Kartoffel-Feta-Puffer vom Grill

dass eine Schale entsteht. Die Folienschale gut mit Öl ausstreichen und auf den heißen Grill legen. Die Puffer darin von jeder Seite in 3–4 Minuten knusprig grillen. Kartoffel-Feta-Puffer heiß servieren.

Tipp:
Dazu passt ein Salat aus Tomaten, Gemüsezwiebeln, Oliven, Peperoni und Eisbergsalat, garniert mit frischen Dillstängeln.

Kartoffel-Gemüse-Gratin

8–10 Portionen

Einfach

Pro Portion:
E: 14 g, F: 11 g, Kh: 22 g,
kJ: 1046, kcal: 249

1,2 kg Kartoffeln
3 große Zucchini (je etwa 400 g)
8 mittelgroße Tomaten
2 Knoblauchzehen
Salz, frisch gemahlener Pfeffer
300 g geriebener Gratin-Käse
einige Majoranstängel

Zubereitungszeit: 40 Min.
Gesamtgarzeit: etwa 50 Min.

1. Kartoffeln waschen, in Wasser zum Kochen bringen und in 20–25 Minuten gar kochen. Kartoffeln abgießen, abdämpfen, heiß pellen und abkühlen lassen.
2. Zucchini waschen, abtrocknen und die Enden abschneiden. Tomaten waschen, abtrocknen und die Stängelansätze herausschneiden. Zucchini und Tomaten in Scheiben schneiden.
3. Knoblauch abziehen, durch eine Knoblauchpresse drücken und 2 große Gratinformen (gefettet) oder eine Fettfangschale (gefettet) damit ausreiben.
4. Die Gemüsescheiben abwechselnd dachziegelartig in die Formen bzw. Fettfangschale schichten und mit Salz und Pfeffer bestreuen. Gratin-Käse darüber streuen. Die Formen oder die Fettfangschale (die Formen auf dem Rost) in den Backofen schieben.
   Ober-/Unterhitze: etwa 200 °C (vorgeheizt)
   Heißluft: etwa 180 °C (vorgeheizt)
   Gas: Stufe 3–4 (vorgeheizt)
   Garzeit: etwa 25 Minuten.
5. Majoran abspülen, trockentupfen, die Blättchen von den Stängeln zupfen und das Gratin damit bestreuen.

Tipp:
Schneller geht's, wenn Sie die Pellkartoffeln bereits am Vortag kochen.

Kartoffel-Gemüse-Gratin

Kartoffelgratin

8 Portionen

Beliebt

Pro Portion:
E: 7 g, F: 14 g, Kh: 26 g,
kJ: 1146, kcal: 274

1 Knoblauchzehe
1,6 kg fest kochende Kartoffeln
Salz
frisch gemahlener Pfeffer
frisch geriebene Muskatnuss
250 ml (1/4 l) Milch
250 ml (1/4 l) Schlagsahne
4 EL geriebener Parmesan-Käse

Zubereitungszeit: 40 Min.
Garzeit: etwa 45 Min.

1. Knoblauch abziehen, halbieren und eine große, flache Auflaufform (gefettet) oder 8 kleine Formen damit ausreiben.
2. Kartoffeln schälen, abspülen, abtropfen lassen und in dünne Scheiben schneiden. Die Scheiben dachziegelartig in die vorbereiteten Formen einschichten. Kartoffelscheiben mit Salz, Pfeffer und Muskatnuss bestreuen.
3. Milch mit Sahne verrühren und über die Kartoffelscheiben gießen. Käse darüber streuen. Die Formen auf dem Rost in den Backofen schieben.
   Ober-/Unterhitze: etwa 180 °C (vorgeheizt)
   Heißluft: etwa 160 °C (vorgeheizt)
   Gas: Stufe 2–3 (vorgeheizt)
   Garzeit: etwa 45 Minuten.

Tipp:
Das Gratin passt perfekt zu saucenlosen Fleisch-, Fisch- oder Gemüsegerichten.

Variante 1: Statt Milch und Sahne etwa 500 ml (1/2 l) Gemüsebrühe nehmen. Mit 4 Esslöffeln Crème fraîche verrühren und über die Kartoffelscheiben gießen. Mit Käse bestreuen und wie oben garen.

Variante 2: Kartoffelgratin mit Champignons. Dafür 400 g Kartoffeln durch dünne Champignonscheiben ersetzen. Champignon- und Kartoffelscheiben im Wechsel schichten.

Variante 3: Kartoffel-Möhren-Gratin. Dafür 600 g Kartoffeln durch dünne Möhrenscheiben ersetzen. Möhren- und Kartoffelscheiben mit 2 Esslöffeln Thymianblättern einschichten.

Kartoffelgratin

Kartoffelgulasch mit Frühlingszwiebeln

12 Portionen

Beliebt

Pro Portion:
E: 7 g, F: 8 g, Kh: 32 g,
kJ: 998, kcal: 239

2,4 kg fest kochende Kartoffeln
4 Bund Frühlingszwiebeln
5 EL Olivenöl
1 gestr. EL Paprikapulver edelsüß
4 EL Tomatenmark
500 ml (1/2 l) Gemüsebrühe
1 Dose Sauerkraut (Abtropfgewicht 800 g)
Salz
frisch gemahlener Pfeffer
gemahlener Kümmel
2 Bund glatte Petersilie
400 g saure Sahne

Zubereitungszeit: 50 Min.
Garzeit: etwa 50 Min.

1. Kartoffeln waschen, schälen, abspülen und grob würfeln. Frühlingszwiebeln putzen, waschen und in etwa 2 cm lange Stücke schneiden.
2. Öl in einem Bräter erhitzen. Frühlingszwiebeln und Kartoffeln darin leicht anbraten und mit Paprikapulver bestäuben. Tomatenmark hinzugeben, verrühren und Gemüsebrühe dazugießen. Sauerkraut hinzufügen und gut verteilen.
3. Die Zutaten mit Salz, Pfeffer und Kümmel würzen und zugedeckt etwa 50 Minuten bei schwacher Hitze kochen lassen.
4. Petersilie abspülen und trockentupfen. Blätter von den Stängeln zupfen und grob hacken. Petersilie zum Kartoffel-

Kartoffelgulasch mit Frühlingszwiebeln

gulasch geben. Kartoffelgulasch mit saurer Sahne verfeinern, nochmals mit den Gewürzen abschmecken und servieren.

Tipp:
Geben Sie noch einige grüne gefüllte Oliven dazu.

Kartoffel-Hack-Pizza

8–10 Portionen

Für Kinder

Pro Portion:
E: 36 g, F: 34 g, Kh: 32 g, kJ: 2432, kcal: 580

1 1/2 kg Kartoffeln
Salz, 2 große Zwiebeln
1,2 kg gemischtes Gehacktes (halb Rind-, halb Schweinefleisch)
6 EL Semmelbrösel
5 EL Paprikamark (aus der Tube)
2 Eier (Größe M)
je 1 grüne und rote Paprikaschote
frisch gemahlener Pfeffer
200 g mittelalter Gouda-Käse

einige Thymianstängel

Zubereitungszeit: 25 Min.
Garzeit: 30–40 Min.

1. Kartoffeln schälen, abspülen, abtropfen lassen und in dünne Scheiben schneiden oder hobeln. Die Kartoffelscheiben in kochendem Salzwasser etwa 5 Minuten vorgaren, abgießen und gut abtropfen lassen.
2. Zwiebeln abziehen und fein würfeln. Gehacktes mit Zwiebelwürfeln, Semmelbröseln, Paprikamark und Eiern verkneten.
3. Paprikaschoten halbieren, entstielen, entkernen und die weißen Scheidewände entfernen. Die Schoten waschen, abtropfen lassen und in kleine Würfel schneiden. Die Paprikawürfel unter die Hackmasse mengen. Die Masse mit Salz und Pfeffer würzen. Gouda fein reiben.
4. Die Kartoffelscheiben in einer Fettfangschale (30 x 40 cm, gefettet) verteilen, die Hackmasse in Klecksen darauf geben und mit Gouda bestreuen. Die Fettfangschale in den Backofen schieben.
   Ober-/Unterhitze: etwa 200 °C (vorgeheizt)
   Heißluft: etwa 180 °C (vorgeheizt)
   Gas: Stufe 3–4 (vorgeheizt)
   Garzeit: 30–40 Minuten.
5. Thymian abspülen, trockentupfen und die Blättchen von den Stängeln zupfen. Die Pizza mit den Thymianblättchen servieren.

Tipp:
Die Kartoffel-Hack-Pizza mit einem gemischten Salat servieren. Anstelle des Paprikamarks können Sie ersatzweise auch Tomatenmark verwenden.

Kartoffel-Hack-Pizza

Kartoffeln vom Blech

12 Portionen

Einfach

Pro Portion:
E: 8 g, F: 4 g, Kh: 60 g,
kJ: 1340, kcal: 319

24 große fest kochende Kartoffeln
5 EL Olivenöl
Salz
2 EL Kümmelsamen

Zubereitungszeit: 30 Min.
Garzeit: etwa 50 Min. je Blech

1. Kartoffeln unter fließendem kalten Wasser gründlich abbürsten, trockentupfen, längs halbieren.
2. Zwei Backbleche mit einem Teil des Öls dick bestreichen und mit etwas Salz und Kümmel bestreuen. Die Kartoffeln mit den Anschnittseiten nach unten auf die Bleche verteilen, mit dem restlichen Öl bestreichen oder beträufeln, mit dem restlichen Kümmel bestreuen und nach Belieben noch etwas salzen.
3. Die Backbleche nacheinander (bei Heißluft zusammen, dann die Bleche nach der Hälfte der Garzeit umtauschen) in den Backofen schieben.
   Ober-/Unterhitze: etwa 200 °C (vorgeheizt)
   Heißluft: etwa 180 °C (nicht vorgeheizt)
   Gas: etwa Stufe 3 (nicht vorgeheizt)
   Garzeit: etwa 50 Minuten je Blech.

Tipp:
Als Beilage zu gegrilltem Fleisch oder als vegetarische Mahlzeit mit Kräuterquark oder Tsatsiki reichen.
Wer keinen Kümmel mag, kann auch getrocknete Kräuter verwenden oder einige gewaschene Rosmarinzweige mit auf die Backbleche legen.

Kartoffelrösti, raffiniert belegt

24 Stück

Einfach

Pro Stück:
E: 5 g, F: 9 g, Kh: 8 g,
kJ: 586, kcal: 140

24 TK-Kartoffelrösti für den Backofen
500 g Käse mit Knoblauch in Scheiben
Salzwasser
16 Cocktailtomaten
3 Möhren
frisch gemahlener grober Pfeffer
einige Basilikumstängel
einige Schnittlauchstängel

Zubereitungszeit: 30 Min.
Gesamtgarzeit:16–18 Min.

1. Kartoffelrösti aus der Packung nehmen und auf ein Backblech (mit Backpapier belegt) legen. Backblech in den Backofen schieben.
   Ober/Unterhitze: etwa 220 °C (vorgeheizt)
   Heißluft: etwa 200 °C (vorgeheizt)
   Gas: Stufe 4–5 (vorgeheizt)
   Garzeit: etwa 8 Minuten.
2. In der Zwischenzeit Käsescheiben diagonal halbieren. Tomaten waschen, abtropfen lassen, halbieren und die Stängelansätze herausschneiden. Möhren putzen, schälen, abspülen und abtropfen lassen. Möhren in gleichmäßig dünne Scheiben schneiden. Salzwasser zum Kochen bringen und die Möhrenscheiben darin etwa 3 Minuten garen.
3. Kartoffelrösti wenden, mit Tomatenhälften, Möhrenscheiben und Käsedreiecken belegen. Das Backblech wieder in den Backofen

Kartoffelrösti, raffiniert belegt

schieben und **bei der angegebenen Backofeneinstellung weitere 8–10 Minuten backen,** bis der Käse zerlaufen ist.

4. Basilikum und Schnittlauch abspülen und trockentupfen. Basilikumblättchen von den Stängeln zupfen. Schnittlauch in feine Röllchen schneiden. Rösti nach Belieben mit Pfeffer bestreuen und mit Kräutern garnieren.

Abwandlungen:

Überbackene Mozzarellapuffer

Dafür Kartoffelpuffer oder -rösti mit Salamischeiben, Tomatenscheiben und Mozzarella belegen, mit buntem Pfeffer bestreuen und überbacken.

Kartoffelrösti mit Lachs

Dafür je 2 Rösti mit einer Scheibe Lachs, Crème fraîche und Kaviar anrichten, mit Zitrone und Dill garnieren.

Kartoffelsalat

8 Portionen

Klassisch

Pro Portion:

E: 8 g, F: 39 g, Kh: 46 g,
kJ: 2393, kcal: 573

2 kg fest kochende Kartoffeln
2 Zwiebeln
2 Bund Frühlingszwiebeln
2 Bund Radieschen
2 kleine Gläser Cornichons
(Abtropfgewicht je 190 g)

Für die Sauce:

12 EL Salatmayonnaise
4 TL mittelscharfer Senf
600 g Crème fraîche
Salz, frisch gemahlener Pfeffer
Zucker oder Honig
Gurkenwasser

Zubereitungszeit: 50 Min., ohne Kühlzeit

1. Kartoffeln waschen, mit Wasser bedeckt zum Kochen bringen und in 20–25 Minuten gar kochen. Abgießen, etwas abkühlen lassen, pellen und in Scheiben schneiden.
2. Zwiebeln abziehen und fein würfeln. Frühlingszwiebeln putzen, waschen, abtropfen lassen und in Ringe schneiden. Radieschen putzen, waschen, abtropfen lassen und vierteln. Gurken in einem Sieb abtropfen lassen, dabei das Gurkenwasser auffangen. Gurken in Scheiben schneiden.
3. Für die Sauce Mayonnaise mit Senf und Crème fraîche verrühren, mit Salz, Pfeffer und Zucker oder Honig würzen. Salatzutaten mit der Sauce mischen und den Salat etwa 30 Minuten kalt stellen. Vor dem Servieren den Salat nochmals mit Salz, Pfeffer, Zucker oder Honig und Gurkenwasser abschmecken.

Tipp:

Einen Teil der angegebenen Kartoffelmenge kann man durch andere Sorten wie violette Kartoffeln oder Süßkartoffeln ersetzen. Der Salat wird leichter, wenn Crème fraîche durch Joghurt ersetzt wird. Salat mit Schnittlauchröllchen bestreuen.

Kartoffelsalat

Rezeptvorschläge für ein Hüttenabend-Party-Buffet

Für ein Hüttenabend-Party-Buffet benötigen Sie für 10–12 Personen:

1 x Rezept Kartoffelsalat, Seite 175
1 x Rezept Gurken-Joghurt-Salat, Seite 121
1 x Rezept Gemüsesalat mit Knoblauchdressing, Seite 106
1 x Rezept Linsensalat in Senfdressing, Seite 212

Außerdem:

Etwa 3 kg gemischte Koch- und Brühwürste, z. B. Wiener Würste, Bockwürste zum Erhitzen.
Etwa 1 kg gemischte Brötchen. Senf und Ketchup.

Vorbereitungen am Vortag:

- Kartoffelsalat zubereiten und kalt stellen. Restliches Gurkenwasser kalt stellen.
- Den Gemüsesalat bis Punkt 5 zubereiten. Den Salat mit dem Dressing vermengen und kalt stellen.
- Für den Linsensalat Gemüse und Dressing zubereiten und getrennt kalt stellen.

Vorbereitungen am Tag der Party:

1–2 Stunden vorher:
- Die Petersilie wie im Rezept angegeben unter den Gemüsesalat rühren.
- Alle Salate fertig zubereiten, abschmecken. Beim Kartoffelsalat evtl. noch etwas Gurkenflüssigkeit zufügen.

Kurz vorher:
- Die Koch- und Brühwürste langsam erhitzen.
- Die Salate anrichten.
- Senf, Ketchup und Brötchen dazureichen.

Es eignen sich auch folgende zusätzliche Rezepte:

1 x Rezept Bohnen-Paprika-Salat, Seite 31
1 x Rezept Kartoffelsalat mit Pesto, Seite 177
1 x Rezept Farfalle-Schichtsalat, Seite 72
1 x Rezept Zwölfer-Salat, Seite 425

Außerdem:

Etwa 3 kg gemischte Koch- und Brühwürste zum Erhitzen.
Etwa 1 kg gemischte Brötchen. Senf und Ketchup.

Kartoffelsalat mit gefüllten Steaks

8 Portionen

Beliebt

Pro Portion:
E: 48 g, F: 19 g, Kh: 39 g,
kJ: 2230, kcal: 533

Für den Kartoffelsalat:
2 kg fest kochende Kartoffeln
4 Zwiebeln
12 EL Speiseöl, z. B. Olivenöl
300 ml Gemüsebrühe
12 EL Weißweinessig
2 TL mittelscharfer Senf
Salz
frisch gemahlener Pfeffer

8 Rindersteaks aus der Hüfte (je etwa 150 g)
1 kleine Dose Ananasscheiben (Abtropfgewicht 140 g)
4 Scheiben gekochter Vorderschinken
12 EL geriebener Käse, z. B. Gouda

1 Bund Schnittlauch

Außerdem:
Holzstäbchen

Zubereitungszeit: 50 Min., ohne Abkühlzeit

1. Für den Salat Kartoffeln gründlich waschen, mit Wasser bedeckt zum Kochen bringen und in 20–25 Minuten gar kochen. Kartoffeln abgießen, heiß pellen und in Scheiben schneiden. Kartoffeln in eine große Schüssel geben.
2. Zwiebeln abziehen und in kleine Würfel schneiden. 4 Esslöffel des Speiseöls in einem Topf erhitzen, Zwiebelwürfel

darin glasig dünsten. Brühe, Essig und Senf hinzugeben, aufkochen lassen und mit Salz und Pfeffer würzen.

3. Zwiebelmarinade zu den noch warmen Kartoffelscheiben geben und vorsichtig untermischen. Mit Salz und Pfeffer würzen. Salat erkalten lassen.
4. Steaks evtl. abspülen und trockentupfen. In die Steaks jeweils seitlich eine tiefe Tasche schneiden und das Fleisch flach klopfen. Ananasscheiben abtropfen lassen und in kleine Stücke schneiden. Schinkenscheiben halbieren. Steaks mit je einer halben Schinkenscheibe, einigen Ananasstücken und etwas Käse füllen. Die Fleischtaschen mit Holzstäbchen zustecken.
5. Schnittlauch abspülen, trockentupfen und in feine Röllchen schneiden. Kartoffelsalat nochmals mit Salz und Pfeffer abschmecken. Evtl. noch etwas Gemüsebrühe hinzugeben. Schnittlauchröllchen unterheben.
6. Restliches Speiseöl in einer Pfanne erhitzen. Die gefüllten Steaks von jeder Seite etwa 5 Minuten darin braten. Mit Salz und Pfeffer bestreuen. Steaks mit Kartoffelsalat auf Tellern anrichten.

Tipp:
Sie können die Steaks auch mit Hähnchenbrust- oder Putenbrustfilets zubereiten.

Kartoffelsalat mit gefüllten Steaks

Kartoffelsalat mit Pesto

8 Portionen

Etwas teurer

Pro Portion:
E: 8 g, F: 33 g, Kh: 41 g, kJ: 2103, kcal: 502

Kartoffelsalat mit Pesto

2 kg fest kochende Kartoffeln
2 TL Salz
400 g getrocknete Tomaten in Öl
200 g grünes Pesto
4 EL warmes Wasser
5–6 EL Zitronensaft
Salz, frisch gemahlener Pfeffer

Zubereitungszeit: 30 Min., ohne Durchziehzeit
Garzeit: 20–25 Min.

1. Kartoffeln gründlich waschen oder abbürsten. Kartoffeln mit Wasser bedeckt und Salz zum Kochen bringen, in 20–25 Minuten gar kochen. Kartoffeln abgießen, etwas abkühlen lassen, halbieren oder vierteln.
2. Tomaten abtropfen lassen, dabei das Öl auffangen. Tomaten in Stücke schneiden. Pesto mit dem Wasser verrühren und mit Kartoffelscheiben, Tomatenstücken und Zitronensaft vermengen oder in 8 Gläser schichten. Salat mit Salz, Pfeffer und dem aufgefangenen Öl abschmecken. Salat etwa 1 Stunde durchziehen lassen.

Tipp:
Der Kartoffelsalat mit Pesto schmeckt gut zu gebratenen Mittelmeerfischen.

Kartoffelscheiben auf Tomatenragout, gratiniert

5. Tomatengemüse in eine Fettfangschale (gefettet) geben und die Kartoffelscheiben dachziegelartig darauf schichten, mit dem restlichen Öl beträufeln. Die Fettfangschale in den Backofen schieben.
   Ober-/Unterhitze: etwa 180 °C (vorgeheizt)
   Heißluft: etwa 160 °C (nicht vorgeheizt)
   Gas: Stufe 2–3 (nicht vorgeheizt)
   Garzeit: etwa 40 Minuten.
6. Anschließend Kartoffeln mit Käse bestreuen, nochmals in den Backofen schieben und noch einige Minuten überbacken.

Kartoffelscheiben auf Tomatenragout, gratiniert

12 Portionen

Beliebt

Pro Portion:
E: 19 g, F: 23 g, Kh: 30 g,
kJ: 1709, kcal: 408

2,4 kg fest kochende Kartoffeln
Salzwasser

Für das Tomatenragout:
2 kg Fleischtomaten
2 Bund Frühlingszwiebeln
2 Bund Majoran
8 EL Olivenöl
Salz
frisch gemahlener schwarzer Pfeffer

Zum Bestreuen:
600 g geriebener Emmentaler-Käse

Zubereitungszeit: 60 Min.
Garzeit: etwa 40 Min.

1. Kartoffeln schälen, abspülen, abtropfen lassen und in nicht zu dünne Scheiben schneiden. Salzwasser zum Kochen bringen und die Kartoffelscheiben darin etwa 5 Minuten kochen lassen. Anschließend gut abtropfen lassen.
2. Für das Tomatenragout Tomaten waschen, abtropfen lassen, kreuzweise einschneiden und kurz in kochendes Wasser legen. Tomaten mit kaltem Wasser abschrecken, enthäuten, vierteln und die Stängelansätze herausschneiden. Tomaten entkernen und Tomatenviertel halbieren.
3. Frühlingszwiebeln putzen, waschen, abtropfen lassen und in dünne Ringe schneiden. Majoran abspülen, trockentupfen und die Blättchen von den Stängeln zupfen.
4. Die Hälfte von dem Öl in einem weiten Topf oder einer großen Pfanne erhitzen. Frühlingszwiebelringe und Tomatenstücke darin andünsten, mit Salz und Pfeffer würzen und mit Majoranblättchen mischen.

Kartoffel-Schicht-Torte

8–10 Portionen

Vegetarisch

Pro Portion:
E: 8 g, F: 16 g, Kh: 15 g,
kJ: 1007, kcal: 241

750 g dicke Möhren
750 g fest kochende Kartoffeln
500 g Blattspinat
Salzwasser
300 ml Schlagsahne
6 Eier (Größe M)
Salz
frisch gemahlener Pfeffer
geriebene Muskatnuss

Zum Garnieren:
1 Bund Kerbel

Außerdem:
1 dicht schließende Springform
(Ø 26 cm)
1 Bogen Alufolie

Kartoffel-Schicht-Torte

Zubereitungszeit: 90 Min.
Garzeit: etwa 60 Min.

1. Möhren putzen. Kartoffeln und Möhren schälen, waschen, abtropfen lassen und in dünne Scheiben schneiden. Spinat verlesen, waschen, gut abtropfen lassen und die dicken Stiele entfernen.
2. Salzwasser zum Kochen bringen. Nacheinander die Kartoffelscheiben etwa 8 Minuten, die Möhrenscheiben etwa 3 Minuten und den Spinat etwa 10 Sekunden darin garen. Anschließend jeweils mit kaltem Wasser abschrecken und getrennt in Sieben gut abtropfen lassen.
3. Sahne mit Eiern verschlagen, mit Salz, Pfeffer und Muskat kräftig würzen. Spinat, Kartoffel- und Möhrenscheiben abwechselnd lagenweise in die Form (gefettet) schichten. Eiersahne darauf gießen. Die Form auf dem Rost (mit Alufolie belegt und an den Rändern etwas hochgeknickt) im unteren Drittel in den Backofen schieben.
   Ober-/Unterhitze: etwa 180 °C (vorgeheizt)
   Heißluft: etwa 160 °C (nicht vorgeheizt)
   Gas: Stufe 2–3 (nicht vorgeheizt)
   Garzeit: etwa 60 Minuten (Die Schichttorte nach etwa 45 Minuten Garzeit mit Backpapier zudecken).
4. Die Form auf einen Rost stellen. Kartoffel-Schicht-Torte etwa 10 Minuten ruhen lassen, dann aus der Form lösen und auf eine Tortenplatte legen.
5. Kerbel abspülen und trockentupfen. Die Blättchen von den Stängeln zupfen, die Torte damit garnieren und sofort servieren.

Beilage: Gemischter Salat und Kräuter-Crème-fraîche.

Tipp:
Die Schichttorte kann auch in einer Auflaufform zubereitet werden.

Kartoffel-Schinken-Tortilla

8–10 Portionen

Für Kinder

Pro Portion:
E: 17 g, F: 15 g, Kh: 16 g,
kJ: 1129, kcal: 269

1 kg fest kochende Kartoffeln
200 g gekochter Schinken
200 g roher Schinken
8 Eier (Größe M)
Salz
frisch gemahlener Pfeffer
1–2 Knoblauchzehen
1 Bund glatte Petersilie
70 g Butterschmalz

Zubereitungszeit: 80 Min.
Garzeit: etwa 25 Min.

1. Die Kartoffeln gründlich waschen, mit Wasser bedeckt zum Kochen bringen und in 20–25 Minuten gar kochen. Die Kartoffeln abgießen, mit kaltem Wasser abschrecken, kurz abkühlen lassen, pellen und in Scheiben schneiden.
2. Beide Schinkensorten in Würfel schneiden. Eier verquirlen und mit Salz und Pfeffer würzen. Knoblauch abziehen, fein hacken und unterrühren. Petersilie abspülen, trockentupfen, die Blättchen von den Stängeln zupfen. Blättchen grob zerkleinern.
3. Butterschmalz portionsweise in einer großen Pfanne erhitzen. Die Kartoffelscheiben portionsweise darin anbraten. Schinkenwürfel dazugeben und kurz mitbraten. Kartoffeln mit Salz und Pfeffer würzen und etwa die Hälfte der Petersilie unterrühren.
4. Alles in eine große Auflaufform oder eine Fettfangschale umfüllen. Die Eiermasse darüber gießen. Die Fettfangschale (die Form auf dem Rost) in den Backofen schieben und die Masse stocken lassen.
   Ober-/Unterhitze: etwa 180 °C (vorgeheizt)
   Heißluft: etwa 160 °C (vorgeheizt)
   Gas: Stufe 2–3 (vorgeheizt)
   Garzeit: etwa 25 Minuten.
5. Die Tortilla vor dem Servieren mit der restlichen Petersilie bestreuen.

Kartoffel-Schinken-Tortilla

Kartoffel-Spitzkohl-Salat mit Kasseler

12 Portionen

Gut vorzubereiten

Pro Portion:
E: 18 g, F: 13 g, Kh: 27 g,
kJ: 1371, kcal: 328

2 kg fest kochende kleine Kartoffeln
4 TL Kümmelsamen
1,2 kg Spitzkohl
1 l Gemüsebrühe
700 g Kasseler-Aufschnitt

Für die Sauce:
300 ml Gemüsebrühe
300 g Crème fraîche
2 geh. EL Salatmayonnaise
4 EL körniger Senf
etwas Currypulver
Salz
frisch gemahlener Pfeffer
Zucker
4 TL Kümmelsamen

Petersilienblättchen

Zubereitungszeit: 60 Min., ohne Abkühlzeit

1. Kartoffeln gründlich waschen, mit Wasser bedeckt zum Kochen bringen, Kümmelsamen hinzugeben, zugedeckt in 20–25 Minuten gar kochen. Kartoffeln abgießen, mit kaltem Wasser abschrecken, abtropfen lassen, sofort pellen und lauwarm abkühlen lassen. Kartoffeln in Scheiben schneiden und beiseite stellen.
2. Spitzkohl putzen, vierteln und den Strunk entfernen. Spitzkohl in feine Streifen schneiden, waschen und abtropfen lassen. Brühe in einem Topf zum Kochen bringen. Kohlstreifen hinzufügen, zum Kochen bringen und 2–5 Minuten kochen lassen. Kohlstreifen in einem Sieb abtropfen und erkalten lassen. Kasseler-Aufschnitt in Streifen schneiden.
3. Für die Sauce Brühe mit Crème fraîche, Mayonnaise und Senf verrühren, mit Curry, Salz, Pfeffer und Zucker abschmecken. Kümmelsamen unterrühren.
4. Abwechselnd Kartoffelscheiben, Spitzkohl-, Kasselerstreifen und Sauce in eine hohe Glasschale schichten, dabei Kartoffelscheiben jeweils mit etwas Salz bestreuen. Petersilienblättchen abspülen, trockentupfen und den Salat mit den Blättchen garnieren.

Kartoffel-Spitzkohl-Salat mit Kasseler

Kartoffelsuppe

12 Portionen

Klassisch - preiswert

Pro Portion:
E: 15 g, F: 26 g, Kh: 24 g,
kJ: 1651, kcal: 394

2 Stangen Porree (Lauch)
750 g Möhren
250 g Knollensellerie
2 kg mehlig kochende Kartoffeln
4 Zwiebeln
250 g durchwachsener Speck
80 g Butter oder Margarine
3 l Gemüsebrühe
12 Wiener Würstchen
einige Majoranstängel
1–2 Liebstöckelblätter
Salz
frisch gemahlener Pfeffer

Zubereitungszeit: 60 Min.
Garzeit: etwa 40 Min.

1. Porree putzen, die Stangen längs halbieren, waschen, abtropfen lassen und in Streifen schneiden. Möhren und Sellerie putzen. Möhren, Sellerie und Kartoffeln schälen, waschen, abtropfen lassen und in kleine Würfel schneiden.
2. Zwiebeln abziehen und würfeln. Speck ebenfalls würfeln.
3. Butter oder Margarine in einem großen Topf zerlassen. Zwiebel- und Speckwürfel darin andünsten. Gemüse dazugeben und ebenfalls mit andünsten. Die Brühe hinzugießen und alles etwa 40 Minuten garen.
4. Kräuter abspülen und trockentupfen. Die Majoranblättchen von den Stängeln zupfen und zusammen mit den Liebstöckelblättern fein hacken. Kräuter in die Suppe geben.
5. Die Würstchen in Stücke schneiden und in der Suppe erhitzen. Die Suppe mit Salz und Pfeffer abschmecken.

Beilage: Laugenbrötchen.

Tipp:
Tiefgefrorenes Suppengemüse verwenden. Die Würstchen in heißem Wasser erhitzen und im Ganzen zur Suppe geben.

Kartoffelsuppe mit Weißwein

Kartoffelsuppe mit Weißwein

12 Portionen

Mit Alkohol

Pro Portion:
E: 4 g, F: 12 g, Kh: 15 g, kJ: 971, kcal: 232

1,2 kg vorwiegend fest kochende Kartoffeln
400 g Möhren
400 g Porree (Lauch)
80 g Butter
1/2 TL gerebelter Rosmarin
1/2 TL gemahlener Koriander
0,7 l trockener Weißwein
1 l Gemüsebrühe
1 TL Zucker
2 gestr. TL Salz
1 TL weißer Pfeffer
1 Bund frischer Dill
400 g Schmand

Zubereitungszeit: 70 Min.

1. Kartoffeln schälen, abspülen, abtropfen lassen und grob würfeln. Möhren putzen, schälen, abspülen, abtropfen lassen und 150 g davon in grobe Stücke schneiden. Den Rest der Möhren fein würfeln. Porree putzen, die Stangen längs halbieren, waschen, abtropfen lassen und in breite Streifen schneiden.
2. Etwa 50 g der Butter in einem großen Topf zerlassen. Porree darin andünsten. Kartoffeln, grobe Möhrenstücke und Kräuter dazugeben und ebenfalls andünsten. Die Möhrenwürfel in einem kleinen Topf mit der restlichen Butter bei schwacher Hitze zugedeckt etwa 10 Minuten dünsten, evtl. 2–3 Esslöffel Wasser hinzugeben.
3. Wein und Brühe zum Kartoffelgemüse gießen und zum Kochen bringen. Suppe mit Zucker, Salz und Pfeffer würzen und etwa 30 Minuten bei schwacher Hitze zugedeckt kochen lassen.
4. Die Suppe von der Kochstelle nehmen und pürieren. Dill abspülen, abtropfen lassen, fein hacken und mit dem Schmand unter die Suppe rühren. Gedünstete Möhrenwürfel ebenfalls unterrühren.

Tipp: Möhrenwürfel mit 1 Esslöffel Zucker im Topf karamellisieren.

Kartoffel-Tomaten-Pizza

10–12 Portionen

Für Kinder

Pro Portion:
E: 13 g, F: 14 g, Kh: 27 g,
kJ: 1208, kcal: 288

2 kg fest kochende Kartoffeln
200 g durchwachsener Speck
1 kg Tomaten
1 Topf glatte Petersilie
2 Knoblauchzehen
Salz
frisch gemahlener Pfeffer
1 TL gerebelter Oregano
250 g geriebener Käse

Zubereitungszeit: 30 Min.,
ohne Abkühlzeit
Backzeit: etwa 25 Min. je Blech

1. Kartoffeln gründlich waschen, mit Wasser bedeckt zum Kochen bringen, zugedeckt in 20–25 Minuten gar kochen. Kartoffeln abgießen, mit kaltem Wasser abschrecken, abtropfen lassen, pellen und abkühlen lassen.
2. Speck in kleine Würfel schneiden. Tomaten waschen, abtrocknen, halbieren und die Stängelansätze herausschneiden. Tomaten in Scheiben schneiden.
3. Petersilie abspülen, trockentupfen und die Blättchen von den Stängeln zupfen. Petersilie fein hacken. Knoblauch abziehen und durch eine Knoblauchpresse drücken. Petersilie mit Knoblauch, Oregano, Speckwürfeln und Käse vermischen.
4. Kartoffeln in Scheiben schneiden. Kartoffel- und Tomatenscheiben abwechselnd dachziegelartig in eine Fettfangschale (30 x 40 cm, gefettet) schichten. Die Schichten jeweils mit Salz und Pfeffer und zum Schluss mit Käse bestreuen.
5. Die Fettfangschale in den Backofen schieben.
   Ober-/Unterhitze: 200–220 °C (vorgeheizt)
   Heißluft: 180–200 °C (vorgeheizt)
   Gas: etwa Stufe 4 (vorgeheizt)
   Backzeit: etwa 25 Minuten je Blech.

Kartoffel-Tomaten-Pizza

Tipp:
Zu der Kartoffel-Tomaten-Pizza einen grünen Salat servieren.

Käse-Hack-Rouladen

8–10 Portionen

Preiswert

Pro Portion:
E: 34 g, F: 35 g, Kh: 18 g,
kJ: 2183, kcal: 522

2 Brötchen vom Vortag
2 Zwiebeln
2 Knoblauchzehen
1,2 kg Rindergehacktes
2 Eier (Größe M)
Salz
frisch gemahlener Pfeffer
4 dünne Scheiben durchwachsener Räucherspeck (80 g)
4 Scheiben Ziegenkäse (80 g)
1 Bund glatte Petersilie
1 großer Apfel (200 g)
4–5 EL Olivenöl

Für das Selleriegemüse:
1,5 kg Staudensellerie
50 g Butter
250 ml (1/4 l) Fleischbrühe
500 g rote Äpfel
2–3 TL Honig

Zubereitungszeit: 65 Min.,
ohne Einweichzeit
Garzeit: Rouladen etwa 15 Min.,
Gemüse etwa 15 Min.

1. Brötchen in kaltem Wasser einweichen und gut ausdrücken. Zwiebeln und Knoblauch abziehen. Zwiebeln in kleine Würfel schneiden. Knoblauch durch eine Knoblauchpresse drücken.

Käse-Hack-Rouladen

2. Brötchen gut ausdrücken und mit dem Gehackten in eine Schüssel geben. Zwiebelwürfel, Knoblauch und Eier hinzugeben. Die Zutaten gut vermengen und die Masse mit Salz und Pfeffer würzen.
3. Die Gehacktesmasse in 4 Portionen teilen. Jede Portion mit angefeuchteten Händen auf einem feuchten Stück Pergamentpapier oder Frischhaltefolie zu einem Rechteck von etwa 9 x 22 cm formen und mit je einer Scheibe Speck und Käse belegen.
4. Petersilie abspülen und trockentupfen. Die Blättchen von den Stängeln zupfen. Apfel waschen, abtrocknen, halbieren, entkernen und achteln.
5. Je 2 Apfelachtel und einige Petersilienblättchen auf die Käsescheiben legen. Jede Portion mit angefeuchteten Händen zu einer Roulade aufrollen. Darauf achten, dass der Käse gut in der Roulade „verpackt" ist.
6. Öl in einer Pfanne erhitzen. Die Rouladen von allen Seiten darin anbraten und etwa 15 Minuten unter mehrmaligem Wenden weiterbraten.
7. Für das Gemüse Sellerie putzen und die harten Außenfäden abziehen. Sellerie waschen, abtropfen lassen und in 1–2 cm lange Stücke schneiden. Butter in einer Pfanne zerlassen. Selleriestücke etwa 5 Minuten darin andünsten. Brühe hinzugießen und das Gemüse zugedeckt etwa 15 Minuten garen.
8. Äpfel waschen, abtrocknen, vierteln, entkernen und in Scheiben schneiden. Nach etwa 10 Minuten Garzeit zu den Sellerieстückchen geben und mitgaren lassen.
9. Die Rouladen halbieren und mit dem Gemüse servieren.

Beilage: Salzkartoffeln.

Tipp:
Statt 4 große Rouladen 8 kleine Rouladen von etwa 9 x 11 cm formen.

Käsekartoffeln

12 Portionen

Einfach

Pro Portion:
E: 9 g, F: 13 g, Kh: 26 g, kJ: 1103, kcal: 263

2 $^1/_2$ kg fest kochende Kartoffeln
100 g fetter Speck
4 Zwiebeln
Salz
frisch gemahlener Pfeffer
1–2 TL gerebelter Majoran
500 ml ($^1/_2$ l) Fleischbrühe
200 g geriebener Emmentaler-Käse

Zubereitungszeit: 40 Minuten
Garzeit: etwa 50 Min.

1. Kartoffeln schälen, waschen, abtropfen lassen und in dünne Scheiben schneiden. Speck in Würfel schneiden. Zwiebeln abziehen, in Scheiben schneiden. Speckwürfel portionsweise in einer großen Pfanne auslassen. Zwiebelscheiben hinzugeben und kurz anbraten. Die Kartoffelscheiben portionsweise hinzufügen und unter gelegentlichem Wenden anbraten, mit Salz, Pfeffer und Majoran würzen.
2. Alles in eine große Auflaufform (gefettet) geben. Brühe hinzugießen und die Kartoffeln mit dem Käse bestreuen. Die Form auf dem Rost in den Backofen schieben.

Ober-/Unterhitze: 180–200 °C (vorgeheizt)
Heißluft: 160–180 °C (nicht vorgeheizt)
Gas: etwa Stufe 3 (nicht vorgeheizt)
Garzeit: etwa 50 Minuten.

Tipp:
Die Käsekartoffeln mit Schnittlauchröllchen bestreut servieren.

Käsekartoffeln

Käse-Lauch-Suppe mit Lachs

8–10 Portionen

Raffiniert

Pro Portion:
E: 15 g, F: 23 g, Kh: 20 g,
kJ: 1488, kcal: 356

1 kg Kartoffeln
1 Zwiebel
3–4 Stangen Porree (Lauch)
60 g Butter
2 l Gemüsebrühe
250 ml (1/4 l) Schlagsahne
150 g TK-Erbsen
3 Ecken Sahne-Schmelzkäse (etwa 180 g)
Salz, frisch gemahlener Pfeffer
etwas Currypulver
3 TK-Lachsfilets (je 125 g)

Zubereitungszeit: 40 Min.
Garzeit: 30–35 Min.

1. Kartoffeln schälen, abspülen, abtropfen lassen und in Würfel schneiden. Zwiebel abziehen und würfeln. Porree putzen. Die Stangen seitlich einschneiden, gründlich waschen und 2 Stangen in 2–3 große Stücke schneiden.
2. Butter in einem großen Topf zerlassen. Kartoffelwürfel darin andünsten. Zwiebelwürfel hinzufügen und kurz mitdünsten. Porreestücke mit in den Topf geben, mit Gemüsebrühe auffüllen, alles zum Kochen bringen und etwa 20 Minuten kochen lassen.
3. Den restlichen Porree in feine Streifen schneiden. Nach Beendigung der Garzeit Porreestücke herausnehmen und die Kartoffelwürfel mit der Brühe pürieren. Porreestreifen mit Sahne und Erbsen in die Suppe geben und 10–15 Minuten garen.
4. Schmelzkäse hinzufügen und bei schwacher Hitze unter Rühren schmelzen lassen. Die Suppe mit Salz, Pfeffer und Currypulver würzen.
5. Lachsfilets nur kurz antauen lassen, evtl. kalt abspülen, trockentupfen und in sehr feine Scheiben schneiden. Lachsscheiben kurz in der heißen Suppe gar ziehen lassen.

Käsespätzle

Käsespätzle

8 Portionen

Schnell

Pro Portion:
E: 35 g, F: 41 g, Kh: 74 g,
kJ: 3393, kcal: 810

750 g getrocknete Spätzle
2 Frühlingszwiebeln

4 Zwiebeln
70 g Butter
600 g geriebener Käse, z. B. Emmentaler-Käse
Salz
frisch gemahlener Pfeffer
frisch geriebene Muskatnuss
etwa 150 g Röstzwiebeln

Zubereitungszeit: 40 Min.

1. Spätzle nach Packungsanleitung zubereiten, abgießen, heiß abspülen und in einem Sieb abtropfen lassen. Frühlingszwiebeln putzen, abspülen, abtropfen lassen und in Ringe schneiden.
2. Zwiebeln abziehen und fein würfeln. Butter in einer großen Pfanne zerlassen und etwas braun werden lassen. Zwiebelwürfel hinzugeben und kurz anbraten. Spätzle hinzufügen und ebenfalls kurz anbraten.
3. Käse unterrühren und die Spätzle mit Salz, Pfeffer und Muskatnuss abschmecken. Käsespätzle mit gerösteten Zwiebeln und Frühlingszwiebelringen bestreut servieren.

Tipp:
Lecker schmecken die Käsespätzle auch, wenn man sie zusammen mit Zwiebelwürfeln und rohen Schinkenstreifen anbrät.

Käsespießchen mit fruchtigen Dips

12 Portionen

Mit Alkohol

Pro Portion:
E: 26 g, F: 34 g, Kh: 14 g,
kJ: 1971, kcal: 472

250 g Weintrauben (grüne und blaue)
250 g Erdbeeren
400 g schnittfester Ziegenkäse
400 g Maasdamer-Käse
400 g Gouda-Käse

Außerdem:
kleine Holzspieße

Für den Himbeer-Dip:
500 g Himbeeren
60 g gesiebter Puderzucker
frisch gemahlener Pfeffer
2–3 EL Himbeergeist oder weißer Rum

Für den Kiwi-Dip:
400 g Kiwis
1–2 EL Zitronensaft
frisch gemahlener Pfeffer
3–4 EL heller Portwein oder Sherry

Zubereitungszeit: 60 Min.

1. Weintrauben und Erdbeeren waschen, trockentupfen und entstielen. Große Früchte evtl. halbieren. Käsesorten in gleich große mundgerechte Würfel schneiden. Früchte mit den Käsewürfeln auf Spießchen stecken und auf einer Platte anrichten.
2. Für den Himbeer-Dip Himbeeren verlesen, abspülen, abtropfen lassen und durch ein Sieb streichen, Puderzucker unterrühren. Himbeermasse mit Pfeffer und Himbeergeist oder Rum abschmecken.
3. Für den Kiwi-Dip Kiwis schälen, in Stücke schneiden und fein pürieren. Kiwipüree mit Zitronensaft, Pfeffer und Portwein oder Sherry abschmecken.

Beilage: Frisches Baguette oder Pumpernickeltaler.

Tipp:
Für alkoholfreie Fruchtdips den Alkohol jeweils durch Apfelsaft ersetzen. Je nach Saison können die Obstsorten für die Käsespießchen variieren. Besonders Ananasstückchen, Melonenkugeln oder Mandarinenspalten eignen sich gut.

Käsespießchen mit fruchtigen Dips

Käsesuppe mit Beilagen

12 Portionen

Mit Alkohol

Pro Portion:
E: 21 g, F: 30 g, Kh: 19 g,
kJ: 1952, kcal: 467

Für die Suppe:
100 g durchwachsener geräucherter Speck
1 EL Speiseöl, z. B. Olivenöl
50 g Weizenmehl
1 TL Senfkörner
1 TL gerebelter Thymian
$^1/_2$ TL gemahlener Kümmel
$^1/_2$ TL Paprikapulver edelsüß
500 ml ($^1/_2$ l) trockener Weißwein
2 l Gemüsebrühe
250 g geriebener Appenzeller-Käse
250 g geriebener Gouda-Käse
2 EL Speisestärke
1 l Milch
frisch gemahlener Pfeffer

Für die Beilagen:
500 g Möhren
125 ml ($^1/_8$ l) Gemüsebrühe
Salz
8 Scheiben Toastbrot
60 g Butter
300 g Fleischwurst
2 Bund Schnittlauch
2 Bund Petersilie

Zubereitungszeit: 60 Min.

1. Für die Suppe Speck in feine Streifen schneiden. Öl in einem großen Topf erhitzen und die Speckstreifen darin bei mittlerer Hitze anbraten. Mehl, Senfkörner, Thymian, Kümmel und Paprika hinzufügen und unter Rühren kurz andünsten.
2. Wein unter Rühren nach und nach hinzugießen und alles mit einem Schneebesen durchschlagen, dabei darauf achten, dass keine Klümpchen entstehen. Gemüsebrühe unterrühren und aufkochen lassen.
3. Beide Käsesorten nach und nach hinzufügen und unter Rühren auflösen. Die Suppe einmal kurz aufkochen lassen.
4. Speisestärke mit etwas von der Milch glatt rühren. Angerührte Stärke und Milch hinzufügen und aufkochen lassen. Die Suppe dann bei schwacher Hitze etwa 10 Minuten köcheln lassen, dabei ab und zu umrühren. Die Suppe mit Pfeffer abschmecken.
5. Für die Beilagen Möhren putzen, schälen, waschen, der Länge nach halbieren und in Scheiben schneiden. Gemüsebrühe zum Kochen bringen und die Möhrenscheiben darin etwa 5 Minuten garen. Dann die Möhrenscheiben ohne Deckel kochen, bis die Brühe verdampft ist. Möhren erkalten lassen.
6. Toastbrot in Würfel schneiden. Butter in einer Pfanne zerlassen. Brotwürfel darin goldbraun rösten (evtl. in 2 Portionen). Die Brotwürfel erkalten lassen.
7. Fleischwurst in Scheiben schneiden, evtl. vierteln. Schnittlauch und Petersilie kalt abspülen und trockentupfen. Schnittlauch in Röllchen schneiden. Petersilienblättchen von den Stängeln zupfen und hacken.
8. Die Beilagen in Schälchen anrichten und zu der Suppe servieren.

Käsesuppe mit Beilagen

Kasseler-Aprikosen-Toast

Kasseler-Aprikosen-Toast

10 Stück

Einfach

Pro Stück:
E: 14 g, F: 19 g, Kh: 52 g,
kJ: 1827, kcal: 436

10 Scheiben Toastbrot
80 g weiche Butter
20 Scheiben Kasseler-Aufschnitt
1 Glas Preiselbeerkonfitüre
(370 g)
20 Schmelzkäsescheiben
20 Aprikosenhälften (aus der Dose)

Zum Garnieren:
einige Petersilienstängel

Zubereitungszeit: 35 Min.
Backzeit: 8–10 Min.

1. Toastbrot toasten. Jede Toastscheibe dünn mit Butter bestreichen und auf ein Backblech (mit Backpapier belegt) legen. Auf jede Toastscheibe 2 Scheiben Kasseler-Aufschnitt geben und jeweils 1–2 Teelöffel Preiselbeerkonfitüre darauf verteilen. Je 2 Käsescheiben darauf legen.
2. Aprikosenhälften in einem Sieb abtropfen lassen. Je 2 Aprikosenhälften mit der Schnittfläche nach unten auf eine belegte Toastscheibe legen. Restliche Preiselbeerkonfitüre auf den Aprikosenhälften verteilen.
3. Das Backblech in den Backofen schieben.
   Ober-/Unterhitze: etwa 200 °C (vorgeheizt)
   Heißluft: etwa 180 °C (vorgeheizt)
   Gas: Stufe 3–4 (vorgeheizt)
   Backzeit: 8–10 Minuten.
4. Petersilie abspülen, trockentupfen und die Blättchen von den Stängeln zupfen. Überbackene Toastscheiben mit Petersilienblättchen garniert servieren.

Kasselerbraten mit Möhrenkruste

12 Portionen

Einfach

Pro Portion:
E: 44 g, F: 30 g, Kh: 17 g,
kJ: 2145, kcal: 513

3 kg Kasselernacken ohne Knochen
(2 Stück je 1,5 kg)

1 kg Möhren
500 g mehlig kochende Kartoffeln
Salz
frisch gemahlener Pfeffer
1 Prise Zucker
3 geh. EL mittelscharfer Senf
1 EL flüssiger Honig
4 EL Semmelbrösel
600 g Schalotten
250 ml (1/4 l) Gemüsebrühe

Zubereitungszeit: 60 Min.
Garzeit: 1–1 1/2 Std.

1. Kasselernacken unter fließendem kalten Wasser abspülen und trockentupfen.
2. Möhren putzen. Möhren und Kartoffeln schälen, abspülen, abtropfen lassen und fein raspeln.
3. Möhren- und Kartoffelraspel mit Salz, Pfeffer und Zucker würzen. Senf mit Honig verrühren. Semmelbrösel unterrühren. Die Masse auf das Fleisch geben, andrücken und in einen großen Bräter (gefettet) oder in eine Fettfangschale (gefettet) legen. Den Bräter auf dem Rost oder die Fettfangschale in den Backofen schieben.
   Ober-/Unterhitze: etwa 200 °C (vorgeheizt)
   Heißluft: etwa 180 °C (vorgeheizt)
   Gas: Stufe 3–4 (vorgeheizt)
   Garzeit: 1–1 1/2 Std.
4. Schalotten abziehen und evtl. halbieren. Nach etwa 30 Minuten Garzeit Schalotten und Gemüsebrühe zum Braten geben. Den Braten zwischendurch vorsichtig mit dem Fleischsaft begießen.

Kasselerbraten mit Möhrenkruste

Kasseler mit Kräuter-Pesto

8–10 Portionen

Einfach

Pro Portion:
E: 43 g, F: 35 g, Kh: 4 g,
kJ: 2107, kcal: 502

2 kg Kasseler-Kotelettstrang
(am Stück, ohne Knochen)

Für das Pesto:
50 g Pinienkerne
60 g getrocknete Tomaten in Öl
1 Bund Petersilie
1 Topf Basilikum
1 Bund Schnittlauch
2 Knoblauchzehen
60 g Parmesan-Käse
100 ml Olivenöl
Salz, frisch gemahlener Pfeffer
Paprikapulver edelsüß

Außerdem:
1 Bratschlauch

Zubereitungszeit: 50 Min.
Garzeit: etwa 60 Min.

Kasseler mit Kräuter-Pesto

1. Kasseler unter fließendem kalten Wasser abspülen, trockentupfen und in einen Bratschlauch legen. Den Bratschlauch verschließen und auf ein mit Backpapier belegtes Backblech legen. Das Backblech in den kalten Backofen schieben.
   Ober-/Unterhitze: 180–200 °C
   Heißluft: 160–180 °C
   Gas: etwa Stufe 3
   Garzeit: etwa 60 Minuten.
2. In der Zwischenzeit für das Pesto Pinienkerne in einer Pfanne ohne Fett rösten und etwas abkühlen lassen.
3. Tomaten abtropfen lassen und in kleine Stücke schneiden. Petersilie, Basilikum und Schnittlauch abspülen und trockentupfen. Petersilien- und Basilikumblättchen von den Stängeln zupfen und hacken. Schnittlauch in Röllchen schneiden. Knoblauch abziehen und fein würfeln. Käse reiben.
4. Gehackte Kräuter, Pinienkerne und Tomatenstücke mit Parmesan und Öl pürieren (evtl. in 2 Portionen) und mit Salz, Pfeffer und Paprika würzen. Schnittlauchröllchen unterrühren.
5. Das gare Kasseler etwa 10 Minuten ruhen lassen, erst dann aus dem Bratschlauch nehmen, in Scheiben schneiden und auf einer vorgewärmten Platte anrichten. Das Fleisch mit dem Pesto servieren.

Beilage: Reissalat.
Dafür 600 g Langkornreis in Salzwasser nach Packungsanleitung kochen. 500 g Zuckerschoten putzen, waschen, 2–3-mal schräg durchschneiden und in 150 ml Salzwasser in 3–5 Minuten bissfest garen. Die Zuckerschotenstücke in kaltem Wasser abschrecken und abtropfen lassen. 300 g Möhren putzen, schälen, waschen, raspeln und in einem Sieb gut abtropfen lassen. Den garen Reis in ein Sieb geben, gut abtropfen lassen, heiß in eine Schüssel geben. Zuckerschotenstücke und Möhrenraspel unterrühren. 2 Bund Schnittlauch abspülen, trockentupfen und in Röllchen schneiden. Für die Sauce 6 Esslöffel Weißweinessig mit 125 ml (1/8 l) Gemüsebrühe, Salz und Pfeffer verrühren. 150 ml Speiseöl unterschlagen. Die Sauce mit den Schnittlauchröllchen unter die Salatzutaten mischen. Salat mindestens 20 Minuten durchziehen lassen. Den Salat mit Salz und Pfeffer würzen, lauwarm oder kalt servieren.

Kasselerroulade

8–10 Portionen

Fruchtig

Pro Portion:
E: 54 g, F: 45 g, Kh: 19 g,
kJ: 3122, kcal: 745

2 kg Kasseler-Rücken ohne Knochen
1 Dose Ananasstücke (Abtropfgewicht 500 g)
1 rote Paprikaschote
etwas Chilipulver
300 ml Orangensaft
1 kg Möhren
100 g Ingwerwurzel
1 Becher (250 g) Crème fraîche

Kasselerroulade

Zubereitungszeit: 30 Min.,
Garzeit: etwa 50 Min.

1. Kasseler vom Metzger so schneiden lassen, dass eine flache, gleichmäßige Decke entsteht. Fleisch unter fließendem kalten Wasser abspülen und trockentupfen.
2. Ananas abtropfen lassen. Paprikaschote halbieren, entstielen, entkernen, die weißen Scheidewände entfernen, Schote waschen und in Streifen schneiden.
3. Kasseler im Wechsel mit etwa der Hälfte der Ananasstücke und den Paprikastreifen in langen Reihen belegen, mit Chili würzen, aufrollen und mit Küchengarn zubinden. Restliche Ananasstücke beiseite legen.
4. Kasseler in eine Fettfangschale legen, Orangensaft dazugießen und die Fettfangschale in den Backofen schieben.
   Ober-/Unterhitze: etwa 200 °C (vorgeheizt)
   Heißluft: etwa 180 °C (vorgeheizt)
   Gas: Stufe 3–4 (vorgeheizt)
   Garzeit: etwa 50 Minuten.
5. In der Zwischenzeit Möhren putzen, schälen, waschen und in etwa 1 cm große Würfel schneiden. Ingwer schälen und fein würfeln.
6. Nach 25 Minuten Garzeit restliche Ananasstücke, Ingwer, Möhren und Crème fraîche in der Fettfangschale verteilen, alles weitergaren und zwischendurch einmal durchrühren.

Tipp:
Dazu passen Salzkartoffeln oder Kartoffelbrei.

KiBa-Quark

12 Portionen

Für Kinder

Pro Portion:
E: 8 g, F: 11 g, Kh: 37 g,
kJ: 1204, kcal: 287

Für das Kirschkompott:
2 Gläser Schattenmorellen
(Abtropfgewicht je 370 g)
40 g Speisestärke
1 Pck. Dr. Oetker Finesse Geriebene Zitronenschale
50 g Zucker
2 Pck. Dr. Oetker Vanillin-Zucker

KiBa-Quark

Für den Bananenquark:
3 Bananen
Saft von 1 Zitrone
500 g Magerquark
300 g Sahnejoghurt
60 g Zucker, 300 ml Schlagsahne

Zubereitungszeit: 30 Min., ohne Abkühlzeit

1. Für das Kirschkompott Schattenmorellen in einem Sieb abtropfen lassen, dabei den Saft auffangen und 350 ml abmessen (evtl. mit Wasser auffüllen). Speisestärke mit etwas von dem Kirschsaft glatt rühren. Den restlichen Saft, Zitronenschale, Zucker und Vanillin-Zucker in einem Topf aufkochen lassen.
2. Die angerührte Stärke einrühren und nochmals aufkochen lassen. Kirschen hinzufügen und bei schwacher Hitze erhitzen. Das Kirschkompott abkühlen lassen, dabei zwischendurch mehrmals umrühren.
3. Für den Bananenquark Bananen schälen und mit dem Zitronensaft pürieren. Quark, Joghurt und Zucker unterrühren. Sahne steif schlagen und unterheben.
4. Den Bananenquark in 12 hohe Longdrink-Gläser füllen und das Kirschkompott darauf geben.

Kir Royal

1 Portion

Klassisch

Pro Portion:
E: 0 g, F: 0 g, Kh: 8 g,
kJ: 639, kcal: 153

1 cl Crème de Cassis
150 ml gut gekühlter Champagner

Kir Royal

Zubereitungszeit: 5 Min.

1. Crème de Cassis in eine gekühlte Sektschale füllen und mit Champagner auffüllen.

Knoblauchgratin mit Nudeln

10 Portionen

Vegetarisch

Pro Portion:
E: 24 g, F: 42 g, Kh: 57 g,
kJ: 2958, kcal: 708

2 Knoblauchknollen
(etwa 12 Knoblauchzehen)
400 ml Schlagsahne
400 ml Gemüsebrühe
2 Becher (je 150 g) Crème fraîche
2 TL getrocknete Kräuter der Provence
Salz, frisch gemahlener Pfeffer

4 l Wasser
4 TL Salz
750 g breite Bandnudeln

3 mittelgroße Zucchini (etwa 750 g)
Salzwasser
500 g Champignons
3 EL Speiseöl
300 g geriebener Käse, z. B. Gratin-Käse
1 Bund Schnittlauch
6 EL gehackte Walnusskerne

Zubereitungszeit: 50 Min.
Garzeit: etwa 30 Min.

1. Knoblauch abziehen und grob hacken. Knoblauch mit Sahne und Brühe in einem Topf etwa 5 Minuten leicht kochen lassen. Crème fraîche und Kräuter der Provence unterrühren. Mit Salz und Pfeffer kräftig würzen.
2. Wasser in einem großen Topf zugedeckt zum Kochen bringen. Dann Salz und Nudeln zugeben. Die Nudeln im geöffneten Topf bei mittlerer Hitze nach Packungsanleitung knapp bissfest kochen, dabei gelegentlich umrühren.
3. Anschließend die Nudeln in ein Sieb geben, mit heißem Wasser abspülen und abtropfen lassen.
4. Zucchini waschen, abtrocknen und die Enden abschneiden. Zucchini längs in dünne Scheiben schneiden. Zucchinischeiben in kochendem Salzwasser etwa 3 Minuten garen. Anschließend in ein Sieb geben, mit kaltem Wasser übergießen und gut abtropfen lassen.
5. Champignons putzen, mit Küchenpapier abreiben, evtl. abspülen, trockentupfen und in Scheiben schneiden. Speiseöl in einer Pfanne erhitzen. Champignonscheiben darin andünsten. Mit Salz und Pfeffer würzen.
6. Nudeln, Zucchini-, Champignonscheiben und die Knoblauch-Crème-fraîche-Masse gut vermischen, in eine große, flache Auflaufform (gefettet) oder Fettfangschale (gefettet) geben und mit Käse bestreuen. Die Form auf dem Rost oder die Fettfangschale in den Backofen schieben.

Ober-/Unterhitze: etwa 180 °C (vorgeheizt)
Heißluft: etwa 160 °C (vorgeheizt)
Gas: Stufe 2–3 (vorgeheizt)
Garzeit: etwa 30 Minuten.

7. Schnittlauch abspülen, trockentupfen und in Röllchen schneiden. Das Gratin vor dem Servieren mit Walnusskernen und Schnittlauchröllchen bestreuen.

Knoblauchgratin mit Nudeln

Kohlrabi-Hack-Auflauf

Kohlrabi-Hack-Auflauf

8–10 Portionen

Für Kinder

Pro Portion:
E: 43 g, F: 46 g, Kh: 16 g,
kJ: 2773, kcal: 662

4 Kohlrabi (je etwa 500 g)
Salzwasser
3 Zwiebeln
3–4 EL Speiseöl, z. B. Olivenöl
1 1/2 kg Gehacktes (halb Rind-, halb Schweinefleisch)
2 TL getrockneter Estragon
Salz, frisch gemahlener Pfeffer
3 EL mittelscharfer Senf

Für die Sauce:
60 g Butter oder Margarine
80 g Weizenmehl
1 l Milch
geriebene Muskatnuss
2 Eigelb (Größe M)

Zum Bestreuen:
200 g geraspelter Mozzarella-Käse
Paprikapulver edelsüß
1/2 Bund glatte Petersilie

Zubereitungszeit: 60 Min.
Garzeit: 35–40 Min.

1. Kohlrabi schälen, waschen und in etwa 1/2 cm dünne Scheiben schneiden. Kohlrabischeiben in reichlich kochendem Salzwasser etwa 5 Minuten vorgaren (je nach Topfgröße evtl. in mehreren Portionen), abgießen, mit kaltem Wasser abschrecken und abtropfen lassen.
2. Zwiebeln abziehen und in feine Würfel schneiden. Öl portionsweise in einer Pfanne erhitzen. Zwiebelwürfel und Gehacktes portionsweise hinzufügen und unter Rühren darin anbraten, dabei die Klümpchen mit Hilfe einer Gabel zerdrücken. Gehacktesmasse mit Estragon, Salz und Pfeffer würzen. Die Gehacktesmischung 7–8 Minuten braten, bis die Flüssigkeit verdampft ist. Senf unterrühren.
3. Für die Sauce Butter oder Margarine in einem Topf zerlassen. Mehl unter Rühren so lange darin erhitzen, bis das Mehl hellgelb ist. Milch hinzugießen und mit einem Schneebesen durchschlagen, dabei darauf achten, dass keine Klümpchen entstehen. Die Sauce zum Kochen bringen und etwa 5 Minuten kochen lassen.
4. Die Sauce mit Salz, Pfeffer und Muskatnuss kräftig würzen. Den Topf von der Kochstelle nehmen. Eigelb mit etwas von der Sauce verrühren und zu der Sauce geben (nicht mehr kochen lassen).
5. Den Boden einer großen, flachen Auflaufform mit etwa ein Drittel der Kohlrabischeiben auslegen. Die Hälfte der Gehacktesmasse darauf verteilen. Das zweite Drittel der Kohlrabischeiben darauf legen, restliche Gehacktesmasse darüber geben und mit den restlichen Kohlrabischeiben belegen.
6. Die Sauce darüber gießen und mit Mozzarella und Paprikapulver bestreuen. Die Form auf dem Rost in den Backofen schieben.

Ober-/Unterhitze: etwa 200 °C (vorgeheizt)
Heißluft: etwa 180 °C (nicht vorgeheizt)
Gas: Stufe 3–4 (nicht vorgeheizt)
Garzeit: 35–40 Minuten.

7. In der Zwischenzeit Petersilie abspülen, trockentupfen, die Blättchen von den Stängeln zupfen und hacken. Petersilie vor dem Servieren über den Auflauf streuen.

Kohlrabitopf mit Bratwurstklößchen

Kohlrabitopf mit Bratwurstklößchen

8–10 Portionen

Preiswert

Pro Portion:
E: 13 g, F: 30 g, Kh: 11 g,
kJ: 1540, kcal: 368

1 kg Kohlrabi (etwa 4 Stück)
50 g Butter
2 l Gemüsebrühe
250 ml (1/4 l) Schlagsahne
1 Pck. Kartoffel-Püree-Pulver (für 3 Portionen)
4 grobe, ungebrühte Bratwürste
Salz
frisch gemahlener Pfeffer
etwas Currypulver
2 EL fein geschnittene glatte Petersilienblättchen

Zubereitungszeit: 55 Min.

1. Kohlrabi putzen, schälen, abspülen, abtropfen lassen und halbieren. Kohlrabi zuerst in Scheiben, dann in Streifen schneiden.
2. Butter in einem großen Topf zerlassen. Kohlrabistreifen darin andünsten. Gemüsebrühe und Sahne hinzufügen. Das Ganze zum Kochen bringen und bei schwacher Hitze etwa 15 Minuten köcheln lassen. Dabei gelegentlich umrühren. Kartoffel-Püree-Pulver unterrühren.
3. Die Bratwurstmasse portionsweise aus der Haut drücken und zu kleinen Klößchen formen. Klößchen in den Topf geben und in etwa 10 Minuten bei schwacher Hitze gar ziehen lassen.
4. Kohlrabitopf mit Salz, Pfeffer und Currypulver abschmecken und mit Petersilie bestreut servieren.

Kohltopf

8–10 Portionen

Gut vorzubereiten

Pro Portion:
E: 16 g, F: 24 g, Kh: 14 g,
kJ: 1398, kcal: 334

1 kg TK-Rosenkohl
1/2 Kopf Spitzkohl (etwa 500 g)
1/2 Kopf Wirsing (etwa 500 g)
500 g fest kochende Kartoffeln
500 g Cabanossi oder geräucherte Mettwürstchen
6 EL Speiseöl, z. B. Olivenöl
2 l Gemüsebrühe
Salz
frisch gemahlener Pfeffer
2–3 TL Kümmelsamen
2 Bund glatte Petersilie

Zubereitungszeit: 55 Min., ohne Auftauzeit
Garzeit: etwa 35 Min.

1. Rosenkohl auftauen lassen. Von Spitzkohl und Wirsing die groben äußeren Blätter entfernen, jeweils den Strunk herausschneiden. Spitzkohl und Wirsing abspülen, abtropfen lassen und in mundgerechte Stücke schneiden.
2. Kartoffeln waschen, schälen, abspülen und in Würfel schneiden. Cabanossi oder Mettwürstchen in dünne Scheiben schneiden.
3. Speiseöl in einem Bräter erhitzen. Kartoffelwürfel, Spitzkohl-, Wirsingstücke, Rosenkohl und Wurstscheiben portionsweise darin andünsten. Brühe hinzugießen, mit Salz, Pfeffer und Kümmel würzen. Die Zutaten zum Kochen bringen und zugedeckt bei schwacher Hitze etwa 35 Minuten garen.
4. Petersilie abspülen und trockentupfen. Die Blättchen von den Stängeln zupfen. Blättchen fein hacken und unter den Kohltopf rühren. Mit Salz und Pfeffer abschmecken.

Beilage: Kleine Roggenbrötchen oder ein rustikales Bauernbrot.

Kohltopf

Konfetti-Pizza

8–10 Portionen

Für Kinder

Pro Portion:
E: 28 g, F: 31 g, Kh: 60 g,
kJ: 2647, kcal: 630

400 g Möhren
2 Zwiebeln
je eine rote, gelbe und grüne Paprikaschote (je etwa 180 g)
600 g Zucchini
1 Dose Gemüsemais (Abtropfgewicht 285 g)
4 Wiener Würstchen (je etwa 100 g)
500 g Mozzarella-Käse
1 Bund Petersilie
2 Pck. Pizzateig mit Tomatensauce (je 600 g, aus dem Kühlregal)
Salz, frisch gemahlener Pfeffer

Zubereitungszeit: 65 Min.
Backzeit: 25–35 Min. je Blech

1. Möhren putzen, schälen und waschen. Zwiebeln abziehen. Paprikaschoten halbieren, entstielen, entkernen, die weißen Scheidewände entfernen und die Schoten waschen. Zucchini waschen, abtrocknen und die Enden abschneiden. Die vorbereiteten Zutaten sehr klein würfeln.

Konfetti-Pizza

2. Mais in einem Sieb abtropfen lassen. Würstchen in Scheiben schneiden. Mozzarella abtropfen lassen und in kleine Würfel schneiden. Petersilie abspülen, trockentupfen, die Blättchen von den Stängeln zupfen und grob hacken.
3. Beide Packungen Pizzateig auf je einem mit Backpapier belegten Backblech auslegen und mit der beiliegenden Tomatensauce bestreichen. Gemüse- und Zwiebelwürfel darauf geben. Mais und Würstchenscheiben auf dem Gemüse verteilen. Alles kräftig mit Salz und Pfeffer würzen und mit Petersilie bestreuen.
4. Mozzarellawürfel auf den Pizzen verteilen. Die Backbleche nacheinander (bei Heißluft zusammen) in den Backofen schieben.

Ober-/Unterhitze: etwa 220 °C (vorgeheizt)
Heißluft: etwa 200 °C (vorgeheizt)
Gas: Stufe 4–5 (vorgeheizt)
Backzeit: 25–35 Minuten je Blech.

Konfetti-Suppe

8–10 Portionen

Mit Alkohol

Pro Portion:
E: 3 g, F: 21 g, Kh: 8 g, kJ: 1023, kcal: 246

Für das Gemüse-Konfetti:
je 1 rote, grüne und gelbe Paprikaschote (je 150 g)
1 Zucchini (200 g)
2 dicke Möhren

Für die Suppe:
2 l Gemüsefond oder -brühe
200 ml trockener Weißwein
2 Pck. Sauce Hollandaise (Fertigprodukt, je 250 ml)
200 ml Schlagsahne
Salz, frisch gemahlener Pfeffer
geriebene Muskatnuss

Zubereitungszeit: 90 Min.

1. Für das Gemüse-Konfetti Paprikaschoten vierteln, entstielen, entkernen und die weißen Scheidewände entfernen. Schoten waschen und abtropfen lassen. Zucchini waschen und die Enden abschneiden. Möhren putzen, schälen, waschen und abtropfen lassen. Zucchini und Möhren mit einer Aufschnittmaschine oder einem scharfen Gemüsehobel längs in Scheiben schneiden.
2. Aus den Gemüsescheiben und Paprikavierteln mit Hilfe eines kleinen, runden Metallausstechers oder einer Lochtülle des Spritzbeutels Plättchen ausstechen.
3. Für die Suppe Gemüsefond oder -brühe und Weißwein in einem großen Topf zum Kochen bringen. Die Sauce Hollandaise unterrühren, wieder zum Kochen bringen und alles etwa 10 Minuten unter Rühren kochen lassen.
4. Sahne dazugeben und die Suppe mit Salz, Pfeffer und Muskatnuss würzen.
5. Salzwasser zum Kochen bringen und das Gemüse-Konfetti darin kurz blanchieren, dann in ein Sieb geben, mit kaltem Wasser abschrecken, abtropfen lassen und in die Suppe geben.

Tipp:
Schneller geht's, wenn Sie das Gemüse nicht ausstechen, sondern in feine Würfel schneiden.

Konfetti-Suppe

Korsischer Tomatensalat

10–12 Portionen

Schnell

Pro Portion:
E: 2 g, F: 17 g, Kh: 6 g,
kJ: 757, kcal: 180

1,5 kg Fleischtomaten (etwa 8 Stück)
5 mittelgroße Zwiebeln
4 Knoblauchzehen
Salz
frisch gemahlener Pfeffer
1 Bund glatte Petersilie
1 Glas Kapern (Abtropfgewicht 60 g)
etwa 150 g schwarze Oliven
125 ml (1/8 l) Olivenöl

Zubereitungszeit: 30 Min.

1. Tomaten waschen, abtrocknen, die Stängelansätze herausschneiden, Tomaten in Scheiben schneiden und auf einer Platte anrichten.
2. Zwiebeln abziehen, würfeln und auf den Tomaten verteilen. Knoblauch abziehen und durch eine Knoblaubpresse drücken. Knoblauch ebenfalls auf den Tomaten verteilen. Tomaten mit Salz und Pfeffer bestreuen.
3. Petersilie abspülen, trockentupfen und die Blättchen von den Stängeln zupfen. Blättchen fein hacken. Kapern abtropfen lassen. Petersilie, Kapern, Oliven und Olivenöl über die Tomatenscheiben geben.

Kräuter-Vinaigrette

Für 12 Salatportionen

Einfach

Pro Portion:
E: 0 g, F: 25 g, Kh: 1 g,
kJ: 952, kcal: 227

1 1/2 TL mittelscharfer Senf
6 EL Zitronensaft
Salz
frisch gemahlener Pfeffer
1 TL Zucker
300 ml Olivenöl
8–10 Knoblauchzehen
1 Kästchen Kresse
1 Bund Petersilie

Zubereitungszeit: 15 Min.

1. Senf mit Zitronensaft verrühren, mit Salz, Pfeffer und Zucker abschmecken. Öl unterschlagen.
2. Knoblauch abziehen und fein hacken. Kräuter abspülen und trockentupfen. Kresse vom Beet schneiden. Petersilienblättchen von den Stängeln zupfen. Blättchen fein hacken. Knoblauch und Kräuter unter die Vinaigrette rühren.

Kürbis-Chutney

3 Gläser je etwa 200 ml

Zum Vorbereiten

Insgesamt:
E: 11 g, F: 2 g, Kh: 186 g,
kJ: 3555, kcal: 844

500 g Kürbis, z. B. Muskatkürbis
1 kleine reife Ananas
230 g Zwiebeln
200 g rote Paprikaschoten
50 ml Apfelsaft
2 Lorbeerblätter
1/4 Pck. (125 g) Extra Gelier Zucker
125 ml (1/8 l) Apfelessig
20 g Salz
1 gestr. TL Currypulver
je 1/2 gestr. TL Cayennepfeffer, weißer Pfeffer, Kreuzkümmel (Cumin), Koriander (alles gemahlen)

Zubereitungszeit: etwa 90 Min.

1. Kürbis schälen, die Kerne entfernen, Kürbis in sehr feine Würfel schneiden und 350 g abwiegen. Von der Ananas Schopf mit Stielansatz und dem obersten Stück Schale abschneiden. Die Frucht der Länge nach halbieren und vierteln. Von jedem Viertel den inneren Strunk herausschneiden. Fruchtfleisch schälen, fein schneiden und 150 g abwiegen.
2. Zwiebeln abziehen, in feine Würfel schneiden und 200 g abwiegen. Paprikaschoten halbieren, entstielen, entkernen, die weißen Scheidewände entfernen. Schoten waschen, abtropfen lassen, fein schneiden und 100 g abwiegen.
3. Obst, Gemüse, Apfelsaft und Lorbeerblätter in einen Kochtopf geben und 20 Minuten bei schwacher Hitze kochen lassen, dabei gelegentlich umrühren, dann die Lorbeerblätter entfernen. Extra Gelier Zucker und Essig hinzufügen und weitere 8 Minuten sprudelnd kochen lassen, dabei gelegentlich umrühren.
4. Chutney von der Kochstelle nehmen, mit Salz und Gewürzen verrühren und sofort randvoll in vorbereitete Gläser füllen. Gläser mit Twist-off-Deckeln® verschließen, umdrehen und etwa 5 Minuten auf dem Deckel stehen lassen.

Tipp:
Kürbis-Chutney passt sehr gut zum klassischen Mixed Grill.
Selbst gemachte Chutneys sind ein schönes Geschenk für die Gastgeber, wenn Sie zu einer Grillparty eingeladen sind.

Kürbis-Chutney

Kürbis-Käse-Cremesuppe

8 Portionen

Vegetarisch

Pro Portion:
E: 12 g, F: 22 g, Kh: 18 g, kJ: 1330, kcal: 318

100 g Vollkornreis
2 kg Kürbis, z. B. Hokaido
3 Zwiebeln
60 g Butter
1 ½ l Gemüsebrühe
frisch gemahlener Pfeffer
frisch geriebene Muskatnuss
¼ TL Cayennepfeffer
200 g Emmentaler- oder Gruyère-Käse
½ Topf Schnittlauch
40 g Butterschmalz
40 g grüne Kürbiskerne
1 TL brauner Zucker

Zubereitungszeit: 60 Min.

1. Reis nach Packungsanleitung in Salzwasser garen, dann in ein Sieb geben, mit kaltem Wasser abspülen und abtropfen lassen.
2. Kürbis in breite Spalten schneiden, schälen, Kerne und Fasern entfernen. Fruchtfleisch in kleine Würfel schneiden. Zwiebeln abziehen, fein würfeln. Butter in einem großen Topf zerlassen. Zwiebeln darin andünsten. Kürbiswürfel zugeben und etwa 5 Minuten dünsten.
3. Brühe zugießen. Suppe mit Pfeffer, Muskat und Cayennepfeffer würzen und etwa 30 Minuten köcheln lassen. Schnittlauch abspülen, trockentupfen und in Röllchen schneiden.
4. Kürbissuppe pürieren. Käse sehr fein reiben, nach und nach in die Suppe geben und in der heißen, nicht mehr kochenden Suppe schmelzen lassen. Reis unterrühren.
5. Butterschmalz in einer Pfanne zerlassen. Die Kürbiskerne darin etwa 5 Minuten rösten, nach 3 Minuten den Zucker unterrühren und karamellisieren lassen. Suppe mit Kürbiskernen und Schnittlauchröllchen bestreut servieren.

Lachskoteletts vom Grill

Lachskoteletts vom Grill

8 Portionen

Schnell

Pro Portion:
E: 35 g, F: 30 g, Kh: 5 g,
kJ: 1795, kcal: 431

8 Lachskoteletts (je etwa 180 g)
1–2 EL Zitronensaft
Salz
frisch gemahlener Pfeffer
12 EL Speiseöl, z. B. Olivenöl

16 mittelgroße Tomaten
200 g Kräuterbutter
1 Pck. Kresse

Zubereitungszeit: 25 Min.
Grillzeit: etwa 14 Min.

1. Lachskoteletts unter fließendem kalten Wasser abspülen, trockentupfen, mit Zitronensaft beträufeln, mit Salz und Pfeffer würzen und mit Speiseöl bestreichen.
2. Die Lachskoteletts auf den heißen Grill legen und von jeder Seite etwa 7 Minuten grillen. Während des Grillens den Lachs mit Öl bestreichen.
3. Tomaten abspülen, trockentupfen und die Stängelansätze entfernen. Tomaten an der runden Seite kreuzweise einschneiden, mit Salz und Pfeffer würzen. Kräuterbutter in 16 Scheiben schneiden. Die Tomaten auf der eingeschnittenen Seite jeweils mit einer Scheibe Kräuterbutter belegen, in Alufolie wickeln und etwa 10 Minuten mitgrillen.
4. Kresse abspülen, trockentupfen und abschneiden. Die Lachskoteletts mit den restlichen Kräuterbutterscheiben und den ausgewickelten Tomaten servieren, mit Kresse garnieren.

Lachsschnitten mit Dill und Gurken-Tomaten-Salat

10 Portionen

Einfach

Pro Portion:
E: 24 g, F: 27 g, Kh: 4 g,
kJ: 1498, kcal: 358

Zum Vorbereiten:
10 Bögen Alufolie
2 EL Speiseöl, z. B. Sonnenblumenöl

10 Lachsfiletstücke (je 125 g)
Salz, frisch gemahlener Pfeffer
2 Pck. gehackter TK-Dill (je 25 g)
1 Bio-Zitrone (unbehandelt, ungewachst)

Lachsschnitten mit Dill und Gurken-Tomaten-Salat

Für den Gurken-Tomaten-Salat:
500 g Cocktailtomaten
3 Salatgurken (etwa 1 ½ kg)
6–8 EL Kräuteressig
170 ml Speiseöl, z. B. Sonnenblumenöl
Salz
frisch gemahlener Pfeffer

Zubereitungszeit: 65 Min., ohne Durchziehzeit
Grillzeit: etwa 15 Min.

1. Zum Vorbereiten Alufolie auf einer Seite mit Öl bestreichen.
2. Lachsfilets unter fließendem kalten Wasser abspülen, trockentupfen, mit Salz und Pfeffer bestreuen. Je ein Stück Lachsfilet auf einen gefetteten Bogen Alufolie legen.
3. Lachsfilets mit etwa zwei Dritteln von dem Dill bestreuen. Zitrone abwaschen, trockentupfen und in Scheiben schneiden. Jedes Lachsfiletstück mit einer Zitronenscheibe belegen, in der Alufolie gut einpacken.
4. Für den Salat Tomaten waschen, abtrocknen, halbieren und die Stängelansätze herausschneiden. Gurken schälen und die Enden abschneiden. Gurken in dünne Scheiben schneiden oder hobeln.
5. Essig mit Salz und Pfeffer würzen und mit Öl verrühren. Die Gurkenscheiben und Tomatenhälften mit der Marinade vermischen, mit dem restlichen Dill bestreuen. Den Salat zugedeckt im Kühlschrank etwa 1 Stunde durchziehen lassen.
6. Die Lachsfilet-Päckchen auf den heißen Grill legen und unter gelegentlichem Wenden etwa 15 Minuten grillen.
7. Die Lachsschnitten mit dem Salat servieren.

Lamm-Gemüse-Topf

8–10 Portionen

Etwas Besonderes

Pro Portion:
E: 24 g, F: 10 g, Kh: 16 g, kJ: 1063, kcal: 253

800 g Lammfleisch (aus der Keule, ohne Knochen)
1 große Dose weiße Bohnen (Abtropfgewicht 500 g)
3 Gemüsezwiebeln (750 g)
2 Fleischtomaten
2 Auberginen (je etwa 250 g)
250 g Kürbisfruchtfleisch
4 Knoblauchzehen
5 EL Olivenöl
400 ml Lammfond
getrockneter Thymian
Salz
frisch gemahlener Pfeffer

Zubereitungszeit: 50 Min.
Garzeit: etwa 60 Min.

1. Fleisch unter fließendem kalten Wasser abspülen, trockentupfen und in Würfel schneiden. Bohnen in einem Sieb abtropfen lassen.
2. Gemüsezwiebeln abziehen und in Scheiben schneiden. Tomaten waschen, abtrocknen, halbieren und die Stängelansätze herausschneiden. Auberginen waschen, abtrocknen und die Enden abschneiden. Tomaten, Auberginen und Kürbisfruchtfleisch in Würfel schneiden. Knoblauch abziehen und zerdrücken oder durch die Knoblauchpresse geben.
3. Öl in einem Bräter erhitzen. Fleischwürfel darin anbraten. Zwiebelscheiben dazugeben und mitbraten.
4. Tomaten-, Auberginen- und Kürbiswürfel hinzufügen. Bohnen hinzugeben und mit Lammfond auffüllen. Mit Thymian, Knoblauch, Salz und Pfeffer würzen und einmal aufkochen lassen. Den Bräter mit dem Deckel verschließen und auf dem Rost in den Backofen schieben.
   Ober-/Unterhitze: etwa 200 °C (vorgeheizt)
   Heißluft: etwa 180 °C (nicht vorgeheizt)
   Gas: Stufe 3–4 (nicht vorgeheizt)
   Garzeit: etwa 60 Minuten.

Lamm-Gemüse-Topf

Tipp:
Sie können den Lamm-Gemüse-Topf auch auf dem Herd zubereiten. Ihn dann zwischendurch häufiger umrühren.
Nach Belieben zusätzlich noch etwas türkischen Joghurt unterrühren. Anstelle von Fleisch aus der Keule können Sie auch ausgelöste Lammschulter verwenden.

Rezeptvorschläge für ein schnelles Party-Buffet

Für ein schnelles Party-Buffet benötigen Sie für 10–12 Personen:

1,5 x Rezept **Lammgulasch**, Seite 200
1 x Rezept **Ratatouille-Suppe**, Seite 290
1 x Rezept **Gurken-Joghurt-Salat**, Seite 121
1 x Rezept **Himbeer-Tiramisu**, Seite 142

Außerdem:

4–5 Ciabatta-Brote (je 300 g) zum Aufbacken.

Vorbereitungen am Vortag:

- Die Ratatouille-Suppe zubereiten, erkalten lassen. Beiseite gestellte Gemüsewürfel und Suppe kalt stellen.
- Lammgulasch zubereiten, jedoch die Bohnenkerne erst am Folgetag dazugeben.
- Tiramisu zubereiten und kalt stellen.

Vorbereitungen am Tag der Party:

1–2 Stunden vorher:
- Gurkensalat zubereiten.
- Tiramisu evtl. nochmal mit Kakao bestäuben und garnieren.

1 Stunde vorher:
- Gulasch erhitzen und Bohnenkerne hinzufügen.
- Gemüsewürfel für die Ratatouille-Suppe braten. Suppe erhitzen.
- Brot nach Packungsanleitung aufbacken und schneiden.

Es eignen sich auch folgende zusätzliche Rezepte:

1x Rezept **Gemüsetörtchen mit Ziegenkäse**, Seite 109
1 x Rezept **Gemüsekasserolle mit Maiskölbchen**, Seite 103
1 x Rezept **Schweinelendchen in Kräuter-Käse-Sauce**, Seite 342
1 x Rezept **Marmorpudding**, Seite 220

Außerdem:

4–5 Vollkornbaguettes.

Lammgulasch

Lammgulasch

8–10 Portionen

Schnell

Pro Portion:

E: 38 g, F: 12 g, Kh: 18 g,
kJ: 1392, kcal: 331

1,4 kg Lammfleisch aus der Keule (ohne Knochen)
4 EL Olivenöl
Salz, frisch gemahlener Pfeffer
250 g getrocknete Tomaten
2 kleine Rosmarinzweige
4 Knoblauchzehen
400 ml Lammfond oder Fleischbrühe
1 Dose Flageolets (grüne Bohnenkerne, Abtropfgewicht 250 g)
30 g Weizenmehl
3 EL Wasser

1 Rosmarinzweig nach Belieben

Zubereitungszeit: 30 Min.
Garzeit: etwa 60 Min.

1. Lammfleisch unter fließendem kalten Wasser abspülen, trockentupfen und in gleich große mundgerechte Würfel schneiden.

2. Olivenöl in 2 Portionen in einem Bräter erhitzen. Fleischwürfel in 2 Portionen von allen Seiten darin kräftig anbraten, mit Salz und Pfeffer bestreuen.
3. Tomaten in einem Sieb unter fließendem Wasser abspülen, abtropfen lassen und in Streifen schneiden. Rosmarinzweige abspülen und trockentupfen. Knoblauch abziehen und in kleine Würfel schneiden. Tomatenstreifen, Rosmarinzweige und Knoblauchwürfel zu den Fleischwürfeln geben und kurz mitbraten. Lammfond oder Brühe hinzugießen, zum Kochen bringen und zugedeckt bei schwacher Hitze etwa 60 Minuten garen.
4. Mehl mit Wasser anrühren, unter das Gulasch rühren und unter Rühren kurz aufkochen lassen. Bohnenkerne in einem Sieb abtropfen lassen, zum gegarten Fleisch geben und kurz miterhitzen. Gulasch mit Salz und Pfeffer abschmecken, nach Belieben mit einem Rosmarinzweig garniert servieren.

Beilage: Kartoffelwürfel mit Kräutern. Dafür Kartoffeln waschen, schälen, abspülen, abtropfen lassen und in gleich große Würfel schneiden. Kartoffelwürfel in kochendem Salzwasser etwa 20 Minuten garen. Kartoffelwürfel abgießen. Speiseöl in einer Pfanne erhitzen. Kartoffelwürfel von allen Seiten goldbraun darin braten. Frisch gehackte Küchenkräuter (z. B. Thymian und Rosmarin) hinzugeben und kurz mit anbraten. Mit Salz und Pfeffer würzen.

Lammgyrossuppe

Lammgyrossuppe

8–10 Portionen

Raffiniert

Pro Portion:
E: 29 g, F: 13 g, Kh: 14 g, kJ: 1209, kcal: 288

1 kg Lammfleisch (aus der Keule, ohne Knochen)
4 Knoblauchzehen
6 EL Olivenöl
2 EL Gyrosgewürz
1 EL getrockneter Oregano
3 kleine Gemüsezwiebeln (600 g)
je 1 rote, gelbe und grüne Paprikaschote
2 mittelgroße Zucchini
1 $^{1}/_{2}$ l Gemüsebrühe
1 Dose Kidneybohnen (Abtropfgewicht 250 g)
1 Dose geschälte Tomaten (400 g)
Salz, frisch gemahlener Pfeffer
2–3 gestr. TL Paprikapulver edelsüß
1 Bund glatte Petersilie

Zubereitungszeit: 80 Min., ohne Durchziehzeit

1. Lammfleisch unter fließendem kalten Wasser abspülen, trockentupfen, zuerst in Scheiben, dann in Streifen oder Würfel schneiden und in eine Schüssel geben.
2. Knoblauch abziehen und durch die Knoblauchpresse drücken, zu dem Fleisch geben. Mit Öl, Gyrosgewürz und Oregano mischen und etwas durchziehen lassen.
3. Gemüsezwiebeln abziehen, halbieren, in Streifen schneiden und mit dem Fleisch mischen.
4. Paprikaschoten halbieren, entstielen, entkernen, die weißen Scheidewände entfernen, die Schoten waschen, abtropfen lassen und in Streifen schneiden. Zucchini waschen, abtrocknen, die Enden abschneiden und Zucchini in dünne Scheiben schneiden.
5. Die Fleisch-Zwiebel-Gewürz-Mischung in einem großen Topf anbraten. Paprikastreifen und Zucchinischeiben hinzufügen und kurz mitdünsten. Gemüsebrühe hinzugießen, alles zum Kochen bringen und etwa 40 Minuten kochen lassen.
6. Kidneybohnen in ein Sieb geben, kalt abspülen und abtropfen lassen. Tomaten mit der Flüssigkeit und Bohnen zu der Suppe geben, alles wieder zum Kochen bringen, mit Salz, Pfeffer und Paprikapulver würzen und noch etwa 10 Minuten ziehen lassen.
7. Petersilie abspülen, trockentupfen, die Blättchen von den Stängeln zupfen und in feine Streifen schneiden. Die Suppe vor dem Servieren damit bestreuen.

Tipp:
Sie können die Suppe auch im Backofen garen. Dazu alle wie oben angegeben vorbereiteten Zutaten (Fleisch unangebraten) in einen Bräter schichten, den Bräter auf dem Rost in den Backofen schieben und die Suppe bei etwa 200 °C (Ober-/Unterhitze, vorgeheizt), etwa 180 °C (Heißluft, nicht vorgeheizt) oder Stufe 3–4 (Gas, nicht vorgeheizt) etwa 75 Minuten garen.

Lammhackbraten mit Schafkäse

12 Portionen

Raffiniert

Pro Portion:
E: 34 g, F: 37 g, Kh: 8 g,
kJ: 2091, kcal: 499

6 Scheiben Toastbrot
300 ml Milch
1 Gemüsezwiebel (etwa 250 g)
3 EL Olivenöl
1,8 kg Lamm-Hackfleisch
4 Eier (Größe M)
Salz
frisch gemahlener Pfeffer
Gyrosgewürz
300 g Schafkäse
2 EL Olivenöl

Zubereitungszeit: 55 Min.
Garzeit: etwa 90 Min.

Lammkoteletts in Zitronenmarinade

1. Toastbrot in eine flache Schale geben und mit der Milch übergießen, einweichen lassen. Gemüsezwiebel abziehen und in kleine Würfel schneiden.

Lammhackbraten mit Schafkäse

2. Olivenöl in einer Pfanne zerlassen. Zwiebelwürfel darin glasig dünsten, etwas abkühlen lassen.
3. Hackfleisch in eine Schüssel geben. Toastbrotscheiben gut ausdrücken und zusammen mit den Zwiebelwürfeln und den Eiern hinzugeben, alles miteinander vermengen, mit Salz, Pfeffer und Gyrosgewürz kräftig würzen.
4. Schafkäse in kleine Würfel schneiden. Die Hackfleischmasse mit angefeuchteten Händen zu einem Braten formen, dabei eine längliche Vertiefung einarbeiten. Die Käsewürfel in die Vertiefung legen und mit der Hackfleischmasse wieder verschließen. Der Hackbraten soll eine glatte Oberfläche haben, damit er während des Garens nicht aufplatzt.
5. Olivenöl in einem Bräter erhitzen. Den Hackbraten hineinlegen. Den Bräter auf dem Rost in den Backofen schieben.
   Ober-/Unterhitze: etwa 180 °C (vorgeheizt)
   Heißluft: etwa 160 °C (nicht vorgeheizt)
   Gas: Stufe 2–3 (nicht vorgeheizt)
   Garzeit: etwa 90 Minuten.
6. Den Hackbraten zwischendurch mit dem Bratensatz begießen, evtl. etwas Wasser hinzugießen.

Beilage: Fladenbrot und Kräuterquark, der mit Knoblauch, Salz und Pfeffer gewürzt wird oder Tsatsiki.

Tipp:
Den Braten heiß oder kalt servieren.

Lammkoteletts in Zitronenmarinade

8 Portionen

Einfach

Pro Portion:
E: 31 g, F: 12 g, Kh: 0 g,
kJ: 981, kcal: 234

16 Lammkoteletts (aus der Krone)

Für die Marinade:
2 Knoblauchzehen
4 EL Olivenöl
2 EL Zitronensaft
geriebene Schale von 1 Bio-Zitrone (unbehandelt, ungewachst)
oder 1 Pck. Dr. Oetker Finesse Geriebene Zitronenschale
Salz
frisch gemahlener Pfeffer

Zubereitungszeit: 30 Min., ohne Durchziehzeit
Grillzeit: etwa 12 Min.

1. Lammkoteletts unter fließendem kalten Wasser abspülen, trockentupfen und in eine flache Schale legen.
2. Für die Marinade Knoblauch abziehen und durch eine Knoblauchpresse drücken. Knoblauch mit Olivenöl, Zitronensaft und -schale gut verrühren. Die Lammkoteletts damit bestreichen und etwas durchziehen lassen.
3. Die Koteletts auf den heißen, mit Alufolie belegten Grill legen und unter gelegentlichem Wenden etwa 12 Minuten grillen.

Beilagen: Tsatsiki, Fladenbrot, gemischter Salat mit Schafkäse.

Lammragout mit Gemüse

8–10 Portionen

Etwas teurer

Pro Portion:
E: 25 g, F: 13 g, Kh: 18 g,
kJ: 1231, kcal: 294

1 kg mageres Lammfleisch aus der Schulter (ohne Knochen)
Salz
frisch gemahlener Pfeffer
5 EL Olivenöl
3 EL Tomatenmark
500 ml (1/2 l) Fleischbrühe oder Lammfond
800 g fest kochende Kartoffeln
3 rote Paprikaschoten (etwa 600 g)
3 Zucchini (etwa 600 g)
1 Gemüsezwiebel (etwa 250 g)
2 kleine Rosmarinzweige

1 Rosmarinzweig

Zubereitungszeit. 55 Min.
Garzeit: etwa 90 Min.

1. Lammfleisch unter fließendem kalten Wasser abspülen, trockentupfen und in etwa 3 cm große Würfel schneiden. Sehnen und Fettstreifen dabei entfernen. Fleischwürfel mit Salz und Pfeffer würzen.
2. Olivenöl in einem Bräter erhitzen. Fleischwürfel evtl. in 2 Portionen von allen Seiten kräftig darin anbraten. Tomatenmark unterrühren. Brühe oder Fond hinzugießen, zum Kochen bringen und zugedeckt unter gelegentlichem Rühren etwa 50 Minuten garen.
3. Kartoffeln schälen, waschen, abtropfen lassen und in Würfel schneiden. Paprika halbieren, entstielen, entkernen und die weißen Scheidewände entfernen. Die Schoten waschen, trockentupfen und in mundgerechte Stücke schneiden. Zucchini waschen, abtrocknen und die Enden abschneiden. Zucchini längs halbieren und in Scheiben schneiden. Zwiebel abziehen und in Würfel schneiden. Rosmarin abspülen und trockentupfen.
4. Die vorbereiteten Gemüsezutaten und Rosmarin zu den Fleischwürfeln geben, gut vermengen und noch etwa 40 Minuten garen, evtl. verkochte Flüssigkeit durch heißes Wasser ersetzen. Ragout mit den Gewürzen abschmecken und mit einem Rosmarinzweig garniert servieren.

Beilage: Ofenfrisches, noch warmes Olivenbrot.

Tipp:
Das Ragout kann zusätzlich noch mit frischen Knoblauchwürfeln verfeinert werden.

Lammragout mit Gemüse

Lammrücken mit Kartoffelkruste

8–10 Portionen

Etwas Besonderes

Pro Portion:
E: 26 g, F: 21 g, Kh: 38 g,
kJ: 1888, kcal: 449

200 g Knollensellerie
1 Petersilienwurzel (150 g)
350 g Möhren
1 Stange Porree (Lauch)
2 Knoblauchzehen
4 Thymianstängel
100 g durchwachsener Speck
400 ml kaltes Wasser
1 Pck. Rohe Klöße (für 12 Stück, Fertigprodukt)
3 EL gehackte Petersilie
2 Eier (Größe M)
Salz
frisch gemahlener Pfeffer
geriebene Muskatnuss
400 g fest kochende Kartoffeln
2 Lammrückenfilets (Lammlachse, je etwa 400 g)
50 g zerlassene Butter
600 ml Gemüsebrühe
150 g Schmand
30 g Weizenmehl

Zubereitungszeit: 50 Min.
Garzeit: etwa 45 Min.

1. Sellerie, Petersilienwurzel und Möhren putzen, schälen, waschen, abtropfen lassen und würfeln. Porree putzen, die Stange seitlich einschneiden, gründlich waschen, abtropfen lassen und in Streifen schneiden.
2. Knoblauch abziehen und in Scheiben schneiden. Thymian kalt abspülen und trockentupfen. Das vorbereitete Gemüse, Knoblauch und Thymianstängel in eine Fettfangschale legen.
3. Speck würfeln und in einer erhitzten Pfanne knusprig braten. Wasser in eine Schüssel geben und das Kloßpulver unter Rühren einstreuen. Speckwürfel, Petersilie und Eier sofort unter den Kloßteig rühren, mit Salz, Pfeffer und Muskatnuss würzen und die Masse etwa 10 Minuten quellen lassen.
4. Kartoffeln schälen, abspülen, abtropfen lassen und in dünne Scheiben schneiden. Lammrückenfilets unter fließendem kalten Wasser abspülen, trockentupfen, mit Salz und Pfeffer einreiben und nebeneinander auf das Gemüse in die Fettfangschale legen. Den Kloßteig auf beide Fleischstücke streichen.
5. Die Kartoffelscheiben schuppenartig in den Teig drücken. Butter vorsichtig auf die Kartoffelschuppen streichen und mit Salz bestreuen. Gemüsebrühe auf das Gemüse gießen. Die Fettfangschale in den Backofen schieben.
   Ober-/Unterhitze: etwa 200 °C (vorgeheizt)
   Heißluft: etwa 180 °C (vorgeheizt)
   Gas: etwa Stufe 3 (vorgeheizt)
   Garzeit: etwa 45 Minuten.
6. Die Lammrücken aus der Fettfangschale nehmen und zugedeckt auf einer Platte im ausgeschalteten Backofen warm halten. Die Garflüssigkeit durch ein Sieb in einen Topf geben und zum Kochen bringen. Das mitgegarte Gemüse zu dem Fleisch auf die Platte legen.
7. Schmand mit Mehl verrühren, unter Rühren in die Sauce geben, aufkochen und 5–10 Minuten schwach kochen lassen. Die Sauce mit Salz und Pfeffer abschmecken und zu Lammrücken und Gemüse servieren.

Beilage: Weißkohlsalat oder Riesenbohnensalat.

Lammrücken mit Kartoffelkruste

Lammschnitzel in Kräuter-Knoblauch-Panade

Lammschnitzel in Kräuter-Knoblauch-Panade

10 Portionen

Raffiniert

Pro Portion:
E: 37 g, F: 23 g, Kh: 28 g,
kJ: 1981, kcal: 473

Für das Gemüseragout:
500 g fest kochende Kartoffeln
Salzwasser
1 Zwiebel
1 Fleischtomate (etwa 150 g)
100 g Butter oder Margarine
500 g TK-Brechbohnen
Salz
frisch gemahlener Pfeffer
200 ml Gemüsebrühe
30 kleine Lammrückenschnitzel
(je etwa 50 g, aus dem Lammkarree)
5 Knoblauchzehen
2 EL getrockneter Rosmarin
250 g Semmelbrösel
4 Eier (Größe M)
6 EL Weizenmehl
6 EL Olivenöl

Zubereitungszeit: 90 Min.

1. Für das Ragout Kartoffeln waschen, schälen, abspülen und in gleich große Würfel schneiden.
2. Salzwasser in einem großen Topf zum Kochen bringen, Kartoffelwürfel etwa 10 Minuten darin kochen. Anschließend in ein Sieb geben, mit kaltem Wasser übergießen und abtropfen lassen.
3. Zwiebel abziehen und in kleine Würfel schneiden. Tomate waschen, abtrocknen, halbieren und den Stängelansatz herausschneiden. Tomate entkernen und ebenfalls in Würfel schneiden.
4. Butter oder Margarine in einem großen Topf oder Bräter zerlassen. Zwiebelwürfel darin glasig dünsten, Kartoffelwürfel und Bohnen hinzugeben, mit andünsten. Gemüse mit Salz und Pfeffer würzen. Brühe hinzugießen, zum Kochen bringen und zugedeckt 10–15 Minuten bei schwacher Hitze garen. Zuletzt Tomatenwürfel unterheben, mit Salz und Pfeffer abschmecken.
5. Lammschnitzel unter fließendem kalten Wasser abspülen, trockentupfen und etwas flach drücken, mit Salz und Pfeffer bestreuen.
6. Knoblauch abziehen und fein hacken. Rosmarin ebenfalls fein hacken. Semmelbrösel in eine Schüssel geben, mit Knoblauch und Rosmarin mischen. Eier in einer Schüssel verschlagen.
7. Die Schnitzel zuerst in Mehl wenden, dann durch die verschlagenen Eier ziehen, Schnitzel am Schüsselrand abstreifen und zuletzt in der Semmelbröselmischung wenden. Panade gut andrücken.
8. Jeweils etwas von dem Olivenöl in einer großen Pfanne erhitzen. Die Lammschnitzel portionsweise von beiden Seiten darin braten, herausnehmen und mit dem Kartoffel-Bohnen-Ragout anrichten.

Tipp:
Eventuell mit frischen Rosmarinzweigen und Tomatenwürfeln garnieren. Anstelle von Lammrücken kann auch abgehangenes Fleisch aus der Keule verwendet werden.

Lammschnitzel verhüllt mit provenzalischem Gemüse

10 Portionen

Etwas teurer

Pro Portion:

E: 33 g, F: 18 g, Kh: 24 g,
kJ: 1643, kcal: 392

Für das provenzalische Gemüse:

1 große Zucchini (etwa 250 g)
1 Aubergine (etwa 250 g)
1 Fleischtomate (etwa 300 g)
je 1 gelbe, rote und grüne Paprikaschote (etwa 750 g)
4 EL Olivenöl
Salz, frisch gemahlener Pfeffer
Knoblauchpulver
1 Pck. TK-Kräuter der Provence (25 g)

Für die Lammschnitzel:

1 kg fest kochende Kartoffeln
60 g Speisestärke
2 Eier (Größe M)
20 kleine Lammschnitzel aus dem Rücken (je etwa 60 g)
6 EL Weizenmehl
8 EL Olivenöl
1 Topf Basilikum

Zubereitungszeit: 90 Min.

1. Für das Gemüse Zucchini und Aubergine waschen, abtrocknen und die Enden abschneiden. Zucchini und Aubergine in Würfel schneiden. Tomate waschen, abtrocknen, halbieren und den Stängelansatz herausschneiden. Tomate entkernen und in Stücke schneiden.
2. Paprika halbieren, entstielen, entkernen und die weißen Scheidewände entfernen. Die Schoten waschen, abtropfen lassen und in Würfel schneiden.
3. Olivenöl in einem Topf erhitzen. Zunächst Paprikawürfel, dann Zucchini- und Auberginenwürfel und zuletzt Tomatenstücke darin andünsten, evtl. etwas Wasser hinzugeben, zum Kochen bringen und unter mehrmaligem Rühren etwa 10 Minuten garen. Gemüse mit Salz, Pfeffer und Knoblauch kräftig würzen. Kräuter der Provence unterrühren.
4. Für die Schnitzel Kartoffeln schälen, abspülen und abtropfen lassen. Kartoffeln fein reiben, in ein Sieb geben und gut abtropfen lassen. Anschließend in eine Schale geben, Speisestärke und Eier hinzugeben und alles gut vermischen, mit Salz und Pfeffer würzen.
5. Schnitzel unter fließendem kalten Wasser abspülen und trockentupfen. Schnitzel etwas flach drücken, mit Salz und Pfeffer bestreuen. Schnitzel zuerst in Mehl wenden, dann durch die Kartoffel-Eier-Masse ziehen. Panade etwas andrücken.
6. Jeweils die Hälfte des Olivenöls in einer großen Pfanne erhitzen, Schnitzel in 2 Portionen bei nicht zu starker Hitze von beiden Seiten etwa 10 Minuten darin braten.
7. Basilikum abspülen und trockentupfen. Einige Blättchen von den Stängeln zupfen. Lammschnitzel mit dem Gemüse anrichten und mit Basilikumblättern oder -stängeln garniert servieren.

Lammschnitzel verhüllt mit provenzalischem Gemüse

Tipp:
Es können auch Lammschnitzel aus der Keule verwendet werden, dann beträgt die Bratzeit etwa 20 Minuten.

Lammtopf mit Aprikosen

Lammtopf mit Aprikosen

8–10 Portionen

Fruchtig

Pro Portion:

E: 39 g, F: 21 g, Kh: 38 g, kJ: 2107, kcal: 503

400 g Kichererbsen
1 l Wasser
1,2 kg Lammfleisch aus der Keule, ohne Knochen
5 mittelgroße Zwiebeln
6 EL Olivenöl
Salz
frisch gemahlener Pfeffer
½ TL Kreuzkümmel (Cumin)
2 TL gemahlener Ingwer
2 Döschen Safranpulver (je 0,2 g)
500 ml (½ l) Gemüsebrühe
1 große Dose Aprikosenhälften (Abtropfgewicht 480 g)
1 Bund glatte Petersilie
100 g abgezogene, ganze Mandeln

Zubereitungszeit: 40 Min., ohne Einweichzeit
Garzeit: etwa 1 Std.

1. Kichererbsen in eine Schüssel geben, mit Wasser übergießen und über Nacht einweichen.
2. Lammfleisch unter fließendem kalten Wasser abspülen und trockentupfen. Lammfleisch in Würfel schneiden. Zwiebeln abziehen und würfeln.
3. Jeweils die Hälfte des Olivenöls in einem Bräter erhitzen. Fleischwürfel in 2 Portionen von allen Seiten darin anbraten, mit Salz, Pfeffer, Kreuzkümmel, Ingwer und Safran bestreuen. Fleischwürfel aus dem Bräter nehmen.
4. Zwiebelwürfel in dem verbliebenen Bratfett andünsten. Kichererbsen mit dem Einweichwasser, Brühe und die Fleischwürfel hinzugeben. Alles zum Kochen bringen und zugedeckt bei mittlerer Hitze etwa 1 Stunde garen. Aprikosenhälften mit dem Saft hinzufügen, kurz erwärmen.
5. Petersilie abspülen und trockentupfen. Die Blättchen von den Stängeln zupfen. Den Lammtopf nochmals mit den Gewürzen abschmecken und mit Mandeln und Petersilienblättchen servieren.

Beilage: Fladenbrot oder Ciabatta.

Lasagne all' Arrabiata
12 Portionen

Vegetarisch

Pro Portion:
E: 29 g, F: 29 g, Kh: 49 g,
kJ: 2395, kcal: 572

12 Fleischtomaten (etwa 1,8 kg)
2 große Bund Basilikum
4 Knoblauchzehen
3 Pck. stückige Tomatensauce (je 500 g)
Salz
frisch gemahlener Pfeffer
etwas Tabasco
900 g Mozzarella-Käse
200 g Parmesan-Käse
etwa 500 g Lasagneplatten (ohne Vorkochen)

Zubereitungszeit: 50 Min.
Garzeit: etwa 50 Min.

1. Tomaten waschen, abtropfen lassen, kreuzweise einschneiden und einige Sekunden in kochendes Wasser legen. Tomaten kurz in kaltes Wasser legen, enthäuten, halbieren, entkernen, Stängelansätze herausschneiden. Fruchtfleisch grob würfeln.
2. Basilikum abspülen und trockentupfen. Die Blättchen von den Stängeln zupfen und in Streifen schneiden. Einige Blättchen zum Garnieren beiseite legen.
3. Knoblauch abziehen und durch eine Knoblauchpresse drücken, zusammen mit der Tomatensauce in einem Topf erhitzen. Basilikum und Tomatenwürfel hinzugeben, etwa 5 Minuten bei schwacher Hitze kochen lassen, dabei ab und zu umrühren. Die Tomatenmasse mit Salz, Pfeffer und Tabasco pikant bis leicht scharf würzen. Mozzarella in einem Sieb abtropfen lassen und in Scheiben schneiden.
4. Etwas von der Tomatenmasse auf dem Boden von zwei großen, flachen Auflaufformen (gefettet) verteilen, mit Parmesan bestreuen und mit Lasagneplatten belegen. Diesen Vorgang zweimal wiederholen. Die oberste Schicht soll aus Tomatenmasse bestehen. Zuletzt Mozzarellascheiben darauf legen.
5. Die Formen auf dem Rost in den Backofen schieben.
   Ober-/Unterhitze: etwa 200 °C (vorgeheizt)
   Heißluft: etwa 180 °C (nicht vorgeheizt)
   Gas: Stufe 3–4 (nicht vorgeheizt)
   Garzeit: etwa 50 Minuten.
6. Die Lasagne vor dem Servieren mit den beiseite gelegten Basilikumblättchen garnieren.

Lasagne all' Arrabiata

Abwandlung:
Die Lasagne kann statt mit Mozzarella auch mit Feta-Käse oder mit halb Feta-Käse und halb Mozzarella zubereitet werden.

Lasagne mit Gemüse

8 Portionen

Vegetarisch

Pro Portion:
E: 25 g, F: 39 g, Kh: 76 g,
kJ: 3263, kcal: 779

Für die Béchamelsauce:
2 mittelgroße Zwiebeln
70 g Butter
50 g Weizenmehl
500 ml ($^1/_2$ l) Schlagsahne
500 ml ($^1/_2$ l) Gemüsebrühe
2 EL mittelscharfer Senf
Salz
frisch gemahlener Pfeffer

Für die Tomatensauce:
2 Zwiebeln
2 Knoblauchzehen
3 EL Olivenöl
2 Dosen geschälte Tomaten
(Einwaage 800 g)
3 TL Gemüsebrühe (Instant)
2 TL Paprikapulver edelsüß
1 gestr. TL Zucker
Salz
frisch gemahlener Pfeffer

2 Pck. TK-Blattspinat (je 450 g)
2 Dosen Gemüsemais
(Abtropfgewicht je 285 g)
8 rote Paprikaschoten
etwa 500 g Lasagneplatten
(ohne Vorkochen)
150 g geriebener Gouda-Käse

Zubereitungszeit: 85 Min.
Garzeit: etwa 60 Min.

Lasagne mit Gemüse

1. Für die Béchamelsauce Zwiebeln abziehen und in kleine Würfel schneiden. Butter in einer Pfanne erhitzen. Zwiebelwürfel darin andünsten. Mehl hinzufügen und unter Rühren so lange darin erhitzen, bis es hellgelb ist. Sahne und Brühe nach und nach hinzugießen und mit einem Schneebesen durchschlagen. Darauf achten, dass keine Klümpchen entstehen. Die Sauce 2–3 Minuten unter Rühren kochen lassen. Senf unterrühren, mit Salz und Pfeffer würzen.
2. Für die Tomatensauce Zwiebeln und Knoblauch abziehen, in kleine Würfel schneiden. Olivenöl in einem großen Topf erhitzen. Die Zwiebel- und Knoblauchwürfel darin andünsten. Tomaten mit der Flüssigkeit hinzufügen, mit einer Gabel etwas zerdrücken, mit Zucker, Salz und Pfeffer würzen. Die Sauce unter Rühren etwas einkochen lassen.
3. Blattspinat nach Packungsanleitung zubereiten, mit Salz und Pfeffer würzen. Mais in einem Sieb abtropfen lassen.
4. Paprika vierteln, entstielen, entkernen und die weißen Scheidewände entfernen. Schoten waschen und abtropfen lassen. Wasser in einem großen Topf zum Kochen bringen. Darin die Paprikaschoten 10–15 Minuten garen. Dann die Paprika in ein Sieb geben, mit kaltem Wasser abschrecken und abtropfen lassen. Die Haut der Paprikaschoten abziehen.
5. Zwei große, flache Auflaufformen (gefettet) mit je einer Schicht Lasagneplatten auslegen. Zuerst etwas von der Béchamelsauce, dann den Blattspinat darauf verteilen. Eine weitere Lage Lasagneplatten darauf legen. Die Hälfte der Tomatensauce, die Paprikaviertel und den Mais darauf verteilen. Eine weitere Lage Lasagneplatten auslegen. Diese zuerst mit der restlichen Béchamelsauce, dann mit der restlichen Tomatensauce übergießen.
6. Den Auflauf mit Käse bestreuen und die Form auf dem Rost in den Backofen schieben.
   Ober-/Unterhitze: etwa 180 °C (vorgeheizt)
   Heißluft: etwa 160 °C (nicht vorgeheizt)
   Gas: Stufe 2–3 (nicht vorgeheizt)
   Garzeit: etwa 60 Minuten.

Rezeptvorschläge für ein Buffet für eine Heimwehparty für Süddeutsche

Für eine Heimwehparty für Süddeutsche benötigen Sie für 10–12 Personen:

1 x Rezept Leberkäsesalat, Seite 210
1 x Rezept Schupfnudeln mit Gartengemüse, Seite 339
1 x Rezept Schweineschulter, gefüllt, Seite 350
1 x Rezept Vanillecreme mit Schokoladensauce, Seite 398

Außerdem: 10–12 Laugengebäcke für den Leberkäsesalat.

Vorbereitungen am Vortag:

- Für die Schupfnudeln mit Gartengemüse das Gemüse bis Punkt 2 zubereiten. Gemüse kalt stellen.
- Vanillecreme und Schokoladensauce zubereiten. Die Mandeln rösten. Vanillecreme und Schokoladensauce kalt stellen.

Vorbereitungen am Tag der Party:

4–5 Stunden vorher:
- Die Schweineschulter bis zum Braten vorbereiten.

3 Stunden vorher:
- Die Schweineschulter in den Backofen schieben.
- Leberkäsesalat bis Punkt 3 zubereiten. Zwiebeln schälen.
- Vanillecreme stürzen, anrichten, garnieren und kalt stellen. Sauce bereitstellen.

Etwa 1 Stunde vorher:
- Die Schupfnudeln zubereiten und mit dem Gemüse in die Auflaufform oder Fettfangschale füllen.
- Wenn die Schweineschulter gar ist, die Schupfnudeln mit dem Gartengemüse in den Backofen schieben.
- Die Schweineschulter mit Alufolie zudecken, 10–15 Minuten ruhen lassen.
- Leberkäsesalat abschmecken.
- Zwiebeln in Ringe schneiden. Salat anrichten.
- Schweineschulter aufschneiden, mit den Schupfnudeln anrichten.

Es eignen sich auch folgende zusätzliche Rezepte:

1 x Rezept Lumpensuppe, Seite 213
1 x Rezept Spätzle-Linsen-Salat, Seite 364
1,5 x Rezept Maultaschenauflauf, Seite 221
1,5 x Rezept Schokoladenpudding, Seite 337

Zusätzlich evtl. 1 l steif geschlagene Sahne für den Pudding.

Leberkäsesalat

10 Portionen

Preiswert – schnell

Pro Portion:
E: 21 g, F: 35 g, Kh: 8 g,
kJ: 1816, kcal: 433

Salzwasser
300 g TK-Erbsen
1 kg Leberkäse
400 g Tomatenpaprika in Streifen (aus dem Glas)
600 g Gewürzgurken

Für das Dressing:
4 EL Essig
1 EL Senf
frisch gemahlener Pfeffer
Salz
1 TL Paprikapulver rosenscharf
125 ml ($^1/_8$ l) Speiseöl, z. B. Rapsöl

3 Zwiebeln
1 Topf Petersilie

Zubereitungszeit: 40 Min., ohne Durchziehzeit

1. Salzwasser zum Kochen bringen und die Erbsen darin 5 Minuten garen. Dann die Erbsen in einem Sieb abtropfen lassen. Leberkäse würfeln.
2. Tomatenpaprikastreifen in einem Sieb abtropfen lassen. Gewürzgurken würfeln. Alle Salatzutaten miteinander vermengen.
3. Für das Dressing Essig mit Senf und Gewürzen verrühren. Öl unterschlagen. Dressing über die Salatzutaten geben und etwa 30 Minuten ziehen lassen.
4. Kurz vor dem Servieren Zwiebeln abziehen und in feine Ringe schneiden.

Leberkäsesalat

Petersilie abspülen, abtropfen lassen und die Blättchen von den Stängeln zupfen. Blättchen hacken und mit den Zwiebelringen unter den Salat geben.

Linsen-Paprika-Eintopf mit Forelle

8–10 Portionen

Raffiniert

Pro Portion:
E: 27 g, F: 12 g, Kh: 41 g,
kJ: 1612, kcal: 385

4 mittelgroße Zwiebeln
5 Knoblauchzehen
1,2 kg grüne Paprikaschoten
1,2 kg fest kochende Kartoffeln
8 EL Olivenöl
2,5 l Gemüsebrühe
400 g rote Linsen
100 g Tomatenketchup
Salz
frisch gemahlener Pfeffer
500 g geräucherte Forellenfilets

Zubereitungszeit: 45 Min.
Garzeit: etwa 25 Min.

1. Zwiebeln und Knoblauch abziehen, in kleine Würfel schneiden. Paprika halbieren, entstielen, entkernen, die weißen Scheidewände entfernen. Die Schoten waschen, trockentupfen und in Würfel schneiden. Kartoffeln waschen, schälen, abspülen und ebenfalls in Würfel schneiden.
2. Olivenöl in einem großen Topf oder Bräter erhitzen. Zwiebel- und Knoblauchwürfel darin andünsten. Kartoffelwürfel hinzufügen und kurz dünsten. Paprikawürfel ebenfalls kurz mitdünsten lassen. Brühe hinzugießen. Die Zutaten zum Kochen bringen und zugedeckt etwa 15 Minuten bei schwacher Hitze kochen lassen. Linsen hinzugeben und weitere 10 Minuten kochen.
3. Den Eintopf mit Ketchup, Salz und Pfeffer würzen. Forellenfilets grob zerteilen, evtl. Gräten entfernen. Forellenstückchen in den Eintopf geben und kurz erwärmen.

Tipp: Rote Linsen haben eine kurze Garzeit, da sie sonst zerfallen. Rote Linsen können durch Tellerlinsen ersetzt werden. Dann Tellerlinsen mit den Kartoffelwürfeln andünsten und insgesamt 30–35 Minuten garen.

Linsen-Paprika-Eintopf mit Forelle

Linsensalat in Senfdressing

12 Portionen

Vegetarisch

Pro Portion:
E: 21 g, F: 19 g, Kh: 37 g,
kJ: 1695, kcal: 405

Für den Salat:
1 kg Tellerlinsen
3,5 l Gemüsebrühe
1 Gemüsezwiebel (etwa 150 g)
4 Möhren (etwa 400 g)
$^1/_2$ Knolle Sellerie (etwa 400 g)
1 Stange Porree (Lauch, etwa 400 g)

Linsensalat in Senfdressing

Für das Dressing:
4 geh. EL Mayonnaise
4 geh. EL milder Senf
125 ml ($^1/_8$ l) Speiseöl, z. B. Rapsöl
125 ml ($^1/_8$ l) Gemüsebrühe
Salz
frisch gemahlener Pfeffer
4 EL milder Weißweinessig

Zubereitungszeit: 60 Min., ohne Abkühl- und Durchziehzeit

1. Für den Salat Linsen abspülen und abtropfen lassen. Anschließend mit Gemüsebrühe zum Kochen bringen und etwa 45 Minuten darin garen (sie sollten noch etwas Biss haben).
2. Gemüsezwiebel abziehen. Möhren, Sellerie und Porree putzen, schälen, waschen und abtropfen lassen. Gemüse in feine Würfel oder Streifen schneiden. Gemüse etwa 10 Minuten vor Ende der Garzeit zu den Linsen geben und mitkochen.
3. Danach das Linsengemüse in einem Sieb abtropfen lassen, dabei die Gemüsebrühe auffangen. Das Linsengemüse mit kaltem Wasser abschrecken und gut abtropfen lassen. Zutaten erkalten lassen.
4. Für das Dressing Mayonnaise und Senf vermischen und Öl nach und nach unterschlagen. Aufgefangene Gemüsebrühe abmessen, unterrühren und das Dressing mit Salz, Pfeffer und Essig würzen.
5. Das Dressing mit dem Salat vermischen, gut durchziehen lassen und bis zum Servieren kalt stellen.

Tipp:
Dazu kleine ofenwarme Zwiebelbrötchen servieren.

Linsensuppe mit Räucherfisch

8–10 Portionen

Etwas Besonderes

Pro Portion:
E: 25 g, F: 18 g, Kh: 39 g,
kJ: 1760, kcal: 421

300 g Möhren
200 g fest kochende Kartoffeln
2 Zwiebeln
2 EL Olivenöl
2 EL Tomatenmark
500 ml ($^1/_2$ l) Gemüsebrühe
3 Dosen Linsen mit Suppengrün (je 800 g)
200 g Räucheraal
200 g Schillerlocken
1 Bund Dill
200 ml Schlagsahne
Salz, frisch gemahlener Pfeffer
2 EL Balsamico-Essig

Zubereitungszeit: 35 Min.

1. Möhren putzen. Kartoffeln und Möhren schälen, abspülen, abtropfen lassen und in etwa 1 cm große Würfel schneiden. Zwiebeln abziehen und würfeln.
2. Öl in einem großen Topf erhitzen. Zwiebel-, Möhren- und Kartoffelwürfel darin andünsten. Tomatenmark unterrühren, Gemüsebrühe hinzugießen und zum Kochen bringen. Gemüse zugedeckt bei schwacher Hitze etwa 15 Minuten kochen.
3. Danach die Linsen mit der Flüssigkeit hinzufügen, alles wieder zum Kochen bringen und weitere 10 Minuten kochen.
4. Räucheraal und Schillerlocken in kleine Stücke schneiden, dabei evtl. Gräten entfernen. Dill kalt abspülen,

Linsensuppe mit Räucherfisch

trockentupfen und die Spitzen von den Stängeln zupfen.

5. Die Sahne in die Suppe rühren. Die Suppe mit Salz, Pfeffer und Balsamico-Essig würzen. Fischstücke in der Suppe erwärmen. Die Suppe mit Dillspitzen bestreut servieren.

Lumpensuppe

12 Portionen

Einfach

Pro Portion:
E: 25 g, F: 12 g, Kh: 18 g, kJ: 1192, kcal: 284

1 kg Zwiebeln
3 Knoblauchzehen
300 g Möhren
1,2 kg Rindfleisch am Stück für Gulasch
5 EL Speiseöl, z. B. Sonnenblumenöl
Salz, frisch gemahlener Pfeffer
2 EL Paprikapulver edelsüß
1–2 EL Speiseöl, z. B. Sonnenblumenöl
2 gestr. TL gerebelter Thymian
2 Lorbeerblätter
2 EL Weizenmehl
2,5 l Fleischbrühe
1 Glas Champignons in Scheiben (Abtropfgewicht 315 g)
300 g TK-Erbsen
1 Glas Tomatenpaprika in Streifen (Abtropfgewicht 320 g)
300 g Tomaten-Ketchup

Zubereitungszeit: 45 Min.
Garzeit: etwa 60 Min.

1. Zwiebeln und Knoblauch abziehen und in feine Würfel schneiden. Möhren putzen, schälen, abspülen, abtropfen lassen und in Würfel schneiden.
2. Rindfleisch unter fließendem kalten Wasser abspülen, trockentupfen und in etwa 1 cm große Würfel schneiden. Etwas Speiseöl in einer großen Pfanne erhitzen und die Fleischwürfel portionsweise darin anbraten, mit Salz, Pfeffer und Paprikapulver würzen. Fleischwürfel aus der Pfanne nehmen.
3. Speiseöl in einem großen Topf erhitzen. Zwiebel-, Knoblauch-, und Möhrenwürfel darin andünsten. Thymian und Lorbeerblätter unterrühren. Gemüse mit Mehl bestäuben und kurz anrösten. Brühe nach und nach einrühren und zum Kochen bringen.
4. Fleischwürfel ebenfalls in den Topf geben und zugedeckt bei mittlerer Hitze etwa 45 Minuten köcheln lassen.
5. Champignons in einem Sieb abtropfen lassen. Champignons, tiefgefrorene Erbsen und Tomatenpaprika mit der Flüssigkeit in die Suppe geben. Suppe wieder zum Kochen bringen und etwa 5 Minuten köcheln lassen.
6. Ketchup in die Suppe einrühren und die Suppe nochmals kurz aufkochen. Lorbeerblätter entfernen. Die Suppe mit Salz, Pfeffer und Paprikapulver abschmecken.

Beilage: Bauernbrot

Lumpensuppe

Maibowle

8 Portionen

Mit Alkohol

Pro Portion:
E: 1 g, F: 0 g, Kh: 11 g,
kJ: 1195, kcal: 286

2 Bund Waldmeisterkraut
2 Flaschen trockener Weißwein (je 0,7 l)
4 cl Waldmeistersirup
2 Flaschen gekühlter Sekt (je 0,7 l)
Saft von 1 Limette

Zubereitungszeit: 20 Min., ohne Trocken- und Durchziehzeit

1. Das Waldmeisterkraut sorgfältig waschen und über Nacht trocknen lassen.
2. Von dem Waldmeisterkraut die Blätter abzupfen. Weißwein und Waldmeistersirup in ein Bowlengefäß geben, Waldmeisterblättchen hinzufügen. Den Bowlenansatz etwa 1 $^{1}/_{2}$ Stunden kalt gestellt durchziehen lassen.
3. Bowlenansatz durch ein Sieb in ein Bowlengefäß gießen. Sekt und Limettensaft hinzugießen.

Maistopf

8–10 Portionen

Einfach

Pro Portion:
E: 33 g, F: 15 g, Kh: 17 g,
kJ: 1411, kcal: 338

1,2 kg Gulaschfleisch (halb Rind-, halb Schweinefleisch)
4 Zwiebeln
je 2 rote und grüne Paprikaschoten
4 EL Speiseöl, z. B. Olivenöl
Salz
frisch gemahlener Pfeffer
Cayennepfeffer
500 ml ($^{1}/_{2}$ l) Fleischbrühe
2 Dosen Gemüsemais (Abtropfgewicht je 285 g)
300 g TK-Erbsen
1 Topf Petersilie

Zubereitungszeit: 40 Min.
Schmorzeit: etwa 80 Min.

1. Das Fleisch unter fließendem kalten Wasser abspülen und trockentupfen. Zwiebeln abziehen und in kleine Würfel schneiden. Paprika halbieren, entstielen, entkernen und die weißen Scheidewände entfernen. Die Schoten waschen, trockentupfen und in feine Streifen schneiden.
2. Jeweils die Hälfte des Speiseöls in einem großen Topf erhitzen. Das Fleisch in 2 Portionen von allen Seiten darin anbraten. Zwiebelwürfel und Paprikastreifen dazugeben, unterrühren und mitschmoren lassen, mit Salz, Pfeffer und Cayennepfeffer bestreuen. Brühe hinzugießen. Die Zutaten zugedeckt etwa 1 Stunde schmoren.
3. Mais in einem Sieb abtropfen lassen. Die gefrorenen Erbsen und den Mais zum Fleisch-Gemüse-Topf geben und etwa 20 Minuten miterhitzen.

4. Petersilie abspülen, trockentupfen und die Blättchen von den Stängeln zupfen. Blättchen hacken. Den Maistopf mit Salz und Pfeffer abschmecken und mit Petersilie bestreut servieren.

Makkaronisalat

8 Portionen

Beliebt

Pro Portion:
E: 30 g, F: 28 g, Kh: 56 g,
kJ: 2535, kcal: 605

500 g Makkaroni
5 l Wasser
5 gestr. TL Salz

1 Glas Cornichons (Abtropfgewicht 320 g)
250 g gekochter Schinken
200 g Salami
250 g Emmentaler-Käse
6 mittelgroße Tomaten
2–3 säuerliche Äpfel

Für die Sauce:
10 EL Tomatenketchup
2 EL Rotweinessig
6 EL Speiseöl, z. B. Rapsöl
Salz
frisch gemahlener Pfeffer
1 Prise Zucker
1–2 Bund Schnittlauch
1–2 Bund Petersilie

Zubereitungszeit: 50 Min., ohne Durchziehzeit

Makkaronisalat

1. Makkaroni 2–3 mal durchbrechen. Wasser in einem großen Topf mit geschlossenem Deckel zum Kochen bringen. Dann Salz und Makkaroni zugeben. Die Nudeln im geöffneten Topf bei mittlerer Hitze nach Packungsanleitung kochen lassen, dabei gelegentlich umrühren.
2. Anschließend die Makkaroni in ein Sieb geben, mit heißem Wasser abspülen und abtropfen lassen. Makkaroni in eine große Schüssel geben.
3. Cornichons in einem Sieb abtropfen lassen und in Streifen schneiden. Schinken, Salami und Käse ebenfalls in Streifen schneiden. Tomaten waschen, kreuzweise einschneiden und einige Sekunden in kochendes Wasser legen. Tomaten mit kaltem Wasser abschrecken, enthäuten, halbieren, entkernen und Stängelansätze entfernen. Tomaten in Streifen schneiden.
4. Äpfel schälen, vierteln, entkernen und ebenfalls in Streifen schneiden. Die vorbereiteten Salatzutaten zu den Makkaroni geben und gut vermengen.
5. Für die Sauce Ketchup mit Essig verrühren. Speiseöl unterschlagen. Die Sauce mit Salz, Pfeffer und Zucker würzen.
6. Schnittlauch und Petersilie abspülen, trockentupfen. Schnittlauch in Röllchen schneiden. Petersilienblättchen von den Stängeln zupfen. Blättchen fein hacken. Schnittlauchröllchen und Petersilie unter die Sauce rühren und mit den Salatzutaten gut vermengen. Salat etwas durchziehen lassen.

Makrelen auf Mittelmeerart

8 Portionen

Einfach

Pro Portion:
E: 55 g, F: 40 g, Kh: 4 g,
kJ: 2501, kcal: 596

8 küchenfertige Makrelen
(je etwa 350 g)
Salz
frisch gemahlener Pfeffer

Für die Füllung:
6 Fleischtomaten
30 schwarze entsteinte Oliven
1–2 TL gerebelter Oregano
1 Topf glatte Petersilie

Außerdem:
8 Bögen Alufolie

Zubereitungszeit: 50 Min.
Grillzeit: etwa 30 Min.

1. Makrelen innen und außen unter fließendem kalten Wasser abspülen, trockentupfen. Makrelen mit Salz und Pfeffer bestreuen.
2. Für die Füllung Tomaten kreuzweise einschneiden und einige Sekunden in kochendes Wasser legen. Tomaten mit kaltem Wasser abschrecken, enthäuten, halbieren, entkernen und die Stängelansätze herausschneiden. Fruchtfleisch in Würfel schneiden.
3. Oliven vierteln, mit Oregano zu den Tomatenwürfeln geben. Petersilie abspülen, trockentupfen, die Blättchen fein hacken und untermengen. In jede Makrele etwas von der Füllung geben. Jeweils 1 gefüllte Makrele auf einen Bogen Alufolie legen und fest verschließen.
4. Die Makrelen in der Folie auf den heißen Grill legen und unter gelegentlichem Wenden etwa 30 Minuten grillen. Dazu die restliche Füllung servieren.

Makrelen auf Mittelmeerart

Makrelenfilets „Bretonische Art“

12 Portionen

Raffiniert

Pro Portion:
E: 65 g, F: 36 g, Kh: 24 g,
kJ: 2854, kcal: 681

24 Makrelenfilets mit Haut
(je etwa 150 g)
3 EL Zitronensaft
Salz, frisch gemahlener Pfeffer

Für das Bohnengemüse:
600 g fest kochende Kartoffeln
2 Gemüsezwiebeln (etwa 450 g)
1 Bund Bohnenkraut
oder 2 TL gerebeltes Bohnenkraut
4 EL Speiseöl, z. B. Olivenöl
2 Dosen rote Bohnen (Einwaage je 425 g)
1 Dose weiße Bohnen (Einwaage 425 g)
1 Dose Flageolets, grüne Bohnenkerne (Einwaage 425 g)
6 EL Speiseöl, z. B. Olivenöl
50 g Weizenmehl

Zubereitungszeit: 65 Min.
Garzeit: etwa 25 Min.

1. Makrelenfilets unter fließendem kalten Wasser abspülen, trockentupfen und die Haut mit einem scharfen Messer einritzen, damit beim Garen überflüssiges Fett austreten kann. Filets mit Zitronensaft beträufeln, mit Salz und Pfeffer würzen.
2. Für das Gemüse Kartoffeln schälen, waschen, abtropfen lassen und in Würfel schneiden. Die Gemüsezwiebeln abziehen und ebenfalls in Würfel schneiden. Frisches Bohnenkraut abspülen und trockentupfen. Die Blättchen von den Stängeln zupfen.

Makrelenfilets „Bretonische Art"

3. Speiseöl in einem großen Bräter erhitzen. Zwiebel- und Kartoffelwürfel darin andünsten. Bohnen und Bohnenkerne mit dem Saft hinzugeben, mit Salz, Pfeffer und Bohnenkraut würzen. Bohnengemüse etwa 10 Minuten köcheln lassen.
4. Speiseöl portionsweise in einer großen Pfanne erhitzen. Fischfilets mit Mehl bestäuben und portionsweise von beiden Seiten darin anbraten. Fischfilets auf das Bohnengemüse legen. Den Bräter auf dem Rost in den Backofen schieben.
   Ober-/Unterhitze: etwa 200 °C (vorgeheizt)
   Heißluft: etwa 180 °C (vorgeheizt)
   Gas: Stufe 3–4 (vorgeheizt)
   Garzeit: etwa 25 Minuten.

Tipp:
Anstelle der Makrelenfilets können auch andere Fischfiletsorten, z. B. Zander oder Scholle verwendet werden. Bei Plattfischen, z. B. Scholle, ist die Garzeit kürzer.

Mallorquinische Kohlsuppe

8–10 Portionen

Preiswert

Pro Portion:
E: 5 g, F: 14 g, Kh: 21 g,
kJ: 973, kcal: 232

3 Stangen Porree (Lauch, etwa 500 g)
1 1/2 Bund Frühlingszwiebeln
2 Knoblauchzehen
700 g Tomaten
750–1000 g junger Weißkohl oder Wirsing
5 EL Olivenöl
2 1/4–2 1/2 l Gemüsebrühe
8 Scheiben Weißbrot (vom Vortag)
80 g Butter
Salz
frisch gemahlener Pfeffer

Zubereitungszeit: 90 Min.

1. Porree und Frühlingszwiebeln putzen, gründlich waschen, abtropfen lassen und in feine Ringe schneiden. Knoblauch abziehen und in Scheiben schneiden.
2. Tomaten waschen, abtrocknen, halbieren und die Stängelansätze herausschneiden. Tomaten würfeln. Weißkohl oder Wirsing von schlechten Blättern befreien, den Kohl achteln, den Strunk herausschneiden. Den Kohl waschen und in feine Streifen schneiden.
3. Olivenöl in einem großen Topf erhitzen. Porree- und Frühlingszwiebelringe, Kohlstreifen und Knoblauchscheiben darin andünsten.
4. Gemüsebrühe hinzugießen, alles zum Kochen bringen und 30–45 Minuten zugedeckt garen. Etwa 5 Minuten vor Ende der Garzeit Tomatenwürfel hinzufügen und mitgaren.
5. In der Zwischenzeit Weißbrot in Würfel schneiden. Butter in einer Pfanne erhitzen. Die Weißbrotwürfel darin rösten.
6. Die Suppe mit Salz und Pfeffer würzen. Die Brotwürfel in die Suppe geben.

Mallorquinische Kohlsuppe

Mango-Chutney

Etwa 3 Gläser zu je 200 ml

Fruchtig – mit Alkohol

Insgesamt:
E: 6 g, F: 3 g, Kh: 221 g, kJ: 4585, kcal: 1087

400 g Mangofruchtfleisch (von 2–3 Mangos)
150 g Zwiebeln
2–3 Stücke eingelegter Ingwer
1 TL eingelegte grüne Pfefferkörner
180 ml trockener Weißwein
2 EL Weißweinessig
60 g Rosinen
1/4 Pck. (125 g) Extra Gelier Zucker
Salz
Currypulver

Zubereitungszeit: 50 Min.

1. Mangos halbieren, Fruchtfleisch vom Stein schneiden, schälen, fein würfeln und 400 g abwiegen. Zwiebeln abziehen, halbieren, fein würfeln und 100 g abwiegen. Ingwer abtropfen lassen und fein schneiden. Grünen Pfeffer unter fließendem Wasser abspülen und abtropfen lassen.
2. Alle Zutaten bis auf Salz und Curry in einen Topf geben, unter Rühren zum Kochen bringen und 5 Minuten kochen lassen, dabei gelegentlich umrühren.
3. Chutney mit Salz und Curry abschmecken und sofort randvoll in vorbereitete Gläser füllen. Gläser mit Twist-off-Deckeln® verschließen, umdrehen und etwa 5 Minuten auf dem Deckel stehen lassen.

Tipp:
Mango-Chutney schmeckt hervorragend zu Kurzgebratenem.

Mango-Chutney

Mango-Salsa

8–10 Portionen

Zum Vorbereiten

Pro Portion:
E: 1 g, F: 5 g, Kh: 26 g, kJ: 642, kcal: 154

je 1 rote und grüne Paprikaschote (je etwa 200 g)
3 Frühlingszwiebeln
2 kleine Dosen Mango (Abtropfgewicht je 280 g)
4 EL Olivenöl
75 g Zucker
500 ml (1/2 l) Gemüsebrühe oder -fond
1 EL Speisestärke
Salz
frisch gemahlener Pfeffer
etwas Weinessig
einige Spritzer Tabasco

Zubereitungszeit: 40 Min.

1. Paprikaschoten halbieren, entstielen, entkernen und die weißen Scheidewände entfernen. Schoten waschen, abtropfen lassen und in kleine Würfel schneiden. Frühlingszwiebeln putzen, waschen, abtropfen lassen und in feine Ringe schneiden. Mango in einem Sieb abtropfen lassen, den Saft dabei auffangen. Mango würfeln.
2. Öl in einem Topf erhitzen, Paprikawürfel und Zwiebelringe darin andünsten. Zucker hinzugeben und unter Rühren goldbraun karamellisieren lassen. Gemüsebrühe hinzugießen (vorsichtig arbeiten, denn der Zucker hat eine Temperatur von etwa 180 °C) und einige Minuten kochen lassen, bis sich der Zucker wieder aufgelöst hat.
3. Speisestärke mit etwas von dem Man-

gosaft anrühren und unter Rühren in die von der Kochstelle genommene Sauce geben, kurz aufkochen lassen. Zuletzt Mangowürfel unterheben. Salsa mit Salz, Pfeffer, Essig und Tabasco würzen und evtl. mit etwas Mangosaft abschmecken.

Tipp:
Mango-Salsa schmeckt besonders gut zu Gegrilltem.

Mango-Salsa

Manhattan
1 Portion

Mit Alkohol

Pro Portion:
E: 0 g, F: 0 g, Kh: 2 g,
kJ: 524, kcal: 125

4 cl Bourbon Whisky
2 cl Martini Rosso
1 Spritzer Angostura Bitter
einige Eiswürfel

Zubereitungszeit: 5 Min.

1. Die Zutaten zunächst mit einigen Eiswürfeln in ein Rührglas geben und gut verrühren.
2. Anschließend den Drink durch ein Barsieb in ein gut gekühltes Martiniglas abseihen.

Margarita
1 Portion

Mit Alkohol

Pro Portion:
E: 0 g, F: 0 g, Kh: 4 g,
kJ: 496, kcal: 116

Zitronensaft
Salz

3 cl Tequila
1 cl Cointreau
2 cl Zitronensaft

1 Zitronenscheibe

Zubereitungszeit: 5–7 Min.

1. Den Rand einer gut gekühlten Cocktailschale zuerst in Zitronensaft, dann in Salz drehen, so dass ein Salzrand (Crusta) entsteht.
2. Tequila, Cointreau und Zitronensaft mit einigen Eiswürfeln in einem Shaker gut schütteln und durch ein Barsieb in das Glas abseihen. Den Drink mit einer Zitronenscheibe garnieren.

Tipp:
Klassisch hat der Margarita eine Crusta aus Salz. Wer es weniger salzig mag, kann den Rand auch aus feinem Zucker machen.

Marmorpudding

12 Portionen

Schnell

Pro Portion:
E: 7 g, F: 21 g, Kh: 29 g,
kJ: 1466, kcal: 350

Für den Schokopudding:
70 g Zartbitterschokolade
1 Eiweiß (Größe M)
1 Pck. Dr. Oetker Pudding-Pulver Schokoladen-Geschmack
500 ml (1/2 l) Milch
60 g Zucker
1 Eigelb (Größe M)
3–4 TL Instant-Espressopulver

Für den Vanillepudding:
2 Eiweiß (Größe M)
2 Pck. Dr. Oetker Pudding-Pulver Vanille-Geschmack
1 l Milch
50 g Zucker
2 Eigelb (Größe M)

500 ml (1/2 l) Schlagsahne
2 EL Puderzucker
30 g Zartbitterschokolade

Zubereitungszeit: 30 Min., ohne Kühlzeit

1. Für den Schokopudding Schokolade hacken. Eiweiß steif schlagen. Pudding-Pulver, 6 Esslöffel von der Milch, Zucker und Eigelb verrühren.
   Die restliche Milch in einem Topf zum Kochen bringen.
2. Den Topf von der Kochstelle nehmen und angerührtes Pudding-Pulver und Espressopulver einrühren. Den Pudding unter Rühren mindestens 1 Minute kochen lassen. Von der Kochstelle nehmen und Schokolade und Eischnee unterheben.
3. Für den Vanillepudding Eiweiß steif schlagen. Pudding-Pulver, 250 ml (1/4 l) von der Milch, Zucker und Eigelb verrühren. Die restliche Milch zum Kochen bringen.
4. Den Topf von der Kochstelle nehmen und das angerührte Pudding-Pulver einrühren. Den Pudding unter Rühren mindestens 1 Minute kochen lassen. Von der Kochstelle nehmen und Eischnee unterheben.
5. Die Hälfte des Vanillepuddings in eine kalt ausgespülte Gugelhupfform (Ø 22 cm, Inhalt etwa 2,5 l) füllen, den Schokopudding darauf verteilen und mit dem restlichen Vanillepudding bedecken.
6. Eine Gabel spiralförmig durch die Puddingschichten ziehen, so dass ein Marmormuster entsteht. Den Pudding mit Frischhaltefolie zudecken und mindestens 6 Stunden kalt stellen.
7. Sahne mit Puderzucker halb steif schlagen. Den Pudding auf einen Teller oder eine Servierplatte stürzen und mit der Sahne anrichten. Schokolade mit einem Sparschäler über den Pudding hobeln.

Marmorpudding

Martini

Martini

1 Portion

Mit Alkohol

Pro Portion:
E: 0 g, F: 1 g, Kh: 1 g,
kJ: 522, kcal: 125

einige Eiswürfel
4 cl Gin
1 cl trockener Wermut
1 grüne Olive

Zubereitungszeit: 5 Min.

1. Die Eiswürfel in einen Rührbecher geben. Gin und Wermut hinzufügen und umrühren. Martini in ein gekühltes Cocktailglas abseihen. Die Olive in das Glas geben.

Maultaschenauflauf

8–10 Portionen

Schnell

Pro Portion:
E: 16 g, F: 39 g, Kh: 30 g,
kJ: 2283, kcal: 545

3 Zwiebeln
4–6 Knoblauchzehen
4 EL Olivenöl
2 Pck. TK-Blattspinat (je 300 g)

Für die Sauce:
60 g Butter
60 g Weizenmehl
500 ml (1/2 l) Milch
250 ml (1/4 l) Schlagsahne
Salz
frisch gemahlener Pfeffer
frisch geriebene Muskatnuss

40 g Butter
600 g Schwäbische Maultaschen
(aus dem Kühlregal)
600 g Tomaten

Zum Bestreuen:
200 g Edamer-Käse
3 Zwiebeln
20 g Butter

Zubereitungszeit: 35 Min.
Überbackzeit: etwa 25 Min.

Maultaschenauflauf

1. Zwiebeln und Knoblauch abziehen und in Würfel schneiden. Öl in einem Topf erhitzen. Zwiebel- und Knoblauchwürfel darin andünsten.
2. Unaufgetauten Spinat zugeben und zugedeckt bei schwacher Hitze unter gelegentlichem Rühren auftauen lassen.
3. In der Zwischenzeit für die Sauce Butter in einem Topf zerlassen. Mehl unter Rühren so lange darin erhitzen, bis das Mehl hellgelb ist. Milch und Sahne hinzugießen und mit einem Schneebesen durchschlagen, dabei darauf achten, dass keine Klümpchen entstehen. Die Sauce zum Kochen bringen und einmal aufkochen lassen, mit Salz, Pfeffer und Muskatnuss würzen.
4. Butter in einer Pfanne zerlassen. Die Maultaschen darin 3–5 Minuten unter Wenden braten. Tomaten waschen, abtrocknen, die Stängelansätze herausschneiden und Tomaten in Scheiben schneiden.
5. Den Spinat mit der Garflüssigkeit in eine große, flache Auflaufform (gefettet) geben. Maultaschen und Tomatenscheiben darauf verteilen. Die Sauce darüber gießen.
6. Edamer fein reiben und darüber streuen. Die Form auf dem Rost in den Backofen schieben.
   Ober-/Unterhitze: 180–200 °C (vorgeheizt)
   Heißluft: 160–180 °C (vorgeheizt)
   Gas: etwa Stufe 3 (vorgeheizt)
   Überbackzeit: etwa 25 Minuten.
7. In der Zwischenzeit Zwiebeln abziehen und in Ringe oder Würfel schneiden. Butter zu dem Maultaschen-Bratfett geben und zerlassen. Zwiebeln darin knusprig braun braten. Den Auflauf mit den Zwiebeln servieren.

Tipp:
Der Auflauf schmeckt auch sehr lecker, wenn Sie Maultaschen mit vegetarischer Füllung verwenden.

Mecklenburger Fischtopf

8–10 Portionen

Mit Alkohol

Pro Portion:
E: 19 g, F: 15 g, Kh: 5 g,
kJ: 1053, kcal: 251

250 g Möhren
250 g Zwiebeln
350 g Knollensellerie
5 Stangen Staudensellerie
4 EL Rapsöl
40 g Butter
250 ml (1/4 l) trockener Weißwein
1 1/2 l Fischfond oder -brühe
je 200 g Hecht-, Schleien-, Forellen- und Aalfilet
Salz
frisch gemahlener Pfeffer
Worcestersauce
1 Topf Petersilie

Zubereitungszeit: 45 Min.
Garzeit: etwa 30 Min.

1. Möhren putzen, schälen, waschen, abtropfen lassen und in Scheiben schneiden. Zwiebeln abziehen, halbieren, zunächst in Scheiben schneiden, dann in Ringe teilen. Knollensellerie putzen, schälen, abtropfen lassen und in kleine Stifte schneiden. Staudensellerie putzen, dabei die harten Außenfäden abziehen. Sellerie waschen, abtropfen lassen und in Streifen schneiden.
2. Speiseöl in einem großen Topf erhitzen. Butter dazugeben. Das vorbereitete Gemüse darin andünsten. Weißwein und Fischfond oder -brühe hinzugießen, zum Kochen bringen und zugedeckt bei mittlerer Hitze etwa 20 Minuten kochen lassen.
3. Hecht-, Schleien-, Forellen- und Aalfilets unter fließendem kalten Wasser abspülen, trockentupfen, evtl. entgräten und in mundgerechte Stücke schneiden. Fischstücke in der leicht kochenden Suppe etwa 10 Minuten ziehen lassen.
4. Petersilie abspülen, trockentupfen und die Blättchen von den Stängeln zupfen. Blättchen hacken. Den Fischtopf mit Salz, Pfeffer und Worcestersauce abschmecken, mit Petersilie bestreut servieren.

Beilage: Petersilienkartoffeln oder Reis.

Abwandlung:
Sie können den Fischtopf auch mit einem Paprika-Tomaten-Gemüse zubereiten. Dafür 2 Zwiebeln abziehen und in Streifen schneiden. Je 1 rote, grüne und gelbe Paprikaschote halbieren, entstielen, entkernen und die weißen Scheidewände entfernen. Schoten waschen, trockentupfen, in Streifen schneiden. 4 Fleischtomaten waschen, trockentupfen und in Stücke schneiden. 4 Esslöffel Olivenöl in einem großen Topf erhitzen. Vorbereitetes Gemüse portionsweise darin andünsten. Mit Salz, Pfeffer und Oregano würzen. Dann 250 ml (1/4 l) Weißwein und 1 1/2 l Gemüsebrühe hinzufügen und etwa 10 Minuten garen. Den Fischtopf wie ab Punkt 3 beschrieben weiter zubereiten. Mit Buttertoast oder Ciabatta servieren.

Mecklenburger Fischtopf

Mediterraner Fischtopf

8–10 Portionen

Raffiniert

Pro Portion:
E: 27 g, F: 9 g, Kh: 9 g,
kJ: 957, kcal: 228

300 g TK-Venusmuscheln
300 g kleine TK-Tintenfische
150 g TK-Shrimps
400 g küchenfertige TK-Rotbarben
2 Gläser Miesmuscheln (Abtropfgewicht je 120 g)
3 mittelgroße Zucchini (etwa 500 g)
5 Fleischtomaten
4 Knoblauchzehen
6 EL Olivenöl
1,2 l Fischfond oder Gemüsebrühe
Salz, frisch gemahlener Pfeffer
2 Pck. TK-Kräuter der Provence (je 25 g)
1/2 Bund Zitronenthymian

Zubereitungszeit: 55 Min, ohne Auftauzeit
Garzeit: etwa 10 Min.

1. TK-Meeresfrüchte und -Fische nach Packungsanleitung auftauen lassen. Anschließend unter fließendem kalten Wasser abspülen und trockentupfen. Rotbarben in Stücke schneiden, dabei evtl. Gräten entfernen. Miesmuscheln in einem Sieb abtropfen lassen.
2. Zucchini waschen, abtrocknen und die Enden abschneiden. Zucchini längs halbieren und in dickere Scheiben schneiden.

3. Tomaten waschen, abtropfen lassen, kreuzweise einschneiden und kurz in kochendes Wasser legen, mit kaltem Wasser abschrecken, enthäuten und vierteln. Stängelansätze herausschneiden. Fruchtfleisch in Würfel schneiden. Knoblauch abziehen und durch eine Knoblauchpresse drücken.
4. Olivenöl in einem großen Topf erhitzen. Meeresfrüchte, Fischstücke und Muscheln portionsweise darin andünsten. Zucchinischeiben hinzufügen. Fischfond oder Gemüsebrühe hinzugießen. Knoblauch und Kräuter der Provence unterrühren, mit Salz und Pfeffer würzen. Die Zutaten zum Kochen bringen und etwa 10 Minuten bei schwacher Hitze ziehen lassen. Tomatenwürfel unterrühren und erwärmen.
5. Thymian abspülen und trockentupfen. Den Fischeintopf mit Thymianstängeln garniert servieren.

Tipp:
Knoblauchbutter mit frischem gehackten Basilikum vermengen und mit Baguette oder Brötchen zum Eintopf reichen.

Mediterraner Fischtopf

Rezeptvorschläge für ein Meeres-Party-Buffet

Für ein Meeres-Party-Buffet benötigen Sie für 10–12 Personen:
1 x Rezept **Mediterraner Fischtopf**, Seite 222
1,5 x Rezept **Gurken-Joghurt-Salat**, Seite 121
1 x Rezept **Makrelenfilets „Bretonische Art"**, Seite 216
1 x Rezept **Orangen-Tiramisu**, Seite 252

Außerdem:
3–4 große Baguettebrote und evtl. Knoblauchbutter.

Vorbereitungen am Vortag:
- Für die Makrelenfilets „Bretonische Art" das Gemüse, wie unter Punkt 2 und 3 beschrieben, vorbereiten, garen und erkalteten lassen. Gemüse kalt stellen.

Vorbereitungen am Tag der Party:

4 Stunden vorher:	• Für den Gurken-Joghurt-Salat, Gurken und Sauce Punkt 1 und 2 zubereiten.
3 Stunden vorher:	• Für das Orangen-Tiramisu Punkt 1 und 2 zubereiten.
2–3 Stunden vorher:	• Für den Mediterranen Fischtopf Punkt 1 bis 3 zubereiten.
1–2 Stunden vorher:	• Das Orangen-Tiramisu fertig zubereiten, kalt stellen. • Die Markrelenfilets braten und auf das Gemüse legen.
1 Stunde vorher:	• Den Gurkensalat mischen, abschmecken und anrichten. • Makrelenfilets „Bretonische Art" in den Backofen schieben. • Mediterranen Fischtopf fertig zubereiten. • Brote schneiden.

Es eignen sich auch folgende zusätzliche Rezepte:
1 x Rezept **Radieschensalat mit Tunfisch**, Seite 288
1 x Rezept **Dänischer Heringssalat**, Seite 58
1 x Rezept **Helgoländer Fischtopf**, Seite 139
1 x Rezept **Räucherfischgratin**, Seite 291
1 x Rezept **Rote Grütze**, Seite 308

Außerdem:
Evtl. 1,5 l Vanillesauce aus dem Kühlregal.

Meeresfrüchteauflauf

8–10 Portionen

Etwas Besonderes

Pro Portion:
E: 28 g, F: 21 g, Kh: 25 g,
kJ: 1688, kcal: 403

1 kg fest kochende Kartoffeln
2 mittelgroße Zwiebeln
3 Knoblauchzehen
6 EL Olivenöl
1 kg TK-Meeresfrüchte
Salz
frisch gemahlener Pfeffer
je 1 rote und grüne Chilischote
2 mittelgroße Zucchini (je etwa 250 g)
getrockneter Oregano
2 Fleischtomaten

Für den Guss:
4 Eier (Größe M)
250 ml ($^{1}/_{4}$ l) Schlagsahne
300 ml Gemüsebrühe
1 Bund glatte Petersilie

Meeresfrüchteauflauf

Zum Bestreuen:
150 g geriebener Emmentaler-Käse
50 g Semmelbrösel

Zubereitungszeit: 45 Min., ohne Abkühlzeit
Garzeit: etwa 50 Min.

1. Kartoffeln waschen, in Wasser zum Kochen bringen und in 20–25 Minuten gar kochen. Kartoffeln abgießen, abdämpfen, pellen und etwas abkühlen lassen. Die Kartoffeln dann in Scheiben oder Würfel schneiden.
2. Zwiebeln und Knoblauch abziehen und würfeln. 4 Esslöffel Öl in einer Pfanne erhitzen. Die unaufgetauten Meeresfrüchte darin andünsten. Die sich bildende Flüssigkeit abgießen. Zwiebel- und Knoblauchwürfel zu den Meeresfrüchten geben und kurz mitdünsten.
3. Die Meeresfrüchte-Zwiebel-Mischung mit Salz und Pfeffer würzen, mit den Kartoffeln vermengen und in eine große, flache Auflaufform geben. Chilischoten putzen, halbieren, entkernen, in Streifen schneiden und zu den Meeresfrüchten geben.
4. Zucchini waschen, abtropfen lassen, die Enden abschneiden und Zucchini in Würfel schneiden. Das restliche Öl in der Pfanne erhitzen. Die Zucchiniwürfel darin andünsten, mit Salz, Pfeffer und Oregano würzen und zu den übrigen Zutaten in die Form geben.
5. Fleischtomaten waschen, abtrocknen, vierteln und die Stängelansätze herausschneiden. Tomaten entkernen und in Stücke schneiden. Tomatenstücke ebenfalls in die Auflaufform geben.
6. Für den Guss Eier mit Sahne und Gemüsebrühe verquirlen und mit Salz und Pfeffer abschmecken. Petersilie kalt abspülen, trockentupfen, die Blättchen von den Stängeln zupfen, klein schneiden und unterrühren. Den Guss über die Zutaten in der Form gießen.
7. Emmentaler mit Semmelbröseln mischen und darüber streuen. Die Form auf dem Rost in den Backofen schieben.
   Ober-/Unterhitze: etwa 200 °C (vorgeheizt)
   Heißluft: etwa 180 °C (nicht vorgeheizt)
   Gas: Stufe 3–4 (nicht vorgeheizt)
   Garzeit: etwa 50 Minuten.

Tipp:
Dazu einen Feldsalat mit Tomaten reichen. Anstelle der Fleischtomaten können Sie auch 1 Glas geröstete Paprikaschoten (Abtropfgewicht 210 g) verwenden. Die Schoten abtropfen lassen und in Streifen schneiden.

Meeresfrüchteragout mit Pasta

8–10 Portionen

Etwas teurer

Pro Portion:
E: 38 g, F: 10 g, Kh: 66 g,
kJ: 2145, kcal: 512

Zum Vorbereiten:
1,5 kg TK-Meeresfrüchte, gemischt (z. B. Tintenfisch, Rotbarsch, Kabeljau, kleine und große Garnelen, Muscheln)
4 Schalotten (etwa 200 g)
4 EL Olivenöl
Salz
frisch gemahlener Pfeffer
300 ml Gemüse- oder Fischbrühe
2 Bund Dill
Saft von 1 Zitrone oder Limette
80 g Krebspaste

Meeresfrüchteragout mit Pasta

Für die Pasta:
4 l Wasser
4 gestr. TL Salz
800 g Penne-Nudeln

Zubereitungszeit: 50 Min., ohne Auftauzeit
Garzeit: 15–20 Min.

1. Zum Vorbereiten Meeresfrüchte nach Packungsanleitung auftauen lassen. Meeresfrüchte unter fließendem kalten Wasser abspülen und trockentupfen.
2. Schalotten abziehen und in kleine Würfel schneiden. Olivenöl in einem großen Bräter erhitzen. Schalottenwürfel darin glasig dünsten. Meeresfrüchte hinzugeben und andünsten, mit Salz und Pfeffer würzen. Brühe hinzugießen, zum Kochen bringen und etwa 10 Minuten bei schwacher Hitze kochen lassen.
3. Dill abspülen und trockentupfen. Die Spitzen von den Stängeln zupfen. Spitzen klein schneiden (etwas zum Bestreuen beiseite legen). Zitronen- oder Limettensaft und Dill zu den Meeresfrüchten geben und unterrühren. Nach und nach die Krebspaste hinzufügen und weitere 5–10 Minuten leicht kochen lassen.
4. Für die Pasta Wasser in einem großen Topf mit geschlossenem Deckel zum Kochen bringen. Dann Salz und Nudeln zugeben. Die Nudeln in 2 Portionen im geöffneten Topf bei mittlerer Hitze nach Packungsanleitung kochen lassen, dabei gelegentlich umrühren.
5. Anschließend die Nudeln in ein Sieb geben, mit heißem Wasser abspülen und abtropfen lassen.
6. Die Nudeln zu dem Meeresfrüchteragout geben und untermengen oder die Nudeln dazureichen. Ragout mit Salz und Pfeffer abschmecken, mit dem beiseite gelegten Dill bestreuen und sofort servieren.

Tipp:
Statt Penne-Nudeln können auch Gabelmakkaroni oder Spiralnudeln verwendet werden.

Meerrettichsauce, scharfe

8 Portionen

Zum Vorbereiten

Pro Portion:
E: 1 g, F: 15 g, Kh: 3 g,
kJ: 645, kcal: 155

2 Frühlingszwiebeln
150 g Salatmayonnaise
1 Becher (150 g) Crème fraîche
1 EL Zitronensaft
2 TL frisch geriebener Meerrettich
2 TL Worcestersauce
Salz
frisch gemahlener Pfeffer
Zucker

Nach Belieben zum Bestreuen:
Schnittlauchröllchen
1 fein geschnittene Frühlingszwiebel

Zubereitungszeit: 15 Min., ohne Durchziehzeit

1. Für die Sauce Frühlingszwiebeln putzen, waschen, abtropfen lassen und sehr fein schneiden.
2. Salatmayonnaise mit Crème fraîche, Zitronensaft, Meerrettich, Worcestersauce und Frühlingszwiebeln gut verrühren. Sauce mit Salz, Pfeffer und Zucker würzen.
3. Die Sauce etwa 30 Minuten durchziehen lassen. Nach Belieben mit Schnittlauchröllchen und Frühlingszwiebeln bestreuen.

Tipp:
Die Sauce zu gegrillten Beefsteaks, Steaks oder zu Fleischspießen servieren.

Mett-Pizza

10–12 Portionen

Beliebt

Pro Portion:

E: 52 g, F: 71 g, Kh: 62 g,
kJ: 4590, kcal: 1098

Für die Sauce:

3 Zwiebeln
3 Knoblauchzehen
5 EL Olivenöl
2 Dosen stückige Tomaten (je 400 g)
2 Dosen geschälte Tomaten (je 800 g)
Salz
frisch gemahlener Pfeffer
Zucker
2 EL Rotweinessig

Für den Joghurtteig:

800 g Weizenmehl
2 Pck. Dr. Oetker Backin
300 g Naturjoghurt
200 ml Sonnenblumenöl
1 gestr. TL Salz
2 Eier (Größe M)

Für den Belag:

2 Gläser Champignonscheiben (Abtropfgewicht je 315 g)
4 Möhren
je 1 kleine rote und grüne Paprikaschote
2 kg Thüringer Mett (gewürztes Schweinegehacktes)
250 g geriebener Pizza-Käse

Zum Bestreuen:

1 Bund Schnittlauch

Zubereitungszeit: 65 Min.
Backzeit: 30–40 Min. je Blech.

1. Für die Sauce Zwiebeln und Knoblauch abziehen und würfeln. Öl in einem Topf erhitzen. Zwiebel- und Knoblauchwürfel darin andünsten. Beide Tomatensorten mit dem Saft aus den Dosen hinzufügen, dabei die geschälten Tomaten etwas zerkleinern. Mit Salz, Pfeffer, etwas Zucker und Essig würzen und etwa 20 Minuten einkochen lassen. Die Sauce etwas abkühlen lassen.
2. Für den Teig Mehl mit Backpulver mischen und in eine Rührschüssel sieben. Joghurt, Öl, Salz und Eier hinzufügen. Die Zutaten mit Handrührgerät mit Knethaken kurz zu einem glatten Teig verarbeiten.
3. Den Teig halbieren. Jede Teighälfte auf einem Backblech (30 x 40 cm, gefettet) ausrollen.
4. Für den Belag Champignonscheiben in einem Sieb abtropfen lassen. Möhren putzen, schälen, waschen, abtropfen lassen und grob raspeln. Paprikaschoten halbieren, entstielen, entkernen und die weißen Scheidewände entfernen. Schoten waschen, abtropfen lassen und in Würfel schneiden. Champignonscheiben, Möhrenraspel und Paprikawürfel mit dem Mett vermischen.
5. Die etwas abgekühlte Sauce auf den Teigböden verteilen. Die Mettmasse in kleinen Häufchen darauf verteilen und mit Käse bestreuen. Die Backbleche nacheinander (bei Heißluft zusammen) in den Backofen schieben.
   Ober-/Unterhitze: etwa 220 °C (vorgeheizt)
   Heißluft: etwa 200 °C (vorgeheizt)
   Gas: Stufe 4–5 (vorgeheizt)
   Backzeit: 30–40 Minuten je Blech.
6. Schnittlauch abspülen, trockentupfen, in Röllchen schneiden und vor dem Servieren auf die Pizzen streuen.

Mett-Pizza

Mexikanische Bohnensuppe

Mexikanische Bohnensuppe

8–10 Portionen

Gut vorzubereiten

Pro Portion:
E: 24 g, F: 15 g, Kh: 28 g, kJ: 1415, kcal: 337

4 Zwiebeln
je 1 gelbe, rote und grüne Paprikaschote (je etwa 200 g)
2 Stangen Porree (Lauch)
2 rote Chilischoten
5 EL Olivenöl
500 g Rindergehacktes
2 Knoblauchzehen
Salz
frisch gemahlener Pfeffer
1–2 TL gerebelter Oregano
2–3 TL Paprikapulver rosenscharf
etwa 3 TL Mexiko-Gewürzmischung
4–6 EL Tomatenmark
1–1 1/2 l Fleischbrühe
2 Dosen Kidneybohnen (Abtropfgewicht je 255 g)
2 Dosen Baked Beans (je 420 g)

4 EL gehackte Petersilie

Zubereitungszeit: 70 Min.

1. Zwiebeln abziehen, halbieren und in Scheiben schneiden. Paprikaschoten vierteln, entstielen, entkernen und die weißen Scheidewände entfernen. Die Schoten waschen, abtropfen lassen und in Streifen schneiden.
2. Porree putzen, gründlich waschen, abtropfen lassen und in Ringe schneiden. Chilischoten halbieren, entstielen, entkernen, die Schoten waschen, abtropfen lassen und in kleine Stücke schneiden.
3. Olivenöl in einem großen Topf erhitzen. Die Zwiebelscheiben darin andünsten. Das Rindergehackte hinzufügen und bei mittlerer Hitze anbraten, dabei die Fleischklümpchen mit einer Gabel zerdrücken.
4. Knoblauch abziehen, durch eine Knoblauchpresse in den Topf drücken und unterrühren. Gehacktes mit Salz, Pfeffer, Oregano, Paprikapulver und der Gewürzmischung würzen.
5. Tomatenmark, Paprikastreifen, Porreeringe und Chilischotenstücke dazugeben und unterrühren. Fleischbrühe dazugießen, alles zum Kochen bringen und bei schwacher Hitze etwa 15 Minuten leicht kochen lassen.
6. Kidneybohnen in ein Sieb geben, kalt abspülen und abtropfen lassen. Kidneybohnen und die gebackenen Bohnen mit der Flüssigkeit in die Suppe geben und erhitzen. Die Bohnensuppe nochmals mit den Gewürzen kräftig abschmecken und mit Petersilie bestreut servieren.

Mexikanischer Bohnen-Geflügel-Topf

8–10 Portionen

Beliebt

Pro Portion:
E: 26 g, F: 6 g, Kh: 17 g,
kJ: 959, kcal: 229

2 gelbe Paprikaschoten (je etwa 150 g)
5 Hähnchenbrustfilets (je 150 g)
4 EL Olivenöl
2 l Hühnerbrühe
1 Dose Flageolets, grüne Bohnenkerne (Abtropfgewicht 250 g)
1 Dose Kidneybohnen (Abtropfgewicht 250 g)
1 Dose Gemüsemais (Abtropfgewicht 285 g)
Salz
frisch gemahlener Pfeffer
4 EL süße Chilisauce

Zubereitungszeit: 30 Min.
Garzeit: etwa 45 Min.

1. Paprikaschoten halbieren, entstielen, entkernen und die weißen Scheidewände entfernen. Schoten waschen, abtropfen lassen und würfeln.
2. Fleisch unter fließendem kalten Wasser abspülen, trockentupfen und in Würfel schneiden.
3. Öl portionsweise in einem großen Topf erhitzen. Fleisch- und Paprikawürfel portionsweise darin anbraten. Hühnerbrühe hinzufügen und alles 35 Minuten bei schwacher Hitze kochen lassen.
4. Beide Sorten Bohnen und Mais abtropfen lassen und hinzufügen, mit Salz, Pfeffer und Chilisauce pikant würzen. Die Suppe wieder zum Kochen bringen und noch etwa 10 Minuten leicht kochen lassen.

Tipp:
Zu der Suppe Taco-Chips oder ofenwarme Tortillas reichen.

Mexikanischer Bohnen-Geflügel-Topf

Minifrikadellenauflauf

8–10 Portionen

Einfach

Pro Portion:
E: 33 g, F: 43 g, Kh: 13 g,
kJ: 2362, kcal: 565

1 kg Gehacktes (halb Rind-, halb Schweinefleisch)
2 Eier (Größe M)
2 Beutel Zwiebelsauce (für je 250 ml Wasser)
6 EL Speiseöl, z. B. Sonnenblumenöl
1 kg Möhren
1/2 Bund Bohnenkraut
2 Gläser feine junge Schnittbohnen (Abtropfgewicht je 330 g)

Salz
frisch gemahlener Pfeffer

Für den Guss:
2 Becher (je 125 g) Kräuter-Crème-fraîche
6 EL Schlagsahne

Zum Bestreuen:
200 g geriebener Gratin-Käse

Zubereitungszeit: 75 Min.
Überbackzeit: etwa 25 Min.

1. Gehacktes mit Eiern und Zwiebelsaucen-Pulver verkneten. Aus der Hackmasse mit angefeuchteten Händen etwa 40 kleine Frikadellen formen.
2. Öl portionsweise in einer Pfanne erhitzen. Die Minifrikadellen portionsweise darin von beiden Seiten knusprig braten. Fertige Frikadellen aus der Pfanne nehmen und auf Küchenpapier abtropfen lassen.
3. Möhren putzen, schälen, waschen, abtropfen lassen und schräg in dünne Scheiben schneiden. Die Möhrenscheiben portionsweise in dem verbliebenen Bratfett unter Wenden einige Minuten garen (evtl. etwas Wasser hinzufügen).
4. Bohnenkraut abspülen, abtropfen lassen und die Blättchen von den Stängeln zupfen. Einige Blättchen zum Garnieren beiseite legen. Bohnen in einem Sieb abtropfen lassen und mit den Möhrenscheiben mischen, mit Salz, Pfeffer und Bohnenkrautblättchen würzen. Die Gemüsemischung in eine große, flache Auflaufform geben. Die Minifrikadellen darauf verteilen.
5. Für den Guss Crème fraîche mit Sahne verrühren und als Kleckse auf dem Auflauf verteilen. Gratin-Käse darauf streuen. Die Form auf dem Rost in den Backofen schieben.

Minifrikadellenauflauf

Ober-/Unterhitze: etwa 200 °C (vorgeheizt)
Heißluft: etwa 180 °C (vorgeheizt)
Gas: Stufe 3–4 (vorgeheizt)
Überbackzeit: etwa 25 Minuten.

Vorbereitungstipp:
Sie können den Auflauf bereits am Vortag bis einschließlich Punkt 4 vorbereiten und zugedeckt kalt stellen. Vor dem Verzehr dann ab Punkt 5 fortfahren. Die Überbackzeit verlängert sich dann um etwa 15 Minuten.

Tipp:
Dazu schmeckt Kartoffelpüree.

Rezeptvorschläge für ein Fingerfood-Party-Buffet

Für ein Fingerfood-Party-Buffet benötigen Sie für 10–12 Personen:

1 x Rezept **Mini-Pizzen**, Seite 230
1 x Rezept **Vorspeisenspieße**, Seite 406
1,5 x Rezept **Piratenspieße**, Seite 264
1 x Rezept **Rouille**, Seite 311
1 x Rezept **Pfefferonen „mexikanisch"**, Seite 258

Vorbereitungen am Vortag:

- Für die Vorspeisenspieße Punkt 1 und 2 zubereiten. Die Schalotten erkalten lassen und kalt stellen. Außerdem die Cocktailtomaten wie unter Punkt 4 und 5 beschrieben zubereiten, füllen und kalt stellen.
- Die Pfefferonen bis Punkt 3 zubereiten, jedoch noch nicht in den Backofen schieben, sondern kalt stellen.

Vorbereitungen am Tag der Party:

4 Stunden vorher:	• Die Vorspeisenspieße fertig zubereiten, dabei kurze Spieße verwenden.
3 Stunden vorher:	• Den Teig für die Mini-Pizzen zubereiten. Den Belag zubereiten.
2–3 Stunden vorher:	• Für die Piratenspieße Punkt 1 bis 3 zubereiten. Spieße kalt stellen.
	• Die Rouille für die Piratenspieße zubereiten.
1 Stunde vorher:	• Die Mini-Pizzen zubereiten.
	• Pfefferonen im Backofen überbacken.
	• Mini-Pizzen backen.
Kurz vorher:	• Piratenspieße braten
	• Alle Gerichte anrichten

Es eignen sich auch folgende zusätzliche Rezepte:

1 x Rezept **Putenbrust-Mango-Sandwich**, Seite 279
1 x Rezept **Börsenhäppchen**, Seite 34
1 x Rezept **Kasseler-Aprikosen-Toast**, Seite 187
1 x Rezept **Italienischer Toast**, Seite 153
1 x Rezept **Mozzarellaspieße**, Seite 238

Mini-Pizzen

12 Stück

Für Kinder

Pro Stück:
E: 15 g, F: 18 g, Kh: 42 g,
kJ: 1627, kcal: 389

Für den Hefeteig:
600 g Weizenmehl
1 Pck. Dr. Oetker Trockenbackhefe
1 Prise Zucker
1 TL Salz
250 ml ($^1/_4$ l) lauwarmes Wasser
4 EL Olivenöl

Für den Belag:
800 g Tomaten
je 2 rote, gelbe und grüne Paprikaschoten
1 Zucchini (200 g)
6 EL Speiseöl
Salz
frisch gemahlener Pfeffer
500 g Mozzarella-Käse
2 EL gemischte gehackte Kräuter, z. B. Oregano, Basilikum, Rosmarin

Nach Belieben zum Garnieren:
einige Basilikumblättchen

Zubereitungszeit: 60 Min., ohne Teiggehzeit
Backzeit: 10–12 Min. je Backblech

1. Für den Hefeteig Mehl in eine Schüssel sieben und mit der Trockenbackhefe sorgfältig vermischen. Zucker, Salz, Wasser und Öl hinzufügen. Die Zutaten mit Handrührgerät mit Knethaken zunächst auf niedrigster, dann auf höchster Stufe in etwa 5 Minuten zu einem glatten Teig verarbeiten. Den Teig zugedeckt so lange an einem warmen

Ort gehen lassen, bis er sich sichtbar vergrößert hat.

2. Den Teig auf einer bemehlten Arbeitsfläche nochmals kurz durchkneten und etwa $^1/_2$ cm dick ausrollen. Den Teig einige Minuten ruhen lassen, dann 12 Kreise von etwa 8 cm Durchmesser ausstechen oder ausrollen. Teigkreise mit etwas Abstand auf 2 Backbleche (mit Backpapier belegt) legen.
3. Für den Belag die Tomaten mit kochendem Wasser übergießen, dann mit kaltem Wasser abschrecken. Tomaten enthäuten, vierteln und die Stängelansätze herausschneiden. Tomaten in kleine Würfel schneiden.
4. Die Paprikaschoten halbieren, entstielen, entkernen und die weißen Scheidewände entfernen. Schoten waschen und abtropfen lassen. Zucchini waschen, abtrocknen und die Enden abschneiden. Tomaten, Paprika und Zucchini in kleine Würfel schneiden.
5. Speiseöl portionsweise in einer großen Pfanne erhitzen. Nacheinander die Tomaten-, Paprika- und Zucchiniwürfel darin andünsten, jeweils mit Salz und Pfeffer abschmecken.
6. Zuerst die Tomaten-, dann die Paprika- und Zucchiniwürfel auf den Teigkreisen verteilen. Mozzarella abtropfen lassen und in 12 Scheiben schneiden. Jeweils eine Mozzarella-Scheibe auf eine Pizza legen. Pizzen mit den Kräutern bestreuen.
7. Die Backbleche nacheinander (bei Heißluft zusammen) in den Backofen schieben.

   Ober-/Unterhitze: 180–200 °C (vorgeheizt)
   Heißluft: 160–180 °C (vorgeheizt)
   Gas: etwa Stufe 3 (vorgeheizt)
   Backzeit: 10–12 Minuten je Backblech.
8. Nach Belieben zum Garnieren Basilikumblättchen abspülen, abtropfen lassen und die Mini-Pizzen damit garnieren.

Tipp:
Die Gemüsesorten können je nach Geschmack variieren. Wenn es nicht nur vegetarisch sein soll, können einige Pizzen auch mit Tunfisch aus der Dose, Kochschinkenwürfeln oder dünnen Salamischeiben belegt werden.

Mini-Pizzen

Minirouladen aus dem Backofen

Minirouladen aus dem Backofen

8 Portionen

Raffiniert

Pro Portion:
E: 46 g, F: 21 g, Kh: 5 g,
kJ: 1658, kcal: 395

10 Salbeistängel
3 EL Olivenöl
1 Dose geschälte Tomaten (Einwaage 800 g)
16 sehr dünne Kalbschnitzel (je etwa 80 g)
frisch gemahlener Pfeffer
8 lange dünne Scheiben Emmentaler-Käse (je etwa 20 g)
4 dicke Scheiben Emmentaler-Käse (je etwa 40 g)
2 EL Speisestärke
Salz

Zubereitungszeit: 60 Min.
Garzeit: 20–25 Min.

1. Salbei abspülen und trockentupfen. Die Blättchen von 6 Stängeln zupfen. Blättchen in einer Fettfangschale (mit Olivenöl bestrichen) verteilen. Tomaten in einem Sieb abtropfen lassen, den Saft dabei auffangen. Tomaten in kleine Stücke schneiden.
2. Schnitzel abspülen, trockentupfen und mit Pfeffer bestreuen. Die dünnen Käsescheiben der Länge nach halbieren und auf die Schnitzel legen. Dabei am oberen Ende der Schnitzel jeweils einen 1 cm breiten Rand freilassen. Die Blättchen von den restlichen Salbeistängeln zupfen. Je 1–2 Blättchen auf die Schnitzel legen.
3. Einige Tomatenstückchen darauf verteilen. Die belegten Schnitzelscheiben von unten nach oben aufrollen, leicht andrücken und mit der Fleischnaht nach unten in die Fettfangschale legen.
4. Die dicken Käsescheiben waagerecht in 16 Streifen schneiden. Käsestreifen auf die Rouladen legen. Die Fettfangschale in den Backofen schieben.
   Ober-/Unterhitze: etwa 220 °C (vorgeheizt)
   Heißluft: etwa 200 °C (vorgeheizt)
   Gas: Stufe 4–5 (vorgeheizt)
   Garzeit: 20–25 Minuten.
5. Die garen Rouladen auf einer vorgewärmten Platte anrichten und warm halten. Speisestärke mit dem aufgefangenen Tomatensaft anrühren. Den Bratensud durch ein Sieb gießen und in einem Topf auffangen. Die angerührte Speisestärke und die restlichen Tomatenstücke hinzugeben, unter Rühren zum Kochen bringen und etwa 1 Minute unter Rühren kochen lassen. Sauce mit Salz und Pfeffer würzen.
6. Die Minirouladen mit der Sauce servieren und mit den restlichen Salbeiblättchen garnieren.

Beilage: Gnocchi.

Tipp:
Bei Gästen mit großem Appetit das Rezept um ein Drittel erhöhen. Dabei folgende Zutaten verwenden: etwa 12 Salbeistängel, 3 Esslöffel Olivenöl, 1 große und 1 kleine Dose geschälte Tomaten (Abtropfgewicht 480 g und 240 g), 24 sehr dünne Kalbschnitzel (je 50–70 g), frisch gemahlener Pfeffer, 12 dünne lange Scheiben Emmentaler-Käse (je 20 g), 6 dicke Scheiben Emmentaler-Käse (je 40 g) und 2–3 Esslöffel Speisestärke.

Mitternachts-tomatensuppe

12 Portionen

Schnell

Pro Portion:
E: 16 g, F: 29 g, Kh: 13 g, kJ: 1576, kcal: 375

2 kg Tomaten
4 Gemüsezwiebeln
5 Knoblauchzehen
6–8 EL Olivenöl
2 Dosen geschälte Tomaten (je 800 g)
3 Stangen Porree (Lauch)
Salz
frisch gemahlener Pfeffer
1–2 TL gerebelter Oregano
6 ungebrühte grobe Bratwürste
1 Topf glatte Petersilie
1 Becher (150 g) Crème fraîche oder Schmand

Zubereitungszeit: 50 Min.

1. Tomaten waschen, abtropfen lassen, halbieren und die Stängelansätze herausschneiden. Tomaten in grobe Stücke schneiden. Gemüsezwiebeln und Knoblauch abziehen und grob würfeln.
2. Öl in einem großen Topf erhitzen. Zwiebel- und Knoblauchwürfel darin andünsten. Tomatenstücke hinzufügen. Tomaten mit der Flüssigkeit aus den Dosen dazugeben, alles zum Kochen bringen und etwa 15 Minuten bei mittlerer Hitze kochen lassen.
3. In der Zwischenzeit Porree putzen, die Stangen längs halbieren, gründlich waschen und in Streifen schneiden. Die Suppe mit Salz, Pfeffer und Oregano würzen und nach Belieben pürieren. Die Porreestreifen in die Suppe geben.
4. Die Bratwurstmasse aus der Haut drücken und als kleine Klößchen ebenfalls in die Suppe geben. Alles zusammen noch etwa 10 Minuten garen. Die Suppe kräftig mit den Gewürzen abschmecken.
5. Petersilie abspülen, trockentupfen, die Blättchen von den Stängeln zupfen, in Streifen schneiden und in die Suppe geben.
6. Die Suppe in Suppentellern oder -tassen anrichten und mit je 1 Klecks Crème fraîche oder Schmand servieren.

Mitternachtstomatensuppe

Möhrencremesuppe mit Käseklößchen

12 Portionen

Vegetarisch

Pro Portion:
E: 8 g, F: 23 g, Kh: 16 g,
kJ: 1291, kcal: 309

Für die Möhrencremesuppe:
3 Schalotten
1,5 kg Möhren
150 g Knollensellerie
100 g Butter
knapp 2 l Gemüsebrühe
Salz
etwas Zucker
frisch gemahlener Pfeffer
1 Becher (150 g) Crème fraîche

Für die Käseklößchen:
150 ml Milch
50 g Butter
1 Prise Salz
frisch geriebene Muskatnuss
150 g Weizenmehl
3 Eier (Größe M)
60–70 g fein geraspelter Greyerzer

Zum Bestreuen:
einige Kerbelblättchen
100 g grob gehackte Haselnusskerne

Zubereitungszeit: 90 Min.

Möhrencremesuppe mit Käseklößchen

1. Für die Suppe Schalotten abziehen und in feine Würfel schneiden. Möhren und Sellerie putzen, schälen, abspülen, abtropfen lassen und in grobe Würfel schneiden.
2. In einem großen Topf Butter erhitzen. Zuerst darin die Schalotten, danach Sellerie und Möhren andünsten. Gemüsebrühe hinzugießen, zum Kochen bringen und zugedeckt bei mittlerer Hitze etwa 15 Minuten köcheln lassen.
3. Die Suppe mit Salz, Zucker und Pfeffer würzen, fein pürieren und mit Crème fraîche verfeinern.
4. Für die Klößchen Milch mit Butter, Salz und Muskat am besten in einem Stieltopf zum Kochen bringen. Mehl sieben, auf einmal in die von der Kochstelle genommene Flüssigkeit schütten, zu einem glatten Kloß rühren und unter Rühren etwa 1 Minute erhitzen.
5. Den glatten Kloß sofort in eine Schüssel geben und nach und nach mit Handrührgerät mit Knethaken auf höchster Stufe die Eier unterarbeiten. Zuletzt Greyerzer unterrühren.
6. In einem Topf Salzwasser zum Kochen bringen. Mithilfe von zwei kalt abgespülten Teelöffeln Käseklößchen abstechen. Klößchen portionsweise im Salzwasser je etwa 3 Minuten garen.
7. Kerbelblättchen abspülen und trockentupfen. Möhrencremesuppe mit den Käseklößchen, einigen Kerbelblättchen und Haselnusskernen bestreut servieren.

Möhrensuppe mit Ingwer und Kokos

Möhrensuppe mit Ingwer und Kokos

8 Portionen

Raffiniert

Pro Portion:
E: 12 g, F: 24 g, Kh: 10 g,
kJ: 1302, kcal: 313

1 kg Möhren
150 g Kartoffeln
60 g frischer Ingwer
1 Zwiebel
40 g Butter oder Margarine
1 gestr. EL Currypulver
1 1/2 l Gemüsebrühe
Salz, Pfeffer
400 ml Kokosmilch
300 g gekochter Schinken
200 ml Schlagsahne
30 g abgezogene, gehobelte Mandeln
einige Minzeblättchen

Zubereitungszeit: 60 Min.

1. Möhren putzen. Kartoffeln waschen. Möhren, Kartoffeln und Ingwer schälen, abspülen und abtropfen lassen. Zwiebel abziehen. Möhren, Kartoffeln, Zwiebel und Ingwer in kleine Würfel schneiden.
2. Butter oder Margarine in einem großen Topf zerlassen. Möhren-, Kartoffel-, Zwiebel- und Ingwerwürfel darin andünsten. Currypulver darüber stäuben und unterrühren. Brühe hinzugießen, zum Kochen bringen. Das Gemüse in etwa 20 Minuten gar kochen.
3. Die Suppe fein pürieren und mit Salz und Pfeffer würzen. Kokosmilch unterrühren. Suppe unter Rühren wieder zum Kochen bringen und unter gelegentlichem Rühren etwa 10 Minuten kochen lassen.
4. In der Zwischenzeit den Schinken in Würfel schneiden. Sahne halb steif schlagen. Schinkenwürfel in die Suppe geben und darin erhitzen.
5. Minzeblättchen abspülen und trockentupfen. Die Suppe mit Sahne, Mandelblättchen und Minzeblättchen garniert servieren.

Tipp:
Nach Belieben die Mandeln in einer Pfanne ohne Fett bräunen.

Möhren-Zucchini-Auflauf

Möhren-Zucchini-Auflauf

8–10 Portionen

Vegetarisch

Pro Portion:
E: 23 g, F: 40 g, Kh: 27 g, kJ: 2361, kcal: 563

2 Gemüsezwiebeln (etwa 400 g)
3 Knoblauchzehen
3 EL Olivenöl
750 g Möhren
1 kg Zucchini
1/2 Bund Thymian
10 Eier (Größe M)
5 Pck. Doppelrahm-Kräuterfrischkäse (je 200 g)
Salz
frisch gemahlener weißer Pfeffer
400 g Yufka-Teig (5 rechteckige Lagen, türkischer Laden)
4 EL Sesamsamen

Zubereitungszeit: 60 Min.
Garzeit: etwa 60 Min.

1. Gemüsezwiebeln und Knoblauch abziehen und fein würfeln. Öl in einer Pfanne erhitzen. Zwiebel- und Knoblauchwürfel darin glasig dünsten und etwas abkühlen lassen.
2. In der Zwischenzeit Möhren putzen, schälen, waschen und grob raspeln. Zucchini waschen, abtrocknen, die Enden abschneiden und Zucchini ebenfalls grob raspeln. Thymian abspülen, trockentupfen und die Blättchen von den Stängeln zupfen.
3. Zwei Eier trennen. Eigelb zum Bestreichen beiseite stellen. Frischkäse, Eiweiß und restliche Eier mit Handrührgerät mit Rührbesen verquirlen. Thymian zugeben und mit Salz und Pfeffer würzen.
4. Zucchini- und Möhrenraspel mit der Zwiebelmischung vermengen und gleichmäßig in einer großen, flachen Auflaufform (gefettet) verteilen. Die Frischkäse-Eier-Masse darauf geben. Die Yufka-Teiglagen locker auf die Füllung legen, den Teig dabei am Rand evtl. in Form schneiden. Den Teig leicht an den Formrand drücken.
5. Zurückgelassenes Eigelb verschlagen und die Teigplatten damit bestreichen. Die Teigplatten mehrmals mit einer Messerspitze einstechen und mit Sesam bestreuen. Die Form auf dem Rost in den Backofen schieben.
   Ober-/Unterhitze: etwa 200 °C (vorgeheizt)
   Heißluft: etwa 180 °C (nicht vorgeheizt)
   Gas: Stufe 3–4 (nicht vorgeheizt)
   Garzeit: etwa 60 Minuten.
6. Falls der Teig zu braun wird, den Auflauf gegen Ende der Garzeit mit Backpapier zudecken.

Tipp:
Dazu schmeckt eine fruchtige Tomatensauce. Dafür 2 Zwiebeln und 3 Knoblauchzehen abziehen, würfeln und in 6 Esslöffeln Olivenöl andünsten. 2 Esslöffel Tomatenmark unterrühren. 1 kg Tomaten enthäuten und in Stücke schneiden. 400 g (1 Dose) geschälte Tomaten ebenfalls in Stücke schneiden. Beide Tomatensorten mit der Flüssigkeit aus der Dose hinzufügen. Mit Salz, Pfeffer, Oregano und etwas Zucker würzen und etwa 10 Minuten kochen lassen. Die Sauce pürieren, nach Belieben durch ein Sieb streichen und nochmals mit den Gewürzen abschmecken.

Mojito

1 Portion

Mit Alkohol

Pro Portion:
E: 0 g, F: 0 g, Kh: 6 g, kJ: 725, kcal: 173

Mojito

1 TL Zucker oder Zuckersirup
6 cl weißer Rum
Saft von 1 Zitrone
6–8 Minzeblätter
einige Eiswürfel oder grob zerstoßenes Eis
Sodawasser

Minzeblätter

Zubereitungszeit: 5–7 Min.

1. Zucker oder Zuckersirup mit Rum und Zitronensaft in ein Longdrinkglas oder einen Tumbler (Becherglas) geben und verrühren, bis er sich gelöst hat. Minzeblätter darin etwas zerdrücken.
2. Eiswürfel oder grob zerstoßenes Eis hinzufügen und verrühren. Das Glas mit Sodawasser auffüllen und den Drink mit Minzeblättern garnieren.

Mozzarella-Nudel-Salat

Mozzarella-Nudel-Salat

8–10 Portionen

Beliebt

Pro Portion:
E: 25 g, F: 34 g, Kh: 53 g,
kJ: 2587, kcal: 619

5 l Wasser
5 TL Salz
500 g dreifarbige Farfalle-Nudeln (Schmetterlingsnudeln)

Für die Salatsauce:
5 EL Weißweinessig
2 EL Basilikumessig (oder Kräuteressig)
1 TL Salz
2 TL Zucker
knapp 1 gestr. TL geschroteter Pfeffer
150 ml Olivenöl
5 EL Wasser
1 Topf Basilikum

500 g Mozzarella
500 g Cocktailtomaten
500 g kleine Champignons
2 Dosen Gemüsemais (Abtropfgewicht je 285 g)
1 großer Radicchio-Kopf
1 Bund Frühlingszwiebeln
80 g gestiftelte Mandeln oder Pinienkerne

Zubereitungszeit: 40 Min., ohne Durchziehzeit

1. Wasser in einem großen Topf mit Deckel zum Kochen bringen. Nudeln und Salz hinzufügen. Nudeln im geöffneten Topf nach Packungsanleitung zubereiten. Nudeln in ein Sieb abgießen, mit warmen Wasser überspülen, abtropfen und erkalten lassen.
2. Für die Salatsauce die beiden Essigsorten mit Salz, Zucker und Pfeffer gut verrühren. Öl und Wasser nach und nach unterschlagen. Basilikum abspülen, trockentupfen und die Blättchen von den Stängeln zupfen. Blättchen fein schneiden und unterrühren. Die Salatsauce mit den Nudeln mischen und 1–2 Stunden durchziehen lassen.
3. Mozzarella gut abtropfen lassen und in kleine Würfel schneiden. Cocktailtomaten waschen, abtrocknen und nach Belieben halbieren oder vierteln. Stängelansätze herausschneiden. Champignons putzen, mit Küchenpapier abreiben, evtl. abspülen und gut abtropfen lassen.
4. Mais in einem Sieb abtropfen lassen. Radicchio putzen, vierteln, abspülen, abtropfen lassen und den Strunk herausschneiden. Radicchio in Streifen schneiden.
5. Frühlingszwiebeln putzen, abspülen, abtropfen lassen und in feine Ringe schneiden. Mandeln oder Pinienkerne in einer Pfanne ohne Fett goldbraun rösten, erkalten lassen.
6. Mozzarellawürfel, Cocktailtomaten, Champignons, Mais, Radicchiostreifen und Frühlingszwiebelringe mit den Nudeln vermengen. Nudelsalat evtl. nochmals mit Salz und Pfeffer abschmecken und mit Mandelstiften oder Pinienkernen bestreut servieren.

Tipp: Mozzarella gibt es auch als kleine Kugeln zu kaufen.

Mozzarellaspieße
12 Spieße

Einfach

Pro Stück:
E: 7 g, F: 14 g, Kh: 2 g,
kJ: 686, kcal: 164

je 1 gelbe und rote Paprikaschote
1 Zucchini (etwa 250 g)
36–48 kleine Mozzarella-Kugeln
24 grüne, mit Mandeln gefüllte Jumbo-Oliven
12 dünne Holzspieße

Zum Bestreuen und Beträufeln:
1 Bund Basilikum
frisch gemahlener bunter Pfeffer
150 ml Olivenöl

Zubereitungszeit: 50 Min.

1. Paprikaschoten halbieren, entstielen, entkernen und die weißen Scheidewände entfernen. Schoten waschen, abtropfen lassen und jeweils in 12 mundgerechte Stücke schneiden. Zucchini waschen, abtrocknen und die Enden abschneiden. Zucchini in etwa 1 cm breite Scheiben schneiden.
2. Mozzarella-Kugeln, Oliven, Zucchinischeiben und Paprikastücke in bunter Reihenfolge auf 12 Holzspieße aufstecken. Auf jedem Spieß sollten 3–4 Mozzarella-Kugeln, 2 Oliven, 2 Paprikastücke und Zucchinischeiben sein.
3. Basilikum abspülen, trockentupfen. Blättchen von den Stängeln zupfen. Spieße in eine Schale legen, mit Pfeffer, Basilikum- und Thymianblättchen bestreuen, mit Olivenöl beträufeln.

Mozzarellaspieße

Musketierspieße
10 Stück

Für Kinder

Pro Stück:
E: 15 g, F: 27 g, Kh: 8 g,
kJ: 1401, kcal: 334

je 1 rote, gelbe und grüne Paprikaschote (je 200 g)
40 Nürnberger Würstchen
5 EL Olivenöl
1 Flasche (250 ml) Barbecuesauce oder süße Chilisauce

Außerdem:
10 Schaschlikspieße

Zubereitungszeit: 45 Min.

1. Paprikaschoten halbieren, entstielen, entkernen und die weißen Scheidewände entfernen. Schoten waschen, abtropfen lassen und jede Hälfte in etwa 8 gleich große Spalten schneiden.
2. Auf 10 Spieße abwechselnd 4 Würstchen und 3 verschiedene Paprikaspalten aufreihen.

Musketierspieße

3. Öl in einer Pfanne erhitzen und die Spieße darin etwa 10 Minuten braten, dabei ab und zu wenden.
4. Barbecue- oder Chilisauce kalt oder warm dazureichen.

Abwandlung:

Anstelle der Nürnberger Würstchen können Sie auch Cocktailwürstchen verwenden.

Tipp:

Die Spieße eignen sich auch für eine Grillparty im Freien. Sie dazu vor dem Grillen gut mit Speiseöl bestreichen oder kurz darin marinieren.

Rezeptvorschläge für ein Kinder-Party-Buffet

Für ein Kinder-Party-Buffet benötigen Sie für 10–12 Personen:

1 x Rezept **Musketierspieße**, Seite 238

1 x Rezept **Nudelräder mit Tomatensauce**, Seite 246 (bei kleineren Kindern nur ein halbes Rezept zubereiten)

1 x Rezept **Eierigel**, Seite 64

1 x Rezept **Hexentrunk**, Seite 140

1 x Rezept **Gespenstergrütze**, Seite 112

Außerdem:

1–2 Baguettebrote und evtl. etwas Vollkornbrot für die Eierigel.

Vorbereitungen am Vortag:

- Die Eier für die Eierigel kochen.
- Gespenstergrütze und Sauce zubereiten und kalt stellen.
- Tomatensauce für die Nudelräder zubereiten und kalt stellen.

Vorbereitungen am Tag der Party:

3–4 Stunden vorher:	• Musketierspieße vorbereiten, dabei die Anzahl der Spieße nach der Anzahl der Kinder richten.
2–3 Stunden vorher:	• Eierigel zubereiten.
1–2 Stunden vorher:	• Hexentrunk zubereiten.
	• Mozzarella für die Nudelräder schneiden.
Kurz vorher:	• Musketierspieße braten. Nudelräder zubereiten und die Tomatensauce erhitzen.
	• Baguettebrote und evtl. Vollkornbrot schneiden.

Es eignen sich auch folgende zusätzliche Rezepte:

1,5 x Rezept **Früchtebowle**, Seite 88

1 x Rezept **Pizzagesichter**, Seite 266 (Die Menge der Pizzen nach der Anzahl der Kinder richten, das Rezept reicht für 12 kleine Pizzen. Der Belag kann beliebig verändert werden.)

1 x Rezept **Gemüsepfeile „Robin Hood“**, Seite 105

1 x Rezept **Nudelauflauf mit Würstchen** (Würstchenmenge nach Anzahl der Kinder richten), Seite 243

1 x Rezept **Götterspeise, kunterbunt**, Seite 115

Nudelauflauf chinesische Art

Nudelauflauf chinesische Art

8–10 Portionen

Raffiniert

Pro Portion:
E: 40 g, F: 28 g, Kh: 82 g, kJ: 3113, kcal: 740

je 4 l Wasser
je 4 TL Salz
800 g Bami-Nudeln (Asialäden bzw. Asia-Abteilungen von Supermärkten)

3 Zwiebeln
8 Knoblauchzehen
80 g Ingwerwurzel
1 kg Schweinekotelettstück, ohne Knochen
1 Eiweiß
1 EL Speisestärke
4 EL Sojasauce
2 EL Currypulver
4 rote Paprikaschoten
3 Bund Frühlingszwiebeln

6 EL Speiseöl für die Fettfangschale

800 g Mungobohnen-Keimlinge
12 EL Sojaöl
8 EL Sojasauce

Zubereitungszeit: 75 Min.
Garzeit: 15–20 Min.

1. Wasser in einem großen Topf mit geschlossenem Deckel zum Kochen bringen. Dann Salz und Nudeln zugeben. Die Nudeln in 2 Portionen im geöffneten Topf bei mittlerer Hitze nach Packungsanleitung kochen lassen, dabei zwischendurch umrühren.
2. Anschließend die Nudeln in ein Sieb geben, mit heißem Wasser abspülen und abtropfen lassen.
3. Zwiebeln und Knoblauch abziehen. Ingwer putzen, schälen, abspülen und trockentupfen. Zwiebeln in kleine Würfel schneiden. Knoblauch und Ingwer sehr fein hacken.
4. Fleisch unter fließendem kalten Wasser abspülen und trockentupfen. Das Fleisch in etwa 1,5 cm große Würfel schneiden.
5. Eiweiß in einer großen Schüssel verschlagen, Speisestärke und Sojasauce unterrühren. Fleisch-, Zwiebelwürfel, Knoblauch, Ingwer und Curry hinzugeben. Die Zutaten mit dem Eiweiß gut vermischen und beiseite stellen.
6. Paprika halbieren, entstielen, entkernen und die weißen Scheidewände entfernen. Die Schoten waschen, abtropfen lassen und in kleine Würfel schneiden. Frühlingszwiebeln putzen, waschen, abtropfen lassen und in kleine Stücke schneiden.
7. Eine Fettfangschale mit Speiseöl ausstreichen. Die Nudeln darauf geben. Paprikawürfel und Mungobohnen-Keimlinge mischen und auf den Nudeln verteilen. Die Fettfangschale in den Backofen schieben.
   Ober-/Unterhitze: etwa 180 °C (vorgeheizt)
   Heißluft: etwa 160 °C (vorgeheizt)
   Gas: Stufe 2–3 (vorgeheizt)
   Garzeit: 15–20 Minuten.
8. In der Zwischenzeit Sojaöl in einer großen Pfanne erhitzen. Die beiseite gestellte Fleischwürfel-Mischung portionsweise darin braten, mit den Frühlingszwiebelstückchen vermengen und auf den Auflauf geben, untermischen und kurz durchziehen lassen. Den Auflauf mit Sojasauce würzen und sofort servieren.

Nudelauflauf mit Garnelen und Schinken

8–10 Portionen

Einfach

Pro Portion:
E: 32 g, F: 30 g, Kh: 64 g,
kJ: 2797, kcal: 669

200 g TK-Garnelen, ohne Schale und entdarmt
7 l Wasser
7 TL Salz
750 g grüne Bandnudeln

300 g gekochter Schinken
4 Tomaten
2 Zwiebeln
400 ml Schlagsahne
1 Becher (150 g) Crème fraîche
6 Eier (Größe M)
250 ml ($^1/_4$ l) Milch
Salz, frisch gemahlener Pfeffer
frisch geriebene Muskatnuss
80 g geriebener Parmesan-Käse

Zubereitungszeit: 50 Min., ohne Auftauzeit
Garzeit: 40–50 Min.

1. Garnelen nach Packungsanleitung auftauen.
2. Wasser in einem großen Topf mit geschlossenem Deckel zum Kochen bringen. Dann Salz und Nudeln zugeben. Die Nudeln im geöffneten Topf bei mittlerer Hitze nach Packungsanleitung kochen lassen, zwischendurch umrühren.
3. Anschließend die Nudeln in ein Sieb geben, mit heißem Wasser abspülen und abtropfen lassen.
4. Schinken in Würfel schneiden. Tomaten waschen, abtrocknen, halbieren und die Stängelansätze herausschneiden. Tomaten entkernen und in Würfel schneiden. Zwiebeln abziehen und in kleine Würfel schneiden.
5. Garnelen unter fließendem kalten Wasser abspülen und trockentupfen. Nudeln, Garnelen, Schinken-, Tomaten- und Zwiebelwürfel mischen und in eine flache, große Auflaufform (gefettet) oder in eine Fettfangschale (gefettet) geben.
6. Sahne mit Crème fraîche, Eiern und Milch verrühren, mit Salz, Pfeffer und Muskat würzen. Die Sauce auf der Nudel-Tomaten-Garnelen-Masse verteilen. Die Form auf dem Rost oder die Fettfangschale in den Backofen schieben.
Ober-/Unterhitze: etwa 180 °C (vorgeheizt)
Heißluft: etwa 160 °C (nicht vorgeheizt)
Gas: Stufe 2–3 (nicht vorgeheizt)
Garzeit: 40–50 Minuten.
7. Den Auflauf nach etwa 30 Minuten Garzeit mit Parmesan-Käse bestreuen.

Nudelauflauf mit Garnelen und Schinken

Nudelauflauf mit Lachs-Sahne-Dill-Sauce

8–10 Portionen

Raffiniert

Pro Portion:
**E: 50 g, F: 57 g, Kh: 86 g,
kJ: 4542, kcal: 1086**

**4 Stangen Porree (Lauch)
1 Bund Dill
1 l Schlagsahne
600 ml Gemüsebrühe
1 l Milch
4 EL Zitronensaft
2 gestr. EL mittelscharfer Senf
Salz
frisch gemahlener Pfeffer
frisch geriebene Muskatnuss
1 kg Lachsfilet
1 kg Trulli-Nudeln
400 geraspelter Mozzarella-Käse**

Zum Garnieren:
**einige Dillstängel
einige Zitronenscheiben**

**Zubereitungszeit: 50 Min.
Garzeit: etwa 30 Min. je Form**

1. Porree putzen, die Stangen längs halbieren, waschen und abtropfen lassen. Porree in etwa 2 cm lange Stücke schneiden. Dill abspülen und trockentupfen. Die Spitzen von den Stängeln zupfen. Spitzen fein hacken.
2. Sahne, Brühe und Milch in einem Topf zum Kochen bringen und von der Kochstelle nehmen. Die Sauce mit Zitronensaft, Senf, Salz, Pfeffer und Muskat kräftig würzen.
3. Lachsfilet unter fließendem kalten Wasser abspülen, trockentupfen und in etwa 2 cm große Würfel schneiden.
4. Lachswürfel mit Porreestücken, Dill und den Nudeln vermischen und in 2 großen Auflaufformen verteilen. Die Sahnesauce darüber gießen. Den Auflauf mit Käse bestreuen.
5. Die Formen nacheinander (bei Heißluft zusammen) auf dem Rost in den Backofen schieben.
   Ober-/Unterhitze: etwa 200 °C (vorgeheizt)
   Heißluft: etwa 180 °C (vorgeheizt)
   Gas: Stufe 3–4 (vorgeheizt)
   Garzeit: etwa 30 Minuten je Form.
6. Den Nudelauflauf mit Dill bestreuen, mit Zitronenscheiben und Dillstängeln garnieren.

Nudelauflauf mit Lachs-Sahne-Dill-Sauce

Tipp:
Die Nudeln brauchen nicht vorgekocht zu werden, da die Garzeit im Backofen ausreicht. Wer keine großen Auflaufformen hat, kann diesen Auflauf auch in einer Fettfangschale zubereiten.

Nudelauflauf mit Würstchen

8–10 Portionen

Für Kinder

Pro Portion:
**E: 39 g, F: 33 g, Kh: 94 g,
kJ: 3509, kcal: 838**

**5 mittelgroße Zwiebeln
3–4 Möhren
10 Wiener Würstchen
2 Bund Petersilie
450 g TK-Erbsen
6 EL Olivenöl
1 EL Zucker
2 gestr. TL Salz
frisch gemahlener Pfeffer
2 Dosen geschälte Tomaten
(Einwaage je 800 g)
800 ml Gemüsebrühe
150 g gekochter Schinken
1 kg kurze Röhrennudeln
250 g geraspelter Pasta-Käse**

**Zubereitungszeit: 40 Min.
Garzeit: etwa 40 Min.**

1. Zwiebeln abziehen und in kleine Würfel schneiden. Möhren putzen, schälen, waschen, abtropfen lassen und in Scheiben schneiden. Würstchen in etwa 2 cm dicke Scheiben schneiden. Petersilie abspülen und trockentupfen. Die Blättchen von den Stängeln zupfen (einige Blättchen zum Garnieren beiseite legen). Blättchen fein hacken.
2. Olivenöl in einem großen Topf erhitzen. Zwiebelwürfel darin glasig dünsten. Möhrenscheiben und die gefrorenen Erbsen hinzugeben und andünsten, mit Zucker, Salz und Pfeffer würzen. Tomaten mit Saft unterrühren, dabei die Tomaten etwas zerdrücken. Brühe hinzugießen. Die Zutaten zum Kochen bringen und unter gelegentlichem Rühren 5–10 Minuten kochen lassen. Schinken in Würfel schneiden. Wurstscheiben, Schinkenwürfel und Petersilie unterrühren.
3. Nudeln in einen großen Bräter oder in eine Fettfangschale geben. Gemüse-Wurst-Masse unterrühren. Den Bräter auf dem Rost oder die Fettfangschale in den Backofen schieben.

Ober-/Unterhitze: etwa 200 °C (vorgeheizt)
Heißluft: etwa 180 °C (vorgeheizt)
Gas: Stufe 3–4 (vorgeheizt)
Garzeit: etwa 40 Minuten.

4. Den Nudelauflauf nach etwa 15 Minuten Garzeit nochmals vorsichtig umrühren und mit Käse bestreuen. Gleichzeitig **die Backofentemperatur auf Ober-/Unterhitze: etwa 160 °C, Heißluft: etwa 140 °C, Gas: Stufe 1–2 reduzieren** und den Auflauf fertig garen.
5. Den Auflauf mit der beiseite gelegten Petersilie garniert servieren.

Tipp: Sie können auch blanchierte Blumenkohl- oder Brokkoliröschen und gegarte Putenbrust für den Auflauf verwenden.

Nudelgratin mit Lamm

12 Portionen

Mit Alkohol

Pro Portion:
E: 44 g, F: 35 g, Kh: 53 g, kJ: 3021, kcal: 723

1,5 kg Lammfleisch aus der Keule (ohne Knochen)
1 kg Staudensellerie
3 Möhren, 9 EL Olivenöl
Salz, frisch gemahlener Pfeffer
3 Msp. Cayennepfeffer
3 TL gerebelter Thymian
12 Schalotten
3 Knoblauchzehen
375 ml (3/8 l) trockener Rotwein
450 g Crème fraîche
7 l Wasser, 7 TL Salz
750 g Spiralnudeln
1,5 kg Fleischtomaten
3 EL Semmelbrösel
300 g frisch geriebener Käse, z. B. Emmentaler

Zubereitungszeit: 95 Min.
Garzeit: etwa 30 Min.

1. Lammfleisch unter fließendem kalten Wasser abspülen, trockentupfen, evtl. enthäuten und entsehnen. Fleisch in etwa 2 cm große Würfel schneiden.
2. Sellerie putzen und die harten Außenfäden abziehen. Sellerie abspülen, abtropfen lassen und in feine Scheiben schneiden. Möhren putzen, schälen, abspülen, abtropfen lassen und in dünne Scheiben schneiden.
3. Olivenöl portionsweise in einem großen Topf erhitzen. Die Lammwürfel portionsweise darin von allen Seiten kräftig anbraten und herausnehmen. Lamm mit Salz, Pfeffer, Cayennepfeffer und Thymian würzen.
4. Schalotten und Knoblauch abziehen, fein hacken und in dem Topf im verbliebenen Fett andünsten.
5. Sellerie- und Möhrenscheiben zu den Schalotten- und Knoblauchwürfeln geben und etwa 5 Minuten mitdünsten. Ebenfalls mit Salz, Pfeffer, Cayennepfeffer und Thymian würzen. Rotwein hinzugießen. Die Zutaten zum Kochen bringen und etwa 10 Minuten köcheln lassen. Crème fraîche unterrühren.
6. Wasser in einem großen Topf zugedeckt zum Kochen bringen. Dann Salz und Nudeln zugeben. Die Nudeln im geöffneten Topf bei mittlerer Hitze nach Packungsanleitung knapp bissfest kochen, dabei gelegentlich umrühren.
7. Anschließend die Nudeln in ein Sieb geben, mit heißem Wasser abspülen und abtropfen lassen.
8. Tomaten waschen, abtropfen lassen, kreuzweise einschneiden und einige Sekunden in kochendes Wasser legen. Tomaten mit kaltem Wasser abschrecken, enthäuten, halbieren, entkernen und die Stängelansätze herausschneiden. Fruchtfleisch in große Stücke schneiden. Tomatenstücke zum Gemüse geben und die Lammwürfel unterheben. Nochmals kräftig mit Salz, Pfeffer, Cayennepfeffer und Thymian würzen.
9. Nudeln mit dem Lamm-Gemüse-Ragout vermischen und in eine große, flache Auflaufform (gefettet) oder einen großen Bräter (gefettet) geben. Semmelbrösel mit Käse mischen und darauf streuen. Die Form oder den Bräter auf dem Rost in den Backofen schieben.
Ober-/Unterhitze: etwa 200 °C (vorgeheizt)
Heißluft: etwa 180 °C (vorgeheizt)
Gas: Stufe 3–4 (vorgeheizt)
Garzeit: etwa 30 Minuten.

Nudelgratin mit Lamm

Nudeln vom Blech

12 Portionen

Vegetarisch

Pro Portion:
E: 20 g, F: 30 g, Kh: 64 g,
kJ: 2568, kcal: 615

3 Stangen Porree (Lauch)
4 l Wasser, 4 TL Salz
1 kg Linguine (flache Spaghetti)
500 g Cocktailtomaten
2 gelbe Paprikaschoten
1 Bund glatte Petersilie

Für den Sahneguss:
6 Eier (Größe M)
400 ml Schlagsahne
2 Becher (je 150 g) Crème fraîche
200 ml Gemüsebrühe
200 g geriebener mittelalter Gouda-Käse
Salz, frisch gemahlener Pfeffer

Zubereitungszeit: 60 Min.
Garzeit: 30–40 Min.

1. Porree putzen. Die Stangen seitlich einschneiden, gründlich waschen, abtropfen lassen und in dicke Streifen schneiden. Wasser mit Salz in einem großen Topf mit geschlossenem Deckel zum Kochen bringen.
2. Die Linguine in 2 Portionen im geöffneten Topf bei mittlerer Hitze nach Packungsanleitung knapp bissfest kochen, dabei zwischendurch umrühren. Die Porreestreifen etwa 3 Minuten vor Ende der Garzeit zu den Linguine geben und mitgaren lassen.
3. Anschließend die Porree-Linguine-Mischung in ein Sieb geben, mit heißem Wasser abspülen und abtropfen lassen.
4. Tomaten waschen, abtropfen lassen, halbieren und die Stängelansätze herausschneiden. Paprika halbieren, entstielen, entkernen und die weißen Scheidewände entfernen. Die Schoten waschen, abtropfen lassen und in Streifen schneiden. Petersilie abspülen, trockentupfen und die Blättchen von den Stängeln zupfen. Blättchen fein schneiden.
5. Für den Sahneguss Eier mit Sahne, Crème fraîche, Brühe und Käse verrühren, mit Salz und Pfeffer würzen.
6. Porree-Linguine-Mischung auf 2 Backblechen (gefettet) oder in 2 großen, flachen Auflaufformen (gefettet) verteilen. Tomatenhälften, Paprikastreifen und Petersilie darauf geben. Sahnemasse darüber gießen. Die Backbleche nacheinander (bei Heißluft zusammen) oder die Formen auf dem Rost in den Backofen schieben.

Ober-/Unterhitze: etwa 200 °C (vorgeheizt)
Heißluft: etwa 180 °C (vorgeheizt)
Gas: Stufe 3–4 (vorgeheizt)
Garzeit: 30–40 Minuten. (Die Nudeln nach etwa 25 Minuten Garzeit mit Backpapier zudecken).

Abwandlung:
Statt mit Porree können die Nudeln auch mit Möhren- und Zucchinistreifen zubereitet werden. Dafür je 3 Möhren und Zucchini putzen, evtl. schälen, abspülen, abtropfen lassen und in schmale Streifen schneiden, wie unter Punkt 2 beschrieben verarbeiten.

Beilage:
Gemischter Salat.

Tipp:
Anstelle der Linguine können Sie auch Spaghetti verwenden.

Nudelräder mit Tomatensauce

8–10 Portionen

Für Kinder

Pro Portion:
E: 23 g, F: 17 g, Kh: 81 g,
kJ: 2418, kcal: 577

1 Bund Frühlingszwiebeln
1 Knoblauchzehe
2 EL Olivenöl
$^1/_2$ gestr. TL gerebelter Thymian
2 Dosen stückige Tomaten (je 400 g)
Salz, frisch gemahlener Pfeffer
1 Msp. Paprikapulver rosenscharf

5 l Wasser
5 TL Salz
1 kg Nudelräder

5 mittelgroße Tomaten
375 g Mozzarella-Käse
1 Bund Basilikum
evtl. etwas Olivenöl

Zubereitungszeit: 40 Min.

Nudelräder mit Tomatensauce

1. Frühlingszwiebeln putzen, waschen, abtropfen lassen und in feine Ringe schneiden. Knoblauch abziehen und durch eine Knoblauchpresse drücken.
2. Öl in einem Topf erhitzen. Frühlingszwiebelringe, Knoblauch und Thymian darin andünsten. Tomaten mit der Flüssigkeit hinzufügen. Sauce mit Salz, Pfeffer und Paprikapulver würzen und bei schwacher Hitze etwa 15 Minuten köcheln lassen.
3. Wasser zum Kochen bringen. Salz hinzufügen und die Nudeln in 2 Portionen darin nach Packungsanleitung bissfest kochen. Die garen Nudeln in ein Sieb geben, mit heißem Wasser abspülen, abtropfen lassen und warm stellen.
4. Tomaten waschen, abtrocknen, halbieren und die Stängelansätze herausschneiden. Tomaten entkernen und das Fruchtfleisch in Würfel schneiden. Mozzarella fein würfeln. Basilikum abspülen, trockentupfen und die Blättchen von den Stängeln zupfen. Einige Blättchen zum Garnieren beiseite legen. Restliche Blättchen fein schneiden.
5. Die Tomatenwürfel in der Sauce erwärmen. Die Sauce mit Salz und Pfeffer würzen. Basilikum und Mozzarella unterrühren. Nudelräder mit der Sauce und den beiseite gelegten Basilikumblättchen servieren.

Tipp:
Sie können die Sauce nach Belieben mit angerührter Speisestärke andicken.

Nudelsalat mit Fleischsalat

12 Portionen

Beliebt

Pro Portion:
E: 14 g, F: 36 g, Kh: 48 g,
kJ: 2437, kcal: 580

5 l Wasser
5 gestr. TL Salz
500 g Nudeln, z. B. Hörnchen

Für die Marinade:
4 EL Kräuteressig
Salz, frisch gemahlener Pfeffer
etwas Zucker
8 EL Olivenöl

2 kleine Dose Ananasscheiben (Abtropfgewicht je 270 g)
20 kleine Gewürzgurken
4 mittelgroße Äpfel
8 hart gekochte Eier
etwa 800 g Fleischsalat (aus dem Kühlregal)
300 g Naturjoghurt
einige Salatblätter, z. B. Lollo bionda
1 Bund Schnittlauch

Zubereitungszeit: 45 Min., ohne Durchziehzeit

1. Wasser in einem großen Topf mit geschlossenem Deckel zum Kochen bringen. Salz hinzufügen. Nudeln in 2 Portionen im geöffneten Topf bei mittlerer Hitze nach Packungsanleitung kochen lassen, gelegentlich umrühren.
2. Anschließend die Nudeln in ein Sieb geben, mit heißem Wasser abspülen und abtropfen lassen.
3. Für die Marinade Essig mit Salz, Pfeffer und Zucker verrühren, Olivenöl unterschlagen. Die Marinade zu den Nudeln geben, untermischen und etwas durchziehen lassen.

Nudelsalat mit Fleischsalat

4. Ananasscheiben in einem Sieb gut abtropfen lassen und in kleine Stücke schneiden. Gurken abtropfen lassen und in dünne Scheiben schneiden. Äpfel schälen, achteln, entkernen und ebenfalls in dünne Scheiben schneiden. Eier pellen und in Scheiben schneiden. Fleischsalat mit Joghurt verrühren.
5. Die Nudeln abwechselnd mit Ananasstücken, Apfel-, Eierscheiben und Fleischsalat in eine hohe Glasschale oder 12 Portionsgläser schichten. Restlichen Fleischsalat darauf verteilen. Den Salat eine Zeit lang durchziehen lassen.
6. Salatblätter und Schnittlauch waschen und trockentupfen. Den Salat damit garnieren.

Tipp: Der Salat kann schon am Vortag zubereitet und zugedeckt über Nacht kalt gestellt werden. Damit die Äpfel nicht braun werden, die Apfelscheiben vor dem Einschichten mit 2 Esslöffeln Kräuteressig oder Zitronensaft mischen. Statt Fleischsalat kann auch Waldorfsalat verwendet werden.

Nudelsalat mit Putenstreifen

12 Portionen

Für Kinder

Pro Portion:
E: 39 g, F: 20 g, Kh: 77 g,
kJ: 2754, kcal: 658

1 kg Putenbrustfilet
5–6 EL Sojasauce

1 kg Schleifennudeln
5 l Wasser
5 TL Salz

4 EL Olivenöl
Salz, frisch gemahlener Pfeffer
10 Tomaten
1 kg TK-Erbsen
Salzwasser

Für die Sauce:
150 g Salatmayonnaise
450 g Vollmilchjoghurt
200 ml Schlagsahne
12 EL Tomatenketchup
Salz, frisch gemahlener Pfeffer
Zucker

Zubereitungszeit: 40 Min., ohne Durchzieh- und Abkühlzeit

1. Das Putenbrustfilet unter fließendem kalten Wasser abspülen, trockentupfen und in feine Streifen schneiden. Fleischstreifen mit der Sojasauce mischen und etwa 1 Stunde kalt gestellt durchziehen lassen.

Nudelsalat mit Putenstreifen

2. Wasser in einem großen Topf zum Kochen bringen. Salz hinzufügen. Nudeln in 2 Portionen im geöffneten Topf nach Packungsanleitung bissfest kochen, zwischendurch umrühren. Dann die Nudeln in ein Sieb geben, mit heißem Wasser abspülen, abtropfen und erkalten lassen.
3. Das Öl in einer Pfanne erhitzen. Die Putenstreifen darin portionsweise rundherum braten, mit Salz und Pfeffer würzen, dann erkalten lassen.
4. Die Tomaten waschen, kreuzweise einschneiden, kurze Zeit in kochendes Wasser legen, dann mit kaltem Wasser abschrecken. Tomaten enthäuten, halbieren, entkernen und die Stängelansätze herausschneiden. Die Tomaten in feine Streifen schneiden.
5. Salzwasser zum Kochen bringen. Die Erbsen darin 3–5 Minuten kochen, dann in ein Sieb geben, mit kaltem Wasser übergießen und abtropfen und erkalten lassen. Alle Zutaten mit den Nudeln vermengen.
6. Für die Sauce Mayonnaise mit Joghurt, Sahne und Ketchup verrühren, mit Salz, Pfeffer und Zucker würzen. Die Sauce vorsichtig unter den Salat heben.

Nudelspieße

10 Portionen

Einfach

Pro Portion:
E: 21 g, F: 23 g, Kh: 50 g,
kJ: 2073, kcal: 492

500 g Cocktailtomaten
400 g Zucchini
400 g kleine Champignons
1 kg Tortelloni mit Käsefüllung (aus dem Kühlregal)
3 Dosen stückige Tomaten (Einwaage je 400 g)
Salz, frisch gemahlener Pfeffer
4 EL Olivenöl
200 g geriebener Pecorino-Käse
2 Bund Basilikum

Außerdem: 20 Holzspieße

Zubereitungszeit: 55 Min.
Garzeit: etwa 25 Min. je Backblech.

Nudelspieße

1. Tomaten waschen und abtrocknen, evtl. Stängelansätze herausschneiden. Zucchini waschen, abtrocknen und die Enden abschneiden. Zucchini in etwa 1 cm dicke Scheiben schneiden. Champignons putzen, mit Küchenpapier abreiben, evtl. abspülen und trockentupfen.
2. Abwechselnd Tortelloni, Tomaten, Champignons und Zucchinischeiben auf die Holzspieße stecken (auf jeden Spieß mindestens 4 Tortelloni).
3. Stückige Tomaten auf 2 Backbleche (gefettet) verteilen. Jeweils 10 Spieße auf ein Backblech legen. Die restlichen Tomaten, Zucchinischeiben und Champignons hinzugeben, mit Salz und Pfeffer bestreuen und mit Olivenöl beträufeln. Spieße und Gemüse mit Käse bestreuen.
4. Die Backbleche nacheinander (bei Heißluft zusammen) im unteren Drittel in den Backofen schieben.
   Ober-/Unterhitze: etwa 200 °C (vorgeheizt)
   Heißluft: etwa 180 °C (vorgeheizt)
   Gas: Stufe 3–4 (vorgeheizt)
   Garzeit: etwa 10 Minuten je Backblech.
5. Nach etwa 10 Minuten Garzeit die **Backofentemperatur auf Ober-/Unterhitze etwa 180 °C, Heißluft etwa 160 °C, Gas Stufe 2–3 reduzieren** und die Nudelspieße **weitere 15 Minuten garen.**
6. Basilikum abspülen und trockentupfen. Die Blättchen von den Stängeln zupfen. Blättchen fein hacken. Die Spieße mit Basilikum bestreut servieren.

Tipp: Statt Pecorino-Käse können Sie auch je 100 g geriebenen Parmesan- und mittelalten Gouda-Käse verwenden. Die Nudelspieße können auch am Vortag vorbereitet und kalt gestellt werden. Die Garzeit erhöht sich dann um etwa 10 Minuten.

Nudelvariationen

10 Portionen

Raffiniert

Pro Portion:
E: 25 g, F: 39 g, Kh: 91 g,
kJ: 3408, kcal: 813

750 g Cappelletti mit Ricotta-Basilikum-Füllung
750 g Ravioli mit Spinatfüllung
750 g Tortelloni mit Käsefüllung
(alles aus dem Kühlregal)
Salzwasser

Zubereitungszeit: 75 Min.,
ohne Einweichzeit
Garzeit: etwa 15 Min. je Backblech

Cappelletti mit Tomatensauce

Für die Tomatensauce:
140 g Zwiebeln
3 Knoblauchzehen
4 EL Olivenöl
2 Dosen pürierte Tomaten (je 400 g)
Salz
Zucker
frisch gemahlener Pfeffer
1/2 gestr. TL gerebelter Oregano
1 Prise Chilipulver

Ravioli mit Steinpilzsauce

Für die Steinpilzsauce:
150 ml Wasser
30 g getrocknete Steinpilze
60 g Butter
60 g Weizenmehl
800 ml Hühnerbrühe
300 g Crème fraîche

Tortelloni mit Gorgonzolasauce

Für die Gorgonzolasauce:
120 g Gorgonzola

Speiseöl für die Backbleche

1. Cappelletti, Ravioli und Tortelloni getrennt in kochendem Salzwasser nach Packungsanleitung kochen. Anschließend in Siebe geben, mit kaltem Wasser übergießen und abtropfen lassen. Zwei Backbleche (30 x 40 cm) mit Speiseöl bestreichen. Jeweils die Hälfte der 3 Nudelsorten auf je einem Backblech verteilen. Nudeln mit Pergamentpapier zudecken, damit sie nicht austrocknen.
2. Für die Tomatensauce Zwiebeln und Knoblauch abziehen und würfeln.

Nudelvariationen

Olivenöl in einem kleinen Topf erhitzen. Zwiebel- und Knoblauchwürfel darin glasig dünsten (2 Esslöffel von den Zwiebel- und Knoblauchwürfeln beiseite legen). Tomatenpüree hinzufügen, unter Rühren zum Kochen bringen, von der Kochstelle nehmen. Die Sauce mit Salz, Zucker, Pfeffer, Oregano und Chili würzen und warm stellen.

3. Für die Steinpilzsauce Wasser in einem kleinen Topf zum Kochen bringen. Pilze darin einweichen. Anschließend in einem Sieb abtropfen lassen, Flüssigkeit dabei auffangen. Pilze klein hacken. Butter in einem Topf zerlassen. Mehl unter Rühren so lange darin erhitzen, bis es hellgelb ist. Brühe nach und nach hinzugießen, mit einem Schneebesen durchschlagen, darauf achten, dass keine Klümpchen entstehen. Sauce unter ständigem Rühren 5 Minuten kochen lassen.
4. Crème fraîche und die beiseite gelegten Zwiebel- und Knoblauchwürfel unter die Sauce rühren. Sauce mit Salz und Pfeffer würzen und in 2 Portionen teilen. Eine Portion mit den gehackten Pilzen und der Pilzflüssigkeit verrühren. Sauce warm stellen.
5. Für die Gorgonzolasauce Gorgonzola mit der restlichen Sauce verrühren.
6. Die mit Nudeln belegten Backbleche nacheinander (bei Heißluft zusammen) in den Backofen schieben und die Nudeln erwärmen.
   Ober-/Unterhitze: etwa 180 °C (vorgeheizt)
   Heißluft: etwa 160 °C (vorgeheizt)
   Gas: Stufe 2–3 (vorgeheizt)
   Garzeit: etwa 15 Minuten je Backblech.
7. Die Nudeln auf den Backblechen mit den drei Saucen servieren.

Rezeptvorschläge für ein Nudel-Party-Buffet

Für ein Nudel-Party-Buffet benötigen Sie für 10–12 Personen:

1 x Rezept **Nudelvariationen**, Seite 248
1,5 x Rezept **Sterntalersuppe**, Seite 368
0,5 x Rezept **Farfalle-Schichtsalat**, Seite 72
1 x Rezept **Himbeer-Tiramisu**, Seite 142

Vorbereitungen am Vortag:

- Das Tiramisu zubereiten und einschichten aber noch nicht garnieren. Tiramisu kalt stellen.
- Für den Farfalle-Schichtsalat Punkt 1 bis 5 zubereiten und Salat kalt stellen.

Vorbereitungen am Tag der Party:

3–4 Stunden vorher:	• Für die Nudelvariationen die Saucen (Punkt 2 bis 4) zubereiten.
2 Stunden vorher:	• Die Sterntalersuppe zubereiten.
Kurz vorher:	• Die Nudeln für die Nudelvariationen wie unter Punkt 1 beschrieben, zubereiten und in den Backofen schieben. • Die Nudelsaucen und Suppe erwärmen. • Tiramisu garnieren. • Farfalle-Schichtsalat garnieren.

Es eignen sich auch folgende zusätzliche Rezepte:

0,5 x Rezept **Spaghetti mit schneller Bologneser Sauce**, Seite 358
0,5 x Rezept **Frühlingsgemüse mit Penne**, Seite 90
1 x Rezept **Nudelgratin mit Lamm**, Seite 244
1 x Rezept **Meeresfrüchteragout mit Pasta**, Seite 224

Ofenkartoffeln mit Gemüse-Quark-Füllung

8 Portionen

Preiswert

Pro Portion:

E: 22 g, F: 4 g, Kh: 45 g,
kJ: 1336, kcal: 319

8 große fest kochende Ofenkartoffeln (je etwa 250 g)
je 2 kleine rote, grüne und gelbe Paprikaschoten
500 g Magerquark
500 g Speisequark (20% Fett)
2–3 EL frisch geriebener Meerrettich
1 Pck. gehackte TK-Küchenkräuter (25 g)
Salz
frisch gemahlener Pfeffer
1 Bund glatte Petersilie

Außerdem:

8 Bögen Alufolie (dünn mit Speiseöl bestrichen)

Zubereitungszeit: 30 Min.
Garzeit: etwa 60 Min.

1. Kartoffeln gründlich waschen, evtl. abbürsten und abtropfen lassen. Jede Kartoffel in einen Bogen Alufolie wickeln und auf ein Backblech legen. Das Backblech in den Backofen schieben.
   Ober-/Unterhitze: 180–200 °C (vorgeheizt)
   Heißluft: 160–180 °C (nicht vorgeheizt)
   Gas: etwa Stufe 3 (nicht vorgeheizt)
   Garzeit: etwa 60 Minuten.
2. Paprikaschoten halbieren, entstielen, entkernen und die weißen Scheidewände entfernen. Schoten waschen, abtropfen lassen und in kleine Würfel schneiden. 1–2 Esslöffel der Paprikawürfel zum Garnieren beiseite legen.
3. Quarksorten in eine Rührschüssel geben. Paprikawürfel, Kräuter und Meerrettich unterrühren, mit Salz und Pfeffer würzen.
4. Petersilie abspülen und trockentupfen. Die Blättchen von den Stängeln zupfen.
5. Gegarte Ofenkartoffeln aus der Alufolie nehmen. Ofenkartoffeln kreuzweise einschneiden, etwas aufdrücken und mit dem Gemüsequark füllen.
6. Ofenkartoffeln mit den beiseite gelegten Paprikawürfeln und Petersilienblättchen garniert servieren.

Tipp:
Wenn Sie keine großen Ofenkartoffeln bekommen, können Sie pro Person auch 2 kleinere fest kochende Kartoffeln verwenden.

Ofenschnitzel

8–10 Portionen

Zum Vorbereiten

Pro Portion:

E: 39 g, F: 37 g, Kh: 18 g,
kJ: 2489, kcal: 595

1–2 Zucchini
2 Auberginen (je etwa 400 g)
200 ml Olivenöl
Salz
1 kg Putenschnitzel
frisch gemahlener Pfeffer
2 Pck. Tomaten in Stückchen mit Knoblauch (je 370 g)
2 TL getrockneter Oregano
etwa 2 EL konzentrierte Hühnerbouillon (aus der Flasche)

Für den Guss:

1 Glas (156 ml) Pâté di Olive Verde (Olivenpaste)
300 g Ziegenfrischkäse, z. B. Chavroux
400 ml saure Sahne

Zum Bestreuen:

1/2 Bund glatte Petersilie

Zubereitungszeit: 50 Min.
Garzeit: etwa 40 Min.

1. Zucchini und Auberginen waschen, abtrocknen und die Enden abschneiden. Zucchini der Länge nach in dünne Scheiben schneiden, Auberginen längs halbieren und dann senkrecht zur Schnittfläche der Länge nach in Scheiben schneiden.
2. Einen Teil des Öls portionsweise in 2 Pfannen erhitzen. Die Zucchini- und Auberginenscheiben darin getrennt portionsweise von beiden Seiten goldbraun braten. Auf Küchenpapier abtropfen lassen und mit Salz würzen.
3. Putenschnitzel unter fließendem kalten Wasser abspülen, trockentupfen und etwas flacher klopfen. Das restliche Öl in dem verbliebenen Bratfett erhitzen. Die Putenschnitzel darin unter Wenden anbraten, mit Salz und Pfeffer bestreuen und aus der Pfanne nehmen.

4. Die Tomatenstückchen mit der Flüssigkeit zu dem heißen Bratensatz in die Pfanne geben, mit Oregano und konzentrierter Hühnerbouillon würzen. Die Tomatensauce in die Fettfangschale des Backofens geben und die Putenschnitzel darauf verteilen, mit Auberginen- und Zucchinischeiben belegen.
5. Für den Guss Olivenpaste, Ziegenfrischkäse und saure Sahne mit einem Schneebesen oder mit Handrührgerät mit Rührbesen cremig verrühren und mit Pfeffer würzen. Den Guss gleichmäßig über die Zutaten gießen. Die Fettfangschale in den Backofen schieben.
   Ober-/Unterhitze: 180–200 °C (vorgeheizt)
   Heißluft: 160–180 °C (nicht vorgeheizt)
   Gas: etwa Stufe 3 (nicht vorgeheizt)
   Garzeit: etwa 40 Minuten.
6. In der Zwischenzeit Petersilie abspülen, trockentupfen und die Blättchen von den Stängeln zupfen. Blättchen fein hacken. Die Ofenschnitzel mit Petersilie bestreut servieren.

Ofenschnitzel

Tipp:
Dazu schmeckt Fladenbrot. Die „Pâté di Olive Verde" ist eine Zubereitung aus grünen Oliven, Olivenöl und Gewürzen. Wenn Sie keine Olivenpaste bekommen, können Sie stattdessen auch Pesto oder Kräuter in Öl verwenden.

Ofensuppe

12 Portionen

Raffiniert

Pro Portion:
E: 38 g, F: 30 g, Kh: 38 g,
kJ: 2481, kcal: 592

1 1/2 kg Schnitzelfleisch vom Schwein
Salz, frisch gemahlener Pfeffer
1–2 TL gemahlener Koriander
2 Gläser Tomatenpaprika in Streifen (Abtropfgewicht je 165 g)
6 mittelgroße Zwiebeln
1 kg Zucchini
300 g Möhren
1 Pck. TK-Erbsen (500 g)
1 l Gemüsebrühe
2 Gläser Chilisauce (je 320 g)
1 l Schlagsahne
1/2 Flasche scharfer Curryketchup (225 g)
1 große Dose Ananasstücke (Abtropfgewicht 490 g)
1 Bund Schnittlauch

Zubereitungszeit: 60 Min.
Garzeit: etwa 1 1/2 Std.

1. Schnitzelfleisch unter fließendem kalten Wasser abspülen, trockentupfen und in etwa 2 cm große Würfel schneiden. Die Fleischwürfel in einen großen hitzebeständigen Topf oder Bräter geben, mit Salz, Pfeffer und Koriander würzen.

Ofensuppe

2. Tomatenpaprika in einem Sieb abtropfen lassen. Zwiebeln abziehen und in Würfel schneiden. Zucchini waschen, abtrocknen und die Enden abschneiden. Zucchini in Würfel schneiden. Möhren putzen, schälen, abspülen, abtropfen lassen und ebenfalls würfeln.
3. Tiefgefrorene Erbsen, Tomatenpaprika und Gemüsewürfel unter das Fleisch rühren. Brühe, Chilisauce, Sahne und Curryketchup hinzugießen und unterrühren. Den Topf oder Bräter zugedeckt auf dem Rost in den Backofen schieben.
   Ober-/Unterhitze: etwa 200 °C (vorgeheizt)
   Heißluft: etwa 180 °C (vorgeheizt)
   Gas: Stufe 3–4 (vorgeheizt)
   Garzeit: etwa 1 1/2 Stunden
4. Zwischendurch die Ofensuppe gelegentlich umrühren. Gemüse und Fleisch sollten immer mit Flüssigkeit bedeckt sein, evtl. etwas Wasser hinzufügen.
5. Ananasstücke in einem Sieb abtropfen lassen. Die Stücke etwas kleiner schneiden. Schnittlauch abspülen, trockentupfen und in Röllchen schneiden. Ananasstücke in die Suppe geben. Die Suppe nochmals für etwa 5 Minuten in den Backofen schieben. Die Ofensuppe mit Salz und Pfeffer abschmecken und mit Schnittlauchröllchen bestreut servieren.

Olivensauce
8–10 Portionen

Gut vorzubereiten

Insgesamt:
E: 6 g, F: 39 g, Kh: 16 g,
kJ: 1963, kcal: 467

2 Schalotten (etwa 60 g)
1–2 Knoblauchzehen
2–3 Thymianstängel oder
1 TL gerebelter Thymian
1 Glas grüne Oliven ohne Stein (Abtropfgewicht 70 g)
1 Glas schwarze Oliven ohne Stein (Abtropfgewicht 70 g)
20 g Kapern
2 EL Olivenöl
400 g Tomatenstücke in eigenem Saft (Tetrapak)
Salz, frisch gemahlener Pfeffer

Zubereitungszeit: 30 Min.

1. Schalotten und Knoblauch abziehen und fein würfeln. Thymian abspülen, trockentupfen und die Blättchen von den Stängeln zupfen. Beide Olivensorten in einem Sieb abtropfen lassen, in Scheiben schneiden. Kapern ebenfalls in einem Sieb abtropfen lassen und grob zerkleinern.
2. Olivenöl in einem kleinen Topf erhitzen. Schalotten- und Knoblauchwürfel und Olivenscheiben darin andünsten. Tomatenstücke mit dem Saft hinzugeben. Kapern unterrühren. Sauce mit Thymian, Salz und Pfeffer würzen. Die Sauce etwa 5 Minuten leicht kochen und dann etwas abkühlen lassen.

Tipp:
Olivensauce passt zu kleinen, gebratenen Fischen, insbesondere zu Mittelmeerfischen oder zu kurz gebratenem Lammfleisch.

Olivensauce

Orangen-Tiramisu

Orangen-Tiramisu
12 Portionen

Mit Alkohol

Pro Portion:
E: 8 g, F: 20 g, Kh: 37 g,
kJ: 1729, kcal: 413

500 g Cantuccini (italienisches Mandelgebäck)
125 ml (1/8 l) starker Kaffee
8–10 Orangen
125 ml (1/8 l) Orangenlikör, z. B. Cointreau
40 g Puderzucker
500 g Naturjoghurt
500 g Vanillejoghurt
500 ml (1/2 l) Schlagsahne
etwas Kakaopulver zum Bestäuben

Zubereitungszeit: 60 Min., ohne Durchziehzeit

1. Cantuccini in eine große, flache Auflaufform legen und mit Kaffee tränken.
2. Orangen so schälen, dass die weiße Haut mit entfernt wird. Die Fruchtfilets herausschneiden und in Stücke schneiden. Orangenstücke auf den Cantuccini verteilen, mit Orangenlikör beträufeln, mit Puderzucker bestäuben und 1–2 Stunden durchziehen lassen.

3. Beide Joghurtsorten miteinander verrühren, Sahne steif schlagen und unterheben, die Joghurt-Sahne auf den Orangenfilets verteilen. Tiramisu bis zum Servieren kalt stellen.
4. Vor dem Servieren das Tiramisu mit Kakaopulver bestäuben.

Tipp:
Bestreuen Sie die Joghurt-Sahne mit 1 Päckchen Finesse Orangenfrucht, bevor das Tiramisu kalt gestellt wird.
Garnieren Sie die Oberfläche mit einigen Orangenzesten.

Orientalische Hackfleischtorte

8–10 Portionen

Raffiniert

Pro Portion:
E: 37 g, F: 39 g, Kh: 21 g, kJ: 2441, kcal: 583

300 ml Wasser
Salz
120 g Langkornreis

3 Knoblauchzehen
1 Stange Porree (Lauch)
80 g getrocknete Aprikosen
60 g trocken eingelegte schwarze Oliven
1,6 kg Lammgehacktes
4 Eier (Größe M)
40 g Pinienkerne
60 g Rosinen
2 Döschen Safran (je 0,2 g) oder
2 TL Kurkuma (Gelbwurz)
Salz
frisch gemahlener Pfeffer
Pul Biber (geschrotete Pfefferschoten)

Zubereitungszeit: 50 Min., ohne Abkühlzeit
Garzeit: etwa 75 Min.

1. Wasser in einem Topf zum Kochen bringen. Salz und Reis hinzufügen und bei schwacher Hitze 12–15 Minuten garen. Reis in ein Sieb geben, abtropfen und erkalten lassen.
2. Knoblauch abziehen und fein würfeln. Porree putzen, die Stange längs halbieren, gründlich waschen, abtropfen lassen und in feine Streifen schneiden. Aprikosen ebenfalls in feine Streifen schneiden. Oliven entsteinen.
3. Gehacktes mit Reis, Knoblauch, Porreestreifen, Eiern, Oliven, Pinienkernen, Rosinen und Aprikosenstreifen vermengen, mit Safran oder Kurkuma, Salz, Pfeffer und Pul Biber würzen.
4. Die Hackfleischmasse in eine dicht schließende Springform (Ø 28 cm, Boden gefettet) füllen und glatt streichen. Die Form auf ein Backblech stellen. Oder den Springformrand auf ein gefettetes Backblech stellen und die Hackfleischmasse einfüllen. Das Backblech in den Backofen schieben.
   Ober-/Unterhitze: etwa 180 °C (vorgeheizt)
   Heißluft: etwa 160 °C (vorgeheizt)
   Gas: Stufe 2–3 (vorgeheizt)
   Garzeit: etwa 75 Minuten.
5. Die gare Hackfleischtorte aus dem Backofen nehmen und etwa 10 Minuten ruhen lassen. Dann aus der Form bzw. dem Springformrand lösen, auf eine Platte setzen und in Stücke schneiden.

Beilage: Fladenbrot und Joghurtsauce oder Tsatsiki.

Orientalische Hackfleischtorte

Rezeptvorschläge für ein Lunch-Party-Buffet

Für ein Lunch-Party-Buffet benötigen Sie für 10–12 Personen:

1 x Rezept **Orientalischer Fleischtopf**, Seite 254
1,5 x Rezept **Daylight**, Seite 60
1 x Rezept **Quiche mit Gemüse**, Seite 287
1 x Rezept **Fenchel auf Möhren-Orangen-Salat**, Seite 74

Außerdem:

Etwa 600 g Crème fraîche oder Schmand für die Quiche.

Vorbereitungen am Vortag:

- Die Quiche mit Gemüse zubereiten, erkalten lassen und kalt stellen.

Vorbereitungen am Tag der Party:

3 Stunden vorher:
- Den Orientalischen Fleischtopf bis Punkt 6 zubereiten, jedoch noch nicht in den Backofen schieben.

Etwa 1,5 Stunden vorher:
- Den Orientalischen Fleischtopf in den Backofen schieben.
- Den Fenchelsalat bis Punkt 5 zubereiten.
- Die Pinienkerne rösten und abkühlen lassen.

Kurz vorher:
- Die Quiche aufschneiden, jede Portion mit etwas Crème fraîche oder Schmand anrichten.
- Daylight zubereiten.
- Fenchelsalat mischen, kurz stehen lassen und anrichten.
- Fleischtopf abschmecken.

Es eignen sich auch folgende zusätzliche Rezepte:

1 x Rezept **Senfsauce, pikant**, Seite 355
1,5 x Rezept **Möhrensuppe mit Ingwer und Kokos**, Seite 235
1 x Rezept **Kabeljaufilet „Italienische Art"**, Seite 158
1 x Rezept **Marmorpudding**, Seite 220

Außerdem:

Etwa 2 Köpfe Römersalat, 5–6 Bund Rauke, 1–2 Köpfe Lollo Rosso für einen Salat vorbereiten und mit der Senfsauce servieren.

Orientalischer Fleischtopf

12 Portionen

Dauert länger

Pro Portion:

E: 33 g, F: 21 g, Kh: 41 g,
kJ: 2058, kcal: 492

6 Zwiebeln, 3 Knoblauchzehen
2 Möhren
1 kg Wirsing oder Spitzkohl
400 g Langkornreis
1,6 kg Rindfleisch (aus der Keule)
80 g Butterschmalz
100 g Cashewkerne
100 g Rosinen
Salz, frisch gemahlener Pfeffer
2 EL Currypulver
4 EL Mango-Chutney (aus dem Glas)
2 l heiße Fleischbrühe

Zubereitungszeit: 60 Min.
Garzeit: etwa 90 Min.

1. Zwiebeln abziehen und würfeln. Knoblauchzehen abziehen und zerdrücken. Möhren putzen, schälen, waschen, abtropfen lassen und in Würfel schneiden.
2. Vom Wirsing oder Spitzkohl die welken Blätter entfernen. Kohl in Achtel schneiden, waschen und abtropfen lassen. Strunk herausschneiden und den Kohl in feine Streifen schneiden.
3. Rindfleisch unter fließendem kalten Wasser abspülen, trockentupfen und in feine Streifen schneiden. Butterschmalz portionsweise in einem Bräter erhitzen. Die Fleischstreifen portionsweise darin anbraten.
4. Zwiebel, Knoblauch und Möhren zu dem Fleisch geben und kurz andünsten. Langkornreis hinzufügen und ebenfalls kurz andünsten.

5. Kohlstreifen mit Cashewkernen und Rosinen in den Fleisch-Gemüse-Topf geben, etwa 5 Minuten darin dünsten, mit Salz, Pfeffer und Curry kräftig würzen.
6. Mango-Chutney unterrühren. Brühe hinzufügen, den Eintopf umrühren, auf dem Rost in den Backofen schieben. Während des Garens ab und zu umrühren.
   Ober-/Unterhitze: etwa 200 °C (vorgeheizt)
   Heißluft: etwa 180 °C (nicht vorgeheizt)
   Gas: etwa Stufe 3 (nicht vorgeheizt)
   Garzeit: etwa 90 Minuten.
7. Den Fleischtopf mit Salz, Pfeffer und Curry abschmecken.

Tipp:
Geben Sie kleine Ananaswürfel mit in den Eintopf.

Orientalischer Fleischtopf

Orientalischer Reistopf

8–10 Portionen

Schnell

Pro Portion:
E: 32 g, F: 25 g, Kh: 72 g,
kJ: 2711, kcal: 648

1 kg TK-Lammrückenfilet
8 EL Olivenöl
300 g Zwiebeln
5 Knoblauchzehen
1,6 l Gemüsebrühe
2 Dosen geschälte Tomaten (Einwaage je 400 g)
600 g Langkornreis
700 g Kürbis
4 rote Paprikaschoten
80 g Pinienkerne
120 g Rosinen
2 Döschen Safran (je 0,2 g)
Salz, frisch gemahlener Pfeffer
etwas Kreuzkümmel

Zubereitungszeit: 50 Min., ohne Auftauzeit

Orientalischer Reistopf

1. Lammrückenfilet nach Packungsanleitung auftauen lassen. Filet unter fließendem kalten Wasser abspülen, trockentupfen und in kleine Würfel schneiden. Olivenöl in einem großen Topf erhitzen. Lammfiletwürfel portionsweise darin anbraten.
2. Zwiebeln und Knoblauch abziehen, in feine Würfel schneiden, zum Fleisch geben und glasig dünsten.
3. Gemüsebrühe und geschälte Tomaten mit Sud hinzufügen und aufkochen lassen. Reis dazugeben und alles etwa 20 Minuten köcheln lassen.
4. In der Zwischenzeit Kürbis entkernen, schälen und in Würfel schneiden. Paprikaschoten halbieren, entstielen, entkernen, die weißen Scheidewände entfernen, Schoten waschen und ebenfalls würfeln.
5. Nach und nach Kürbis, Paprika, Pinienkerne und Rosinen zum Reis geben und kurz mitgaren. Reis mit Safran, Salz, Pfeffer und Kreuzkümmel würzen und servieren.

Tipp:
Der Topf sollte 8–10 l Inhalt haben.

Paprikagemüse, gegrillt

Paprikagemüse, gegrillt

8–10 Portionen

Gut vorzubereiten

Pro Portion:
E: 2 g, F: 3 g, Kh: 8 g,
kJ: 303, kcal: 72

16 gelbe Mini-Paprikaschoten (je etwa 40 g)
16 rote Mini-Paprikaschoten (je etwa 40 g)
16 grüne Mini-Paprikaschoten (je etwa 40 g)
Salzwasser

Für die Marinade:
6 Knoblauchzehen
1 EL grüne Pfefferkörner in Lake (20 g)
250 ml (1/4 l) Olivenöl

Zum Bestreuen:
Salz

Außerdem:
24 Holz- oder Metallspieße

Zubereitungszeit: 65 Min., ohne Durchziehzeit
Grillzeit: 10–12 Min.

1. Die Paprikaschoten halbieren, entstielen und entkernen. Die weißen Scheidewände entfernen. Schoten waschen und abtropfen lassen.
2. Salzwasser in einem großen Topf zum Kochen bringen. Die Paprikaviertel portionsweise darin je etwa 3 Minuten garen. Anschließend in ein Sieb geben, mit kaltem Wasser abschrecken und gut abtropfen lassen.
3. Jeweils 4 Paprikahälften in bunter Reihenfolge auf die Holz- oder Metallspieße stecken.
4. Für die Marinade Knoblauch abziehen und in dünne Scheiben schneiden. Pfefferkörner leicht zerdrücken. Pfefferkörner und Knoblauchscheiben mit dem Öl verrühren.
5. Die Paprikaspieße in eine flache Schale legen und mit der Marinade übergießen, zugedeckt im Kühlschrank mindestens 2 Stunden durchziehen lassen.
6. Die Paprikaspieße abtropfen lassen, auf den heißen Grill legen und unter mehrmaligem Wenden 10–12 Minuten grillen. Paprikaspieße mit Salz bestreuen.

Beilage: Verschiedene Brotsorten.

Tipp:
Anstatt der Mini-Paprika können Sie auch etwa 2 kg normal große Paprikaschoten verwenden. Diese dann allerdings in Viertel schneiden. Servieren Sie die Paprikaspieße mit verschiedenen Dips, z. B. Quark mit frisch gehackten Kräutern oder mit einer leichten Mayonnaise mit Knoblauch gewürzt, oder mit einem fruchtigen Tomatenketchup mit Tomatenwürfeln und grünen Pfefferkörnern.

Paprikalasagne

8–10 Portionen

Vegetarisch

Pro Portion:
E: 20 g, F: 19 g, Kh: 66 g,
kJ: 2192, kcal: 524

Für die Sauce:
3 Zwiebeln
4 Knoblauchzehen
2 grüne Chilischoten
6 EL Olivenöl
1 l Gemüsebrühe
500 ml (1/2 l) Milch
150 g Grünkernschrot
60 g Weizenmehl
1/2–1 EL Pul Biber (geschrotete Pfefferschoten)
Salz
3 Eigelb (Größe M)

1,2 kg rote Paprikaschoten
Salzwasser
2 Bund glatte Petersilie
etwa 500 g Lasagneplatten (ohne Vorkochen)
200 g geriebener Pizza-Käse
1/4 TL Pul Biber (geschrotete Pfefferschoten)

Zubereitungszeit: 70 Min.
Garzeit: etwa 30 Min.

1. Für die Sauce Zwiebeln und Knoblauch abziehen und in feine Würfel schneiden. Chilischoten halbieren, entstie-

Paprikalasagne

len, entkernen, waschen, abtropfen lassen und in feine Würfel schneiden.

2. Öl in einem großen Topf erhitzen. Zwiebel- und Knoblauchwürfel darin andünsten. Gemüsebrühe, Milch, Grünkernschrot und Mehl hinzugeben und unter ständigem Rühren mit einem Schneebesen aufkochen lassen. Sauce mit Chilischotenwürfeln, Pul Biber und Salz kräftig würzen.
3. Eigelb mit etwas von der Sauce verrühren und unter die restliche Sauce rühren (nicht mehr kochen lassen).
4. Paprikaschoten halbieren, entstielen, entkernen und die weißen Scheidewände entfernen. Die Schoten waschen, abtropfen lassen und in etwa 1 cm große Stücke schneiden. Salzwasser zum Kochen bringen. Die Paprikastücke darin etwa 5 Minuten kochen lassen, in ein Sieb geben und abtropfen lassen. Petersilie abspülen, trockentupfen und die Blättchen von den Stängeln zupfen. Blättchen fein hacken.
5. Auf den Boden einer großen, flachen Auflaufform (gefettet) zuerst etwas Sauce geben, darauf Lasagneplatten verteilen, darauf die Hälfte der Paprikastücke, der Petersilie und etwas Sauce geben. Alles wieder mit Lasagneplatten bedecken und restliche Paprikastücke, Petersilie und etwas Sauce darauf verteilen. Dann wieder mit Lasagneplatten bedecken und die restliche Sauce darauf verteilen.
6. Die Lasagne mit Käse und Pul Biber bestreuen. Die Form auf dem Rost in den Backofen schieben.
   Ober-/Unterhitze: etwa 220 °C (vorgeheizt)
   Heißluft: etwa 200 °C (vorgeheizt)
   Gas: Stufe 4–5 (vorgeheizt)
   Garzeit: etwa 30 Minuten.
7. Die gare Lasagne aus dem Backofen nehmen und vor dem Servieren noch 10 Minuten ruhen lassen.

Tipp: Anstelle von Pul Biber können Sie die Sauce auch mit Sambal Oelek würzen.

Paprikasuppe, rot-grün

Paprikasuppe, rot-grün

8–10 Portionen

Gut vorzubereiten

Pro Portion:
E: 6 g, F: 29 g, Kh: 27 g,
kJ: 1717, kcal: 410

5 rote Paprikaschoten (etwa 700 g)
5 grüne Paprikaschoten (etwa 700 g)
800 g Kartoffeln, vorwiegend fest kochend
1 Zwiebel
1 Bund Frühlingszwiebeln
2 Liebstöckelblätter
120 g Butter
1 EL Paprikapulver edelsüß
4 geh. EL (etwa 80 g) Weizenmehl
3 l Gemüsebrühe
500 ml (1/2 l) Schlagsahne
Salz, frisch gemahlener Pfeffer

Zubereitungszeit: 60 Min.
Garzeit: etwa 40 Min.

1. Eine rote und eine grüne Paprikaschote für die Einlage zurücklegen. Restliche Paprikaschoten halbieren, entstielen, entkernen und die weißen Scheidewände entfernen. Schoten waschen, abtropfen lassen und in Stücke schneiden. Rote und grüne Paprikastücke trennen. Kartoffeln schälen, abspülen, abtropfen lassen, klein schneiden und in 2 Portionen teilen.
2. Zwiebel abziehen, in Würfel schneiden und zu den roten Paprikastücken geben. Frühlingszwiebeln putzen, waschen, abtropfen lassen, in feine Ringe schneiden und zu den grünen Paprikastücken geben. Liebstöckelblätter abspülen, trockentupfen und zu den grünen Paprikastücken geben.
3. In 2 Töpfen jeweils die Hälfte der Butter erhitzen. In dem einen Topf Gemüsezutaten und Kartoffeln für die rote Suppe, in dem anderen Gemüsezutaten und Kartoffeln für die grüne Suppe andünsten.
4. Rote Paprikastücke mit Paprikapulver und der Hälfte des Mehls bestäuben, die grünen Paprikastücke nur mit der anderen Hälfte des Mehls bestäuben. Beide Gemüse mit jeweils 1 1/2 l Gemüsebrühe und jeweils 1/4 l Sahne auffüllen und etwa 40 Minuten unter gelegentlichem Rühren bei schwacher Hitze zugedeckt köcheln lassen.
5. Rote und grüne Suppe getrennt voneinander pürieren und mit Salz und Pfeffer abschmecken.
6. Zurückgelegte Paprikaschoten halbieren, entstielen, entkernen und die weißen Scheidewände entfernen. Schoten waschen, abtropfen lassen und in kleine Würfel schneiden.
7. Zum Servieren zunächst die rote Suppe, dann die grüne in Teller füllen und beide Suppen mit einer Gabel leicht marmorieren. Zum Schluss mit den Paprikawürfeln garnieren und die Suppe servieren.

Beilage: Weißbrotscheiben.

Pfefferonen „italienisch"

48 Stück

Schnell

Pro Stück:
E: 3 g, F: 3 g, Kh: 0 g,
kJ: 167, kcal: 40

2 Gläser griechische Pfefferonen „mild-pikant" (Abtropfgewicht je 170g)
500 g Mozzarella
120 g Parmaschinken
3 Tomaten
1 Bund Basilikum
4 EL Olivenöl
2 EL Balsamico-Essig
Salz, frisch gemahlener Pfeffer

Zubereitungszeit: 35 Min.

1. Pfefferonen in einem Sieb abtropfen lassen. Mozzarella gut abtropfen lassen. Schinken fein würfeln. Tomaten waschen, abtropfen lassen, vierteln, die Stängelansätze entfernen, Tomaten entkernen und Fruchtfleisch in kleine Würfel schneiden.
2. Mozzarella ebenfalls würfeln. Basilikum abspülen, trockentupfen und die Blättchen von den Stängeln zupfen. Einige Blättchen zum Garnieren beiseite legen. Restliche Blättchen in Streifen schneiden.
3. Tomaten, Schinken, Mozzarella und Basilikum in eine Schüssel geben. Öl und Essig darüber träufeln und vermengen, mit Salz und Pfeffer würzen.
4. Die Pfefferonen längs einschneiden, die Kerngehäuse entfernen, die Pfefferonen mit der Tomaten-Mozzarella-Mischung füllen und auf einer Platte anrichten, mit den beiseite gelegten Basilikumblättchen garnieren.

Tipp: Pfefferonen (auch unter Pfefferoni auf dem Markt) sind etwas dicker als Peperoni aus dem Glas und können deshalb besser gefüllt werden.

Pfefferonen „mexikanisch"

48 Stück

Raffinierter Snack

Pro Stück:
E: 2 g, F: 2 g, Kh: 2 g,
kJ: 124, kcal: 30

2 Gläser griechische Pfefferonen „mild-pikant"(Abtropfgewicht je 170 g)
1 Zwiebel

Pfefferonen

1 Knoblauchzehe
2 EL Olivenöl
200 g Gehacktes (halb Rind-, halb Schweinefleisch)
1 Dose Mais mit Kidneybohnen (Abtropfgewicht 280 g)
100 g Tomaten-Chili-Salsa (Fertigprodukt)
Salz, frisch gemahlener Pfeffer
75 g Cheddar-Käse

einige Basilikumblättchen

Zubereitungszeit: 35 Min.
Backzeit: 8–10 Min.

1. Pfefferonen in einem Sieb abtropfen lassen. Zwiebel und Knoblauch abziehen und fein würfeln.
2. Olivenöl in einer Pfanne erhitzen und Zwiebel- und Knoblauchwürfel darin glasig dünsten. Gehacktes hinzufügen und unter Rühren anbraten, dabei die Klümpchen zerdrücken. Mais-Bohnen-Mix und Salsa zugeben, erhitzen und mit Salz und Pfeffer würzen.
3. Käse fein reiben. Die Pfefferonen längs einschneiden und die Kerngehäuse entfernen. Die Pfefferonen mit der Masse füllen, auf ein Backblech (gefettet) legen, den Käse darauf verteilen und überbacken.
   Ober-/Unterhitze: etwa 200 °C (vorgeheizt)
   Heißluft: etwa 180 °C (vorgeheizt)
   Gas: Stufe 3–4 (vorgeheizt)
   Backzeit: 8–10 Minuten.
4. Basilikumblättchen abspülen, trockentupfen und die Pfefferonen damit garnieren.

Pfifferlings-Kartoffel-Gulasch

8–10 Portionen

Vegetarisch

Pro Portion:
E: 7 g, F: 27 g, Kh: 25 g, kJ: 1583, kcal: 378

1,5 kg Pfifferlinge
400 g Schalotten
1 1/2 kg fest kochende Kartoffeln
50 g Butter
2 Lorbeerblätter, 5 Wacholderbeeren
600 ml Gemüsebrühe
4 EL Olivenöl
Salz, frisch gemahlener Pfeffer
1 EL Weizenmehl
500 ml (1/2 l) Schlagsahne
frisch geriebene Muskatnuss
1–2 gestr. TL Paprikapulver edelsüß
1/2 Topf Kerbel
2 TL Zitronensaft

Zubereitungszeit: 30 Min.
Garzeit: etwa 30 Min.

1. Pfifferlinge putzen, mit Küchenpapier abreiben, evtl. kurz abspülen und trockentupfen. Schalotten abziehen und in kleine Würfel schneiden. Kartoffeln schälen, waschen, abtropfen lassen und in etwa 2 cm große Würfel schneiden.
2. Butter in einem großen Topf zerlassen. Die Schalotten darin andünsten. Kartoffelwürfel, Lorbeerblätter und Wacholderbeeren hinzufügen. Gemüsebrühe hinzugießen und zugedeckt etwa 20 Minuten bei schwacher Hitze kochen lassen.
3. Olivenöl portionsweise in einer großen Pfanne erhitzen. Pfifferlinge portionsweise darin anbraten, mit Salz und Pfeffer würzen und aus der Pfanne nehmen.
4. Lorbeerblätter und Wacholderbeeren aus dem Topf nehmen. Mehl mit etwas von der Sahne anrühren. Restliche Sahne in den Topf gießen und das Ganze zum Kochen bringen. Angerührte Sahne unter Rühren hinzugießen und alles nochmals kurz aufkochen lassen. Pfifferlinge unterrühren. Das Gulasch mit Salz, Pfeffer, Muskatnuss und Paprikapulver abschmecken.
5. Kerbel abspülen, trockentupfen und die Blättchen von den Stängeln zupfen. Einige Blättchen zum Garnieren beiseite legen. Restliche Blättchen fein hacken und unter das Gulasch rühren. Pfifferlings-Kartoffel-Gulasch mit den beiseite gelegten Kerbelblättchen garniert servieren.

Pfifferlings-Kartoffel-Gulasch

Beilage: Gemischter Blattsalat mit Tomaten.

Tipp: Außerhalb der Pilzsaison können Sie Pfifferlinge aus der Dose oder andere frische Pilze, z. B. Champignons, Kräutersaitlinge oder Austernpilze verwenden.

Pfifferlings-Rindfleisch-Topf

Pfifferlings-Rindfleisch-Topf

8–10 Portionen

Beliebt

Pro Portion:
E: 29 g, F: 13 g, Kh: 7 g,
kJ: 1139, kcal: 272

200 g durchwachsener Speck
4 mittelgroße Zwiebeln
1 kg Möhren
500 g Pfifferlinge
1 kg mageres Rindfleisch
Salz
frisch gemahlener Pfeffer
Tabascosauce
2 Lorbeerblätter
375 ml (3/8 l) Fleischbrühe
125 ml (1/8 l) trockener Weißwein
300 g saure Sahne

Zubereitungszeit: 65 Min.
Garzeit: etwa 1 1/2 Std.

1. Speck in kleine Würfel schneiden und in einer Pfanne auslassen. Zwiebeln abziehen, in Scheiben schneiden, zu den Speckwürfeln geben und glasig dünsten lassen.
2. Möhren putzen, schälen, waschen, abtropfen lassen und in Scheiben schneiden. Pfifferlinge putzen, mit Küchenpapier abreiben, evtl. abspülen und trockentupfen. Große Pfifferlinge halbieren.
3. Rindfleisch unter fließendem kalten Wasser abspülen, trockentupfen und in kleine Würfel schneiden. Speck-Zwiebel-Masse, Fleischwürfel, Möhrenscheiben und zuletzt Pfifferlinge in eine große, hohe Auflaufform oder in einen hohen Topf (Bräter) schichten, dabei jede Schicht mit Salz und Pfeffer und nach Belieben mit Tabascosauce würzen. Lorbeerblätter hinzufügen.
4. Brühe mit Wein und saurer Sahne verrühren und hinzugießen. Die Form oder den Topf (Bräter) zugedeckt auf dem Rost in den Backofen schieben.
Ober-/Unterhitze: etwa 200 °C (vorgeheizt)
Heißluft: etwa 180 °C (nicht vorgeheizt)
Gas: Stufe 3–4 (nicht vorgeheizt)
Garzeit: etwa 1 1/2 Stunden.

Pfirsich-Kirsch-Auflauf

12 Portionen

Fruchtig

Pro Portion:
E: 6 g, F: 10 g, Kh: 45 g,
kJ: 1256, kcal: 300

1,2 kg Schattenmorellen
150 g Zucker
150 g abgezogene, gemahlene Mandeln
6 Pfirsiche
6 Eiweiß
200 g Zucker
50 g abgezogene, gemahlene Mandeln

Zubereitungszeit: 50 Min.
Backzeit: etwa 10 Min. je Form

1. Kirschen waschen, abtropfen lassen und entstielen. Kirschen mit Zucker in einen großen Topf geben, vermischen und etwa 5 Minuten Saft ziehen lassen. Dann die Kirschen zugedeckt bei

schwacher Hitze zum Kochen bringen und etwa 15 Minuten kochen lassen. Kirschen durch ein großes Sieb streichen, so dass die Steine zurückbleiben.
2. Kirschmus mit Mandeln vermengen und in eine große, flache oder in 2 mittelgroße Auflaufformen (gefettet) geben.
3. Pfirsiche mit kochendem Wasser übergießen, mit kaltem Wasser abschrecken und enthäuten. Pfirsiche halbieren, entsteinen und in Spalten schneiden. Pfirsichspalten auf das Kirschmus legen.
4. Eiweiß mit Handrührgerät mit Rührbesen auf höchster Stufe steif schlagen, der Schnee muss so fest sein, dass ein Messerschnitt sichtbar bleibt, nach und nach Zucker unterschlagen. Mandeln vorsichtig unterheben.
5. Die Eiweißmasse auf den Pfirsichspalten verteilen. Die Form oder Formen nacheinander (bei Heißluft zusammen) auf dem Rost in den Backofen schieben.

Ober-/Unterhitze: etwa 250 °C (vorgeheizt, obere Einschubleiste)
Heißluft: etwa 230 °C (vorgeheizt)
Gas: etwa Stufe 5 (vorgeheizt)
Backzeit: etwa 10 Minuten je Form.

Pfirsich-Kirsch-Auflauf

Abwandlung:
Statt der Schattenmorellen können 2 Gläser Pflaumen (Abtropfgewicht je 360 g) und Apfelspalten von 4 geschälten und entkernten Äpfeln verwendet werden. Dann die Pfirsiche weglassen. Gut schmeckt es auch nur mit 1,5 kg gemischtem Steinobst, z. B. Pfirsiche, Nektarinen und Aprikosen.

Tipp:
Das Gratin wird besonders gut, wenn es unter dem Grill in etwa 5 Minuten überbacken wird. Anstelle der frischen Schattenmorellen können auch 3 Gläser Sauerkirschen (Abtropfgewicht je 360 g) verwendet werden.

Pflaumen-Schupfnudel-Auflauf

12 Portionen

Einfach

Pro Portion:
E: 10 g, F: 15 g, Kh: 71 g, kJ: 1992, kcal: 473

200 g gehackte Haselnusskerne
3 Gläser Pflaumen, ohne Stein (Abtropfgewicht je 385 g)
1,5 kg Schupfnudeln (aus dem Kühlregal)
1 l Milch
10 Eier (Größe M)
100 g Zucker
2 Pck. Dr. Oetker Vanillin-Zucker

Zubereitungszeit: 30 Min.
Backzeit: etwa 60 Min. je Form

1. Haselnusskerne in einer Pfanne ohne Fett anrösten. Pflaumen in einem Sieb abtropfen lassen. Schupfnudeln in eine Schüssel geben und mit den Pflaumen mischen.
2. Milch und Eier in einer Schüssel verschlagen. Zucker und Vanillin-Zucker unterschlagen. Haselnusskerne unterheben.
3. Die Pflaumen-Schupfnudel-Mischung in 2 Auflaufformen (gefettet) geben. Jeweils die Hälfte der Eier-Nuss-Milch darüber gießen. Die Formen nacheinander (bei Heißluft zusammen) auf dem Rost in den Backofen schieben.

Ober-/Unterhitze: etwa 180 °C (vorgeheizt)
Heißluft: etwa 160 °C (nicht vorgeheizt)
Gas: Stufe 2–3 (nicht vorgeheizt)
Backzeit: etwa 60 Minuten je Form.

Pflaumen-Schupfnudel-Auflauf

Beilage: Zimt- oder Vanilleeis und geschlagene Sahne.

Rezeptvorschlag für ein Mitbring-Party-Buffet

Für ein Mitbring-Party-Buffet benötigen Sie für 10–12 Personen:

1 x Rezept Pfundstopf, Seite 262
1 x Rezept Spaghetti-Torte mit Tomatensauce, Seite 360
1 x Rezept Thousand-Island-Dressing, Seite 376
1,5 x Rezept Schokoladenpudding, Seite 337

Außerdem:

1–2 Römersalate, 1 Radicchio, 1 Bund Rucola (Rauke).

Vorbereitungen am Vortag:

- Spaghettitorte und Tomatensauce zubereiten, erkalten lassen und kalt stellen.
- Pfundstopf zubereiten, erkalten lassen und kalt stellen.
- Schokoladenpudding zubereiten und kalt stellen.
- Thousand-Island-Dressing zubereiten, in ein verschließbares Gefäß füllen und kalt stellen.

Vorbereitungen am Tag der Party:

Etwa 1 Std. vorher:
- Für das Thousand-Island-Dressing die Salate putzen, waschen, gut abtropfen lassen und in mundgerechte Stücke zupfen. Salate mischen und in einer Schüssel anrichten.

Etwa 30 Min. vorher:
- Den Pfundstopf erhitzen und nochmals abschmecken.
- Das Thousand-Island-Dressing kräftig schütteln und separat anrichten.
- Spaghettitorte mit Tomatensauce nach Belieben erwärmen.
- Schokoladenpudding evtl. stürzen und anrichten.

Es eignen sich auch folgende zusätzliche Rezepte:

1 x Rezept Brot mit Käsefüllung, Seite 40
1 x Rezept Chinakohlsalat mit Frischkäse, Seite 50
1,5 x Rezept Schweineragout mit Früchten, Seite 346
1,5 x Rezept Schichtdessert, Seite 324

Außerdem:

Evtl. etwas Brot.

Pfundstopf

12 Portionen

Gut vorzubereiten

Pro Portion:

E: 41 g, F: 36 g, Kh: 10 g,
kJ: 2225, kcal: 531

500 g Rindfleisch zum Braten
500 g Schweinefleisch zum Braten
500 g Hackfleisch (halb Rind-, halb Schweinefleisch)
500 g Thüringer Mett
Salz
frisch gemahlener Pfeffer
500 g durchwachsener Speck
500 g Zwiebeln
1 Dose Tomaten (800 g)
500 g rote Paprikaschoten
500 g grüne Paprikaschoten
250 ml (1/4 l) Zigeunersauce (Fertigprodukt)
250 ml (1/4 l) heiße Fleischbrühe

Zubereitungszeit: 30 Min.
Garzeit: etwa 2 Std.

1. Rind- und Schweinefleisch unter fließendem kalten Wasser abspülen, trockentupfen, würfeln und in eine große Auflaufform (gefettet) geben.
2. Hackfleisch und Mett mit Salz und Pfeffer abschmecken, kleine Bällchen formen und in die Auflaufform geben.
3. Speck in kleine Würfel schneiden. Zwiebeln abziehen und fein würfeln. Tomaten etwas zerkleinern. Zwiebelwürfel, Tomaten und Tomatensaft in die Auflaufform geben.
4. Paprikaschoten halbieren, entstielen, entkernen und die weißen Scheidewände entfernen. Schoten waschen, abtropfen lassen und in Streifen

Pfundstopf

schneiden. Paprikastreifen in die Auflaufform geben.

5. Zigeunersauce und heiße Fleischbrühe hinzugießen. Den Pfundstopf gut durchrühren, zudecken und auf dem Rost in den Backofen schieben.
   Ober-/Unterhitze: etwa 200 °C (vorgeheizt)
   Heißluft: etwa 180 °C (nicht vorgeheizt)
   Gas: etwa Stufe 4 (nicht vorgeheizt)
   Garzeit: etwa 2 Stunden.

Beilage: Frisches Bauernbrot.

Pilztopf mit Grießklößchen

8–10 Portionen

Etwas besonderes

Pro Portion:
E: 45 g, F: 29 g, Kh: 27 g, kJ: 2413, kcal: 577

1 ½ kg mageres Rindfleisch aus der Schulter
1 Gemüsezwiebel (etwa 300 g)
4 EL Speiseöl, z. B. Sonnenblumenöl
2 EL (50 g) Tomatenmark
500 ml (½ l) Fleischbrühe
300 ml trockener Rotwein, z. B. Burgunder
Salz
frisch gemahlener Pfeffer
1 gestr. EL mittelscharfer Senf
je 200 g frische kleine weiße und braune Champignons
200 g frische Austernpilze
200 g frische Pfifferlinge oder Pfifferlinge aus der Dose
2 Pck. TK-Kräuter der Provence (je 25 g)

Für die Grießklößchen:
500 ml (½ l) Milch
40 g Butter oder Margarine
Salz, frisch geriebene Muskatnuss
250 g Hartweizengrieß
2 Eier (Größe M)

2 Becher (je 200 g) Schmand

Zubereitungszeit: 60 Min.
Garzeit: etwa 70 Min.

1. Rindfleisch unter fließendem kalten Wasser abspülen, trockentupfen und in nicht zu kleine Würfel schneiden. Zwiebel abziehen und fein würfeln.
2. Speiseöl portionsweise in einem Bräter erhitzen. Fleischwürfel portionsweise von allen Seiten kräftig darin anbraten. Zwiebelwürfel hinzufügen und ebenfalls darin anbraten. Tomatenmark unterrühren. Die Hälfte der Brühe hinzugießen, zum Kochen bringen und etwa 2 Minuten kochen lassen.
3. Restliche Brühe und Wein hinzugießen, mit Salz, Pfeffer und Senf würzen. Die Zutaten zum Kochen bringen und zugedeckt etwa 70 Minuten garen, evtl. noch etwas Brühe hinzugießen.
4. Champignons, Austernpilze und Pfifferlinge putzen, mit Küchenpapier abreiben, evtl. abspülen und abtropfen lassen (Pfifferlinge aus der Dose abtropfen lassen). Größere Austernpilze oder Pfifferlinge etwas kleiner schneiden.
5. Nach etwa 1 Stunde Garzeit Pilze und Kräuter der Provence hinzugeben, zum Kochen bringen und den Pilztopf fertig garen.
6. Für die Grießklößchen Milch mit Butter oder Margarine, Salz und Muskat in einem Topf zum Kochen bringen, dann von der Kochstelle nehmen. Grieß unter Rühren hineinstreuen, zu einem glatten Kloß rühren und noch etwa 1 Minute auf der Kochstelle erhitzen. Den heißen Kloß in eine Schüssel geben und die Eier unterrühren. Masse etwas abkühlen lassen.
7. Aus der Masse mit angefeuchteten Händen oder mithilfe von 2 in heißes Wasser getauchten Teelöffeln kleine Klößchen formen, in siedendes Salzwasser geben und ohne Deckel in etwa 5 Minuten gar ziehen lassen.
8. Grießklößchen mit einem Schaumlöffel herausnehmen und in den fertigen Pilztopf geben. Schmand unterrühren oder zu dem Pilztopf reichen.

Pilztopf mit Grießklößchen

Pina Colada

1 Portion

Mit Alkohol

Pro Portion:
E: 1 g, F: 0 g, Kh: 32 g,
kJ: 1284, kcal: 307

6 cl weißer Rum
3 cl Cream of Coconut oder
Kokos-Sirup
6 cl Ananassaft
3–4 Ananasstücke

grob zerstoßenes Eis
1 Ananasstück
1 Cocktailkirsche

Zubereitungszeit: 7 Min.

1. Rum mit Cream of Coconut, Ananassaft und Ananasstücken in einen Elektromixer geben und gut durchmixen.
2. Den Drink in ein zur Hälfte mit grob zerstoßenem Eis gefülltes Fancyglas geben, mit einem Ananasstück und einer Cocktailkirsche garnieren und mit zwei Trinkhalmen servieren.

Pina Colada

Piratenspieße

8 Stück

Für Kinder

Pro Stück:
E: 16 g, F: 6 g, Kh: 7 g,
kJ: 589, kcal: 140

500 g dickes Roastbeef
frisch gemahlener weißer Pfeffer
4 kleine Zwiebeln
2 Möhren
8 eingelegte Maiskölbchen
(aus der Dose)
je 1 rote und grüne Paprikaschote
2 gelbe Paprikaschoten
2 EL Speiseöl, 1 gestr. TL Salz

Zubereitungszeit: 50 Min.

1. Das Fleisch unter fließendem kalten Wasser abspülen, trockentupfen, in 24 gleich große Würfel schneiden und mit Pfeffer bestreuen.
2. Zwiebeln abziehen und vierteln. Möhren putzen, schälen, waschen, abtropfen lassen und in dicke Scheiben schneiden. Maiskölbchen in einem Sieb abtropfen lassen und quer durchschneiden. Paprikaschoten halbieren, entstielen, entkernen und die weißen Scheidewände entfernen. Schoten waschen, abtropfen lassen und in etwa 40 Stücke schneiden.
3. Die Fleischwürfel abwechselnd mit dem vorbereiteten Gemüse auf 8 Schaschlikspieße stecken. Das erste und das letzte Stück sollte Fleisch sein, damit nichts verrutscht.
4. Öl portionsweise in einer Pfanne erhitzen. Die Spieße portionsweise darin von allen Seiten 10–15 Minuten braten. Zum Schluss mit Salz würzen.

Piratenspieße

Beilage: Pommes frites oder Reis.

Abwandlung:
Anstelle des Rindfleisches können Sie auch Hähnchen- oder Putenfleisch nehmen. Es können auch andere Gemüsesorten, wie z. B. Kohlrabi, Tomaten oder Champignons, verwendet werden.

Tipp:
Hier können die Kinder ihre Spieße selber zusammenstellen.

Pitabrote, gefüllt

12 Stück

Beliebt

Pro Portion:
E: 28 g, F: 13 g, Kh: 57 g,
kJ: 1972, kcal: 472

Für die Hähnchenfüllung:
600 g Hähnchenbrustfilet
5 EL Sojasauce

frisch gemahlener Pfeffer
Paprikapulver edelsüß
3 EL Olivenöl
2 rote Paprikaschoten
3 rote Zwiebeln
6 Salatblätter
6 Pitabrote (je 100 g, zum Aufbacken)
120 g Soja-Sprossen

Für die Schafkäsefüllung:
400 g milder Schafkäse
12 Blätter Lollo rosso oder Eisbergsalat
1 Gemüsezwiebel
6 mittelgroße Tomaten
1 kleine Salatgurke (etwa 600 g)
6 Pitabrote (je 100 g, zum Aufbacken)
Salz
frisch gemahlener Pfeffer
gerebelter Oregano

Für die Joghurtsauce:
500 g griechischer Joghurt oder Naturjoghurt
4 EL Olivenöl
4 Knoblauchzehen

Zubereitungszeit: 50 Min., ohne Marinierzeit
Aufbackzeit: 12–16 Min.

1. Für die Hähnchenfüllung das Fleisch unter fließendem kalten Wasser abspülen und trockentupfen. Fleisch in breite Streifen schneiden und mit Sojasauce, Pfeffer und Paprikapulver vermischen. Fleischstreifen kalt gestellt etwa 60 Minuten marinieren.
2. Das Fleisch aus der Marinade nehmen und trockentupfen. Olivenöl in einer großen Pfanne erhitzen und die Fleischstreifen darin unter gelegentlichem Rühren 6–8 Minuten braten.
3. Paprika halbieren, entstielen, entkernen und die weißen Scheidewände entfernen. Schoten waschen, abtropfen lassen und in Streifen schneiden. Zwiebeln abziehen und in feine Ringe schneiden. Salatblätter waschen und trockentupfen. Sprossen abspülen und trockentupfen.
4. In die Pitabrote eine Tasche einschneiden, so dass sie am längeren Ende noch zusammenhalten. Die Brote auf ein Backblech oder Rost legen und in den Backofen schieben.
   Ober-/Unterhitze: etwa 180 °C (vorgeheizt)
   Heißluft: etwa 160 °C (vorgeheizt)
   Gas: etwa Stufe 3 (vorgeheizt)
   Aufbackzeit: 6–8 Minuten.
5. Die Brote erst mit Salatblättern füllen, dann mit Paprika- und Zwiebelringen und zum Schluss mit Fleisch und Sprossen füllen.
6. Für die Schafkäsefüllung den Käse in Scheiben schneiden. Salatblätter waschen und trockentupfen. Gemüsezwiebel abziehen und in dünne Ringe oder Streifen schneiden. Tomaten waschen, halbieren, die Stängelansätze herausschneiden, Tomaten in dünne Scheiben schneiden. Gurke waschen, nach Belieben schälen und die Gurke in Scheiben schneiden.
7. Pitabrote wie unter Punkt 4 beschrieben aufbacken. Zuerst die Salatblätter in die Brote verteilen, dann Gemüsezwiebel, Tomaten- und Gurkenscheiben hineinfüllen. Zuletzt mit Schafkäsescheiben belegen und mit Salz, Pfeffer und Oregano würzen.
8. Für die Sauce Joghurt mit Öl und Knoblauch verrühren, mit Salz und Pfeffer abschmecken. Die Sauce auf die gefüllten Pitabrote verteilen.

Pitabrote, gefüllt

Rezeptvorschläge für ein Strand-Party-Buffet

Für ein Strand-Party-Buffet benötigen Sie für 10–12 Personen:

1 x Rezept **Pitabrote, gefüllt**, Seite 264
1 x Rezept **Gurkensuppe mit Joghurt**, Seite 121
1 x Rezept **Tunfisch-Nudel-Salat**, Seite 392
1 x Rezept **Salat mit Hähnchenbrustfilet**, Seite 313

Außerdem:

Evtl. etwas Weißbrot für den Salat mit Hähnchenbrustfilet.

Vorbereitungen am Vortag:

- Für den Salat mit Hähnchenbrustfilet Punkt 1 und 5 zubereiten. Dabei die Hähnchenbrust erkalten lassen und kalt stellen.

Vorbereitungen am Tag der Party:

3 Stunden vorher:
- Für den Hähnchenbrustsalat Punkt 2,3 und 4 zubereiten. Dabei Gemüse und Salat mischen. Dressing, Gemüse-Salat-Mischung und Fleisch jeweils separat verpacken. Erst vor Ort mischen.

2 Stunden vorher:
- Für die Pitabrote das Hähnchenfleisch marinieren (Punkt 1)
- Gurkensuppe zubereiten und verpacken.
- Tunfisch-Nudel-Salat zubereiten und verpacken.

1 Stunde vorher:
- Pitabrote zubereiten und verpacken.
- Brot schneiden und verpacken.

Es eignen sich auch folgende zusätzliche Rezepte:

1 x Rezept **Bohnensalat mit Kasseler**, Seite 32
1 x Rezept **Gazpacho aus Tomaten**, Seite 95
1 x Rezept **Dinkel-Muffins mit Salami**, Seite 61
1 x Rezept **Kartoffelsalat mit Pesto**, Seite 177
1 x Rezept **Schafkäse, mariniert**, Seite 320

Pizzagesichter

8 Stück

Für Kinder

Pro Stück:
E: 10 g, F: 10 g, Kh: 35 g,
kJ: 1130, kcal: 270

Für den Hefeteig:
350 g Weizenmehl
1 Pck. Dr. Oetker Trockenbackhefe
1 TL Salz
3 EL Speiseöl, z. B. Olivenöl
200 ml lauwarmes Wasser

Für den Belag:
8 Champignons (aus der Dose)
6 Cocktailtomaten
8 mit Paprika gefüllte Oliven
8 kleine Salamischeiben
4 EL Tomatenketchup
100 g geriebener Pizza-Käse
einige Basilikumblättchen

Zubereitungszeit: 50 Min., ohne Teiggehzeit
Backzeit: etwa 15 Min.

1. Für den Teig Mehl in eine Rührschüssel sieben und mit der Hefe sorgfältig vermischen. Salz, Öl und Wasser hinzufügen.
2. Die Zutaten mit Handrührgerät mit Knethaken zunächst auf niedrigster, dann auf höchster Stufe in etwa 5 Minuten zu einem Teig verarbeiten. Den Teig zugedeckt an einem warmen Ort so lange gehen lassen, bis er sich sichtbar vergrößert hat.
3. Teig leicht mit Mehl bestäuben, aus der Schüssel nehmen, auf der Arbeitsfläche nochmals kurz durchkneten. 8 kleine Pizzaböden daraus formen.

4. Für den Belag Champignons in einem Sieb abtropfen lassen. Tomaten waschen, abtrocknen, halbieren und die Stängelansätze herausschneiden. Tomaten in Scheiben schneiden. Oliven abtropfen lassen und in Scheiben schneiden. Salamischeiben evtl. in Form schneiden.
5. Die Pizzaböden auf ein Backblech (mit Backpapier belegt) legen, mit Tomatenketchup bestreichen und so belegen, dass daraus lustige Gesichter entstehen. Zum Beispiel gefüllte Olivenscheiben als Augen, halbierte Salamischeiben als lachenden oder weinenden Mund, Champignonköpfe als Knollennase usw. Als Haare oder Bart Käse verwenden.
6. Das Backblech mit den fertig garnierten Pizzagesichtern in den Backofen schieben.
   Ober-/Unterhitze: etwa 200 °C (vorgeheizt)
   Heißluft: etwa 180 °C (vorgeheizt)
   Gas: Stufe 3–4 (vorgeheizt)
   Backzeit: etwa 15 Minuten.

Tipp:
Schneller und einfacher geht's, wenn Sie anstelle des selbst gemachten Hefeteiges 1 Packung Pizza-Teig Backmischung Italienische Art nach Packungsanleitung zubereiten.

Pizzagesichter

Pizza-Grundrezept

8–10 Portionen

Beliebt

Pro Portion (Margherita):
E: 15 g, F: 20 g, Kh: 50 g,
kJ: 1854, kcal: 443

Pro Portion (Salami):
E: 23 g, F: 26 g, Kh: 52 g,
kJ: 2257, kcal: 539

Pro Portion (Tonno):
E: 32 g, F: 35 g, Kh: 53 g,
kJ: 2738, kcal: 654

Pro Portion (Schinken):
E: 23 g, F: 20 g, Kh: 57 g,
kJ: 2150, kcal: 513

Für den Hefeteig:
600 g Weizenmehl
2 Pck. Dr. Oetker Trockenbackhefe
1 gestr. TL Zucker
2 gestr. TL Salz
6 EL Olivenöl
250 ml (1/4 l)
lauwarmes Wasser

Für 2 Bleche Pizza Margherita:
400 g mittelgroße Tomaten
250 g Mozzarella-Käse
Salz
frisch gemahlener Pfeffer
50 g geriebener Parmesan-Käse
3 EL Olivenöl
12 Basilikumblätter

Oder für 2 Bleche Pizza Salami:
2 Gläser Champignonscheiben
(Abtropfgewicht je 280 g)
200 g Salami in Scheiben
2 Dosen Pizza-Tomaten (je 400 g)
2–3 gestr. TL gerebelter Oregano
300 g geriebener Pizza-Käse

Oder für 2 Bleche Pizza Tonno:
6 rote Zwiebeln
2 Dosen Pizza-Tomaten (je 400 g)
4 EL Olivenöl
4 Dosen Tunfisch in Öl
(Abtropfgewicht je 160 g)
300 g geriebener Gouda-Käse

Oder für 2 Bleche Pizza mit Schinken:
je 1 rote und grüne Paprikaschote
3 Zwiebeln
2 Dosen Gemüsemais
(Abtropfgewicht je 140 g)
200 g gekochter Schinken
2 Dosen Pizza-Tomaten (je 400 g)
2–3 gestr. TL gerebelter Oregano
300 g geriebener Gouda-Käse

Pizza-Grundrezept

Zubereitungszeit: 50 Min.,
ohne Teiggehzeit
Backzeit: 25–30 Min. je Blech

1. Für den Teig Mehl in eine Rührschüssel sieben und mit der Hefe sorgfältig vermischen. Zucker, Salz, Öl und Wasser hinzufügen. Die Zutaten mit Handrührgerät mit Knethaken zunächst auf niedrigster, dann auf höchster Stufe in etwa 5 Minuten zu einem glatten Teig verarbeiten. Den Teig an einem warmen Ort so lange gehen lassen, bis er sich sichtbar vergrößert hat. Dann auf der leicht bemehlten Arbeitsfläche nochmals kurz durchkneten und halbieren. Jede Teighälfte auf einem gefetteten Backblech (30 x 40 cm) ausrollen.
2. Für Pizza Margherita Tomaten waschen, abtrocknen, die Stängelansätze herausschneiden und Tomaten in Scheiben schneiden. Mozzarella ab-

tropfen lassen und ebenfalls in Scheiben schneiden. Tomaten- und Mozzarellascheiben auf den Teigen verteilen und mit Salz und Pfeffer bestreuen. Mit Parmesan bestreuen und mit Öl beträufeln.

3. Oder für Pizza Salami Champignons in einem Sieb abtropfen lassen. Pizza-Tomaten auf den Teigen verteilen und mit Oregano bestreuen. Salami und Champignons auf der Tomatenmasse verteilen und mit Käse bestreuen.
4. Oder für Pizza Tonno Zwiebeln abziehen, halbieren und in Scheiben schneiden. Öl in einer Pfanne erhitzen, die Zwiebelscheiben darin andünsten. Pizza-Tomaten auf den Teigen verteilen und mit den Zwiebelscheiben belegen. Tunfisch etwas zerpflücken und darauf verteilen, mit dem Käse bestreuen.
5. Oder für Pizza mit Schinken Paprikaschoten halbieren, entstielen, entkernen, die weißen Scheidewände entfernen, die Schoten waschen und in dünne Streifen schneiden. Zwiebeln abziehen und erst in Scheiben schneiden, dann in Ringe teilen. Mais in einem Sieb abtropfen lassen. Schinken in Stücke schneiden. Pizza-Tomaten auf den Teigen verteilen, mit Oregano bestreuen und mit Paprikastreifen, Zwiebelringen, Mais und Schinken belegen. Den Käse darauf verteilen.
6. Die Backbleche nacheinander (bei Heißluft zusammen) in den Backofen schieben.
   Ober-/Unterhitze: etwa 200 °C (vorgeheizt)
   Heißluft: etwa 180 °C (vorgeheizt)
   Gas: Stufe 3–4 (vorgeheizt)
   Backzeit: 25–30 Minuten je Blech.
7. Pizza Margherita vor dem Servieren mit Basilikum bestreuen.

Rezeptvorschläge für ein Pizza-Party-Buffet

Für ein Pizza-Party-Buffet benötigen Sie für 10–12 Personen:

1 x Rezept Pizza-Grundrezept (Belag nach Belieben, für 2 Backbleche), Seite 268
1 x Rezept Pizzasuppe, Seite 272
1 x Rezept Pfefferonen, italienisch, Seite 258
0,5 x Rezept Kräuter-Vinaigrette, Seite 196

Außerdem:

Je 1 Salatkopf Lollo bionda und Lollo rosso, 1 Salatgurke.

Vorbereitungen am Vortag:

- Für die Pizzasuppe Punkt 1 bis 4 zubereiten, jedoch das Basilikum noch nicht unterrühren. Suppe erkalten lassen und kalt stellen.
- Kräuter-Vinaigrette zubereiten und kalt stellen.

Vorbereitungen am Tag der Party:

3 Stunden vorher:	• Die Salate putzen, waschen, trockenschleudern und in mundgerechte Stücke zupfen. Die Gurke waschen, abtrocknen, die Enden abschneiden. Gurke der Länge nach halbieren und in dünne Scheiben schneiden oder hobeln. Gurke mit den Blattsalaten mischen und kalt stellen.
3 Stunden vorher:	• Die Pfefferonen zubereiten und kalt stellen. • Für die Pizza den Hefeteig zubereiten und gehen lassen.
1–2 Stunden vorher:	• Den Belag für die Pizzen vorbereiten. Hefeteig ausrollen und belegen. Pizzen backen (Bei Heißluft erst 30 Minuten vor dem Essen).
Kurz vorher:	• Die Suppe erhitzen, nochmals abschmecken und Basilikum unterrühren. • Den Salat mit der Kräuter-Vinaigrette mischen und anrichten.

Es eignen sich auch folgende zusätzliche Rezepte:

1 x Rezept Pizzastreifen, Seite 271
1 x Rezept Italienischer Puten-Gemüse-Topf, Seite 151
1 x Rezept Kartoffel-Tomaten-Pizza, Seite 182
1 x Rezept Diplomatencreme, Seite 62

Pizzakartoffeln

Pizzakartoffeln

10 Portionen

Raffiniert

Pro Portion:
E: 9 g, F: 15 g, Kh: 22 g,
kJ: 1093, kcal: 261

10 fest kochende Kartoffeln (je 130–150 g)
1 EL Salz
2 EL Kümmelsamen
frisch gemahlener Pfeffer
400 g Tomaten
1 Zwiebel
1 Knoblauchzehe
30 g Butter
1 EL frische Kräuter (Rosmarin, Oregano, Thymian) oder
1 TL getrocknete Kräuter der Provence
1 EL gehackte Petersilie
10 schwarze entsteinte Oliven
10 grüne, mit Paprika gefüllte Oliven
250 g grob geriebener mittelalter Gouda-Käse

Zubereitungszeit: 40 Min.
Backzeit: etwa 25 Min.

1. Kartoffeln gründlich waschen oder abbürsten und mit Wasser bedeckt zum Kochen bringen. Salz und Kümmel hinzufügen und die Kartoffeln zugedeckt in etwa 25 Minuten gar kochen. Kartoffeln abgießen, mit kaltem Wasser abschrecken und etwas abkühlen lassen.
2. Tomaten waschen, abtropfen lassen, halbieren und die Stängelansätze herausschneiden. Tomaten fein würfeln. Zwiebel und Knoblauch abziehen und fein würfeln. Butter in einer Pfanne zerlassen. Tomaten- mit Zwiebel- und Knoblauchwürfeln darin 3–5 Minuten dünsten, dabei etwas einkochen lassen.
3. Kartoffeln der Länge nach halbieren, mit einem Kugelausstecher oder einem Teelöffel gut 1/2 cm tief aushöhlen und mit Salz und Pfeffer würzen. Kartoffelinneres mit einer Gabel zerdrücken, mit den Kräutern mischen und mit Salz und Pfeffer würzen.
4. Kartoffelmasse mit der Tomatenmasse verrühren. Schwarze Oliven halbieren, grüne in Scheiben schneiden.
5. Tomaten-Kartoffel-Masse mit Oliven und der Hälfte des Käses mischen, bergartig in die Kartoffelhälften füllen und mit dem restlichen Käse bestreuen. Kartoffeln auf ein Backblech (mit Backpapier belegt) legen. Das Backblech in den Backofen schieben.
Ober-/Unterhitze: etwa 200 °C (vorgeheizt)
Heißluft: etwa 180 °C (vorgeheizt)
Gas: Stufe 3–4 (vorgeheizt)
Backzeit: etwa 25 Minuten.

Tipp:
Für einen Dip 1 Becher (150 g) Crème fraîche und 300 g Naturjoghurt verrühren, 2–3 Esslöffel gemischte, gehackte Kräuter unterrühren und mit Salz und Pfeffer würzen. Den Dip zu den heißen Pizzakartoffeln servieren. Dazu schmeckt ein knackiger gemischter Blattsalat.

Pizzastreifen

54 Stück

Beliebter Snack

Pro Stück:
E: 1 g, F: 2 g, Kh: 4 g,
kJ: 179, kcal: 43

Für den Teig:
450 g (6 Scheiben) TK-Pizzateig

Für den Belag:
1 Rolle Knoblauchbutter (125 g)
2 Bund Schnittlauch
54 hauchdünne Scheiben geräucherter Kernschinken (etwa 200 g)

Zubereitungszeit: 45 Min., ohne Auftau- und Abkühlzeit
Backzeit: etwa 15 Min. je Blech

1. Für den Teig TK-Pizzateig-Scheiben nach Packungsanleitung nebeneinander zugedeckt auftauen lassen.
2. Jede Teigscheibe quer in 9 Streifen schneiden und mit einer Gabel mehrmals einstechen. Knoblauchbutter in kleinen Stücken darauf verteilen.
3. Die Teigstreifen auf 2 Backbleche (mit Backpapier belegt) verteilen. Die Backbleche nacheinander (bei Heißluft zusammen) in den Backofen schieben.
   Ober-/Unterhitze: etwa 200 °C (vorgeheizt)
   Heißluft: etwa 180 °C (vorgeheizt)
   Gas: Stufe 3–4 (vorgeheizt)
   Backzeit: etwa 15 Minuten je Blech.
4. Die Pizzastreifen vom Backpapier lösen und auf einen Kuchenrost legen.
5. Schnittlauch abspülen und trockentupfen. Die Pizzastreifen mit einigen Schnittlauchhalmen belegen und mit je 1 Schinkenscheibe umwickeln.

Tipp:
Anstelle von TK-Pizzateig können Sie auch eine Packung Grundmischung Pizzateig verwenden. Den Teig nach Packungsanleitung zubereiten, zu einem Rechteck von 30 x 40 cm ausrollen und in 10 x 20 cm große Stücke schneiden. Dann weiterarbeiten wie in Punkt 2 angegeben.

Pizzastreifen

Pizzasuppe

Pizzasuppe

12 Portionen

Zum Vorbereiten

Pro Portion:
E: 8 g, F: 11 g, Kh: 15 g,
kJ: 808, kcal: 193

3 gelbe Paprikaschoten
300 g Porree (Lauch)
3 Knoblauchzehen
4 EL Olivenöl
1–2 TL gerebelter Thymian
2 Lorbeerblätter
750 ml (3/4 l) Gemüsebrühe
2 Gläser Champignons in Scheiben (Abtropfgewicht je 200 g)
2 Dosen Kidneybohnen (Abtropfgewicht je 250 g)
1/2 Bund Basilikum
3 Dosen passierte Tomaten (je 800 g Inhalt)
250 g Crème fraîche
Salz
frisch gemahlener Pfeffer
Paprikapulver rosenscharf

Zubereitungszeit: 45 Min.

1. Paprika halbieren, entstielen, entkernen und die weißen Scheidewände entfernen. Die Schoten waschen, abtropfen lassen und in Streifen schneiden. Porree putzen. Die Stangen seitlich einschneiden, gründlich waschen, abtropfen lassen und in Streifen schneiden. Knoblauch abziehen und durch eine Knoblauchpresse drücken.
2. Olivenöl in einem großen Topf erhitzen. Knoblauch, Paprika- und Porreestreifen darin andünsten. Thymian und Lorbeerblätter dazugeben. Brühe hinzugießen, umrühren und alles zum Kochen bringen. Die Suppe zugedeckt etwa 15 Minuten bei schwacher Hitze köcheln lassen.
3. Champignons und Kidneyohnen in ein Sieb geben, mit kaltem Wasser abspülen und abtropfen lassen. Basilikum abspülen und trockentupfen. Die Blättchen von den Stängeln zupfen. Etwa die Hälfte der Blätter in feine Streifen schneiden.
4. Passierte Tomaten, Champignons und Kidneybohnen hinzufügen. Die Suppe umrühren und nochmals aufkochen lassen. Crème fraîche mit etwas Suppe glatt rühren, dann unter die restliche Suppe rühren und miterhitzen. Die Suppe mit Salz, Pfeffer und Paprika abschmecken. Lorbeerblätter entfernen. In Streifen geschnittenes Basilikum unterrühren.
5. Die Suppe mit den restlichen Basilikumblättchen garniert servieren.

Tipp:
Die Kidneybohnen können durch weiße Bohnen aus der Dose ersetzt werden.

Planter's Punch

1 Portion

Mit Alkohol

Pro Portion:
E: 0 g, F: 0 g, Kh: 19 g,
kJ: 969, kcal: 231

Planter's Punch

2 cl Zitronen- oder Limettensaft
8 cl Orangensaft
1 cl Grenadinesirup
4 cl brauner Rum
2 cl weißer Rum

einige Eiswürfel
1 Orangenscheibe
1 Cocktailkirsche

Zubereitungszeit: 5 Min.

1. Säfte mit Sirup, Rum und einigen Eiswürfeln in einen Shaker geben, gut schütteln und durch ein Barsieb in ein zur Hälfte mit Eiswürfeln gefülltes Longdrinkglas abseihen.
2. Den Drink mit Orangenscheibe und Cocktailkirsche garnieren und mit Trinkhalmen servieren.

Porree-Curry-Salat

12 Portionen

Einfach

Pro Portion:

E: 21 g, F: 16 g, Kh: 7 g,
kJ: 1078, kcal: 258

900 g Hähnchenbrustfilet
Salz, frisch gemahlener Pfeffer
3 EL Speiseöl, z. B. Rapsöl
1,2 kg Porree (Lauch)
100 g Cashewkerne
300 g Magermilchjoghurt
250 g Salatmayonnaise
1 gestr. TL Zucker
etwa 2 EL Currypulver

einige glatte Petersilienstängel zum Garnieren

Zubereitungszeit: 45 Min., ohne Abkühl- und Durchziehzeit

1. Hähnchenbrustfilet unter fließendem kalten Wasser abspülen, trockentupfen und mit Salz und Pfeffer bestreuen. Speiseöl in einer Pfanne erhitzen. Hähnchenbrustfilet darin von allen Seiten in etwa 10 Minuten gut durchbraten. Dann die Filets erkalten lassen.
2. Vom Porree die Außenblätter entfernen, Wurzelenden und dunkles Grün abschneiden, die Stangen seitlich einschneiden, gründlich waschen und abtropfen lassen. Porree wahlweise in sehr dünne Ringe oder Streifen schneiden.
3. Cashewkerne in einer Pfanne ohne Fett goldbraun rösten. Joghurt mit Mayonnaise verrühren und mit Salz, Pfeffer, Zucker und Curry würzig abschmecken. Hähnchenbrust in dünne Streifen schneiden.
4. Die vorbereiteten Zutaten vorsichtig miteinander vermischen und einige Zeit durchziehen lassen. Petersilie abspülen und trockentupfen. Den Salat vor dem Servieren mit Petersilie garnieren.

Tipp:
Porreeringe bzw. -streifen nach Punkt 2 für 2 Minuten in kochendem Salzwasser garen. Dann in ein Sieb geben und mit kaltem Wasser abspülen, gut abtropfen lassen.

Porree-Curry-Salat

Poulardengeschnetzeltes mit Apfelspalten

Poulardengeschnetzeltes mit Apfelspalten

8–10 Portionen

Raffiniert

Pro Portion:
E: 30 g, F: 22 g, Kh: 11 g,
kJ: 1617, kcal: 386

400 g kleine Schalotten
3 EL Olivenöl
300 ml trockener Rotwein
1 ¹/₄ kg Poulardenfleisch (ohne Knochen, von Brust und Keule)
frisch gemahlener Pfeffer
4 EL Olivenöl
Salz
2 EL Zucker
2 EL Balsamico-Essig
200 ml Geflügelbrühe
3 grüne Äpfel, z. B. Granny Smith
80 g kalte Butter
1 Bund Kerbel

Zubereitungszeit: 65 Min.
Garzeit: etwa 40 Min.

1. Schalotten abziehen. Olivenöl in einer Pfanne erhitzen. Schalotten unter mehrmaligem Wenden darin anbraten. Rotwein hinzugießen, zum Kochen bringen und auf etwa die Hälfte einkochen lassen (etwa 10 Minuten).
2. Fleisch abspülen, trockentupfen und in Streifen schneiden, mit Salz und Pfeffer bestreuen.
3. Olivenöl in einer großen Pfanne erhitzen. Fleischstreifen in 2 Portionen von allen Seiten darin anbraten. Zucker darauf streuen und etwas karamellisieren lassen. Essig und Brühe hinzugießen, zum Kochen bringen und etwa 30 Minuten garen, evtl. etwas Wasser hinzufügen. Schalotten mit dem Rotwein hinzufügen und aufkochen lassen.
4. Äpfel waschen, trockentupfen, vierteln, entkernen und in Spalten schneiden. Jeweils 20 g der Butter in einem Topf zerlassen. Apfelspalten in 2 Portionen vorsichtig darin andünsten (nicht zu lange, da sie sonst zu weich werden).
5. Kerbel abspülen und trockentupfen. Einige Stängel zum Garnieren beiseite legen. Die Blättchen von den restlichen Stängeln zupfen. Blättchen zu dem Geschnetzelten geben und unterrühren. Geschnetzeltes mit Salz und Pfeffer abschmecken. Restliche Butter in Stückchen schneiden und in die Sauce rühren.
6. Apfelspalten vorsichtig unterheben. Geschnetzeltes mit den beiseite gelegten Kerbelstängeln garniert servieren.

Beilage: Gebratene Schupfnudeln.

Tipp:
Für dieses Gericht können Sie auch Hähnchen-, Puten- oder Perlhuhnfleisch verwenden.

Präsidentensuppe

12 Portionen

Beliebt

Pro Portion:
E: 19 g, F: 21 g, Kh: 7 g,
kJ: 1284, kcal: 307

Präsidentensuppe

250 g Zwiebeln, 2 Knoblauchzehen
6 EL Rapsöl
1 kg Gehacktes (halb Rind-, halb Schweinefleisch)
1 Dose Sauerkraut (Abtropfgewicht 770 g)
1 Dose Tomatenmark (140 g)
1 l Fleischbrühe
1–2 TL Paprikapulver edelsüß
1 TL gemahlener Kümmel
Salz, frisch gemahlener Pfeffer
1 l Tomatensaft
Tabasco
8–10 Gewürzgurken
1 Bund Petersilie
300 g saure Sahne

Zubereitungszeit: 20 Min.
Garzeit: etwa 40 Min.

1. Zwiebeln und Knoblauch abziehen. Zwiebeln grob und Knoblauch fein würfeln. Etwas von dem Öl in einer großen Pfanne erhitzen. Zwiebel- und Knoblauchwürfel darin andünsten. Gehacktes portionsweise hinzufügen und gut anbraten, mit Salz und Pfeffer würzen. Evtl. vorhandene Klümpchen mit einer Gabel zerdrücken.
2. Angebratenes Gehacktes in einen großen Topf geben. Sauerkraut auseinanderzupfen und hinzufügen. Tomatenmark, Fleischbrühe, Paprikapulver und Kümmel unterrühren und zum Kochen bringen. Suppe bei schwacher Hitze etwa 30 Minuten kochen lassen.
3. Tomatensaft hinzugießen und die Suppe nochmals kurz aufkochen. Die Suppe mit Tabasco, Salz und Pfeffer abschmecken. Gewürzgurken in feine Scheiben schneiden und hinzufügen.
4. Petersilie abspülen, trockentupfen, die Blättchen von den Stängeln zupfen. Blättchen fein hacken. Die Suppe in Suppentassen oder -teller füllen. Jede Portion mit etwas saurer Sahne und Petersilie servieren.

Rezeptvorschläge für ein Kleines Weinfest-Party-Buffet

Für ein kleines Weinfest-Party-Buffet benötigen Sie für 10–12 Personen:

1,5 x Rezept Poulardengeschnetzeltes mit Apfelspalten, Seite 274
1 x Rezept Bohnen-Paprika-Salat, Seite 31
1 x Rezept Roquefort-Apfel-Toast, Seite 306
1 x Rezept Bauernpastete, Seite 24

Außerdem:

Etwa 1 kg Schupfnudeln (aus dem Kühlregal) und etwa 1 kg gemischtes Brot.

Vorbereitungen am Vortag:

- Die Bauernpastete zubereiten, erkalten lassen und kalt stellen.
- Für den Bohnensalat die Sauce zubereiten.
- Das Geschnetzelte bis Punkt 4 zubereiten. Geschnetzeltes und Apfelspalten erkalten lassen und kalt stellen.
- Für die Toasts die Äpfel garen (vom Rezept Punkt 1 und 2 zubereiten) und kalt stellen.

Vorbereitungen am Tag der Party:

3 Stunden vorher:	• Den Salat zubereiten und kalt stellen.
2 Stunden vorher:	• Die Pastete aufschneiden und anrichten.
	• Toasts auf den Backblechen belegen.
1 Stunde vorher:	• Salat evtl. nachwürzen und anrichten.
	• Brot schneiden.
	• Geschnetzeltes erhitzen und zu Ende zubereiten, evtl. nachwürzen.
Kurz vorher:	• Toasts in den Backofen schieben.
	• Schupfnudeln in etwa 80 g Butter bei schwacher Hitze braten.

Es eignen sich auch folgende zusätzliche Rezepte:

1 x Rezept Gemüse-Kartoffel-Salat mit Lachs, Seite 104
1 x Rezept Mozzarellaspieße, Seite 238
1 x Rezept Spitzkohlgratin, Seite 367
1,5 x Rezept Rindergulasch mit Feta, Seite 300

Außerdem:

Etwa 1 kg helles Brot.

Rezeptvorschläge für ein Weihnachts-Party-Buffet

Für ein Weihnachts-Party-Buffet benötigen Sie für 10–12 Personen:

1 x Rezept Pute, gefüllt, Seite 276
1 x Rezept Kartoffel-Carpaccio, Seite 170
1 x Rezept Kürbis-Käse-Cremesuppe, Seite 197
1 x Rezept Kräuter-Vinaigrette, Seite 196
1 x Rezept Orangen-Tiramisu, Seite 252

Außerdem:

Etwa 500 g Feldsalat, 1 kleiner Endiviensalat, 4–5 Stauden Chicorée.

Vorbereitungen am Vortag:

- Die Kräuter-Vinaigrette zubereiten und kalt stellen.
- Für die Kürbis-Käse-Suppe Punkt 1 bis 3 zubereiten, Kürbis zur Suppe geben. Suppe erkalten lassen. Suppe und Schnittlauch kalt stellen.

Vorbereitungen am Tag der Party:

5 Stunden vorher:
- Für die Pute Punkt 1 bis 8 zubereiten, jedoch die Pute noch nicht in den Backofen schieben.

3 1/2 Stunden vorher:
- Die Pute in den Backofen schieben.
- Für das Orangen-Tiramisu Punkt 1 und 2 zubereiten.

Etwa 2 Stunden vorher:
- Das Kartoffel-Carpaccio zubereiten, anrichten und kalt stellen.
- Das Orangen-Tiramisu zubereiten und kalt stellen.
- Feld- und Endiviensalat waschen, trockenschleudern und evtl. klein zupfen. Chicorée längs halbieren und die Strünke herausschneiden. Chicorée waschen, trockentupfen und die Blätter in Streifen schneiden. Salat und Chirorée mischen und anrichten. Dazu die Kräuter-Vinaigrette reichen.

Kurz vorher:
- Die Suppe erhitzen und fertig zubereiten.
- Die Pute anrichten, aus dem Backofen nehmen, warm halten. Die Sauce zubereiten. Evtl. die Pute tranchieren.

Es eignen sich auch folgende zusätzliche Rezepte:

1 x Rezept Käse-Lauch-Suppe mit Lachs, Seite 184
1,5 x Rezept Kartoffel-Gemüse-Gratin, Seite 171
1,5 x Rezept Lammragout mit Gemüse, Seite 203
1,5 x Rezept Zimttoast mit Obstspießen, Seite 420

Pute, gefüllt

8 Portionen

Klassisch

Pro Portion:

E: 99 g, F: 51 g, Kh: 35 g,
kJ: 4322, kcal: 1034

6 Bio-Orangen (unbehandelt, ungewachst)
2 Lorbeerblätter
1 TL gemahlener Zimt
2 EL grobkörniges Meersalz
1 EL Sonnenblumenöl
300 g Möhren
250 g Knollensellerie
2 Zwiebeln
2 Knoblauchzehen

Für die Füllung:

2 Stangen Porree (Lauch, 250 g)
250 g Weißbrotscheiben
100 g Butter
3 Eier (Größe M)
Salz, Cayennepfeffer

1 küchenfertige Pute (etwa 5 kg)
500 ml (1/2 l) Gemüsebrühe
frisch gemahlener Pfeffer

Außerdem:

Rouladennadeln, Küchengarn

Zubereitungszeit: 100 Min.
Gesamtgarzeit: 3–3 1/4 Std.

1. Orangen heiß abspülen, trockentupfen und die Schale fein abreiben. Lorbeerblätter zerkrümeln und mit Zimt, Orangenschale, Salz und Öl zu einer Paste verarbeiten.
2. Möhren und Sellerie putzen, schälen, waschen, abtropfen lassen und in Scheiben schneiden. Zwiebeln abzie-

hen und in Würfel schneiden. Knoblauch abziehen und hacken.

3. Für die Füllung Porree putzen, die Stangen längs halbieren, gründlich waschen, abtropfen lassen und in feine Streifen schneiden.
4. Die abgeriebenen Orangen so schälen, dass die weiße Haut mit entfernt wird und die Filets herausschneiden. Dabei den Saft auffangen und 200 ml für die Sauce abmessen (evtl. mit Wasser auffüllen). Weißbrot entrinden und in kleine Würfel schneiden.
5. 80 g Butter zerlassen. Die Brotwürfel darin goldbraun rösten und abkühlen lassen. Restliche Butter zerlassen. Die Porreestreifen darin bei schwacher Hitze andünsten und ebenfalls abkühlen lassen.
6. Eier verschlagen und mit Salz und Cayennepfeffer würzen. Orangenfilets, Porree und Brotwürfel untermischen.
7. Pute von innen und außen unter fließendem kalten Wasser abspülen, trockentupfen und innen und außen mit der Orangenpaste einreiben. Die Halsöffnung mit Rouladennadeln zustecken. Die Pute füllen und die Öffnung mit Rouladennadeln verschließen. Die Keulen an den Enden zusammenbinden.
8. Die Pute in eine Fettfangschale legen. Möhren, Sellerie, Zwiebeln und Knoblauch um die Pute legen und 250 ml ($^1/_4$ l) von der Gemüsebrühe dazugießen. Die Fettfangschale in den Backofen schieben.
   Ober-/Unterhitze: etwa 180 °C (vorgeheizt)
   Heißluft: etwa 160 °C (vorgeheizt)
   Gas: Stufe 2–3 (vorgeheizt)
   Garzeit: etwa 2 $^1/_2$ Stunden
9. Während der Garzeit die restliche Brühe nach und nach hinzugießen.
10. **Die Backofentemperatur um etwa 20 °C (Gas um etwa 1 Stufe) erhöhen und die Pute noch weitere 30–45 Minuten garen.**
11. Die gare Pute auf eine Platte legen und im ausgeschalteten Backofen warm halten.
12. Für die Sauce das Gemüse aus der Fettfangschale mit dem Sud und dem abgemessenen Orangensaft in einen Topf geben, aufkochen lassen und fein pürieren (nach Belieben durch ein Sieb streichen). Die Sauce mit Salz und Pfeffer abschmecken.
13. Die Pute tranchieren und mit Füllung und Sauce servieren.

Beilage: Zucchinisalat und Knödel.

Pute, gefüllt

Putenauflauf „Schwäbische Art“

12 Portionen

Einfach

Pro Portion:
E: 28 g, F: 29 g, Kh: 38 g,
kJ: 2257, kcal: 538

400 g Zuckerschoten
6 Möhren (etwa 600 g)
Salzwasser
1 kg Putenbrustfilet
5 EL Rapsöl
1,2 kg Schupfnudeln aus dem Frischeregal oder TK-Schupfnudeln
1 l Schlagsahne
10 Eier (Größe M)
2 Pck. TK-Küchenkräuter (je 25 g)
Salz
frisch gemahlener Pfeffer
3 EL Rapsöl

Zubereitungszeit: 65 Min.
Garzeit: etwa 60 Min.

1. Zuckerschoten putzen, die Enden abschneiden, waschen, abtropfen lassen und quer halbieren. Möhren putzen, schälen, waschen, abtropfen lassen und in dünne Scheiben schneiden oder hobeln. Salzwasser zum Kochen bringen und nacheinander die Zuckerschoten und Möhrenscheiben darin etwa 2 Minuten garen, mit kaltem Wasser abschrecken und in einem Sieb abtropfen lassen.
2. Putenbrustfilet unter fließendem kalten Wasser abspülen, trockentupfen und in Streifen schneiden. Rapsöl in einer Pfanne erhitzen. Putenbruststreifen in mehreren Portionen unter mehrmaligem Wenden darin anbraten.
3. Schupfnudeln, Zuckerschoten, Möhrenscheiben und Putenbruststreifen gut vermengen und in eine flache Auflaufform oder Fettfangschale geben.
4. Sahne, Eier und Kräuter gut verrühren, mit Salz und Pfeffer würzen. Die Eiersahne auf den Auflauf gießen. Die Form auf dem Rost oder die Fettfangschale in den Backofen schieben.

Ober-/Unterhitze: etwa 180 °C (vorgeheizt)
Heißluft: etwa 160 °C (nicht vorgeheizt)
Gas: Stufe 2–3 (nicht vorgeheizt)
Garzeit: etwa 60 Minuten.

Beilage: Bunte Blattsalate und Brot.

Abwandlung:
Statt Putenbrustfilet kann auch 1 kg Schweinefilet verwendet werden. Statt mit Schupfnudeln können Sie den Auflauf auch mit der gleichen Menge Spätzle aus dem Kühlregal zubereiten.

Tipp:
Sahne zur Hälfte durch Milch ersetzen, d. h. 500 ml (1/2 l) Schlagsahne und 500 ml (1/2 l) Milch.

Putenbraten mit Kräutern

8–10 Portionen

Dauert länger

Pro Portion:
E: 55 g, F: 18 g, Kh: 13 g,
kJ: 1830, kcal: 439

1 Gemüsezwiebel
2 kg Putenbrust ohne Haut und Knochen
Salz, frisch gemahlener Pfeffer
4 EL Olivenöl
250 ml (1/4 l) Fleischbrühe

Zum Bestreichen und Bestreuen:
100 g weiche Kräuterbutter
abgeriebene Schale von 1 Bio-Zitrone (unbehandelt, ungewachst)
1 EL Olivenöl
2 EL flüssiger Honig
je 2–3 Thymian- und Oreganostängel

Für die Tomatensauce:
2 Zwiebeln
3–4 Knoblauchzehen
1 Dose (400 g) geschälte Tomaten
2 EL Olivenöl
1 EL gerebelter Oregano
2 EL Tomatenmark
1–2 EL Tomatenketchup
2 EL flüssiger Honig
1 TL Sambal Oelek
Paprikapulver edelsüß
1 Topf Basilikum

Zubereitungszeit: 50 Min., ohne Ruhezeit
Gesamtgarzeit: etwa 90 Min.

1. Gemüsezwiebel abziehen und in Spalten schneiden. Putenbrust unter fließendem kalten Wasser abspülen, trockentupfen und mit Salz und Pfeffer einreiben. Die Gemüsezwiebelspalten und die Putenbrust in einen großen Bräter (gefettet) legen und mit Öl bestreichen. Den Bräter auf dem Rost in den Backofen schieben.

Putenbraten mit Kräutern

Ober-/Unterhitze: etwa 200 °C (vorgeheizt)
Heißluft: etwa 180 °C (vorgeheizt)
Gas: Stufe 3–4 (vorgeheizt)
Garzeit: etwa 30 Minuten.

2. Etwas von der Fleischbrühe hinzugießen (bis zum Ende der Gesamtgarzeit die verdampfte Flüssigkeit nach und nach durch die restliche Brühe ergänzen) und den Braten **weitere 45 Minuten garen.**
3. In der Zwischenzeit Kräuterbutter mit Zitronenschale, Öl und Honig verrühren. Thymian- und Oreganostängel abspülen, trockentupfen und die Blättchen von den Stängeln zupfen.
4. Für die Tomatensauce Zwiebeln und Knoblauch abziehen und würfeln. Tomaten mit dem Saft in eine Schüssel geben und grob zerkleinern. Öl in einer Pfanne erhitzen. Zwiebel- und Knoblauchwürfel darin glasig dünsten und mit Oregano bestreuen. Tomatenmark untermengen, mit Tomatenstücken und -saft ablöschen und etwa 2 Minuten köcheln lassen.
5. Die Sauce mit Ketchup, Honig, Salz, Pfeffer, Sambal Oelek und Paprikapulver würzen. Basilikum abspülen, trockentupfen, die Blättchen von den Stängeln zupfen und in Streifen schneiden.
6. Den Braten mit der Buttermischung bestreichen. Thymian- und Oreganoblättchen darüber streuen. Den Braten **noch weitere 15 Minuten garen.**
7. Den garen Braten in Alufolie gewickelt etwa 10 Minuten ruhen lassen. Den Braten dann in Scheiben schneiden. Basilikumstreifen in die Tomatensauce geben und die Sauce zu dem Fleisch servieren.

Tipp:
Der Braten schmeckt auch kalt sehr gut.

Putenbrust-Mango-Sandwich

8 Portionen

Gut vorzubereiten

Pro Portion:
E: 17 g, F: 4 g, Kh: 56 g, kJ: 1393, kcal: 333

2 große Mangos
6 EL Mango-Chutney
Salz, frisch gemahlener Pfeffer
2 EL Zitronensaft
2 Bananen
8 Salatblätter
16 Scheiben Sandwichtoast
400 g Putenbrustaufschnitt

Zubereitungszeit: 25 Min., ohne Kühlzeit

1. Mangos halbieren. Fruchtfleisch vom Stein schneiden. Mangofruchtfleisch schälen, in kleine Würfel schneiden und mit dem Mango-Chutney verrühren. Mangomasse mit Salz, Pfeffer und Zitronensaft würzen. Bananen schälen, fein würfeln und ebenfalls unterrühren.
2. Salatblätter abspülen und trockentupfen. Die Mangomasse auf die Sandwichscheiben streichen, auf 8 bestrichene Sandwichscheiben je 1 Salatblatt legen.
3. Den Putenbrustaufschnitt in kleine Würfel schneiden und auf den Salatblättern verteilen. Mit je einer bestrichenen Sandwichscheibe bedecken, fest andrücken und in Frischhaltefolie wickeln. Etwa 1 Stunde beschweren (z. B. mit einem Schneidebrett und Konserven) und kalt stellen.
4. Sandwiches aus der Folie nehmen und je einmal diagonal durchschneiden.

Puten-Pilz-Gulasch
8–10 Portionen

Beliebt

Pro Portion:
E: 38 g, F: 11 g, Kh: 2 g,
kJ: 1115, kcal: 267

1 1/2 kg Putenfleisch aus der Oberkeule (ohne Knochen)
5 EL Rapsöl
Salz
frisch gemahlener Pfeffer
2 gestr. TL Paprikapulver edelsüß
5 EL Rapsöl
3 EL Tomatenmark
300 ml Geflügelbrühe oder -fond
1 Bund Thymian
1 EL grüne Pfefferkörner
400 g Champignons
400 g Austernpilze
200 g frische Pfifferlinge (oder aus der Dose)
1 EL rosa Pfefferbeeren

Puten-Pilz-Gulasch

Zubereitungszeit: 50 Min.
Garzeit: etwa 60 Min.

1. Putenfleisch unter fließendem kalten Wasser abspülen und trockentupfen. Fleisch in Würfel schneiden, mit Salz, Pfeffer und Paprikapulver bestreuen.
2. Öl in einem Bräter erhitzen. Fleischwürfel evtl. in 2 Portionen von allen Seiten kräftig darin anbraten. Tomatenmark unterrühren. Brühe oder Fond hinzugießen, zum Kochen bringen und zugedeckt bei schwacher Hitze etwa 60 Minuten garen, dabei ab und zu umrühren.
3. Thymian abspülen und trockentupfen, einige Stängel zum Garnieren beiseite legen. Restliche Thymianstängel mit den Pfefferkörnern nach etwa 30 Minuten Garzeit zum Bratensud geben.
4. Champignons, Austernpilze und Pfifferlinge putzen, mit Küchenpapier abreiben, evtl. kurz abspülen und trockentupfen. Pfifferlinge aus der Dose in einem Sieb gut abtropfen lassen.
5. Die Pilze nach etwa 50 Minuten Garzeit zum Gulasch geben und etwa 10 Minuten mitgaren lassen. Gulasch nochmals mit den Gewürzen abschmecken.
6. Puten-Pilz-Gulasch mit den beiseite gelegten Thymianstängeln und Pfefferbeeren garniert servieren.

Beilage: Spätzle oder Spiralnudeln.

Putenrollbraten, gefüllt
12 Portionen

Zum Vorbereiten

Pro Portion:
E: 42 g, F: 22 g, Kh: 8 g,
kJ: 1714, kcal: 410

Putenrollbraten, gefüllt

Zum Vorbereiten:
200 g getrocknete Pflaumen, ohne Stein
6 EL Sherry

Für den Rollbraten:
2 Putenbruststücke (je etwa 800 g)
Salz
frisch gemahlener Pfeffer
2 EL mittelscharfer Senf
600 g Thüringer Mett
5 EL Sonnenblumenöl
200 ml Hühnerbrühe
250 ml (1/4 l) Schlagsahne
evtl. 2–3 EL dunkler Saucenbinder

Zubereitungszeit: 55 Min., ohne Durchziehzeit
Garzeit: etwa 80 Min.

1. Zum Vorbereiten Pflaumen mit Sherry übergießen und etwa 1 Stunde durchziehen lassen.
2. Putenbruststücke unter fließendem kalten Wasser abspülen, trockentupfen

und an den dickeren Stellen so einschneiden und aufklappen, dass ein flaches Fleischstück entsteht (evtl. beim Metzger vorbereiten lassen). Fleischstücke flach drücken und mit Salz und Pfeffer bestreuen, mit Senf bestreichen.

3. Mett mit den Pflaumen vermischen und auf den Fleischstücken verteilen. Die Fleischstücke jeweils von der schmalen Seite her aufrollen und mit Küchengarn zusammenbinden.
4. Öl in einem Bräter erhitzen. Die Rollbraten von allen Seiten gut darin anbraten. Hühnerbrühe und Sahne hinzugießen.
5. Den Bräter auf dem Rost in den Backofen schieben.
   Ober-/Unterhitze: etwa 200 °C (vorgeheizt)
   Heißluft: etwa 180 °C (nicht vorgeheizt)
   Gas: Stufe 3–4 (nicht vorgeheizt)
   Garzeit: etwa 80 Minuten.
6. Die Rollbraten auf eine vorgewärmte Platte legen. Rollbraten zugedeckt etwa 10 Minuten ruhen lassen.
7. Den Bräter auf eine Kochstelle stellen. Den Bratensatz etwas einkochen lassen, nochmals mit Salz und Pfeffer würzen. Den Bratensatz evtl. mit etwas Saucenbinder andicken. Die Rollbraten in Scheiben schneiden und mit der Sauce servieren.

Putenröllchen auf schwedische Art

8 Portionen

Raffiniert

Pro Portion:
E: 28 g, F: 9 g, Kh: 12 g,
kJ: 1027, kcal: 246

8 dünne Putenschnitzel (je etwa 120 g)
1 gestr. TL gemahlener Piment
16 entsteinte Backpflaumen
8 Scheiben Frühstücksspeck (Bacon)
6 EL Olivenöl
2 rote Zwiebeln
je 1 rote, grüne und gelbe Paprikaschote
400 ml Geflügelfond
2 EL gehackter Dill
2 EL flüssiger Honig
Salz

Nach Belieben:
einige Dillspitzen

Außerdem:
Holzstäbchen

Zubereitungszeit: 60 Min.
Garzeit: etwa 30 Min.

1. Putenschnitzel unter fließendem kalten Wasser abspülen, trockentupfen und auf einer Arbeitsfläche ausbreiten. Schnitzel evtl. flach klopfen und mit Piment bestreuen. Jeweils zwei Backpflaumen mit je einer Scheibe Speck umhüllen, auf die Schnitzel legen und von der schmalen Seite her aufrollen, mit Holzstäbchen feststecken.
2. Olivenöl in einer großen Pfanne zerlassen. Die Putenröllchen darin von allen Seiten etwa 5 Minuten anbraten, herausnehmen und in eine große flache Auflaufform legen.
3. Zwiebeln abziehen und in kleine Würfel schneiden. Paprika halbieren, entstielen, entkernen und die weißen Scheidewände entfernen. Die Schoten waschen, abtropfen lassen und in kleine Würfel schneiden.
4. Zwiebel- und Paprikawürfel in dem verbliebenen Bratfett andünsten. Fond hinzugießen, Dill und Honig unterrühren, mit Salz würzen. Die Zutaten zum Kochen bringen und zwischen den Putenröllchen verteilen. Die Form auf dem Rost in den Backofen schieben.
   Ober-/Unterhitze: etwa 200 °C (vorgeheizt)
   Heißluft: etwa 180 °C (vorgeheizt)
   Gas: Stufe 3–4 (vorgeheizt)
   Garzeit: etwa 30 Minuten.
5. Die Holzstäbchen entfernen und die Putenröllchen mit dem Gemüse auf einer Platte anrichten. Nach Belieben mit Dillspitzen garnieren.

Beilage: Butterkartoffeln oder geröstete Weißbrotscheiben und frische Blattsalate.

Putenröllchen auf schwedische Art

Putenrouladen mit Schafkäse und Paprikareis

Putenrouladen mit Schafkäse und Paprikareis

8–10 Portionen

Mit Alkohol

Pro Portion:
E: 44 g, F: 31 g, Kh: 49 g,
kJ: 2747, kcal: 657

Für den Reis:
1 1/2 l Wasser
2 gestr. TL Salz
500 g Langkornreis

8–10 dünne Putenschnitzel
(je etwa 130 g)
300 g Schafkäse
3 Eigelb
2 gestr. TL gerebelter Estragon
1 Pck. TK-Basilikum (25 g)
4 EL Olivenöl
2 geh. EL Weizenmehl
250 ml (1/4 l) heiße Fleischbrühe
1 EL Sherry medium
400 ml Schlagsahne
1 grüne Paprikaschote
2 rote Paprikaschoten
4 EL Olivenöl
Salz
frisch gemahlener Pfeffer

Außerdem:
Holzspießchen

Zubereitungszeit: 60 Min.
Garzeit: Rouladen etwa 25 Min.

1. Für den Reis Wasser in einem Topf zum Kochen bringen. Salz und Langkornreis hinzufügen und zugedeckt in 15–20 Minuten quellen lassen. Reis in ein Sieb geben, mit kaltem Wasser übergießen und abtropfen lassen.
2. Putenschnitzel unter fließendem kalten Wasser abspülen, trockentupfen und evtl. etwas flach klopfen. Schafkäse in eine Schüssel geben und zerbröseln. Eigelb, Estragon und Basilikum hinzufügen. Die Zutaten mit Handrührgerät mit Rührbesen verrühren, mit Salz und Pfeffer würzen.
3. Die Schafkäse-Kräuter-Masse auf den Schnitzelscheiben verteilen und diese von der schmalen Seite her aufrollen, mit Holzspießchen feststecken.
4. Öl in einer Pfanne erhitzen. Die Putenrouladen mit etwas Mehl bestäuben, portionsweise von allen Seiten darin anbraten und in eine flache Auflaufform legen. Brühe in die Pfanne gießen, zum Kochen bringen. Sherry und Sahne unterrühren. Sauce in die Auflaufform gießen. Die Form auf dem Rost in den Backofen schieben.
   Ober-/Unterhitze: etwa 200 °C (vorgeheizt)
   Heißluft: etwa 180 °C (vorgeheizt)
   Gas: Stufe 3–4 (vorgeheizt)
   Garzeit: etwa 25 Minuten.
5. Paprika halbieren, entstielen, entkernen und die weißen Scheidewände entfernen. Schoten waschen, abtropfen lassen und in kleine Würfel schneiden. Olivenöl in einem großen Topf erhitzen. Paprikawürfel zugedeckt darin etwa 10 Minuten dünsten. Reis unterrühren und miterhitzen. Reis mit Salz und Pfeffer abschmecken.
6. Putenrouladen aus der Form nehmen. Sauce mit Salz und Pfeffer würzen. Putenrouladen mit dem Paprikareis und der Sauce sofort servieren.

Putenschnitzel à la Bordelaise

8–10 Portionen

Raffiniert

Pro Portion:
E: 40 g, F: 18 g, Kh: 23 g,
kJ: 1740, kcal: 416

250 g weiße Champignons
1 große Gemüsezwiebel (etwa 250 g)
500 g Staudensellerie
4 EL Speiseöl, z. B. Olivenöl
200 g Semmelbrösel
2 Pck. TK-Kräuter der Provence (je 25 g)

2 Eier (Größe M)
Salz
frisch gemahlener Pfeffer
8–10 Putenschnitzel (je etwa 120 g)

Für das Gemüse:
100 g durchwachsener Speck
100 g Butter oder Margarine
1 kg TK-Brechbohnen

Zubereitungszeit: 80 Min.
Garzeit: etwa 20 Min.

1. Champignons putzen, mit Küchenpapier abreiben, evtl. abspülen und trockentupfen. Gemüsezwiebel abziehen. Sellerie putzen, waschen, abtropfen lassen. Champignons, Gemüsezwiebel und Sellerie in kleine Würfel schneiden.
2. Etwas von dem Speiseöl in einer Pfanne erhitzen. Zwiebel-, Champignon- und Selleriewürfel darin andünsten. Die Pfanne von der Kochstelle nehmen. Semmelbrösel, Kräuter der Provence und Eier in die Pfanne geben. Die Zutaten gut vermengen, mit Salz und Pfeffer würzen.

Putenschnitzel à la Bordelaise

3. Putenschnitzel unter fließendem kalten Wasser abspülen und trockentupfen, mit Salz und Pfeffer bestreuen.
4. Jeweils die Hälfte des restlichen Speiseöls in einer großen Pfanne erhitzen. Die Schnitzel in 2 Portionen von beiden Seiten darin anbraten und auf ein Backblech (gefettet) legen. Gemüse-Semmelbrösel-Masse darauf verteilen. Das Backblech in den Backofen schieben.
   Ober-/Unterhitze: 180–200 °C (vorgeheizt)
   Heißluft: 160–180 °C (vorgeheizt)
   Gas: etwa Stufe 3 (vorgeheizt)
   Garzeit: etwa 20 Minuten.
5. Für das Gemüse Speck in kleine Würfel schneiden. Speckwürfel in einer Pfanne ausbraten. Butter oder Margarine darin zerlassen. Tiefgekühlte Bohnen hinzufügen, mit Salz und Pfeffer würzen und zugedeckt etwa 10 Minuten garen.
6. Die Schnitzel mit dem Bohnengemüse auf Tellern anrichten und nach Belieben mit Thymian und Tomatenwürfeln garniert servieren.

Beilage: Bratkartoffeln oder fertige Kroketten oder Herzogin-Kartoffeln.

Putensteaks und Ananas vom Grill

10 Portionen

Fruchtig

Pro Portion:
E: 34 g, F: 4 g, Kh: 12 g,
kJ: 961, kcal: 230

Für die Marinade:
4 EL Sojasauce
1 EL brauner Zucker
4 EL Olivenöl

10 Putensteaks (je 130–150 g)
10 Scheiben frische Ananas (je etwa 80 g, von 1 reifen Ananas etwa 1,3 kg)
frisch gemahlener bunter Pfeffer

Zubereitungszeit: 45 Min.,
ohne Marinierzeit
Grillzeit: 10–15 Min.

Putensteaks und Ananas vom Grill

1. Für die Marinade Sojasauce mit Zucker und Speiseöl so lange verrühren, bis der Zucker aufgelöst ist.
2. Putensteaks unter fließendem kalten Wasser abspülen und trockentupfen. Putensteaks und Ananasscheiben in eine flache Schale legen und mit Pfeffer bestreuen. Die Marinade mit einem Pinsel gleichmäßig darauf streichen. Putensteaks und Ananasscheiben zugedeckt im Kühlschrank über Nacht durchziehen lassen, einmal wenden.
3. Die Putensteaks und Ananasscheiben auf den heißen Grill legen und unter Wenden 10–15 Minuten grillen.

Quarkauflauf mit Äpfeln
12 Portionen

Einfach

Pro Portion:
E: 16 g, F: 16 g, Kh: 52 g,
kJ: 1803, kcal: 431

100 g Butter
200 g Zucker
2 Pck. Dr. Oetker Vanillin-Zucker
4 Eier (Größe M)
2 Tropfen Zitronen-Aroma
1 Prise Salz
1 kg Magerquark
200 g Hartweizengrieß
2 Pck. Dr. Oetker Pudding-Pulver Vanille-Geschmack
2 gestr. TL Dr. Oetker Backin

1 kg säuerliche Äpfel
1 TL Zitronensaft
60 g Rosinen
50 g Sonnenblumenkerne
2 EL Zimt-Zucker

60 g Butter

Zubereitungszeit: 40 Min.
Backzeit: etwa 60 Min.

1. Butter mit Handrührgerät mit Rührbesen auf höchster Stufe geschmeidig rühren. Nach und nach Zucker, Vanillin-Zucker, Eier, Aroma, Salz und Quark unterrühren.
2. Grieß mit Pudding-Pulver und Backpulver mischen, portionsweise auf mittlerer Stufe unterrühren.
3. Äpfel waschen, abtrocknen, nach Belieben schälen, vierteln und entkernen. Zwei Äpfel in Spalten, die restlichen Äpfel in Würfel schneiden. Apfelspalten mit Zitronensaft beträufeln. Rosinen und Apfelwürfel unter die Quarkmasse heben. Den Teig in eine große, flache Auflaufform (gefettet) geben und glatt streichen. Apfelspalten auf der Quarkmasse verteilen.
4. Den Auflauf mit Sonnenblumenkernen und Zimt-Zucker bestreuen. Butter in Flöckchen darauf setzen. Die Form auf dem Rost in den Backofen schieben.
Ober-/Unterhitze: 180–200 °C (vorgeheizt)
Heißluft: 160–180 °C (nicht vorgeheizt)
Gas: etwa Stufe 3 (nicht vorgeheizt)
Backzeit: etwa 60 Minuten.

Quarkauflauf mit Äpfeln

Tipp:
Den Auflauf in mehreren kleinen Formen zubereiten.

Quarkcremeauflauf
8 Portionen

Preiswert

Pro Portion:
E: 25 g, F: 11 g, Kh: 49 g,
kJ: 1749, kcal: 418

2 Pck. Dr. Oetker Pudding-Pulver Vanille-Geschmack oder Sahne-Geschmack
200 g Zucker
5 Eigelb (Größe M)
750 ml (3/4 l) kalte Milch
1 kg Magerquark
100 g Rosinen
5 Eiweiß (Größe M)
50 g gestiftelte Mandeln

Zubereitungszeit: 40 Min.
Backzeit: etwa 45 Min.

1. Pudding-Pulver mit zwei Dritteln der Zuckermenge mischen und Eigelb hinzufügen, mit einem Viertel der Milch anrühren. Die restliche Milch zum Kochen bringen.
2. Die Milch von der Kochstelle nehmen und das Pudding-Pulver einrühren, zum Kochen bringen und kurz aufkochen lassen. Den Topf wieder von der Kochstelle nehmen.
3. Pudding in eine große Schüssel füllen. Quark und Rosinen unterrühren.
4. Eiweiß steif schlagen. Restlichen Zucker esslöffelweise unterschlagen. Eischnee unter die Quarkmasse heben. Masse in eine große Auflaufform (gefettet) füllen, glatt streichen und mit Mandeln bestreuen.
5. Die Auflaufform auf dem Rost in den Backofen schieben.
Ober-/Unterhitze: etwa 180 °C (vorgeheizt)
Heißluft: etwa 160 °C (nicht vorgeheizt)
Gas: Stufe 2–3 (nicht vorgeheizt)
Backzeit: etwa 45 Minuten.

Tipp:
Obst, Kompott oder Fruchtsauce zum Auflauf reichen.

Quarkdip

8 Portionen

Gut vorzubereiten

Pro Portion:
E: 6 g, F: 7 g, Kh: 4 g,
kJ: 446, kcal: 107

250 g Magerquark
150 g Naturjoghurt
1 Becher (150 g) Crème fraîche
2 Tomaten
3 Sardellenfilets (aus einem Glas)
8 entsteinte grüne Oliven
2 mittelgroße Zwiebeln
Salz
frisch gemahlener Pfeffer
einige Petersilienstängel

Zubereitungszeit: 25 Min.

1. Quark, Joghurt und Crème fraîche in eine Schüssel geben und gut verrühren.
2. Tomaten waschen, abtropfen lassen, kreuzweise einschneiden und einige Sekunden in kochendes Wasser legen. Tomaten kurz mit kaltem Wasser abschrecken, enthäuten, halbieren, entkernen und die Stängelansätze herausschneiden.
3. Tomatenhälften, Sardellen und Oliven sehr fein schneiden. Zwiebeln abziehen und in feine Würfel schneiden. Die Zutaten zum Quark geben und unterrühren, mit Salz und Pfeffer würzen.
4. Petersilie abspülen und trockentupfen. Die Blättchen von den Stängeln zupfen, fein hacken und unter den Dip rühren.

Quarkdip

Tipp: Der Quarkdip passt zu Folienkartoffeln oder Blechkartoffeln.

Quark-Erdbeer-Speise

8 Portionen

Für Kinder

Pro Portion:
E: 18 g, F: 1 g, Kh: 15 g,
kJ: 651, kcal: 156

750 g Erdbeeren
1 kg Magerquark
200 ml Milch, 2–4 EL Zucker

Zubereitungszeit: 30 Min.

1. Erdbeeren waschen, gut abtropfen lassen, entstielen und vierteln. Den Quark mit der Milch und dem Zucker geschmeidig rühren und die Erdbeeren unterheben. Die Speise in Dessertgläser füllen.

Quarkflammeri

8 Portionen

Klassisch

Pro Portion:
E: 9 g, F: 12 g, Kh: 11 g,
kJ: 858, kcal: 205

Quarkflammeri

500 ml (1/2 l) Milch
20 g Butter
1 Prise Salz
1–2 EL Zucker
1 Pck. Dr. Oetker Vanillin-Zucker
2 EL Speisestärke
4 EL Wasser
2 Eigelb
500 g Speisequark (40 % Fett)

Zubereitungszeit: 40 Min.

1. Milch mit Butter, Salz, Zucker und Vanillin-Zucker unter gelegentlichem Rühren zum Kochen bringen. Speisestärke mit Wasser anrühren. Eigelb unterrühren. Milch von der Kochstelle nehmen und die angerührte Speisestärke unterrühren. Das Ganze nochmals kurz aufkochen und dann etwas abkühlen lassen.
2. Quark unter den Flammeri rühren. Quarkflammeri in eine Glasschale oder Portionsgläser füllen und kalt stellen.

Tipp:
Dazu gedünstetes Obst, Apfelmus oder frische Johannisbeeren, Himbeeren, Erdbeeren oder Heidelbeeren reichen.

Quark-Nudel-Auflauf

Quark-Nudel-Auflauf

8 Portionen

Gut vorzubereiten

Pro Portion:
E: 32 g, F: 42 g, Kh: 40 g,
kJ: 2810, kcal: 676

4 l Wasser
4 gestr. TL Salz
400 g Spaghetti

1 Topf Schnittlauch
500 g Magerquark
300 g Crème fraîche
6 Eier (Größe M)
1–2 TL gemahlener Kümmel
Salz
frisch gemahlener Pfeffer
4 geräucherte Mettwürstchen
(je 120 g)
100 g durchwachsener Speck

Zubereitungszeit: 45 Min.
Garzeit: etwa 45 Min.

1. Wasser in einem großen Topf zum Kochen bringen. Spaghetti und Salz hinzugeben und nach Packungsanleitung im geöffneten Topf bissfest garen. Dabei gelegentlich umrühren. Spaghetti in ein Sieb geben, mit Wasser abspülen und abtropfen lassen.
2. Schnittlauch abspülen, trockentupfen und in feine Röllchen schneiden. Einen Esslöffel Schnittlauchröllchen zum Garnieren beiseite legen. Quark mit Crème fraîche, Eiern, Kümmel und Schnittlauchröllchen verrühren, mit Salz und Pfeffer würzen.
3. Mettwürstchen in Scheiben schneiden, mit den Spaghetti unter den Quark heben und in eine große Auflaufform (gefettet) füllen.
4. Speck in dünne Scheiben schneiden, auf die Quark-Spaghetti-Masse geben und die Form auf dem Rost in den Backofen schieben.
   Ober-/Unterhitze: 200 °C (vorgeheizt)
   Heißluft: 180 °C (nicht vorgeheizt)
   Gas: Stufe 3–4 (nicht vorgeheizt)
   Garzeit: etwa 45 Minuten.
5. Den Auflauf mit den beiseite gelegten Schnittlauchröllchen bestreuen.

Quarkspeise mit Obst

8 Portionen

Preiswert

Pro Portion:
E: 18 g, F: 4 g, Kh: 37 g,
kJ: 1154, kcal: 275

2 Dosen Pfirsichhälften
(Abtropfgewicht je 470 g)
1 Pck. Dr. Oetker Finesse Geriebene Zitronenschale
500 g Magerquark
500 g Speisequark (20 % Fett)
300 g Naturjoghurt (3,5 % Fett)
5–6 EL Zucker
1 Pck. Dr. Oetker Vanillin-Zucker

Zubereitungszeit: etwa 20 Min.,
ohne Kühlzeit

1. Pfirsichhälften in einem Sieb abtropfen lassen, in kleine Stücke schneiden und mit Zitronenschale mischen.
2. Beide Quarksorten, Joghurt, Zucker und Vanillin-Zucker mit einem Schneebesen verrühren. Die Hälfte der Quarkmasse in eine Glasschüssel füllen. Die Pfirsichmischung darauf verteilen und mit der restlichen Quarkmasse bedecken. Die Quarkspeise mindestens 30 Minuten kalt stellen.

Tipp:
Die Quarkspeise vor dem Servieren mit Zitronenmelisseblättchen garnieren. Zusätzlich 100 g gebräunte Kokosraspel mit einschichten (die Hälfte auf die Pfirsichmischung geben und das Dessert mit dem Rest bestreuen).

Quiche mit Gemüse

12 Portionen

Vegetarisch

Pro Portion:
E: 8 g, F: 27 g, Kh: 23 g, kJ: 1551, kcal: 372

Für den Knetteig:
300 g Weizenmehl
1 gestr. TL Salz
170 g Butter
5–6 EL kaltes Wasser

Für den Gemüsebelag:
250 g Möhren
250 g Knollensellerie
500 g Porree (Lauch)
500 g Fenchel
2 Knoblauchzehen
50 g Butterschmalz
Salz
frisch gemahlener Pfeffer
250 g Cocktailtomaten

Für den Eierguss:
5 Eier (Größe M)
300 g Crème fraîche
Salz, frisch gemahlener Pfeffer
1 gestr. TL Paprikapulver rosenscharf

Zubereitungszeit: 50 Min., ohne Kühlzeit
Backzeit: etwa 45 Min.

1. Für den Knetteig Mehl in eine Schüssel sieben, Salz unterrühren. Butter und Wasser hinzufügen. Zutaten zunächst kurz auf niedrigster, dann auf höchster Stufe mit Handrührgerät mit Knethaken gut durcharbeiten. Anschließend auf einer bemehlten Arbeitsfläche zu einem glatten Teig verkneten. Teig in Folie gewickelt etwa 1 Stunde kalt stellen.
2. Für den Gemüsebelag Möhren und Sellerie putzen, schälen, waschen und gut abtropfen lassen. Möhren und Sellerie auf dem Gemüsehobel in dünne Streifen hobeln oder in dünne Streifen schneiden. Porree putzen, die Stangen seitlich einschneiden, gründlich waschen, abtropfen lassen und in dünne Streifen schneiden.
3. Fenchel putzen. Nach Belieben einige Fenchelblätter zum Garnieren beiseite legen. Die Knollen waschen, abtropfen lassen, halbieren und ebenfalls in dünne Streifen schneiden. Knoblauch abziehen und durch eine Knoblauchpresse drücken.
4. Schmalz in einer großen Pfanne zerlassen. Vorbereitetes Gemüse darin andünsten, mit Salz und Pfeffer bestreuen. Gemüse bei schwacher Hitze zugedeckt etwa 5 Minuten dünsten. Gemüse erkalten lassen. Tomaten waschen, abtropfen lassen, halbieren und die Stängelansätze herausschneiden.
5. Den Knetteig halbieren. Eine Teighälfte auf einer bemehlten Arbeitsfläche zu einem Rechteck von etwa 30 x 40 cm ausrollen. Ausgerollten Teig als Boden in eine Fettfangschale (30 x 40 cm, gefettet) legen. Teig mit einer Gabel mehrmals einstechen. Fettfangschale in den Backofen schieben und den Teigboden vorbacken.
   Ober-/Unterhitze: etwa 200 °C (vorgeheizt)
   Heißluft: etwa 180 °C (vorgeheizt)
   Gas: Stufe 3–4 (vorgeheizt)
   Backzeit: etwa 15 Minuten.
6. Die Fettfangschale nach dem Vorbacken auf einen Kuchenrost stellen und den Boden etwas abkühlen lassen.
7. Für den Eierguss Eier mit Crème fraîche verschlagen. Eiermasse mit Salz, Pfeffer und Paprikapulver würzen.
8. Restlichen Teig auf einer bemehlten Arbeitsfläche zu 4 Rollen formen. Die Rollen als Rand auf den vorgebackenen Teigboden legen und so an den Rand der Fettfangschale drücken, dass ein Teigrand entsteht.
9. Gemüse in der Fettfangschale verteilen und mit der Eiermasse übergießen. Tomatenhälften gleichmäßig verteilt mit der Schnittfläche nach oben in das Gemüse setzen. Fettfangschale wieder in den Backofen schieben und die Quiche bei der **angegebenen Backofeneinstellung etwa 30 Minuten backen.**
10. Nach Belieben beiseite gelegtes Fenchelgrün in kleine Zweige zupfen und die Quiche damit garnieren. Gemüse-Quiche heiß oder kalt servieren.

Quiche mit Gemüse

Radieschensalat mit Cocktailwürstchen

8 Portionen

Schnell

Pro Portion:
E: 11 g, F: 31 g, Kh: 6 g,
kJ: 1426, kcal: 342

3 Bund Radieschen
1 kleines Glas Gewürzgurken (Abtropfgewicht 190 g)
3 grüne Paprikaschoten
600 g Cocktailwürstchen (aus dem Kühlregal oder dem Glas)
1 kleines Glas Silberzwiebeln (Abtropfgewicht 185 g)
3 EL Weißwein-Essig
Salz
frisch gemahlener Pfeffer
125 ml (1/8 l) Olivenöl
1 Bund Schnittlauch

Zubereitungszeit: 30 Min.

1. Radieschen putzen, waschen und abtropfen lassen. Gewürzgurken abtropfen lassen, dabei die Gurkenflüssigkeit auffangen. Gewürzgurken und Radieschen in Scheiben schneiden. Paprikaschoten halbieren, entstielen, entkernen und die Scheidewände entfernen. Paprikaschoten waschen, abtropfen lassen und fein würfeln.
2. Cocktailwürstchen evtl. abtropfen lassen und diagonal halbieren. Silberzwiebeln in ein Sieb geben, abtropfen lassen und mit den vorbereiteten Zutaten in einer Schüssel mischen.
3. Essig mit 2–3 Esslöffeln von der Gurkenflüssigkeit verrühren, mit Salz und Pfeffer würzen. Öl unterschlagen. Sauce evtl. nochmals abschmecken und über die Salatzutaten geben. Schnittlauch abspülen, trockentupfen und in Röllchen schneiden. Salat mit Schnittlauchröllchen garniert servieren.

Radieschensalat mit Cocktailwürstchen

Tipp:
Dazu passt ein kräftiges Bauernbrot. Der Salat schmeckt auch gut mit angebratenem Leberkäse.

Radieschensalat mit Tunfisch

Radieschensalat mit Tunfisch

8 Portionen

Einfach

Pro Portion:
E: 24 g, F: 26 g, Kh: 2 g,
kJ: 1415, kcal: 338

6 Bund Radieschen
4 Dosen Tunfisch, naturell (Abtropfgewicht je 215 g)
Salz, frisch gemahlener Pfeffer
8 EL Olivenöl
4 Frühlingszwiebeln

Zubereitungszeit: 25 Min.

1. Radieschen putzen, waschen, trockentupfen, in feine Stifte schneiden und in eine Salatschüssel geben. Tunfisch abtropfen lassen, mit einer Gabel zerpflücken und zu den Radieschen-

stiften geben. Salat mit Salz und Pfeffer bestreuen, mit Olivenöl beträufeln.
2. Frühlingszwiebeln putzen, waschen, abtropfen lassen und in dünne Ringe schneiden. Frühlingszwiebelringe auf dem Salat verteilen.

Beilage: Ofenfrisches Baguette.

Ratatouille-Lasagne

8–10 Portionen

Mit Alkohol

Pro Portion:
E: 32 g, F: 38 g, Kh: 51 g,
kJ: 2936, kcal: 702

2 Dosen Artischockenherzen (Abtropfgewicht je 240 g)
je 1 gelbe, grüne und rote Paprikaschote (je etwa 250 g)
1 große Aubergine (etwa 400 g)
2 Gemüsezwiebeln
3–5 Knoblauchzehen
1/2 Bund Thymian
4 EL Olivenöl
3 Dosen geschälte Tomaten (je 400 g)
150 ml trockener Weiß- oder Rotwein
4 EL Tomatenmark
Salz, frisch gemahlener Pfeffer
etwas Zucker

Für die Sauce und zum Bestreuen:
60 g Butter oder Margarine
60 g Weizenmehl
750 ml (3/4 l) Milch
180 g Emmentaler-Käse
350 g Parmesan-Käse
1 Becher (150 g) Crème fraîche
frisch geriebene Muskatnuss

etwa 400 g Lasagneplatten (ohne Vorkochen)

Zubereitungszeit: 55 Min.
Garzeit: 30–40 Min.

1. Artischockenherzen in einem Sieb abtropfen lassen und kleiner schneiden. Paprikaschoten halbieren, entstielen, entkernen und die weißen Scheidewände entfernen. Die Schoten waschen, abtropfen lassen und in Würfel schneiden. Aubergine waschen, abtrocknen und den Stängelansatz abschneiden. Aubergine würfeln.
2. Gemüsezwiebeln und Knoblauch abziehen und würfeln. Thymian abspülen, trockentupfen und die Blättchen von den Stängeln zupfen.
3. Olivenöl in einem großen Topf erhitzen. Paprika-, Auberginen-, Zwiebel- und Knoblauchwürfel darin andünsten. Tomaten mit der Flüssigkeit, Wein und Thymian zum Gemüse geben und zum Kochen bringen. Die Tomaten dabei etwas zerkleinern. Tomatenmark unterrühren, mit Salz, Pfeffer und Zucker würzen und etwa 10 Minuten bei schwacher Hitze köcheln lassen.
4. Für die Sauce Butter oder Margarine in einem Topf zerlassen. Mehl unter Rühren so lange darin erhitzen, bis das Mehl hellgelb ist. Milch nach und nach hinzugießen und mit einem Schneebesen durchschlagen, dabei darauf achten, dass keine Klümpchen entstehen. Die Sauce etwa 5 Minuten kochen lassen.
5. Artischocken zum Gemüse geben. Gemüse mit Salz, Pfeffer und Zucker abschmecken.
6. Beide Käsesorten fein reiben. Crème fraîche und zwei Drittel des Käses unter die Sauce rühren. Sauce mit Salz, Pfeffer und Muskatnuss würzen. Etwas Sauce auf den Boden einer großen, rechteckigen Auflaufform streichen. Etwa ein Viertel der Lasagneplatten darauf verteilen. Darauf etwa ein Drittel des Gemüses geben, darauf etwas Sauce verteilen.
7. Diesen Vorgang noch zweimal wiederholen, mit Lasagneplatten abschließen, die restliche Sauce darauf verteilen und mit dem restlichen Käse bestreuen. Die Form auf dem Rost in den Backofen schieben.
Ober-/Unterhitze: etwa 200 °C (vorgeheizt)
Heißluft: etwa 180 °C (vorgeheizt)
Gas: Stufe 3–4 (vorgeheizt)
Garzeit: 30–40 Minuten.

Ratatouille-Lasagne

Ratatouille-Suppe

8–10 Portionen

Vegetarisch

Pro Portion:

E: 3 g, F: 7 g, Kh: 7 g,
kJ: 456, kcal: 108

2 kleine Auberginen (je etwa 200 g)
2 kleine Zucchini (je etwa 200 g)
1 Gemüsezwiebel (etwa 200 g)
2 Knoblauchzehen
je 1 rote und gelbe Paprikaschote (je etwa 200 g)
einige Thymianstängel
6 EL Olivenöl
1 Dose geschälte Tomaten (800 g)
1 $^1/_4$ l Gemüsebrühe
Salz
frisch gemahlener Pfeffer
1–2 TL Paprikapulver edelsüß

Ratatouille-Suppe

Zubereitungszeit: 75 Min.

1. Auberginen und Zucchini waschen und abtrocknen. Stängelansätze und Enden abschneiden und beide Zutaten in Würfel schneiden. Gemüsezwiebel und Knoblauch abziehen und würfeln.
2. Paprikaschoten halbieren, entstielen, entkernen und die weißen Scheidewände entfernen. Schoten waschen, abtropfen lassen und ebenfalls in Würfel schneiden. Thymian abspülen, trockentupfen und die Blättchen von den Stängeln zupfen. Jeweils etwa 100 g der Auberginen-, Zucchini- und Paprikawürfel zum Garnieren beiseite stellen.
3. Die Hälfte des Öls in einem großen Topf erhitzen. Zwiebel-, Knoblauch- und Gemüsewürfel darin unter Rühren andünsten. Tomaten mit der Flüssigkeit, Gemüsebrühe und Thymianblättchen hinzufügen, alles zum Kochen bringen und etwa 20 Minuten bei schwacher Hitze kochen lassen.
4. Die Suppe anschließend pürieren und mit Salz, Pfeffer und Paprikapulver würzen. Die zurückgelassenen Gemüsewürfel in dem restlichem Öl anbraten und in die Suppe geben.

Tipp:

Servieren Sie als Beilage mit Käse überbackene Baguettescheiben.
Dazu 16–20 Baguettescheiben auf ein mit Backpapier belegtes Backblech legen und mit 150 g geriebenem Gratin-Käse bestreuen. Das Backblech in den Backofen schieben und die Baguettescheiben bei 220 °C (Ober-/Unterhitze) überbacken, bis der Käse goldbraun ist.

Räuber-Paprika-Hackbraten

12 Portionen

Preiswert

Pro Portion:

E: 25 g, F: 26 g, Kh: 11 g,
kJ: 1571, kcal: 375

4 Zwiebeln
3 Knoblauchzehen
2 rote Paprikaschoten
2 gelbe Paprikaschoten
6 Scheiben Toastbrot
2 EL Olivenöl
100 g durchwachsener gewürfelter Speck
Salz, frisch gemahlener Pfeffer
1,2 kg Gehacktes (halb Rind-, halb Schweinefleisch)
5 Eier (Größe M)
$^1/_2$ gestr. TL Paprikapulver edelsüß
$^1/_2$ gestr. TL Paprikapulver rosenscharf
$^1/_4$ gestr. TL gemahlener Kreuzkümmel
2 EL Olivenöl
200 ml heiße Gemüsebrühe

Nach Belieben zum Garnieren:

einige grüne Salatblätter
1 rote Paprikaschote
1 Bund Schnittlauch

Zubereitungszeit: 45 Min.
Garzeit: etwa 70 Min.

1. Zwiebeln und Knoblauch abziehen und fein würfeln. Paprikaschoten halbieren, entstielen, entkernen und die weißen Scheidewände entfernen. Paprika waschen, abtropfen lassen und in kleine Würfel schneiden. Toastbrot in kaltem Wasser einweichen.
2. Olivenöl in einer Pfanne erhitzen.

Räuber-Paprika-Hackbraten

Speck-, Zwiebel- und Knoblauchwürfel darin anbraten. Paprikawürfel hinzufügen und kurz mitbraten, mit Salz und Pfeffer bestreuen, dann etwas abkühlen lassen.

3. Toastbrot gut ausdrücken. Gehacktes mit Eiern, Paprikamischung und Toastbrot gut vermengen. Die Masse mit Salz und Pfeffer, Paprikapulver und Kreuzkümmel würzen.
4. Die Hackfleischmasse zu 2 länglichen Laiben formen und nebeneinander in eine Fettfangschale (gefettet) legen. Die Laibe mit Olivenöl bestreichen.
5. Die Fettfangschale in den Backofen schieben. Während des Bratens nach und nach die Brühe hinzufügen.
   Ober-/Unterhitze: etwa 200 °C (vorgeheizt)
   Heißluft: etwa 180 °C (nicht vorgeheizt)
   Gas: Stufe 3–4 (nicht vorgeheizt)
   Garzeit: etwa 70 Minuten.
6. Nach Belieben zum Garnieren Salatblätter und Schnittlauch abspülen und trockentupfen. Paprika halbieren, entstielen, entkernen und die weißen Scheidewände entfernen. Paprika waschen, abtropfen lassen und in dünne Streifen schneiden. Den Braten heiß oder kalt in Scheiben geschnitten und mit Salatblättern, Paprikastreifen und Schnittlauchhalmen garniert servieren.

Räucherfischgratin

8–10 Portionen

Raffiniert

Pro Portion:
E: 20 g, F: 27 g, Kh: 37 g, kJ: 1989, kcal: 477

1,8 kg Kartoffeln
800 g rote Zwiebeln
3 EL Olivenöl
Salz
frisch gemahlener Pfeffer
120 g schwarze Oliven (ohne Stein)
2 Orangen
4 Pck. geräucherte Forellenfilets (je 125 g)

Für den Guss:
3 Becher (je 150 g) Crème fraîche
5 EL Orangensaft (von den Orangen)
5 EL mittelscharfer Senf
1 Prise Zucker
1 Pck. TK-Schnittlauch (25 g)

Zubereitungszeit: 45 Min.
Überbackzeit: 30–35 Min.

1. Kartoffeln gründlich waschen, mit Wasser bedeckt in einem Topf zum Kochen bringen und in 20–25 Minuten gar kochen. Kartoffeln abgießen, mit kaltem Wasser abschrecken, abtropfen lassen, pellen und abkühlen lassen.
2. In der Zwischenzeit Zwiebeln abziehen, halbieren und in Streifen schneiden. Öl in einer Pfanne erhitzen. Zwiebelstreifen darin unter gelegentlichem Wenden etwa 5 Minuten dünsten , mit Salz und Pfeffer würzen.
3. Oliven in dicke Ringe schneiden. Orangen so schälen, dass die weiße Haut mit entfernt wird. Die Fruchtfilets aus den Trennhäuten herausschneiden, dabei den Saft auffangen und 5 Esslöffel für den Guss abmessen. Die Orangenfilets mit den Zwiebeln mischen.
4. Forellenfilets der Länge nach halbieren, dabei evtl. Gräten entfernen. Die Kartoffeln in Scheiben schneiden und eine große, flache Auflaufform (gefettet) damit auslegen. Kartoffelscheiben mit Salz und Olivenringen bestreuen. Die Forellenfilets darauf legen. Die Zwiebel-Orangen-Mischung darüber verteilen.
5. Für den Guss Crème fraîche mit Orangensaft und Senf glatt rühren und mit Zucker, Salz und Pfeffer würzen. Schnittlauch unterrühren. Den Guss über die Zutaten in der Auflaufform gießen und etwas verstreichen. Die Form auf dem Rost in den Backofen schieben.
   Ober-/Unterhitze: etwa 200 °C (vorgeheizt)
   Heißluft: etwa 180 °C (vorgeheizt)
   Gas: Stufe 3–4 (vorgeheizt)
   Überbackzeit: 30–35 Minuten.

Tipp:
Statt Kartoffeln selber zu kochen, können Sie auch 5 Dosen (Abtropfgewicht je 360 g) vorgegarte Kartoffelscheiben verwenden.

Räucherfischgratin

Räucherfisch-Rahmsuppe

Räucherfisch-Rahmsuppe

8–10 Portionen

Schnell

Pro Portion:
E: 18 g, F: 26 g, Kh: 16 g,
kJ: 1578, kcal: 377

300 g Knollensellerie
2 Zwiebeln
60 g Butter
3 EL Weizenmehl
1,6 l Gemüsebrühe
1 Dose rote Bohnen
(Abtropfgewicht 550 g)
400 ml Fischfond
400 ml Schlagsahne
je 150 g Räucheraalfilet, Schillerlocken und geräuchertes Forellenfilet
½ Topf Kerbel
4 Dillstängel
Salz
frisch gemahlener Pfeffer

Zubereitungszeit: 65 Min.

1. Sellerie putzen, schälen, waschen und abtropfen lassen. Zwiebeln abziehen. Sellerie und Zwiebeln in kleine Würfel schneiden.
2. Butter in einem großen Topf erhitzen. Zwiebel- und Selleriewürfel darin andünsten.
3. Mehl darüber stäuben, verrühren und anschwitzen. Gemüsebrühe unter Rühren nach und nach hinzugießen, alles zum Kochen bringen und etwa 20 Minuten kochen lassen, dabei gelegentlich umrühren.
4. Bohnen in ein Sieb geben, kalt abspülen, abtropfen lassen und mit Fischfond und Sahne hinzufügen. Alles noch weitere 10 Minuten bei schwacher Hitze kochen lassen.
5. In der Zwischenzeit den Fisch in Stücke schneiden, in die Suppe geben und kurz erhitzen. Kräuter abspülen, trockentupfen und die Blättchen bzw. Spitzen von den Stängeln zupfen. Die Suppe mit Salz und Pfeffer würzen und mit den Kräutern bestreuen.

Tipp:
Sie können zusätzlich einige Kartoffelwürfel mitgaren.

Ravioliauflauf

8–10 Portionen

Einfach

Pro Portion:
E: 30 g, F: 43 g, Kh: 60 g,
kJ: 3178, kcal: 759

2 Pck. TK-Blattspinat (je 450 g)
100 g getrocknete Tomaten
4 Zwiebeln
3 Knoblauchzehen
50 g Butter
1,5 kg Ravioli (aus dem Kühlregal)
200 g Kochschinkenwürfel
500 ml (½ l) Hühnerbrühe
500 ml (½ l) Schlagsahne
2 Dosen passierte Tomaten (je 400 g)
Salz, frisch gemahlener Pfeffer
250 g geriebener Peccorino-Käse

Zubereitungszeit: 30 Min.,
ohne Auftauzeit
Garzeit: 30–40 Min. je Form

1. Blattspinat nach Packungsanleitung auftauen lassen. Getrocknete Tomaten in feine Streifen schneiden.
2. Zwiebeln und Knoblauch abziehen und in kleine Würfel schneiden. Butter in einer Pfanne zerlassen und die Zwiebel- und Knoblauchwürfel darin andünsten.
3. Jeweils die Hälfte der Ravioli und des Blattspinats in zwei große, flache Auflaufformen (gefettet) geben. Darauf die Zwiebel- und Knoblauchwürfel, die Tomatenstreifen und Schinkenwürfel verteilen.
4. Die Hühnerbrühe mit der Sahne und den passierten Tomaten verrühren, mit Salz und Pfeffer würzen und über den

Ravioliauflauf

Auflauf gießen. Den Ravioliauflauf mit Käse bestreuen. Die Formen nacheinander (bei Heißluft zusammen) auf dem Rost in den Backofen schieben.
Ober-/Unterhitze: etwa 200 °C (vorgeheizt)
Heißluft: etwa 180 °C (vorgeheizt)
Gas: Stufe 3–4 (vorgeheizt)
Garzeit: 30–40 Minuten je Form.

Reisauflauf mit Schafkäse

Reisauflauf mit Schafkäse

12 Portionen

Raffiniert

Pro Portion:
E: 29 g, F: 28 g, Kh: 45 g, kJ: 2351, kcal: 561

1,4 l Wasser
2 gestr. TL Salz
600 g Langkornreis

6 Tomaten (etwa 600 g)
2 Zucchini (etwa 400 g)
1 Topf Oregano
2 Knoblauchzehen
5 EL Olivenöl
800 g Lammhackfleisch oder Rinderhack-, oder halb Rind-/halb Schweinefleisch
Salz, frisch gemahlener Pfeffer
200 g Schafkäse
1 l Milch
12 Eier (Größe M)

Zubereitungszeit: 60 Min.
Garzeit: etwa 60 Min.

1. Wasser in einem Topf zum Kochen bringen. Salz und Reis hinzufügen und zugedeckt wieder zum Kochen bringen. Reis nach Packungsanleitung ausquellen lassen. Den garen Reis in ein Sieb geben und gut abtropfen lassen.
2. Tomaten waschen, abtrocknen, halbieren und die Stängelansätze herausschneiden. Zucchini waschen, abtrocknen und die Enden abschneiden. Zucchini und Tomaten in Würfel schneiden.
3. Oregano abspülen, trockentupfen und die Blättchen von den Stängeln zupfen. Einige Blättchen zum Garnieren beiseite legen. Restliche Blättchen fein hacken. Knoblauch abziehen und durch eine Knoblauchpresse drücken.
4. Olivenöl in einer großen Pfanne erhitzen. Hackfleisch darin anbraten, dabei die Fleischklümpchen mit einer Gabel etwas zerdrücken. Knoblauch dazugeben und mit Salz und Pfeffer würzen.
5. Schafkäse in Würfel schneiden oder zerkrümeln. Milch mit Eiern verschlagen und mit Salz und Pfeffer würzen.
6. Reis, Zucchini-, Tomatenwürfel, Oregano und Hackfleisch mischen, in eine große Auflaufform (gefettet) oder einen Bräter (gefettet) geben. Die Eiermilch über den Auflauf gießen. Schafkäse darauf verteilen. Die Form oder den Bräter auf dem Rost in den Backofen schieben.
   Ober-/Unterhitze: etwa 180 °C (vorgeheizt)
   Heißluft: etwa 160 °C (nicht vorgeheizt)
   Gas: Stufe 2–3 (nicht vorgeheizt)
   Garzeit: etwa 60 Minuten.
7. Den Auflauf vor dem Servieren mit den beiseite gelegten Oreganoblättchen garnieren.

Beilage: Gemischter Salat mit Oliven und milden Peperoni und Olivenbrot.

Reisnudeln mit Schweinefilet

8–10 Portionen

Raffiniert

Pro Portion:
E: 37 g, F: 15 g, Kh: 68 g,
kJ: 2328, kcal: 556

4 l Wasser
4 gestr. TL Salz
600 g Reisnudeln (Asialaden)
4 EL Sojaöl
10 EL Sojasauce
2 EL Currypulver
2 Stangen Porree (Lauch)
1 kg Schweinefilet
4 Knoblauchzehen
3 Zwiebeln
100 g Ingwerwurzel
2 EL Austernsauce (Asialaden)
2 gestr. TL Sambal Oelek
4 EL Sojasauce
1 TL Kreuzkümmel
2 EL Speisestärke
1 kg Chinakohl
4 EL Speiseöl, z. B. Sesamöl

Reisnudeln mit Schweinefilet

etwas Wasser
1 EL dunkles Sesamöl
Salzwasser
200 g Shrimps

Zubereitungszeit: 70 Min.
Garzeit: etwa 15 Min.
je Fettfangschale

1. Wasser in einem großen Topf mit geschlossenem Deckel zum Kochen bringen. Dann Salz und Nudeln zugeben. Die Nudeln nach Packungsanleitung gar ziehen lassen, zwischendurch umrühren.
2. Anschließend die Nudeln in ein Sieb geben, mit kaltem Wasser abspülen und abtropfen lassen. Die Nudeln mit einer Küchenschere etwas kleiner schneiden und in zwei Fettfangschalen (gefettet) verteilen. Sojaöl mit Sojasauce und Curry verrühren und die Nudeln damit beträufeln.
3. Porree putzen. Stangen längs halbieren, waschen, abtropfen lassen und in kleine Streifen schneiden.
4. Schweinefilet unter fließendem kalten Wasser abspülen, trockentupfen und in etwa 1 cm große Würfel schneiden. Knoblauch und Zwiebeln abziehen. Ingwer schälen, waschen und abtropfen lassen. Knoblauch, Zwiebeln und Ingwer in kleine Würfel schneiden. Ingwer-, Knoblauch-, Zwiebelwürfel, Austernsauce, Sambal Oelek, Sojasauce, Kreuzkümmel und Speisestärke zu den Filetwürfeln geben und gut vermengen.
5. Chinakohl putzen. Kohl vierteln und den Strunk herausschneiden. Kohl waschen, abtropfen lassen und in etwa 2 cm große Streifen schneiden.
6. Speiseöl in einer großen Pfanne erhitzen. Die Fleischmischung in 2 Portionen von allen Seiten darin anbraten, etwas Wasser und dunkles Sesamöl hinzugeben. Fleisch auf den Nudeln verteilen.
7. Salzwasser zum Kochen bringen. Die Chinakohlstreifen darin etwa 2 Minuten kochen. Porreestreifen hinzugeben und kurz mitkochen. Gemüse in einem Sieb abtropfen lassen und mit der Nudelmasse vermengen.
8. Die Fettfangschalen nacheinander (bei Heißluft zusammen) in den Backofen schieben und erhitzen.
   Ober-/Unterhitze: etwa 180 °C (vorgeheizt)
   Heißluft: etwa 160 °C (vorgeheizt)
   Gas: Stufe 2–3 (vorgeheizt)
   Garzeit: etwa 15 Minuten je Fettfangschale.
9. Shrimps unter fließendem kalten Wasser abspülen, trockentupfen und etwa 5 Minuten vor Ende der Garzeit auf den Nudeln verteilen.

Reissalat

12 Portionen

Schnell

Pro Portion:
E: 15 g, F: 14 g, Kh: 51 g,
kJ: 1647, kcal: 393

1,2 l Wasser
1 TL Salz
500 g Langkornreis
2 Gläser Champignonscheiben (Abtropfgewicht je 370 g)
1 Dose Ananasscheiben (Abtropfgewicht 480 g)
3 Dosen Mandarinen (Abtropfgewicht je 175 g)
500 g gekochter Schinken

Für die Sauce:
250 g Salatmayonnaise

Reissalat

150 g saure Sahne
etwas Mandarinensaft
Salz, Currypulver

Zubereitungszeit: 45 Min., ohne Durchziehzeit

1. Wasser in einem Topf zum Kochen bringen. Salz und Reis hinzufügen, zum Kochen bringen und nach Packungsanleitung garen (er muss noch körnig sein).
2. Den garen Reis in ein Sieb geben, mit kaltem Wasser übergießen, gut abtropfen und erkalten lassen.
3. Champignonscheiben, Ananasscheiben und Mandarinen in Sieben abtropfen lassen, dabei den Mandarinensaft auffangen. Ananas und Schinken in kleine Streifen schneiden.
4. Für die Sauce Mayonnaise mit saurer Sahne und etwas von dem Mandarinensaft verrühren und mit Salz und Curry würzen. Die Salatzutaten mit der Sauce vermengen, den Salat gut durchziehen lassen. Salat evtl. nochmals mit den Gewürzen abschmecken.

Dekotipp:
Es sieht dekorativ aus, wenn Sie den Salat in ausgehöhlte Ananashälften füllen und servieren. Dann das Fruchtfleisch verwenden, aber erst kurz vor dem Verzehr unter den Salat rühren.

Reistopf

12 Portionen

Beliebt

Pro Portion:
E: 29 g, F: 11 g, Kh: 25 g,
kJ: 1397, kcal: 334

4 rote Zwiebeln
4 Knoblauchzehen
8 EL Olivenöl
250 g Basmatireis
600 ml Hühner- oder Gemüsebrühe
1 1/2 kg Putengulasch
(aus der Keule)
Salz
frisch gemahlener Pfeffer
4 EL Sojasauce
1 1/2 l Tomatensaft
1 Dose Gemüsemais
(Abtropfgewicht 265 g)
1 Glas Champignons
(Abtropfgewicht 315 g)
2 Gläser Tomatenpaprika in Streifen
(Abtropfgewicht je 165 g)
Tabasco
1/2–1 TL gemahlener Koriander

Zubereitungszeit: 60 Min.

1. Zwiebeln und Knoblauch abziehen und in Würfel schneiden. 2 Esslöffel von dem Olivenöl in einem großen Topf erhitzen. Die Zwiebel- und Knoblauchwürfel darin andünsten. Den Reis hinzugeben und kurz mitdünsten. Brühe dazugießen, zum Kochen bringen und den Reis zugedeckt bei schwacher Hitze etwa 20 Minuten garen. Es darf zum Schluss nur noch wenig Garflüssigkeit übrig sein.
2. Putengulasch abspülen und trockentupfen. Das restliche Olivenöl portionsweise in einem Bräter erhitzen, das Putengulasch portionsweise darin anbraten. Das Fleisch mit Salz, Pfeffer und Sojasauce würzen.
3. Tomatensaft zu dem Fleisch gießen und zum Kochen bringen. Mais, Champignons und Tomatenpaprika in einem Sieb abtropfen lassen und dann ebenfalls hinzufügen. Das Ganze aufkochen lassen, dann etwa 5 Minuten garen und mit Salz, Pfeffer, Tabasco und Koriander würzen.
4. Den Reis in den Eintopf geben und evtl. nochmals mit Pfeffer, Tabasco und Koriander abschmecken.

Tipp:
Den Eintopf am Vortag vorbereiten und zugedeckt kühl stellen. Kurz vor dem Verzehr aufwärmen und dann erst den Reis hinzufügen. Nach Belieben Taco-Chips dazureichen.

Reistopf

Relish, provenzialisch

Relish, provenzialisch

8–10 Portionen (4–5 Gläser je 500 ml mit Twist-off-Deckeln®)

Mit Alkohol

Insgesamt:
E: 25 g, F: 6 g, Kh: 318 g,
kJ: 7651, kcal: 1809

je 2 gelbe und rote Paprikaschoten
400 g Zucchini
600 g Tomaten
400 g Auberginen
5 Knoblauchzehen
2 EL Tomatenmark
500 ml (1/2 l) trockener Weißwein
4 EL Weißweinessig
1/4 TL gerebelter Thymian
Salz
frisch gemahlener Pfeffer
250 g Extra Gelierzucker
2 Msp. Cayennepfeffer
2 Msp. Einmach-Hilfe

Zubereitungszeit: 45 Min.

1. Paprikaschoten halbieren, entstielen, entkernen und die weißen Scheidewände entfernen. Schoten waschen und abtropfen lassen. Tomaten kreuzweise einschneiden, mit kochendem Wasser übergießen, dann mit kaltem Wasser abschrecken und enthäuten. Tomaten halbieren und die Stängelansätze herausschneiden. Auberginen und Zucchini waschen, abtrocknen und die Stängelansätze bzw. Enden abschneiden.
2. Gemüse in feine Würfel schneiden und in einen großen Topf geben. Knoblauch abziehen, durch eine Knoblauchpresse drücken und zum Gemüse geben. Tomatenmark hinzufügen und mit Wein, Essig, Thymian, Salz und Pfeffer etwa 25 Minuten kochen lassen.
3. Gelierzucker unterrühren und 1 Minute kochen lassen (nach der Uhr!), mit Cayennepfeffer abschmecken.
4. Topf von der Kochstelle nehmen und Einmach-Hilfe unterrühren. Relish sofort randvoll in vorbereitete Gläser füllen. Gläser sofort mit Twist-off-Deckeln® verschließen, umdrehen und etwa 5 Minuten auf dem Deckel stehen lassen.

Tipp:
Wenn das Relish in 3–4 Tagen aufgebraucht wird, kann statt des Extra-Gelierzuckers auch brauner Zucker verwendet und die Einmach-Hilfe weggelassen werden.

Rheinisches Sauergulasch

8–10 Portionen

Deftig

Pro Portion:
E: 35 g, F: 10 g, Kh: 15 g,
kJ: 1269, kcal: 303

1,4 kg Rindfleisch (aus der Hüfte)
6–8 mittelgroße Zwiebeln
1 Pck. Sauerbratengewürz
350 ml Weißwein-Essig
500 ml (1/2 l) Wasser
50 g Butterschmalz
Salz
frisch gemahlener Pfeffer
125 g Rosinen
500 ml (1/2 l) Fleischbrühe
3 TL Bratenfond (Fertigprodukt aus dem Glas)
frisch gemahlener Pfeffer
etwas Zucker

Zubereitungszeit: 70 Min., ohne Marinierzeit
Garzeit: etwa 55 Min.

1. Rindfleisch unter fließendem kalten Wasser abspülen, trockentupfen, in etwa 3 cm große Würfel schneiden und in eine Schüssel geben.
2. Zwiebeln abziehen, halbieren, in Streifen schneiden und zu den Fleischwürfeln geben. Sauerbratengewürz darauf streuen. Essig und Wasser hinzugießen. Das Fleisch zugedeckt und kalt gestellt 1 Tag marinieren, dabei gelegentlich wenden.
3. Die Fleischwürfel aus der Marinade nehmen, gut abtropfen lassen oder trockentupfen. Die Marinade durch ein Sieb gießen, dabei die Marinade auffangen. Die Zwiebeln aus dem Sieb nehmen.

Rheinisches Sauergulasch

4. Butterschmalz in 2 Portionen in einem Topf zerlassen. Die Fleischwürfel in 2 Portionen darin anbraten, mit Salz und Pfeffer bestreuen. Zwiebeln zum Fleisch geben und mitbraten.
5. Rosinen in den Fleischtopf geben, etwas von der Marinade und der Fleischbrühe hinzufügen, zum Kochen bringen und zugedeckt etwa 50 Minuten schmoren lassen. Während der Schmorzeit nach und nach die restliche Marinade und Brühe zugießen.
6. Bratenfond unterrühren, alles zum Kochen bringen und etwa 5 Minuten schmoren lassen. Gulasch mit Salz, Pfeffer und Zucker abschmecken.

Beilage: Kartoffelknödel.

Tipp:
Sie können das Sauerbratengewürz auch in einen kleinen Papierbeutel (z. B. Teefilter) oder in ein Mulltuch geben, verschließen und in die Schüssel legen.

Riesenroulade

8–10 Portionen

Etwas Besonderes

Pro Portion:
E: 61 g, F: 63 g, Kh: 6 g,
kJ: 3726, kcal: 889

8 große Rinderrouladen
(je etwa 180 g)
3 geh. EL Dijon-Senf
Salz, frisch gemahlener Pfeffer
etwa 200 g durchwachsener Speck in Scheiben
6 Möhren
2 Gläser Champignonscheiben
(Abtropfgewicht je 340 g)
1 kg rohe grobe Bratwurst
2 Eier (Größe M)
½ Topf Schnittlauch
½ Topf Petersilie
2 EL Olivenöl
4 Zwiebeln
evtl. etwas Wasser
125 ml (⅛ l) Schlagsahne

Außerdem:
Küchengarn

Zubereitungszeit: 65 Min.
Gesamtgarzeit: etwa 90 Min.

1. Die Rinderrouladen unter fließendem kalten Wasser abspülen und trockentupfen. Rouladen auf der Arbeitsfläche so nebeneinander legen, dass sich die Längsseiten leicht überlappen und eine große Fleischplatte entsteht. Die Fleischplatte mit Senf bestreichen und mit Salz und Pfeffer bestreuen. Die Speckscheiben darauf verteilen.
2. Möhren putzen, schälen, abspülen, abtropfen lassen und längs in Achtel schneiden. Champignonscheiben in einem Sieb abtropfen lassen. Kräuter abspülen und trockentupfen. Schnittlauch in Röllchen schneiden. Von der Petersilie die Blättchen von den Stängeln zupfen. Einige Blättchen zum Garnieren beiseite legen, die restlichen Blättchen fein hacken.
3. Bratwurstbrät aus der Haut in eine Schüssel drücken und mit Eiern, Kräutern und Champignonscheiben verrühren. Die Masse evtl. mit Salz und Pfeffer würzen und auf der Fleischplatte verteilen. Die Hälfte der Möhrenstifte darauf legen.
4. Das Fleisch von der langen Seite her aufrollen, mit Küchengarn zusammenbinden, in eine Fettfangschale (gefettet) legen und mit Öl bestreichen. Die Fettfangschale in den Backofen schieben.

Riesenroulade

Ober-/Unterhitze: etwa 200 °C (vorgeheizt)
Heißluft: etwa 180 °C (vorgeheizt)
Gas: Stufe 3–4 (vorgeheizt)
Garzeit: etwa 30 Minuten.

5. In der Zwischenzeit Zwiebeln abziehen und in grobe Stücke schneiden.
6. **Die Backofentemperatur um etwa 30 °C (Gas um 1–2 Stufen) reduzieren,** die Zwiebelstücke und die restlichen Möhrenstifte mit in die Fettfangschale legen. Fleisch und Gemüse **weitere 60 Minuten garen.** Während der Garzeit evtl. etwas Wasser hinzufügen.
7. Das gare Fleisch aus der Fettfangschale nehmen und zugedeckt etwa 10 Minuten ruhen lassen.
8. Den Bratensatz mit dem Gemüse in einen Topf geben. Sahne hinzufügen, einmal aufkochen lassen und pürieren. Evtl. noch etwas Wasser hinzufügen und die Sauce mit den Gewürzen abschmecken.
9. Das Küchengarn entfernen. Das Fleisch in Scheiben schneiden, auf einer vorgewärmten Platte anrichten, mit den beiseite gelegten Petersilienblättchen garnieren und mit der Sauce servieren.

Beilage: Salzkartoffeln und Spitzkohlgemüse.

Rezeptvorschläge für ein Einweihungs-Party-Buffet

Für ein Einweihungs-Party-Buffet benötigen Sie für 10–12 Personen:

1,5 x Rezept Rinderchili, Seite 298
1 x Rezept Salat mit Hähnchenbrustfilet, Seite 313
1 x Rezept Wirsinggulasch in Balsamicosauce, Seite 412
1 x Rezept Texanische Pizza, Seite 375

Außerdem:

Etwa 1,5 kg gemischtes Brot.

Vorbereitungen am Vortag:

- Rinderchili fertig zubereiten, erkalten lassen und kalt stellen.

Vorbereitungen am Tag der Party:

4 Stunden vorher:
- Für das Wirsinggulasch Punkt 1 und 2 zubereiten. Die Kartoffelwürfel mit Wasser bedecken.

3 Stunden vorher:
- Für den Salat mit Hähnchenbrustfilet Punkt 1,2,3 und 5 zubereiten.

2 Stunden vorher:
- Für die Texanische Pizza Punkt 1 bis 3 zubereiten, die Pizzen jedoch noch nicht in den Backofen schieben.

Etwa 1 Stunde vorher:
- Das Wirsinggulasch fertig zubereiten.
- Die Texanische Pizza backen.
- Das Rinderchili erhitzen.
- Den Hähnchenbrustsalat fertig zubereiten.
- Alle Gerichte anrichten.
- Das Brot aufschneiden.

Es eignen sich auch folgende zusätzliche Rezepte:

1 x Rezept Zwölfersalat, Seite 425
1 x Rezept Spanische Bauernsuppe, Seite 360
1 x Rezept Schichtsalat mit Bohnen, Seite 325
1 x Rezept Schlemmerbraten, Seite 328

Außerdem:

Etwa 1,8 kg gemischtes Brot oder Brötchen.

Rinderchili

8–10 Portionen

Einfach

Pro Portion:

E: 38 g, F: 18 g, Kh: 19 g,
kJ: 1649, kcal: 393

1,4 kg Rindfleisch aus der Schulter
Salz
frisch gemahlener Pfeffer
5 EL Olivenöl
2 Gemüsezwiebeln (etwa 700 g)
1 Dose Tomatenstücke (Einwaage 400 g)
200 ml milde Chilisauce
1 Bund glatte Petersilie
2 Dosen Chili-Bohnen (Abtropfgewicht je 425 g)
1/2–1 TL Chilipulver
je 1 rote und grüne Chilischote nach Belieben

Zubereitungszeit: 75 Min.
Garzeit: etwa 1 Std.

1. Rindfleisch unter fließendem kalten Wasser abspülen, trockentupfen und in 2 cm große Würfel schneiden. Fleischwürfel mit Salz und Pfeffer bestreuen.
2. Öl in 2 Portionen in einem Bräter erhitzen. Fleischwürfel in 2 Portionen von allen Seiten darin anbraten.
3. Zwiebeln abziehen, in kleine Würfel schneiden, zu den Fleischwürfeln geben und mitbraten. Tomatenstücke mit Flüssigkeit und Chilisauce hinzugeben. Die Zutaten zum Kochen bringen und zugedeckt bei schwacher Hitze etwa 1 Stunde garen. Eingekochte Flüssigkeit evtl. durch Wasser ergänzen.
4. Petersilie abspülen und trockentupfen. Die Blättchen von den Stängeln zup-

Rinderchili

fen, einige Blättchen zum Garnieren beiseite legen. Restliche Blättchen fein hacken. Chili-Bohnen mit Flüssigkeit und der Petersilie zum Rindfleisch geben und aufkochen lassen. Rinderchili nochmals mit den Gewürzen scharf abschmecken. Chili mit den beiseite gelegten Petersilienblättchen und nach Belieben mit Chilischoten garniert servieren.

Beilage: Kleine Ciabatta- oder Graubrotscheiben mit Paprikaquark. Für den Paprikaquark 250 g Magerquark mit 1 Teelöffel Paprikapulver edelsüß verrühren und mit Salz und Pfeffer abschmecken.

Rinderfilettoast

10 Stück

Beliebt

Pro Stück:
E: 26 g, F: 18 g, Kh: 23 g, kJ: 1498, kcal: 359

200 g Zuckerschoten
150 ml Wasser
½ gestr. TL Salz
2 Pck. Baby-Möhren (je 250 g, aus dem Kühlregal)
2 EL Zucker
10 Scheiben Rinderfilet (je etwa 100 g)
6 EL Rapsöl
Salz
frisch gemahlener Pfeffer
10 Scheiben Doppelback-Brot
1 Bund Petersilie
2 Pck. Sauce Hollandaise (je 250 ml, Tetrapak)

Zubereitungszeit: 45 Min.
Backzeit: etwa 5 Min. je Backblech

1. Von den Zuckerschoten die Enden abschneiden und die Schoten evtl. abfädeln. Schoten waschen und abtropfen lassen. Wasser mit Salz in einem Topf zum Kochen bringen. Schoten hinzufügen und etwa 1 Minute blanchieren. Anschließend die Schoten mit einem Schaumlöffel herausnehmen, in ein Sieb geben, mit kaltem Wasser übergießen und gut abtropfen lassen.
2. Wasser wieder zum Kochen bringen. Möhren und Zucker hinzugeben. Möhren etwa 4 Minuten garen. Dann die Möhren in ein Sieb geben und gut abtropfen lassen.
3. Filetscheiben unter fließendem kalten Wasser abspülen und trockentupfen. Rapsöl in einer großen Pfanne erhitzen. Die Filetscheiben darin von jeder Seite etwa 4 Minuten braten und mit Salz und Pfeffer würzen.
4. Brotscheiben toasten und auf 2 Backbleche (mit Backpapier belegt) legen. Zuerst die Zuckerschoten auf den Brotscheiben verteilen, je eine Filetscheibe darauf legen und mit den Möhren belegen. Die Backbleche nacheinander (bei Heißluft zusammen) in den Backofen schieben.
   Ober-/Unterhitze: etwa 200 °C (vorgeheizt)
   Heißluft: etwa 180 °C (vorgeheizt)
   Gas: Stufe 3–4 (vorgeheizt)
   Backzeit: etwa 5 Minuten je Backblech.
5. Petersilie abspülen, trockentupfen, die Blättchen von den Stängeln zupfen und fein hacken.
6. Sauce Hollandaise nach Packungsanleitung zubereiten. Die gebackenen Toasts mit der Sauce übergießen und, mit Petersilie bestreut, sofort servieren.

Rinderfilettoast

Rindergulasch mit Feta

Rindergulasch mit Feta

8–10 Portionen

Raffiniert

Pro Portion:
E: 35 g, F: 15 g, Kh: 6 g,
kJ: 1252, kcal: 299

1,2 kg mageres Rindfleisch (ohne Knochen)
6 EL Olivenöl
4 EL Tomatenmark
$^1/_2$ TL gemahlener Kreuzkümmel
1 Zimtstange
Salz, frisch gemahlener Pfeffer
750 ml ($^3/_4$ l) heißes Wasser
800 g kleine Zwiebeln

Zum Bestreuen:
250 g Feta-Käse

Zubereitungszeit: 50 Min.
Garzeit: etwa 1 $^1/_2$ Std.

1. Rindfleisch unter fließendem kalten Wasser abspülen, trockentupfen und in etwa 2 cm große Würfel schneiden. Olivenöl in 2 Portionen in einer großen Pfanne erhitzen. Die Fleischwürfel in 2 Portionen darin anbraten. Tomatenmark hinzufügen und kurz mit andünsten, mit Kreuzkümmel, Zimtstange, Salz und Pfeffer würzen. Wasser hinzugießen.
2. Die Zutaten zum Kochen bringen und zugedeckt etwa 1 $^1/_2$ Stunden garen.
3. Zwiebeln abziehen und nach etwa 45 Minuten Garzeit zum Gulasch geben. Rindergulasch zu Ende garen. Zimtstange entfernen. Gulasch mit den Gewürzen abschmecken.
4. Käse zerbröseln und auf das Gulasch streuen.

Beilage: Spätzle, Paprikareis oder Baguette.

Tipp:
Nach Belieben mit Minzeblättchen garniert servieren.

Rinderrouladen, süß-sauer

8 Stück

Mit Alkohol

Pro Portion:
E: 52 g, F: 26 g, Kh: 17 g,
kJ: 2197, kcal: 525

150 g Schalotten
200 g gemischtes Backobst
1 Bund glatte Petersilie
500 g Thüringer Mett
1 TL getrockneter Majoran
8 Rinderrouladen (aus der Keule, je 180–200 g)
Salz
frisch gemahlener Pfeffer
40 g Butterschmalz
300 ml heiße Gemüsebrühe
200 ml trockener Rotwein
2 Lorbeerblätter
2 gestr. EL Speisestärke
3 EL Wasser

Außerdem:
Holzstäbchen
oder Küchengarn

Zubereitungszeit: 45 Min.
Schmorzeit: 1 $^3/_4$ Std.

Rinderrouladen, süß-sauer

1. Schalotten abziehen und in feine Spalten schneiden. Backobst in kleine Stücke schneiden.
2. Petersilie abspülen und trockentupfen. Die Blättchen von den Stängeln zupfen. Einige Blättchen zum Garnieren beiseite legen. Restliche Blättchen fein hacken.
3. Mett in eine Schüssel geben. Majoran und Petersilie unterkneten.
4. Rouladen unter fließendem kalten Wasser abspülen und trockentupfen, mit Salz und Pfeffer bestreuen. Die Mettmasse auf den Fleischscheiben verteilen, von der schmalen Seite her aufrollen und mit Holzstäbchen feststecken oder Küchengarn zusammenbinden.
5. Butterschmalz in einem Bräter erhitzen. Die Rouladen darin von allen Seiten gut anbraten und herausnehmen. Brühe zum Bratensatz gießen und zum Kochen bringen, weiterkochen, bis sich der Bratensatz gelöst hat. Backobststückchen, Schalottenspalten, Rotwein, Lorbeerblätter und die angebratenen Rouladen hinzugeben. Rouladen zugedeckt bei schwacher Hitze etwa 1 $^3/_4$ Stunden schmoren. Die garen Rouladen herausnehmen (Holzstäbchen oder Küchengarn entfernen), auf einer vorgewärmten Platte anrichten und zugedeckt warm stellen.
6. Speisestärke mit Wasser anrühren. Angerührte Speisestärke unter Rühren in den Bratensaft geben, zum Kochen bringen und etwa 1 Minute kochen lassen. Sauce mit Salz und Pfeffer abschmecken. Lorbeerblätter entfernen.
7. Die Rouladen mit der Sauce servieren, mit den beiseite gestellten Petersilienblättchen garnieren.

Beilage: Semmelknödel oder Knödel aus rohen Kartoffeln.

Rezeptvorschläge für ein Mittags-Familien-Party-Buffet

Für eine Familienfeier mit Mittagessen benötigen Sie für 10–12 Personen:

1 x Rezept **Rinderrouladen, süß-sauer**, Seite 300
1 x Rezept **Frischkäse-Pesto-Kugeln**, Seite 87
1 x Rezept **Selleriecremesuppe mit Knoblauchcroûtons**, Seite 353
1 x Rezept **Apfelauflauf**, Seite 9

Außerdem:

Etwa 3 kg TK-Brechbohnen, 100 g Butter, 1 Topf Petersilie, 4 Pck. Semmelknödel im Kochbeutel (je 6 Stück).

Vorbereitungen am Vortag:

- Frischkäse-Pesto-Kugeln bis Punkt 3 zubereiten, auf ein mit Backpapier belegtes Blech legen, zudecken und kalt stellen. Rucola putzen, waschen, trockenschleudern und in einen Gefrierbeutel geben, kühl lagern.
- Selleriecremesuppe und Croûtons zubereiten. Suppe erkalten lassen, kalt stellen.
- Rinderrouladen bis Punkt 6 zubereiten. Rouladen in der Sauce abkühlen lassen und kalt stellen.

Vorbereitungen am Tag der Party:

2 Stunden vorher:	• Für den Apfelauflauf Punkt 1,2 und 3 zubereiten.
1–2 Stunden vorher:	• Für die Bohnen Salzwasser zum Kochen bringen. Die Bohnen hinzugeben und 8–10 Minuten kochen lassen. Bohnen abgießen, abtropfen lassen und zugedeckt beiseite stellen. Petersilie abspülen, trockentupfen und die Blättchen von den Stängeln zupfen. Blättchen fein hacken.
1 Stunde vorher:	• Rouladen in der Sauce langsam erhitzen und fertig zubereiten. Pesto-Kugeln auf Rucola anrichten und garnieren. Suppe langsam erhitzen. Knödel nach Packungsanleitung zubereiten. Butter in einer großen Pfanne zerlassen. Bohnen darin zugedeckt langsam erhitzen, mit Salz und Pfeffer abschmecken. Petersilie unterrühren. Auflauf zum Backen (Punkt 4) vorbereiten. Kresse abspülen, trockentupfen und abschneiden. Wenn das Essen beginnt, den Auflauf in den Backofen schieben.

Nacheinander Frischkäse-Pesto-Kugeln, Suppe mit Croûtons, Kresse sowie Rouladen mit Bohnen und Semmelknödel servieren. Dann den Apfelauflauf servieren.

Rindfleischtopf mit Rotwein

8–10 Portionen

Mit Alkohol

Pro Portion:
E: 35 g, F: 14 g, Kh: 14 g,
kJ: 1466, kcal: 350

1,4 kg Rindfleisch aus der Schulter (ohne Knochen)
5 EL Speiseöl, z. B. Sonnenblumenöl
3 EL Tomatenmark
1,5 l Fleischbrühe
4 Möhren (etwa 400 g)
2 Kohlrabi (etwa 400 g)
$^1/_2$ Knollensellerie (300 g)
500 g fest kochende Kartoffeln
2 Gemüsezwiebeln (etwa 400 g)
400 ml trockener Rotwein
Salz, frisch gemahlener Pfeffer
2 TL gerebelter Thymian
1 EL mittelscharfer Senf

Zubereitungszeit: 65 Min.
Garzeit: etwa 1 $^1/_2$ Std.

1. Rindfleisch unter fließendem kalten Wasser abspülen, trockentupfen und in kleine Würfel schneiden. Jeweils die Hälfte des Speiseöls in einem Bräter erhitzen. Fleischwürfel in 2 Portionen von allen Seiten gut darin anbraten. Tomatenmark unterrühren und kurz mit andünsten. Etwas von der Brühe hinzugießen, zum Kochen bringen, unter gelegentlichem Rühren etwas einkochen lassen.
2. Möhren, Kohlrabi und Sellerie putzen, schälen, waschen, abtropfen lassen und in große Würfel schneiden. Kartoffeln schälen, abspülen und ebenfalls in große Würfel schneiden. Zwiebeln abziehen und fein würfeln.
3. Vorbereitete Gemüsewürfel zu den Fleischwürfeln geben und mit andünsten. Restliche Brühe und Rotwein hinzugießen, mit Salz, Pfeffer, Thymian und Senf würzen. Die Zutaten zum Kochen bringen und zugedeckt bei schwacher Hitze etwa 1 $^1/_2$ Stunden kochen lassen.
4. Den Rindfleischtopf mit den Gewürzen abschmecken und sofort servieren.

Rindfleischtopf mit Rotwein

Beilage: Bauernbrot oder ofenfrisches Baguette.

Abwandlung:
Der Rindfleischtopf kann auch mit einer anderen Gemüsemischung zubereitet werden, wie z. B. mit 3 Stangen Staudensellerie, 500 g Möhren, 500 g enthäuteten, geviertelten Tomaten, 5 großen Zwiebeln und 1 Glas (200 g) schwarzen Oliven. Dann den Rotwein durch 1 l Gemüsebrühe und 250 ml ($^1/_4$ l) Weißwein ersetzen. Zusätzlich mit je 1 Esslöffel Thymian-, Rosmarin- und Petersilienblättchen würzen.

Tipp:
Den Fleischtopf können Sie auch mit Schweine- oder Lammschulter zubereiten. Noch würziger schmeckt er, wenn die Fleischstücke am Vortag in Rotwein eingelegt werden.

Rindfleischtopf nach Sauerbratenart

Rindfleischtopf nach Sauerbratenart

8–10 Portionen

Raffiniert - mit Alkohol

Pro Portion:
E: 32 g, F: 11 g, Kh: 60 g,
kJ: 2061, kcal: 490

1,2 kg Rindfleisch aus der Keule, ohne Knochen

Für die Marinade:
1 Bund Suppengrün (Möhren, Porree, Knollensellerie)
200 ml trockener Rotwein, z. B. Burgunder
200 ml Fleischbrühe
5 EL Rotweinessig
2 Gewürznelken
4 Wacholderbeeren
1 TL Pfefferkörner

500 g Dörrobst (Pflaumen, Äpfel, Aprikosen, Rosinen)
4 EL Olivenöl
2 EL Tomatenmark (etwa 50 g)
Salz
frisch gemahlener Pfeffer
1 Pck. Kartoffelklöße, halb und halb für 12 Klöße (Fertigprodukt zum Anrühren)

**Zubereitungszeit: 50 Min.,
ohne Marinierzeit
Garzeit: etwa 90 Min.**

1. Rindfleisch unter fließendem kalten Wasser abspülen, trockentupfen und in gleich große Würfel schneiden. Rindfleischwürfel in eine große flache Schale legen.
2. Für die Marinade Suppengrün putzen, schälen, waschen, abtropfen lassen und in kleine Würfel schneiden.
3. Rotwein mit Brühe und Essig in einem Topf verrühren. Nelken, Wacholderbeeren und Pfefferkörner mit einem Mörser fein zerstoßen und hinzugeben. Gemüsewürfel ebenfalls in die Marinade geben. Die Zutaten unter Rühren aufkochen und anschließend erkalten lassen. Rindfleischwürfel mit der Marinade übergießen und zugedeckt über Nacht kalt stellen.
4. Dörrobst in lauwarmem Wasser einweichen. Rindfleischwürfel aus dem Sud nehmen und etwas abtropfen lassen, evtl. trockentupfen.
5. Olivenöl portionsweise in einem Bräter erhitzen. Rindfleischwürfel darin portionsweise von allen Seiten kräftig anbraten. Tomatenmark hinzufügen. Die Marinade mit den Gemüsewürfeln hinzugießen. Die Zutaten zum Kochen bringen und zugedeckt etwa 90 Minuten garen. Ab und zu umrühren.
6. Dörrobst in einem Sieb abtropfen lassen. Nach etwa 45 Minuten Garzeit das Dörrobst in den Rindfleischtopf geben. Rindfleischtopf zu Ende garen, mit Salz und Pfeffer abschmecken.
7. Kartoffelklöße nach Packungsanleitung zubereiten, kleine Klöße daraus formen und in siedendem Wasser garen. Wenn die Klöße an der Oberfläche schwimmen, mit einer Schaumkelle herausnehmen und in den garen Rindfleischtopf geben.

Rippe mit Backobst

8–10 Portionen

Mit Alkohol

Pro Portion:
**E: 49 g, F: 17 g, Kh: 69 g,
kJ: 2836, kcal: 676**

250 ml (¹/₄ l) Wasser
250 ml (¹/₄ l) Madeira (portugiesischer Likörwein)
1 Zimtstange
3 Gewürznelken
1 kg gemischtes Backobst
2 Stücke Schweine- oder Kasseler Rippe (je 1,3 kg, mit eingeschnittener Tasche)
Salz
frisch gemahlener Pfeffer
2 gestr. TL Paprikapulver edelsüß

Außerdem:
Küchengarn
2 Stücke Bratschlauch

**Zubereitungszeit: 50 Min.,
ohne Abkühlzeit
Garzeit: etwa 90 Min.**

1. Wasser mit Madeira, Zimt und Gewürznelken in einem Topf zum Kochen bringen. Backobst hinzufügen, zum Kochen bringen und etwa 10 Minuten bei schwacher Hitze kochen, dabei gelegentlich umrühren. Das Backobst in der Flüssigkeit etwas abkühlen und dann abtropfen lassen, dabei die Flüssigkeit auffangen. Zimt und Nelken entfernen.
2. Fleisch unter fließendem kalten Wasser abspülen, trockentupfen und innen und außen mit Salz, Pfeffer und Paprikapulver einreiben. Das Backobst in die beiden Fleischtaschen füllen und die Öffnungen mit Holzstäbchen und Küchengarn verschließen. Jedes Fleischstück in ein Stück Bratschlauch legen. Die Bratschläuche verschließen (Packungsanleitung beachten) und auf ein oder zwei Backbleche legen. Das Backblech oder die Backbleche nacheinander (bei Heißluft zusammen) in den kalten Backofen schieben.
   Ober-/Unterhitze: etwa 200 °C (nicht vorgeheizt)
   Heißluft: etwa 180 °C (nicht vorgeheizt)
   Gas: Stufe 3–4 (nicht vorgeheizt)
   Garzeit: etwa 90 Minuten je Blech.
3. Das Backblech aus dem Backofen nehmen und das gare Fleisch etwa 10 Minuten ruhen lassen. Erst dann die Bratschläuche öffnen, das Fleisch in Scheiben schneiden und auf einer Platte anrichten. Das Fleisch nach Belieben mit übrig gebliebenem Backobst und der erhitzten Einweichflüssigkeit (evtl. mit etwas Speisestärke angedickt) servieren.

Tipp:
Bei Kasseler Rippe das Fleisch nicht salzen.

Beilage: Bauernbrot.

Rippe mi Backobst

Rezeptvorschläge für ein Cocktail-Party-Buffet

Für ein Cocktail-Party-Buffet benötigen Sie für 10–12 Personen:
1,5 x Rezept Roastbeef mit Kräutern, Seite 304
1 x Rezept Pizzastreifen, Seite 271
1 x Rezept Tortenbrie, gefüllt, Seite 386
1 x Rezept Kürbis-Chutney, Seite 196
1 x Rezept Relish provenzalisch, Seite 296

Außerdem:
Etwa 1,5 kg gemischtes Brot und Brötchen.

Rezeptvorschläge für Cocktails:
10–12 x Rezept Caipirinha, Seite 43
10–12 x Rezept Margarita , Seite 219
10–12 x Rezept Apfelsaft-Cocktail, Seite 11

Vorbereitungen am Vortag:
- Das Kürbis-Chutney fertig zubereiten, erkalten lassen und kalt stellen.
- Das Relish provenzalisch fertig zubereiten, erkalten lassen und kalt stellen.
- Tortenbrie bis Punkt 4 zubereiten und kalt stellen.
- Das Roastbeef fertig zubereiten, jedoch nicht aufschneiden und kalt stellen.
- Eiswürfel für die Cocktails zubereiten.

Vorbereitungen am Tag der Party:

3–4 Stunden vorher:	• Den Pizzateig auftauen lassen.
1–2 Stunden vorher:	• Den Tortenbrie anrichten und garnieren.
	• Roastbeef aufschneiden und anrichten.
	• Chutney und Relish umfüllen.
1 Stunde vorher:	• Pizzastreifen backen und fertig stellen.

Relish zum Roastbeef servieren, Chutney zum Tortenbrie.
Während der Party die Cocktails zubereiten.

Es eignen sich auch folgende zusätzliche Rezepte:
1 x Rezept Brot mit Käsefüllung, Seite 40
1 x Rezept Antipasti-Platte, Seite 8
1 x Rezept Fenchel auf Möhren-Orangen-Salat, Seite 74
1,5 x Rezept Kartoffel-Schinken-Tortilla, Seite 179

10–12 x Rezept Planters Punch, Seite 272
10–12 x Rezept Tequila Sunrise, Seite 373
10–12 x Rezept Ipanema, Seite 147

Roastbeef mit Kräutern

8–10 Portionen

Gut vorzubereiten

Pro Portion:
E: 30 g, F: 8 g, Kh: 0 g,
kJ: 800, kcal: 191

1,2 kg Roastbeef (im Stück)

Für die Marinade:
4 Knoblauchzehen
1 Bund glatte Petersilie
½ Topf Basilikum
3 Staudenselleriebätter
1 TL gerebelter Majoran
1 TL gerebelter Thymian
125 ml (⅛ l) Olivenöl
2 TL mittelscharfer Senf
Salz
frisch gemahlener Pfeffer
4 EL Olivenöl

Zubereitungszeit: 35 Min.,
ohne Marinierzeit
Garzeit: etwa 2 Std.

1. Roastbeef unter fließendem kalten Wasser abspülen, trockentupfen und evtl. die Fettseite mit einem Messer in etwa 2 cm breiten Abständen der Länge nach etwa 1 cm tief einschneiden. Das Roastbeef in eine flache Schale legen.
2. Für die Marinade Knoblauch abziehen und durch die Knoblauchpresse drücken. Petersilie, Basilikum und Sellerieblätter abspülen und trockentupfen. Petersilien- und Basilikumblättchen von den Stängeln zupfen. Petersilien-, Basilikum- und Sellerieblätter in feine Streifen schneiden.
3. Knoblauch mit allen Kräutern, Öl, Senf, Salz und Pfeffer verrühren und über das Fleisch geben. Das Fleisch zuge-

Roastbeef mit Kräutern

deckt und kalt gestellt über Nacht marinieren. Fleisch gelegentlich wenden.

4. Das Fleisch aus der Marinade nehmen und etwas trockentupfen, damit die Kräuter nicht verbrennen. Öl in einem Bräter erhitzen. Das Roastbeef darin rundherum gut anbraten. Den Bräter ohne Deckel auf dem Rost in den Backofen schieben.
   Ober-/Unterhitze: etwa 120 °C (vorgeheizt)
   Heißluft: etwa 100 °C (vorgeheizt)
   Gas: etwa Stufe 1 (vorgeheizt)
   Garzeit: etwa 2 Stunden.
5. Während der Garzeit das Fleisch immer wieder mit der Marinade bestreichen.
6. Das gare Fleisch aus dem Bräter nehmen und etwa 10 Minuten zugedeckt ruhen lassen. Das Fleisch dann in dünne Scheiben schneiden und lauwarm oder kalt servieren.

Beilage: Remouladensauce und Baguette.

Tipp:
Bei der geringen Hitzezufuhr bleibt das Fleisch besonders saftig, da der Fleischsaft nicht austritt, sondern im Fleisch verbleibt.

Rolle-Rückwärts-Spieße

10 Stück

Für Kinder

Pro Stück:
E: 25 g, F: 3 g, Kh: 1 g,
kJ: 563, kcal: 135

20 Cocktailtomaten (350 g)
200 g Zucchini
1 kg Putenbrust (vom Metzger in etwa 30 hauchdünne, kleine Scheiben geschnitten)
Salz
frisch gemahlener Pfeffer
1 Pck. TK-Schnittlauch
6 EL Olivenöl

Außerdem:
10 Schaschlikspieße

Zubereitungszeit: 40 Min.

1. Tomaten waschen und abtrocknen. Zucchini waschen, abtrocknen und die Enden abschneiden. Zucchini in 20 Scheiben schneiden.
2. Die Putenfleischscheiben mit Salz, Pfeffer und Schnittlauch bestreuen und aufrollen. Auf die Spieße abwechselnd je 3 Putenröllchen, 2 Cocktailtomaten und 2 Zucchinischeiben spießen. Die Spieße mit Salz und Pfeffer bestreuen.
3. Öl portionsweise in einer Pfanne erhitzen. Die Spieße portionsweise darin von beiden Seiten etwa 10 Minuten braten.

Beilage: Tomatenreis oder Kräuterbaguette.

Abwandlung:
Anstelle von Cocktailtomaten und Zucchinischeiben eignen sich auch Zwiebelviertel, Paprikastücke oder Maiskölbchen (aus dem Glas).

Tipp:
Die Spieße eignen sich auch für eine Grillparty im Freien.

Rolle-Rückwärts-Spieße

Roquefort-Apfel-Toast

Roquefort-Apfel-Toast
10 Stück

Klassisch

Pro Stück:
E: 11 g, F: 20 g, Kh: 19 g,
kJ: 1277, kcal: 305

4 säuerliche Äpfel, z. B. Boskop
500 ml (1/2 l) Wasser
2 EL Zitronensaft
200 g Roquefort- oder anderer Blauschimmel-Käse
10 Scheiben Weißbrot
100 g weiche Butter
150 g frisch geriebener Parmesan-Käse

Zubereitungszeit: 50 Min.
Backzeit: etwa 8 Min. je Blech

1. Äpfel waschen, abtrocknen und schälen. Das Kerngehäuse der Äpfel mit einem Apfelausstecher ausstechen. Äpfel in etwa 1/2 cm dicke Ringe schneiden.
2. Wasser mit Zitronensaft in einem Topf zum Kochen bringen und die Apfelringe darin 4 Minuten kochen. Apfelringe mit einem Schaumlöffel herausnehmen und in einem Sieb gut abtropfen lassen. Roquefort-Käse in dünne Scheiben schneiden.
3. Weißbrotscheiben toasten, mit Butter bestreichen und auf 2 Backbleche (mit Backpapier belegt) legen. Je 2 Apfelringe auf eine Weißbrotscheibe legen, dann die Roquefort-Käsescheiben darauf legen, mit Parmesan-Käse bestreuen.
4. Die Backbleche nacheinander (bei Heißluft zusammen) in den Backofen schieben.
   Ober-/Unterhitze: etwa 220 °C (vorgeheizt)
   Heißluft: etwa 200 °C (vorgeheizt)
   Gas: Stufe 4–5 (vorgeheizt)
   Backzeit: etwa 8 Minuten je Blech.

Abwandlung:
Bereiten Sie den Toast statt mit Äpfeln mit Birnen aus der Dose zu. Lassen Sie 2 Dosen Birnenhälften (Abtropfgewicht je 460 g) in einem Sieb gut abtropfen. Schneiden Sie die Birnenhälften in dickere Spalten. Bestreichen Sie die Toastscheiben anstatt mit Butter mit Doppelrahm-Frischkäse und belegen diese abwechselnd mit Birnenspalten und Blauschimmel-Käse in Scheiben. Nach dem Backen können Sie die Toasts mit je 1 Teelöffel Preiselbeeren garnieren.

Tipp:
Sie können die Apfelringe statt in Zitronenwasser auch in Weißwein kochen.

Rosenkohltorte mit Kasseler
10–12 Stück

Preiswert

Pro Stück:
E: 18 g, F: 25 g, Kh: 25 g,
kJ: 1684, kcal: 402

Für den Hefeteig:
300 g Weizenmehl
1 Pck. Dr. Oetker Trockenbackhefe
1/2 TL Zucker
1 TL Salz
150 ml lauwarme Milch
60 g zerlassene, abgekühlte Butter

Für den Belag:
1,2 kg Rosenkohl
Salz, frisch gemahlener Pfeffer
250 g Kasselerkotelett (ohne Knochen)
1 Bund Petersilie
4 Eier (Größe M)
400 g Schmand
125 ml (1/8 l) Schlagsahne
frisch geriebene Muskatnuss
150 g geriebener Emmentaler-Käse

Zubereitungszeit: 60 Min., ohne Teiggehzeit
Garzeit: etwa 40 Min.

1. Für den Hefeteig Mehl in eine Rührschüssel sieben, mit Hefe sorgfältig vermischen. Zucker, Salz, Milch und Butter hinzufügen.
2. Die Zutaten mit Handrührgerät mit Knethaken zunächst auf niedrigster, dann auf höchster Stufe in etwa 5 Minuten zu einem Teig verarbeiten. Den Teig zugedeckt so lange an einem warmen Ort gehen lassen, bis er sich sichtbar vergrößert hat.
3. Für den Belag Rosenkohl putzen, am Stielende kreuzförmig einschneiden und waschen. Salzwasser in einem Topf zum Kochen bringen. Rosenkohl darin etwa 3 Minuten kochen, dann mit kaltem Wasser abschrecken und abtropfen lassen.

4. Kasseler unter fließendem kalten Wasser abspülen, trockentupfen und in Würfel schneiden. Petersilie abspülen, trockentupfen und fein hacken.
5. Den Hefeteig auf einer bemehlten Arbeitsfläche zu einer runden Platte (Ø etwa 36 cm) ausrollen. Eine Springform (Ø 28 cm, gefettet) damit auslegen. Teig am Formrand hochziehen und andrücken, zugedeckt nochmals etwa 15 Minuten gehen lassen.
6. Eier mit Schmand und Sahne verschlagen. Petersilie unterrühren, mit Salz, Pfeffer und Muskat kräftig würzen.
7. Rosenkohl und Kasselerwürfel auf dem Hefeteig verteilen. Die Eiermilch darüber gießen, mit dem Käse bestreuen. Form auf dem Rost in den Backofen schieben.
   Ober-/Unterhitze: etwa 200 °C (vorgeheizt)
   Heißluft: etwa 180 °C (vorgeheizt)
   Gas: Stufe 3–4 (vorgeheizt)
   Garzeit: etwa 40 Minuten.

Röstiauflauf

8–10 Portionen

Mit Alkohol

Pro Portion:
E: 37 g, F: 39 g, Kh: 33 g,
kJ: 2714, kcal: 648

150 g Schalotten
600 g Champignons
1,2 kg Roastbeef
6 EL Olivenöl
Salz, frisch gemahlener Pfeffer
2–3 TL gerebelter Thymian
150 ml trockener Rotwein
600 ml Schlagsahne
3 EL körniger Senf
4–6 EL heller Saucenbinder
3 Pck. Rösti nach Schweizer Art (je 400 g, pfannenfertige Kartoffelzubereitung)

Zubereitungszeit: 30 Min.
Überbackzeit: etwa 35 Min.

1. Schalotten abziehen und fein würfeln. Champignons putzen, mit Küchenpapier abreiben, evtl. abspülen, trockentupfen und kleiner schneiden. Roastbeef unter fließendem kalten Wasser abspülen, trockentupfen und in feine Streifen schneiden.
2. Öl in einer großen Pfanne erhitzen. Die Fleischstreifen darin portionsweise kräftig anbraten. Die Fleischstreifen dann in eine große, flache Auflaufform (gefettet) geben und mit Salz, Pfeffer und Thymian bestreuen.
3. Schalottenwürfel und Champignonstücke in dem verbliebenen Bratfett andünsten und ebenfalls mit Salz, Pfeffer und Thymian würzen. Rotwein angießen und etwas einkochen lassen.
4. Sahne und Senf hinzufügen und alles zum Kochen bringen. Saucenbinder einrühren und alles einmal aufkochen lassen. Die Mischung zu dem Geschnetzelten in die Auflaufform geben und vermengen.
5. Die Röstimasse direkt aus den Packungen auf das Geschnetzelte geben und gleichmäßig verteilen. Die Form auf dem Rost in den Backofen schieben und den Auflauf überbacken, bis die Röstimasse gebräunt ist.
   Ober-/Unterhitze: etwa 250 °C (vorgeheizt)
   Heißluft: etwa 230 °C (vorgeheizt)
   Gas: etwa Stufe 5 (vorgeheizt)
   Überbackzeit: etwa 35 Minuten.

Abwandlung:
Anstelle von Roastbeef können Sie den Röstiauflauf auch mit Putenbrustgeschnetzeltem zubereiten.

Röstiauflauf

Rotbarschfilet in Cornflakes-Hülle

10 Portionen

Raffiniert

Pro Portion:
E: 27 g, F: 12 g, Kh: 21 g,
kJ: 1291, kcal: 308

Für den Salat:
1 Eisbergsalat (etwa 200 g)
1 Lollo rosso (etwa 200 g)
1 Bund Radieschen (etwa 200 g)
1 Bund Schnittlauch
200 g Naturjoghurt
Saft von 2 Zitronen
Salz, frisch gemahlener Pfeffer
1 EL Zucker
6 EL Rapsöl

20 kleine Rotbarschfilets (je etwa 60 g)
2 EL Zitronensaft
250 g Cornflakes
4 Eier (Größe M)
6 EL Weizenmehl

Zubereitungszeit: 80–90 Min.

1. Für den Salat Eisbergsalat und Lollo rosso putzen, in Stücke zupfen, waschen, gut abtropfen lassen oder trockenschleudern. Radieschen putzen, waschen, trockentupfen und in Scheiben schneiden. Schnittlauch abspülen, trockentupfen und in Röllchen schneiden. Joghurt mit Zitronensaft, Salz, Pfeffer und Zucker verrühren und kräftig abschmecken.
2. Rotbarschfilets unter fließendem kalten Wasser abspülen und trockentupfen, evtl. etwas flach drücken, mit Zitronensaft beträufeln und mit Salz und Pfeffer bestreuen.
3. Cornflakes in einen Gefrierbeutel geben, Beutel fest verschließen. Cornflakes mit einer Küchenrolle fein zerbröseln und in eine Schüssel geben. Eier in einer Schale verschlagen.
4. Filets zuerst in Mehl wenden, dann durch die verschlagenen Eier ziehen. Filets am Schalenrand etwas abstreifen und zuletzt in den Cornflakesbröseln wenden. Panade fest andrücken.
5. Speiseöl in einer großen Pfanne erhitzen, die panierten Filets in 2 Portionen bei schwacher Hitze in etwa 6 Minuten von beiden Seiten darin braten, herausnehmen und auf eine vorgewärmte Platte legen.
6. Den Salat mit der Joghurtsauce mischen und mit Schnittlauchröllchen bestreuen. Die Rotbarschschnitzel mit dem Salat servieren.

Beilage: Salzkartoffeln in Butter geschwenkt und mit gehackten Kräutern vermischt.

Rotbarschfilet in Cornflakes-Hülle

Rote Grütze

12 Portionen

Klassisch

Pro Portion:
E: 3 g, F: 1 g, Kh: 44 g,
kJ: 885, kcal: 211

500 g Brombeeren
500 g Himbeeren
500 g Johannisbeeren
500 g Erdbeeren (alle Früchte vorbereitet gewogen)
70 g Speisestärke
200 g Zucker
1 l Fruchtsaft, z. B. Sauerkirsch- oder Johannisbeersaft

Rote Grütze

Zubereitungszeit: etwa 45 Min., ohne Kühlzeit

1. Brombeeren und Himbeeren verlesen, vorsichtig waschen und gut abtropfen lassen. Johannisbeeren und Erdbeeren waschen, gut abtropfen lassen und entstielen. Je nach Größe der Früchte diese halbieren oder vierteln.
2. Speisestärke mit Zucker vermischen, dann mit 4 Esslöffeln von dem Saft anrühren. Den restlichen Saft in einem Topf zum Kochen bringen. Die angerührte Stärke unterrühren, aufkochen lassen und den Topf von der Kochstelle nehmen. Die Beeren unterrühren.
3. Die Rote Grütze in eine Glasschale oder in Dessertschälchen füllen und kalt stellen.

Tipp:
Die Rote Grütze als Dessert mit Vanillesauce oder Sahne servieren.
Sie können die Grütze auch mit TK-Beeren zubereiten. Die gefrorenen Früchte dann in den heißen, angedickten Saft rühren.

Abwandlung:
Für eine Grüne Grütze 1 kg Stachelbeeren waschen, gut abtropfen lassen und Blüten- und Stängelansätze entfernen. 500 g Kiwis schälen, halbieren und in Stücke schneiden. 500 g kernlose grüne Weintrauben waschen, abtropfen lassen, entstielen und große Trauben halbieren. 40 g Speisestärke mit 300 g Zucker vermischen. Von 750 ml (3/4 l) hellem Traubensaft 8 Esslöffel abnehmen und mit der Stärke-Zucker-Mischung verrühren. Den restlichen Saft zum Kochen bringen, angerührte Stärke unterrühren und aufkochen lassen. Stachelbeeren und Weintrauben unterrühren, einmal kurz aufkochen lassen, den Topf von der Kochstelle nehmen und Kiwis unterrühren. Die Grütze in eine Schale füllen und kalt stellen.

Rotkäppchen-Tomaten

8–10 Stück

Beliebt

Pro Stück:
E: 18 g, F: 35 g, Kh: 8 g, kJ: 1752, kcal: 418

4 mittelgroße Äpfel
500 g Emmentaler- oder Gouda-Käse, in 3 mm dicke Scheiben geschnitten

Für die Mayonnaise:
1 Eigelb (Größe M, ganz frisch)
1–2 TL Senf
1 EL Essig oder Zitronensaft
Salz, frisch gemahlener Pfeffer
1 TL Zucker
125 ml (1/8 l) Speiseöl
150 g Naturjoghurt
50 g abgezogene, gehackte Mandeln

8–10 mittelgroße Tomaten

Zubereitungszeit: 35 Min.

1. Äpfel schälen, vierteln, entkernen und in Streifen schneiden. Käse ebenfalls in Streifen schneiden.
2. Für die Mayonnaise Eigelb mit Senf, Essig oder Zitronensaft, Salz, Pfeffer und Zucker zu einer dicklichen Masse verrühren. Nach und nach Öl unterschlagen.
3. Joghurt und Mandeln unterrühren, die Mayonnaise abschmecken und sofort mit den Salatzutaten vermengen.
4. Tomaten waschen, abtrocknen und jeweils einen Deckel abschneiden. Die Tomaten aushöhlen, mit dem Salat füllen und die Deckel darauf legen. Evtl. übrigen Salat dazureichen.

Tipp:
Schneller geht es, wenn Sie 175 g fertige Mayonnaise verwenden, mit der oben angegebenen Menge Joghurt und Mandeln verrühren und evtl. mit den Gewürzen abschmecken.

Rotkäppchen-Tomaten

Rotkohllasagne

Rotkohllasagne

8–10 Portionen

Mit Alkohol

Pro Portion:
E: 22 g, F: 18 g, Kh: 62 g,
kJ: 2247, kcal: 538

1 Kopf Rotkohl (etwa 2 kg)
2 Zwiebeln
150 g geräucherter Bauchspeck
4 EL Rapsöl
2 Lorbeerblätter
4 Gewürznelken
Salz, frisch gemahlener Pfeffer
500 ml (1/2 l) trockener Rotwein
500 ml (1/2 l) Gemüsebrühe
2 Äpfel
etwa 200 g Wildpreiselbeeren (aus dem Glas)
100 g Rosinen
40 g Weizenmehl
500 ml (1/2 l) Gemüsebrühe
etwa 400 g Lasagneplatten (ohne Vorkochen)
250 g gekochter Schinken in Scheiben
100 g geriebener Gouda-Käse
50 g Sonnenblumenkerne

Zubereitungszeit: 50 Min.
Gesamtgarzeit: etwa 2 Std.

1. Von dem Rotkohl die groben äußeren Blätter ablösen, den Kohl vierteln und den Strunk herausschneiden. Den Kohl waschen, abtropfen lassen und in feine Streifen schneiden. Zwiebeln abziehen und in Würfel schneiden. Bauchspeck ebenfalls würfeln.
2. Öl in einem großen Topf erhitzen. Speckwürfel darin auslassen. Zwiebelwürfel hinzufügen und andünsten. Rotkohlstreifen hinzufügen und kurz andünsten. Lorbeerblätter, Gewürznelken, Salz und Pfeffer dazugeben.
3. Mit Rotwein und Gemüsebrühe ablöschen, alles einmal aufkochen lassen und zugedeckt etwa 30 Minuten bei schwacher Hitze köcheln lassen, dabei gelegentlich umrühren.
4. In der Zwischenzeit Äpfel schälen, vierteln, entkernen und in Stücke schneiden. Die Apfelstücke zusammen mit Preiselbeeren und Rosinen unter den Rotkohl mischen und noch weitere 30 Minuten garen.
5. Dann kräftig mit Salz und Pfeffer würzen. Mehl mit Gemüsebrühe anrühren, zu dem Rotkohl geben und unter Rühren aufkochen lassen. Den Rotkohl evtl. nochmals mit den Gewürzen abschmecken.
6. Etwa ein Drittel des Rotkohls auf dem Boden einer großen, flachen Auflaufform (gefettet) verteilen. Die Hälfte der Lasagneplatten darauf legen. Das zweite Drittel Rotkohl darauf geben und mit den restlichen Lasagneplatten belegen. Die Schinkenscheiben darauf legen und mit dem restlichen Rotkohl bedecken.
7. Zuerst den Käse, dann die Sonnenblumenkerne darauf streuen. Die Form auf dem Rost in den Backofen schieben.
   Ober-/Unterhitze: etwa 200 °C (vorgeheizt)
   Heißluft: etwa 180 °C (nicht vorgeheizt)
   Gas: Stufe 3–4 (nicht vorgeheizt)
   Garzeit: etwa 40 Minuten.

Tipp:
Sie können anstelle des frischen Rotkohls auch 3 Packungen TK-Rotkohl (je 450 g) verwenden. Dann unter Punkt 3 nur je 250 ml (1/4 l) Rotwein und Gemüsebrühe hinzufügen und den Kohl etwa 10 Minuten köcheln lassen. Außerdem das Mehl unter Punkt 5 nur mit 250 ml (1/4 l) Gemüsebrühe anrühren.

Rouille

8–10 Portionen

Einfach

Insgesamt:
E: 2 g, F: 49 g, Kh: 7 g,
kJ: 1989, kcal: 475

2 rote Paprikaschoten
2–3 kleine rote Chilischoten
3 EL Olivenöl
Salz
2 Knoblauchzehen
3 EL Semmelbrösel (vom Bäcker)
500 g Delikatess-Mayonnaise

Zubereitungszeit: 30 Min.

1. Paprikaschote und Chilischoten halbieren, entstielen, entkernen und die weißen Scheidewände entfernen. Die Schoten waschen, abtropfen lassen und in kleine Stücke schneiden.
2. Olivenöl in einer Pfanne erhitzen. Die Paprikastücke darin etwa 3 Minuten dünsten. Knoblauch abziehen und durch eine Knoblauchpresse drücken.
3. Paprika- und Chilistücke mit Knoblauch zu einer Paste pürieren. Paste und Semmelbrösel unter die Mayonnaise rühren. Rouille mit Salz abschmecken.

Tipp:
Rouille sollte immer frisch zubereitet werden. Sie schmeckt gut zu gegrilltem Fleisch oder zu Fisch.

Rouille

Russischer Hackfleischtopf

12 Portionen

Gut vorzubereiten

Pro Portion:
E: 30 g, F: 27 g, Kh: 6 g,
kJ: 1590, kcal: 380

4 große Zwiebeln
3 Stangen Porree (Lauch)
5 EL Speiseöl, z. B. Sonnenblumenöl
1,6 kg Rinderhackfleisch
2 Pck. (je 400 g) Tomatenpüree
500 ml (1/2 l) Fleischbrühe
1 EL Senf
1 EL Paprikapulver edelsüß
1 TL Salz
frisch gemahlener Pfeffer
450 g saure Sahne

Russischer Hackfleischtopf

Zubereitungszeit: 40 Min.
Garzeit: etwa 20 Min.

1. Zwiebeln abziehen und fein würfeln. Porree putzen, die Stangen seitlich einschneiden, waschen, abtropfen lassen und in Streifen schneiden. Öl in einem Bräter erhitzen. Hackfleisch darin anbraten, dabei die Klümpchen mit einer Gabel zerdrücken. Zwiebeln und Porree hinzufügen und ebenfalls anbraten.
2. Tomatenpüree, Brühe, Senf und Gewürze hinzufügen. Das Ganze zum Kochen bringen und etwa 20 Minuten bei schwacher Hitze garen, dabei gelegentlich umrühren.
3. Den Hackfleischtopf nochmals mit den Gewürzen abschmecken. Die saure Sahne erst kurz vor dem Servieren zum Hackfleischtopf geben.

Beilage: Nudeln oder Reis.

Tipp:
Der Hackfleischtopf eignet sich gut zum Einfrieren, dann die saure Sahne erst nach dem Auftauen und Erwärmen zugeben.

Safran-Fenchel-Butter

8–10 Portionen

Einfach

Pro Portion:
E: 1 g, F: 23 g, Kh: 2 g,
kJ: 980, kcal: 234

1 Schalotte oder kleine Zwiebel
1 kleine Knolle Fenchel mit Grün
1 Döschen Safran (0,2 g)
250 g weiche Butter
etwas Salz
50 ml trockener Wermut
2 Msp. Cayennepfeffer

Zubereitungszeit: 20 Min., ohne Kühlzeit

1. Schalotte oder Zwiebel abziehen und fein würfeln.
2. Von der Fenchelknolle die Stiele dicht oberhalb der Knolle abschneiden. Braune Stellen und Blätter entfernen. Fenchelgrün waschen, trockentupfen, fein hacken und beiseite legen. Die Knolle waschen, abtropfen lassen, halbieren und in kleine Würfel schneiden.
3. Fenchelwürfel, Safran und 2 Esslöffel von der Butter in einen Topf geben. Die Zutaten zugedeckt etwa 5 Minuten dünsten. Salz und Wermut hineingeben, zugedeckt in etwa 10 Minuten fertig garen.
4. Falls am Ende der Garzeit noch Flüssigkeit vorhanden ist, noch einige Minuten ohne Deckel einkochen lassen, bis der Wermut vollständig verdunstet ist. Die Masse erkalten lassen.
5. Die Masse mit dem beiseite gelegten Fenchelgrün und Butter verrühren. Die Masse zu einer Rolle formen und in Alufolie verpackt kalt stellen.

Tipp:
Die Safran-Fenchel-Butter hält sich 1–2 Wochen im Kühlschrank frisch. Sie lässt sich gut einfrieren. Die Safran-Fenchel-Butter zu Fisch, gegrilltem Gemüse oder Weißbrot reichen.

Salami-Pfirsich-Pizza

8–10 Portionen

Fruchtig

Pro Portion:
E: 17 g, F: 16 g, Kh: 59 g,
kJ: 1878, kcal: 448

Für den Hefeteig:
600 g Weizenmehl
1 Pck. (42 g) frische Hefe
1/2 TL Zucker
300 ml lauwarmes Wasser
2 gestr. TL Salz
4 EL Olivenöl

Für den Belag:
1 Dose Pfirsichhälften (Abtropfgewicht 470 g)
250 g Mozzarella-Käse
1 Dose passierte Tomaten (400 g)
Salz
frisch gemahlener Pfeffer
2 TL gerebelter Oregano
120 g italienische Salami in hauchdünnen Scheiben
1 Bund Basilikum

Zubereitungszeit: 50 Min., ohne Teiggehzeit
Backzeit: etwa 20 Min. je Blech

1. Für den Teig Mehl in eine Rührschüssel sieben und in die Mitte eine Vertie-

Salami-Pfirsich-Pizza

fung drücken. Hefe hineinbröckeln, mit Zucker mischen, mit etwas von dem Wasser anrühren und etwa 10 Minuten stehen lassen.

2. Restliches Wasser, Salz und Öl hinzufügen und alles mit Handrührgerät mit Knethaken in etwa 5 Minuten zu einem glatten Teig verkneten. Den Teig zugedeckt an einem warmen Ort gehen lassen, bis er sich sichtbar vergrößert hat.
3. In der Zwischenzeit für den Belag Pfirsiche in einem Sieb gut abtropfen lassen und die Hälften in Spalten schneiden. Mozzarella ebenfalls abtropfen lassen und in Scheiben schneiden.
4. Den Teig auf der leicht bemehlten Arbeitsfläche nochmals durchkneten und halbieren. Jede Teighälfte auf einem Backblech (30 x 40 cm, gefettet) ausrollen, mit den passierten Tomaten bestreichen und mit Salz, Pfeffer und Oregano bestreuen.
5. Salamischeiben, Pfirsichspalten und Mozzarellascheiben darauf verteilen. Die Backbleche nacheinander (bei Heißluft zusammen) in den Backofen schieben.
   Ober-/Unterhitze: etwa 200 °C (vorgeheizt)
   Heißluft: etwa 180 °C (vorgeheizt)
   Gas: Stufe 3–4 (vorgeheizt)
   Backzeit: etwa 20 Minuten je Blech.
6. In der Zwischenzeit Basilikum abspülen, trockentupfen und die Blättchen von den Stängeln zupfen. Die Basilikumblättchen vor dem Servieren auf den Pizzen verteilen.

Tipp:
Die Pizza gelingt am besten bei Ober- und Unterhitze. Die Backbleche nacheinander im unteren Drittel in den Backofen einschieben. Die Pizzen vor dem Backen nach Belieben zusätzlich mit geriebenem Gouda-Käse bestreuen.

Salat mit Hähnchenbrustfilet

8 Portionen

Beliebt

Pro Portion:
E: 23 g, F: 14 g, Kh: 7 g, kJ: 1024, kcal: 245

4 Hähnchenbrustfilets (je etwa 180 g)
6 EL Sojasauce
2 TL flüssiger Honig
Salz
frisch gemahlener Pfeffer

4 Möhren
4 Frühlingszwiebeln
250 g Cocktailtomaten
800 g verschiedene Salate, z. B. Frisée, Rucola (Rauke)

Für das Salatdressing:
4 EL Weißweinessig
Salz
frisch gemahlener Pfeffer
Zucker
2 EL gemischte gehackte Kräuter, z. B. Petersilie, Kerbel, Schnittlauch
8–10 EL Olivenöl

4 EL Olivenöl

Zubereitungszeit: 40 Min., ohne Marinierzeit

1. Hähnchenbrustfilets unter fließendem kalten Wasser abspülen, trockentupfen und in mundgerechte Stücke schneiden. Sojasauce mit dem Honig verrühren, mit Salz und Pfeffer würzen. Sauce mit den Hähnchenstücken vermischen und zugedeckt im Kühlschrank 20–30 Minuten marinieren.
2. Möhren putzen, schälen, waschen, abtropfen lassen und zuerst längs in dünne Scheiben, dann in kleine Stifte schneiden. Frühlingszwiebeln putzen, waschen, abtropfen lassen und in dünne Ringe schneiden. Cocktailtomaten waschen, abtrocknen, halbieren und die Stängelansätze herausschneiden.
3. Von den Salatsorten die äußeren welken Blätter entfernen bzw. Rucola verlesen und dicke Stängel abschneiden. Salate gründlich waschen, trockentupfen bzw. trockenschleudern und in mundgerechte Stücke zupfen.
4. Für das Salatdressing Essig mit Salz, Pfeffer, Zucker und Kräutern verrühren. Öl unterschlagen. Möhrenstifte mit Frühlingszwiebelringen, Tomatenhälften, Salaten und dem Salatdressing mischen.
5. Hähnchenstücke aus der Marinade nehmen und trockentupfen. Olivenöl in einer großen Pfanne erhitzen. Hähnchenstücke darin unter Rühren etwa 5 Minuten braten, mit Salz und Pfeffer würzen und auf den Salat geben.

Salat mit Hähnchenbrustfilet

Salattorte mit Schafskäse

Salattorte mit Schafkäse

12 Portionen

Gut vorzubereiten

Pro Portion:
E: 16 g, F: 16 g, Kh: 10 g,
kJ: 1029, kcal: 246

Für die Salattorte:
3 Mini-Romana-Salate (je etwa 150 g)
2 Zucchini (400 g)
1/2 Bund Basilikum
500 g Tomaten
2 Bund Frühlingszwiebeln
250 g Lachsschinken in dünnen Scheiben
5 hart gekochte Eier
300 g Möhren
70 g Rucola (Rauke)
400 g Schafkäse

Für die Salatsauce:
400 g Tsatsiki
250 g Naturjoghurt (10% Fett)
Salz
frisch gemahlener Pfeffer
1/4 gestr. TL Paprikapulver rosenscharf

Zum Garnieren:
8 Cocktailtomaten
16 Scheiben Salatgurke
1/2 Bund Schnittlauch

Zubereitungszeit: 50 Min., ohne Durchziehzeit

1. Romana-Salate putzen, halbieren, abspülen, trockenschleudern oder -tupfen und in grobe Streifen schneiden. Zucchini waschen, abtrocknen und die Enden abschneiden. Zucchini in dünne Scheiben schneiden.
2. Basilikum abspülen, trockentupfen und die Blättchen von den Stängeln zupfen. Tomaten waschen, abtropfen lassen, halbieren und die Stängelansätze herausschneiden. Tomaten in dünne Scheiben schneiden. Frühlingszwiebeln putzen, waschen, abtropfen lassen und in feine Ringe schneiden.
3. Lachsschinken in Streifen schneiden. Eier pellen und in dünne Scheiben schneiden. Möhren putzen, schälen, abspülen, abtropfen lassen und fein raspeln. Rucola putzen, waschen, trockenschleudern und in kleine Stücke schneiden. Schafkäse grob raspeln oder zerbröckeln.
4. Nacheinander Romana-Salat, Zucchini, Basilikum, Tomaten, Frühlingszwiebeln, Schinken, Eier, Rucola und Schafkäse in eine Springform (Ø 28 cm, Boden mit Backpapier belegt) füllen, dabei jede Lage etwas andrücken. Die Salattorte zugedeckt und kalt gestellt 12–24 Stunden durchziehen lassen.
5. Für die Salatsauce Tsatsiki mit Joghurt verrühren und mit Salz, Pfeffer und Paprikapulver abschmecken.
6. Den Springformrand vorsichtig lösen, die Torte mit dem Backpapier auf eine Platte oder ein Brett ziehen. Das Papier mit einer Schere rundherum abschneiden.
7. Zum Garnieren Tomaten waschen, trockentupfen, halbieren und die Stängelansätze herausschneiden. Die Gurkenscheiben gleichmäßig auf dem äußeren Rand der Tortenoberfläche verteilen. Jeweils eine halbe Cocktailtomate darauf legen. Schnittlauch waschen und trockentupfen, die Tortenoberfläche damit garnieren.
8. Die Salattorte mit einem elektrischen Messer oder mit einem Sägemesser in Stücke schneiden. Die Salatsauce zur Salattorte dazureichen.

Tipp:
Die Salattorte direkt auf einer Platte zubereiten und anstelle der Form nur den Rand der Springform benutzen.
Die Salattorte zusätzlich mit gefüllten oder in Kräuteröl eingelegten Oliven garnieren.

Salsa-Suppe

8–10 Portionen

Schnell

Pro Portion:
E: 8 g, F: 5 g, Kh: 40 g,
kJ: 1002, kcal: 238

1 Bund Frühlingszwiebeln
1 Dose Kidneybohnen (Abtropfgewicht 500 g)
1 Dose Gemüsemais (Abtropfgewicht 285 g)
2 EL Olivenöl
etwa 40 g Weizenmehl
1 l Gemüsebrühe
700 ml Tomaten-Chili-Sauce (z. B. Texicana Salsa)
330 g Ajvar (Paprikapaste)
Salz, frisch gemahlener Pfeffer
1 Pck. TK-Petersilie (25 g)

Zubereitungszeit: 35 Min.

1. Frühlingszwiebeln putzen, waschen, abtropfen lassen und in Ringe schneiden. Kidneybohnen und Mais in ein Sieb geben, kalt abspülen und abtropfen lassen.
2. Öl in einem Topf erhitzen. Die Frühlingszwiebelringe darin andünsten. Zwiebelringe mit Mehl bestäuben, mit Gemüsebrühe ablöschen und glatt rühren. Tomaten-Chili-Sauce, Ajvar, Kidneybohnen und Mais nacheinander in die Suppe geben und erhitzen.
3. Die Suppe etwa 10 Minuten kochen lassen, anschließend mit Salz und Pfeffer würzen, mit Petersilie bestreut servieren.

Salsa-Suppe

Salzbraten

12 Portionen

Raffiniert

Pro Portion:
E: 57 g, F: 36 g, Kh: 4 g,
kJ: 2478, kcal: 593

2 kg Salz
3 kg Schweinenacken (ohne Knochen)

Für die Sauce:
1 1/2 kg Schweineknochen
(vom Metzger klein gehackt)
2 Bund Suppengemüse
4 Zwiebeln
4 EL Speiseöl, z. B. Olivenöl
1 TL gerebelter Majoran
Salz
frisch gemahlener Pfeffer
1 l Wasser
500 ml (1/2 l) trockener Rotwein
30 g Weizenmehl
250 ml (1/4 l) Schlagsahne

Zubereitungszeit: 30 Min.
Garzeit: 2–2 1/2 Std.

1. Salz etwa 2 cm dick auf ein Backblech streuen. Schweinenacken unter fließendem kalten Wasser abspülen, trockentupfen und auf das Salz legen. Das Backblech in den Backofen schieben.
   Ober-/Unterhitze: etwa 200 °C (vorgeheizt)
   Heißluft: etwa 180 °C (nicht vorgeheizt)
   Gas: Stufe 3–4 (nicht vorgeheizt)
   Garzeit: 2–2 1/2 Std.
2. Etwa nach der Hälfte der Bratzeit das Fleisch wenden.
3. Für die Sauce Knochen unter fließendem kalten Wasser abspülen und trockentupfen. Suppengemüse putzen, waschen, abtropfen lassen und klein schneiden. Zwiebeln abziehen und vierteln.

Salzbraten

4. Öl in einem großen Topf erhitzen. Die Knochen darin anbraten, mit Salz, Pfeffer und Majoran bestreuen. Gemüse und Zwiebeln hinzufügen und ebenfalls anbraten. Wasser und Rotwein hinzufügen und zum Kochen bringen. Das Ganze zugedeckt etwa 1 Stunde schmoren lassen.
5. Den Fond durch ein Sieb gießen. Mehl mit Sahne anrühren, in den Fond rühren, unter Rühren zum Kochen bringen und etwa 5 Minuten kochen lassen. Die Sauce dann nochmals mit Salz und Pfeffer abschmecken.
6. Das Fleisch aus dem Backofen nehmen, etwa 10 Minuten ruhen lassen, dann mit einem scharfen Messer (am besten mit einem elektrischen Messer) in Scheiben schneiden.

Tipp: Das Fleisch schmeckt auch kalt sehr gut, dann mit Senf oder verschiedenen kalten Dips servieren. Die Sauce kann auch gut am Vortag zubereitet oder tiefgekühlt werden.

Sandwichtaschen mit vegetarischer Füllung

12 Portionen

Einfach – für Kinder

Pro Portion:
E: 11 g, F: 14 g, Kh: 32 g,
kJ: 1254, kcal: 300

1 kleiner Kopf Eisbergsalat
1 Bund Radieschen
6 Tomaten
1 Salatgurke
250 g Leerdamer-Käse
2 Pck. Sandwichtaschen (je 6 Stück, insgesamt 800 g) oder 12 Pita-Brote (insgesamt etwa 600 g)
100 g Mayonnaise
Salz
frisch gemahlener Pfeffer

Zubereitungszeit: 60 Min.

1. Eisbergsalat putzen, waschen, abtropfen lassen und in Streifen schneiden. Radieschen putzen, waschen und in Scheiben schneiden.
2. Tomaten waschen, abtropfen lassen, halbieren und die Stängelansätze herausschneiden. Die Tomaten in Scheiben schneiden. Gurke waschen, abtrocknen und die Enden abschneiden. Gurke nach Belieben schälen. Gurke in Scheiben schneiden. Leerdamer in Streifen schneiden.
3. Sandwichtaschen oder Pita-Brote nach Packungsanleitung aufbacken oder toasten. Pita-Brote senkrecht halbieren und jeweils eine Tasche zum Füllen einschneiden. Sandwichtaschen etwas auseinander klappen. Mayonnaise in den Öffnungen verstreichen. Die vorbereiteten Zutaten abwechselnd einschichten und mit Salz und Pfeffer würzen.

Abwandlung:
Anstelle von Mayonnaise Tsatsiki verwenden. Nach Belieben zusätzlich etwa 400 g Gyros hinzufügen.

Sangria-Bowle

Sandwichtaschen mit Füllung

Sangria-Bowle

12 Portionen

Mit Alkohol

Pro Portion:
E: 1 g, F: 0 g, Kh: 34 g,
kJ: 1302, kcal: 311

5 Nektarinen
3 Orangen
3–4 kleine Birnen
500 ml ($^1/_2$ l) weißer Rum
2 Flaschen trockener Rotwein (je 0,7 l)
2 l klare Zitronenlimonade
500 ml ($^1/_2$ l) Orangensaft oder roter Traubensaft
3 Zimtstangen

Zubereitungszeit: etwa 30 Min., ohne Kühlzeit

1. Nektarinen waschen, kreuzweise leicht einschneiden, kurz in kochendes Wasser legen, dann mit kaltem Wasser abschrecken, enthäuten, halbieren, entsteinen und fein würfeln.
2. Orangen schälen, in Spalten teilen und klein schneiden oder Orangen so schälen, dass die weiße Haut mit entfernt wird und Orangen filetieren. Birnen waschen, abtrocknen, vierteln, entkernen und in Scheiben schneiden.
3. Die Früchte mit dem weißen Rum in ein großes Bowlengefäß geben. Rotwein, Zitronenlimonade, Orangen- oder Traubensaft und die Zimtstangen dazugeben und die Bowle mindestens 2 Stunden kalt stellen. Vor dem Servieren die Zimtstangen herausnehmen.

Tipp:
1–2 Bio-Orangen (unbehandelt, ungewachst) heiß abwaschen, abtrocknen und in Scheiben, dann in Viertel oder Achtel schneiden und diese zum Servieren auf der Bowle schwimmen lassen.

Sauerkrautauflauf mit Quarkguss

8–10 Portionen

Einfach

Pro Portion:
E: 25 g, F: 23 g, Kh: 7 g,
kJ: 1461, kcal: 349

4 EL Speiseöl, z. B. Sonnenblumenöl
2 Dosen Sauerkraut (Abtropfgewicht je 770 g)
2 Lorbeerblätter
5 Gewürznelken
Salz
frisch gemahlener Pfeffer
100 ml Gemüsebrühe
2 Stangen Porree (Lauch)
600 g Kasselernacken (ohne Knochen)
1–2 TL brauner Zucker

Für den Quarkguss:
4 Eier (Größe M)
500 g Magerquark
250 g Schmand
2 TL Speisestärke

2 EL Sonnenblumenkerne

Zubereitungszeit: 25 Min.
Gesamtgarzeit: etwa 70 Min.

1. Öl in einem Topf erhitzen. Sauerkraut mit der Flüssigkeit aus den Dosen hinzufügen und andünsten. Lorbeerblätter, Nelken, Salz und Pfeffer hinzufügen. Gemüsebrühe hinzugießen. Alles zum Kochen bringen und zugedeckt etwa 15 Minuten kochen lassen.
2. In der Zwischenzeit Porree putzen, gründlich waschen, abtropfen lassen und in Ringe schneiden. Kasseler unter fließendem kalten Wasser abspülen, trockentupfen und in Würfel schneiden.
3. Beide Zutaten zu dem Sauerkraut geben, alles zugedeckt noch weitere 10 Minuten garen und mit Salz, Pfeffer und braunem Zucker abschmecken.
4. Für den Quarkguss Eier trennen. Quark mit Schmand, Speisestärke und Eigelb verrühren und mit Salz und Pfeffer würzen. Eiweiß steif schlagen und unterheben.
5. In eine große, flache Auflaufform (gefettet) abwechselnd die Sauerkrautmischung und den Quarkguss einschichten, die letzte Schicht sollte Quarkguss sein. Sonnenblumenkerne darauf streuen. Die Form auf dem Rost in den Backofen schieben.
Ober-/Unterhitze: etwa 180 °C (vorgeheizt)
Heißluft: etwa 160 °C (vorgeheizt)
Gas: Stufe 2–3 (vorgeheizt)
Garzeit: etwa 45 Minuten.

Tipp: Dazu Kartoffelpüree servieren. Anstelle von Schmand können Sie auch Crème fraîche für den Guss verwenden.

Sauerkrautauflauf mit Quarkguss

Sauerkrautpizza

10 Portionen

Deftig

Pro Portion:
E: 34 g, F: 63 g, Kh: 58 g,
kJ: 3981, kcal: 952

Für den Hefeteig:
600 g mehlig kochende Kartoffeln
500 g Weizenmehl
1 Pck. (42 g) frische Hefe
1 TL Zucker
200 ml lauwarme Milch
2 gestr. TL Salz

Zum Bestreuen:
75 g Gouda-Käse
200 g durchwachsener Speck
3 EL Speiseöl, z. B. Rapsöl

Für den Belag:
300 g Petersilienwurzeln
6 mittelgroße Zwiebeln
3 EL Speiseöl, z. B. Rapsöl
30 g Butter
100 g Weizenmehl
500 ml (1/2 l) Schlagsahne
250 ml (1/4 l) Milch
Salz
frisch gemahlener Pfeffer
1–2 TL gemahlener Kümmel
3 Cabanossi (Knoblauchwürste, je 250 g)
250 g Mozzarella-Käse
1 Bund glatte Petersilie
4 Eiweiß (Größe M)
2 große Dosen Sauerkraut (Abtropfgewicht je 770 g)

Zubereitungszeit: 80 Min., ohne Teiggehzeit
Backzeit: 40–50 Min. je Blech

Sauerkrautpizza

1. Für den Teig Kartoffeln schälen, abspülen und in Salzwasser in etwa 25 Minuten gar kochen. Die Kartoffeln abgießen, kurz abdämpfen und sofort durch eine Kartoffelpresse geben.
2. Mehl in eine Rührschüssel sieben, in die Mitte eine Vertiefung drücken. Die Hefe hineinbröckeln, mit Zucker mischen und die Hefe mit der Milch verrühren. Vorteig etwa 10 Minuten stehen lassen. Salz an den Rand streuen.
3. Die durchgepressten Kartoffeln hinzufügen und die Zutaten mit Handrührgerät mit Knethaken zunächst auf niedrigster, dann auf höchster Stufe in etwa 5 Minuten zu einem glatten Teig verarbeiten. Den Teig an einem warmen Ort so lange gehen lassen, bis er sich sichtbar vergrößert hat.
4. In der Zwischenzeit Gouda reiben. Speck in kleine Würfel schneiden. Öl in einer Pfanne erhitzen. Die Speckwürfel darin auslassen.
5. Den Teig auf der leicht bemehlten Arbeitsfläche nochmals durchkneten und halbieren. Jede Teighälfte auf einem Backblech (30 x 40 cm, gefettet) ausrollen und mit dem Gouda bestreuen. Speck mit dem Speckfett darauf verteilen.
6. Für den Belag Petersilienwurzeln schälen, abspülen, würfeln und in Salzwasser etwa 5 Minuten kochen lassen. Die Würfel dann in einem Sieb abtropfen lassen. Zwiebeln abziehen und in Würfel schneiden. Öl und Butter in einem großen Topf erhitzen. Die Zwiebel- und Petersilienwurzelwürfel darin andünsten. Mehl darüber stäuben und kurz mitdünsten. Sahne und Milch hinzufügen, unter Rühren zum Kochen bringen und 2–3 Minuten kochen lassen, mit Salz, Pfeffer und Kümmel würzen.
7. Cabanossi in Scheiben schneiden. Mozzarella abtropfen lassen und würfeln. Petersilie abspülen, trockentupfen, die

Blättchen von den Stängeln zupfen und hacken. Eiweiß steif schlagen. Cabanossischeiben, Mozzarellawürfel, Petersilie und Sauerkraut mit der Sauce verrühren. Zum Schluss Eischnee unterheben. Die Masse auf den Teigen verteilen. Die Backbleche nacheinander (bei Heißluft zusammen) in den Backofen schieben.

Ober-/Unterhitze: etwa 200 °C (vorgeheizt)
Heißluft: etwa 180 °C (vorgeheizt)
Gas: Stufe 3–4 (vorgeheizt)
Backzeit: 40–50 Minuten je Blech.

Tipp:
Die Backbleche bei Ober- und Unterhitze im unteren Drittel in den Backofen schieben. Anstelle von Speiseöl können Sie für den Belag auch 30 g Schweineschmalz zusammen mit der Butter zerlassen. Das Sauerkraut bekommt so einen herzhafteren Geschmack.

Sauerkrautsuppe mit Croûtons

Sauerkrautsuppe mit Croûtons

8–10 Portionen

Einfach

Pro Portion:
E: 5 g, F: 27 g, Kh: 22 g, kJ: 1716, kcal: 409

Für die Croûtons:
8 Scheiben Weißbrot
80–100 g Butter

Für die Suppe:
3 mittelgroße Zwiebeln
3 EL Butter oder Margarine
750 g Sauerkraut
600 ml Weißwein
1 $^1/_2$ l Gemüsebrühe
75 g Weizenmehl
375 ml ($^3/_8$ l) Schlagsahne
Salz
frisch gemahlener Pfeffer
etwas Zucker

Zubereitungszeit: 35 Min.
Garzeit: etwa 25 Min.

1. Für die Croûtons Weißbrot in kleine Würfel schneiden. Butter in einer Pfanne zerlassen. Die Weißbrotwürfel darin unter ständigem Rühren goldbraun braten.
2. Für die Suppe Zwiebeln abziehen und fein würfeln. Butter oder Margarine in einem großen Topf zerlassen. Die Zwiebelwürfel darin andünsten. Sauerkraut locker zupfen, hinzufügen und mitdünsten lassen.
3. Weißwein und Gemüsebrühe hinzufügen, alles zum Kochen bringen und zugedeckt bei schwacher Hitze etwa 25 Minuten kochen lassen.
4. Mehl mit Sahne verrühren, unter die Suppe rühren, alles zum Kochen bringen und einige Minuten schwach kochen lassen. Die Suppe mit Salz, Pfeffer und Zucker würzen.
5. Die Suppe in vorgewärmte Suppentassen oder -teller geben, die Croûtons darauf verteilen und sofort servieren.

Vorbereitungstipp:
Sie können die Suppe bereits am Vortag vorbereiten. Die Suppe dann aber erst kurz vor dem Servieren mit dem mit Sahne angerührten Mehl andicken. Auch die Croûtons können bereits fertig geröstet in einer gut schließenden Schüssel mindestens 1 Tag aufbewahrt werden.

Abwandlung:
Die Suppe wird sättigender, wenn Sie geräucherte Mettwürstchen mitkochen. Die Würstchen dann vor dem Servieren in Scheiben schneiden. Sie können auch Brühwürstchen zu der Suppe reichen.

Schafkäse, mariniert

Schafkäse, mariniert

8 Portionen – 4 Gläser, je etwa 500 ml

Zum Vorbereiten

Pro Portion (abgetropft):
E: 12 g, F: 21 g, Kh: 3 g,
kJ: 1027, kcal: 245

500 g Schafkäse

Für die Marinade:
500 g rote Zwiebeln
3 Knoblauchzehen
100 g schwarze entsteinte Oliven
60 g grüne Oliven, mit Paprika gefüllt
2 1/2 EL getrocknete Kräuter der Provence oder frische Kräuter
600 ml Olivenöl
300 ml Rotweinessig
1 TL schwarze Pfefferkörner

Zubereitungszeit: 35 Min., ohne Durchziehzeit
Haltbarkeit: kalt gestellt und gut verschlossen etwa 2 Monate

1. Den Schafkäse in 2–3 cm große Würfel schneiden.
2. Für die Marinade Zwiebeln und Knoblauch abziehen. Die entsteinten und gefüllten Oliven in Scheiben schneiden, mit Zwiebeln, Knoblauch und Kräutern der Provence vermengen.
3. Olivenöl mit Rotweinessig und den Pfefferkörnern verrühren und zur Oliven-Zwiebel-Mischung geben.
4. Die Marinade mit den Schafkäsewürfeln in 4 vorbereitete Gläser (je 1-l-Inhalt) schichten. Gläser mit Twist-off-Deckeln® verschließen. Den Schafkäse 10–14 Tage durchziehen lassen.
5. Zum Servieren den Schafkäse abtropfen lassen. Nach Belieben die Zwiebeln und das Marinieröl dazureichen.

Scharfe Mitternachtssuppe

8–10 Portionen

Gut vorzubereiten

Scharfe Mitternachtssuppe

Pro Portion:
E: 19 g, F: 20 g, Kh: 24 g,
kJ: 1495, kcal: 357

500 g Putenbrust
3 rote Chilischoten
2 Dosen Gemüsemais
(Abtropfgewicht je 285 g)
3 EL Butterschmalz
3 EL Currypulver
2 $^{1}/_{4}$ l Wasser
3 Beutel Lauchcremesuppe
200 ml Schlagsahne
$^{1}/_{2}$–1 TL Cayennepfeffer

Zubereitungszeit: 40 Min.

1. Putenbrust unter fließendem kalten Wasser abspülen, trockentupfen und in Streifen schneiden. Chilischoten halbieren, entstielen, entkernen, waschen, abtropfen lassen und in kleine Würfel schneiden. Mais in einem Sieb abtropfen lassen.
2. Butterschmalz in einem großen Topf erhitzen. Die Fleischstreifen darin anbraten. Currypulver darüber streuen und kurz mitbraten.
3. Wasser dazugießen und das Lauchcremesuppenpulver einrühren. Mais und Chilischotenwürfel hineingeben. Das Ganze unter Rühren zum Kochen bringen und unter gelegentlichem Umrühren etwa 5 Minuten kochen lassen.
4. Sahne hinzufügen und die Suppe mit Cayennepfeffer scharf abschmecken.

Tipp:
Nach Belieben zusätzlich 1 Stange Porree (Lauch) putzen, halbieren, gründlich waschen und in sehr dünne Streifen schneiden. In die Suppe geben und kurz darin erhitzen.

Rezeptvorschläge für ein Tanz-Party-Buffet

Für ein Tanz-Party-Buffet benötigen Sie für 10–12 Personen:
1,5 x Rezept **Scharfe Mitternachtssuppe**, Seite 320
1 x Rezept **Schinken-Quark-Dip**, Seite 328
1 x Rezept **Tunfisch-Sardellen-Dip**, Seite 392
1 x Rezept **Teufelssalat**, Seite 373
1 x Rezept **Schichtsalat mit Forellenfilets**, Seite 326

Außerdem:
Etwa 2 kg Gemüse zum Dippen, z. B. Möhren, Staudensellerie, Paprikaschoten und etwa 1,5 kg gemischtes Brot oder Brötchen.

Vorbereitungen am Vortag:
- Die Mitternachtssuppe zubereiten, erkalten lassen und kalt stellen.
- Für den Teufelssalat Punkt 1 und 2 zubereiten und kalt stellen.
- Den Tunfisch- und den Schinken-Quark-Dip zubereiten und kalt stellen.

Vorbereitungen am Tag der Party:

2–3 Stunden vorher:	• Den Schichtsalat zubereiten. • Das Gemüse zum Dippen putzen, schälen, waschen, abtropfen lassen und in lange Stifte schneiden.
1–2 Stunden vorher:	• Den Teufelssalat fertig zubereiten.
Kurz vorher:	• Die Mitternachtsuppe langsam erhitzen. • Dips und Gemüse anrichten. • Teufelssalat abschmecken und anrichten. • Brot schneiden.

Es eignen sich auch folgende zusätzliche Rezepte:
1 x Rezept **Tunfisch-Mais-Salat**, Seite 391
1 x Rezept **Reissalat**, Seite 294
1 x Rezept **Chinesischer Reisnudelsalat**, Seite 53
1 x Rezept **China-Suppe, scharfe**, Seite 51
1 x Rezept **Schokokuss-Schichtspeise**, Seite 335

Außerdem:
Evtl. etwas Brot.

Schatzkartoffeln

10 Portionen

Für Kinder

Pro Portion:
E: 10 g, F: 13 g, Kh: 25 g, kJ: 1084, kcal: 260

20 große fest kochende Kartoffeln (2 kg)
2 TL Salz
200 g Wirsingkohl
200 g Möhren
Salzwasser
125 g Mozzarella-Käse
Salz
frisch gemahlener Pfeffer
500 ml (1/2 l) Gemüsebrühe
100 g Kräuterbutter
1 Bund Majoran
2 EL Speiseöl, z. B. Rapsöl
200 g rohe Schinkenwürfel

Zubereitungszeit: 50 Min.
Garzeit: 20–30 Min.

1. Kartoffeln schälen, abspülen und mit Wasser bedeckt zum Kochen bringen. Salz hinzufügen. Kartoffeln knapp gar kochen (15–20 Minuten). Die Kartoffeln abgießen und etwas abkühlen lassen.
2. Vom Wirsing die groben äußeren Blätter lösen. Wirsing vierteln und den Strunk herausschneiden. Wirsing abspülen und in Streifen schneiden. Möhren putzen, schälen, waschen, abtropfen lassen und würfeln.
3. Salzwasser zum Kochen bringen. Die Wirsingstreifen und Möhrenwürfel getrennt voneinander darin blanchieren, in ein Sieb geben und abtropfen lassen.
4. Mozzarella abtropfen lassen und ebenfalls in Würfel schneiden. Die Kartoffeln mit einem Kugelausstecher aushöhlen und nebeneinander in eine Fettfangschale (gefettet) oder in eine große Auflaufform (gefettet) setzen.
5. Das Kartoffelinnere grob hacken, mit Wirsingstreifen, Möhren- und Mozzarellawürfeln mischen, mit Salz und Pfeffer würzen und in die ausgehöhlten Kartoffeln füllen.
6. Gemüsebrühe angießen. Die Kräuterbutter in Flöckchen auf den Kartoffeln verteilen. Die Fettfangschale oder die Auflaufform auf dem Rost in den Backofen schieben.
   Ober-/Unterhitze: etwa 180 °C (vorgeheizt)
   Heißluft: etwa 160 °C (vorgeheizt)
   Gas: Stufe 2–3 (vorgeheizt)
   Garzeit: 20–30 Minuten.
7. In der Zwischenzeit Majoran abspülen, trockentupfen und die Blättchen von den Stängeln zupfen. Öl in einer Pfanne erhitzen. Die Schinkenwürfel darin kross braten und über die Kartoffeln geben, mit Majoranblättchen bestreuen.

Abwandlung:
Anstatt des rohen Schinkens können Sie auch gekochten Schinken oder Fleischwurst verwenden und vor dem Garen unter die Füllung mischen.

Tipp:
Sie können die Schatzkartoffeln bereits morgens so weit vorbereiten und füllen, dass sie vor dem Verzehr nur noch in den Backofen geschoben werden müssen.

Schatzkartoffeln

Scheibenauflauf

Scheibenauflauf

10–12 Portionen

Preiswert

Pro Portion:
E: 30 g, F: 12 g, Kh: 10 g, kJ: 1174, kcal: 280

10 Möhren (etwa 1 kg)
5 Zucchini (etwa 1 kg)
Salzwasser
1 l Milch
10 Eier (Größe M)
2 Pck. TK-Kräuter der Provence (je 25 g)
Salz
frisch gemahlener Pfeffer
geriebene Muskatnuss
1 kg Putenbrustaufschnitt

Zubereitungszeit: 50 Min.
Garzeit: etwa 60 Min.

1. Möhren putzen, schälen, waschen, abtropfen lassen. Zucchini waschen, abtrocken und die Enden abschneiden. Möhren und Zucchini in dünne Längsscheiben schneiden (evtl. mit Hilfe einer Aufschnittmaschine oder eines Sparschälers).
2. Salzwasser in einem Topf zum Kochen bringen. Die Möhrenscheiben darin etwa 2 Minuten garen, dann in ein Sieb geben, mit kaltem Wasser abschrecken und abtropfen lassen.
3. Milch und Eier verschlagen. Kräuter unterrühren. Eiermilch mit Salz, Pfeffer und Muskat würzen.
4. Putenbrustaufschnitt, Zucchini- und Möhrenscheiben abwechselnd lagenweise in eine große Auflaufform (gefettet) oder Fettfangschale (gefettet) schichten. Eiermilch auf den Auflauf gießen.
5. Die Form auf dem Rost oder die Fettfangschale in den Backofen schieben.
   Ober-/Unterhitze: etwa 180 °C (vorgeheizt)
   Heißluft: etwa 160 °C (nicht vorgeheizt)
   Gas: Stufe 2–3 (nicht vorgeheizt)
   Garzeit: etwa 60 Minuten.

Beilage:
Kleine, in Knoblauchbutter gebratene Weißbrotscheiben, Brat- oder Röstkartoffeln.

Tipp:
Der Scheibenauflauf kann zusätzlich mit geriebenem Käse überbacken werden. Statt Putenbrustaufschnitt können Sie auch Schweinebratenaufschnitt verwenden.

Schichtbraten

8–10 Portionen

Beliebt

Pro Portion:
E: 44 g, F: 13 g, Kh: 20 g,
kJ: 1580, kcal: 378

2 Bund Suppengrün (je etwa 300 g)
2 Zwiebeln
2 Knoblauchzehen
30 g frischer Ingwer
3 EL Olivenöl
200 g Risottoreis, z. B. Arborio-Reis
500 ml (1/2 l) Gemüsebrühe
1 Bund glatte Petersilie
Salz
frisch gemahlener Pfeffer
2 Eiweiß
16 große, sehr dünne Schweineschnitzel (je etwa 100 g)
50 g abgezogene, gehackte Mandeln
30 g Butter

Zubereitungszeit: 45 Min.
Garzeit: 50–60 Min.

1. Vom Suppengrün Sellerie und Möhren putzen, schälen, waschen, abtropfen lassen und raspeln. Porree putzen, längs halbieren, gründlich waschen, abtropfen lassen und in dünne Streifen schneiden. Zwiebeln und Knoblauch abziehen und fein würfeln. Ingwer schälen.
2. Öl in einem Topf erhitzen. Reis darin andünsten. Suppengrün, Zwiebeln und Knoblauch dazugeben und alles im geschlossenen Topf bei mittlerer Hitze etwa 15 Minuten garen, dabei die Gemüsebrühe nach und nach zum Reis gießen.
3. Petersilie abspülen, trockentupfen, die Blättchen von den Stängeln zupfen und hacken. Ingwer reiben. Petersilie und Ingwer unter den Gemüsereis mischen. Den Reis mit Salz und Pfeffer würzen und etwas abkühlen lassen. Dann das Eiweiß unter den Gemüsereis mischen.
4. Schnitzel unter fließendem kalten Wasser abspülen, trockentupfen und von beiden Seiten mit Pfeffer bestreuen. Den Rand einer Springform (Ø 26 cm, gefettet) auf ein mit Backpapier belegtes Backblech stellen.
5. Vier Schnitzel nebeneinander in den Springformrand auf das Backpapier legen, so dass der Boden bedeckt ist. Ein Drittel vom Gemüsereis darauf verteilen. Darauf nacheinander wieder 4 Schnitzel, ein Drittel Gemüsereis, 4 Schnitzel, ein Drittel Gemüsereis und 4 Schnitzel legen und andrücken.
6. Die obere Lage Schnitzel mit Mandeln bestreuen. Butter in Stückchen darauf legen. Springform mit Alufolie zudecken. Das Backblech in den Backofen schieben.
Ober-/Unterhitze: etwa 200 °C (vorgeheizt)
Heißluft: etwa 180 °C (vorgeheizt)
Gas: Stufe 3–4 (vorgeheizt)
Garzeit: 50–60 Minuten.

Schichtbraten

7. Nach 30 Minuten Garzeit die Alufolie entfernen.
8. Den garen Schichtbraten aus dem Backofen nehmen und 10 Minuten in der Form ruhen lassen. Dann den Springformrand entfernen und den Braten in Stücke schneiden (am besten mit einem elektrischen Messer).

Tipp:
Dazu einen gemischten Salat und z. B. Joghurt oder saure Sahne oder eine asiatische Sweet & Sour-Sauce servieren.

Schichtdessert

8 Portionen

Beliebt

Pro Portion:
E: 5 g, F: 28 g, Kh: 32 g,
kJ: 1696, kcal: 405

80 g gemahlene Haselnusskerne
2 Pck. Galetta Cremepudding Vanille-Geschmack (Pudding-Pulver ohne Kochen)
500 ml (1/2 l) Milch
500 ml (1/2 l) Schlagsahne
2 große Äpfel
3 EL Zitronensaft
2 reife Birnen

Zubereitungszeit: 15 Min.

1. Haselnusskerne in einer Pfanne ohne Fett leicht anrösten. Galetta mit Milch und Sahne nach Packungsanleitung – aber mit den hier angegebenen Zutaten – zubereiten.
2. Äpfel schälen, vierteln, entkernen, raspeln und mit 2 Esslöffeln Zitronen-

saft vermengen. Etwa zwei Drittel der Apfelraspel unter die Creme rühren. Birne schälen, vierteln, entkernen und in Spalten schneiden, mit dem restlichen Zitronensaft beträufeln.

3. Den Pudding mit den Haselnüssen, restlichen Apfelraspeln und Birnenspalten in 8 Portionsgläser schichten und bis zum Verzehr kalt stellen.

Schichtsalat mit Bohnen

12 Portionen

Klassisch – gut vorzubereiten

Pro Portion:
E: 19 g, F: 37 g, Kh: 23 g,
kJ: 2107, kcal: 503

Salzwasser
700 g grüne TK-Brechbohnen
Salz
300 g Staudensellerie
500 g Möhren
2 Bund Frühlingszwiebeln
8 hart gekochte Eier
2 Gläser Wachsbrechbohnen (Abtropfgewicht je 370 g)
2 Dosen weiße Riesenbohnen (Abtropfgewicht je 350 g)
400 g Kasseler-Aufschnitt

Für die Sauce:
1 Bund Petersilie
500 g Salatmayonnaise
500 g Schmand
1–2 TL flüssiger Honig
Salz, frisch gemahlener Pfeffer
Cayennepfeffer

Zubereitungszeit: 1 Std., ohne Durchziehzeit

1. Salzwasser in einem Topf zum Kochen bringen. Grüne Brechbohnen hinzufügen und etwa 10 Minuten kochen lassen. Bohnen in ein Sieb geben, mit kaltem Wasser abspülen und abtropfen lassen.
2. Staudensellerie putzen, waschen, abtropfen lassen und die harten Außenfäden abziehen. Selleriestangen in dünne Scheiben schneiden. Möhren putzen, schälen, abspülen, abtropfen lassen und grob raspeln.
3. Frühlingszwiebeln putzen, waschen, abtropfen lassen und in dünne Ringe schneiden. Einige Ringe zum Garnieren beiseite legen. Eier pellen und in Scheiben schneiden.
4. Wachsbrechbohnen und Riesenbohnen getrennt in Siebe geben und abtropfen lassen. Kasseler-Aufschnitt in Streifen schneiden.
5. Für die Sauce Petersilie abspülen und trockentupfen. Die Blättchen von den Stängeln zupfen. Einige Blättchen zum Garnieren beiseite legen. Restliche Blättchen fein schneiden. Mayonnaise mit Schmand und Honig verrühren, mit Salz, Pfeffer und Cayennepfeffer abschmecken. Petersilie unterrühren.
6. Nacheinander die Zutaten in eine große Schüssel oder 12 Portionsgläser schichten und mit der Salatsauce übergießen. Salat zugedeckt und kalt gestellt etwa 12 Stunden durchziehen lassen. Salat mit beiseite gelegten Petersilienblättchen und Frühlingszwiebelringen garnieren.

Tipp:
Anstelle von Schmand können Sie auch saure Sahne oder milden Naturjoghurt verwenden.

Abwandlung: 24-Stunden-Salat (für 8 Portionen)
Der Reihe nach in eine große Schüssel schichten: 1 Eisbergsalat in Streifen geschnitten, 2 grüne gewürfelte Paprikaschoten, 300 g gegarte Erbsen, 1 große gewürfelte Gemüsezwiebel, 4 gekochte Eier in Scheiben geschnitten, 1 kleine Dose Kidneybohnen und 1 Dose Gemüsemais. Über den geschichteten Salat eine Sauce aus 150 g Naturjoghurt, 150 g Crème fraîche und 250 g Salatmayonnaise geben. Den Salat mit geraspeltem Gouda-Käse bestreuen und zugedeckt und kalt gestellt 24 Stunden durchziehen lassen.

Schichtsalat mit Bohnen

Schichtsalat mit Forellenfilets

10–12 Portionen

Schnell

Pro Portion:
E: 27 g, F: 13 g, Kh: 16 g,
kJ: 1234, kcal: 295

1 kleiner Kopf Eisbergsalat
2 Fenchelknollen
1 große Dose Mandarinen (Abtropfgewicht 480 g)
2–3 rote Äpfel
2 EL Zitronensaft
2 EL Wasser
etwa 10 halbierte, geräucherte Forellen

Für die Sauce:
1 Glas Sahnemeerrettich (135 g)
150 g Naturjoghurt
200 g Schmand oder Crème fraîche
5–6 EL Mandarinensaft
Salz
frisch gemahlener weißer Pfeffer
1 Bund Dill

Zubereitungszeit: 30 Min., ohne Durchziehzeit

1. Eisbergsalat putzen, in Streifen schneiden, waschen und trockenschleudern. Von den Fenchelknollen die Stiele dicht oberhalb der Knollen abschneiden, braune Stellen und Blätter entfernen (etwas Fenchelgrün beiseite legen), die Wurzelenden gerade schneiden, die Knollen waschen, halbieren und in dünne Scheiben hobeln.
2. Mandarinen in einem Sieb abtropfen lassen, dabei den Saft auffangen. Äpfel waschen, vierteln, entkernen und in kleine Stücke schneiden. Zitronensaft mit Wasser verrühren und mit den Apfelstücken vermischen. Forellen evtl. entgräten und in Stücke schneiden.
3. Für die Sauce Sahnemeerrettich mit Joghurt und Schmand oder Crème fraîche und Mandarinensaft glatt rühren und mit Salz und Pfeffer würzen. Dill abspülen, trockentupfen, fein schneiden und unter die Sauce rühren.
4. Die vorbereiteten Salatzutaten nacheinander in eine hohe Schüssel schichten, dabei zwischendurch jeweils etwas von der Sauce darüber geben. Die oberste Schicht sollte Sauce sein. Salat etwa 1 Stunde durchziehen lassen. Den Salat mit dem beiseite gelegten Fenchelgrün garnieren.

Tipp:
Anstatt Forellenfilets können Sie auch Matjesfilets verwenden.

Schinkenbraten „Hawaii“

10–12 Portionen

Beliebt

Pro Portion:
E: 36 g, F: 7 g, Kh: 15 g,
kJ: 1167, kcal: 280

1,6 kg Schweinefleisch (aus der Ober- oder Unterschale)
Salz
frisch gemahlener Pfeffer
4 EL Sonnenblumenöl
1 Dose Ananasscheiben (Abtropfgewicht 510 g)
200 ml Fleischbrühe
3 Dosen Sauerkraut (Abtropfgewicht je 770 g)
20 Gewürznelken
2 Lorbeerblätter

Zubereitungszeit: 60 Min.
Garzeit: etwa 3 1/2 Std.

1. Schweinefleisch unter fließendem kalten Wasser abspülen, trockentupfen und mit Salz und Pfeffer einreiben.
2. Öl in einem großen Bräter erhitzen. Das Fleisch von allen Seiten darin anbraten.
3. Ananasscheiben in einem Sieb abtropfen lassen, den Saft dabei auffangen. 3 Ananasscheiben in kleine Stücke schneiden.
4. Angebratenes Fleisch in 2–3 cm Abständen mit einem scharfen Messer etwa 1 cm tief einschneiden. Ananasstücke etwa bis zur Hälfte in die Einschnitte stecken. Die Nelken in die Zwischenräume stecken. Etwas von der Brühe hinzugießen.
5. Den Bräter auf dem Rost in den Backofen schieben. Während des Garens gelegentlich etwas von der Brühe über die Bratenstücke gießen.
   Ober-/Unterhitze: etwa 140 °C (vorgeheizt)
   Heißluft: etwa 120 °C (nicht vorgeheizt)
   Gas: etwa Stufe 1 (nicht vorgeheizt)
   Garzeit: etwa 3 1/2 Std.
6. Sauerkraut mit einer Gabel etwas auseinander zupfen. Die restlichen Ananasscheiben in kleine Stücke schneiden. Nach etwa 2 Stunden Garzeit Sauerkraut, Ananasstücke, Ananassaft und Lorbeerblätter mit in den Bräter geben.
7. Nach etwa 3 Stunden Garzeit **die Backofentemperatur auf Ober-/Unterhitze: etwa 180 °C, Heißluft: etwa 160 °C , Gas: Stufe 2–3 einstellen** und den Schinkenbraten in etwa 30 Minuten fertig garen.
8. Den Schinkenbraten herausnehmen, auf eine Platte legen und etwa 10 Minuten zugedeckt ruhen lassen. Lorbeerblätter entfernen. Sauerkraut mit Salz und Pfeffer abschmecken. Schinkenbraten in Scheiben schneiden und mit dem Sauerkraut servieren.

Schinken-Käse-Brötchen

Beilage: Kartoffelpüree oder Bauernbrot.

Tipp:
Falls kein großer Bräter vorhanden ist, können die Fleischstücke auch in einer Fettfangschale zubereitet werden.

Schinken-Käse-Brötchen

30 Stück

Für Kinder

Pro Stück:
E: 10 g, F: 15 g, Kh: 12 g, kJ: 953, kcal: 228

400 g gekochter Schinken
400 g roher Schinken
400 g mittelalter Gouda-Käse
250 g weiche Butter
etwa 200 ml Schlagsahne
Salz, frisch gemahlener Pfeffer
1–2 gestr. TL Paprikapulver edelsüß
15 Brötchen

Zubereitungszeit: 40 Min.
Backzeit: etwa 15 Min. je Blech

1. Gekochten und rohen Schinken und Käse in Würfel schneiden. Butter geschmeidig rühren.
2. Schinken- und Käsewürfel und so viel von der Sahne unterrühren, dass eine feste, aber streichfähige Masse entsteht. Die Masse mit Salz, Pfeffer und Paprikapulver abschmecken.
3. Die Brötchen halbieren. Jede Hälfte mit der Schinken-Käse-Masse bestreichen. Die Brötchenhälften auf 2 Backbleche legen und nacheinander (bei Heißluft zusammen) in den Backofen schieben.
   Ober-/Unterhitze: etwa 200 °C (vorgeheizt)
   Heißluft: etwa 180 °C (vorgeheizt)
   Gas: Stufe 3–4 (vorgeheizt)
   Backzeit: etwa 15 Minuten je Backblech.

Tipp:
Die Schinken-Käse-Brötchen auf Kopfsalatblättern anrichten und mit glatter Petersilie und Tomatenscheiben garnieren.

Schinken-Quark-Dip

8 Portionen

Zum Vorbereiten

Insgesamt:
E: 9 g, F: 8 g, Kh: 2 g,
kJ: 515, kcal: 124

250 g Speisequark
1 Becher (150 g) Crème fraîche
8 EL Buttermilch
200 g geräucherter Schinken
frisch gemahlener Pfeffer
1 Bund gemischte Kräuter, z. B. Estragon, Kerbel, glatte Petersilie

Zubereitungszeit: 10 Min.

1. Quark, Crème fraîche und Buttermilch in eine Schüssel geben und gut verrühren.
2. Schinken in kleine Würfel schneiden und unterrühren. Den Dip mit Pfeffer würzen.
3. Kräuter abspülen und trockentupfen. Die Blättchen von den Stängeln zupfen Blättchen fein hacken und unterrühren.

Schinken-Quark-Dip

Schlemmerbraten

Tipp: Quark-Dip zu frischem Gemüse oder Gemüsesticks servieren.

Schlemmerbraten

12 Portionen

Etwas teurer

Pro Portion:
E: 33 g, F: 21 g, Kh: 18 g,
kJ: 1643, kcal: 392

1,8 kg Lammrückenfilet
Salz, 4 EL Olivenöl
100 g grüne Pfefferkörner in Lake (aus einem Glas)
100 g mittelscharfer Senf
200 g Semmelbrösel

Für das Gemüse:
je 1 rote, gelbe und grüne Paprikaschote (etwa 600 g)
4 Zucchini (etwa 800 g)
6–8 kleine Schalotten (etwa 300 g)
2 Knoblauchzehen
400 g Cocktailtomaten
1 Bund frischer Thymian
4 EL Olivenöl
frisch gemahlener Pfeffer
400 ml Gemüsebrühe oder -fond

Zubereitungszeit: 50 Min., ohne Abkühlzeit
Garzeit: etwa 30 Min.

1. Lammfleisch unter fließendem kalten Wasser abspülen und trockentupfen, mit Salz bestreuen. Olivenöl in einer großen Pfanne erhitzen. Das Fleisch darin von allen Seiten kurz anbraten und etwas abkühlen lassen.
2. Pfefferkörner abtropfen lassen. Pfefferkörner fein zerdrücken. Das Fleisch mit Senf bestreichen und die zerdrückten Pfefferkörner darauf verteilen.

3. Semmelbrösel auf einem Backblech verteilen. Das Lammfleisch darin wälzen, so dass es darin eingehüllt ist.
4. Für das Gemüse Paprikaschoten halbieren, entstielen, entkernen und die weißen Scheidewände entfernen. Schoten waschen, abtropfen lassen und in Würfel schneiden. Zucchini waschen, abtrocknen und die Enden abschneiden. Zucchini in große Würfel schneiden.
5. Schalotten und Knoblauch abziehen. Schalotten vierteln. Knoblauch durch eine Knoblauchpresse drücken. Tomaten waschen, abtropfen lassen, halbieren und die Stängelansätze herausschneiden. Thymian abspülen und trockentupfen. Die Blättchen von den Stängeln zupfen und fein hacken.
6. Olivenöl in einem großen Bräter erhitzen. Paprika-, Zucchiniwürfel, Schalotten, Knoblauch, Thymian und Tomaten hinzugeben und darin andünsten, mit Salz und Pfeffer würzen. Brühe oder Fond hinzugießen. Fleisch auf das Gemüse legen. Den Bräter auf dem Rost in den Backofen schieben.

Ober-/Unterhitze: etwa 200 °C (vorgeheizt)
Heißluft: etwa 180 °C (vorgeheizt)
Gas: Stufe 3–4 (vorgeheizt)
Garzeit: etwa 30 Minuten.

Beilage:
Bratkartoffeln oder Ofenkartoffeln mit Kräuterquark.

Schmetterlingsnudel-Pfanne

Schmetterlingsnudel-Pfanne

8–10 Portionen

Für Kinder

Pro Portion:
E: 12 g, F: 6 g, Kh: 62 g, kJ: 1458, kcal: 349

750 g Schmetterlingsnudeln (Farfalle)
je 1 rote, grüne und gelbe Paprikaschote (je etwa 180 g)
3 dünne Zucchini (etwa 200 g)
etwa 200 g Brokkoli
Salzwasser
4 EL Olivenöl
75 ml Gemüsebrühe
Salz, frisch gemahlener Pfeffer
$^1/_2$ Topf Thymian

Zubereitungszeit: 50 Min.

1. Nudeln in reichlich Salzwasser nach Packungsanleitung bissfest kochen, in ein Sieb geben, mit heißem Wasser abspülen und abtropfen lassen. Nudeln warm halten.
2. Paprikaschoten halbieren, entstielen, entkernen und die weißen Scheidewände entfernen. Die Schoten waschen, abtropfen lassen und würfeln. Zucchini waschen, abtrocknen und die Enden abschneiden. Zucchini halbieren und in Scheiben schneiden.
3. Vom Brokkoli die Blätter entfernen. Brokkoli in kleine Röschen teilen und waschen. Salzwasser zum Kochen bringen und die Brokkoliröschen darin etwa 2 Minuten garen, dann in ein Sieb geben und abtropfen lassen.
4. Öl erhitzen. Paprikawürfel und Zucchinischeiben darin kurz andünsten. Brokkoli und Brühe hinzufügen und kurz mitdünsten. Nudeln hinzufügen. Alles mit Salz und Pfeffer würzen.
5. Thymian abspülen, trockentupfen und die Blättchen von den Stängeln zupfen. Die Schmetterlingspfanne mit Thymianblättchen bestreut servieren.

Abwandlung:
Es können auch andere Nudelsorten, z. B. Penne oder Muschelnudeln, und andere Gemüsesorten, z. B. Blumenkohl und Möhren verwendet werden.

Schmetterlingssteaks „Hawaii"

Schmetterlingssteaks „Hawaii"

12 Portionen

Schnell

Pro Portion:
E: 49 g, F: 18 g, Kh: 6 g,
kJ: 1618, kcal: 386

12 Schmetterlingssteaks vom Schwein (je etwa 180 g)
150 ml Sojasauce
frisch gemahlener Pfeffer
1–2 TL Paprikapulver edelsüß
6 Scheiben Ananas (aus der Dose)
6 Scheiben gekochter Schinken
6 kleine Scheiben Gouda-Käse
4 EL Rapsöl

Außerdem:
einige Holzstäbchen

Zubereitungszeit: 35 Min.
Garzeit: etwa 25 Min.

1. Steaks unter fließendem kalten Wasser abspülen und trockentupfen. Die Steaks zusammengeklappt in einen Gefrierbeutel geben und flach klopfen (evtl. mit einer Teigrolle).
2. Sojasauce mit Pfeffer und Paprikapulver verrühren. Die Steaks mit Hilfe eines Pinsels innen und außen damit bestreichen.
3. Ananasscheiben in einem Sieb abtropfen lassen und halbieren. Schinkenscheiben ebenfalls halbieren. Goudascheiben vierteln.
4. Die Steaks aufklappen und der Reihe nach mit je 1 Stück Gouda, Schinken, Ananas und zum Schluss wieder Gouda belegen. Die Steaks zusammenklappen und die Öffnungen mit Holzstäbchen zusammenstecken.
5. Öl in einer Pfanne erhitzen. Die Steaks portionsweise darin kurz von beiden Seiten anbraten und auf ein Backblech legen. Das Backblech in den Backofen schieben.
   Ober-/Unterhitze: etwa 180 °C (vorgeheizt)
   Heißluft: etwa 160 °C (vorgeheizt)
   Gas: Stufe 2–3 (vorgeheizt)
   Garzeit: etwa 25 Min.

Schmorgurkentopf

8–10 Portionen

Einfach

Pro Portion:
E: 16 g, F: 15 g, Kh: 15 g,
kJ: 1097, kcal: 262

6 Schmorgurken (etwa 1 1/2 kg)
500 g fest kochende Kartoffeln
1 Gemüsezwiebel (etwa 200 g)
3 EL Sonnenblumenöl
3 EL Weizenmehl
2 l Gemüsebrühe
1 Bund Dill
300 g gekochter Schinken
5 hart gekochte Eier
Salz, frisch gemahlener Pfeffer
400 g Schmand oder Sahnejoghurt

Zubereitungszeit: 90 Min.

1. Schmorgurken waschen, abtropfen lassen und die Enden abschneiden. Von einer Gurke etwa 200 g grob raspeln und beiseite stellen. Die restlichen Gurken schälen, längs halbieren, die Kerne mit Hilfe eines Löffels herauskratzen und die Gurken würfeln.
2. Kartoffeln waschen, schälen und abspülen. Gemüsezwiebel abziehen. Kartoffeln und Gemüsezwiebel in Würfel schneiden.
3. Öl in einem großen Topf erhitzen. Zwiebelwürfel darin leicht andünsten. Mehl darüber stäuben und unter Rühren so lange darin erhitzen, bis das Mehl hellgelb ist. Brühe hinzugießen, dabei mit einem Schneebesen gut durchrühren, dabei darauf achten, dass keine Klümpchen entstehen. Brühe aufkochen lassen.
4. Gurken- und Kartoffelwürfel hinzufügen. Die Suppe wieder zum Kochen bringen und etwa 30 Minuten zugedeckt köcheln lassen, gelegentlich umrühren. Anschließend die Suppe pürieren.

Schmorgurkentopf

5. Dill abspülen, trockentupfen und die Spitzen von den Stängeln zupfen. Einige Spitzen zum Garnieren beiseite legen. Die restlichen Spitzen grob hacken. Schinken würfeln. Eier pellen und in kleine Stücke schneiden. Gehackten Dill in die Suppe geben, alles unter Rühren erwärmen und mit Salz und Pfeffer würzen.
6. Die Suppe in Tellern oder Suppentassen anrichten. Je einen Klecks Schmand oder Sahnejoghurt darauf geben. Die Suppe mit den Gurkenraspeln, Schinken- und Eierwürfeln bestreuen und mit dem beiseite gelegten Dill garnieren.

Schneckenpost

8 Portionen

Für Kinder

Pro Portion:
E: 26 g, F: 27 g, Kh: 45 g,
kJ: 2258, kcal: 540

Für den Pfannkuchenteig:
400 g Weizenmehl
6 Eier (Größe M)
Salz
400 ml Milch
170 ml Mineralwasser

Für die Spinat-Schinken-Füllung:
20 g Butter
450 g TK-Blattspinat
Salz, frisch gemahlener Pfeffer
frisch geriebene Muskatnuss
8 große Scheiben gekochter Schinken

Für die Gemüsefüllung:
2 Möhren (300 g)
2 Kohlrabi (500 g)
2 große Kartoffeln (300 g)

Schneckenpost

Salzwasser
evtl. 1 Bund Petersilie
Salz, frisch gemahlener Pfeffer
100 g Butterschmalz
40 g zerlassene Butter

Kräuterstängel zum Garnieren

Zubereitungszeit: 80 Min.
Backzeit: 8–10 Min.

1. Für den Pfannkuchenteig Mehl in eine Schüssel sieben und in die Mitte eine Vertiefung drücken. Eier mit Salz und Milch verschlagen, etwas davon in die Vertiefung geben und von der Mitte aus Eiermilch und Mehl verrühren. Nach und nach die übrige Eiermilch dazugeben, dabei darauf achten, dass keine Klümpchen entstehen. Den Teig etwa 20 Minuten stehen lassen.
2. Für die Spinat-Schinken-Füllung Butter in einem Topf zerlassen. Spinat hinzufügen und bei schwacher Hitze auftauen lassen. Spinat mit Salz, Pfeffer und Muskat würzen. Die Flüssigkeit im Topf verdampfen lassen.
3. Für die Gemüsefüllung Möhren und Kohlrabi putzen. Möhren, Kohlrabi und Kartoffeln schälen, abspülen, abtropfen lassen und in feine Streifen schneiden. Salzwasser in einem Topf zum Kochen bringen. Die Gemüsestreifen darin blanchieren und dann in einem Sieb abtropfen lassen.
4. Etwas von dem Butterschmalz in einer beschichteten Pfanne (Ø 24 cm) erhitzen. Teig nochmals durchrühren und eine dünne Teiglage in die Pfanne geben. Bevor der Pfannkuchen gewendet wird, etwas Butterschmalz in die Pfanne geben. Den Pfannkuchen von beiden Seiten goldgelb backen. Auf diese Weise 16 Pfannkuchen zubereiten.
5. Die Hälfte der Pfannkuchen mit je 1 Scheibe Schinken und dem Spinat belegen. Die anderen 8 Pfannkuchen mit der Gemüsefüllung belegen und mit Salz und Pfeffer bestreuen. Alle Pfannkuchen aufrollen, gegebenenfalls mit einem Zahnstocher feststecken und mit der Naht nach unten in eine Fettfangschale legen. Pfannkuchen mit Butter bestreichen. Die Fettfangschale in den Backofen schieben.
   Ober-/Unterhitze: etwa 200 °C (vorgeheizt)
   Heißluft: etwa 180 °C (vorgeheizt)
   Gas: Stufe 3–4 (vorgeheizt)
   Backzeit: 8–10 Minuten.
6. Die Pfannkuchen herausnehmen, in mundgerechte Stücke schneiden und jeweils 2 Stücke zu einer Schnecke zusammenlegen (evtl. mit einem Zahnstocher feststecken). Die Schneckenköpfe mit je 2 „Fühlern" versehen. Nach Belieben Kräuter abspülen, trockentupfen und die Schnecken mit Kräutern anrichten.

Tipp:
Für Rote Fühler von einer halben roten Paprikaschote mit einer Lochtülle (von einem Spritzbeutel) kleine Taler ausstechen und auf Zahnstocher stecken. Die Pfannkuchen können bereits am Vortag gebacken werden.

Schnitzel mit Gemüsesauce

12 Portionen

Dauert länger

Pro Portion:
E: 46 g, F: 32 g, Kh: 6 g,
kJ: 2108, kcal: 504

3 Zwiebeln
2 Knoblauchzehen
750 g Porree (Lauch)
500 g Möhren
300 g Staudensellerie
1 kg frische Champignons
2 EL Olivenöl
1 gestr. TL gerebelter Thymian
Salz
12 große Schweineschnitzel (je etwa 180 g)
4 EL Olivenöl
frisch gemahlener Pfeffer
750 ml (3/4 l) Schlagsahne
50 ml Fleischbrühe
Paprikapulver rosenscharf
250 g Schmand

Zubereitungszeit: 1 1/2 Std
Garzeit: etwa 20 Min.

Schnitzel mit Gemüsesauce

1. Zwiebeln abziehen, halbieren und in Streifen schneiden. Knoblauch abziehen und in Scheiben schneiden. Porree putzen, die Stangen seitlich einschneiden, gründlich waschen und abtropfen lassen. Stangen in breite Streifen schneiden.
2. Möhren und Staudensellerie putzen, schälen, waschen und abtropfen lassen. Vom Sellerie die harten Außenfäden abziehen und einige Blätter zum Garnieren beiseite legen. Möhren und Sellerie in etwa 1/2 cm dicke Scheiben schneiden.
3. Champignons putzen, mit Küchenpapier abreiben, evtl. abspülen und abtropfen lassen. Champignons je nach Größe halbieren oder vierteln.
4. Olivenöl in einem Topf erhitzen. Zwiebeln und Knoblauch darin andünsten. Porreestreifen, Möhren- und Selleriescheiben, Champignons und Thymian hinzufügen und zugedeckt etwa 15 Minuten dünsten. Gelegentlich umrühren. Gemüse mit Salz abschmecken.
5. Schnitzel unter fließendem kalten Wasser abspülen und trockentupfen. Olivenöl in einer großen Pfanne erhitzen. Die Schnitzel darin portionsweise von beiden Seiten anbraten, mit Salz und Pfeffer würzen und aus der Pfanne nehmen.
6. Nach dem Braten etwas von der Sahne und die Brühe in die Pfanne einrühren. Den Bratensatz loskochen. Restliche Sahne unterrühren, mit Salz, Pfeffer und Paprikapulver würzen.
7. Die Schnitzel in einen großen, flachen Bräter oder eine Fettfangschale legen. Gemüse und Sahnemischung verrühren und über die Schnitzel gießen. Den Bräter auf dem Rost oder die Fettfangschale in den Backofen schieben.
   Ober-/Unterhitze: etwa 200 °C (vorgeheizt)
   Heißluft: etwa 180 °C (vorgeheizt)
   Gas: Stufe 3–4 (vorgeheizt)
   Garzeit: etwa 20 Minuten.
8. Beiseite gelegtes Selleriegrün in Streifen schneiden. Die Sauce evtl. nochmals abschmecken. Schmand in Klecksen auf die Sauce setzen und mit Selleriegrün bestreut servieren.

Beilage: Nudeln oder Baguette.

Schnitzel-Sahne-Pfanne

8 Portionen

Beliebt

Pro Portion:
E: 40 g, F: 41 g, Kh: 12 g,
kJ: 2422, kcal: 578

Für die Sauce:
50 g Butter
40 g Weizenmehl
500 ml (1/2 l) Schlagsahne
250 ml (1/4 l) Fleischbrühe
1 TL mittelscharfer Senf
Salz
frisch gemahlener Pfeffer

1 Dose ganze Champignons (Abtropfgewicht 460 g)

8 Schweineschnitzel (ausgelöste Kotelettscheiben, je etwa 125 g)
Salz
frisch gemahlener Pfeffer
40 g Weizenmehl
4 EL Olivenöl
4 Scheiben gekochter Schinken
125 g Camembert-Käse
1/2 Bund Kerbel

8 TL Wildpreiselbeeren (aus einem Glas)

Zubereitungszeit: 50 Min.
Garzeit: etwa 40 Min.

Schnitzel-Sahne-Pfanne

1. Für die Sauce Butter in einem Topf zerlassen. Mehl unter Rühren so lange darin erhitzen, bis es hellgelb ist. Sahne und Brühe nach und nach hinzugießen, dabei mit einem Schneebesen durchschlagen, darauf achten, dass keine Klümpchen entstehen.
2. Die Sauce zum Kochen bringen und 10 Minuten bei schwacher Hitze kochen lassen. Senf unterrühren. Sauce mit Salz und Pfeffer würzen. Champignons in einem Sieb abtropfen lassen, hinzufügen und in der Sauce erhitzen. Sauce in eine große Auflaufform füllen.
3. Schnitzel unter fließendem kalten Wasser abspülen und trockentupfen, mit Salz und Pfeffer bestreuen. Schnitzel in Mehl wenden.
4. Jeweils die Hälfte des Speiseöls in einer großen Pfanne erhitzen. Schnitzel in 2 Portionen von beiden Seiten darin anbraten. Schnitzel herausnehmen und nebeneinander in die Auflaufform legen.
5. Kochschinkenscheiben halbieren. Camembert in Scheiben schneiden. Kochschinken auf den Schnitzeln verteilen, Camembertscheiben darauf legen. Die Form auf dem Rost in den Backofen schieben.
   Ober-/Unterhitze: etwa 180 °C (vorgeheizt)
   Heißluft: etwa 160 °C (vorgeheizt)
   Gas: Stufe 2–3 (vorgeheizt)
   Garzeit: etwa 20 Minuten.
6. Kerbel abspülen, trockentupfen und die Blättchen von den Stängeln zupfen. Jeweils 1 Teelöffel Preiselbeeren auf die überbackenen Schnitzel geben. Die Schnitzel mit der Sauce anrichten und mit Kerbel garnieren.

Schnitzel „Utrechter Art“

8 Portionen

Mit Alkohol

Pro Portion:
E: 45 g, F: 31 g, Kh: 5 g,
kJ: 2024, kcal: 485

2 Zwiebeln
1 kg Champignons
4 EL Olivenöl
40 g Butter
2 Becher (je 150 g) Crème fraîche
125 ml (1/8 l) trockener Weißwein
Salz
frisch gemahlener Pfeffer
8 dünne Putenschnitzel (je etwa 150 g)
50 g Weizenmehl
4 EL Olivenöl
40 g Butter
250 g geriebener Käse, z. B. Pikantje von Gouda
4 Tomaten

Zubereitungszeit: 50 Min.
Garzeit: etwa 15 Min.

Schnitzel „Utrechter Art“

1. Zwiebeln abziehen und in kleine Würfel schneiden. Champignons putzen, mit Küchenpapier abreiben, evtl. abspülen, abtropfen lassen und in Scheiben schneiden.
2. Öl in einer Pfanne erhitzen. Butter hinzufügen. Zwiebelwürfel darin glasig dünsten. Champignonscheiben evtl. in 2 Portionen hinzugeben und so lange dünsten, bis die Flüssigkeit verdampft ist. Crème fraîche und Wein unterrühren und kurz aufkochen lassen, mit Salz und Pfeffer würzen.
3. Putenschnitzel unter fließendem kalten Wasser abspülen und trockentupfen. Schnitzel evtl. flach klopfen, mit Salz und Pfeffer bestreuen und in Mehl wenden.
4. Jeweils die Hälfte des Öls in einer großen Pfanne zerlassen, die Hälfte der Butter hinzufügen. Die Schnitzel in 2 Portionen von jeder Seite etwa 2 Minuten darin braten und in eine große flache Auflaufform legen. Die Champignonmasse darauf geben, Käse darauf verteilen.
5. Die Form auf dem Rost in den Backofen schieben und die Schnitzel überbacken, bis der Käse zerlaufen ist.
   Ober-/Unterhitze: etwa 200 °C (vorgeheizt)
   Heißluft: etwa 180 °C (vorgeheizt)
   Gas: Stufe 3–4 (vorgeheizt)
   Garzeit: etwa 15 Minuten.
6. Tomaten waschen, abtrocknen, halbieren und die Stängelansätze herausschneiden. Tomaten in Scheiben schneiden. Die Tomatenscheiben nach etwa 10 Minuten Garzeit dachziegelartig auf die Schnitzel legen und die Schnitzel fertig backen. Schnitzel mit Salz und Pfeffer bestreuen.

Beilage: Weiße oder grüne Bandnudeln.

Tipp:
Die Schnitzel vor dem Servieren mit Tomatenwürfeln garnieren.

Schokobananen am Spieß

Schokobananen am Spieß

8 Stück

Beliebt

Pro Stück:
E: 5 g, F: 26 g, Kh: 51 g,
kJ: 1923, kcal: 463

300 g Halbbitter-Kuvertüre
300 g Vollmilch-Kuvertüre
100 g weiße Kuvertüre
8 Mini-Bananen oder 4 mittelgroße Bananen

Zubereitungszeit: 30 Min.

1. Halbbitter- und Vollmilch-Kuvertüren getrennt voneinander in kleine Stücke hacken und jeweils in einem kleinen Topf im Wasserbad bei schwacher Hitze zu einer geschmeidigen Masse verrühren.
2. Bananen schälen. Die großen Bananen halbieren. Mini-Bananen bzw. Bananenhälften auf je 2 Holzspieße stecken.
3. Die Hälfte der Bananen mit Halbbitter-, die restlichen mit Vollmilch-Kuvertüre überziehen. Überzogene Bananen etwas abtropfen lassen und auf Backpapier legen.
4. Die weiße Kuvertüre ebenfalls hacken, in einem Topf im Wasserbad schmelzen und in einen kleinen Gefrierbeutel füllen. Eine kleine Ecke des Beutels abschneiden. Die Bananen mit der weißen Kuvertüre besprenkeln. Kuvertüre trocknen lassen.

Schokokuss-Schichtspeise

12 Portionen

Mit Alkohol

Pro Portion:
E: 5 g, F: 21 g, Kh: 48 g,
kJ: 1782, kcal: 423

100 g Kokosraspel
16 Schokoküsse
3–4 EL Kirschwasser
250 g Magerquark
500 ml (1/2 l) Schlagsahne
2 Pck. Dr. Oetker Sahnesteif
2–3 EL Puderzucker
1 kg Rote Grütze, aus dem Kühlregal

Zubereitungszeit: 20 Min.

1. Kokosraspel in einer Pfanne ohne Fett goldbraun rösten und abkühlen lassen. Die Waffelböden von den Schokoküssen ablösen, hacken und mit Kirschwasser vermischen.
2. Die Schaummasse der Schokoküsse (mit dem Schokoüberzug) in eine Schüssel geben, grob zerkleinern und mit dem Quark verrühren. Sahne mit Sahnesteif und gesiebtem Puderzucker steif schlagen und unterrühren.
3. Kokosraspel mit der Waffelmasse vermengen und abwechselnd mit roter Grütze und der Quark-Sahne-Mischung portionsweise in eine große Glasschüssel schichten.

Tipp:
Wenn Kinder mitessen, Kirschwasser durch Apfel- oder Orangensaft ersetzen.

Schokokuss-Schichtspeise

Schokoladenauflauf mit Aprikosen

12 Portionen

Für Kinder

Pro Portion:
E: 7 g, F: 12 g, Kh: 41 g, kJ: 1315, kcal: 314

Zum Vorbereiten:
2 Dosen Aprikosenhälften (Abtropfgewicht je 480 g)
200 g Zartbitterschokolade
2 Pck. Gala Feiner Schokoladen-Pudding
4 Eigelb (Größe M)
etwa 130 g Zucker
1 l Milch
4 Eiweiß (Größe M)

Zum Bestreuen:
einige abgezogene, gehobelte Mandeln

Zubereitungszeit: 25 Min.
Backzeit: etwa 10 Min.

Schokoladenauflauf mit Aprikosen

1. Zum Vorbereiten Aprikosenhälften in einem Sieb abtropfen lassen. Schokolade grob raspeln.
2. Pudding-Pulver, Eigelb, 100 g Zucker und etwas von der Milch in einer kleinen Schüssel verrühren.
3. Restliche Milch in einem Topf zum Kochen bringen. Angerührtes Pudding-Pulver unter Rühren hineingeben und unter Rühren gut aufkochen lassen. Pudding von der Kochstelle nehmen und geraspelte Schokolade sofort unterrühren. Eiweiß steif schlagen und ebenfalls unter den heißen Pudding heben.
4. Die Hälfte der Aprikosenhälften in eine große Auflaufform (gefettet) oder in mehrere kleine Auflaufformen (gefettet) geben. Den Pudding darauf verteilen. Restliche Aprikosenhälften, Mandeln und restlichen Zucker darauf geben. Die Form oder Formen auf dem Rost in den Backofen schieben.
Ober-/Unterhitze: ca. 200 °C (vorgeheizt)
Heißluft: etwa 180 °C (vorgeheizt)
Gas: Stufe 3–4 (vorgeheizt)
Backzeit: etwa 10 Minuten.

Abwandlung für Erwachsene:
Der Auflauf kann auch mit 2 Dosen (Abtropfgewicht je 480 g) in Spalten geschnittenen Birnen und 3 Esslöffeln Birnengeist oder 500 g gemischten Rumtopffrüchten und 500 g frischen Früchten zubereitet werden.

Schokoladenpudding

8–10 Portionen

Klassisch

Pro Portion:
E: 5 g, F: 23 g, Kh: 33 g,
kJ: 1548, kcal: 370

80 g Speisestärke, 600 ml Milch
400 ml Schlagsahne
200 g Zartbitter- oder Vollmilchschokolade
100 g Zucker

Zubereitungszeit: 20 Min., ohne Kühlzeit

1. Speisestärke mit etwas Milch anrühren, restliche Milch und Sahne erhitzen. Schokolade hacken und mit Zucker unter Rühren darin auflösen. Schokoladenmilch unter Rühren zum Kochen bringen, angerührte Speisestärke einrühren und unter Rühren etwa 1 Minute kochen lassen. Topf von der Kochstelle nehmen.
2. Pudding sofort in eine kalt ausgespülte Puddingform oder Schale geben. Die Oberfläche mit Frischhaltefolie belegen oder dünn mit Zucker bestreuen, damit sich keine Haut bildet. Pudding abkühlen lassen und dann etwa 3 Stunden kalt stellen.
3. Zum Servieren den Pudding am Formrand mit einem Messer lösen. Die Form kurz in heißes Wasser tauchen und den Pudding auf einen Teller stürzen oder ihn löffelweise auf Desserttellern verteilen.

Tipp:
Den Pudding zum Servieren mit geschlagener Sahne verzieren und mit Orangenscheiben garnieren.

Variante:
Schoko-Orangen-Pudding
Bereiten Sie den Pudding mit 80 g Speisestärke, 400 ml Milch, 400 ml Schlagsahne, 200 ml Orangensaft und 200 g Zartbitterschokolade zu und rühren Sie 2 Esslöffel Cointreau (Orangenlikör) unter.

Schokoladenpudding

Rezeptvorschläge für eine Heimwehparty für Nordlichter

Für ein Buffet für eine Heimwehparty für Nordlichter benötigen Sie für 10–12 Personen:

1 x Rezept Schollenfilets „Frühlingsart", Seite 338
1 x Rezept Linsensalat in Senfdressing, Seite 212
1 x Rezept Schmorgurkentopf, Seite 330
1 x Rezept Rote Grütze, Seite 308

Außerdem:

Etwa 1,5 l Vanillesauce z. B. aus dem Kühlregal für die Rote Grütze.

Vorbereitungen am Vortag:

- Für den Linsensalat Gemüse und Dressing zubereiten und getrennt kalt stellen.
- Die Rote Grütze zubereiten und kalt stellen.

Vorbereitungen am Tag der Party:

2–3 Stunden vorher:	• Für die Schollenfilets für das Gemüse Punkt 1–2 zubereiten.
1–2 Stunden vorher:	• Den Linsensalat fertig zubereiten. Den Schmorgurkentopf bis Punkt 5 zubereiten.
Etwa 1 Stunde vorher:	• Die Schollenfilets fertig zubereiten und in den Backofen schieben. • Schmorgurkentopf abschmecken und anrichten.

Es eignen sich auch folgende zusätzliche Rezepte:

1 x Rezept Helgoländer Fischtopf, Seite 139
1 x Rezept Kohltopf, Seite 194
1 x Rezept Rippe mit Backobst, Seite 303
1 x Rezept Joghurt-Himbeer-Creme, Seite 156

Außerdem:

etwa 2,5 kg Kartoffeln, als Salzkartoffeln zubereitet für die Rippe mit Backobst.

Schollenfilets „Frühlingsart"

12 Portionen

Einfach

Pro Portion:

E: 37 g, F: 27 g, Kh: 27 g, kJ: 2116, kcal: 506

1 kg Zuckerschoten
600 g kleine weiße Champignons
1 kg fest kochende Kartoffeln
Salz
60 g Butter
400 ml Schlagsahne
1 Bund Kerbel
24 Schollenfilets, je etwa 80 g
2 EL Zitronensaft
frisch gemahlener Pfeffer
2 EL mittelscharfer Senf
120 g feine Semmelbrösel
100 g Butterschmalz

Zubereitungszeit: 90 Min.
Garzeit: etwa 15 Min.

1. Von den Zuckerschoten die Enden abschneiden, dabei die Fäden an den Längsseiten mit entfernen. Zuckerschoten waschen und abtropfen lassen. Champignons putzen, mit Küchenpapier abreiben, evtl. abspülen und halbieren. Kartoffeln schälen, waschen, abtropfen lassen und in kleine Stücke schneiden. Kartoffeln mit Salzwasser zum Kochen bringen, etwa 5 Minuten kochen lassen, anschließend in einem Sieb abtropfen lassen.
2. Butter in einem Topf erhitzen. Zuckerschoten, Champignonhälften und Kartoffelstücke portionsweise darin andünsten, Sahne hinzugießen und etwa 10 Minuten bei schwacher Hitze kochen lassen.

Schollenfilets „Frühlingsart"

3. Kerbel abspülen, trockentupfen und die Blättchen von den Stängeln zupfen. Einige Blättchen zum Garnieren beiseite legen, die restlichen Blättchen fein hacken. Das Gemüse mit Salz, Pfeffer und Kerbel würzen. Gemüse in eine Fettfangschale (gefettet) füllen.
4. Schollenfilets unter fließendem kalten Wasser abspülen und trockentupfen. Schollenfilets mit Zitronensaft beträufeln, mit Salz und Pfeffer würzen und dünn mit Senf bestreichen. Schollenfilets mit Semmelbröseln bestreuen und die Semmelbrösel leicht andrücken.
5. Butterschmalz portionsweise in einer beschichteten Pfanne zerlassen. Die Schollenfilets darin portionsweise von beiden Seiten anbraten. Schollenfilets auf das Gemüse legen. Die Fettfangschale in den Backofen schieben.
   Ober-/Unterhitze: etwa 180 °C (vorgeheizt)
   Heißluft: etwa 160 °C (vorgeheizt)
   Gas: Stufe 2–3 (vorgeheizt)
   Garzeit: etwa 15 Minuten.

Beilage:
Bunter Salat, z. B: Chicorée, Radicchio, Kopfsalat, Feldsalat.

Schupfnudeln mit Gartengemüse

8–10 Portionen

Einfach

Pro Portion:
E: 11 g, F: 14 g, Kh: 52 g, kJ: 1580, kcal: 374

2 Kohlrabi (je 250 g)
600 g Zuckerschoten
800 g feine grüne Bohnen
Salzwasser
125 g Butter
1 kg–1,4 kg Schupfnudeln (aus dem Kühlregal)
Salz, frisch gemahlener Pfeffer
1 Topf Kerbel

Zubereitungszeit: 35 Min.
Garzeit: etwa 15 Min.

1. Kohlrabi putzen, schälen, waschen, abtropfen lassen, zuerst in dünne Scheiben, dann in dünne Stifte schneiden. Von den Zuckerschoten und Bohnen die Enden abschneiden, evtl. abfädeln und einmal durchschneiden. Zuckerschoten und Bohnen waschen, abtropfen lassen.
2. Salzwasser in einem Topf zum Kochen bringen. Nacheinander Kohlrabistifte etwa 5 Minuten, Zuckerschoten etwa 2 Minuten und Bohnen etwa 5 Minuten darin bissfest garen. Gemüse anschließend in ein Sieb geben, mit kaltem Wasser abschrecken und abtropfen lassen.
3. Jeweils etwas von der Butter in einer Pfanne zerlassen. Schupfnudeln portionsweise nach Packungsanleitung darin zubereiten, mit dem vorbereiteten Gemüse vermengen. Mischung mit Salz und Pfeffer bestreuen und in eine große flache Auflaufform oder Fettfangschale geben. Die Form auf dem Rost oder die Fettfangschale in den Backofen schieben.
   Ober-/Unterhitze: etwa 180 °C (vorgeheizt)
   Heißluft: etwa 160 °C (vorgeheizt)
   Gas: Stufe 2–3 (vorgeheizt)
   Garzeit: etwa 15 Minuten.
4. Kerbel abspülen und trockentupfen. Die Blättchen von den Stängeln zupfen. Die Schupfnudeln mit Gartengemüse auf Tellern anrichten und mit Kerbelblättchen garniert servieren.

Tipp:
Schupfnudeln mit Gemüse vor dem Garen zusätzlich mit 150 g geriebenem Gouda-Käse bestreuen.

Schupfnudeln mit Gartengemüse

Rezeptvorschläge für ein Nikolaus-Party-Buffet

Für ein Nikolaus-Party-Buffet benötigen Sie für 10–12 Personen:

1,5 x Rezept Schweinefilet im Zwiebelbett, Seite 340
1 x Rezept Senfsauce, pikant, Seite 355
1 x Rezept Pfifferlings-Kartoffel-Gulasch, Seite 259
1 x Rezept Diplomatencreme, Seite 62

Außerdem:

Etwa 1–2 Köpfe Römersalat, 2–3 Chicorée, 1 Eichblattsalat.
750 g Bandnudeln.

Vorbereitungen am Vortag:

Die Diplomatencreme zubereiten und kalt stellen.

Vorbereitungen am Tag der Party:

4 Stunden vorher:
- Die Salate bis auf den Chicorée putzen, waschen, trockenschleudern und in mundgerechte Stücke zupfen.
- Die Senfsauce zubereiten.

3 Stunden vorher:
- Für das Pfifferlings-Kartoffel-Gulasch Punkt 1 zubereiten. Die Kartoffeln mit Wasser bedecken.

1–2 Stunden vorher:
- Für das Schweinefilet im Zwiebelbett Punkt 1 bis 3 zubereiten.

Etwa 1 Stunde vorher:
- Pfifferlings-Kartoffel-Gulasch zubereiten.
- Das Schweinefilet zubereiten.
- Chicorée putzen, längs halbieren, den Strunk herausschneiden. Chicorée abspülen, abtropfen lassen und in Streifen schneiden. Chicorée und restlichen Salat mit der Senfsauce mischen. Salat anrichten.
- Bandnudeln nach Packungsanleitung zubereiten.

Es eignen sich auch folgende zusätzliche Rezepte:

1 x Rezept Kartoffel-Carpaccio, Seite 170
1 x Rezept Curry-Ananas-Rahmsuppe, Seite 56
1 x Rezept Schweinerücken, gefüllt, Seite 348
1,5 x Rezept Giraffencreme, Seite 113

Außerdem:

Etwas Bauern- oder Fladenbrot zum Schweinerücken.

Schweinefilet im Zwiebelbett

12 Portionen

Deftig

Pro Portion:

E: 42 g, F: 55 g, Kh: 17 g,
kJ: 3137, kcal: 749

6 mittelgroße Zwiebeln
4 EL Olivenöl
1,5 kg Schweinefilet
24 längliche Scheiben roher Schinken
6 EL mittelscharfer Senf
frisch gemahlener Pfeffer
750 ml (3/4 l) Schlagsahne
250 ml (1/4 l) Fleischbrühe
450 g Crème fraîche
200 ml Milch
4 Pck. Pfeffersauce mit grünem Pfeffer

2 Pck. TK-8-Kräuter-Mischung (je 25 g)
Salz

Zubereitungszeit: 50 Min.
Garzeit: etwa 45 Min.

1. Zwiebeln abziehen, halbieren und in Spalten schneiden. Olivenöl in einer Pfanne erhitzen. Zwiebelspalten portionsweise etwa 10 Minuten darin dünsten und in eine flache, große Auflaufform geben.
2. Schweinefilet unter fließendem kalten Wasser abspülen, trockentupfen und in 24 Medaillons (je etwa 65 g) schneiden.
3. Schinkenscheiben mit Senf bestreichen und mit Pfeffer bestreuen. Jedes Medaillon mit einer Scheibe Schinken umwickeln und auf die Zwiebelspalten geben.

Schweinefilet im Zwiebelbett

4. Sahne mit Brühe, Crème fraîche und Milch verrühren. Pfeffersauce unterrühren. Kräuter hinzugeben, mit Salz und Pfeffer würzen. Die Sauce über die Medaillons gießen. Die Form auf dem Rost in den Backofen schieben.
Ober-/Unterhitze: etwa 180 °C (vorgeheizt)
Heißluft: etwa 160 °C (nicht vorgeheizt)
Gas: Stufe 2–3 (nicht vorgeheizt)
Garzeit: etwa 45 Minuten.

Schweinegulaschtopf

8–10 Portionen

Beliebt

Pro Portion:
E: 45 g, F: 34 g, Kh: 29 g, kJ: 2543, kcal: 608

1,5 kg Schweinegulasch
1 kg Zwiebeln
3 Tüten Jägersauce (für je 250 ml [1/4 l] Wasser)
3 Gläser Chilisauce (je 250)
250 ml (1/4 l) Gemüsebrühe
2 Dosen Champignonscheiben (Abtropfgewicht je 230 g)
400 ml Schlagsahne
Salz
frisch gemahlener Pfeffer

Zubereitungszeit: 25 Min.
Garzeit: etwa 2 Std.

1. Fleisch unter fließendem kalten Wasser abspülen und trockentupfen. Fleisch evtl. etwas kleiner schneiden und in eine große Auflaufform (gefettet) oder in einen Bräter (gefettet) geben. Zwiebeln abziehen, in Scheiben schneiden und mit dem Fleisch vermengen. Jägersauce nach Packungsanleitung zubereiten. Brühe, Chili- und Jägersauce zum Fleisch geben und unterrühren.
2. Die Form oder den Bräter auf dem Rost in den Backofen schieben und das Fleisch garen, dabei zwischendurch umrühren.
Ober-/Unterhitze: etwa 200 °C (vorgeheizt)
Heißluft: etwa 180 °C (nicht vorgeheizt)
Gas: Stufe 3–4 (nicht vorgeheizt)
Garzeit: etwa 2 Stunden.
3. Nach 1 Stunde Garzeit die Champignonscheiben in einem Sieb abtropfen lassen. Sahne und Champignonscheiben zum vorgegarten Fleisch geben und untermischen. Die Form oder den Bräter wieder auf dem Rost in den Backofen schieben und den Gulaschtopf zu Ende garen.

Schweinegulaschtopf

Schweinekotelettbraten

Schweinekotelettbraten

8–10 Portionen

Einfach

Pro Portion:
E: 57 g, F: 33 g, Kh: 4 g,
kJ: 2331, kcal: 557

Für die Füllung:
200 g gekochter Schinken
100 g weiche Butter
145 g geriebener Meerrettich (aus einem Glas)
1 Schweinekotelettstrang (etwa 2 1/2 kg, mit Knochen)
150 g Frühstücksspeck in Scheiben (Bacon)
1 Bund Suppengrün
2 Zwiebeln
500 ml (1/2 l) Gemüsebrühe
100 ml trockener Weißwein
100–150 ml Schlagsahne
evtl. etwas Saucenbinder

Außerdem:
Küchengarn

Zubereitungszeit: 60 Min.
Gesamtgarzeit: etwa 2 Std.

1. Für die Füllung Schinken sehr fein würfeln. Schinkenwürfel, Butter und Meerrettich in einen hohen Rührbecher geben und mit Handrührgerät mit Pürierstab zu einer Paste verarbeiten.
2. Kotelettstrang unter fließendem kalten Wasser abspülen und trockentupfen. Das Fleisch der Länge nach 3-mal etwa 3 cm tief einschneiden (nicht bis auf den Knochen durchschneiden). Die Füllung in die Einschnitte füllen und glatt streichen.
3. Die Baconscheiben quer, leicht überlappend, auf das Fleisch legen und den Braten mit Küchengarn umwickeln. Den Braten mit der Speckseite nach oben in eine Fettfangschale (gefettet) oder einen Bräter (gefettet) legen. Die Fettfangschale oder den Bräter auf dem Rost im unteren Drittel in den Backofen schieben.
   Ober-/Unterhitze: ca. 220 °C (vorgeheizt)
   Heißluft: etwa 200 °C (vorgeheizt)
   Gas: Stufe 4–5 (vorgeheizt)
   Garzeit: etwa 30 Minuten.
4. In der Zwischenzeit Suppengrün putzen. Sellerie und Möhren schälen, waschen, abtropfen lassen und fein würfeln. Porreestange längs halbieren, gründlich waschen, abtropfen lassen und in dünne Streifen schneiden. Zwiebeln abziehen und fein würfeln.
5. **Die Backofentemperatur um etwa 40 °C (Gas um etwa 2 Stufen) reduzieren,** das vorbereitete Gemüse und etwas von der Brühe hinzufügen und **alles weitere 1 1/2 Stunden garen.**
6. Den garen Braten aus dem Backofen nehmen und zugedeckt etwa 10 Minuten ruhen lassen. Das Gemüse mit der Garflüssigkeit in einen Topf geben. Die restliche Brühe und den Weißwein hinzufügen und aufkochen lassen. Die Sauce pürieren, durch ein Sieb streichen und nochmals aufkochen lassen. Die Sahne unterrühren. Die Sauce nach Belieben etwas einkochen lassen oder mit Saucenbinder binden.
7. Das Küchengarn entfernen und das Fleisch erst der Länge nach von den Knochen und dann in Scheiben schneiden (evtl. mit einem elektrischen Messer). Das Fleisch mit der Sauce servieren.

Schweinelendchen in Kräuter-Käse-Sauce

12 Portionen

Beliebt

Pro Portion:
E: 35 g, F: 23 g, Kh: 5 g,
kJ: 1566, kcal: 374

4 Schweinelendchen (Schweinefilets, je etwa 400 g)
2–3 EL Kräuter-Grill-Gewürz
5 EL Olivenöl
3 Gläser Champignonscheiben (Abtropfgewicht je 315 g)

Für die Kräuter-Käse-Sauce:
400 ml Schlagsahne
200 ml Milch
200 g Kräuter-Schmelzkäse
etwas Worcestersauce
1 EL Dijon-Senf
frisch gemahlener Pfeffer
1 gestr. TL Currypulver
2 EL Weizenmehl
2 EL gemischte Kräuter, z. B. Schnittlauch, Petersilie

Zubereitungszeit: 40 Min., ohne Marinierzeit
Garzeit: etwa 45 Min.

1. Schweinelendchen unter fließendem kalten Wasser abspülen und trockentupfen, evtl. Fett und Sehnen entfernen. Lendchen dick mit Grillgewürz einreiben, in eine flache Schale legen und zugedeckt über Nacht durchziehen lassen.
2. Speiseöl in einer großen Pfanne erhitzen. Die Lendchen von allen Seiten darin anbraten, herausnehmen und 10 Minuten zugedeckt ruhen lassen.
3. Lendchen in etwa 3 cm dicke Scheiben schneiden und in eine große Auflaufform (gefettet) oder Fettfangschale (gefettet) legen.
4. Champignonscheiben in einem Sieb abtropfen lassen und Champignons auf den Lendchen verteilen.
5. Für die Sauce den Bratensaft in der Pfanne mit Sahne und Milch verrühren. Schmelzkäse unterrühren. Sauce mit Worcestersauce, Senf, Pfeffer und Curry würzen und unter Rühren zum Kochen bringen.
6. Mehl mit etwas Wasser anrühren, in die Sauce geben und unter Rühren nochmals aufkochen lassen. Kräuter unterrühren.
7. Die Sauce über die Lendchen gießen. Die Form auf dem Rost oder die Fettfangschale in den Backofen schieben.

   Ober-/Unterhitze: etwa 160 °C (vorgeheizt)
   Heißluft: etwa 140 °C (nicht vorgeheizt)
   Gas: Stufe 1–2 (nicht vorgeheizt)
   Garzeit: etwa 45 Minuten.

Schweinelendchen in Kräuter-Käse-Sauce

Beilage: Spätzle und ein gemischter Salat.

Abwandlung:
Dieses Gericht kann auch mit der gleichen Menge Hähnchenbrustfilet zubereitet werden. Zusätzlich können noch 1–2 Bund gewaschene, abgetropfte und in Scheiben geschnittene Frühlingszwiebeln in die Sauce gegeben werden.

Schweinemedaillons in Käsesauce

12 Portionen

Einfach

Pro Portion:
E: 36 g, F: 30 g, Kh: 6 g, kJ: 1853, kcal: 445

1,5 kg Schweinefilet
Salz, frisch gemahlener Pfeffer
3 Gläser Champignonscheiben (Abtropfgewicht je 360 g)
3 Pck. Sauce Béarnaise (je 250 ml Inhalt)
450 g saure Sahne
250 ml ($^1/_4$ l) Schlagsahne
250 ml ($^1/_4$ l) Milch

Zum Bestreuen:
150 g geriebener Käse, z. B. Gouda
1 Topf Schnittlauch

Zubereitungszeit: 55 Min.
Garzeit: etwa 50 Min.

Schweinemedaillons in Käsesauce

1. Schweinefilet unter fließendem kalten Wasser abspülen, trockentupfen und in etwa 4 cm breite Stücke schneiden. Filetstücke etwas flach drücken und mit Salz und Pfeffer bestreuen.
2. Filetstücke in eine Fettfangschale (gefettet) legen. Champignonscheiben in einem Sieb abtropfen lassen und auf dem Fleisch verteilen.
3. Sauce Béarnaise mit saurer Sahne, Schlagsahne und Milch verrühren, mit Salz und Pfeffer würzen. Die Sauce über die mit Champignonscheiben belegten Filetstücke gießen, mit Käse bestreuen. Die Fettfangschale in den Backofen schieben.

   Ober-/Unterhitze: etwa 180 °C (vorgeheizt)
   Heißluft: etwa 160 °C (nicht vorgeheizt)
   Gas: Stufe 2–3 (nicht vorgeheizt)
   Garzeit: etwa 50 Minuten.
4. Schnittlauch abspülen, trockentupfen und in Röllchen schneiden. Medaillons mit der Sauce auf Tellern anrichten und mit Schnittlauchröllchen bestreuen.

Beilage: Bandnudeln.

Schweinemedaillons in Lauchpanade

8 Portionen

Raffiniert

Pro Portion:
E: 32 g, F: 23 g, Kh: 24 g,
kJ: 1785, kcal: 426

Für die Kartoffelstäbchen:
1,4 kg fest kochende Kartoffeln
Salzwasser

1 Stange Porree (Lauch, 250–300 g)
4 Eier (Größe M)
16 dünne Schweinemedaillons (je etwa 60 g, aus dem Schweinefilet)
4 EL Weizenmehl
Salz, frisch gemahlener Pfeffer
6 EL Rapsöl

1 Topf frischer Majoran
8 EL Rapsöl
Salz
frisch gemahlener Pfeffer

Zubereitungszeit: 70 Min.
Garzeit: etwa 15 Min.

1. Für die Kartoffelstäbchen Kartoffeln schälen, abspülen, abtropfen lassen und in etwa 1/2 cm dicke Stäbchen schneiden.
2. Salzwasser in einem großen Topf zum Kochen bringen. Kartoffelstäbchen evtl. in 2 Portionen hinzufügen und etwa 5 Minuten garen, anschließend in ein Sieb geben, mit kaltem Wasser abschrecken und abtropfen lassen.
3. Porree putzen, die Stange längs halbieren. Porree waschen, abtropfen lassen und in sehr feine Streifen schneiden. Eier in einer Schale verschlagen. Porreestreifen unterrühren.
4. Medaillons unter fließendem kalten Wasser abspülen und trockentupfen. Medaillons in einen Gefrierbeutel legen und leicht flach klopfen, mit Salz und Pfeffer bestreuen.
5. Medaillons zuerst in Mehl wenden, dann durch die Eier-Porree-Mischung ziehen. Öl portionsweise in einer großen Pfanne erhitzen. Medaillons portionsweise bei nicht zu starker Hitze von beiden Seiten darin anbraten (Panade wird schnell dunkel), herausnehmen und auf ein Backblech (gefettet) legen. Das Backblech in den Backofen schieben.
   Ober-/Unterhitze: 180–200 °C (vorgeheizt)
   Heißluft: 160–180 °C (vorgeheizt)
   Gas: etwa Stufe 3 (vorgeheizt)
   Garzeit: etwa 15 Minuten.
6. Majoran abspülen und trockentupfen. Die Blättchen von den Stängeln zupfen. Etwa die Hälfte der Blättchen fein hacken. Jeweils die Hälfte des Öls in einer großen Pfanne erhitzen. Kartoffelstäbchen in 2 Portionen unter mehrmaligem Wenden goldbraun braten, herausnehmen, mit Salz, Pfeffer und gehacktem Majoran bestreuen.
7. Schweinemedaillons mit Kartoffelstäbchen und Majoranblättchen garniert servieren.

Schweinenacken im Salzmantel

Tipp:
Statt Schweinemedaillons können Sie auch Putenbrustfilets verwenden.

Schweinenacken im Salzmantel

8–10 Portionen

Klassisch

Pro Portion:
E: 57 g, F: 30 g, Kh: 0 g,
kJ: 2068, kcal: 495

Für den Salzmantel:
1 1/2 kg Salz
40 g Weizenmehl
5 Eiweiß (Größe M)
2 Bund gemischte Kräuter, z. B. Kerbel, Petersilie oder Schnittlauch
2 1/2 kg Schweinenacken ohne Knochen
60 g weiche Butter

Zubereitungszeit: 45 Min.
Gesamtgarzeit: etwa 110 Min.

1. Für den Salzmantel Salz mit Mehl in einer Rührschüssel mischen. Eiweiß verschlagen, zu der Salzmischung geben und alles mit Handrührgerät mit Knethaken zu einer einheitlichen Masse verkneten.
2. Kräuter abspülen, trockentupfen und die Blättchen von den Stängeln zupfen. Blättchen fein hacken bzw. Schnittlauch in Röllchen schneiden.
3. Knapp ein Drittel der Salzmasse in die Mitte einer Fettfangschale (mit Alufolie oder Backpapier ausgelegt) geben und in der Größe des Fleisches formen.
4. Den Schweinenacken unter fließendem kalten Wasser abspülen, trockentupfen und auf die Salzmasse

legen. Butter mit Kräutern verrühren und auf das Fleisch streichen.

5. Die restliche Salzmasse um und auf das Fleisch verteilen und gut andrücken. Die Fettfangschale in den Backofen schieben.
   Ober-/Unterhitze: etwa 250 °C (vorgeheizt)
   Heißluft: etwa 220 °C (vorgeheizt)
   Gas: etwa Stufe 5 (vorgeheizt)
   Garzeit: etwa 90 Minuten.
6. Nach 30 Minuten Garzeit **die Backofentemperatur um etwa 50 °C (Gas um etwa 2 Stufen) reduzieren** und das Fleisch zu Ende garen.
7. Das Fleisch dann noch etwa 20 Minuten im ausgeschalteten Backofen ruhen lassen.
8. Die Fettfangschale aus dem Backofen nehmen, den Salzmantel aufschlagen (evtl. mit einem Hammer). Das Fleisch herausnehmen, auf eine vorgewärmte Platte legen und in Scheiben schneiden.

Beilage:
Röstkartoffeln und Tomatensalat. Dafür 1 1/2 kg Tomaten waschen, abtrocknen, die Stängelansätze herausschneiden und die Tomaten in Scheiben schneiden. 300 g Frühlingszwiebeln putzen, waschen und in feine Ringe schneiden. Die beiden Zutaten auf eine tiefe Platte schichten. Für die Sauce 3–4 Esslöffel Balsamico-Essig mit Salz und Pfeffer verrühren. 7 Esslöffel Olivenöl unterschlagen. Tomatenscheiben und Zwiebelringe mit der Sauce beträufeln.

Tipp: Es kann sein, dass der Salzblock beim Garen etwas aufreißt. Das Fleisch bleibt aber trotzdem schön saftig und zart. Das Fleisch schmeckt auch kalt hervorragend. Schneiden Sie es in dünne Scheiben (am besten mit einer Aufschnittmaschine) und servieren es mit einer Remouladensauce oder Senf.

Rezeptvorschläge für ein Landhaus-Party-Buffet

Für ein Landhaus-Party-Buffet benötigen Sie für 10–12 Personen:

1,5 x Rezept **Schweinenacken im Salzmantel**, Seite 344
1 x Rezept **Präsidentensuppe**, Seite 274
1 x Rezept **Senfnudeln**, Seite 354
1 x Rezept **Rote Grütze**, Seite 308

Außerdem:

1 kg Vanillepudding aus dem Kühlregal.

Vorbereitungen am Vortag:

- Präsidentensuppe bis Punkt 3 zubereiten. Suppe erkalten lassen und kalt stellen.
- Die Rote Grütze fertig zubereiten und kalt stellen.

Vorbereitungen am Tag der Party:

3–4 Stunden vorher:	• Den Schweinenacken im Salzmantel zubereiten und garen. Die Garzeit unter Punkt 5 verlängert sich um etwa 30 Minuten.
1–2 Stunden vorher:	• Die Senfnudeln zubereiten. • Präsidentensuppe langsam erhitzen und die Petersilie wie in Punkt 4 beschrieben vorbereiten.
Kurz vorher:	• Die Präsidentensuppe anrichten und garnieren. • Rote Grütze und Pudding bereitstellen. • Schweinenacken aufschneiden und mit den Senfnudeln anrichten.

Es eignen sich auch folgende zusätzliche Rezepte:

1 x Rezept **Spitzkohl mit Champignons**, Seite 368
1 x Rezept **Bohnensuppe mit Hähnchenfleisch**, Seite 32
1 x Rezept **Bratwurstwähe**, Seite 38
1,5 x Rezept **Quarkflammeri**, Seite 285

Außerdem:

Etwa 1,5 kg gemischte Beeren (vorbereitet, evtl. gezuckert) für den Quarkflammeri.

Schweinenackensteaks, mit Kräutern und Malzbier gebeizt

10 Portionen

Preiswert

Pro Portion:
E: 30 g, F: 38 g, Kh: 1 g,
kJ: 2084, kcal: 497

Für die Marinade:
100 ml Malzbier
1 EL mittelscharfer Senf
6 EL Olivenöl
2 Pck. TK-Küchenkräuter (je 25 g)

10 Schweinenackensteaks (je 150 g)
grob gemahlener bunter Pfeffer
Salz

Zubereitungszeit: 25 Min., ohne Marinierzeit
Grillzeit: etwa 15 Min.

1. Für die Marinade Malzbier, Senf und Olivenöl gut verrühren. Küchenkräuter unterrühren.
2. Steaks unter fließendem kalten Wasser abspülen, trockentupfen. Steaks von beiden Seiten mit Pfeffer bestreuen und in eine flache Schale legen. Die Steaks mit der Marinade bestreichen und zugedeckt im Kühlschrank über Nacht durchziehen lassen.
3. Steaks abtropfen lassen, auf den heißen Grill legen und unter gelegentlichem Wenden etwa 15 Minuten grillen. Steaks mit Salz bestreuen.

Schweinenackensteaks, mit Kräutern und Malzbier gebeizt

Tipp:
Die Steaks zum Grillen in eine Grillschale legen, damit die Kräuter nicht so schnell verbrennen.

Schweineragout mit Früchten

8–10 Portionen

Raffiniert

Pro Portion:
E: 33 g, F: 17 g, Kh: 64 g,
kJ: 2300, kcal: 550

1,2 kg Schweinefleisch (Nacken oder Schulter, ohne Knochen)
Salz
frisch gemahlener Pfeffer
4 EL Olivenöl
1 EL Tomatenmark
300 ml Fleischbrühe
1 Mango (etwa 500 g)
1 Bund Frühlingszwiebeln
1 Ananas (etwa 500 g Fruchtfleisch)
100 g Mango-Chutney
6 EL Fischsauce (erhältlich im Asia-Laden)

Für den Reis:
2 l Wasser
2 gestr. TL Salz
500 g Langkornreis
1 Bund glatte Petersilie

Zubereitungszeit: 75 Min.
Garzeit: etwa 60 Min.

1. Schweinefleisch unter fließendem kalten Wasser abspülen, trockentupfen und in mundgerechte Stücke schneiden, mit Salz und Pfeffer bestreuen.
2. Olivenöl in einem Bräter erhitzen. Fleischstücke darin evtl. in 2 Portionen von allen Seiten kräftig anbraten. Tomatenmark hinzugeben und kurz mitschmoren. Brühe hinzugießen, zum Kochen bringen und zugedeckt etwa 45 Minuten bei schwacher Hitze kochen lassen. Mango halbieren, Stein herausschneiden. Mangohälften schälen. Fruchtfleisch würfeln.
3. Frühlingszwiebeln putzen, waschen, abtropfen lassen und in etwa 3 cm lange Stücke schneiden. Von der Ananas Schopf mit Stielansatz und dem obersten Stück Schale abschneiden. Die Frucht der Länge nach vierteln und den Strunk herausschneiden. Fruchtfleisch in Stücke schneiden.
4. Ananasstücke, Mangowürfel, Mango-Chutney und Frühlingszwiebelstücke zu den Fleischstücken in den Bräter geben und weitere etwa 15 Minuten garen. Fischsauce unterrühren. Ragout mit Salz und Pfeffer abschmecken.
5. Für den Reis Wasser in einem Topf zum Kochen bringen. Dann Salz und Reis hinzufügen, umrühren, wieder zum Kochen bringen und den Reis nach Packungsanleitung garen. Anschließend in ein Sieb geben und abtropfen lassen.
6. Petersilie abspülen und trockentupfen. Die Blättchen von den Stängeln zupfen. Blättchen klein schneiden. Reis und Petersilie zum Ragout geben, unterrühren und unter Rühren einige Minuten leicht kochen lassen. Nochmals mit Salz und Pfeffer abschmecken und sofort servieren.

Tipp:
Dieses Ragout lässt sich schnell in ein Curryragout umwandeln. Dafür die angebratenen Fleischstücke zusätzlich mit 1 gehäuften Esslöffel Currypulver bestäuben. Das Ragout nach Belieben mit Mangospalten und Minze garniert servieren.

Schweineragout mit Früchten

Schweinerippchen, gegrillt mit Paprika-Butter-Gemüse

8–10 Portionen

Beliebt

Pro Portion:
E: 32 g, F: 31 g, Kh: 15 g,
kJ: 1963, kcal: 468

Für die Marinade:
8 EL flüssiger Honig
4 EL Weißweinessig
2 EL körniger Senf
8 EL Olivenöl
Salz, frisch gemahlener Pfeffer

3 kg Schälrippchen

Für das Paprika-Butter-Gemüse:
2 Gemüsezwiebeln (je etwa 350 g)
je 3 grüne, rote und gelbe Paprikaschoten (etwa 1,6 kg)
150 g Butter
3 TL Anissamen
Salz, frisch gemahlener Pfeffer
Cayennepfeffer

2 Alu-Grillpfannen oder -schalen

Zubereitungszeit: 45 Min., ohne Marinierzeit
Grillzeit: 20–25 Min.

1. Für die Marinade Honig mit Essig und Senf verrühren. Olivenöl unterrühren, mit Salz und Pfeffer würzen.
2. Schälrippchen unter fließendem kalten Wasser abspülen, trockentupfen und in eine flache Schale legen. Die Rippchen mit der Marinade bestreichen und zugedeckt einige Stunden oder über Nacht kalt gestellt durchziehen lassen.
3. Für das Gemüse Zwiebeln abziehen und fein würfeln. Paprikaschoten halbieren, entstielen, entkernen, die weißen Scheidewände entfernen. Die Schoten waschen, abtropfen lassen und in Würfel schneiden.
4. Butter in einer Pfanne zerlassen. Anis unter Rühren etwa 5 Minuten darin dünsten. Zwiebel- und Paprikawürfel hineingeben, mit Salz, Pfeffer und Cayennepfeffer würzen. Gemüsepfanne beiseite stellen.
5. Die Rippchen aus der Marinade nehmen, etwas abtropfen lassen und in die Grillpfannen oder -schalen legen.
6. Die Grillpfannen auf den heißen Grill stellen und die Rippchen unter mehrmaligem Wenden 20–25 Minuten grillen. Die Rippchen während des Grillens häufig mit der Marinade bestreichen.
7. Gemüse in eine feuerfeste Form geben und am Rand des Grills erwärmen. Die Rippchen mit dem Gemüse servieren.

Schweinerücken, gefüllt

12 Portionen

Deftig

Pro Portion:
E: 43 g, F: 30 g, Kh: 15 g,
kJ: 2081, kcal: 496

1,8 kg Schweinerücken (ohne Knochen, evtl. 2 Stücke)
je 1 rote, gelbe und grüne Paprikaschote (etwa 600 g)
600 g grobe, ungebrühte Bratwürste
Salz, frisch gemahlener Pfeffer
100 ml Rapsöl
etwas Wasser
300 g Perlzwiebeln
800 g fest kochende Kartoffeln
6 Möhren (etwa 400 g)
800 ml Fleischbrühe oder -fond

Außerdem:
Küchengarn

Zubereitungszeit: 70 Min.
Garzeit: 90–100 Min.

1. Den Schweinerücken unter fließendem kalten Wasser abspülen, trockentupfen. Schweinerücken mit einem scharfen Messer längs einschneiden, so dass eine große Tasche entsteht.
2. Paprikaschoten halbieren, entstielen, entkernen und die weißen Scheidewände entfernen. Schoten waschen, abtropfen lassen und in kleine Würfel schneiden. Bratwurtbrät aus der Haut drücken und mit den Paprikawürfeln vermengen.
3. Den Schweinerücken mit der Wurstbrät-Paprika-Masse füllen, mit Salz und Pfeffer bestreuen. Anschließend mit Küchengarn zusammenbinden.
4. Rapsöl in einem großen Bräter erhitzen. Den gefüllten Schweinerücken von allen Seiten darin anbraten. Den Bräter auf dem Rost in den Backofen schieben.
   Ober-/Unterhitze: etwa 200 °C (vorgeheizt)
   Heißluft: etwa 180 °C (nicht vorgeheizt)
   Gas: Stufe 3–4 (nicht vorgeheizt)
   Garzeit: 90–100 Minuten.
5. Nach etwa 15 Minuten Garzeit den Schweinerücken mit etwas Wasser ablöschen und mit dem entstandenen Fond den Schweinerücken etwa alle 10 Minuten begießen.
6. Perlzwiebeln abziehen. Kartoffeln schälen, waschen, abtropfen lassen und in große Würfel schneiden. Möhren putzen, schälen, waschen, abtropfen lassen und in Scheiben schneiden.
7. Perlzwiebeln, Kartoffelwürfel und Möhrenscheiben nach etwa 50 Minuten Garzeit zum Schweinerücken geben und mitschmoren lassen. Brühe oder Fond nach und nach hinzugießen.
8. Den gegarten Schweinerücken herausnehmen, 10 Minuten zugedeckt ruhen lassen und das Küchengarn entfernen. Schweinerücken in Scheiben schneiden.

Beilage:
Bauernbrot oder Fladenbrot. Der Schweinerücken kann auch mit Reis serviert werden. Dazu 600 g Langkornreis in 1200 ml Gemüsebrühe etwa 20 Minuten garen.

Tipp:
Der Schweinerücken kann auch in einer Fettfangschale zubereitet werden.

Schweinerücken, gefüllt

Schweinerückenschnitzel in Majoranpanade

10 Portionen

Beliebt

Pro Portion:
E: 33 g, F: 23 g, Kh: 56 g, kJ: 2398, kcal: 572

1 Topf frischer Majoran oder 1 EL gerebelter, getrockneter Majoran
250 g Semmelbrösel
4 Eier (Größe M)
10 Schweinerücken-Schnitzel (je etwa 120 g)
Salz
frisch gemahlener Pfeffer
4 EL Weizenmehl
6 EL Olivenöl

Für den Möhren-Zucchini-Reis:
500 g Langkornreis
Salzwasser
3 dicke Möhren (etwa 300 g)
1 Zucchini (etwa 250 g)
Salzwasser
100 g Butter oder Margarine

Zubereitungszeit: 90 Min.
Garzeit: etwa 15 Min.

1. Den frischen Majoran abspülen und trockentupfen. Die Blättchen von den Stängeln zupfen. Blättchen fein hacken. Semmelbrösel mit Majoran in einer Schale gut vermischen. Eier in einer Schale verschlagen.
2. Schnitzel unter fließendem kalten Wasser abspülen und trockentupfen, mit Salz und Pfeffer bestreuen.
3. Schnitzel zuerst in Mehl wenden, dann durch die verschlagenen Eier ziehen. Schnitzel am Schalenrand etwas abstreifen und zuletzt in der Semmelbrösel-Majoran-Mischung wenden. Panade fest andrücken.
4. Jeweils die Hälfte des Olivenöls in einer großen Pfanne erhitzen. Die Schnitzel in 2 Portionen bei schwacher Hitze von beiden Seiten darin anbraten, herausnehmen und auf ein Backblech (gefettet) legen. Das Backblech in den Backofen schieben.
   Ober-/Unterhitze: etwa 150 °C (vorgeheizt)
   Heißluft: etwa 130 °C (vorgeheizt)
   Gas: etwa Stufe 1 (vorgeheizt)
   Garzeit: etwa 15 Minuten.
5. Für den Möhren-Zucchini-Reis Langkornreis in kochendes Salzwasser geben, zugedeckt zum Kochen bringen und nach Packungsanleitung garen. Den Reis in ein Sieb geben und abtropfen lassen.
6. Möhren putzen, schälen, waschen, abtropfen lassen und in Würfel oder Scheiben schneiden. Zucchini waschen, abtrocknen und die Enden abschneiden. Zucchini ebenfalls in Würfel oder Scheiben schneiden. Salzwasser zum Kochen bringen und nacheinander darin die Zucchini etwa 1 Minute und die Möhren etwa 5 Minuten garen. Anschließend in ein Sieb geben, mit kaltem Wasser abschrecken und gut abtropfen lassen.
7. Butter oder Margarine in einer großen Pfanne zerlassen. Gemüsewürfel oder -scheiben unter Rühren darin andünsten. Reis hinzugeben. Die Zutaten unter Rühren leicht anbraten, mit Salz und Pfeffer würzen.

Tipp:
Die Schnitzel mit frischen Majoranstängeln garnieren.

Schweinerückenschnitzel in Majoranpanade

Schweineschnitzel „Jägerart"

8 Portionen

Einfach

Pro Portion:
E: 37 g, F: 28 g, Kh: 16 g,
kJ: 1974, kcal: 471

500 g Möhren
3 mittelgroße Zwiebeln
600 g Kartoffeln
1 Dose ganze Champignons (Abtropfgewicht 460 g)
1 Topf Basilikum

8 Schweineschnitzel (je etwa 130 g)
Salz, frisch gemahlener Pfeffer
8 Scheiben Parmaschinken
4 EL Rapsöl

250 g gewürfelter durchwachsener Speck
500 ml (1/2 l) Schlagsahne
250 ml (1/4 l) Fleischbrühe
2 Pck. Jägersauce (für je 250 ml [1/4 l] Flüssigkeit)

Außerdem:
Holzstäbchen

Zubereitungszeit: 65 Min.
Garzeit: etwa 60 Min.

1. Möhren putzen, schälen, waschen und abtropfen lassen. Etwa 150 g Möhren mit einem Sparschäler längs in Scheiben schneiden. Restliche Möhren würfeln. Zwiebeln abziehen und in Scheiben schneiden. Kartoffeln waschen, schälen, abspülen, abtropfen lassen und in Würfel schneiden.
2. Champignons in einem Sieb abtropfen lassen. Basilikum abspülen, abtropfen lassen und die Blättchen von den Stängeln zupfen. Einige Blättchen zum Garnieren beiseite legen.
3. Schnitzel unter fließendem kalten Wasser abspülen, trockentupfen und evtl. etwas flach klopfen, mit Salz und Pfeffer bestreuen. Schnitzel nebeneinander auf eine Arbeitsfläche legen. Nacheinander Möhrenscheiben, Basilikumblättchen und Schinken auf den Schnitzeln verteilen. Schnitzel zusammenklappen und mit Holzstäbchen zusammenstecken.
4. Jeweils die Hälfte des Öls in einer großen Pfanne erhitzen. Die Schnitzel in 2 Portionen von beiden Seiten darin anbraten, herausnehmen und in eine große, flache Auflaufform (gefettet) legen.
5. Speckwürfel in dem verbliebenen Bratfett auslassen. Zwiebeln, Kartoffel- und Möhrenwürfel hinzufügen und andünsten. Champignons unterrühren.
6. Die Gemüsemasse auf den Schnitzeln verteilen. Sahne mit Brühe und Jägersauce gut verrühren und darüber gießen. Die Form auf dem Rost in den Backofen schieben.
   Ober-/Unterhitze: etwa 180 °C (vorgeheizt)
   Heißluft: etwa 160 °C (nicht vorgeheizt)
   Gas: Stufe 2–3 (nicht vorgeheizt)
   Garzeit: etwa 60 Minuten.
7. Die Schnitzel nach der Hälfte der Garzeit wenden. Holzstäbchen aus den Schnitzeln entfernen und mit den beiseite gelegten Basilikumblättchen garniert servieren.

Beilage: Nudeln.

Schweineschnitzel „Jägerart"

Schweineschulter, gefüllt

8–10 Portionen

Deftig

Pro Portion:
E: 67 g, F: 53 g, Kh: 4 g,
kJ: 3187, kcal: 760

Schweineschulter, gefüllt

3 Schalotten
150 g Knollensellerie
40 g Butter
1 Topf Petersilie
2 Scheiben Weißbrot
100 ml Schlagsahne
400 g Thüringer Mett (gewürztes Schweinegehacktes)
2 Eier (Größe M)
1 EL Madeira (portugiesischer Likörwein)
Salz
frisch gemahlener Pfeffer
2,6 kg Schweineschulter mit Schwarte
etwas Wasser

Außerdem:
Küchengarn

Zubereitungszeit: 85 Min.
Gesamtgarzeit: etwa 2 1/2 Std.

1. Schalotten abziehen und in Würfel schneiden. Sellerie putzen, waschen und fein würfeln. Butter in einer Pfanne zerlassen. Schalotten- und Selleriewürfel darin andünsten und abkühlen lassen. Petersilie abspülen, trockentupfen und die Blättchen von den Stängeln zupfen. Blättchen fein hacken.
2. Weißbrot entrinden, würfeln und in Sahne einweichen. Das Mett mit den Gemüse- und Weißbrotwürfeln vermengen. Eier, Petersilie und Madeira untermischen. Die Masse mit Salz und Pfeffer würzen.
3. Schweineschulter unter fließendem kalten Wasser abspülen und trockentupfen. Die Schwarte gitterförmig einschneiden. Waagerecht eine Tasche in das Fleisch einschneiden, dabei etwas Fleisch aus der Mitte herausschneiden, damit die Tasche größer wird (evtl. vom Metzger vorbereiten lassen).
4. Gut die Hälfte der Mettmasse in die Öffnung geben und etwas festdrücken. Das ausgeschnittene Stück Schweinefleisch in die Mitte geben. Die restliche Mettmasse darauf geben und festdrücken. Die Öffnung mit Küchengarn zunähen. Das Fleisch mit Salz und Pfeffer einreiben und in eine Fettfangschale legen. Etwas Wasser hinzugießen. Die Fettfangschale in den Backofen schieben.

   Ober-/Unterhitze: etwa 220 °C (vorgeheizt)
   Heißluft: etwa 200 °C (vorgeheizt)
   Gas: Stufe 4–5 (vorgeheizt)
   Garzeit: etwa 60 Minuten.
5. Nach Beendigung der Garzeit die **Backofentemperatur um etwa 20 °C (Gas um etwa 1 Stufe) reduzieren** und den Braten noch **weitere 90 Minuten garen.**
6. Den garen Braten aus dem Backofen nehmen und etwa 10 Minuten zugedeckt ruhen lassen. Das Küchengarn entfernen, das Fleisch in Scheiben schneiden und auf einer vorgewärmten Platte anrichten. Dazu nach Belieben den Bratensatz servieren.

Schweinesteaks in Zwiebel-Sahne-Sauce

Schweinesteaks in Zwiebel-Sahne-Sauce

12 Portionen

Einfach

Pro Portion:
E: 37 g, F: 37 g, Kh: 13 g,
kJ: 2252, kcal: 538

12 Schweinesteaks (je etwa 150 g)
frisch gemahlener Pfeffer
300 g Porree (Lauch)
4 rote Paprikaschoten (etwa 600 g)
250 g Zucchini
3 Beutel Zwiebelsuppe (für je 3 Teller)
1 l Schlagsahne
500 ml ($^1/_2$ l) Wasser
$^1/_2$ Bund Basilikum

Zubereitungszeit: 20 Min.
Garzeit: etwa 40 Min

1. Schweinesteaks unter fließendem kalten Wasser abspülen, trockentupfen, mit Pfeffer bestreuen.
2. Porree putzen, seitlich einschneiden, waschen, abtropfen lassen und in Streifen schneiden. Von den Paprikaschoten die Stielansätze keilförmig herausschneiden. Die Schoten entkernen und die weißen Scheidewände entfernen. Schoten waschen, abtropfen lassen und in Ringe schneiden. Zucchini waschen, abtrocknen und die Enden abschneiden. Zucchini in Scheiben schneiden.
3. Porreestreifen in einer Fettfangschale (gefettet) verteilen. Steaks nebeneinander darauf legen. Paprikaringe und Zucchinischeiben dachziegelartig darauf legen. Das Zwiebelsuppenpulver mit Sahne und Wasser verrühren und vorsichtig über die eingeschichteten Zutaten gießen. Die Fettfangschale in den Backofen schieben.

   Ober-/Unterhitze: etwa 200 °C (vorgeheizt)
   Heißluft: etwa 180 °C (vorgeheizt)
   Gas: Stufe 3–4 (vorgeheizt)
   Garzeit: etwa 40 Minuten.
4. Basilikum abspülen, trockentupfen und die Blättchen von den Stängeln zupfen. Die Schweinesteaks mit Basilikumblättchen garnieren.

Tipp:
Nach Belieben nach etwa der Hälfte der Garzeit die Steaks mit einer Mischung aus 70 g geriebenem Parmesan-Käse und 100 g geriebenem Gouda-Käse bestreuen.

Schweizer Kartoffelpfanne mit Eiern

12 Portionen

Deftig

Pro Portion:
E: 23 g, F: 37 g, Kh: 31 g,
kJ: 2329, kcal: 556

2,5 kg fest kochende Kartoffeln
5 Zwiebeln
500 g durchwachsener Speck
Salz, frisch gemahlener Pfeffer

Für die Form:
2 Knoblauchzehen
etwas Butter oder Margarine

500 ml ($^1/_2$ l) Schlagsahne
200 g geriebener Käse, z. B. Emmentaler
10–12 Eier
2 EL Schnittlauchröllchen

Zubereitungszeit: 70 Min.
Garzeit: etwa 45 Min., je Form

Schweizer Kartoffelpfanne mit Eiern

1. Kartoffeln waschen, mit Wasser bedeckt zum Kochen bringen und in 20–25 Minuten gar kochen, abgießen, mit kaltem Wasser abschrecken, abtropfen lassen und heiß pellen. Kartoffeln etwas abkühlen lassen.
2. Zwiebeln abziehen und in feine Würfel schneiden. Speck in Würfel schneiden. Speckwürfel in einer Pfanne ohne Fett auslassen. Zwiebelwürfel zum Speck geben und glasig dünsten.
3. Für die Form Knoblauch abziehen. 2 große Auflaufformen damit ausreiben und mit Butter oder Margarine einfetten. Kartoffeln in Scheiben schneiden, mit Salz und Pfeffer bestreuen.
4. Die Kartoffelscheiben abwechselnd mit der Speck-Zwiebel-Mischung in die Formen geben. Sahne mit Käse verschlagen und darüber gießen. Eier aufschlagen. Jeweils 5–6 Eier auf je einen Auflauf setzen.
5. Die Formen nacheinander (bei Heißluft zusammen) auf dem Rost in den Backofen schieben.
   Ober-/Unterhitze: etwa 180 °C (vorgeheizt)
   Heißluft: etwa 160 °C (vorgeheizt)
   Gas: Stufe 2–3 (vorgeheizt)
   Garzeit: etwa 45 Minuten je Form.
6. Die Kartoffelpfanne mit Schnittlauch bestreuen.

Selleriecremesuppe mit Knoblauchcroûtons

12 Portionen

Vegetarisch

Pro Portion:
E: 5 g, F: 30 g, Kh: 16 g, kJ: 1471, kcal: 351

Für die Selleriecremesuppe:
1,5 kg Knollensellerie
750 g Porree (Lauch)
100 ml Speiseöl, z. B. Walnussöl
2 l Gemüsebrühe
1 gestr. EL Salz
1 gestr. TL frisch gemahlener Pfeffer
5 Estragonstängel
375 ml (3/8 l) Schlagsahne
5-6 EL Zitronensaft

Für die Knoblauchcroûtons:
12 Scheiben Toastbrot
5-6 Knoblauchzehen
125 ml (1/8 l) Speiseöl, z. B. Walnussöl

2 Pck. Kresse

Zubereitungszeit: 90 Min.

1. Für die Suppe Sellerie schälen, waschen, abtropfen lassen und in grobe Würfel schneiden. Porree putzen. Stangen längs aufschneiden, waschen, abtropfen lassen, in Streifen schneiden.
2. Öl in einem großen Topf erhitzen. Sellerie und Porree darin andünsten. Brühe hinzugießen und das Ganze zugedeckt in etwa 35 Minuten gar kochen lassen. Estragon abspülen, trockentupfen und die Blättchen von den Stängeln zupfen. Blättchen fein hacken.
3. Die Suppe mit Salz, Pfeffer und Estragon würzen. Sahne hinzugießen. Die Suppe pürieren und nochmals kurz aufkochen lassen. Die Suppe mit Zitronensaft, Salz und Pfeffer abschmecken.
4. Für die Knoblauchcroûtons Toastbrot in kleine Würfel schneiden. Knoblauchzehen abziehen, zerdrücken und dazugeben. Die beiden Zutaten in Öl knusprig braun braten.
5. Kresse abspülen, trockentupfen, abschneiden und zum Servieren zusammen mit den Knoblauchcroûtons in die Suppe geben.

Selleriecremesuppe mit Knoblauchcroûtons

Senfbraten

8–10 Portionen

Mit Alkohol

Pro Portion:
E: 50 g, F: 19 g, Kh: 4 g,
kJ: 1666, kcal: 397

2 kg Schweinekotelett am Stück, ohne Knochen
Salz
frisch gemahlener Pfeffer
4 Zwiebeln
2 Knoblauchzehen
1 Topf Petersilie
1 Topf Estragon
1 Topf Kerbel
3 EL scharfer Senf
3 EL mittelscharfer Senf
200 ml Fleischbrühe
100 ml trockener Rotwein
2 gestr. EL Weizenmehl
200 ml Schlagsahne

Senfbraten

Außerdem:
Küchengarn
1 Bratschlauch

Zubereitungszeit: 55 Min.
Garzeit: etwa 2 Std.

1. Fleisch unter fließendem kalten Wasser abspülen und trockentupfen. Das Fleisch mit einem scharfen Messer der Länge nach bis etwa zur Hälfte einschneiden und mit Salz und Pfeffer einreiben.
2. Zwiebeln abziehen und fein würfeln. Knoblauch abziehen und durch die Knoblauchpresse drücken. Kräuter abspülen, trockentupfen, die Blättchen von den Stängeln zupfen und hacken.
3. Kräuter, Zwiebeln und Knoblauch mit beiden Senfsorten verrühren. Etwa ein Drittel der Masse in den Fleischeinschnitt füllen. Restliche Masse auf das Fleisch streichen. Das Fleisch mit Küchengarn zusammenbinden, so dass das Fleisch nicht aufreißen kann.
4. Das gefüllte Fleisch in einen Bratschlauch legen. Den Bratschlauch verschließen und auf ein Backblech legen. Das Backblech in den kalten Backofen schieben.
   Ober-/Unterhitze: etwa 200 °C (nicht vorgeheizt)
   Heißluft: etwa 180 °C (nicht vorgeheizt)
   Gas: Stufe 3–4 (nicht vorgeheizt)
   Garzeit: etwa 2 Stunden.
5. Das gare Fleisch aus dem Backofen nehmen und etwa 10 Minuten ruhen lassen. Erst dann den Bratschlauch öffnen (dabei den ausgetretenen Fleischsaft auffangen) und das Fleisch zugedeckt warm stellen.
6. Den Fleischsaft mit Brühe und Rotwein in einen Topf geben und zum Kochen bringen. Mehl mit der Sahne verrühren und in die Sauce einrühren. Sauce unter Rühren zum Kochen bringen und 3–5 Minuten köcheln lassen. Die Sauce mit Salz und Pfeffer würzen.
7. Küchengarn vom Braten entfernen. Senfbraten in Scheiben schneiden, auf einer Platte anrichten und mit der Sauce servieren.

Beilage: Bandnudeln und Eisbergsalat.

Tipp:
Sie können den Braten auch kalt servieren. Dann keine Sauce zubereiten, sondern den kalten Braten dünn aufschneiden, auf einer Platte anrichten und mit dem aufgefangenen Bratensaft beträufeln.

Senfnudeln

8–10 Portionen

Schnell

Pro Portion:
E: 17 g, F: 18 g, Kh: 71 g,
kJ: 2184, kcal: 523

4 l Wasser
4 TL Salz
800 g Penne-Nudeln

2 Salatgurken (etwa 1 kg)
200 g Schalotten
4 Knoblauchzehen
200 g geräucherter durchwachsener Speck
2 Gläser Senfgurken (Abtropfgewicht je 215 g)
1 Bund Brunnenkresse
5 EL körniger Senf
2 EL scharfer Senf
2 Becher (je 150 g) Crème fraîche
200 ml Gurkenflüssigkeit
Salz
frisch gemahlener Pfeffer

Zubereitungszeit: 65 Min.

1. Wasser in einem großen Topf mit geschlossenem Deckel zum Kochen bringen. Dann Salz und die Hälfte der Nudeln zugeben. Die Nudeln im geöffneten Topf nach Packungsanleitung kochen lassen, dabei zwischendurch umrühren. Restliche Nudeln auf die gleiche Weise zubereiten.
2. Anschließend die Nudeln in ein Sieb geben, mit heißem Wasser abspülen und abtropfen lassen.
3. Gurken waschen, abtrocknen und der Länge nach halbieren. Gurkenhälften entkernen und in Scheiben schneiden. Schalotten und Knoblauch abziehen. Schalotten in Spalten und Knoblauch in Scheiben, Speck in Würfel schneiden.
4. Die Speckwürfel in einer beschichteten Pfanne ausbraten, dann herausnehmen und auf Küchenpapier abtropfen lassen.
5. Schalottenspalten und Knoblauchscheiben im verbliebenen Speckfett anbraten. Gurkenscheiben hinzufügen. Das Gemüse zugedeckt bei mittlerer Hitze 5–8 Minuten garen.
6. Senfgurken in einem Sieb abtropfen lassen. Die Gurkenflüssigkeit dabei auffangen und 200 ml davon abmessen. Kresse abspülen, trockentupfen, evtl. die Wurzeln abschneiden. Kresse in mundgerechte Stücke zupfen. Senfgurken in kleine Stücke schneiden.
7. Nudeln, körnigen und scharfen Senf, Senfgurkenstücke, Crème fraîche und Gurkenflüssigkeit zu den Gurkenscheiben geben, untermischen und erhitzen. Senfnudeln mit Salz und Pfeffer würzen. Brunnenkresse unterheben (etwas zum Garnieren beiseite legen) und nochmals kurz erwärmen.
8. Die Senfnudeln auf einer Platte anrichten. Speckwürfel darauf geben und mit der beiseite gelegten Kresse garnieren.

Senfnudeln

Tipp:
Sie können die Brunnenkresse durch 3 Kästchen Gartenkresse oder durch 1 Bund Rauke (Rucola) ersetzen. Die Kresse erst kurz vor dem Anrichten waschen, trockentupfen, abschneiden und unter die Nudeln mischen.

Senfsauce, pikant

8–10 Portionen

Zum Vorbereiten

Insgesamt:
E: 26 g, F: 171 g, Kh: 14 g, kJ: 7423, kcal: 1773

3 hart gekochte Eier
2 Zwiebeln
3 Gewürzgurken
2 EL mittelscharfer Senf
Salz
frisch gemahlener Pfeffer
1 TL Zucker
4 EL Weinessig oder Balsamico-Essig
150 ml Olivenöl

Zubereitungszeit: 15 Min.

1. Eier pellen, Zwiebeln abziehen. Eier, Zwiebeln und Gurken in feine Würfel schneiden.
2. Senf mit Salz, Pfeffer und Zucker verrühren, Essig unterrühren. Nach und nach Olivenöl hinzugeben. Eier-, Gurken- und Zwiebelwürfel unterheben. Die Sauce nochmals mit Salz, Pfeffer und Zucker würzen.

Tipp:
Die Senfsauce passt sehr gut zu kaltem Braten oder gekochten Eiern.

Serbische Bohnensuppe

8–10 Portionen

Beliebt

Pro Portion:

E: 24 g, F: 8 g, Kh: 18 g,
kJ: 1040, kcal: 248

1 $^1/_2$ l Fleischbrühe
1 kg Hohe Rippe vom Rind
8 Zwiebeln
4 Knoblauchzehen
je 2 rote und grüne Paprikaschoten
2 Stangen Porree (Lauch)
250 g Knollensellerie
1 Dose geschälte Tomaten (800 g)
1 Dose weiße Bohnen, mit Suppengrün (Abtropfgewicht 500 g)
1 Topf Petersilie
Salz
frisch gemahlener Pfeffer
$^1/_4$ TL Cayennepfeffer
1 TL Paprikapulver rosenscharf

Zubereitungszeit: 2 $^1/_2$ Std.

1. Fleischbrühe in einem großen Topf zum Kochen bringen. Hohe Rippe unter fließendem kalten Wasser abspülen, in die Brühe geben. Brühe wieder zum Kochen bringen und das Fleisch in 1 $^1/_2$–2 Stunden gar kochen.
2. In der Zwischenzeit Zwiebeln und Knoblauch abziehen und würfeln. Paprikaschoten halbieren, entstielen, entkernen und die weißen Scheidewände entfernen. Die Schoten waschen, abtropfen lassen und in Streifen schneiden.
3. Porree putzen. Die Stangen längs halbieren, gründlich waschen, abtropfen lassen und in Streifen schneiden. Sellerie putzen, schälen, abspülen, abtropfen lassen und würfeln.
4. Das gare Fleisch aus der Brühe nehmen und etwas abkühlen lassen. Das vorbereitete Gemüse in die Brühe geben und alles wieder zum Kochen bringen. Gemüse 10–15 Minuten kochen.
5. Tomaten mit Hilfe einer Gabel in der Dose etwas zerkleinern, mit den weißen Bohnen (beides mit der Flüssigkeit) hinzufügen. Bohnensuppe wieder zum Kochen bringen und noch 2–3 Minuten kochen.
6. Die Suppe mit Salz, Pfeffer, Cayennepfeffer und Paprikapulver würzen. Das Fleisch vom Knochen lösen. Fett entfernen. Das Fleisch in kleine Stücke schneiden, wieder in die Suppe geben und nochmals kurz erhitzen.

Serbische Bohnensuppe

Sizilianische Fischrouladen

Sizilianische Fischrouladen

8 Portionen

Mit Alkohol

Pro Portion:

E: 35 g, F: 20 g, Kh: 4 g,
kJ: 1475, kcal: 351

1 Bio-Zitrone (unbehandelt, ungewachst)
1 Bund glatte Petersilie

8 Rotbarschfilets (je 120–150 g)
Salz
2 EL körniger Senf
8 Scheiben Gouda-Käse
8 Sardellenfilets (aus einem Glas)
1 große Gewürzgurke
einige Thymianstängel
50 g Butter oder Margarine
125 ml ($^1/_8$ l) trockener Weißwein
125 ml ($^1/_8$ l) Gemüsebrühe
3 EL Tomatenmark
1 Dose stückige Tomaten (400 g)
frisch gemahlener Pfeffer
20 g Weizenmehl
20 g Butter

Außerdem:
Küchengarn
Kapernäpfel

Zubereitungszeit: 40 Min.
Garzeit: etwa 15 Min.

1. Zitrone heiß abwaschen und abtrocknen. Die Schale möglichst dünn abschälen, in dünne Streifen schneiden und zum Garnieren beiseite legen. Zitrone halbieren und auspressen. Petersilie abspülen, trockentupfen und die Blättchen von den Stängeln zupfen. Blättchen fein hacken.
2. Rotbarschfilets unter fließendem kalten Wasser abspülen, trockentupfen, evtl. vorhandene Gräten entfernen. Filets mit 1–2 Esslöffeln Zitronensaft beträufeln und mit Salz bestreuen. Die Rotbarschfilets mit der Hautseite nach unten auf die Arbeitsfläche legen und dünn mit Senf bestreichen. Petersilie darauf streuen.
3. Käse, Sardellenfilets und Gurke in Streifen schneiden, gleichmäßig auf den Rotbarschfilets verteilen. Die Filets von der schmalen Seite her aufrollen und mit Küchengarn zusammenbinden.
4. Thymian abspülen und trockentupfen. Butter oder Margarine in einem Topf zerlassen. Rouladen vorsichtig von allen Seiten darin anbraten. Weißwein und Brühe hinzugießen, Thymian hinzugeben und zum Kochen bringen. Die Rouladen bei schwacher Hitze 10–15 Minuten ziehen lassen.
5. Die garen Rouladen vorsichtig herausnehmen (Küchengarn entfernen) und warm stellen.
6. Tomatenmark und stückige Tomaten in den Fischsud einrühren, mit Salz und Pfeffer würzen. Mehl und Butter mit einer Gabel verkneten, zum Fischsud geben und unter Rühren nochmals kurz aufkochen lassen. Sauce mit Salz und Pfeffer abschmecken. Die Fischrouladen in die Sauce legen, mit Kapernäpfeln und Zitronenschalenstreifen garnieren, sofort servieren.

Sommerbowle

8 Portionen

Mit Alkohol

Pro Portion:
E: 1 g, F: 0 g, Kh: 43 g,
kJ: 1392, kcal: 333

Sommerbowle

1 kleine Wassermelone
1 kleine Kantalupmelone
1 kleine Ogenmelone
1 Flasche trockener Weißwein (0,7 l)
1 Pck. Dr. Oetker Vanillin-Zucker
125 ml (1/8 l) grüner Likör, z. B. Pfefferminzlikör
1 l Fruchtsaft
1 Flasche trockener Sekt (0,7 l)
Zitronemelisseblättchen

Zubereitungszeit: 55 Min., ohne Durchziehzeit

1. Die Melonen halbieren und entkernen. Je 4 dünne Spalten Wasser- und Ogenmelone in Stücke schneiden und zum Garnieren beiseite stellen.
2. Aus dem Fruchtfleisch mit einem Kugelausstecher Kugeln formen, in ein Bowlengefäß geben, mit dem Weißwein übergießen und zugedeckt 2–3 Stunden kalt stellen.
3. Den Vanillin-Zucker mit Likör und Fruchtsaft verrühren, bis sich der Zucker aufgelöst hat. Nacheinander Likör-Saft-Gemisch und Sekt in das Bowlengefäß geben und vorsichtig umrühren.
4. Die Bowle in Gläser füllen und die Glasränder mit den Melonenstücken und Zitronenmelisseblättchen dekorieren.

Abwandlung:
Für eine alkoholfreie Bowle anstelle des Alkohols je 1 Flasche Orangensaft und Mineralwasser, Saft von 2 Zitronen und Fruchtsaft nach Belieben verwenden.

Tipp:
Nach Belieben Zitronenmelisseblättchen und Zitronenschalenstreifen (unbehandelt, ungewachst) mit Wasser in Eiswürfelformen gefrieren lassen und zu der Bowle servieren.

Spaghetti mit schneller Bologneser Sauce

8–10 Portionen

Für Kinder

Pro Portion:
E: 33 g, F: 27 g, Kh: 90 g,
kJ: 3081, kcal: 736

5 Zwiebeln
4 Knoblauchzehen
200 g Möhren
200 g Staudensellerie
600 g Zucchini
6 EL Olivenöl
800 g Gehacktes vom Schwein
1 TL gerebelter Thymian
1 TL gerebelter Oregano
1 Dose geschälte Tomaten (Einwaage 800 g)
1 gestr. EL Salz, 2 EL Zucker
frisch gemahlener Pfeffer
2 Dosen pürierte Tomaten (Einwaage je 400 g)
1 Topf Basilikum

je 5 l Wasser
je 5 gestr. TL Salz
1 kg Spaghetti

Zubereitungszeit: 50 Min.

1. Zwiebeln und Knoblauch abziehen und in kleine Würfel schneiden. Möhren putzen und schälen. Sellerie putzen, die harten Außenfäden abziehen. Möhren und Sellerie waschen, abtropfen lassen. Zucchini waschen, abtrocknen und die Enden abschneiden. Möhren, Sellerie und Zucchini in kleine Würfel schneiden.
2. Olivenöl in einem großen Topf erhitzen. Zwiebel- und Knoblauchwürfel darin andünsten. Gehacktes hinzufügen und unter ständigem Rühren etwa 5 Minuten darin anbraten, dabei die Fleischklümpchen mit einer Gabel zerdrücken.
3. Gemüsewürfel, Thymian und Oregano hinzufügen und unterrühren. Geschälte Tomaten mit der Flüssigkeit hinzugeben. Die Zutaten unter Rühren zum Kochen bringen und etwa 5 Minuten unter Rühren kochen lassen, mit Salz, Zucker und Pfeffer würzen. Tomatenpüree unterrühren. Die Sauce nochmals mit den Gewürzen abschmecken und warm stellen.
4. Basilikum abspülen und trockentupfen. Die Blättchen von den Stängeln zupfen. Blättchen fein hacken.
5. Wasser in einem großen Topf mit geschlossenem Deckel zum Kochen bringen. Dann Salz und Spaghetti zugeben. Die Spaghetti in 2 Portionen im geöffneten Topf bei mittlerer Hitze nach Packungsanleitung kochen lassen, dabei zwischendurch umrühren.
6. Anschließend die Nudeln in ein Sieb geben, mit heißem Wasser abspülen

Spaghetti mit schneller Bologneser Sauce

und abtropfen lassen. Spaghetti mit der Sauce und Basilikum bestreut servieren.

Tipp:
Sie können auch 2 Päckchen TK-Gemüse italienische Art (je 450 g) verwenden.

Spaghettini mit bunten Linsen

8–10 Portionen

Vegetarisch

Pro Portion:
E: 21 g, F: 29 g, Kh: 83 g,
kJ: 2878, kcal: 688

je 100 g rote, grüne und braune Linsen

4 l Wasser, 4 TL Salz
800 g Spaghettini

2 Knoblauchzehen
1 Bund Frühlingszwiebeln
50 g Butter
40 g Weizenmehl
400 ml Gemüsebrühe
500 ml ($^1/_2$ l) Schlagsahne
Salz
frisch gemahlener Pfeffer
Knoblauchpulver
5 EL Olivenöl

Zubereitungszeit: 70 Min.

1. Zum Vorbereiten Linsen evtl. kurz unter fließendem kalten Wasser abspülen, mit Wasser bedeckt zum Kochen bringen und je nach Sorte bei schwacher Hitze zwischen 8 und 30 Minuten kochen lassen (Packungsanleitung beachten). Linsen in ein Sieb geben und abtropfen lassen.
2. Wasser zugedeckt in einem großen Topf zum Kochen bringen. Dann Salz hinzufügen. Die Spaghettini in 2 Portionen hinzufügen und im geöffneten Topf bei mittlerer Hitze nach Packungsanleitung kochen lassen, dabei zwischendurch umrühren.
3. Anschließend die Spaghettini in ein Sieb geben, mit heißem Wasser abspülen und abtropfen lassen.
4. Knoblauch abziehen und durch eine Knoblauchpresse drücken. Frühlingszwiebeln putzen, waschen, abtropfen lassen und in Ringe schneiden. Butter in einem großen Topf zerlassen. Zwiebelringe und Knoblauch darin andünsten. Mehl darüber stäuben und kurz mit andünsten. Linsen unterrühren. Zuerst Brühe, dann Sahne hinzugießen und unterrühren. Die Zutaten kurz aufkochen lassen, mit Salz und Pfeffer würzen.
5. Olivenöl in einem Topf erhitzen. Die Spaghettini darin schwenken. Spaghettini mit den Linsen servieren.

Tipp:
Spaghettini sind besonders dünne Spaghetti mit einer sehr kurzen Garzeit. Rote Linsen haben eine sehr kurze Garzeit, 8–10 Minuten. Grüne Linsen brauchen etwa 20 Minuten. Braune Linsen sind in etwa 30 Minuten gar.

Spaghettini mit bunten Linsen

Spaghettitorte mit Tomatensauce

10–12 Portionen

Vegetarisch

Pro Portion:
E: 16 g, F: 24 g, Kh: 40 g,
kJ: 1866, kcal: 445

5 l Wasser
5 TL Salz
500 g Spaghetti

150 g mittelalter Gouda-Käse
200 g Cocktailtomaten
200 g TK-Erbsen
250 ml (1/4 l) Schlagsahne
200 g Schmand
6 Eier (Größe M)
Salz, frisch gemahlener Pfeffer
einige Petersilienstängel

Für die Tomatensauce:
2 Zwiebeln
2 Knoblauchzehen
500 g Fleischtomaten
4 EL Olivenöl
1–2 TL gerebelter Oregano
1 Dose geschälte Tomaten (Einwaage 800 g)
2 EL Tomatenmark
Salz, frisch gemahlener Pfeffer

Zubereitungszeit: 30 Min.
Garzeit: etwa 60 Min.

1. Wasser zugedeckt in einem Topf zum Kochen bringen. Salz und Spaghetti hinzufügen. Spaghetti im geöffneten Topf bei mittlerer Hitze nach Packungsanleitung knapp bissfest garen, zwischendurch umrühren. Spaghetti in ein Sieb geben, mit heißem Wasser überspülen und abtropfen lassen.
2. Käse reiben. Cocktailtomaten waschen, abtrocknen, halbieren und Stängelansätze entfernen. 2 Tomaten in Scheiben schneiden. Die restlichen Tomaten in Stücke schneiden.
3. Tomatenstücke, Käse und gefrorene Erbsen unter die Spaghetti mischen. Sahne mit Schmand und Eiern verschlagen, mit Salz und Pfeffer würzen.
4. Eine Springform (Ø 26 cm, gefettet) von außen mit Alufolie umwickeln (damit die Eiermilch nicht ausläuft). Spaghettimischung in die Form geben. Eiersahne über die Spaghetti gießen.
5. Die Form auf dem Rost in den Backofen schieben.
   Ober-/Unterhitze: etwa 200 °C (vorgeheizt)
   Heißluft: etwa 180 °C (vorgeheizt)
   Gas: Stufe 3–4 (vorgeheizt)
   Garzeit: etwa 60 Minuten.
6. Die Torte in der Form auf einen Kuchenrost stellen und etwas abkühlen lassen.
7. Für die Tomatensauce Zwiebeln und Knoblauch abziehen und würfeln. Tomaten kurz in kochendes Wasser legen, mit kaltem Wasser abschrecken und abtropfen lassen. Tomaten enthäuten, halbieren und die Stängelansätze herausschneiden. Tomaten in Stücke schneiden.
8. Olivenöl in einer Pfanne erhitzen. Zwiebel- und Knoblauchwürfel darin andünsten. Oregano unterrühren. Tomaten aus der Dose mit der Flüssigkeit und Tomatenmark hinzufügen, dabei die Tomaten zerdrücken. Die Sauce etwa 10 Minuten köcheln lassen und mit Salz und Pfeffer abschmecken.
9. Petersilie abspülen, trockentupfen und die Blättchen von den Stängeln zupfen. Blättchen hacken.
10. Alufolie von der Form lösen. Torte vom Springformrand und -boden lösen und auf eine Platte setzen. Die Spaghettitorte mit einem elektrischen Messer in 10–12 Stücke schneiden. Stücke mit gehackter Petersilie und den Tomatenscheiben garnieren. Dazu die Sauce reichen.

Tipp:
Die Sauce pürieren und dann Oliven hineingeben.

Spanische Bauernsuppe

8–10 Portionen

Raffiniert

Pro Portion:
E: 39 g, F: 37 g, Kh: 15 g,
kJ: 2298, kcal: 548

600 g Lammfleisch (aus der Keule, ohne Knochen)
1 Gemüsezwiebel
3 EL Olivenöl
Salz, frisch gemahlener Pfeffer
1 TL gerebelter Oregano
1–2 TL gerebeltes Bohnenkraut
1 l Gemüsebrühe
2 Stangen Porree (Lauch)
etwa 400 g Wirsingkohl
2 Dosen weiße Bohnen (Abtropfgewicht je 250 g)
1 Dose geschälte Tomaten (800 g)
3–4 Chorizo (scharfe spanische Knoblauchwürste, etwa 875 g)
1/2 Topf glatte Petersilie

Zubereitungszeit: 80 Min.

1. Lammfleisch unter fließendem kalten Wasser abspülen, trockentupfen und in Würfel oder Streifen schneiden. Gemüsezwiebel abziehen, vierteln und in Streifen schneiden.

Spanische Bauernsuppe

2. Öl in einem Topf erhitzen. Die Fleischwürfel oder -streifen von allen Seiten darin anbraten. Zwiebelstreifen hinzufügen und mitdünsten, mit Salz, Pfeffer, Oregano und Bohnenkraut bestreuen. Die Hälfte der Gemüsebrühe hinzugießen, alles zum Kochen bringen und etwa 10 Minuten garen.
3. In der Zwischenzeit Porree putzen. Die Stangen längs halbieren, gründlich waschen, abtropfen lassen und in Streifen schneiden. Vom Wirsing die groben äußeren Blätter lösen, den Wirsing vierteln und den Strunk herausschneiden. Den Wirsing abspülen, abtropfen lassen und in Streifen schneiden. Bohnen in einem Sieb abtropfen lassen.
4. Porree- und Wirsingstreifen, Bohnen und Tomaten mit der Flüssigkeit zusammen mit der restlichen Brühe in die Suppe geben, alles zum Kochen bringen und noch etwa 15 Minuten garen.
5. Knoblauchwürste in Scheiben schneiden, in die Suppe geben und erhitzen. Petersilie abspülen, trockentupfen und die Blättchen von den Stängeln zupfen. Blättchen in Streifen schneiden. Die Suppe mit Petersilie bestreut servieren.

Tipp:
Nach Belieben zusätzlich 4 Knoblauchzehen abziehen, durch die Knoblauchpresse drücken und zusammen mit den Zwiebelwürfeln andünsten.
Anstelle der Chorizo können Sie auch Rauchenden (Mettwürstchen) oder Salamiwürfel verwenden.

Vorbereitungstipp:
Sie können die Suppe bis einschließlich Punkt 2 am Vortag vorbereiten. Das Gemüse ebenfalls vorbereiten und kühl aufbewahren.

Spanisches Rührei

8–10 Portionen

Für Kinder

Pro Portion:
E: 13 g, F: 19 g, Kh: 3 g, kJ: 979, kcal: 234

16 Eier (Größe M)
Salz, frisch gemahlener Pfeffer
1 Bund Basilikum
1 Bund Frühlingszwiebeln
1 Dose Tomatenwürfel (Einwaage 400 g)
2 EL Olivenöl
60 g Butter oder Margarine

Zubereitungszeit: 25 Min.

1. Eier in einer Schüssel verquirlen und mit Salz und Pfeffer würzen. Basilikum abspülen, trockentupfen, die Blättchen von den Stängeln zupfen und klein schneiden. Frühlingszwiebeln putzen, waschen, abtropfen lassen und in feine Ringe schneiden. Tomatenwürfel in einem Sieb abtropfen lassen.
2. Öl in einer großen Pfanne erhitzen. Frühlingszwiebelringe, Tomatenwürfel und Basilikum darin andünsten. Die Mischung mit Salz und Pfeffer würzen, kurz abkühlen lassen und zu den Eiern geben.
3. Butter oder Margarine in der Pfanne zerlassen und die Eier-Gemüse-Mischung hineingeben. Sobald die Masse zu stocken beginnt, sie strichweise vom Boden der Pfanne (von außen zur Mitte) losrühren.
4. So lange weiter erhitzen, bis keine Flüssigkeit mehr vorhanden ist. Das Rührei soll großflockig, aber nicht trocken sein.

Beilage: Frisch getoastetes Weißbrot und ein bunter Salat.

Rezeptvorschläge für ein Mittsommernachts-Party-Buffet

Für ein Mittsommernachts-Party-Buffet benötigen Sie für 10–12 Personen:

1,5 x Rezept Spareribs, Seite 362
1 x Rezept Gyrossuppe, Seite 123
1 x Rezept Schichtsalat mit Bohnen, Seite 325
1 x Rezept Zwölfer-Salat, Seite 425
1,5 x Rezept Sommerbowle, Seite 357

Außerdem:

Etwa 1,5 kg helles Brot.

Vorbereitungen am Vortag:

- Die Gyrossuppe zubereiten, erkalten lassen und kalt stellen.
- Für die Spareribs die Rippchen wie beschrieben kochen, erkalten lassen und kalt stellen.
- Für den Zwölfer-Salat die Eier kochen und kalt stellen.
- Für den Schichtsalat die Bohnen (Punkt 1) und die Sauce (Punkt 5) vorbereiten. Beides kalt stellen.

Vorbereitungen am Tag der Party:

4 Stunden vorher:	• Den Schichtsalat und den Zwölfer-Salat zubereiten.
2–3 Stunden vorher:	• Die Bowle ansetzen.
Etwa 1 Stunde vorher:	• Die Rippchen auf den Blechen verteilen. BBQ-Sauce zubereiten. • Zwölfer-Salat abschmecken und anrichten.
Etwa 30 Minuten vorher:	• Die ersten Bleche mit den Rippchen in den Backofen schieben. • Suppe erhitzen, evtl. nachwürzen. • Brot aufschneiden. • Bowle auffüllen.

Es eignen sich auch folgende zusätzliche Rezepte:

1 x Rezept Salsa-Suppe, Seite 314
1 x Rezept Italienischer Spaghettisalat, Seite 152
1 x Rezept Tunfisch-Mais-Salat, Seite 391
1 x Rezept Mett-Pizza, Seite 226
1,5 x Rezept Quarkspeise mit Obst, Seite 286

Außerdem:

Etwa 3–4 Vollkorn-Baguettes.

Spareribs

8 Portionen

Beliebt

Pro Portion:

E: 45 g, F: 21 g, Kh: 18 g, kJ: 1851, kcal: 441

2 Gemüsezwiebeln
1 Bund Suppengrün (Möhre, Porree, Sellerie)
15 Pfefferkörner
6 Lorbeerblätter
2 TL Salz
4 kg dünne Rippe (vom Schwein)

Für die BBQ-Sauce:

2 Zwiebeln
$^1/_2$ Topf Petersilie
150 ml kalter starker Kaffee
500 ml Tomatenketchup
1 Msp. Sambal Oelek oder 5 Spritzer Tabasco

Zubereitungszeit: 45 Min.
Gesamtgarzeit: 60–75 Min.

1. Zwiebeln abziehen und halbieren. Suppengrün putzen, abspülen, abtropfen lassen und in grobe Stücke schneiden. Zwiebeln, Suppengrün, Pfefferkörner, Lorbeerblätter und Salz in einem großen Topf mit Wasser zum Kochen bringen.
2. Rippchen halbieren oder dritteln, unter fließendem kalten Wasser abspülen und in den Topf geben. Darauf achten, dass die Rippchen vollständig mit Wasser bedeckt sind. Die Rippchen 45–60 Minuten zugedeckt köcheln lassen, bis sich das Fleisch leicht vom Knochen löst, aber sie noch nicht vom Knochen fallen.

3. Für die BBQ-Sauce die Zwiebeln abziehen und in kleine Würfel schneiden. Petersilie abspülen und trockentupfen, die Blätter von den Stängeln zupfen und fein hacken. Kaffee mit Ketchup, Petersilie, Zwiebeln und Sambal Oelek oder Tabasco verrühren.
4. Rippchen abtropfen lassen und auf mehrere Backbleche (mit Backpapier belegt) legen. Die Backbleche nacheinander (bei Heißluft zusammen) in den Backofen schieben.
   Ober-/Unterhitze: etwa 220 °C (vorgeheizt)
   Heißluft: etwa 200 °C (vorgeheizt)
   Gas: Stufe 4–5 (vorgeheizt)
   Garzeit: etwa 15 Minuten je Blech.
5. Rippchen mehrmals mit der BBQ-Sauce bestreichen und sofort servieren.

Tipp:
Die Rippchen kann man auch am Vortag kochen, dann im Kühlschrank aufbewahren und am nächsten Tag garen und bestreichen.

Spargel-Schinken-Röllchen

24 Stück

Schneller Snack

Pro Stück:
E: 2 g, F: 4 g, Kh: 3 g,
kJ: 272, kcal: 65

12 Stangen grüner Spargel
Salzwasser
1 Prise Zucker
70 g alter Gouda-Käse
50 g Butter
12 Scheiben Parmaschinken
6 Scheiben dreieckiger Yufkateig (türkischer Laden)
Salz, frisch gemahlener Pfeffer

Zubereitungszeit: 35 Min.
Garzeit: 10–15 Min.

1. Vom Spargel das untere Drittel der Stangen schälen, die Enden abschneiden. Spargel waschen. Salzwasser mit Zucker zum Kochen bringen und den Spargel darin etwa 10 Minuten garen. Anschließend den Spargel mit einer Schaumkelle herausheben, mit kaltem Wasser abschrecken und abtropfen lassen.
2. Käse fein raspeln. Butter zerlassen. Schinkenscheiben diagonal halbieren. Die Spargelstangen quer halbieren.
3. Jedes Yufka-Teigblatt in 4 Dreiecke (Tortenstücke) schneiden und mit der Butter bestreichen. Je 1/2 Scheibe Parmaschinken darauf legen und mit Käse und Pfeffer bestreuen. Je 1 Spargelstange auf das breite Teigende legen und den Teig von der breiten Seite her locker aufrollen. Die Röllchen auf ein mit Backpapier belegtes Backblech legen. Das Backblech in den Backofen schieben.
   Ober-/Unterhitze: etwa 200 °C (vorgeheizt)
   Heißluft: etwa 180 °C (vorgeheizt)
   Gas: Stufe 3–4 (vorgeheizt)
   Garzeit: 10–15 Minuten.
4. Die Spargel-Schinken-Röllchen möglichst heiß servieren.

Tipp:
Dazu passt eine mit etwas abgeriebener Zitronenschale (unbehandelt, ungewachst) und steif geschlagener Sahne verrührte Mayonnaise.

Spätzle-Linsen-Salat
8 Portionen

Raffiniert

Pro Portion:
E: 25 g, F: 42 g, Kh: 49 g,
kJ: 2821, kcal: 671

5 l Wasser
5 gestr. TL Salz
500 g Spätzle

750 ml (3/4 l) Gemüsebrühe

250 g Tellerlinsen
8 Wiener Würstchen
5 mittelgroße Tomaten
1 Bund Frühlingszwiebeln

Für die Marinade:
250 ml (1/4 l) warme Gemüsebrühe
1 Glas (200 g) körniger Senf
2 TL süßer körniger Senf
4 EL Kräuteressig
etwas Kreuzkümmel (Cumin)
Salz
frisch gemahlener Pfeffer
1 geh. TL Currypulver
200 ml Olivenöl

Zubereitungszeit: 50 Min., ohne Durchziehzeit

1. Wasser zugedeckt in einem großen Topf zum Kochen bringen. Dann Salz und Spätzle zugeben. Die Spätzle im geöffneten Topf bei mittlerer Hitze nach Packungsanleitung kochen lassen, dabei ab und zu umrühren.
2. Anschließend die Spätzle in ein Sieb geben, mit heißem Wasser abspülen und abtropfen lassen.
3. Brühe in einem Topf zum Kochen bringen, Linsen hinzufügen und etwa 20 Minuten kochen. Anschließend in ein Sieb geben, den Sud dabei auffangen. Linsen mit kaltem Wasser übergießen und gut abtropfen lassen.
4. Würstchen in Scheiben schneiden. Tomaten waschen, kreuzweise einschneiden und einige Sekunden in kochendes Wasser legen. Tomaten kurz in kaltem Wasser abschrecken, enthäuten, halbieren, entkernen und Stängelansätze entfernen. Tomaten in große Stücke schneiden. Frühlingszwiebeln putzen, waschen, abtropfen lassen und in Ringe schneiden. Die vorbereiteten Salatzutaten in eine große Schüssel geben und vorsichtig mischen.
5. Für die Marinade Brühe mit dem aufgefangenen Sud, den beiden Senfsorten, Kümmel, Salz, Pfeffer und Curry verrühren. Olivenöl unterschlagen. Die Marinade über die Salatzutaten gießen, vorsichtig mischen und etwas durchziehen lassen. Den Salat vor dem Servieren nochmals mit den Gewürzen abschmecken.

Spätzle-Linsen-Salat

Spätzle Schätzle
8–10 Portionen

Für Kinder

Pro Portion:
E: 17 g, F: 16 g, Kh: 59 g,
kJ: 1907, kcal: 456

5 l Wasser
5 gestr. TL Salz
750 g Spätzle

800 g grüner Spargel
Salzwasser
1 Prise Zucker
1 Zwiebel
250 g Mozzarella
80 g Butter oder Margarine
Salz
frisch gemahlener Pfeffer
1 Bund glatte Petersilie

Zubereitungszeit: 50 Min.
Überbackzeit: etwa 8 Min.

1. Wasser zugedeckt in einem großen Topf zum Kochen bringen. Dann Salz und Spätzle zugeben. Die Spätzle im geöffneten Topf bei mittlerer Hitze nach Packungsanleitung kochen lassen, dabei ab und zu umrühren.
2. Anschließend die Spätzle in ein Sieb geben, mit heißem Wasser abspülen und abtropfen lassen.
3. Vom Spargel das untere Drittel der Stangen schälen, die Enden abschneiden. Spargel in etwa 3 cm lange Stücke schneiden, waschen und abtropfen lassen. Salzwasser mit Zucker zum Kochen bringen und den Spargel darin etwa 10 Minuten garen. Anschließend den Spargel mit kaltem Wasser abschrecken und abtropfen lassen.

4. Zwiebel abziehen und würfeln. Mozzarella abtropfen lassen und in Scheiben schneiden. Butter oder Margarine in einem Topf erhitzen. Die Zwiebelwürfel darin glasig dünsten.
5. Spätzle und Spargel dazugeben und alles mit Salz und Pfeffer würzen. Die Zutaten in eine große Auflaufform (gefettet) füllen. Mozzarellascheiben darauf verteilen. Die Form auf dem Rost in den Backofen schieben und das Gericht überbacken, bis der Käse geschmolzen ist.
   Ober-/Unterhitze: etwa 220 °C (vorgeheizt)
   Heißluft: etwa 200 °C (vorgeheizt)
   Gas: Stufe 4–5 (vorgeheizt)
   Überbackzeit: etwa 8 Minuten.
6. Petersilie abspülen, trockentupfen, die Blättchen von den Stängeln zupfen und fein hacken. Die überbackenen Spätzle vor dem Servieren damit bestreuen.

Abwandlung:
Anstatt Spargel können Sie auch Mais, Erbsen und bunte Paprikawürfel verwenden. Der Mozzarella kann auch durch geriebenen Gouda, Emmentaler oder Gratin-Käse ersetzt werden.

Spätzle Schätzle

Spinat-Lachs-Auflauf

8–10 Portionen

Beliebt

Pro Portion:
E: 36 g, F: 36 g, Kh: 6 g,
kJ: 2103, kcal: 503

1,25–1,5 kg Spinat
2 Zwiebeln
3–4 Knoblauchzehen
4 EL Olivenöl
Salz
frisch gemahlener Pfeffer

Für die Sauce und zum Bestreuen:
200 ml Milch
400 ml Schlagsahne
4–5 TL heller Saucenbinder
300 g Schafkäse
Saft von 2 Zitronen
4 Eigelb (Größe M)

1 kg Lachsfilet ohne Haut
200 g Shrimps

Zubereitungszeit: 55 Min.
Garzeit: etwa 20 Min.

1. Spinat verlesen, evtl. die Wurzelenden abschneiden. Spinat waschen, abtropfen lassen und evtl. etwas kleiner schneiden. Zwiebeln und Knoblauch abziehen und fein würfeln.
2. Öl in einem großen Topf erhitzen. Zwiebel- und Knoblauchwürfel darin glasig dünsten. Spinat hinzufügen und wenige Minuten im geschlossenen Topf dünsten, bis er zusammengefallen ist. Den Spinat kräftig mit Salz und Pfeffer würzen und in eine große, flache Auflaufform geben.
3. Für die Sauce Milch und Sahne in den Topf gießen und aufkochen lassen.

Spinat-Lachs-Auflauf

   Den Saucenbinder einrühren. Schafkäse grob zerbröseln und die Hälfte davon mit Zitronensaft zu der Sauce geben. Mit Salz und Pfeffer würzen. Eigelb mit etwas Sauce verrühren und zu der Sauce geben (nicht mehr kochen lassen).
4. Lachsfilet unter fließendem kalten Wasser abspülen, trockentupfen und in Portionsstücke schneiden. Shrimps kalt abspülen und ebenfalls trockentupfen. Die Lachsstücke auf dem Spinat verteilen und mit Salz und Pfeffer würzen. Shrimps darüber streuen.
5. Die Sauce darüber gießen. Den restlichen Schafkäse darauf verteilen. Die Form auf dem Rost in den Backofen schieben.
   Ober-/Unterhitze: etwa 200 °C (vorgeheizt)
   Heißluft: etwa 180 °C (vorgeheizt)
   Gas: Stufe 3–4 (vorgeheizt)
   Garzeit: etwa 20 Minuten.

Beilage: Baguette.

Tipp: Anstelle von frischem können Sie ersatzweise auch TK-Blattspinat verwenden. Den gefrorenen Spinat dann zu den Zwiebelwürfeln in den Topf geben und bei mittlerer Hitze auftauen lassen. Anstelle von Schafkäse können Sie auch anderen geriebenen Käse verwenden.

Rezeptvorschläge für ein Picknick-Party-Buffet

Für ein Picknick-Party-Buffet benötigen Sie für 10–12 Personen:

1 x Rezept Spinat- und Weizenwraps, Seite 366
1 x Rezept Räuber-Paprika-Hackbraten, Seite 290
1 x Rezept Tunfisch-Nudel-Salat, Seite 392
1 x Rezept Quiche mit Gemüse, Seite 287

Außerdem:

Etwa 500 g Kräuterquark für die Quiche.
1 kg Mischbrot.

Vorbereitungen am Vortag:

- Die Quiche zubereiten, erkalten lassen und kalt stellen.
- Räuber-Paprika-Hackbraten zubereiten, erkalten lassen und kalt stellen.

Vorbereitungen am Tag der Party:

3–4 Stunden vorher:
- Den Tunfisch-Nudel-Salat zubereiten und verpacken.

2 Stunden vorher:
- Die Quiche aufschneiden und verpacken. Kräuterquark separat verpacken.
- Räuber-Paprika-Hackbraten evtl. in Scheiben schneiden und verpacken.
- Brot schneiden und verpacken.

1–2 Stunden vorher:
- Die Spinat- und Weizenwraps zubereiten und verpacken.

Es eignen sich auch folgende zusätzliche Rezepte:

1 x Rezept Pitabrote, gefüllt, Seite 264
1 x Rezept Makkaronisalat, Seite 215
1 x Rezept Schichtsalat mit Forellenfilets, Seite 326
1 x Rezept Tortilla vom Blech mit Spargel, Seite 388

Außerdem:

Etwa 3–4 große Baguettebrote.

Spinat- und Weizenwraps

24 Stück

Gut vorzubereiten

Pro Stück:
E: 7 g, F: 17 g, Kh: 35 g,
kJ: 1357, kcal: 322

Für die Curryfüllung:
1 Lollo bionda
1 kleines Bund Koriander
200 g Mayonnaise
50 g Mango-Chutney
1 gestr. TL Currypulver
Salz, frisch gemahlener Pfeffer
1 Dose Ananasstücke (Abtropfgewicht etwa 490 g)
1 Glas Sojabohnenkeimlinge (Einwaage 400 g)

12 Spinat-Wraps (500 g, Ø 18 cm, Fertigprodukt)

Für die Paprikafüllung:
1 Lollo bionda
1 Bund glatte Petersilie
je 1 rote, grüne und gelbe Paprikaschote (etwa 600 g)
1 große Zwiebel
200 g Mayonnaise
8 EL süße Chilisauce

12 Weizenmehl-Wraps (560 g, Ø 24 cm, Fertigprodukt)

Zubereitungszeit: 70 Min.

1. Für die Curryfüllung Salat und Koriander putzen, abspülen und gut abtropfen lassen. Gegebenenfalls mit Küchenpapier trockentupfen. Korianderblätter von den Stängeln zupfen.
2. Mayonnaise mit Mango-Chutney und Currypulver verrühren und mit Salz

Spinat- und Weizenwraps

und Pfeffer würzen. Ananasstücke und Sojabohnenkeimlinge in einem Sieb abtropfen lassen.

3. Spinat-Wraps nacheinander mit je einem Salatblatt, etwas Curry-Mayonnaise, Ananas, Sojabohnenkeimlingen und Korianderblättern belegen und aufrollen.
4. Für die Paprikafüllung Salat und Petersilie putzen, abspülen und trockentupfen. Paprikaschoten halbieren, entstielen, entkernen, weiße Scheidewände entfernen und Schoten waschen. Zwiebel abziehen. Paprika und Zwiebel in dünne Streifen schneiden.
5. Mayonnaise mit Chilisauce verrühren und mit Pfeffer würzen.
6. Weizen-Wraps nacheinander mit je einem Salatblatt, etwas Chilimayonnaise, Paprika- und Zwiebelstreifen und Petersilie belegen und aufrollen oder in Tütenform einschlagen.

Tipp:
Die Wraps können im Ganzen oder in diagonale Stücke geschnitten als Fingerfood gereicht werden.

Spitzkohlgratin

8–10 Portionen

Raffiniert

Pro Portion:
E: 24 g, F: 52 g, Kh: 14 g,
kJ: 2623, kcal: 627

4–5 Köpfe Spitzkohl (2–2 ½ kg)
3 Zwiebeln
4–5 Knoblauchzehen
200 g getrocknete Tomaten in Öl
200 g Frühstücksspeck (Bacon)
6 EL Olivenöl
4 EL Öl (von den Tomaten)

Für den Guss:
8 Eier (Größe M)
400 ml Schlagsahne
500 g Ricotta (italienischer Frischkäse)
Salz
frisch gemahlener Pfeffer

Zum Bestreuen:
80 g Pinienkerne

Zubereitungszeit: 40 Min.
Garzeit: 25–30 Min.

1. Vom Spitzkohl die äußeren Blätter entfernen. Kohlköpfe halbieren und längs in Spalten schneiden. Die Strünke so weit abschneiden, dass die Spalten noch gut zusammen hängen. Die Kohlspalten vorsichtig waschen und abtropfen lassen.
2. Zwiebeln und Knoblauch abziehen und würfeln. Tomaten abtropfen lassen, dabei das Öl auffangen und 4 Esslöffel davon abmessen. Tomaten und Frühstücksspeck in Streifen schneiden.
3. Olivenöl portionsweise in einer Pfanne erhitzen. Die Spitzkohlspalten portionsweise darin unter Wenden etwa 8 Minuten braten. Die Spalten dann aus der Pfanne nehmen und auf den Boden einer großen, flachen Auflaufform oder der Fettfangschale des Backofens legen.
4. Das abgemessene Tomatenöl in der Pfanne erhitzen, Frühstücksspeckstreifen darin knusprig braten. Zwiebel- und Knoblauchwürfel hinzufügen und kurz mitbraten. Zum Schluss Tomatenstreifen untermengen. Die Mischung auf den Spitzkohlspalten verteilen.
5. Für den Guss Eier mit Sahne und Ricotta verrühren. Mit Salz und Pfeffer kräftig würzen und gleichmäßig über dem Kohl verteilen. Mit Pinienkernen bestreuen. Die Form oder Fettfangschale (die Form auf dem Rost) in den Backofen schieben.
   Ober-/Unterhitze: etwa 200 °C (vorgeheizt)
   Heißluft: etwa 180 °C (vorgeheizt)
   Gas: Stufe 3–4 (vorgeheizt)
   Garzeit: 25–30 Minuten.

Beilage: Ciabatta.

Tipp: Das Spitzkohlgratin schmeckt auch zu Steaks oder Lammfleisch.

Spitzkohl mit Champignons

Spitzkohl mit Champignons

12 Portionen

Vegetarisch

Pro Portion:
E: 6 g, F: 26 g, Kh: 16 g,
kJ: 1424, kcal: 340

Für den Salat:
1,5 kg Spitzkohl
Salzwasser
600 g Champignons

Für die Croûtons:
12 Scheiben Toastbrot
3 Knoblauchzehen
150 g Butter

Für die Marinade:
100 ml Apfelessig
150 ml Rapsöl
Salz
grob gemahlener bunter Pfeffer

Zum Anbraten:
3 EL Rapsöl

Zubereitungszeit: 100 Min.

1. Für den Salat Spitzkohl putzen, waschen, abtropfen lassen und mit einem Gemüsehobel zu Streifen verarbeiten oder mit einem Messer in feine Streifen schneiden. Salzwasser in einem Topf zum Kochen bringen. Die Spitzkohlstreifen darin etwa 15 Minuten garen, danach in einem Sieb abtropfen lassen, dabei die Garflüssigkeit auffangen und 200 ml abmessen.
2. Champignons putzen, mit Küchenpapier abreiben, abspülen, abtropfen lassen und in Scheiben schneiden.
3. Für die Croûtons Toastbrot in feine Würfel schneiden, Knoblauchzehen abziehen und klein schneiden. Butter erhitzen. Knoblauch darin andünsten und die Brotwürfel darin goldbraun rösten. Croûtons aus der Pfanne nehmen.
4. Für die Marinade Essig mit der aufgefangenen Flüssigkeit verrühren. Öl unterschlagen, mit Salz und Pfeffer würzen. Marinade mit dem Spitzkohl vermengen.
5. Rapsöl in einer Pfanne erhitzen. Champignonscheiben darin anbraten, mit Salz und Pfeffer würzen und unter den noch lauwarmen Salat mischen. Zum Schluss den Salat mit Croûtons bestreuen und lauwarm servieren.

Tipp:
Sie können anstatt Spitzkohl auch Wirsingkohl oder Chinakohl verwenden.

Sterntalersuppe

Sterntalersuppe
8 Portionen

Für Kinder

Pro Portion:
E: 5 g, F: 1 g, Kh: 17 g,
kJ: 402, kcal: 96

2 große Möhren
1 großer Kohlrabi
1 Stange Porree (Lauch)
Salzwasser
1,6 l Geflügelfond oder -brühe
160 g Sternchennudeln
Salz, frisch gemahlener weißer Pfeffer
frisch geriebene Muskatnuss

Zubereitungszeit: 40 Min.

1. Möhren putzen, schälen und waschen. Kohlrabi schälen und waschen. Beide Zutaten in dünne Scheiben schneiden (evtl. mit einer Aufschnittmaschine).
2. Porree putzen, seitlich einschneiden, in die einzelnen Schichten teilen. Porree waschen und abtropfen lassen. Salzwasser zum Kochen bringen und nacheinander die Möhren- und Kohlrabischeiben und den Porree kurz blanchieren.
3. Aus dem blanchierten Gemüse mit Hilfe eines Messers oder eines Plätzchenausstechers mittelgroße Sterne ausschneiden oder ausstechen.
4. Geflügelfond oder -brühe in einen Topf geben. Das ausgestochene Gemüse mit den Nudeln hinzufügen. Alles unter gelegentlichem Rühren 8–10 Minuten köcheln lassen. Die Suppe zum Schluss mit Salz, Pfeffer und Muskat würzen.

Tipp: Einfacher und schneller geht es, wenn Sie das Gemüse nicht ausstechen, sondern in Würfel oder Streifen schneiden, es muss dann nicht blanchiert werden.

Strawberry Flip

Strawberry Flip
8 Portionen

Fruchtig - ohne Alkohol

Pro Portion:
E: 1g, F: 0 g, Kh: 29 g,
kJ: 528 , kcal: 126

600 g Erdbeeren
Saft von 2 Zitronen
200 g gesiebter Puderzucker
zerstoßenes Eis
Mineralwasser

Nach Belieben:
8 dünne Zitronenscheiben

Zubereitungszeit: 15 Min.

1. Erdbeeren waschen, gut abtropfen lassen, entstielen, mit Zitronensaft und Puderzucker in einen Mixer geben und pürieren.
2. Das Eis in 8 hohe, schmale Gläser füllen. Erdbeerpüree auf die Gläser verteilen und mit Mineralwasser auffüllen. Die Zutaten verrühren. Den Flip mit Trinkhalmen und nach Belieben mit Zitronenscheiben servieren.

Swimming Pool
1 Portion

Mit Alkohol

Pro Portion:
E: 1 g, F: 6 g, Kh: 32 g,
kJ: 1409, kcal: 336

3 cl Wodka
4 cl Kokoslikör
1 cl Blue Curaçao
2 cl Sahne
10 cl Ananassaft

einige Eiswürfel, 1 Ananasstück

Zubereitungszeit: 5–7 Min.

1. Wodka mit Likören, Sahne, Saft und einigen Eiswürfeln in einen Shaker geben und gut schütteln.
2. Anschließend den Drink durch ein Barsieb in ein zur Hälfte mit Eiswürfeln gefülltes Fancy- oder Longdrinkglas abseihen. Drink mit einem Ananasstück garnieren und einem Trinkhalm servieren.

Rezeptvorschläge für ein Camper-Party-Buffet

Für ein Camper-Party-Buffet benötigen Sie für 10–12 Personen:

1 x Rezept Tacoparade „Mexikana“ (Variante 2 und 3), Seite 370
1 x Rezept Tomatensuppe, kalt mit Avocadocreme, Seite 384
1 x Rezept Farfalle-Schichtsalat, Seite 72
5–6 x Rezept Joghurtshake, Seite 157

Außerdem:

Für die Tacos zusätzlich etwa 500 ml süß-scharfe Chilisauce.

Vorbereitungen am Vortag:

- Die Tomatensuppe bis Punkt 2 zubereiten und kalt stellen.
- Schichtsalat zubereiten und kalt stellen.

Vorbereitungen am Tag der Party:

3–4 Stunden vorher:
- Die Füllungen für die Tacos zubereiten, jedoch noch nicht in die Tacos füllen.

Etwa 1 Stunde vorher:
- Die Tacos füllen und anrichten.
- Die Tomatensuppe abschmecken.
- Die Avocadocreme zubereiten.

Erst kurz vor dem Servieren den Joghurtshake zubereiten.

Es eignen sich auch folgende zusätzliche Rezepte:

1 x Rezept Auberginenscheiben, gegrillt mit eingelegten Limetten, Seite 19
0,5 x Rezept Paprikagemüse, gegrillt, Seite 256
1 x Rezept Kabeljaufilet in Folie gegrillt, Seite 158
1 x Rezept Schweinenackensteaks, mit Kräutern und Malzbier gebeizt, Seite 346
10–12 x Rezept Vanille-Kirsch-Drink, Seite 398

Tacoparade „Mexikana“

je 8–10 Portionen

Gut vorzubereiten

Pro Portion, Variante 1:
E: 5 g, F: 17 g, Kh: 37 g,
kJ: 1272, kcal: 304

Pro Portion, Variante 2:
E: 20 g, F: 28 g, Kh: 29 g,
kJ: 1835, kcal: 439

Pro Portion, Variante 3:
E: 15 g, F: 17 g, Kh: 30 g,
kJ: 1315, kcal: 314

Pro Portion, Variante 4:
E: 2 g, F: 6 g, Kh: 18 g,
kJ: 566, kcal: 135

Für Variante 1:

2 grüne Paprikaschoten (je 200 g)
4 dicke Möhren (je 100 g)
1 kleine Dose Ananasscheiben (Abtropfgewicht 140 g)
100 g Gemüsemais (aus einer Dose)
3 EL Olivenöl
200 ml Gemüsefond oder -brühe
Salz, frisch gemahlener Pfeffer
1 EL flüssiger Honig
etwas Sojasauce
1–2 TL heller Saucenbinder
20 Tacoschalen

Für Variante 2:

1 Kopf Eisbergsalat
2 rote Zwiebeln
8 Tomaten (etwa 500 g)
500 g Truthahnbrust-Aufschnitt
200 g Frühstücksspeck
20 Tacoschalen

Für Variante 3:

4 Hähnchenbrustfilets (je 100 g)
Salz
frisch gemahlener Pfeffer
3 EL Speiseöl
1 kleiner Kopf Spitz- oder Weißkohl (400 g)
4 dicke Möhren (je 100 g)
20 Tacoschalen

Für Variante 4:

800 g Tomaten
1 Bund Frühlingszwiebeln
1 Bund Basilikum
Salz
frisch gemahlener Pfeffer
20 Tacoschalen

Zubereitungszeit: je 40–50 Min., ohne Abkühlzeiten

1. **Für Variante 1** Paprikaschoten halbieren, entstielen, entkernen und die weißen Scheidewände entfernen. Die Schoten waschen, abtropfen lassen und in grobe Würfel schneiden. Möhren putzen, schälen, waschen, abtrop-

fen lassen und ebenfalls grob würfeln. Ananasscheiben in einem Sieb abtropfen lassen und achteln. Mais in einem Sieb abtropfen lassen.

2. Öl in einer Pfanne erhitzen. Möhren- und Paprikawürfel darin andünsten. Ananasstücke und Mais hinzufügen und kurz mitdünsten. Fond oder Brühe zugeben und alles etwa 5 Minuten kochen lassen.
3. Gemüsemischung mit Salz, Pfeffer, Honig und Sojasauce würzen. Saucenbinder darüber stäuben, unterrühren und einmal aufkochen lassen. Die Gemüsemischung erkalten lassen und zu den Tacoschalen servieren.

1. **Für Variante 2** Eisbergsalat putzen, waschen, gut abtropfen lassen und in Streifen schneiden. Zwiebeln abziehen, in feine Scheiben schneiden und in Ringe teilen. Tomaten waschen, abtropfen lassen, halbieren und die Stängelansätze herausschneiden. Tomaten in Scheiben schneiden.
2. Truthahnbrust in feine Streifen schneiden. Speckscheiben in einer Pfanne kross anbraten. Die Zutaten auf einer Platte anrichten und zu den Tacoschalen servieren.

Tipp: Zu der Variante 2 passt eine süß-scharfe Chilisauce.

1. **Für Variante 3** Hähnchenbrustfilets unter fließendem kalten Wasser abspülen, trockentupfen, mit Salz und Pfeffer bestreuen. Öl in einer Pfanne erhitzen. Die Filets darin 12–15 Minuten braten. Die Filets erkalten lassen.
2. Weißkohl putzen, vierteln, den Strunk herausschneiden, den Kohl waschen, abtropfen lassen und in dünne Streifen schneiden oder grob raspeln. Den Kohl evtl. kurz in Salzwasser blanchieren und abtropfen lassen. Möhren putzen, schälen, waschen und grob raspeln. Kohl- und Möhrenraspel mit Salz und Pfeffer würzen.
3. Hähnchenfilets in Scheiben schneiden. Die Zutaten auf einer Platte anrichten und zu den Tacoschalen servieren.

Tacoparade „Mexikana"

Tipp:
Das vorbereitete Gemüse für Variante 3 nach Belieben mit 6 Esslöffeln Mayonnaise vermischen.

1. **Für Variante 4** Tomaten waschen, abtropfen lassen, halbieren, entkernen und die Stängelansätze herausschneiden. Fruchtfleisch würfeln. Frühlingszwiebeln putzen, waschen, abtropfen lassen und in feine Ringe schneiden. Basilikum abspülen, trockentupfen, die Blättchen von den Stängeln zupfen und grob zerkleinern.
2. Die Zutaten auf einer Platte anrichten. Tomaten mit Salz und Pfeffer bestreuen. Nach Belieben die Zutaten vermischen und zu den Tacoschalen servieren.

Tipp:
Zu der Variante 4 Cocktailsauce oder Mayonnaise servieren. Nach Belieben zusätzlich noch Mozzarellawürfel und Olivenscheiben untermischen.

Tipp:
Alle Zutaten können vorbereitet werden, die Tacoschalen aber erst kurz vor dem Verzehr füllen. Auch hier können die Kinder mithelfen und die Tacoschalen am Tisch selber füllen.

Tandoori-Spieße

36 Stück

Raffiniert

Pro Stück:

E: 11 g, F: 2 g, Kh: 1 g,
kJ: 291, kcal: 70

Für die Tandoori-Spieße:

1,5 kg Hähnchenbrustfilet

Für die Marinade:

2 Knoblauchzehen
30 g Ingwer
400 g Vollmilchjoghurt
2 gestr. TL Paprikapulver rosenscharf
1 gestr.TL Madras-Currypulver (scharf)
1/2 gestr. TL gemahlener Zimt
1 gestr. TL gemahlener Koriander
1 Msp. Cayennepfeffer
1 Prise gemahlene Gewürznelken
2 EL Zitronensaft
Salz

Für den Knoblauch-Dip:

3 Knoblauchzehen
500 g Sahnejoghurt
3–4 EL Zitronensaft
Salz, frisch gemahlener Pfeffer

Außerdem:

etwa 36 Schaschlikspieße
einige Petersilienstängel zum Garnieren

Zubereitungszeit: 35 Min.,
ohne Durchziehzeit
Garzeit: etwa 15 Min.

1. Für die Tandoori-Spieße Hähnchenbrustfilet unter fließendem kalten Wasser abspülen, trockentupfen und in dünne, flache Streifen schneiden. Die Fleischstreifen wellenförmig auf die Holzspieße stecken.
2. Für die Marinade Knoblauch abziehen. Ingwer schälen, in kleine Stücke schneiden. Knoblauch und Ingwer durch die Knoblauchpresse drücken und mit Joghurt und allen Gewürzen verrühren. Das Fleisch zuerst mit Zitronensaft, dann mit der Marinade bestreichen. Die Fleischspieße zugedeckt im Kühlschrank etwa 3 Stunden durchziehen lassen.
3. Für den Knoblauch-Dip Knoblauch abziehen und durch eine Presse zu dem Sahnejoghurt geben. Dip mit Zitronensaft, Salz und Pfeffer abschmecken.
4. Die Spieße auf ein Backblech (gefettet) legen. Das Backblech in den Backofen schieben.
   Ober-/Unterhitze: etwa 200 °C (vorgeheizt)
   Heißluft: etwa 180 °C (vorgeheizt)
   Gas: Stufe 3–4 (vorgeheizt)
   Garzeit: etwa 15 Minuten.
5. Nach etwa der Hälfte der Garzeit die Spieße wenden.
6. Petersilie waschen und trockentupfen. Die Spieße mit dem Knoblauch-Dip und Petersilienstängeln garniert servieren.

Tipp:
Das Fleisch lässt sich besonders gut schneiden, wenn Sie es vorher etwa 2 Stunden in das Gefrierfach legen.

Vorbereitungstipp:
Sie können die Spieße bereits am Vorabend mit der Joghurt-Gewürz-Mischung bestreichen und zugedeckt in den Kühlschrank stellen.

Tandoori-Spieße

Tequila Sunrise

Tequila Sunrise

1 Portion

Mit Alkohol

Pro Portion:
E: 0 g, F: 0 g, Kh: 25 g,
kJ: 1017, kcal: 240

5 cl Tequila (z. B. Sierra Tequila Silver)
10 cl Orangensaft
einige Eiswürfel
2 cl Grenadine
1/2 Zitronen- oder Orangenscheibe

Zubereitungszeit: 5 Min.

1. Tequila und Orangensaft mit einigen Eiswürfeln in einen Shaker geben und gut schütteln.
2. Anschließend den Drink durch ein Barsieb in ein zur Hälfte mit Eiswürfeln gefülltes Longdrinkglas abseihen.
3. Grenadine darüber gießen, absinken lassen und leicht verrühren, so dass der Drink von unten nach oben immer heller wird.
4. Den Drink mit einer halben Zitronen- oder Orangenscheibe garnieren und mit einem Trinkhalm servieren.

Teufelssalat

8–10 Portionen

Einfach

Pro Portion:
E: 35 g, F: 14 g, Kh: 41 g,
kJ: 1828, kcal: 437

2 Dosen Ananasstücke (Abtropfgewicht je 340 g)
2 Dosen Gemüsemais (Abtropfgewicht je 285 g)
2 rote Chilischoten
1 kg dicke Scheiben Schweinebratenaufschnitt
500 ml Tomatenketchup
150 ml Ananassaft aus der Dose
Salz
frisch gemahlener Pfeffer
1 Bund Frühlingszwiebeln

Zubereitungszeit: 20 Min., ohne Durchziehzeit

1. Ananas und Mais in je einem Sieb abtropfen lassen, dabei den Ananassaft auffangen. Chilischoten waschen, abtrocknen, längs halbieren, entstielen, entkernen, in feine Stücke schneiden.
2. Schweinebraten in etwa 1 cm große Würfel schneiden und mit Ananasstücken, Mais und Chilistücken mischen. Ketchup mit Ananassaft verrühren und mit Salz und Pfeffer würzen. Sauce unter die Salatzutaten rühren.
3. Frühlingszwiebeln putzen, abspülen, abtropfen lassen, in feine Scheiben schneiden und unter den Salat heben. Salat etwa 30 Minuten durchziehen lassen. Evtl. den Salat nochmals mit Salz und Pfeffer abschmecken.

Tipp:
Statt Schweinebratenaufschnitt eignet sich für diesen Salat auch Puten- oder Hähnchenaufschnitt.

Teufelssalat

Teufelssauce

Teufelssauce

8–10 Portionen

Zum Vorbereiten

Pro Portion:
E: 5 g, F: 13 g, Kh: 6 g,
kJ: 717, kcal: 171

6 hart gekochte Eier
3 Zwiebeln
8 EL Speiseöl, z. B. Olivenöl
3 EL mittelscharfer Senf
2–3 EL Rotweinessig
Salz
frisch gemahlener Pfeffer
Zucker
1 gestr. TL Paprikapulver edelsüß
1/4 TL Cayennepfeffer
1 TL gerebelter Estragon
1 Apfel
7 EL Rotwein
2–3 TL Tabasco
3–4 EL Tomatenketchup

Zubereitungszeit: 30 Min.

1. Eier pellen, halbieren und das Eigelb durch ein Sieb streichen. Zwiebeln abziehen und in feine Würfel schneiden.
2. Eigelb mit Zwiebelwürfeln, Speiseöl, Senf und Essig verrühren, mit Salz, Pfeffer, Zucker, Paprikapulver und Cayennepfeffer würzen. Estragon unterrühren.
3. Apfel schälen, vierteln, entkernen und reiben. Geriebenen Apfel, Wein, Tabasco und Ketchup zur Sauce geben und unterrühren. Nach Belieben nochmals mit den Gewürzen abschmecken.

Tipp:
Teufelssauce zu gegrilltem Fleisch oder Fondue reichen. Das übrig gebliebene Eiweiß in feine Würfel schneiden und vor dem Servieren auf die Sauce streuen.

Texas-Salsa

8–10 Portionen

Gut vorzubereiten

Pro Portion:
E: 2 g, F: 4 g, Kh: 16 g,
kJ: 459, kcal: 110

200 g Zwiebeln
300 g Fleischtomaten
1 Bund glatte Petersilie
3 EL Olivenöl
2 gestr. TL Currypulver
300 ml Gemüsebrühe oder -fond
500 ml (1/2 l) Tomatenketchup
Saft von 1 Limette
Salz
frisch gemahlener Pfeffer
1/4 TL Cayennepfeffer

Zubereitungszeit: 30 Min.

1. Zwiebeln abziehen. Tomaten waschen, abtrocknen, halbieren und die Stängelansätze herausschneiden. Tomaten entkernen. Zwiebeln und Tomaten in kleine Würfel schneiden. Petersilie abspülen, trockentupfen und die Blätter von den Stängeln zupfen. Blätter fein hacken.
2. Olivenöl in einem Topf erhitzen. Zwiebelwürfel darin glasig dünsten. Tomatenwürfel hinzugeben und unter Rühren mit andünsten. Currypulver darüber streuen. Gemüsebrühe oder -fond hinzugießen, unterrühren, aufkochen und etwa 5 Minuten köcheln lassen.
3. Salsa pürieren und Ketchup, Limettensaft und Petersilie unterrühren. Salsa mit Salz, Pfeffer und Cayennepfeffer würzen.

Texas-Salsa

Texanische Pizza

8–10 Portionen

Etwas Besonderes

Pro Portion:
E: 40 g, F: 32 g, Kh: 73 g,
kJ: 3088, kcal: 736

Für den Belag:
2 Dosen weiße Bohnen
(Abtropfgewicht je 250 g)
1 kg Tomaten
1 Dose passierte Tomaten (400 g)
1 Flasche Texicana Sauce (200 ml)
200 g Emmentaler-Käse

Für den Quark-Öl-Teig:
700 g Weizenmehl
4 gestr. TL Dr. Oetker Backin
500 g Magerquark
12 EL Milch
10 EL Olivenöl
2 gestr. TL Salz
200 g Bacon in Scheiben
(Frühstücksspeck)
12 Eier

Zubereitungszeit: 50 Min.
Backzeit: 20–25 Min. je Blech

1. Für den Belag Bohnen in ein Sieb geben, kalt abspülen und gut abtropfen lassen. Tomaten waschen, abtrocknen, halbieren und die Stängelansätze herausschneiden. Tomaten in Scheiben schneiden. Passierte Tomaten mit der Texicana Sauce verrühren. Emmentaler grob reiben.
2. Für den Teig Mehl mit Backpulver mischen und in eine Rührschüssel sieben. Quark, Milch, Öl und Salz hinzufügen. Die Zutaten mit Handrührgerät mit Knethaken auf höchster Stufe in etwa 1 Minute zu einem Teig verarbeiten (nicht zu lange, der Teig klebt sonst).
3. Den Teig halbieren. Jede Teighälfte auf einem Backblech (30 x 40 cm, gefettet) ausrollen. Teig am Rand rundherum leicht hochdrücken. Teig mit der Saucenmischung bestreichen. Die Bohnen darauf verteilen und Tomatenscheiben darauf legen, mit Käse bestreuen. Die Backbleche nacheinander (bei Heißluft zusammen) in den Backofen schieben.

Ober-/Unterhitze: etwa 220 °C (vorgeheizt)
Heißluft: etwa 200 °C (vorgeheizt)
Gas: Stufe 4–5 (vorgeheizt)
Backzeit: etwa 15 Minuten je Blech.

4. In der Zwischenzeit Baconscheiben in einer Pfanne ohne Fett knusprig braten, auf den vorgebackenen Pizzen verteilen und über jeder Pizza 6 Eier aufschlagen. Die Backbleche wieder in den Backofen schieben. **Pizzen bei der oben angegebenen Backofeneinstellung weitere 5–10 Minuten backen.**

Texanische Pizza

Thousand-Island-Dressing

Für 8–10 Salatportionen

Klassisch

Insgesamt:
E: 15 g, F: 88 g, Kh: 47 g,
kJ: 4547, kcal: 1086

250 g Salatmayonnaise
150 g Naturjoghurt
1–2 TL Paprikapulver edelsüß
1 TL Cayennepfeffer
1 TL Weißweinessig
einige Tropfen Tabasco
8 EL Milch
1 rote Paprikaschote
1 Bund Schnittlauch

Zubereitungszeit: 25 Min.

1. Mayonnaise, Joghurt, Paprikapulver, Cayennepfeffer, Essig, Tabasco und Milch in eine Schüssel geben und gut verrühren.
2. Paprika halbieren, entstielen, entkernen und die weißen Scheidewände entfernen. Die Schote waschen, abtropfen lassen und in feine Würfel schneiden. Schnittlauch abspülen, trockentupfen und in feine Röllchen schneiden.
3. Paprikawürfel und Schnittlauchröllchen unter die Mayonnaise-Masse rühren.

Tipp:
Thousand-Island-Dressing passt zu Blattsalaten sowie zu Spargel-, Wirsing-, Sellerie- und Champignon-Salaten und zu Garnelen.

Tintenfischspieße mit Knoblauchdip

16 Spieße – 8 Portionen

Zum Vorbereiten

Pro Portion:
E: 30 g, F: 22 g, Kh: 15 g,
kJ: 1585, kcal: 379

Für die Spieße:
1,2 kg küchenfertiger TK-Tintenfisch (unpanierte Tuben oder Ringe)
4 Knoblauchzehen
1/2 Topf Petersilie
2 Rosmarinzweige (oder 2 TL gerebelter Rosmarin)
2 Bio-Zitronen (unbehandelt, ungewachst)
8 EL Olivenöl
4 Lorbeerblätter
frisch gemahlener Pfeffer

Für den Dip:
2 Becher (je 150 g) Crème fraîche
400 g Naturjoghurt
4 EL Zitronensaft, Salz

je 2 rote, grüne und gelbe Paprikaschoten
4 mittelgroße Zucchini

Außerdem:
16 Holz- oder Metallspieße

Zubereitungszeit: 35 Min., ohne Auftau- und Durchziehzeit
Grillzeit: etwa 10 Min.

1. Für die Spieße Tintenfisch nach Packungsanleitung auftauen lassen, dann unter fließendem kalten Wasser abspülen und trockentupfen. Tintenfischtuben bzw. -ringe in eine Schüssel geben.
2. Knoblauch abziehen. 2 Knoblauchzehen in dünne Scheiben schneiden, die anderen für den Dip beiseite legen.
3. Kräuter abspülen und trockentupfen. Blättchen bzw. Nadeln von den Stängeln zupfen. Blättchen und Nadeln fein hacken. Zitronen gründlich heiß waschen, abtrocknen und in Scheiben schneiden.
4. Olivenöl mit Kräutern, Knoblauch, Lorbeerblättern, Pfeffer und Zitronenscheiben vermengen. Marinade über die Tintenfischteile geben und zugedeckt etwa 2 Stunden im Kühlschrank durchziehen lassen.
5. Für den Dip Crème fraîche mit Joghurt und Zitronensaft verrühren. Beiseite gelegte Knoblauchzehen durch eine Knoblauchpresse drücken und unterrühren. Dip mit Salz und Pfeffer würzen.

Tintenfischspieße mit Knoblauchdip

6. Paprikaschoten halbieren, entstielen, entkernen und die weißen Scheidewände entfernen. Schoten waschen, abtropfen lassen und in mundgerechte Stücke schneiden. Zucchini waschen, abtrocknen und die Enden abschneiden. Zucchini in etwa 1 cm dicke Scheiben schneiden.
7. Tintenfischteile aus der Marinade nehmen und abtropfen lassen. Paprikastücke, Zucchinischeiben und Tintenfischteile abwechselnd auf die Spieße stecken. Spieße mit der Marinade bestreichen und auf den heißen Grill legen. Spieße unter mehrmaligem Wenden etwa 10 Minuten grillen. Tintenfischspieße mit Salz und Pfeffer bestreuen und mit dem Dip servieren.

Tiroler Speckknödelsuppe

Tiroler Speckknödelsuppe

8–10 Portionen

Deftig

Pro Portion:
E: 8 g, F: 19 g, Kh: 21 g,
kJ: 1228, kcal: 293

Für die Speckknödel:
1 Pck. Semmelknödel
(im Kochbeutel, 200 g)
Salzwasser
200 g magerer Speck oder Schinken
1 EL Speiseöl, z. B. Rapsöl

Für die Suppe:
1 kleinen Wirsingkohl (etwa 400 g)
1 Bund Frühlingszwiebeln
5 Fleischtomaten (etwa 750 g)
2 l Gemüsebrühe
Salz, frisch gemahlener Pfeffer
frisch geriebene Muskatnuss
3 Liebstöckelblätter

Zubereitungszeit: 50 Min.

1. Für die Speckknödel Semmelknödel nach Packungsanleitung in Wasser quellen lassen, dann in kochendem Salzwasser die Hälfte der angegebenen Garzeit ziehen lassen, aus den Kochbeuteln nehmen und die Masse in eine Schüssel geben.
2. Speck oder Schinken fein würfeln. Öl in einer Pfanne erhitzen. Speck- oder Schinkenwürfel darin anbraten, etwas abkühlen lassen und unter die Knödelmasse rühren. Aus der Masse etwa 30 kleine Knödel formen.
3. Für die Suppe vom Wirsing die groben, äußeren Blätter lösen, Wirsing halbieren, vierteln und den Strunk herausschneiden. Wirsing abspülen, abtropfen lassen, in breite Streifen schneiden und die Streifen quer halbieren. Frühlingszwiebeln putzen, waschen, abtropfen lassen und in feine Ringe schneiden.
4. Tomaten waschen, abtropfen lassen, kreuzweise einschneiden, kurz in kochendes Wasser legen und mit kaltem Wasser abschrecken. Tomaten enthäuten, halbieren, entkernen und die Stängelansätze herausschneiden. Das Fruchtfleisch würfeln.
5. Gemüsebrühe in einem großen Topf erhitzen. Wirsingstreifen, Frühlingszwiebelringe und Tomatenwürfel hineingeben, alles zum Kochen bringen und etwa 10 Minuten leicht kochen lassen. Die Suppe mit Salz, Pfeffer und Muskatnuss würzen.
6. Liebstöckel abspülen und trockentupfen. Liebstöckel und Speckknödel in die Suppe geben und alles weitere 10 Minuten ziehen lassen.

Tizian

Tizian

1 Portion

Ohne Alkohol

Pro Portion:
E: 0 g, F: 0 g, Kh: 24 g,
kJ: 434, kcal: 104

10 cl kalter roter Traubensaft
10 cl kalter alkoholfreier Sekt
einige Eiswürfel
4–5 rote Trauben

Zubereitungszeit: 5 Min.

1. Traubensaft in ein zur Hälfte mit Eiswürfeln gefülltes großes Longdrinkglas gießen. Sekt dazugießen.
2. Trauben waschen, trockentupfen, entstielen und auf einen Holzspieß stecken. Das Glas mit Trauben garnieren und den Drink servieren.

Toast Oriental

10 Stück

Raffiniert

Pro Stück:
E: 26 g, F: 11 g, Kh: 24 g,
kJ: 1254, kcal: 300

250 g Tomaten
2 mittelgroße rote Zwiebeln
200 g Schafkäse
5 Hähnchenbrustfilets (je etwa 160 g)
Salz
frisch gemahlener Pfeffer
etwa 1 EL Gyrosgewürz
8 EL Olivenöl
10 Scheiben Bauernbrot
400 g Tsatsiki (aus dem Kühlregal)

Zum Garnieren:
1 Bund glatte Petersilie

Zubereitungszeit: 30 Min.
Backzeit: 8–10 Min. je Backblech

1. Tomaten waschen, abtrocknen, halbieren und die Stängelansätze entfernen. Tomaten in dünne Scheiben schneiden. Zwiebeln abziehen und in kleine Würfel schneiden. Schafkäse in etwa 1 cm große Würfel schneiden.
2. Hähnchenbrustfilets unter fließendem kalten Wasser abspülen und trockentupfen. Jedes Hähnchenbrustfilet einmal waagerecht durchschneiden, so dass 10 Hähnchenschnitzel entstehen. Hähnchenschnitzel mit Salz, Pfeffer und Gyrosgewürz würzen.
3. Olivenöl portionsweise in einer großen Pfanne erhitzen. Die Hähnchenschnitzel darin portionsweise von beiden Seiten etwa 8 Minuten braten.
4. Die Brotscheiben mit dem Tsatsiki bestreichen und auf 2 Backbleche (mit Backpapier belegt) geben. Tomatenscheiben auf die Brotscheiben legen und je ein Hähnchenschnitzel darauf geben, mit Schafkäse- und Zwiebelwürfeln bestreuen.
5. Die Bleche nacheinander (bei Heißluft zusammen) in den Backofen schieben.

Toast Oriental

Ober-/Unterhitze: etwa 200 °C (vorgeheizt)
Heißluft: etwa 180 °C (vorgeheizt)
Gas: Stufe 3–4 (vorgeheizt)
Backzeit: 8–10 Minuten je Backblech.

6. Zum Garnieren Petersilie abspülen und trockentupfen. Die Blättchen von den Stängeln zupfen und die Blättchen fein hacken. Die Toasts Oriental mit der Petersilie bestreuen und sofort servieren.

Beilage: Griechischer Salat mit schwarzen Oliven.

Tipp:
Sie können die Brotscheiben auch dünn mit Butter bestreichen und den Tsatsiki dazu als Dip reichen.

Toast Toskana

Toast Toskana

30 Stück

Einfacher Snack

Pro Stück:
E: 6 g, F: 9 g, Kh: 10 g,
kJ: 600, kcal: 143

2 Ciabatta-Brote (zum Aufbacken, je 300 g)
4 Knoblauchzehen
800 g Austernpilze
125 ml ($^1/_8$ l) Olivenöl
Salz
frisch gemahlener Pfeffer
1 Glas getrocknete Tomaten in Öl (Abtropfgewicht 340 g)
180 g schwarze Olivenpaste
250 g Mozzarella-Käse
150 g frisch geraspelter Parmesan-Käse

Zum Garnieren:
1 Bund Petersilie

Zubereitungszeit: 60 Min., ohne Abkühlzeit
Backzeit: 5–6 Min. je Backblech

1. Ciabatta nach Packungsanleitung aufbacken, etwas abkühlen lassen und jedes Brot in etwa 15 Scheiben schneiden. Die Brotscheiben auf 2 Backbleche (mit Backpapier belegt) legen. Die Backbleche nacheinander unter den vorgeheizten Grill schieben und die Brotscheiben von jeder Seite 2–3 Minuten toasten.
2. Knoblauch abziehen und in feine Würfel schneiden. Austernpilze putzen, mit Küchenpapier abreiben, evtl. abspülen und trockentupfen. Olivenöl in einer großen Pfanne erhitzen und die Pilze darin portionsweise braten. Mit Salz, Pfeffer und Knoblauch würzen.
3. Tomaten abtropfen lassen. Die Brotscheiben mit Olivenpaste bestreichen, mit Pilzen und Tomaten belegen.
4. Mozzarella in Scheiben schneiden und auf die vorbereiteten Toastscheiben legen, mit Parmesan-Käse bestreuen. Die Backbleche nacheinander (bei Heißluft zusammen) in den Backofen schieben.
   Ober-/Unterhitze: etwa 200 °C (vorgeheizt)
   Heißluft: etwa 180 °C (vorgeheizt)
   Gas: Stufe 3–4 (vorgeheizt)
   Backzeit: 5–6 Minuten je Backblech.
5. Zum Garnieren Petersilie abspülen und trockentupfen. Die Blättchen von den Stängeln zupfen und die Blättchen fein hacken. Die Toasts mit der Petersilie bestreut servieren.

Tipp:
Statt getrockneter Tomaten können Sie auch 6–8 enthäutete, entkernte und in Würfel geschnittene Tomaten verwenden. Geben Sie zusätzlich einige in Streifen geschnittene Basilikumblätter unter die Tomatenwürfel.

Tomaten, gefüllt und gratiniert

Tomaten, gefüllt und gratiniert

12 Stück

Vegetarisch

Pro Stück:
E: 7 g, F: 16 g, Kh: 9 g,
kJ: 885, kcal: 212

800–900 g TK-Blattspinat
15 Fleischtomaten (etwa 2 kg)
2 Zwiebeln
4 Knoblauchzehen
300 g Mozzarella
150 g Kräuterbutter
Salz
frisch gemahlener Pfeffer
100 g Semmelbrösel
2 Bund Petersilie
4 EL Olivenöl
einige Butterflöckchen

Zubereitungszeit: 90 Min., ohne Auftauzeit
Gratinierzeit: 5–10 Min.

1. Spinat nach Packungsanleitung in einer Schüssel auftauen lassen.
2. Von den Tomaten 12 besonders schöne Tomaten auswählen, waschen, einen Deckel abschneiden und die Tomaten aushöhlen. Restliche Tomaten waschen, abtropfen lassen, kreuzweise einschneiden und kurz in kochendes Wasser legen. Anschließend Tomaten mit kaltem Wasser abschrecken, enthäuten, halbieren und die Stängelansätze herausschneiden. Fruchtfleisch würfeln.
3. Zwiebeln und Knoblauch abziehen und fein würfeln. Mozzarella abtropfen lassen und ebenfalls würfeln. Die Hälfte der Kräuterbutter in einer großen Pfanne erhitzen, Zwiebel- und Knoblauchwürfel darin glasig dünsten, aufgetauten und ausgedrückten Spinat hinzufügen, kurz mitdünsten und kräftig mit Salz und Pfeffer würzen. Anschließend Tomaten- und Mozzarellawürfel vorsichtig unterheben.
4. Petersilie abspülen, abtropfen lassen und die Blättchen von den Stängeln zupfen. Blättchen fein hacken. Ausgehöhlte Tomaten innen mit Pfeffer bestreuen und mit der Spinatmasse füllen. Semmelbrösel mit Petersilie mischen und die gefüllten Tomaten damit bestreuen. Olivenöl darüber träufeln und die Tomaten mit Butterflöckchen belegen.
5. Tomaten zum Gratinieren in eine große Auflaufform (gefettet) setzen. Die Form auf dem Rost in den Backofen schieben.
   Ober-/Unterhitze: etwa 200 °C (vorgeheizt)
   Heißluft: etwa 180 °C (vorgeheizt)
   Gas: Stufe 3–4 (vorgeheizt)
   Gratinierzeit: 5–10 Minuten.

Tipp:
Anstelle von Fleischtomaten können auch andere Tomaten verwendet werden. Sind diese kleiner, einfach die Anzahl der zu füllenden Tomaten erhöhen.

Tomaten-Gurken-Schiffchen

16 Stück

Für Kinder

Tomaten-Gurken-Schiffchen

Tomatenlasagne

Pro Stück:
E: 1 g, F: 0 g, Kh: 1 g,
kJ: 29, kcal: 7

4 mittelgroße Tomaten
1 große Salatgurke

Zubereitungszeit: 15 Min.

1. Tomaten gründlich waschen, abtrocknen, vierteln und die Stängelansätze herausschneiden.
2. Gurke waschen, abtrocknen, die Enden abschneiden, Gurke in 16 knapp 1 cm dicke Scheiben schneiden und aus jeder Scheibe ein Dreieck ausschneiden.
3. Das Gurkendreieck mit einem Zahnstocher wie ein Segel auf dem Tomatenviertel feststecken.

Tipp:
Als „Segel" können auch Paprikadreiecke verwendet werden.

Tomatenlasagne

12 Portionen

Schnell

Pro Portion:
E: 26 g, F: 21 g, Kh: 43 g,
kJ: 1964, kcal: 469

4 Pck. Tomatensauce (für je 250 ml [1/4 l] Wasser)
1 l Wasser
2 Dosen passierte Tomaten (je 400 g)
Salz
frisch gemahlener Pfeffer
3–4 TL gerebelter Oregano
12 Fleischtomaten
750 g Mozzarella
etwa 500 g Lasagneplatten (ohne Vorkochen)
200 g geriebener Gratin-Käse
1 Topf Basilikum

Zubereitungszeit: 45 Min.
Garzeit: 40–50 Min.

1. Tomatensauce mit Wasser nach Packungsanleitung zubereiten. Passierte Tomaten hinzufügen und unterrühren. Die Sauce mit Salz, Pfeffer und Oregano würzen.
2. Fleischtomaten waschen, die Stängelansätze herausschneiden und Tomaten in Scheiben schneiden. Mozzarella abtropfen lassen und ebenfalls in Scheiben schneiden.
3. Ein Drittel der Lasagneplatten in eine Fettfangschale (gefettet) oder eine große, flache Auflaufform (gefettet) legen. Ein Drittel der Tomatensauce darauf verteilen. Ein Drittel der Tomatenscheiben darauf legen und mit Salz, Pfeffer und Oregano bestreuen. Ein Drittel der Mozzarellascheiben auf die Tomaten legen und ebenfalls mit den Gewürzen bestreuen.
4. Diesen Vorgang noch zweimal wiederholen, d. h. Lasagneplatten, Tomatensauce, Tomaten- und Mozzarellascheiben einschichten, dabei die Tomaten- und Mozzarellaschichten mit den Gewürzen bestreuen. Die oberste Schicht sollten Mozzarellascheiben sein.
5. Den Gratinkäse darauf verteilen. Die Fettfangschale in den Backofen schieben (die Form auf dem Rost).
   Ober-/Unterhitze: etwa 180 °C (vorgeheizt)
   Heißluft: etwa 160 °C (vorgeheizt)
   Gas: Stufe 2–3 (vorgeheizt)
   Garzeit: 40–50 Minuten.
6. Basilikum abspülen, trockentupfen und die Blättchen von den Stängeln zupfen. Blättchen in Streifen schneiden und die fertige Lasagne damit bestreuen.

Tomatenpizza mit Kräuterteig

8–10 Portionen

Vegetarisch

Pro Portion:

E: 15 g, F: 21 g, Kh: 53 g,
kJ: 1902, kcal: 455

Für den Hefeteig:

600 g Weizenmehl
2 Pck. Dr. Oetker Trockenbackhefe
2 TL Salz
2 EL gemischte, gehackte Kräuter, z. B. Rosmarin, Thymian, Oregano
300 ml lauwarmes Wasser
4 EL Olivenöl

Für den Belag:

1 kg Tomaten
150 g Schalotten
500 g Ricotta (italienischer Frischkäse)
1 Becher (150 g) Crème fraîche
2 Knoblauchzehen
Salz
frisch gemahlener Pfeffer

Tomatenpizza mit Kräuterteig

Zubereitungszeit: 50 Min., ohne Teiggehzeit
Backzeit: etwa 25 Min. je Blech

1. Für den Teig Mehl in eine Rührschüssel sieben und mit der Hefe sorgfältig vermischen. Salz, Kräuter, Wasser und Öl hinzufügen.
2. Die Zutaten mit Handrührgerät mit Knethaken zunächst auf niedrigster, dann auf höchster Stufe in etwa 5 Minuten zu einem glatten Teig verarbeiten. Den Teig an einem warmen Ort so lange gehen lassen, bis er sich sichtbar vergrößert hat.
3. Den Teig dann auf der leicht bemehlten Arbeitsfläche nochmals durchkneten und halbieren. Jede Teighälfte auf einem Backblech (30 x 40 cm, gefettet) ausrollen.
4. Für den Belag Tomaten waschen, abtrocknen, halbieren und die Stängelansätze herausschneiden. Tomaten in Scheiben schneiden. Schalotten abziehen und in feine Spalten schneiden.
5. Ricotta und Crème fraîche verrühren. Knoblauch abziehen, durch die Knoblauchpresse drücken und unter die Creme rühren. Die Creme mit Salz und Pfeffer würzen, auf den Pizzen verteilen und mit Tomatenscheiben und Schalottenspalten belegen. Die Backbleche nacheinander (bei Heißluft zusammen) in den Backofen schieben.
   Ober-/Unterhitze: etwa 200 °C (vorgeheizt)
   Heißluft: etwa 180 °C (vorgeheizt)
   Gas: Stufe 3–4 (vorgeheizt)
   Backzeit: etwa 25 Minuten je Blech.

Tipp:
Die Backbleche bei Ober- und Unterhitze im unteren Drittel in den Backofen schieben.

Tomaten-Schafkäse-Salat

Tomatensauce provenzalisch

8–10 Portionen

Beliebt

Pro Portion:
E: 3 g, F: 32 g, Kh: 8 g,
kJ: 1437, kcal: 344

Für die Tomatensauce:
1 kg Tomaten
1 Knoblauchzehe
125 ml (1/8 l) Olivenöl
1/2 TL Zucker
2 TL gerebelte Kräuter der Provence
Salz
frisch gemahlener Pfeffer
2–3 TL Zitronensaft
etwas Zucker
1/2 Topf Basilikum
1/2 Topf Petersilie

Zubereitungszeit: 45 Min.

1. Für die Sauce Tomaten kreuzweise einschneiden und einige Sekunden in kochendes Wasser legen. Tomaten mit kaltem Wasser abschrecken, enthäuten, vierteln, entkernen und die Stängelansätze herausschneiden. Knoblauch abziehen und zerdrücken.
2. Olivenöl in einer Pfanne erhitzen, Tomatenviertel und Knoblauch darin andünsten. Zucker und Kräuter der Provence hinzufügen, zugedeckt etwa 15 Minuten dünsten. Sauce mit einem Pürierstab pürieren.
3. Sauce mit Salz, Pfeffer, Zitronensaft und Zucker würzen. Kräuter abspülen, trockentupfen und die Blättchen von den Stängeln zupfen. Blättchen fein hacken und unter die Sauce rühren.

Tipp:
Zu gegrilltem oder gedünstetem Fisch oder zu Fleischspießen reichen.

Tomaten-Schafkäse-Salat

12 Portionen

Schnell

Pro Portion:
E: 13 g, F: 25 g, Kh: 6 g,
kJ: 1239, kcal: 295

2,5 kg Tomaten
750 g Schafkäse

Für die Sauce:
1 Bund glatte Petersilie
1 Bund Basilikum
100 ml Zitronensaft
Salz
frisch gemahlener Pfeffer
1–2 TL gerebelter Oregano
150 ml Olivenöl

Zubereitungszeit: 40 Min., ohne Durchziehzeit

1. Tomaten waschen, abtrocknen, halbieren und die Stängelansätze herausschneiden. Tomaten achteln. Schafkäse in Stücke schneiden oder zerbröckeln. Beide Zutaten in einer Schale vorsichtig vermengen.
2. Für die Sauce Petersilie und Basilikum abspülen, trockentupfen und die Blättchen von den Stängeln zupfen. Blättchen grob hacken. Zitronensaft mit Salz, Pfeffer und Oregano verrühren. Öl unterschlagen und Kräuter unterrühren.
3. Die Sauce über Tomaten und Schafkäse geben und den Salat etwa 30 Minuten durchziehen lassen.

Tipp:
Nach Belieben zusätzlich Zwiebelringe unter den Salat mischen. Den Salat evtl. mit schwarzen Oliven garnieren.

Tomatensuppe, kalt mit Avocadocreme

12 Portionen

Gut vorzubereiten

Pro Portion:
E: 3 g, F: 16 g, Kh: 8 g,
kJ: 802, kcal: 191

Für die Tomatensuppe:
3 kg Fleischtomaten
3 Zwiebeln
2 Knoblauchzehen
8 EL Olivenöl
Salz
frisch gemahlener Pfeffer
Zucker
einige Tropfen Tabasco

Für die Avocadocreme:
2 große Avocados
2 Knoblauchzehen
Saft von 1 Zitrone
Zucker
frisch gemahlener Pfeffer
Salz
Basilikum- oder Melisseblättchen

Zubereitungszeit: 50 Min.

1. Für die Tomatensuppe Tomaten waschen, abtropfen lassen, halbieren und die Stängelansätze herausschneiden. Tomaten in kleine Stücke schneiden. Zwiebeln und Knoblauch abziehen und würfeln. Tomaten mit Zwiebeln und Knoblauch pürieren.
2. Suppe durch ein Sieb streichen, mit Öl verrühren und mit Salz, Pfeffer, Zucker und Tabasco abschmecken. Suppe kalt stellen.
3. Für die Avocadocreme Avocados halbieren. Kerne entfernen. Fruchtfleisch mit einem Löffel aus den Schalen herauslösen. Das Fruchtfleisch grob zerkleinern. Knoblauch abziehen und durch eine Knoblauchpresse drücken.
4. Avocado mit Knoblauch und Zitronensaft pürieren und mit Zucker, Pfeffer und Salz abschmecken.
5. Die Tomatensuppe in Suppenteller füllen, die Avocadocreme darauf geben, mit Basilikum oder Melisseblättchen garnieren.

Beilage: Ofenwarmes Stangenweißbrot oder Fladenbrot.

Tipp:
An heißen Sommertagen die Suppe gut gekühlt servieren.

Tomatensuppe, kalt mit Avocadocreme

Tomatensuppe mit Mozzarellaklößchen

8–10 Portionen

Einfach

Pro Portion:
E: 11 g, F: 13 g, Kh: 8 g,
kJ: 815, kcal: 194

2 kg Fleischtomaten
3 Zwiebeln
4 Knoblauchzehen
4 EL Olivenöl
750 ml ($^3/_4$ l) Gemüsebrühe
Zucker
Salz
frisch gemahlener Pfeffer
1 Msp. Cayennepfeffer
2 Lorbeerblätter
1–2 TL gerebelter Oregano
375 g Mozzarella
1 Topf Basilikum

Zubereitungszeit: 50 Min.

1. Tomaten waschen, abtropfen lassen, vierteln und die Stängelansätze herausschneiden. Tomaten in Würfel schneiden. Zwiebeln und Knoblauch abziehen und fein würfeln.

2. Öl in einem Topf erhitzen. Zwiebel- und Knoblauchwürfel darin unter Rühren andünsten. Tomatenwürfel, Gemüsebrühe, Zucker, Salz, Pfeffer, Cayennepfeffer, Lorbeerblätter und Oregano hinzufügen und zum Kochen bringen. Suppe zugedeckt etwa 15 Minuten bei schwacher Hitze kochen.
3. Mozzarella abtropfen lassen, in Stücke schneiden und pürieren. Basilikum abspülen, trockentupfen und die Blättchen von den Stängeln zupfen. Blättchen fein hacken und unter die Mozzarellamasse kneten. Masse mit Salz und Pfeffer abschmecken. Aus der Masse 18–24 Klößchen formen.
4. Die Lorbeerblätter aus der Suppe herausnehmen, die Suppe pürieren und durch ein Sieb streichen. Die Suppe noch einmal aufkochen lassen und nochmals mit den Gewürzen abschmecken. Mozzarellaklößchen auf Suppenteller verteilen und die Suppe darüber geben.

Tortellini-Mangold-Auflauf

8–10 Portionen

Einfach

Pro Portion:

E: 25 g, F: 31 g, Kh: 42 g, kJ: 2244, kcal: 559

1 1/2 kg Mangold
Salzwasser

4 l Wasser
4 TL Salz
500 g getrocknete Tortellini mit Käsefüllung
400 g Cocktailtomaten
100 g Walnusskerne
250 g Mozzarella
125 g Frühstücksspeck (Bacon)

Für den Guss:

6 Eier (Größe M)
200 ml Schlagsahne
200 ml Milch
1/2 Topf Thymian
frisch gemahlener weißer Pfeffer

Zubereitungszeit: 40 Min.
Garzeit: etwa 40 Min.

1. Mangold putzen, gründlich waschen und abtropfen lassen. Die breiten, weißen Blattrippen herausschneiden, in schmale Streifen schneiden. Das Blattgrün in breite Streifen schneiden. Salzwasser zum Kochen bringen. Mangold darin etwa 3 Minuten garen, dann mit einer Schaumkelle herausnehmen und abtropfen lassen.
2. Wasser zugedeckt in einem großen Topf zum Kochen bringen. Dann Salz und Tortellini zugeben. Die Tortellini im geöffneten Topf bei mittlerer Hitze nach Packungsanleitung bissfest kochen, dabei zwischendurch umrühren. Anschließend Tortellini in ein Sieb geben, mit heißem Wasser abspülen und abtropfen lassen.
3. Cocktailtomaten waschen, abtrocknen und halbieren. Die Stängelansätze herausschneiden. Walnusskerne grob hacken. Mozzarella abtropfen lassen und in Würfel oder Scheiben schneiden. Thymian abspülen und trockentupfen. Einige Stängel zum Garnieren beiseite legen. Von den restlichen Stängeln die Blättchen zupfen.
4. Mangold, Thymianblättchen, Tortellini und Walnüsse mischen und in eine große, flache Auflaufform (gefettet) geben. Tomatenhälften und Mozzarella darauf verteilen.

Tortellini-Mangold-Auflauf

5. Für den Guss Eier mit Sahne und Milch verquirlen, mit Pfeffer und evtl. Salz würzen und über die vorbereiteten Zutaten gießen. Die Form auf dem Rost in den Backofen schieben.
   Ober-/Unterhitze: 180–200 °C (vorgeheizt)
   Heißluft: 160–180 °C (vorgeheizt)
   Gas: etwa Stufe 3 (vorgeheizt)
   Garzeit: etwa 40 Minuten.
6. Speckscheiben in einer Pfanne ohne Fett kross braten und auf Küchenpapier abtropfen lassen. Nach 30 Minuten Garzeit den Speck auf dem Auflauf verteilen, den Auflauf zu Ende garen.
7. Den Auflauf mit den beiseite gelegten Thymianstängeln garnieren.

Abwandlung:
Sie können anstelle von Mangold auch Wirsing verwenden. Die Wirsingblätter 6–8 Minuten vorgaren.

Tortenbrie, gefüllt

16 Stück

Einfach – gut vorzubereiten

Pro Stück:
E: 12 g, F: 39 g, Kh: 1 g, kJ: 1659, kcal: 396

125 g Walnusskerne
je ½ Bund Petersilie, Schnittlauch, Basilikum, Dill
250 g weiche Butter
Salz
frisch gemahlener Pfeffer
1 Tortenbrie (etwa 1 kg, nicht zu reif, Doppelrahmstufe)

Zubereitungszeit: 25 Min., ohne Abkühlzeit

1. 16 Walnusskernhälften zum Garnieren beiseite legen. Restliche Walnusskerne grob hacken.
2. Kräuter abspülen, trockentupfen und einige Stängel zum Garnieren beiseite legen. Von den restlichen Kräutern die Blättchen und Spitzen von den Stängeln zupfen. Blättchen, Spitzen und Schnittlauch fein schneiden oder hacken.
3. Butter mit Kräutern und Walnusskernen verrühren. Buttermischung mit Salz und Pfeffer abschmecken.
4. Tortenbrie waagerecht halbieren. Untere Hälfte mit etwa zwei Drittel der Buttermischung gleichmäßig bestreichen. Obere Käsehälfte darauf legen, vorsichtig andrücken. Käse mindestens 1 Stunde kalt stellen.
5. Restliche Buttermischung in 16 kleinen Häufchen dekorativ auf der Käseoberfläche verteilen, mit Walnusskernen und beiseite gelegten Kräutern garnieren.

Beilage: Pumpernickel.

Tipp:
Eine andere Füllung für den Brie: Briehälfte mit Preiselbeeren (aus einem Glas) bestreichen. 400 g Frischkäse verrühren, 250 ml Schlagsahne steif schlagen, unterheben, mit Salz, Pfeffer würzen. Die Hälfte der Frischkäsecreme auf die Preiselbeeren streichen, mit der oberen Briehälfte bedecken. Restliche Frischkäsecreme in einen Spritzbeutel geben, Tortenbrie damit verzieren.

Tortenbrie, gefüllt

Tortilla-Chips-Auflauf

12 Portionen

Raffiniert

Pro Portion:
E: 33 g, F: 19 g, Kh: 34 g, kJ: 1845, kcal: 441

3 Dosen Kidneybohnen (Abtropfgewicht je 250 g)
2 Dosen Gemüsemais (Abtropfgewicht je 285 g)
250 g Porree (Lauch)
2 Knoblauchzehen
je 2 grüne und rote Paprikaschoten (800 g)
1 kg Putenbrust
8 EL Olivenöl
Salz
frisch gemahlener Pfeffer
1/2 gestr. TL Paprikapulver rosenscharf
1/4 gestr. TL Cayennepfeffer
300 g saure Sahne
250 ml (1/4 l) Milch
3 Eier (Größe M)
250 g Tortilla Chips

Zubereitungszeit: 50 Min.
Garzeit: 30–45 Min. je nach Größe der Form.

Tortilla-Chips-Auflauf

1. Bohnen und Mais in ein Sieb geben, mit kaltem Wasser abspülen und gut abtropfen lassen.
2. Porree putzen. Die Stangen seitlich einschneiden, gründlich waschen, abtropfen lassen und in feine Streifen schneiden. Knoblauch abziehen und in dünne Scheiben schneiden. Paprikaschoten halbieren, entstielen, entkernen und die weißen Scheidewände entfernen. Die Schoten waschen, abtropfen lassen und in Streifen schneiden.
3. Putenbrust unter fließendem kalten Wasser abspülen, trockentupfen und in dünne Streifen schneiden. Jeweils 2 Esslöffel Olivenöl in einer großen Pfanne erhitzen. Die Fleischstreifen in 3 Portionen darin anbraten, mit Salz, Pfeffer und Paprikapulver würzen. Fleischstreifen aus der Pfanne nehmen.
4. Restliches Öl in der Pfanne erhitzen. Knoblauchscheiben, Porree- und Paprikastreifen darin andünsten, mit Salz, Pfeffer und Cayennepfeffer würzen. Bohnen und Mais unterrühren, kurz erwärmen. Gemüsemischung und Fleischstreifen in eine große Auflaufform (gefettet) oder Fettfangschale (gefettet) füllen.
5. Saure Sahne mit Milch und Eiern verschlagen, mit Salz, Pfeffer und evtl. Paprikapulver und Cayennepfeffer würzen. Die Eiermilch darübergießen und die Form auf dem Rost oder die Fettfangschale in den Backofen schieben.
   Ober-/Unterhitze: 180–200 °C (vorgeheizt)
   Heißluft: 160–180 °C (vorgeheizt)
   Gas: etwa Stufe 3 (vorgeheizt)
   Garzeit: 30–45 Minuten je nach Größe der Form.
6. Die Hälfte der Tortilla Chips grob zerdrücken und etwa 5 Minuten vor dem Ende der Garzeit auf den Auflauf streuen. Die Form oder Fettfangschale wieder in den Backofen schieben und den Auflauf zu Ende garen. Dazu die restlichen Chips servieren.

Tipp:
Den Auflauf in 12 kleinen Portionsformen zubereiten, die Garzeit beträgt dann nur etwa 20 Minuten. Bis zum Punkt 4 kann der Auflauf gut vorbereitet werden. Die Eiermilch erst kurz vor dem Garen anrühren und auf den Auflauf gießen.

Tortilla vom Blech mit Spargel

Tortilla vom Blech mit Spargel

12 Portionen

Vegetarisch

Pro Portion:
E: 11 g, F: 19 g, Kh: 11 g,
kJ: 1109, kcal: 265

750 g fest kochende Kartoffeln
2 rote Paprikaschoten (350 g)
2 Zwiebeln
1 Bund glatte Petersilie
2 Gläser Spargelabschnitte (Abtropfgewicht je 170 g)
3 EL Olivenöl
Salz, frisch gemahlener Pfeffer
1 gestr. TL Paprikapulver edelsüß
2 EL Olivenöl
15 Eier (Größe M)
250 ml (¹/₄ l) Schlagsahne

Zubereitungszeit: 45 Min.
Garzeit: 30–40 Min.

1. Kartoffeln schälen, abspülen, abtropfen lassen und in dünne Scheiben schneiden. Paprikaschoten halbieren, entstielen, entkernen und die weißen Scheidewände entfernen. Schoten waschen, abtropfen lassen und in Würfel schneiden.
2. Zwiebeln abziehen und in Würfel schneiden. Petersilie abspülen, trockentupfen, die Blättchen von den Stängeln zupfen. Einige Blättchen zum Garnieren beiseite legen, restliche Blättchen fein schneiden.
3. Spargelstücke in einem Sieb abtropfen lassen. 3 EL Olivenöl in einer großen Pfanne erhitzen. Die Kartoffeln dazugeben und von allen Seiten in etwa 10 Minuten goldbraun braten. Mit Salz und Pfeffer bestreuen, gehackte Petersilie unterheben. Kartoffeln in einer Fettfangschale (gefettet) verteilen.
4. Olivenöl in der Pfanne erhitzen. Zwiebel- und Paprikawürfel darin andünsten, mit Salz, Pfeffer und Paprikapulver würzen. Spargelstücke unterheben. Gemüse auf den Kartoffelscheiben verteilen.
5. Eier mit Sahne verschlagen, mit Salz, Pfeffer und Paprikapulver würzen. Eiersahne über das Gemüse gießen. Die Fettfangschale in den Backofen schieben.
   Ober-/Unterhitze: etwa 180 °C (vorgeheizt)
   Heißluft: etwa 160 °C (vorgeheizt)
   Gas: Stufe 2–3 (vorgeheizt)
   Garzeit: 30–40 Minuten.
6. Fettfangschale auf einen Kuchenrost setzen. Tortilla erkalten lassen, in kleine Stücke schneiden und mit den beiseite gelegten Petersilienblättchen garniert servieren.

Tipp:
Die Tortilla vor dem Garen zusätzlich mit Pinienkernen oder schwarzen Olivenringen bestreuen. Tortilla mit Schnittlauch bestreut servieren.

Tramezzini mit Eiercreme

20 Stück

Einfach

Pro Stück:
E: 5 g, F: 14 g, Kh: 6 g,
kJ: 748, kcal: 179

8 hart gekochte Eier
1 Becher (150 g) Crème fraîche
2 EL Salatmayonnaise
2 TL körniger Senf
Salz, frisch gemahlener Pfeffer
4 Frühlingszwiebeln
etwa 100 g rote marinierte Paprikaschoten (aus dem Glas)
10 Scheiben Mehrkorn-Toastbrot

10 Scheiben Bacon (Frühstücksspeck)
einige Salatblätter, z. B. Lollo Bionda

Zubereitungszeit: 35 Min., ohne Durchziehzeit

1. Eier pellen, in Stücke schneiden, grob pürieren und mit Crème fraîche, Mayonnaise und Senf verrühren, mit Salz und Pfeffer würzen.

Tramezzini mit Eiercreme

2. Frühlingszwiebeln putzen, waschen, gut abtropfen lassen und in feine Ringe schneiden. Paprikaschoten trockentupfen und fein würfeln.
3. Von dem Toastbrot die Rinde abschneiden. Die Rinde von 4 Scheiben in kleine Würfel schneiden und unter die Eiermasse rühren. Paprikawürfel und Frühlingszwiebelringe unterheben.
4. Baconscheiben in je 3 Stücke schneiden und in einer Pfanne kross ausbraten. Salatblätter abspülen und trockentupfen.
5. Die Hälfte der Toastbrotscheiben mit den Salatblättern belegen. Die Eiermasse darauf streichen. Die Speckscheiben darauf verteilen, mit den restlichen Brotscheiben bedecken und etwas andrücken. Die Brotscheiben diagonal halbieren, fest in Frischhaltefolie einwickeln und etwas durchziehen lassen.

Rezeptvorschläge für ein Kartenspieleabend-Party-Buffet

Für ein Kartenspieleabend-Party-Buffet benötigen Sie für 10–12 Personen:

1 x Rezept Tortilla vom Blech mit Spargel, Seite 388
1 x Rezept Kaiser-Wilhelm-Kartoffelsuppe, Seite 160
1 x Rezept Meerrettichsauce, scharfe, Seite 225
1 x Rezept Gemüse-Mett-Brötchen, Seite 104

Außerdem: Evtl. Laugengebäck oder Baguette zur Kartoffelsuppe.

Vorbereitungen am Vortag:

- Die Tortilla und die Meerrettichsauce zubereiten, erkalten lassen und kalt stellen.
- Für die Kartoffelsuppe Punkt 1 bis 3 zubereiten. Vorbereitete Zutaten kalt stellen.

Vorbereitungen am Tag der Party:

2 Stunden vorher:	• Die Tortilla aufschneiden, mit der Meerrettichsauce anrichten.
1–2 Stunden vorher:	• Die Gemüse-Mett-Brötchen zum Backen vorbereiten, jedoch noch nicht in den Backofen schieben.
Etwa 1 Stunde vorher:	• Die Kartoffelsuppe fertig zubereiten. • Die Mettbrötchen in den Backofen schieben.

Es eignen sich auch folgende zusätzliche Rezepte:

1 x Rezept Feuertopf, Seite 76
1 x Rezept Gemüsesalat mit Knoblauchdressing, Seite 106
1 x Rezept Gyros-Riesen-Toast, Seite 122

Außerdem: Etwas Brot oder Cräcker für den Feuertopf.

Truthahn

Truthahn

8 Portionen

Mit Alkohol

Pro Portion:
E: 100 g, F: 46 g, Kh: 7 g,
kJ: 3691, kcal: 884

1 küchenfertiger Truthahn oder eine küchenfertige Pute (etwa 5 kg)
Salz
frisch gemahlener Pfeffer
5 EL Speiseöl, z. B. Olivenöl

8 Tomaten
1,5 kg kleine Champignons
3 Äpfel
1 Topf Estragon
3 Gläser Spargelköpfe (Abtropfgewicht je 115 g)
80 g Butter
125 ml ($^1/_8$ l) trockener Weißwein
250 ml ($^1/_4$ l) Schlagsahne
250 ml ($^1/_4$ l) heiße Hühnerbrühe
evtl. 3–4 EL heller Saucenbinder

Zubereitungszeit: 50 Min.
Garzeit: 2 $^3/_4$–3 Std.

1. Den Truthahn oder die Pute innen und außen unter fließendem kalten Wasser abspülen, trockentupfen, mit Salz und Pfeffer würzen, in eine Fettfangschale legen. Truthahn oder Pute mit Öl bestreichen. Die Fettfangschale im unteren Drittel in den Backofen schieben.
Ober-/Unterhitze: etwa 200 °C (vorgeheizt)
Heißluft: etwa 180 °C (nicht vorgeheizt)
Gas: Stufe 3–4 (nicht vorgeheizt)
Garzeit: 2 $^3/_4$–3 Stunden.
2. Den Truthahn oder die Pute während des Garens mehrmals mit Öl bestreichen. Wenn der Bratensatz bräunt, nach und nach das Wasser zugeben. Die Tomaten waschen, abtropfen lassen, kreuzweise einschneiden und etwa 10 Minuten vor dem Ende der Garzeit mit in die Fettfangschale geben. Tomaten mit Pfeffer bestreuen. Die Fettfangschale zurück in den Backofen schieben und das Geflügel zu Ende garen.
3. Die Champignons putzen, mit Küchenpapier abreiben, evtl. abspülen und gut abtropfen lassen. Die Äpfel waschen, vierteln, entkernen und in Scheiben schneiden. Estragon abspülen, trockentupfen und die Blättchen von den Stängeln zupfen. Blättchen fein hacken. Spargel in einem Sieb abtropfen lassen, dabei das Spargelwasser auffangen und 5 Esslöffel davon abmessen.
4. Etwa 50 g von der Butter in einer Pfanne zerlassen. Champignons darin andünsten. Weißwein unterrühren. Sahne hinzufügen und unterrühren. Das Ganze etwas einkochen lassen und mit Salz und Pfeffer abschmecken, warm stellen.
5. Restliche Butter in einer Pfanne zerlassen. Die Apfelscheiben darin anbraten. Die Spargelköpfe mit der abgemessenen Flüssigkeit hinzufügen und erhitzen. Apfel-Spargel-Mischung mit Salz abschmecken und warm stellen.
6. Den gegarten Truthahn oder die Pute aus dem Backofen nehmen, auf eine vorgewärmte Platte legen und warm stellen. Den Bratenfond aus der Fettfangschale vorsichtig in einen Topf

gießen und entfetten. Die Brühe hinzufügen und zum Kochen bringen. Die Sauce nach Belieben mit Saucenbinder binden und mit Salz und Pfeffer abschmecken.

7. Truthahn oder Pute tranchieren und mit Champignons, Tomaten, Apfel-Spargel-Gemüse und der Sauce servieren.

Tunfisch-Bananen-Toast

Tunfisch-Bananen-Toast

10 Stück

Einfach

Pro Stück:
E: 15 g, F: 32 g, Kh: 31 g,
kJ: 1977, kcal: 472

2 Dosen Tunfisch in Öl
(Abtropfgewicht je 140 g)
2 Knoblauchzehen
200 g geröstete Erdnusskerne (ohne Salz)
5 Bananen
2 EL Zitronensaft
10 Scheiben Roggentoastbrot
100 g weiche Butter
150 g Salatmayonnaise
2 TL Tomatenketchup
2 EL Sherry
frisch gemahlener schwarzer Pfeffer

Zubereitungszeit: 35 Min.

Zum Garnieren:
1 Kästchen Kresse

1. Tunfisch in einem Sieb abtropfen lassen und in mundgerechte Stücke zerteilen. Knoblauchzehen abziehen und durch eine Knoblauchpresse drücken oder fein hacken. Erdnusskerne fein hacken.
2. Bananen schälen. 3 Bananen je einmal längs und quer halbieren. 2 Bananen in Scheiben schneiden. Bananenhälften und -scheiben mit Zitronensaft beträufeln.
3. Toastscheiben toasten und mit Butter bestreichen. Halbierte Bananen darauf legen.
4. Tunfisch mit Knoblauch, Bananenscheiben, Mayonnaise, Ketchup, Sherry und der Hälfte der Erdnusskerne vermengen und gleichmäßig auf den Toastbrotscheiben verteilen, mit Pfeffer und den restlichen Erdnusskernen bestreuen.
5. Zum Garnieren Kresse abspülen und trockentupfen. Kresse abschneiden. Belegte Toastscheiben mit der Kresse garnieren und sofort servieren.

Tunfisch-Mais-Salat

8–10 Portionen

Schnell

Pro Portion:
E: 31 g, F: 31 g, Kh: 53 g,
kJ: 2713, kcal: 648

2 Dosen Gemüsemais
(Abtropfgewicht je 285 g)
3 Dosen Kidney-Bohnen
(Abtropfgewicht je 400 g)
3 Dosen Tunfisch in Öl
(Abtropfgewicht je 140 g)
3–4 rote Zwiebeln
1 Bund Frühlingszwiebeln
1 Bund glatte Petersilie

Für die Sauce:
5–6 EL milder Weinessig
1 geh. TL mittelscharfer Senf
Salz, frisch gemahlener Pfeffer
etwas Zucker
8 EL Distel- oder Keimöl

Zubereitungszeit: 25–30 Min.,
ohne Durchziehzeit

1. Mais und Kidney-Bohnen auf einem Sieb abtropfen lassen. Tunfisch ebenfalls abtropfen lassen.
2. Rote Zwiebeln abziehen und fein würfeln. Frühlingszwiebeln putzen, waschen, abtropfen lassen und in feine Ringe schneiden. Petersilie abspülen, abtropfen lassen, die Blätter von den Stängeln zupfen und fein schneiden.
3. Für die Sauce Essig mit Senf verrühren, mit Salz, Pfeffer und Zucker würzen. Öl unterrühren. Die Zutaten miteinander vermengen und durchziehen lassen.

Tunfisch-Nudel-Salat

Tunfisch-Nudel-Salat

8 Portionen

Beliebt

Pro Portion:
E: 21 g, F: 17 g, Kh: 62 g,
kJ: 2046, kcal: 489

6 l Wasser
6 gestr. TL Salz
600 g Nudeln (z. B. Spirelli, Penne)

Für die Sauce:
2 Knoblauchzehen
6 EL Weinessig
1 Prise Zucker
frisch gemahlener Pfeffer
2 TL milder Senf
4 EL Speiseöl, z. B. Rapsöl

2 Dosen Tunfisch in Öl
(Abtropfgewicht je 135 g)
2 Dosen gemischtes Gemüse (Erbsen, Möhren, Mais, Abtropfgewicht je 280 g)
2 rote Paprikaschoten
2 Frühlingszwiebeln
400 g Naturjoghurt
evtl. 4–6 EL heiße Gemüsebrühe

Zubereitungszeit: 20 Min., ohne Durchziehzeit

1. Wasser zugedeckt in einem großen Topf zum Kochen bringen. Dann Salz und Nudeln zugeben. Die Nudeln im geöffneten Topf bei mittlerer Hitze nach Packungsanleitung bissfest kochen, dabei gelegentlich umrühren. Anschließend Nudeln in ein Sieb geben, mit heißem Wasser abspülen und abtropfen lassen.
2. Für die Sauce Knoblauch abziehen, fein würfeln und mit Essig, Salz, Zucker, Pfeffer und Senf verrühren. Öl unterschlagen. Nudeln mit der Sauce vermengen, gut durchziehen lassen.
3. Tunfisch gut abtropfen lassen und mit einer Gabel in Stücke zupfen. Dosengemüse ebenfalls gut abtropfen lassen. Paprikaschoten halbieren, entstielen, entkernen und die weißen Scheidewände entfernen. Die Schoten waschen und fein würfeln. Frühlingszwiebeln putzen, waschen und in feine Ringe schneiden.
4. Joghurt unter die Nudeln rühren. Vorbereitetes Gemüse und Tunfisch unter die Nudeln mischen und alles nochmals etwa 20 Minuten durchziehen lassen.
5. Salat vor dem Servieren nochmals mit Salz und Pfeffer abschmecken. Sollte die Sauce zu fest geworden sein, einfach etwas Gemüsebrühe unter den Salat rühren.

Tipp:
Lecker schmeckt der Salat auch mit feinen Kochschinkenstreifen anstelle von Tunfisch.

Tunfisch-Sardellen-Dip

8–10 Portionen

Zum Vorbereiten

Pro Portion:
E: 11 g, F: 47 g, Kh: 3 g,
kJ: 2084, kcal: 498

6 Sardellenfilets (aus einem Glas)
2 Dosen Tunfisch im eigenen Saft
(Abtropfgewicht je 140 g)
2 Bund Schnittlauch
450 g Naturjoghurt
350 g Mayonnaise
1–2 Knoblauchzehen

etwas Salz
frisch gemahlener Pfeffer

Zubereitungszeit: 30 Min.

1. Sardellenfilets abspülen, trockentupfen und in Stücke schneiden. Tunfisch

Tunfisch-Sardellen-Dip

mit der Flüssigkeit und Sardellenfilets im Mixer oder mit dem Pürierstab fein zerkleinern. Schnittlauch abspülen, trockentupfen und in feine Röllchen schneiden.

2. Fischmus in eine Schüssel geben. Joghurt und Mayonnaise gut unterrühren. Knoblauch abziehen und durch eine Knoblauchpresse drücken. Dip mit Salz, Pfeffer und Knoblauch würzen. Schnittlauchröllchen unterheben.

Tipp:
Tunfisch-Sardellen-Dip passt zu kleinen gebratenen Kalbfleischröllchen, Geflügel-Fingerfood oder zum Füllen von Kirschtomaten.

Tunfischsteaks mit Kräutern und Knoblauch, gegrillt

Tunfischsteaks mit Kräutern und Knoblauch, gegrillt

8–10 Portionen

Gut vorzubereiten

Pro Portion:
E: 29 g, F: 23 g, Kh: 1 g, kJ: 1343, kcal: 321

Zum Vorbereiten:
8–10 Bögen Alufolie
3 EL Speiseöl, z. B. Olivenöl

8–10 Tunfischsteaks (je etwa 130 g)
4–5 Knoblauchzehen
1 Pck. TK-Kräuter der Provence

Zum Bestreuen:
Salz, frisch gemahlener grober Pfeffer

Zubereitungszeit: 25 Min., ohne Auftau- und Durchziehzeit
Grillzeit: etwa 15 Min.

1. Zum Vorbereiten Alufolie auf einer Seite mit Speiseöl bestreichen.
2. Tunfischsteaks unter fließendem kalten Wasser abspülen und trockentupfen. Knoblauchzehen abziehen und in Scheiben schneiden.
3. Je ein Tunfischsteak auf ein mit Speiseöl bestrichenes Stück Alufolie legen. Nacheinander Kräuter und Knoblauchscheiben auf den Tunfischsteaks verteilen, mit Salz und Pfeffer bestreuen. Die Tunfischsteaks in der Alufolie zu Päckchen verpacken und im Kühlschrank über Nacht durchziehen lassen.
4. Die Tunfischsteak-Päckchen auf den heißen Grill legen und unter gelegentlichem Wenden 15 Minuten grillen.

Beilage:
Ein bunter Salat aus Paprikaschoten- und Zucchiniwürfeln, Tomaten- und Olivenscheiben in Essig-Öl-Dressing mit Baguette.

Überbackene Zwiebelsuppe

Suppentassen auf ein Backblech stellen. Jeweils 2 getoastete Baguettescheiben auf die Suppe geben und mit beiden Sorten Gouda bestreuen. Im Backofen oder unter dem heißen Grill (etwa 240 °C) kurz überbacken.
Ober-/Unterhitze: etwa 200 °C (vorgeheizt)
Heißluft: etwa 180 °C (vorgeheizt)
Gas: Stufe 3–4 (vorgeheizt)
Überbackzeit: 5–10 Minuten.

Tipp:
Die getoasteten Baguettescheiben auf ein Backblech (gefettet) geben, mit Käse bestreuen und unter den vorgeheizten Grill schieben, bis der Käse geschmolzen ist. Die Baguettescheiben auf die Suppe legen.

Überbackene Zwiebelsuppe

8 Portionen

Klassisch

Pro Portion:
E: 11 g, F: 20 g, Kh: 24 g,
kJ:1433, kcal: 342

Für die Suppe:
1,2 kg Gemüsezwiebeln
je 1 kleine rote und grüne Paprikaschote
80 g Butter
250 ml (1/4 l) trockener Weißwein
1,7 l Fleischbrühe
frisch gemahlener Pfeffer

Zum Überbacken:
250 g Baguette
170 g geriebener junger Gouda-Käse
50 g geriebener alter Gouda-Käse

Zubereitungszeit: 45 Min.
Überbackzeit: 5–10 Min.

1. Für die Suppe Zwiebeln abziehen, halbieren und in dünne Ringe schneiden. Paprika halbieren, entstielen, entkernen und die weißen Scheidewände entfernen. Die Schoten waschen, abtropfen lassen und in feine Streifen schneiden.
2. Butter in einem Topf zerlassen. Zwiebelringe und Paprikastreifen zugeben und zugedeckt etwa 10 Minuten bei schwacher Hitze dünsten. Wein und Fleischbrühe hinzugießen, unterrühren. Die Suppe noch etwa 10 Minuten weiter köcheln lassen und kräftig mit Pfeffer würzen.
3. Zum Überbacken Baguette in Scheiben schneiden und toasten. Suppe in hitzebeständige Suppentassen füllen.

Ungarische Fischsuppe

8 Portionen

Schnell

Pro Portion:
E: 32 g, F: 7 g, Kh: 13 g,
kJ: 1055, kcal: 252

500 g Zwiebeln
je 2 grüne und rote Paprikaschoten
500 g Tomaten
1,2 kg Fischfilet, z. B. Kabeljau, Rotbarsch, Seelachs
2 EL Zitronensaft
Salz
3 EL Speiseöl, z. B. Sonnenblumenöl
2 Lorbeerblätter
1 EL Paprikapulver edelsüß
3 EL Weizenmehl
2 l Fischfond

Zubereitungszeit: 50 Min.

1. Zwiebeln abziehen und fein würfeln. Paprika halbieren, entstielen, entkernen und die weißen Scheidewände entfernen. Schoten waschen, abtropfen lassen und in Streifen schneiden. Tomaten kurze Zeit in kochendes Wasser legen, mit kaltem Wasser abschrecken, enthäuten, halbieren und die Stängelansätze herausschneiden. Tomaten in Würfel schneiden.
2. Fischfilet unter fließendem kalten Wasser abspülen, trockentupfen, in Würfel schneiden, mit Zitronensaft vermischen und mit Salz bestreuen.
3. Speiseöl erhitzen. Zwiebelwürfel darin andünsten. Paprikastreifen und Tomatenwürfel dazugeben und mitdünsten lassen. Paprikapulver und Mehl darauf stäuben und mitdünsten. Fond unter Rühren hinzugießen, zum Kochen bringen und etwa 15 Minuten kochen lassen.
4. Fischstücke in die Suppe geben und in etwa 10 Minuten gar ziehen lassen. Die Suppe nochmals mit den Gewürzen abschmecken. Lorbeerblätter entfernen.

Ungarische Gulaschsuppe

8–10 Portionen

Beliebt – mit Alkohol

Pro Portion:
E: 21 g, F: 16 g, Kh: 11 g,
kJ: 1204, kcal: 287

800 g Rindergulasch
4 Zwiebeln
4–6 Knoblauchzehen
4 große gelbe Paprikaschoten (je 250 g)
2 große grüne Paprikaschoten (je 250 g)
2 Peperoni
7 EL Speiseöl, z. B. Olivenöl
Salz, frisch gemahlener Pfeffer
2 gestr. EL Paprikapulver edelsüß
4 EL Tomatenmark
1 1/2 l Fleischbrühe
250 ml (1/4 l) trockener Rotwein
1/4 TL Cayennepfeffer

Zubereitungszeit: 50 Min.
Garzeit: 45–60 Min.

1. Gulasch unter fließendem kalten Wasser abspülen, trockentupfen und evtl. etwas kleiner schneiden. Zwiebeln und Knoblauch abziehen und würfeln.
2. Paprikaschoten halbieren, entstielen, entkernen und die weißen Scheidewände entfernen. Schoten waschen, abtropfen lassen und in Würfel schneiden. Peperoni halbieren, entstielen, entkernen, waschen, abtropfen lassen und in Streifen schneiden.
3. Speiseöl portionsweise in einem großen Topf erhitzen. Gulasch portionsweise darin von allen Seiten anbraten und mit Salz, Pfeffer und Paprikapulver würzen.
4. Zwiebel-, Knoblauch- und Paprikawürfel und Peperonistreifen zu dem Gulasch geben und andünsten.
5. Tomatenmark unterrühren. Brühe und Rotwein unter Rühren hinzugießen, zum Kochen bringen. Die Gulaschsuppe 45–60 Minuten köcheln lassen.
6. Die Gulaschsuppe kräftig mit Salz, Pfeffer, Paprikapulver und Cayennepfeffer würzen.

Ungarische Gulaschsuppe

Ungarischer Sauerkrautauflauf

8–10 Portionen

Deftig

Pro Portion:
E: 26 g, F: 53 g, Kh: 29 g,
kJ: 2955, kcal: 708

7 EL Speiseöl, z. B. Sonnenblumenöl
1 Dose Sauerkraut (Abtopfgewicht 770 g)
175 ml Gemüsebrühe
2 kleine Lorbeerblätter
Salz
frisch gemahlener Pfeffer
1 TL Zucker
400 ml Wasser
250 g Langkornreis (parboiled)
1 TL Salz
2 Zwiebeln
750 g Gehacktes (halb Rind-, halb Schweinefleisch)
3 Mettwürstchen (Rauchenden, je 100 g)
300 g Schmand oder saure Sahne
300 ml Schlagsahne
30 g Semmelbrösel
40 g Butter

Zubereitungszeit: etwa 50 Min.
Garzeit: 35–45 Min.

1. Von dem Öl 4 Esslöffel in einem Topf erhitzen. Sauerkraut locker zupfen und darin unter Rühren kurz andünsten. Gemüsebrühe und Lorbeerblätter hinzufügen, mit Salz, Pfeffer und Zucker würzen. Das Sauerkraut zugedeckt bei schwacher Hitze etwa 25 Minuten dünsten. Zum Schluss eventuell vorhandene Flüssigkeit im geöffneten Topf verdampfen lassen. Das Sauerkraut mit Salz, Pfeffer und Zucker abschmecken. Die Lorbeerblätter entfernen.
2. Wasser zugedeckt in einem Topf zum Kochen bringen. Dann Salz und Reis zugeben, umrühren und wieder zum Kochen bringen. Den Reis zugedeckt bei schwacher Hitze etwa 12 Minuten garen. Den Reis in ein Sieb geben und abtropfen lassen.
3. Zwiebeln abziehen und würfeln. Das restliche Öl in einer großen Pfanne erhitzen. Gehacktes und Zwiebelwürfel hinzufügen und unter Rühren darin anbraten, dabei die Fleischklümpchen grob zerdrücken. Das Gehackte mit Salz und Pfeffer würzen und den Reis unterheben.
4. Mettwürstchen in Scheiben schneiden. Sauerkraut, Gehacktes-Reis-Masse und Würstchenscheiben abwechselnd lagenweise in einen großen, flachen Bräter (gefettet) oder 2 Auflaufformen (gefettet) schichten, die oberste Schicht sollte aus Sauerkraut bestehen.
5. Schmand oder saure Sahne mit Schlagsahne verrühren und auf den Auflauf gießen. Auflauf mit Semmelbröseln bestreuen. Butter in Flöckchen darauf setzen. Den Bräter oder die Formen nacheinander (bei Heißluft zusammen) auf dem Rost in den Backofen schieben.
   Ober-/Unterhitze: etwa 200 °C (vorgeheizt)
   Heißluft: etwa 180 °C (vorgeheizt)
   Gas: Stufe 3–4 (vorgeheizt)
   Garzeit: 35–45 Minuten.

Ungarischer Sauerkrautauflauf

Tipp:
Den ungarischen Sauerkrautauflauf mit Brötchen oder Weißbrot servieren.

Ungarisches Kartoffelgulasch

Ungarisches Kartoffelgulasch

8–10 Portionen

Preiswert

Pro Portion:
E: 6 g, F: 12 g, Kh: 31 g,
kJ: 1096, kcal: 262

2 kg fest kochende Kartoffeln
4 Zwiebeln
2 grüne Paprikaschoten
70 g fetter Speck
1 EL Speiseöl, z. B. Sonnenblumenöl
3 Knoblauchzehen
3–4 EL Paprikapulver edelsüß
1 gestr. TL gemahlener Kümmel
Salz
frisch gemahlener Pfeffer
1 l heiße Gemüsebrühe
250 g saure Sahne

Zubereitungszeit: 40 Min.
Garzeit: etwa 25 Min.

1. Kartoffeln schälen, waschen, abtropfen lassen und in etwa 2 cm große Würfel schneiden. Zwiebeln abziehen und fein würfeln. Paprika halbieren, entstielen, entkernen und die weißen Scheidewände entfernen. Schoten waschen, abtropfen lassen und in Streifen schneiden.
2. Speck in sehr kleine Würfel schneiden. Speiseöl in einem großen Topf erhitzen. Speckwürfel darin auslassen. Dann Zwiebelwürfel hinzufügen und glasig dünsten. Paprikastreifen ebenfalls mitdünsten.
3. Kartoffelwürfel unterrühren. Knoblauchzehen abziehen, durch eine Knoblauchpresse drücken und hinzugeben, mit Paprikapulver, Kümmel und Salz würzen. Brühe hinzugießen und zum Kochen bringen. Kartoffelgulasch bei schwacher Hitze etwa 25 Minuten garen lassen.
4. Kartoffelgulasch nochmals mit den Gewürzen abschmecken und saure Sahne auf das Gulasch geben.

Vanillecreme mit Schokoladensauce

12 Portionen

Zum Vorbereiten

Pro Portion:

E: 10 g, F: 38 g, Kh: 28 g,
kJ: 2130, kcal: 509

Für die Vanillecreme:

12 Blatt weiße Gelatine
750 ml (3/4 l) Milch
2 Pck. Dr. Oetker Vanillin-Zucker
6 Eigelb (Größe M)
150 g Zucker
750 ml (3/4 l) Schlagsahne

Für die Schokoladensauce:

500 ml (1/2 l) Milch
200 g Zartbitterschokolade

40 g abgezogene, gestiftelte Mandeln
200 ml Schlagsahne

Zubereitungszeit: 55 Min., ohne Kühlzeit

1. Für die Vanillecreme die Gelatine in kaltem Wasser einweichen. Milch mit Vanillin-Zucker aufkochen.
2. Eigelb mit Zucker in einer hitzebeständigen Schüssel cremig rühren. Die heiße Milch langsam einrühren. Die Masse im heißen Wasserbad (85–90 °C) zu einer cremigen Masse aufschlagen.
3. Die Gelatine ausdrücken und unter die heiße Masse rühren. So lange rühren, bis die Gelatine vollständig gelöst ist. Schüssel in eiskaltes Wasser stellen, Masse unter Rühren erkalten lassen, bis sie beginnt dicklich zu werden.
4. Die Sahne steif schlagen und unterheben. Die Creme in eine kalt ausgespülte Rehrückenform (2 Liter Inhalt) füllen und etwa 6 Stunden zugedeckt in den Kühlschrank stellen.
5. Für die Schokoladensauce Milch erhitzen. Die Schokolade grob hacken und unter Rühren in der Milch schmelzen, dann abkühlen lassen.
6. Die Mandeln in einer Pfanne ohne Fett rösten. Sahne steif schlagen und in einen Spritzbeutel mit Sternentülle füllen. Die Vanillecreme auf eine Platte stürzen. Sahne als Tuffs auf die Creme spritzen. Vanillecreme mit Mandeln garnieren und mit der Schokoladensauce servieren.

Vanille-Kirsch-Drink

1 Portion

Erfrischend

Pro Portion:

E: 6 g, F: 8 g, Kh: 30 g,
kJ: 919, kcal: 220

Vanille-Kirsch-Speise mit Eierlikör

2 Kugeln Vanilleeis
80 ml Buttermilch
50 ml Kirschsaft

einige Cocktailkirschen
einige Melisseblättchen

Zubereitungszeit: 5 Min.

1. Vanilleeis mit Buttermilch und Kirschsaft in einen Mixer geben, schaumig mixen und in ein gekühltes Longdrinkglas gießen.
2. Den Drink mit aufgespießten Cocktailkirschen und Melisseblättchen garnieren, mit einem Trinkhalm servieren.

Tipp:
Raffinierter sieht der Drink aus, wenn der Kirschsaft erst zum Schluss vorsichtig spiralförmig in das Glas gegossen wird. Ein Teil davon sinkt nach unten und oben entsteht ein Muster.

Vanille-Kirsch-Speise mit Eierlikör

12 Portionen

Mit Alkohol

Pro Portion:

E: 13 g, F: 6 g, Kh: 46 g,
kJ: 1401, kcal: 335

2 Pck. Dr. Oetker Pudding-Pulver Vanille-Geschmack
80 g Zucker
1 l Milch
2 Gläser Sauerkirschen (Abtropfgewicht je 370 g)
750 g Magerquark
60 g Zucker
125 ml (1/8 l) frisch gepresster Orangensaft (von etwa 4 Orangen)

375 ml (3/8 l) Eierlikör
50 g Vollmilch-Raspelschokolade

Zubereitungszeit: 30 Min., ohne Abkühlzeit

1. Aus Pudding-Pulver, Zucker und Milch nach Packungsanleitung einen Pudding kochen und erkalten lassen. Dabei ab und zu umrühren, damit sich keine Haut bildet, oder direkt auf die Puddingoberfläche eine Lage Frischhaltefolie legen.
2. Sauerkirschen in einem Sieb gut abtropfen lassen. Quark mit Zucker und Orangensaft verrühren.
3. Die Hälfte der Sauerkirschen in eine große, breite Glasschüssel geben. Erst die Hälfte des Puddings darauf geben und glatt streichen, dann die Hälfte des Quarks. Danach die restlichen Kirschen, den restlichen Pudding und Quark einschichten.
4. Eierlikör vorsichtig auf die obere Quarkschicht gießen und mit Raspelschokolade bestreuen. Die Speise bis zum Verzehr kalt stellen.

Tipp:
Noch schneller geht es, wenn Sie 2 Becher (je 500 g) fertigen Vanillepudding aus dem Kühlregal verwenden.

Vegetarische Bolognesesauce mit Spaghetti

8 Portionen

Mit Alkohol

Pro Portion:
E: 21 g, F: 12 g, Kh: 95, kJ: 2452, kcal: 586

2 Zwiebeln
2 Knoblauchzehen
2 mittelgroße Möhren
2 Staudenselleriestangen
4 Zucchini
4 Tomaten
6 EL Olivenöl
200 ml trockener Rotwein
1 Pck. passierte Tomaten (400 g)
1 geh. TL gerebelter Majoran oder Oregano

5 l Wasser
5 TL Salz
1 kg Spaghetti
Salz, frisch gemahlener Pfeffer
50 g geriebener Parmesan-Käse

Zubereitungszeit: 40 Min.

1. Zwiebeln und Knoblauch abziehen und fein würfeln. Möhre und Sellerie putzen, schälen, abspülen, abtropfen lassen und sehr fein würfeln. Zucchini und Tomaten waschen und abtrocknen. Die Enden der Zucchini abschneiden. Zucchini in sehr feine Würfel schneiden. Tomaten vierteln. Stängelansätze herausschneiden. Tomaten entkernen und ebenfalls in sehr feine Würfel schneiden.
2. Öl in einer Pfanne erhitzen. Zwiebel- und Knoblauchwürfel darin glasig dünsten. Möhren- und Selleriewürfel hinzufügen und 3–4 Minuten mitdünsten. Dann die Zucchini- und Tomatenwürfel kurz mitdünsten und den Rotwein hinzugießen. Passierte Tomaten und Kräuter unterrühren und alles bei schwacher Hitze etwa 15 Minuten köcheln, bis das Gemüse gar ist.
3. Wasser in einem großen Topf zum Kochen bringen. Die Hälfte der Spaghetti und Salz hinzufügen. Spaghetti im geöffneten Topf nach Packungsanleitung bissfest garen. Spaghetti in ein Sieb geben, heiß abspülen und abtropfen lassen, warm halten. Die restlichen Spaghetti auf die gleiche Weise zubereiten.
4. Sauce mit Salz und Pfeffer abschmecken, mit den Nudeln anrichten.

Vegetarische Bolognesesauce mit Spaghetti

Rezeptvorschläge für ein WG-Party-Buffet

Für ein WG-Party-Buffet benötigen Sie für 10–12 Personen:

1,5 x Rezept Vegetarische Moussaka, Seite 400
1 x Rezept Schafkäse, mariniert, Seite 320
1 x Rezept Tunfisch-Nudel-Salat, Seite 392
1 x Rezept Ungarische Gulaschsuppe, Seite 395
1,5 x Rezept Quarkflammeri, Seite 285

Außerdem:

5–6 Fladenbrote, etwa 1,5 kg Obst, z. B. Erdbeeren, Nektarinen, Birnen, etwas Zitronensaft und evtl. etwas braunen Zucker.

Vorbereitungen 10–14 Tage vorher:

1 x Rezept Schafkäse, mariniert zubereiten.

Vorbereitungen am Vortag:

- Flammeri zubereiten und kalt stellen.
- Die Gulaschsuppe zubereiten, erkalten lassen und kalt stellen.
- Für den Tunfisch-Nudel-Salat die Sauce zubereiten und kalt stellen.

Vorbereitungen am Tag der Party:

4 Stunden vorher:	• Für die Moussaka Punkt 1 bis 4 zubereiten.
3 Stunden vorher:	• Das Obst für das Dessert waschen, abtropfen lassen, putzen und klein schneiden, mit etwas Zitronensaft und evtl. braunem Zucker mischen.
2 Stunden vorher:	• Den Tunfisch-Nudel-Salat zubereiten.
1 Stunde vorher:	• Die Moussaka fertig zubereiten und garen.
	• Gulaschsuppe erhitzen und nochmals abschmecken.
Kurz vorher:	• Brote schneiden.
	• Salat nochmals abschmecken.
	• Alles anrichten.

Es eignen sich auch folgende zusätzliche Rezepte:

1 x Rezept Pizzasuppe, Seite 272
1 x Rezept Tomaten-Schafkäse-Salat, Seite 383
1,5 x Rezept Ofenschnitzel, Seite 250
1,5 x Rezept Schokoladenpudding, Seite 337

Außerdem:

5–6 Fladenbrote.
1,5 l Vanillesauce.

Vegetarische Moussaka

8–10 Portionen

Beliebt

Pro Portion:

E: 7 g, F: 20 g, Kh: 14 g,
kJ: 1119, kcal: 267

4 große Auberginen (etwa 1, 4 kg)
Salz
frisch gemahlener Pfeffer
120 g Weizenmehl
150 ml Olivenöl
2 Zwiebeln
4 Knoblauchzehen
6 große Tomaten
6 Thymianstängel
2–3 Rosmarinzweige
1/2 Topf Basilikum
7 EL Olivenöl
100 g geriebener Parmesan-Käse

Zubereitungszeit: 50 Min.,
ohne Ziehzeit
Überbackzeit: etwa 20 Min.

1. Auberginen waschen, abtrocknen, die Enden abschneiden. Auberginen in etwa 1 cm dicke Scheiben schneiden, mit Salz bestreuen und etwa 20 Minuten stehen lassen. Auberginenscheiben trockentupfen, mit Pfeffer bestreuen und mit Mehl bestäuben.
2. Öl portionsweise in einer großen Pfanne erhitzen. Die Auberginenscheiben darin portionsweise von beiden Seiten anbraten, auf Küchenpapier abtropfen lassen und in eine große, flache Auflaufform (gefettet) legen.
3. Zwiebeln und Knoblauch abziehen und in Würfel schneiden. Tomaten waschen, abtropfen lassen, kreuzweise einschneiden, kurz in kochendes Wasser legen und mit kaltem Wasser

abschrecken. Tomaten enthäuten, halbieren und die Stängelansätze herausschneiden. Tomaten würfeln.

4. Kräuter abspülen, trockentupfen und die Blättchen bzw. Nadeln von den Stängeln zupfen. Einige Kräuterblättchen zum Garnieren beiseite legen. Restliche Blättchen bzw. Nadeln fein hacken.
5. Drei Esslöffel Öl in einer Pfanne erhitzen. Zwiebelwürfel darin andünsten. Knoblauch, Tomatenwürfel und gehackte Thymianblättchen und Rosmarinnadeln dazugeben. Mischung mit Salz und Pfeffer würzen und etwa 3 Minuten dünsten. Gehacktes Basilikum unterrühren.
6. Die Tomaten-Zwiebel-Masse über die Auberginenscheiben gießen, mit Parmesan bestreuen und mit dem restlichen Öl beträufeln. Die Form auf dem Rost in den Backofen schieben.

Ober-/Unterhitze: 220–240 °C (vorgeheizt)
Heißluft: 200–220 °C (vorgeheizt)
Gas: etwa Stufe 5 (vorgeheizt)
Überbackzeit: etwa 20 Minuten.

7. Vegetarische Moussaka mit den beiseite gelegten Kräutern garnieren.

Tipp:
Fladenbrot dazureichen. Die Moussaka schmeckt auch gut zu Lammkoteletts.

Vegetarische Moussaka

Vegetarischer Gemüseauflauf

8 Portionen

Für Kinder

Pro Portion:
E: 17 g, F: 29 g, Kh: 39 g,
kJ: 2090, kcal: 499

2 kg mehlig kochende Kartoffeln
2 TL Salz
500 g Porree (Lauch)
5 rote Paprikaschoten (700 g)
250 g Auberginen
500 g Zucchini
1 Bund glatte Petersilie
250 ml (1/4 l) heiße Milch
300 ml Schlagsahne
frisch geriebene Muskatnuss
4–5 EL Olivenöl
frisch gemahlener Pfeffer
200 g geriebener Emmentaler-Käse
3 EL Sonnenblumenkerne

Zubereitungszeit: etwa 45 Min.
Garzeit: etwa 45 Min.

1. Kartoffeln schälen, abspülen, abtropfen lassen und in Stücke schneiden. Kartoffelstücke und Salz mit Wasser bedeckt in einem Topf zum Kochen bringen und zugedeckt in 20–25 Minuten gar kochen.
2. In der Zwischenzeit den Porree putzen. Die Stangen seitlich einschneiden, gründlich waschen, abtropfen lassen und in Streifen schneiden. Paprikaschoten halbieren, entstielen, entkernen und die weißen Scheidewände entfernen. Die Schoten waschen, abtropfen lassen und in Streifen schneiden. Zucchini waschen, abtrocknen und die Enden abschneiden. Zucchini in gleich große Scheiben schneiden. Petersilie abspülen, trockentupfen und die Blättchen von den Stängeln zupfen. Blättchen fein schneiden. 1–2 Teelöffel davon zum Garnieren beiseite legen.
3. Die garen Kartoffeln abgießen, abdämpfen und sofort durch eine Kartoffelpresse geben oder mit einem Kartoffelstampfer zerdrücken. Die Kartoffelmasse mit Milch und Sahne verrühren und mit Salz und Muskatnuss abschmecken.
4. Olivenöl portionsweise in einer Pfanne erhitzen. Das vorbereitete Gemüse darin nacheinander kurz andünsten, jeweils mit Salz und Pfeffer würzen.
5. Das Gemüse in eine große, flache Auflaufform (gefettet) oder einen großen Bräter (gefettet) geben und mit Petersilie bestreuen. Die Hälfte des Käses darüber streuen, die Kartoffelmasse darauf verteilen und mit dem restlichen Käse und den Sonnenblumenkernen bestreuen. Die Form oder den Bräter auf dem Rost in den Backofen schieben.
   Ober-/Unterhitze: etwa 200 °C (vorgeheizt)
   Heißluft: etwa 180 °C (vorgeheizt)
   Gas: Stufe 3–4 (vorgeheizt)
   Garzeit: etwa 45 Minuten.
6. Den Gemüseauflauf mit der beiseite gelegten Petersilie bestreuen.

Vegetarischer Gemüseauflauf

Vegetarischer Toast

10 Stück

Einfach

Pro Stück:

E: 14 g, F: 16 g, Kh: 30 g,
kJ: 1333, kcal: 319

500 g Brokkoli
Wasser
1/2 gestr. TL Salz
2 mittelgroße rote Zwiebeln
4 mittelgroße Tomaten
1 Dose Gemüsemais (Abtropfgewicht 285 g)
100 g Sonnenblumenkerne
10 Scheiben Roggenmischbrot
350 g Tsatsiki
Salz
frisch gemahlener Pfeffer
200 g eingelegte rote Paprikaschoten
200 g Emmentaler-Käse in Scheiben

Zubereitungszeit: 45 Min.
Backzeit: etwa 5 Min. je Backblech

Vegetarischer Toast

1. Von dem Brokkoli die Blätter entfernen. Brokkoli in Röschen teilen, waschen und abtropfen lassen. Wasser mit Salz in einem Topf zum Kochen bringen. Die Röschen hinzugeben und etwa 5 Minuten kochen. Brokkoliröschen in ein Sieb gießen, mit kaltem Wasser abschrecken und abtropfen lassen.
2. Zwiebeln abziehen und in dünne Scheiben schneiden. Tomaten waschen, abtrocknen, halbieren und die Stängelansätze herausschneiden. Tomaten in Scheiben schneiden. Mais in einem Sieb abtropfen lassen. Sonnenblumenkerne in einer Pfanne ohne Fett goldbraun rösten, abkühlen lassen.
3. Brotscheiben toasten und auf 2 Backbleche (mit Backpapier belegt) legen. Die Brotscheiben gleichmäßig mit dem Tsatsiki bestreichen. Zwiebel- und Tomatenscheiben, Brokkoliröschen und Mais darauf geben, mit Salz und Pfeffer bestreuen.
4. Paprika in einem Sieb abtropfen lassen. Käse und Paprika in etwa 2 cm breite Streifen schneiden und die vorbereiteten Brotscheiben damit belegen. Sonnenblumenkerne darauf streuen.
5. Die Backbleche nacheinander (bei Heißluft zusammen) in den Backofen schieben.

Ober-/Unterhitze: etwa 200 °C (vorgeheizt)
Heißluft: etwa 180 °C (vorgeheizt)
Gas: Stufe 3–4 (vorgeheizt)
Backzeit: etwa 5 Minuten je Backblech.

Abwandlung:
Ersetzen Sie den Brokkoli durch 1 große Zucchini und 2 rote Paprikaschoten. Schneiden Sie die Zucchini und die Paprikaschoten in feine Streifen. Erhitzen Sie etwa 3 Esslöffel Olivenöl in einer Pfanne und dünsten Sie die Gemüsestreifen darin an. Arbeiten Sie dann, wie ab Punkt 2 angegeben weiter.

Viktoriabarschfilets in einer Käsehülle

8–10 Portionen

Raffiniert

Pro Portion:
E: 32 g, F: 23 g, Kh: 6 g,
kJ: 1534, kcal: 366

Für das Gemüse:
1 kg TK-Blattspinat
2 Zwiebeln (etwa 100 g)
2 Fleischtomaten (etwa 300 g)

20 Viktoriabarschfilets (je etwa 60 g)
2–3 EL Limetten- oder Zitronensaft
Salz
frisch gemahlener Pfeffer
4 Eier (Größe M)
2 Pck. TK-Küchenkräuter (je 25 g, z. B. Petersilie und Basilikum)
120 g fein geriebener Parmesan-Käse
6 EL Weizenmehl
8 EL Speiseöl, z. B. Olivenöl

100 g Butter oder Margarine
frisch geriebene Muskatnuss

Zubereitungszeit: 75 Min., ohne Auftauzeit
Garzeit: etwa 15 Min. je Blech

1. Für das Gemüse Blattspinat auftauen lassen. Zwiebeln abziehen und in kleine Würfel schneiden. Tomaten waschen, abtrocknen und die Stängelansätze herausschneiden. Tomaten in Würfel schneiden und entkernen.
2. Fischfilets unter fließendem kalten Wasser abspülen, trockentupfen und mit Zitronen- oder Limettensaft beträufeln, mit Salz und Pfeffer bestreuen. Eier in einer Schale verschlagen. Kräuter und Käse unterrühren.
3. Fischfilets zuerst in Mehl wenden, dann durch die Eier-Kräuter-Käse-Masse ziehen und am Schalenrand etwas abstreifen.
4. Jeweils die Hälfte des Speiseöls in einer großen Pfanne erhitzen. Fischfilets in 2 Portionen von beiden Seiten darin anbraten, herausnehmen und auf 1–2 Backbleche (gefettet) legen. Die Backbleche nacheinander (bei Heißluft zusammen) in den Backofen schieben.
   Ober-/Unterhitze: 180–200 °C (vorgeheizt)
   Heißluft: 160–180 °C (vorgeheizt)
   Gas: etwa Stufe 3 (vorgeheizt)
   Garzeit: etwa 15 Minuten je Blech.
5. Butter oder Margarine in einem Topf zerlassen. Zwiebelwürfel darin glasig dünsten. Blattspinat hinzufügen und mitdünsten. Tomatenwürfel hinzugeben und ebenfalls kurz dünsten. Mischung mit Salz, Pfeffer und Muskat würzen und mit den Viktoriabarschfilets servieren.

Tipp:
Das Gericht nach Belieben mit Kerbel garnieren. Wer gerne eine Sauce dazu mag, kann auf Fertigprodukte, z. B. Sauce Hollandaise oder Sauce Béarnaise zurückgreifen.

Viktoriabarschfilets in einer Käsehülle

Vollkornlasagne mit Pinienkernen

8–10 Portionen

Dauert länger

Pro Portion:
E: 26 g, F: 48 g, Kh: 57 g,
kJ: 3269, kcal: 781

etwa 500g Vollkorn-Lasagne-Platten aus Hartweizen (ohne Vorkochen)

Für die Füllung:
1,2 kg Tomaten
500 g Möhren
500 g Knollensellerie
1,2 kg Porree (Lauch)
Salzwasser

Für die Béchamelsauce:
2 Bund Basilikum
120 g Butter
100 g Weizenvollkornmehl
1,25 l (1 1/4 l) Milch
125 ml (1/8 l) Gemüsebrühe
250 ml (1/4 l) Schlagsahne
Salz
frisch gemahlener Pfeffer
400 g geriebener mittelalter Gouda-Käse
60 g Pinienkerne
1/4 TL Cayennepfeffer

Vollkornlasagne mit Pinienkernen

Zubereitungszeit: 60 Min.
Garzeit: etwa 60 Min. je Form

1. Für die Füllung Tomaten waschen, abtropfen lassen, kreuzweise einschneiden und kurz in kochendes Wasser legen. Mit kaltem Wasser abschrecken, enthäuten, halbieren und die Stängelansätze herausschneiden.
2. Möhren und Sellerie putzen, schälen, abspülen, abtropfen lassen und in 4 cm lange, nicht zu dünne Stifte schneiden. Porree putzen. Stangen seitlich einschneiden, waschen, abtropfen lassen und in etwa 4 cm lange Streifen schneiden.
3. Salzwasser in einem Topf zum Kochen bringen. Nacheinander darin die Sellerie- und Möhrenstifte je etwa 2 Minuten, die Porreestreifen etwa 1 Minute garen. Gemüse getrennt voneinander in Siebe geben, mit kaltem Wasser abschrecken und abtropfen lassen.
4. Für die Béchamelsauce Basilikum abspülen, trockentupfen, die Blättchen von den Stängeln zupfen und in Streifen schneiden.
5. Butter in einem großen Topf zerlassen. Das Mehl unter Rühren so lange darin erhitzen, bis es hellgelb ist. Nach und nach Milch und Gemüsebrühe hinzugießen, mit einem Schneebesen durchschlagen und darauf achten, dass keine Klümpchen entstehen. Die Sauce zum Kochen bringen und bei schwacher Hitze etwa 5 Minuten kochen lassen, dabei gelegentlich umrühren. Basilikumstreifen und Sahne unterrühren. Die Sauce mit Salz und Pfeffer abschmecken.
6. Je nach Größe der Lasagneplatten 2 Auflaufformen (gefettet) mit jeweils 3–5 Lasagneplatten auslegen. Die Hälfte des Porrees darauf verteilen. Ein Drittel der Béchamelsauce darüber gießen, mit einem Viertel von dem Gouda bestreuen und mit einer Lage Lasagneplatten bedecken.
7. Möhren- und Selleriestifte, die Hälfte der Pinienkerne, wieder ein Viertel des Käses, ein Drittel der Sauce darüber verteilen und mit einer Lage Lasagneplatten bedecken.
8. Den restlichen Porree, die restliche Sauce und wieder ein Viertel des Käses darüber geben und mit einer Lage Lasagneplatten bedecken.
9. Tomaten mit der Schnittfläche nach unten auf die Lasagne setzen und mit Salz und Cayennepfeffer bestreuen. Den restlichen Käse und die restlichen Pinienkerne darauf streuen. Die Formen nacheinander (bei Heißluft zusammen) auf dem Rost in den Backofen schieben.
   Ober-/Unterhitze: etwa 200 °C (vorgeheizt)
   Heißluft: etwa 180 °C (nicht vorgeheizt)
   Gas: etwa Stufe 3 (nicht vorgeheizt)
   Garzeit: etwa 60 Minuten je Form.
10. Nach dem Garen die Lasagne etwa 5 Minuten durchziehen lassen.

Vollkorn-Sahne-Quiche vom Blech

Vollkorn-Sahne-Quiche vom Blech

8–10 Portionen

Vegetarisch

Pro Portion:
E: 28 g, F: 44 g, Kh: 58 g, kJ: 3099, kcal: 740

Für den Teig:
500 g Dinkelvollkornmehl
70 g Buchweizenvollkornmehl
2 Pck. Dr. Oetker Trockenbackhefe
2 gestr. TL Salz
400 ml lauwarmes Wasser
5 EL Olivenöl

Für den Belag:
6 Eier (Größe M)
400 g Schmand
250 ml (1/4 l) Schlagsahne
2 TL Salz
1–2 TL Pul Biber (geschrotete Pfefferschoten)
4 Bund Frühlingszwiebeln (je 150 g)
120 g kernige Haferflocken
60 g Pinienkerne
300 g geraspelter Pizzakäse mit Mozzarella (aus dem Kühlregal)

Zubereitungszeit: 50 Min., ohne Teiggehzeit
Backzeit: etwa 20 Min. je Blech

1. Für den Teig Dinkel- und Buchweizenvollkornmehl in eine Schüssel geben und mit der Trockenbackhefe sorgfältig vermischen. Salz, Wasser und Öl hinzufügen. Die Zutaten mit Handrührgerät mit Knethaken zunächst kurz auf niedrigster, dann auf höchster Stufe in etwa 5 Minuten zu einem glatten Teig verarbeiten. Den Teig zugedeckt an einem warmen Ort so lange gehen lassen, bis er sich sichtbar vorgrößert hat.
2. Für den Belag in der Zwischenzeit Eier mit Schmand, Sahne, Salz und Pul Biber gut verrühren. Frühlingszwiebeln putzen, waschen, abtropfen lassen, in etwa 1 cm lange Stücke schneiden.
3. Den Teig leicht mit Mehl bestäuben, aus der Schüssel nehmen, auf der Arbeitsfläche nochmals kurz durchkneten. Den Teig halbieren. Jede Hälfte auf einem Backblech (30 x 40 cm, gefettet) ausrollen. Am Rand Teigränder hochziehen. Teig nochmals 15 Minuten gehen lassen.
4. Frühlingszwiebeln, Haferflocken und Pinienkerne auf den Teigböden verteilen. Eiersahne darüber gießen und mit Käse bestreuen. Die Backbleche nacheinander (bei Heißluft zusammen) in den Backofen schieben.

Ober-/Unterhitze: etwa 200 °C (vorgeheizt)
Heißluft: etwa 180 °C (vorgeheizt)
Gas: Stufe 3–4 (vorgeheizt)
Backzeit: etwa 20 Minuten je Blech.

Vorspeisenspieße

24 Stück

Mit Alkohol

Pro Stück:
E: 3 g, F: 7 g, Kh: 14 g, kJ: 561, kcal: 134

600 g kleine Schalotten
Salzwasser
40 g Butter oder Margarine
2 gestr. EL Zucker

300 ml trockener Rotwein
5 mittelgroße Zucchini (etwa 750 g)
Salzwasser
500 g Cocktailtomaten
einige Schnittlauchhalme
300 g Ziegenfrischkäse
40 g weiche Butter
frisch gemahlener Pfeffer
3 EL weißer Balsamico-Essig
6 EL Olivenöl
2 Knoblauchzehen
1 EL Olivenöl
2 Ciabatta-Brote

24 Holzspieße
Minzeblätter zum Garnieren

Zubereitungszeit: 100 Min.

1. Schalotten abziehen. Salzwasser zum Kochen bringen und die Schalotten darin etwa 5 Minuten kochen. Dann in ein Sieb geben, mit kaltem Wasser abschrecken und abtropfen lassen.
2. In einer Pfanne Butter oder Margarine zerlassen. Schalotten darin anschwitzen, mit Zucker bestreuen und leicht karamellisieren lassen. Rotwein hinzugießen und etwas einkochen lassen. Schalotten im Rotweinsud abkühlen lassen.
3. Zucchini waschen, abtrocknen und die Enden abschneiden. Zucchini mit der Aufschnittmaschine oder dem Gemüsehobel in dünne Längsscheiben schneiden. Salzwasser wieder zum Kochen bringen und die Zucchinischeiben darin blanchieren. Dann die Scheiben mit kaltem Wasser abschrecken und abtropfen lassen.
4. Tomaten waschen und trockentupfen. Von jeder Tomate einen Deckel abschneiden und mit einem Teelöffel oder einem Löffelstiel vorsichtig aushöhlen.
5. Schnittlauch abspülen, trockentupfen und in Röllchen schneiden. Den Ziegenfrischkäse mit der Butter verrühren. Schnittlauchröllchen unterrühren. Die ausgehöhlten Tomaten mit der Käsemischung füllen und mit Salz und Pfeffer bestreuen.
6. Zucchinischeiben in eine Schale legen, mit Salz und Pfeffer bestreuen und mit Essig und Olivenöl beträufeln.
7. Knoblauch abziehen, fein würfeln, mit Olivenöl mischen, Ciabattascheiben damit bepinseln und in einer beschichteten Pfanne rösten. Schalotten abtropfen lassen.
8. Aus den Zucchinischeiben Röllchen drehen, mit den Tomaten und Schalotten auf Holzspieße stecken. Die Spieße mit Minzeblättern garnieren. Dazu geröstetes Brot reichen.

Vorspeisenspieße

Waldfreude

Waldfreude

1 Portion

Alkoholfrei

Pro Portion:
E: 1 g, F: 1 g, Kh: 13 g,
kJ: 281, kcal: 68

75 g Waldbeeren (Himbeeren, Brombeeren, Erdbeeren)
einige Eiswürfel
15 cl Kombucha Carpe Diem (fermentierter Kräutertee)

frische Minze
1 Erdbeere

Zubereitungszeit: 7 Min.

1. Die Beeren verlesen, abspülen, abtropfen lassen, entstielen, pürieren und in ein Longdrinkglas geben. Einige Eiswürfel dazugeben und mit Kombucha auffüllen.
2. Den Drink vorsichtig umrühren. Frische Minze und Erdbeere an den Glasrand geben und den Cocktail mit Trinkhalm servieren.

Westfälische Schnitzel

8–10 Portionen

Einfach

Pro Portion:
E: 36 g, F: 18 g, Kh: 23 g,
kJ: 1683, kcal: 400

2 mittelgroße Gemüsezwiebeln (je etwa 200 g)
8 Scheiben Schwarzbrot (etwa 500 g)
250 g westfälischer roher Schinken
1 Bund Schnittlauch
3 Fleischtomaten
8–10 Schweineschnitzel (je etwa 120 g)

Westfälische Schnitzel

Salz
frisch gemahlener Pfeffer
8 EL Speiseöl, z. B. Rapsöl
50 g Butter oder Margarine

Zubereitungszeit: 60 Min.

1. Zwiebeln abziehen, halbieren und in kleine Würfel schneiden. Schwarzbrot fein zerbröseln. Schinken ebenfalls in kleine Würfel schneiden.
2. Schnittlauch abspülen, trockentupfen und in Röllchen schneiden. Tomaten waschen, abtropfen lassen, kreuzweise einschneiden und kurz in kochendes Wasser legen. Tomaten mit kaltem Wasser abschrecken, enthäuten, halbieren und die Stängelansätze herausschneiden. Tomaten entkernen und in Würfel schneiden.
3. Schnitzel unter fließendem kalten Wasser abspülen und trockentupfen, mit Salz und Pfeffer bestreuen.
4. Speiseöl portionsweise in einer großen Pfanne erhitzen. Die Schnitzel portionsweise von beiden Seiten etwa 15 Minuten darin braten, herausnehmen, auf eine vorgewärmte Platte legen und warm stellen.
5. Butter oder Margarine in dem verbliebenen Bratfett zerlassen. Schinken- und Zwiebelwürfel darin andünsten. Brot- und Tomatenwürfel hinzugeben und kurz mit andünsten.
6. Schinken-Brot-Masse auf den Schnitzeln verteilen, mit Salz und Pfeffer bestreuen. Westfälische Schnitzel mit Schnittlauchröllchen bestreuen.

Tipp:
Statt Schweinefleisch kann auch Kalb- oder Putenfleisch verwendet werden.

Rezeptvorschläge für ein Schnitzel-Party-Buffet

Für ein Schnitzel-Party-Buffet benötigen Sie für 10–12 Personen:

1,5 x Rezept **Westfälische Schnitzel**, Seite 408
1 x Rezept **Kalbschnitzel, gefüllt in Paprikarahm**, Seite 166
1 x Rezept **Putenschnitzel à la Bordelaise**, Seite 282
1,5 x Rezept **Kartoffelsalat**, Seite 175

Außerdem:

Etwa 1,5 kg fest kochende Kartoffeln für Bratkartoffeln, 6–8 EL Olivenöl, 1–2 TL gerebelter Thymian, Paprikapulver edelsüß.

Vorbereitungen am Vortag:

- Den Kartoffelsalat zubereiten und kalt stellen. Restliches Gurkenwasser beiseite stellen.
- Kartoffeln für Bratkartoffeln gründlich waschen, mit Wasser bedeckt zum Kochen bringen und etwa 20–25 Minuten kochen. Kartoffeln abgießen, mit kaltem Wasser abschrecken, abtropfen lassen, pellen und erkalten lassen.
- Für die Kalbschnitzel den Paprikarahm (Punkt 1 und 2) zubereiten, kalt stellen.
- Für die Westfälischen Schnitzel das Schwarzbrot fein zerbröseln. Schinken würfeln (unter Punkt 1). Die Tomaten enthäuten, würfeln (unter Punkt 2). Brot, Schinken und Tomaten kalt stellen.

Vorbereitungen am Tag der Party:

3 Stunden vorher:	• Für die Bratkartoffeln die gekochten Kartoffeln in grobe Stücke schneiden. Kalbschnitzel bis zum Garen vorbereiten.
2 Stunden vorher:	• Putenschnitzel bis zum Garen vorbereiten. Das Gemüse bis Punkt 6 zubereiten.
1–2 Stunden vorher:	• Kalbschnitzel in den Backofen schieben. Nach 40 Minuten Garzeit die Putenschnitzel ebenfalls in den Backofen schieben. Die Schnitzel möglichst bei Heißluft garen, sonst die Bleche zwischendurch umsetzen.
1 Stunde vorher:	• Den Kartoffelsalat abschmecken, evtl. etwas vom beiseite gestellten Gurkenwasser unterrühren. Salat anrichten.

- Für die Bratkartoffeln Öl in einer großen Pfanne erhitzen. Kartoffeln dazugeben, bei mittlerer Hitze langsam braten, gelegentlich wenden. Bratkartoffeln mit Salz, Pfeffer, Thymian und Paprikapulver würzen.
- Gemüse für die Putenschnitzel erhitzen.
- Die Westfälischen Schnitzel fertig zubereiten und anrichten.
- Restliche Schnitzel und Bratkartoffeln anrichten.

White Lady

1 Portion

Mit Alkohol

Pro Portion:
E: 0 g, F: 0 g, Kh: 7 g,
kJ: 760, kcal: 181

4 cl Gin
2 cl Cointreau
2 cl Zitronensaft

etwas Zitronenschale

Zubereitungszeit: 5 Min.

1. Gin mit Cointreau und Zitronensaft mit einigen Eiswürfeln in einen Shaker geben und gut schütteln.
2. Anschließend den Drink durch ein Barsieb in eine gut gekühlte Cocktailschale abseihen und mit etwas Zitronenschale garnieren.

Wildschweingeschnetzeltes mit Mango-Chutney

Wildschweingeschnetzeltes mit Mango-Chutney

8–10 Portionen

Etwas Besonderes - mit Alkohol

Pro Portion:
E: 16 g, F: 19 g, Kh: 36 g,
kJ: 1653, kcal: 395

Für das Mango-Chutney:
1–2 Mangos (500 g Fruchtfleisch)
2 Äpfel (350 g)
150 g Zucker
Salz
frisch gemahlener Pfeffer
frisch geriebene Muskatnuss
1 EL Paprikapulver rosenscharf
1 EL Currypulver
5 EL Weißweinessig
40 g Ingwerwurzel
50 g Rosinen
evtl. 1 EL Maraschinolikör

Für das Wildschweingeschnetzelte:
600 g Wildschweinrücken ohne Knochen
3 Zwiebeln
6 Tomaten
4 EL Speiseöl, z. B. Rapsöl
Salz
frisch gemahlener Pfeffer
125 ml ($^1/_8$ l) trockener Rotwein
125 ml ($^1/_8$ l) Wildfond
250 ml ($^1/_4$ l) Schlagsahne
1 Bund glatte Petersilie
1 EL Zitronensaft
50 g Pistazienkerne

Zubereitungszeit: 60 Min.
Garzeit: Chutney etwa 15 Min., Geschnetzeltes etwa 10 Min.

1. Für das Chutney Mangos längs halbieren und jeweils den Stein entfernen. Mangohälften schälen, das Fruchtfleisch in Stücke schneiden und in einen Topf geben. Äpfel schälen, vierteln, entkernen, in Stücke schneiden und hinzufügen.
2. Zucker, Salz, Pfeffer, Muskat, Paprika, Curry und Essig zu den Mango- und Apfelstücken geben, zum Kochen bringen und unter gelegentlichem Rühren etwa 10 Minuten kochen lassen.
3. Ingwerwurzel schälen und in kleine Stücke schneiden. Rosinen und Ingwerstücke zum Obst in den Topf geben, unterrühren und etwa 5 Minuten weiter dünsten lassen. Evtl. mit Maraschinolikör abschmecken.
4. Fleisch unter fließendem kalten Wasser abspülen, trockentupfen und von Haut und evtl. Sehnen befreien. Fleisch in gleich große Streifen schneiden. Zwiebeln abziehen und in kleine Würfel schneiden.
5. Tomaten waschen, kreuzweise einschneiden und einige Sekunden in kochendes Wasser legen. Tomaten kurz mit kaltem Wasser abschrecken, enthäuten, halbieren, entkernen und die Stängelansätze herausschneiden. Tomaten in Achtel schneiden.
6. Speiseöl portionsweise in einem großen Bräter erhitzen. Fleischstreifen portionsweise darin anbraten, mit Salz und Pfeffer bestreuen. Zwiebeln dazugeben und anbraten. Wein und Wildfond hinzugießen, unterrühren und zum Kochen bringen. Tomaten hinzufügen. Das Geschnetzelte zugedeckt etwa 10 Minuten bei schwacher Hitze garen.
7. Petersilie abspülen und trockentupfen. Die Blättchen von den Stängeln zupfen. Blättchen klein schneiden und mit der Sahne zum Geschnetzelten geben. Geschnetzeltes nochmals kurz aufkochen lassen und mit Salz, Pfeffer und Zitronensaft abschmecken.

8. Wildschweingeschnetzeltes mit Pistazien bestreuen und mit dem Chutney servieren

Beilage: Duftreis.

Tipp: Anstatt Wildschweinrücken können Sie auch Schweinerücken verwenden.

Wildschweinkeule

Wildschweinkeule

12 Portionen

Etwas teurer

Pro Portion:
E: 21 g, F: 22 g, Kh: 85 g,
kJ: 2787, kcal: 665

1 Wildschweinkeule ohne Knochen (etwa 3 kg)
4 EL Olivenöl
Salz
frisch gemahlener Pfeffer
180 g Zwiebeln
150 g getrocknete Tomaten in Öl
500 ml (1/2 l) Fleischbrühe
1 Staudensellerie
1 1/2 kg braune Champignons
150 g Katenschinkenwürfel
250 g Crème fraîche oder Schmand

Zubereitungszeit: 70 Min.
Gesamtgarzeit: etwa 2 1/2 Std.

1. Wildschweinkeule unter fließendem kalten Wasser abspülen, trockentupfen und von Fett und Sehnen befreien. Das Fleisch mit Salz und Pfeffer bestreuen und zu einem Rollbraten aufrollen, mit Küchengarn zusammenbinden. Das Fleisch in eine Fettfangschale legen, mit Öl beträufeln und mit Salz und Pfeffer bestreuen. Die Fettfangschale im unteren Drittel in den Backofen schieben.
   Ober-/Unterhitze: etwa 200 °C (vorgeheizt)
   Heißluft: etwa 180 °C (vorgeheizt)
   Gas: Stufe 3–4 (vorgeheizt)
   Garzeit: etwa 45 Minuten.
2. In der Zwischenzeit Zwiebeln abziehen und in grobe Würfel schneiden. Tomaten abtropfen lassen und in feine Streifen schneiden.
3. Die Zwiebelwürfel hinzufügen und etwa 15 Minuten mitgaren lassen.
4. Dann die Tomatenstreifen ebenfalls zum Fleisch geben und alles mit Fleischbrühe ablöschen. **Die Backofentemperatur um etwa 20 °C (Gas um etwa 1 Stufe) reduzieren. Wildschweinkeule und Gemüse weitere 60 Minuten garen.**
5. In der Zwischenzeit Staudensellerie putzen und die harten Außenfäden abziehen. Staudensellerie waschen, abtropfen lassen und die Stangen in etwa 1 cm große Stücke schneiden. Champignons putzen, mit Küchenpapier abreiben, evtl. abspülen, abtropfen lassen und halbieren.
6. Staudenselleriestücke, Champignonhälften und Katenschinkenwürfel mit in die Fettfangschale geben und alles noch **weitere 30 Minuten garen.**
7. Das gare Fleisch aus der Fettfangschale nehmen und etwa 10 Minuten zugedeckt ruhen lassen. Crème fraîche oder Schmand unter die Gemüse-Schinken-Mischung rühren, mit Salz und Pfeffer würzen und alles nochmals kurz im Backofen erhitzen.
8. Das Fleisch in Scheiben schneiden und evtl. ausgetretenen Fleischsaft mit dem Gemüse verrühren. Das Gemüse zu dem Fleisch servieren.

Beilage: Spätzle oder Kartoffelgratin.

Wirsinggulasch in Balsamicosauce

8–10 Portionen

Vegetarisch

Pro Portion:
E: 5 g, F: 7 g, Kh: 17 g,
kJ: 668, kcal: 160

1 kleiner Wirsingkopf (etwa 1 kg)
2–3 Bund Suppengrün (Möhren, Porree, Sellerie)
3 Zwiebeln
600 g kleine fest kochende Kartoffeln
1 Topf Thymian
6 EL Olivenöl
2 EL Zucker
6 EL Balsamico-Essig
400 ml Gemüsebrühe
1 gestr. TL gemahlener Kümmel
Salz
frisch gemahlener Pfeffer

Zubereitungszeit: 55 Min.
Garzeit: etwa 30 Min.

1. Von dem Wirsing die groben äußeren Blätter lösen. Wirsing vierteln, den Strunk herausschneiden. Wirsing abspülen, abtropfen lassen und in Stücke schneiden. Suppengrün putzen, schälen, waschen, abtropfen lassen und in kleine Würfel schneiden.
2. Zwiebeln abziehen und in grobe Würfel schneiden. Kartoffeln waschen, schälen, abspülen, abtropfen lassen und in Würfel schneiden. Thymian abspülen und trockentupfen. Die Blättchen von den Stängeln zupfen.
3. Olivenöl in einem Bräter oder großen Topf erhitzen. Vorbereitete Gemüse- und Kartoffelwürfel portionsweise etwa 10 Minuten darin andünsten. Zucker unterrühren und karamellisieren lassen. Essig und Brühe hinzugießen. Die Hälfte der Thymianblättchen hinzugeben, mit Kümmel, Salz und Pfeffer würzen. Die Zutaten zum Kochen bringen und zugedeckt bei schwacher Hitze etwa 30 Minuten garen. Nochmals mit den Gewürzen abschmecken und restliche Thymianblättchen unterrühren.

Wirsinggulasch in Balsamicosauce

Beilage:
Landbrot oder Roggenbrötchen.

Tipp:
Gulasch als nicht vegetarisches Gericht mit kleinen Hackfleischbällchen zubereiten. Dafür 600 g Bratwurstbrät mit angefeuchteten Händen zu kleinen Bällchen formen, diese in kochendem Salzwasser etwa 5 Minuten garen, herausnehmen und zum Gulasch geben.

Wraps mit Lachsfüllung

8 Stück

Schnell

Pro Portion:
E: 14 g, F: 19 g, Kh: 32 g,
kJ: 1478, kcal: 353

je 1 große rote und gelbe Paprikaschote
160 g Rucola (Rauke)
30 g Alfalfa-Sprossen
1 Pck. weiche Weizentortillas (Soft Flour Tortillas, 8 Stück, 360 g)

Für die Sauce:
2 Becher (je 150 g) Crème fraîche
2–3 EL Sahnemeerrettich
Salz
frisch gemahlener Pfeffer
etwas Zucker
1–2 Pck. Räucherlachs in Scheiben (je 200 g)

Zubereitungszeit: 40 Min.

1. Paprikaschoten halbieren, entstielen, entkernen, die weißen Scheidewände entfernen, Schoten waschen und in Streifen schneiden. Rucola verlesen, waschen, abtropfen lassen und Stiele entfernen. Sprossen in ein Sieb geben, abspülen und abtropfen lassen.
2. Tortillas nacheinander in einer Pfanne ohne Fett beidseitig kurz erwärmen.
3. Für die Sauce Crème fraîche mit Meerrettich verrühren und mit Salz, Pfeffer und Zucker würzen. Tortillas mit der Hälfte der Sauce bestreichen und Rucola darauf verteilen. 1–2 Lachsscheiben darauf legen, Paprika darüber streuen und restliche Sauce darauf verteilen.
4. Die Tortillas fest aufrollen und bis zum Servieren kalt stellen.

Tipp: Die Wraps nicht zu lange vorher vorbereiten, da sie sonst durchweichen. Wraps schräg halbiert servieren

Wraps mit Lachs- und Salatfüllung

Wraps mit Salatfüllung

14 Stück

Beliebt

Pro Stück:

E: 10 g, F: 11 g, Kh: 39 g, kJ: 1232, kcal: 294

150 g Eisbergsalat

Für die Balkansalatfüllung:

1 Dose Gemüsemais (Abtropfgewicht 285 g)
2 rote Zwiebeln
1 rote Paprikaschote
3 Schalen Balkansalat (je 200 g)

Für die Geflügelsalatfüllung:

1 Birne
1 Mango
1 Pck. weiche Weizentortillas (Soft Flour Tortillas, 8 Stück, 360 g)
1 Pck. weiche rote Weizentortillas (Chili Jalapeno Wraps, 6 Stück, 255 g)
600 g Geflügelsalat
Currypulver

Zubereitungszeit: 50 Min.

1. Salat putzen, halbieren, abspülen, abtropfen lassen, in Streifen schneiden.
2. Für die Balkansalatfüllung Mais abtropfen lassen. Zwiebeln abziehen und fein würfeln. Paprika halbieren, entstielen, entkernen und die weißen Scheidewände entfernen. Schote waschen, abtropfen lassen und in Streifen schneiden. Salat mit Mais und Zwiebeln mischen.
3. Für die Geflügelsalatfüllung Birnen waschen, schälen, vierteln, entkernen und in dünne Spalten schneiden. Mango halbieren. Das Fruchtfleisch vom Stein schneiden, schälen und in dünne Spalten schneiden.
4. Tortillas nacheinander in einer Pfanne ohne Fett beidseitig kurz erwärmen.
5. Die hellen Tortillas mit etwas Eisbergsalat belegen, darauf den Balkansalat und die Paprikastreifen legen. Tortillas fest aufrollen. Die roten Tortillas mit dem restlichen Eisbergsalat, Geflügelsalat, Mango- und Birnenstreifen belegen, mit Curry bestreuen und aufrollen.

Tipp: Die Wraps schräg halbiert servieren.

Würfelbraten

Würfelbraten
12 Portionen

Einfach

Pro Portion:
E: 32 g, F: 30 g, Kh: 9 g,
kJ: 1826, kcal: 436

Für den Braten:
600 g Kasselerkotelett (ohne Knochen)
800 g Schweineschnitzel am Stück
1 Glas Tomatenpaprika in Streifen (Abtropfgewicht 165 g)
3 Eier (Größe M)
70 g Semmelbrösel
1 Pck. TK-Salatkräuter (25 g)
400 g feine ungebrühte Bratwurst

Für die Sauce:
1 Salatgurke
1 Topf Schnittlauch
300 g Mayonnaise
200 g Naturjoghurt
Salz
Paprikapulver rosenscharf

Zubereitungszeit: 40 Min.
Garzeit: etwa 40 Min.

1. Für den Braten Kasseler und Schnitzelfleisch unter fließendem kalten Wasser abspülen, trockentupfen und in 1–2 cm große Würfel schneiden. Tomatenpaprika in ein Sieb geben, kalt abspülen, abtropfen lassen und grob hacken.
2. Eier mit Semmelbröseln, Salatkräutern und Paprikawürfeln verrühren. Bratwurstbrät aus der Haut drücken und untermischen. Die Masse mit den Fleischwürfeln vermengen. Die Masse in eine Kastenform (30 x 11 cm, gefettet, mit Semmelbröseln ausgestreut) füllen und andrücken. Die Form auf dem Rost in den Backofen schieben.
   Ober-/Unterhitze: etwa 200 °C (vorgeheizt)
   Heißluft: etwa 180 °C (vorgeheizt)
   Gas: Stufe 3–4 (vorgeheizt)
   Garzeit: etwa 40 Minuten.
3. In der Zwischenzeit für die Sauce Gurke waschen, abtrocknen und die Enden abschneiden. Gurke halbieren. Eine Hälfte in dünne Scheiben schneiden und zum Garnieren beiseite legen. Restliche Gurke in feine Würfel schneiden. Schnittlauch abspülen, trockentupfen und in Röllchen schneiden.
4. Mayonnaise mit Joghurt und Gurkenwürfeln verrühren, mit Salz und Paprikapulver würzen.
5. Den garen Braten etwa 10 Minuten in der Form stehen lassen, ihn dann aus der Form stürzen, wieder umdrehen und auf einer Platte mit den beiseite gelegten Gurkenscheiben anrichten. Die Sauce mit Schnittlauchröllchen bestreut zu dem Würfelbraten servieren.

Würstchenspieße „Zwerg Nase"
10–12 Portionen

Schnell

Pro Portion:
E: 14 g, F: 23 g, Kh: 68 g,
kJ: 2260, kcal: 541

2 Gläser Cocktailwürstchen (je 60 Stck., Abtropfgewicht je 260 g)
32 Cocktailtomaten
350 ml Curry-Ketchup
350 ml Barbecue-Sauce
350 ml Cocktail-Sauce
2 große Baguettes (je 500 g)
125 g weiche Kräuter- oder Knoblauchbutter

Außerdem:
Holz- oder Metallspieße
etwas Olivenöl

Zubereitungszeit: 25 Min.
Grillzeit: 10–15 Min.

1. Cocktailwürstchen in ein Sieb geben und abtropfen lassen. Tomaten wa-

Würstchenspieße „Zwerg Nase"

schen, trockentupfen und die Stängelansätze herausschneiden.

2. Den Ketchup und die Saucen jeweils in kleine Schüsseln geben und glatt rühren. Baguettes längs halbieren, in Stücke schneiden und mit der Butter bestreichen.
3. Würstchen und Tomaten abwechselnd auf Holz- oder Metallspieße stecken. Spieße mit Olivenöl bestreichen und auf dem heißen Grill (mit Alufolie belegt) 10–15 Minuten grillen. Die Baguettestücke mit der unbestrichenen Seite nach unten auf dem Grillrost etwa 3 Minuten grillen.
4. Die Saucen zu den Würstchenspießen und Baguettestücken reichen.

Tipp:
Statt Cocktailwürstchen können auch Geflügelwürstchen oder Nürnberger Würstchen verwendet werden.

Beilage: Sehr lecker schmeckt ein **bunter Käsesalat** zu den Würstchenspießen. Dafür brauchen Sie: 500 g gewürfelten Gouda-Käse, 2 Dosen Gemüsemais (Abtropfgewicht je 285 g), 2 Gläser Tomatenpaprika (Abtropfgewicht je 165 g), 1 Glas Honiggurken (Abtropfgewicht 215 g) sowie für die Sauce 4 Esslöffel Weißweinessig, Salz, Pfeffer und 6–8 Esslöffel Olivenöl. Lassen Sie den Gemüsemais, die Tomatenpaprika und die Honiggurken jeweils in einem Sieb abtropfen. Schneiden Sie die Tomatenpaprika und die Honiggurken in kleine Würfel und mischen Sie diese mit dem Gemüsemais und den Käsewürfeln. Verrühren Sie für die Sauce den Essig mit Salz und Pfeffer und schlagen Sie das Öl unter. Mischen Sie die Sauce mit den Salatzutaten und lassen Sie den Salat etwa 15 Minuten durchziehen. Nach Belieben dazu Croûtons reichen.

Wurst-Kartoffel-Gulasch

8–10 Portionen

Einfach

Pro Portion:
E: 19 g, F: 36 g, Kh: 22 g,
kJ: 2038, kcal: 487

400 g Möhren
400 g Sellerie
1,2 kg kleine Kartoffeln
250 g Zwiebeln
1 Knoblauchzehe
4 EL Olivenöl
2 EL Paprikapulver edelsüß
2 $^{1}/_{2}$ gestr. TL Paprikapulver rosenscharf
1 EL Weißweinessig
400 ml Rindfleischbrühe
Salz
frisch gemahlener Pfeffer
400 g ungebrühte Bratwurst
350 g kleine gepfefferte Salami
$^{1}/_{2}$ Topf Majoran
200 ml Schlagsahne

Zubereitungszeit: 45 Min.
Garzeit: etwa 30 Min.

1. Möhren und Sellerie putzen, abspülen, abtropfen lassen und in Würfel schneiden. Kartoffeln schälen, abspülen, abtropfen lassen und vierteln. Zwiebeln abziehen und in kleine Würfel schneiden. Knoblauch abziehen und durch eine Knoblauchpresse drücken.
2. Olivenöl in einem Topf erhitzen. Zwiebelwürfel darin andünsten, mit Paprikapulver edelsüß und rosenscharf bestäuben und unterrühren. Essig und Brühe hinzugießen, zum Kochen bringen.
3. Kartoffelviertel, Möhren-, Selleriewürfel und Knoblauch hinzugeben, mit Salz und Pfeffer würzen. Die Zutaten zum Kochen bringen und zugedeckt etwa 20 Minuten garen, dabei ab und zu umrühren, evtl. etwas Wasser hinzufügen.
4. Bratwurstbrät aus der Haut drücken und zu kleinen Bällchen formen. Salami in Würfel oder Scheiben schneiden. Beides zum Gulasch geben. Bratwurstbällchen in etwa 10 Minuten gar ziehen lassen.
5. Majoran abspülen und trockentupfen. Die Blättchen von den Stängeln zupfen. Majoranblätter und Sahne zum Gulasch geben, unterrühren und nochmals kurz erhitzen. Gulasch nochmals mit den Gewürzen abschmecken.

Beilage: Kümmelbrötchen.

Wurst-Kartoffel-Gulasch

Zanderrouladen

Zanderrouladen

8 Stück

Mit Alkohol

Pro Portion:
E: 31 g, F: 11 g, Kh: 4 g,
kJ: 1079, kcal: 257

300 g Tomaten
1/2 Endivienkopf (etwa 250 g)
1/2 TL Dr. Oetker Finesse Geriebene Zitronenschale
Salz
1 Porreestange (Lauch, 450 g)
etwas Salzwasser
4 Zanderfilets (ohne Haut, je 300 g)
250 ml (1/4 l) Fischfond oder Gemüsebrühe
125 ml (1/8 l) trockener Weißwein
20 g Butter
2 Bund Kerbel
1–2 EL Speisestärke
150 ml Schlagsahne
frisch gemahlener Pfeffer
Zitronensaft

Außerdem:
Küchengarn

Zubereitungszeit: 60 Min., ohne Abkühlzeit
Garzeit: etwa 30 Min.

1. Tomaten waschen, abtropfen lassen, kreuzweise einschneiden und kurz in kochendes Wasser legen. Tomaten mit kaltem Wasser abschrecken, enthäuten, halbieren, entkernen und die Stängelansätze herausschneiden. Tomaten in Würfel schneiden. Salat putzen, waschen und trockenschleudern. Blätter in feine Streifen schneiden.
2. Butter in einem Topf zerlassen. Salatstreifen unter Rühren darin andünsten, bis sie zusammengefallen sind. Zitronenschale unterrühren, mit Salz würzen und abkühlen lassen. Porree putzen. Stange längs halbieren. Porree waschen und abtropfen lassen. Porree in Blätter teilen. Salzwasser zum Kochen bringen und die Porreeblätter darin blanchieren. Die Blätter dann mit kaltem Wasser abschrecken und abtropfen lassen.
3. Von den Zanderfilets Gräten entfernen. Filets unter fließendem kalten Wasser abspülen und trockentupfen. Jedes Filet in 4 gleich große Stücke schneiden. 8 Filetstücke mit der Innenseite nach oben auf eine Arbeitsfläche legen und mit Salz bestreuen. Nacheinander Salatstreifen und Tomatenwürfel darauf verteilen. Restliche Zanderfilets auf der Innenseite mit Salz bestreuen, mit der gesalzenen Seite nach unten auf die Füllung legen. Jeweils 3–4 breite Porreeblätter der Länge nach leicht überlappend in der Breite der Zanderstücke nebeneinander legen. Zanderstücke darin einrollen, mit Küchengarn wie zu einem Päckchen verschnüren.
4. Die restlichen Porreeblätter klein schneiden, in eine Fettfangschale legen. Fond oder Brühe, Weißwein und Butter hinzugeben. Rouladen hineinlegen. Die Fettfangschale in den Backofen schieben.
   Ober-/Unterhitze: etwa 180 °C (vorgeheizt)
   Heißluft: etwa 160 °C (vorgeheizt)
   Gas: Stufe: 2–3 (vorgeheizt)
   Garzeit: etwa 30 Minuten.
5. Die garen Rouladen aus der Fettfangschale nehmen (Küchengarn entfernen), warm stellen. Kerbel abspülen und trockentupfen. Die Blättchen von den Stängeln zupfen. Einige Blättchen zum Garnieren beiseite legen. Restliche Blättchen fein hacken.
6. Den Sud (etwa 350 ml) durch ein Sieb in einen Topf gießen. Speisestärke mit Sahne anrühren, in den Sud rühren, unter Rühren kurz aufkochen lassen. Sauce mit Salz, Pfeffer und Zitronensaft würzen. Kerbel unterrühren. Rouladen mit der Sauce anrichten und mit den beiseite gelegten Kerbelblättchen garnieren.

Ziegenkäsesalat

8–10 Portionen

Raffiniert

Pro Portion:
E: 15 g, F: 25 g, Kh: 16 g,
kJ: 1494, kcal: 357

600 g halbfester Ziegenkäse am Stück
700 g Cocktailtomaten
2–3 rote Paprikaschoten
4–5 Zwiebeln
4 Knoblauchzehen
1 Bund Schnittlauch
1 Bund glatte Petersilie
150 g schwarze Oliven

Für die Sauce:
8 EL Weinessig
Salz
Zucker
frisch gemahlener schwarzer Pfeffer
8 EL Olivenöl

Zubereitungszeit: 40 Min.

1. Ziegenkäse entrinden und in kleine Würfel schneiden. Tomaten waschen und abtropfen lassen. Paprikaschoten halbieren, entstielen, entkernen und die weißen Scheidewände entfernen. Schoten waschen, abtropfen lassen und in dünne Streifen schneiden. Alle Zutaten in eine Schüssel geben.
2. Zwiebeln und Knoblauch abziehen. Zwiebeln halbieren und in feine Scheiben schneiden, Knoblauch fein hacken. Schnittlauch und Petersilie abspülen und trockentupfen. Blättchen von den Petersilienstängeln zupfen, fein schneiden. Schnittlauch in Röllchen schneiden. Zwiebeln, Knoblauch, Petersilie, Schnittlauch und Oliven ebenfalls in die Schüssel geben.
3. Für die Sauce Essig mit Salz, Zucker und Pfeffer verrühren, Öl unterschlagen, mit den Salatzutaten gut vermischen und vor dem Servieren nochmals abschmecken.

Zigeunerbraten

8–10 Portionen

Beliebt

Pro Portion:
E: 53 g, F: 51g, Kh: 8 g, kJ: 2970, kcal: 708

2 Stücke Dicke Rippe vom Schwein (je 1,2 kg)
Salz
frisch gemahlener Pfeffer
3 Zwiebeln
je 1 grüne, rote und gelbe Paprikaschote
1 Glas Champignonscheiben (Abtropfgewicht 265 g)
1 kleines Glas Silberzwiebeln (Abtropfgewicht 115 g)
6 EL Rapsöl
½ gestr. TL Paprikapulver edelsüß
¼ TL Cayennepfeffer
500 ml (½ l) Fleischbrühe
1 Glas Zigeunersauce (500 g)

Außerdem:
evtl. Küchengarn

Zubereitungszeit: 50 Min.
Gesamtgarzeit: etwa 2 Std.

1. Dicke Rippe unter fließendem kalten Wasser abspülen und trockentupfen. Das Fleisch oberhalb der Knochen so einschneiden, dass eine Tasche entsteht (evtl. vom Metzger einschneiden lassen). Das Fleisch von innen und außen mit Salz und Pfeffer einreiben.
2. Zwiebeln abziehen, halbieren und in Scheiben schneiden. Paprikaschoten halbieren, entstielen, entkernen und die weißen Scheidewände entfernen. Die Schoten waschen, abtropfen lassen und in Streifen schneiden. Champignonscheiben und Silberzwiebeln in einem Sieb abtropfen lassen.
3. Die Hälfte des Öls in einem Topf oder einer großen Pfanne erhitzen. Zwiebeln darin andünsten. Paprikastreifen hinzufügen und mit andünsten. Champignonscheiben und Silberzwiebeln zugeben und miterhitzen. Die Mischung mit Salz, Pfeffer, Paprikapulver und Cayennepfeffer würzen.
4. Etwa zwei Drittel der Mischung in die Fleischtaschen geben. Die Öffnungen evtl. mit Küchengarn zunähen oder gut fest stecken. Die Fleischstücke mit dem Knochen nach unten in eine Fettfangschale legen und mit dem restlichen Öl bestreichen. Die Fettfangschale in den Backofen schieben.
   Ober-/Unterhitze: etwa 220 °C (vorgeheizt)
   Heißluft: etwa 200 °C (vorgeheizt)
   Gas: Stufe 4–5 (vorgeheizt)
   Garzeit: etwa 45 Minuten.
5. **Die Backofentemperatur nach der Garzeit um 20–40 °C (Gas um 1–2 Stufen) reduzieren,** die restliche Gemüsemischung um das Fleisch verteilen und das Fleisch noch **weitere 75 Minuten garen**, dabei nach und nach die Fleischbrühe hinzugießen.
6. Das gare Fleisch aus der Fettfangschale nehmen und zugedeckt etwa 10 Minuten ruhen lassen.
7. Die Zigeunersauce zu dem Gemüse geben, verrühren, erhitzen und evtl. mit den Gewürzen abschmecken. Das Fleisch in Stücke schneiden und mit Füllung und Sauce servieren.

Beilage: Reis, Baguette oder Fladenbrot.

Zigeunerbraten

Zigeuner-Hackklößchen

8–10 Portionen

Preiswert

Pro Portion:
E: 35 g, F: 30 g, Kh: 30 g,
kJ: 2232, kcal: 533

Für die Hackklößchen:
1,2 kg Gehacktes (halb Rind-, halb Schweinefleisch)
2 Zwiebeln
3 Eier (Größe M)
Salz
frisch gemahlener Pfeffer
1–2 TL Paprikapulver edelsüß
120 g Semmelbrösel
750 ml (3/4 l) Fleischbrühe

Für das Gemüse:
2 Gemüsezwiebeln
3 rote Paprikaschoten
4 gelbe Paprikaschoten
5 EL Speiseöl
300 g TK-Erbsen
2–3 EL Tomatenmark
6 EL Tomatenketchup
1–2 EL Wasser
1 gestr. EL Speisestärke

Zubereitungszeit: 40 Min.

1. Für die Hackklößchen Gehacktes in eine Schüssel geben. Zwiebel abziehen, würfeln, zusammen mit Ei, Salz, Pfeffer, Paprika und Semmelbröseln gut vermischen und 16–20 Klößchen daraus formen.
2. Brühe zum Kochen bringen. Die Klößchen darin portionsweise 10–15 Minuten ziehen lassen. Klößchen mit einer Schaumkelle herausnehmen und warm stellen. Von der Fleischbrühe 500 ml (1/2 l) abmessen und beiseite stellen.
3. Für das Gemüse Zwiebeln abziehen und in Streifen schneiden. Paprika halbieren, entkernen und die weißen Scheidewände entfernen. Schoten waschen, abtropfen lassen und in Stücke schneiden.
4. Öl in einer großen Pfanne erhitzen. Zwiebeln und Paprika darin andünsten. Beiseite gestellte Fleischbrühe hinzugießen. Erbsen unterrühren und das Ganze etwa 10 Minuten garen.
5. Tomatenmark und -ketchup unterrühren und nochmals alles aufkochen lassen
6. Wasser mit Speisestärke anrühren und in das Gemüse einrühren. Gemüse einmal kurz aufkochen lassen, mit Salz und Pfeffer abschmecken. Die Klößchen mit dem Gemüse servieren.

Beilage: Reis.

Zigeunersauce

8–10 Portionen

Einfach

Insgesamt:
E: 12 g, F: 52 g, Kh: 81 g,
kJ: 3659, kcal: 874

2 Zwiebeln, 2 Knoblauchzehen
5 EL Olivenöl
1 rote Paprikaschote
250 g Tomatenketchup
3 EL Tomatenmark
125 ml (1/8 l) Tomatensaft
2 TL mittelscharfer Senf
je 1/2 Bund glatte Petersilie und Schnittlauch
3 Gewürzgurken
einige Spritzer Tabasco
etwa 1/2 TL Paprikapulver edelsüß
Salz, frisch gemahlener Pfeffer

Zigeuner-Hackklößchen

Zubereitungszeit: 35 Min.

1. Zwiebeln und Knoblauch abziehen, in feine Würfel schneiden. Olivenöl in einem Topf erhitzen. Zwiebel- und Knoblauchwürfel darin andünsten.
2. Paprika halbieren, entstielen, entkernen und die weißen Scheidewände entfernen. Schote waschen, abtropfen lassen und in feine Streifen schneiden. Paprikastreifen in den Topf geben und kurz mitdünsten lassen.
3. Tomatenketchup, -mark, -saft und Senf hinzufügen. Die Zutaten zum Kochen bringen und etwa 10 Minuten köcheln lassen, dabei ab und zu umrühren.
4. Petersilie und Schnittlauch abspülen und trockentupfen. Petersilienblättchen von den Stängeln zupfen. Petersilienblättchen und Schnittlauch fein schneiden. Gurken in feine Streifen schneiden.
5. Die Sauce mit Tabasco, Paprikapulver, Salz und Pfeffer würzen. Kräuter und Gurkenstreifen unterrühren.

Tipp:
Die Zigeunersauce passt gut zu gegrilltem Fleisch oder Fisch.

Rezeptvorschläge für ein Video-Party-Buffet

Für ein Video-Party-Buffet benötigen Sie für 10–12 Personen:

1,5 x Rezept **Zigeuner-Hackklößchen**, Seite 418
1–1,5 x Rezept **Holländischer Tomatentoast**, Seite 144
1 x Rezept **Brot mit Käsefüllung**, Seite 40
1 x Rezept **Champignon-Zucchini-Auflauf**, Seite 48

Außerdem:

750 g Langkornreis.

Vorbereitungen am Vortag:

Für die Zigeuner-Hackklößchen die Hackklößchen und das Gemüse zubereiten, getrennt erkalten lassen und kalt stellen.

Vorbereitungen am Tag der Party:

2–3 Stunden vorher:	• Brot mit Käsefüllung zubereiten. • Für den Champignon-Zucchini-Auflauf Punkt 1 bis 5 zubereiten. Die Eiermilch kalt stellen.
1 Stunde vorher:	• Holländischen Tomatentaost zubereiten.
Etwa 40 Minuten vorher:	• Eiermilch zum Champignon-Zucchini-Auflauf geben, den Auflauf backen.
Etwa 30 Minuten vorher:	• Den Reis nach Packungsanleitung zubereiten. • Die Hackklößchen in die Sauce geben, langsam erhitzen.
Zu Beginn der Party:	• Tomatentoast backen und servieren. Brot mit Käsefüllung aufschneiden.

Tipp: Die warmen Gerichte vorbereiten und während einer Videopause servieren.

Es eignen sich auch folgende zusätzliche Rezepte:

1 x Rezept **Toast Toskana**, Seite 379
1,5 x Rezept **Rotkäppchen-Tomaten**, Seite 309
1 x Rezept **Geflügelsuppe mit roten Linsen**, Seite 98
1,5 x Rezept **Vegetarischer Gemüseauflauf**, Seite 402

Außerdem:

1 Vollkorntoastbrot (750 g) im Backofen rösten.

Zimttoast mit Obstspießen

8–10 Portionen

Für Kinder

Pro Portion:
E: 11 g, F: 19 g, Kh: 52 g,
kJ: 1800, kcal: 430

6 Eier (Größe M)
250 ml (1/4 l) Milch
2 EL Zucker
1 gestr. TL gemahlener Zimt
4 Kiwis
4 Ananasscheiben (aus einer Dose)
16 Erdbeeren
1 Bund Minze oder Zitronenmelisse
3–4 EL flüssiger Honig
125 g Butter oder Margarine
16 Scheiben Toastbrot
etwas Zimt-Zucker zum Bestreuen

Zubereitungszeit: 30 Min.

Zimttoast mit Obstspießen

1. Eier mit Milch, Zucker und Zimt verquirlen.
2. Kiwis schälen und in je 4 Scheiben schneiden. Ananasscheiben vierteln. Erdbeeren waschen, abtropfen lassen und entstielen. Minze oder Zitronenmelisse abspülen und gut trockentupfen. Einige Blättchen zum Garnieren beiseite legen. Restliche Blättchen in feine Streifen schneiden.
3. Je 1 Ananasviertel, 1 Kiwischeibe und 1 Erdbeere auf 16 Holzspießchen aufreihen. Die Früchte mit Honig bepinseln und mit Minze- oder Zitronenmelissestreifen bestreuen.
4. Butter oder Margarine portionsweise in einer Pfanne erhitzen. Toastscheiben halbieren, durch das Eiergemisch ziehen und portionsweise von beiden Seiten goldgelb braten.
5. Die Zimttoasts mit den Fruchtspießen auf Tellern anrichten, mit Zimt-Zucker bestreuen und mit Minze- oder Zitronenmelisseblättern garnieren.

Tipp: Für die Fruchtspieße können Sie natürlich auch andere Früchte verwenden, wie z. B. Bananen, Weintrauben und Aprikosen.

Zucchini-Honig-Dip

8–10 Portionen

Zum Vorbereiten

Insgesamt:
E: 18 g, F: 137 g, Kh: 62 g,
kJ: 6541, kcal: 1564

2 kleine Zucchini (etwa 450 g)
450 g Crème fraîche
3 EL flüssiger Akazienhonig
Salz
frisch gemahlener Pfeffer

Zubereitungszeit: 25 Min.

1. Zucchini waschen, abtrocknen und die Enden abschneiden. Zucchini in Würfel schneiden. Zucchiniwürfel und Crème fraîche in einen hohen Rührbecher geben und pürieren.
2. Honig unterrühren. Den Dip mit Salz und Pfeffer pikant würzen.

Tipp:
Zucchini-Honig-Dip passt zu gegrilltem Fleisch, Gemüse und Kartoffeln.

Zucchini-Käse-Törtchen
12 Stück

Dauert länger

Pro Stück:
E: 9 g, F: 21 g, Kh: 15 g,
kJ: 1201, kcal: 287

Für den Knetteig:
250 g Weizenvollkornmehl
1/2 gestr. TL Dr. Oetker Backin
1 TL Salz
1 Ei (Größe M)
100 g Butter oder Margarine
2–3 EL Wasser

Für den Belag:
200 g Zucchini
200 g kleine Tomaten
einige Oregano- und Thymianstängel

Für die Käsecreme:
150 g Crème fraîche
100 ml Schlagsahne
2 Eier (Größe M)
1 TL Speisestärke
200 geriebener Gouda-Käse
Salz
frisch gemahlener Pfeffer
frisch geriebene Muskatnuss

Zubereitungszeit: 65 Min.
Backzeit: etwa 50 Min.

1. Für den Teig Mehl mit Backpulver mischen und in eine Rührschüssel geben. Salz, Ei, Butter oder Margarine und Wasser hinzufügen. Die Zutaten mit Handrührgerät mit Knethaken zunächst kurz auf niedrigster, dann auf höchster Stufe gut durcharbeiten.
2. Anschließend auf einer bemehlten Arbeitsfläche zu einem glatten Teig verkneten. Sollte er kleben, ihn in Folie gewickelt eine Zeit lang kalt stellen.
3. Den Teig auf einer bemehlten Arbeitsfläche dünn ausrollen. 12 runde Platten (Ø etwa 12 cm) ausstechen und kleine Soufflé-Förmchen (Ø 8 cm, gefettet) damit auslegen, dabei den Rand andrücken. Die Teigböden mit einer Gabel mehrmals einstechen. Die Förmchen auf dem Rost in den Backofen schieben und die Böden vorbacken.
   Ober-/Unterhitze: etwa 200 °C (vorgeheizt)
   Heißluft: etwa 180 °C (vorgeheizt)
   Gas: Stufe 3–4 (vorgeheizt)
   Backzeit: etwa 15 Minuten.
4. Die Förmchen auf einen Kuchenrost stellen. Die vorgebackenen Böden etwas abkühlen lassen.
5. Für den Belag Zucchini waschen, abtrocken und die Enden abschneiden. Zucchini längs halbieren und in dünne Scheiben schneiden. Tomaten waschen, abtropfen lassen, kreuzweise einschneiden und einige Sekunden in kochendes Wasser legen. Tomaten mit kaltem Wasser abschrecken, enthäuten, halbieren, entkernen und die Stängelansätze herausschneiden. Oregano und Thymian abspülen und trockentupfen. Die Blättchen von den Stängeln zupfen.
6. Für die Käsecreme Crème fraîche mit Sahne, Eiern, Speisestärke, Käse, Salz, Pfeffer und Muskat gut verrühren. Jeweils 1 Esslöffel der Käsecreme auf einen vorgebackenen Boden geben. Zucchinischeiben und Tomatenhälften darauf verteilen. Restliche Käsecreme mit den Kräuterblättchen verrühren und auf den Törtchen verteilen.
7. Die Förmchen wieder auf dem Rost in den Backofen schieben, bei gleicher Backofeneinstellung in etwa 35 Minuten fertig backen.

Tipp:
Servieren Sie die Zucchini-Käse-Törtchen als Vorspeise oder als Beilage zu einem frischen Salat.

Zucchini-Käse-Törtchen

Zucchini mit Kürbis-Paprika-Gemüse gefüllt

12 Stück

Vegetarisch

Pro Portion:
E: 6 g, F: 10 g, Kh: 28 g,
kJ: 952, kcal: 227

12 kleine Zucchini (etwa 1,6 kg)

Für die Füllung:
$^1/_2$ Topf Thymian
3 EL Olivenöl
300 g Langkornreis
500 ml ($^1/_2$ l) Gemüsebrühe
1 Dose geschälte Tomaten (Einwaage 400 g)
Salz, frisch gemahlener Pfeffer
1 gestr. TL Paprikapulver edelsüß

Für das Gemüse:
2 Gläser Kürbisstücke (Abtropfgewicht je 320 g)
je 3 rote und grüne Paprikaschoten (etwa 800 g)
2 mittelgroße Zwiebeln
4 EL Olivenöl
3 EL Tomatenmark
400 ml Gemüsebrühe
3 EL Olivenöl zum Beträufeln

Zubereitungszeit: 80 Min.
Garzeit: etwa 40 Min.

1. Zucchini waschen, abtrocknen und die Enden abschneiden. Von den Zucchini der Länge nach jeweils eine etwa 2 cm dicke Scheibe abschneiden. Die aufgeschnittenen Zucchini mit einem Teelöffel aushöhlen, dabei einen etwa 1 cm breiten Rand stehen lassen. Das herausgenommene Fruchtfleisch und die Zucchinischeiben in kleine Würfel schneiden.
2. Für die Füllung Thymian abspülen und trockentupfen. Von etwa zwei Dritteln der Thymianstängel die Blätter abzupfen. Restliche Stängel beiseite legen.
3. Olivenöl in einem Topf erhitzen. Reis und Thymianblätter darin andünsten. Brühe hinzugießen. Den Reis zugedeckt bei milder Hitze 5 Minuten garen. Tomaten abtropfen lassen, dabei den Saft auffangen. Tomaten in kleine Stücke schneiden.
4. Zucchiniwürfel zum Reis geben und 3 Minuten mitgaren. Tomatenstücke und aufgefangenen Saft unterrühren. Gemüsereis mit Salz, Pfeffer und Paprikapulver abschmecken und mit der Flüssigkeit in die ausgehöhlten Zucchini füllen.
5. Für das Gemüse Kürbisstücke in einem Sieb abtropfen lassen und in kleine Stücke schneiden. Paprikaschoten halbieren, entstielen, entkernen und die weißen Scheidewände entfernen. Die Schoten waschen, abtropfen lassen und in grobe Würfel schneiden. Zwiebeln abziehen und würfeln.
6. Olivenöl in einem großen Topf erhitzen. Die Zwiebelwürfel und Paprikastücke darin andünsten. Tomatenmark unterrühren. Gemüsebrühe einrühren. Kürbisstücke hinzufügen. Das Gemüse in 2 große, flache Auflaufformen (gefettet) oder 2 Fettfangschalen (gefettet) füllen. Die gefüllten Zucchinihälften darauf setzen und mit Olivenöl beträufeln. Die Auflaufformen auf dem Rost oder die Fettfangschalen nacheinander (bei Heißluft zusammen) in den Backofen schieben.
   Ober-/Unterhitze: etwa 180 °C (vorgeheizt)
   Heißluft: etwa 160 °C (nicht vorgeheizt)
   Gas: Stufe 2–3 (nicht vorgeheizt)
   Garzeit: etwa 40 Minuten.
7. Gemüse nochmals mit den Gewürzen abschmecken. Gefüllte Zucchini auf dem Gemüse anrichten und mit den beiseite gelegten Thymianstängeln garnieren.

Tipp:
Die Zucchini mit 400 g geraspeltem Mozzarella überbacken.

Zucchini mit Kürbis-Paprika-Gemüse

Zucchinisuppe mit Joghurt

12 Portionen

Einfach

Pro Portion:
E: 14 g, F: 20 g, Kh: 7 g,
kJ: 1151, kcal: 275

5–6 Knoblauchzehen
3 Zwiebeln
1,2 kg Zucchini
100 g Butter
1250 ml (1 1/4 l) Gemüsebrühe
600 g Schafkäse
750 g Naturjoghurt
3 gestr. EL Weizenmehl
2 Bund Schnittlauch
3 Eier (Größe M)
Salz
frisch gemahlener Pfeffer
frisch geriebene Muskatnuss

Zubereitungszeit: 60 Min.

1. Knoblauchzehen und Zwiebeln abziehen und fein hacken. Zucchini waschen, abtropfen lassen und Enden abschneiden. Zucchini in feine Würfel schneiden. Butter in einem großen Topf zerlassen. Knoblauch und Zwiebeln darin andünsten. Zucchiniwürfel hinzufügen und mitdünsten.
2. Gemüsebrühe hinzufügen und zum Kochen bringen. Das Gemüse zugedeckt 5–8 Minuten garen.
3. Schafkäse in Würfel schneiden. Joghurt mit Mehl verrühren. Den Topf von der Kochstelle nehmen. Angerührten Joghurt unter Rühren in die Suppe geben und unter Rühren aufkochen lassen. Schafkäse unterrühren.
4. Schnittlauch abspülen, trockentupfen und fein schneiden. Etwas von der Suppe abnehmen, mit den Eiern verquirlen und wieder in die Suppe einrühren. Die Suppe darf dabei nicht mehr kochen. Suppe mit Salz, Pfeffer und Muskat abschmecken und heiß servieren.

Tipp:
Dazu warmes Fladenbrot oder Ciabatta servieren.

Zucchinisuppe mit Joghurt

Zwiebel-Sahne-Schnitzel

8 Portionen

Zum Vorbereiten

Pro Portion:
E: 46 g, F: 40 g, Kh: 9 g,
kJ: 2436, kcal: 583

1 kg Zwiebeln
8 Schweineschnitzel (je etwa 150 g)
Salz
frisch gemahlener weißer Pfeffer
6 EL Weizenmehl
80 g Butterschmalz
400 ml Schlagsahne
300 g geriebener mittelalter Gouda-Käse
1 Bund Schnittlauch

Zubereitungszeit: 50 Min., ohne Abkühlzeit
Garzeit: etwa 30 Min.

1. Zwiebeln abziehen, halbieren und in dünne Scheiben schneiden. Schnitzel unter fließendem kalten Wasser abspülen und trockentupfen. Mit Salz und Pfeffer bestreuen. Schnitzel in Mehl wenden.
2. Die Hälfte vom Butterschmalz in einer großen Pfanne erhitzen. Die Schnitzel darin in 2 Portionen von beiden Seiten anbraten, herausnehmen und in eine große flache Auflaufform legen.
3. Restliches Butterschmalz in der Pfanne zerlassen. Die Zwiebelscheiben darin glasig dünsten, etwas abkühlen lassen.
4. Zwiebelscheiben auf den Schnitzeln verteilen. Sahne darauf gießen. Schnitzel zugedeckt über Nacht in den Kühlschrank stellen.
5. Zwiebelschnitzel mit dem Käse bestreuen. Die Form auf dem Rost in den Backofen schieben.
   Ober-/Unterhitze: etwa 200 °C (vorgeheizt)
   Heißluft: etwa 180 °C (vorgeheizt)
   Gas: Stufe 3–4 (vorgeheizt)
   Garzeit: etwa 30 Minuten.
6. Schnittlauch abspülen, trockentupfen und in feine Röllchen schneiden. Die garen Sahne-Zwiebel-Schnitzel noch etwa 5 Minuten im ausgeschalteten Backofen ruhen lassen. Dann herausnehmen und mit Schnittlauch bestreut sofort servieren.

Beilage: Ofenfrisches Baguette.

Tipp: Statt Schweineschnitzel können auch Puztenschnitzel verwendet werden.

Variante:
Statt Zwiebeln 1 kg frische Champignons verwenden, dafür Champignons putzen, mit Küchenpapier abreiben, evtl. abspülen und trockentupfen. Champignons in Scheiben schneiden, in dem Bratfett anbraten und auf den Schnitzeln verteilen. Oder 100 g Schinkenspeck in Streifen schneiden, in dem Bratfett ausbraten, dann die Champignonscheiben hinzugeben, mit anbraten und zusätzlich 2 Esslöffel frische Petersilie unterheben.

Zwiebel-Sahne-Schnitzel

Zwiebelsuppe, feurig

8–10 Portionen

Raffiniert

Pro Portion:
E: 9 g, F: 19 g, Kh: 10 g,
kJ: 1035, kcal: 247

1 kg Gemüsezwiebeln
4 EL Olivenöl
3 EL Tomatenmark
2 EL Currypulver
2 1/2 l Gemüsebrühe
1 EL rosa Pfefferbeeren

2–3 rote Chilischoten
200 g entsteinte schwarze Oliven
Salz, frisch gemahlener Pfeffer
1–2 TL Sambal Oelek
150 g Parmesan-Käse

Zubereitungszeit: 65 Min.

1. Gemüsezwiebeln abziehen, halbieren und in Streifen schneiden. Öl in einem Topf erhitzen. Die Zwiebelstreifen darin andünsten. Tomatenmark und Currypulver hinzufügen und kurz mitdünsten. Gemüsebrühe hinzugießen, alles zum Kochen bringen und zugedeckt etwa 20 Minuten garen.
2. Pfefferbeeren etwas zerdrücken. Chilischoten putzen, halbieren und entkernen. Die Schoten waschen, abtropfen lassen und in Streifen schneiden. Oliven achteln. Die vorbereiteten Zutaten in die Suppe geben und mit Salz, Pfeffer und Sambal Oelek scharf würzen.
3. Parmesan hobeln. Die Suppe mit frisch gehobeltem Parmesan bestreuen.

Tipp:
Joghurt, Crème fraîche oder Knoblauchcroûtons zu der Suppe reichen.

Zwiebel-Tomaten-Toast

Zwiebel-Tomaten-Toast

10 Stück

Beliebt

Pro Stück:
E: 12 g, F: 13 g, Kh: 23 g,
kJ: 1078, kcal: 257

10 mittelgroße Zwiebeln
5 EL Speiseöl, z. B. Olivenöl
Salz
frisch gemahlener Pfeffer
10 Scheiben Vollkornbrot
5 mittelgroße Tomaten
250 g geriebener Emmentaler-Käse
2 TL Kümmelsamen

Zubereitungszeit: 30 Min.
Backzeit: etwa 10 Min.

1. Zwiebeln abziehen, zuerst in Scheiben schneiden, dann in Ringe teilen. Speiseöl in einer Pfanne erhitzen. Zwiebelringe portionsweise darin unter Wenden anbraten. Mit Salz, Pfeffer und Kümmel würzen.
2. Brotscheiben auf 2 Backbleche (mit Backpapier belegt) legen. Zwiebelringe gleichmäßig darauf verteilen.
3. Tomaten waschen, trockentupfen, halbieren und die Stängelansätze entfernen. Tomaten in Scheiben schneiden und auf die Zwiebelringe geben, mit Käse und Kümmel bestreuen.
4. Die Backbleche nacheinander (bei Heißluft zusammen) in den Backofen schieben.
   Ober-/Unterhitze: etwa 220 °C (vorgeheizt)
   Heißluft: etwa 200 °C (vorgeheizt)
   Gas: Stufe 4–5 (vorgeheizt)
   Backzeit: etwa 10 Min.

Beilage: Grüner Salat.

Tipp:
Wenn Sie es nicht vegetarisch mögen, können Sie den Toast zusätzlich mit Kasseleraufschnitt zubereiten.

Zwölfer-Salat

12 Portionen

Einfach

Pro Portion:
E: 9 g, F: 19 g, Kh: 25 g,
kJ: 1318, kcal: 315

12 hart gekochte Eier
12 Zwiebeln
12 Äpfel (etwa 1,7 kg)
12 große Gewürzgurken (etwa 800 g)
2 Gläser Tomaten-Paprika in Streifen (Abtropfgewicht je 165 g)
1 Bund Petersilie
600 g leichte Salatcreme

Zubereitungszeit: 50 Min.

1. Eier pellen und in Würfel schneiden. Zwiebeln abziehen und in feine Ringe schneiden. Äpfel schälen, vierteln und entkernen. Gewürzgurken abtropfen lassen. Äpfel und Gewürzgurken in Würfel schneiden.
2. Tomaten-Paprika in einem Sieb gut abtropfen lassen. Alle Zutaten bis auf die Eier in eine große Schüssel geben.
3. Petersilie abspülen, trockentupfen, die Blättchen von den Stängeln zupfen und fein hacken. Petersilie und Salatcreme mit den anderen Zutaten in einer Schüssel vermengen. Die Eiwürfel vorsichtig unterheben. Den Salat bis zum Servieren kalt stellen.

Häppchen und Snacks

Antipasti-Buffet . . . 6
Antipasti-Platte . . . 8
Apfel-Camembert-Toast . . . 10
Armer-Ritter-Toast . . . 12
Auberginenrouladen . . . 18
Auberginenscheiben, gegrillt mit eingelegten Limetten . . . 19
Austernpilze vom Grill . . . 21
Baguettes mit Käse überbacken . . . 22
Blätterteigrouladen . . . 26
Börsenhäppchen . . . 34
Brot, gefüllt mit Frischkäse . . . 40
Brot mit Käse-Füllung . . . 40
Brühwürste, gefüllt . . . 41
Dinkel-Muffins mit Salami . . . 61
Farmerkartoffeln . . . 73
Fladenbrote, gefüllt und gebacken . . . 81
Flammküchle, schnelle . . . 82
Frühlingszwiebeln im Bierteig . . . 91
Gemüsefladen . . . 101
Gemüse-Mett-Brötchen . . . 104
Gemüseschnitzel . . . 107
Gemüsetörtchen mit Ziegenkäse . . . 109
Gemüse und Apfelspalten, gegrillt, mit Zitronen-Soja-Vinaigrette . . . 110
Gyros-Riesen-Toast . . . 122
Holländischer Tomatentoast . . . 144
Italienischer Toast . . . 153
Kartoffelrösti, raffiniert belegt . . . 174
Käsespießchen mit fruchtigen Dips . . . 185
Kasseler-Aprikosen-Toast . . . 187
Mozzarellaspieße . . . 238
Musketier-Spieße . . . 238
Pfefferonen „italienisch" . . . 258
Pfefferonen „mexikanisch" . . . 258
Pitabrote, gefüllt . . . 264
Pizzakartoffeln . . . 270
Pizzastreifen . . . 271
Putenbrust-Mango-Sandwich . . . 279
Rinderfilettoast . . . 299
Roastbeef mit Kräutern . . . 304
Roquefort-Apfel-Toast . . . 306
Rotkäppchen-Tomaten . . . 309
Sandwichtaschen mit vegetarischer Füllung 316
Schafkäse, mariniert . . . 320
Schinken-Käse-Brötchen . . . 327
Spargel-Schinken-Röllchen . . . 363
Spinat- und Weizenwraps . . . 366
Tacoparade „Mexikana" . . . 370
Toast Oriental . . . 378
Toast Toskana . . . 379
Tomaten, gefüllt und gratiniert . . . 380
Tomaten-Gurken-Schiffchen . . . 380
Tortenbrie, gefüllt . . . 386
Tramezzini mit Eiercreme . . . 389
Tunfisch-Bananen-Toast . . . 391
Vegetarischer Toast . . . 403
Vorspeisenspieße . . . 406
Wraps mit Lachsfüllung . . . 412
Wraps mit Salatfüllung . . . 413
Zimttoast mit Obstspießen . . . 420
Zwiebel-Tomaten-Toast . . . 425

Salate mit Fleisch

Bohnensalat mit Kasseler . . . 32
Brathähnchensalat . . . 35
Bratkartoffelsalat mit Lamm und Tsatsiki . . . 36
Chinakohlsalat mit Frischkäse . . . 50
Chinesischer Reisnudelsalat . . . 53
Dänischer Nudelsalat . . . 59
Hähnchen-Avocado-Salat . . . 128
Italienischer Spaghettisalat . . . 152
Kartoffel-Spitzkohl-Salat mit Kasseler . . . 180
Leberkäsesalat . . . 210
Makkaronisalat . . . 215
Nudelsalat mit Fleischsalat . . . 246
Nudelsalat mit Putenstreifen . . . 246
Porree-Curry-Salat . . . 273
Radieschensalat mit Cocktailwürstchen . . . 288
Reissalat . . . 294
Salat mit Hähnchenbrustfilet . . . 313
Salattorte mit Schafkäse . . . 314
Schichtsalat mit Bohnen . . . 325
Spätzle-Linsen-Salat . . . 364
Teufelssalat . . . 373

Salate mit Fisch und Meeresfrüchten

Dänischer Heringssalat . . . 58
Gemüse-Kartoffel-Salat mit Lachs . . . 104
Herings-Kartoffel-Salat . . . 140
Karnevalsalat . . . 168
Radieschensalat mit Tunfisch . . . 288
Schichtsalat mit Forellenfilets . . . 326
Tunfisch-Mais-Salat . . . 391
Tunfisch-Nudel-Salat . . . 392

Vegetarische Salate

Bohnen-Paprika-Salat . . . 31
Eisbergsalat „Alaska" . . . 65
Farfalle-Schichtsalat . . . 72
Fenchel auf Möhren-Orangen-Salat . . . 74
Gemüsesalat mit Knoblauchdressing . . . 106
Gurken-Joghurt-Salat . . . 121
Kartoffelsalat . . . 175
Kartoffelsalat mit Pesto . . . 177
Korsischer Tomatensalat . . . 196
Linsensalat in Senfdressing . . . 212
Mozzarella-Nudel-Salat . . . 237
Spitzkohl mit Champignons . . . 368
Tomaten-Schafkäse-Salat . . . 383
Ziegenkäsesalat . . . 416
Zwölfer-Salat . . . 425

Suppen und Eintöpfe mit Fleisch

Asiatischer Schweinefleischtopf . . . 15
Bohnensuppe mit Hähnchenfleisch . . . 32
Bohnentopf mit Käse . . . 34
Chinakohl-Stew . . . 50
China-Suppe, scharfe . . . 51
Curry-Ananas-Rahmsuppe . . . 56

Currytopf 57
Erbseneintopf 69
Feuertopf 76
Fleischtopf mit Käse überbacken 84
Geflügelsuppe mit roten Linsen 98
Griechische Ostersuppe 118
Gyrossuppe 123
Hähnchentopf „Indische Art" 135
Hirtentopf 142
Indische Ofensuppe 146
Italienischer Puten-Gemüse-Eintopf 151
Jägersuppe 154
Jägertopf 154
Kaiser-Wilhelm-Kartoffelsuppe 160
Kalbs-Currys, scharf 162
Kartoffelsuppe 180
Käsesuppe mit Beilagen 186
Kohlrabitopf mit Bratwurstklößchen 193
Kohltopf 194
Lamm-Gemüse-Topf 199
Lammgyrossuppe 201
Lammtopf mit Aprikosen 207
Lumpensuppe 213
Maistopf 214
Mexikanische Bohnensuppe 227
Mexikanischer Bohnen-Geflügel-Topf 228
Mitternachtstomatensuppe 233
Möhrensuppe mit Ingwer und Kokos 235
Ofensuppe 251
Orientalischer Fleischtopf 254
Orientalischer Reistopf 255
Pfifferlings-Rindfleisch-Topf 260
Pfundstopf 262
Pilztopf mit Grießklößchen 263
Präsidentensuppe 274
Reistopf 295
Rinderchili 298
Rindfleischtopf mit Rotwein 302
Rindfleischtopf nach Sauerbratenart 302
Russischer Hackfleischtopf 311
Scharfe Mitternachtssuppe 320
Schmorgurkentopf 330
Schweinegulaschtopf 341
Serbische Bohnensuppe 356
Spanische Bauernsuppe 360
Tiroler Speckknödelsuppe 377
Ungarische Gulaschsuppe 395
Ungarisches Kartoffelgulasch 397

Suppen und Eintöpfe mit Fisch und Meeresfrüchten

Garnelen-Fisch-Topf 93
Helgoländer Fischtopf 139
Italienische Fischsuppe 148
Käse-Lauch-Suppe mit Lachs 184
Linsen-Paprika-Eintopf mit Forelle 211
Linsensuppe mit Räucherfisch 212
Mecklenburger Fischtopf 222
Mediterraner Fischtopf 222
Räucherfisch-Rahmsuppe 292
Ungarische Fischsuppe 394

Vegetarische Suppen und Eintöpfe

Blumenkohl-Frischkäse-Suppe 29
Brokkoli-Käse-Suppe 39
Französische Gemüsesuppe mit Pistou 86
Gazpacho aus Tomaten
(Kalte Tomatensuppe aus Spanien) 95
Gemüsesuppe, scharfe 108
Gemüsetopf 108
Gnocchi-Topf 114
Gurkensuppe mit Joghurt 121
Italienische Gemüsesuppe 149
Italienische Kichererbsensuppe 150
Japanischer Tofu-Eintopf 156
Kartoffelsuppe mit Weißwein 181
Konfetti-Suppe 195
Kürbis-Käse-Cremesuppe 197
Mallorquinische Kohlsuppe 217
Möhrencremesuppe mit Käseklößchen 234
Paprikasuppe, rot-grün 257
Pizzasuppe 272
Ratatouille-Suppe 290
Salsa-Suppe 314
Sauerkrautsuppe mit Croûtons 319
Selleriecremesuppe mit Knoblauchcroûtons 353
Tomatensuppe, kalt mit Avocadocreme . . . 384
Tomatensuppe mit Mozzarellaklößchen . . . 384
Zucchinisuppe mit Joghurt 423
Zwiebelsuppe, feurig 424

Aufläufe und Gratins mit Fleisch

Auflauf in Kohlrabi 20
Aufläufe im Glas 20
Bauernpastete 24
Bohnenauflauf 30
Bohnenauflauf nach Cowboy-Art 30
Bratwurstpfanne 37
Bratwurstwähe 38
Cabanossi-Auflauf 42
Griechischer Nudelauflauf 118
Hack-Auberginen-Auflauf 124
Kartoffelauflauf 169
Käsekartoffeln 183
Kohlrabi-Hack-Auflauf 192
Maultaschenauflauf 221
Minifrikadellenauflauf 228
Nudelauflauf chinesischer Art 240
Nudelauflauf mit Würstchen 242
Nudelgratin mit Lamm 243
Putenauflauf „Schwäbische Art" 278
Quark-Nudel-Auflauf 286
Ravioliauflauf 292
Reisauflauf mit Schafkäse 293
Röstiauflauf 307
Sauerkrautauflauf mit Quarkguss 317
Scheibenauflauf 323
Schweizer Kartoffelpfanne mit Eiern 352
Spitzkohlgratin 376
Tortellini-Mangold-Auflauf 385
Tortilla-Chips-Auflauf 387
Ungarischer Sauerkrautauflauf 396

Aufläufe und Gratins mit Fisch und Meeresfrüchten

Hawaii-Meeresfrüchte-Auflauf 137
Meeresfrüchteauflauf 224
Nudelauflauf mit Garnelen und Schinken .. 241
Nudelauflauf mit Lachs-Sahne-Dill-Sauce .. 242
Räucherfischgratin 291
Spinat-Lachs-Auflauf 365

Vegetarische Aufläufe und Gratins

Champignon-Zucchini-Auflauf 48
Fenchelgratin à la santé 75
Frühlingsgratin 90
Gemüseauflauf mit Kichererbsen 98
Kartoffel-Gemüse-Gratin 171
Kartoffelgratin 172
Kartoffelscheiben auf Tomatenragout, gratiniert 178
Knoblauchgratin mit Nudeln 190
Möhren-Zucchini-Auflauf 236
Nudeln vom Blech 244
Vegetarische Moussaka 401
Vegetarischer Gemüseauflauf 402
Zucchini-Käse-Törtchen 421

Partygerichte mit Fleisch

Calvados-Rouladen 44
Calzonebraten 44
Chicken Wings, mariniert 49
Entenbrustragout mit Orangen 66
Entenbrustspieße vom Grill 68
Entenragout in Basilikum-Schalotten-Sauce . 68
Falsches Filet in dunkler Biersauce 72
Filetduo 78
Fleisch-Reis-Bällchen mit Gemüse 82
Fleischröllchen mit Schinken-Salbei-Füllung . 83
Försterpfanne 85
Gans mit Geflügelfüllung 92
Geflügelgulasch „Ungarische Art“ 96
Geflügel-Kebab 97
Gemüse-Hähnchen-Gulasch 102
Geschnetzeltes mit Frischkäse 110
Griechische Lammsteaks 117
Gulasch mit Käse überbacken 121
Hackbraten mit Kürbiskernen 125
Hackfleisch-Gemüse-Pfanne 126
Hähnchenbrustfilet, gegrillt nach mediterraner Art 128
Hähnchenbrustfilet im Speckmantel 128
Hähnchen-Ratatouille-Schnitzel 131
Hähnchenschenkel in Mandarinensauce ... 132
Hähnchenschenkel mit Parmaschinken-Pesto 132
Hähnchenschnitzel in Kräuterpanade 134
Hähnchenstücke, mariniert und gegrillt ... 134
Kalbfleisch-Parma-Röllchen 161
Kalbsgeschnetzeltes mit Steinpilzen 162
Kalbsragout mit Spargel 164
Kalbsschnitzel, gefüllt in Paprikarahm 166
Karibische Hähnchen 167
Kartoffelsalat mit gefüllten Steaks 176
Käse-Hack-Rouladen 182
Kasselerbraten mit Möhrenkruste 187
Kasseler mit Kräuter-Pesto 188
Kasselerroulade 189
Lammgulasch 200
Lammhackbraten mit Schafkäse 202
Lammkoteletts in Zitronenmarinade 203
Lammragout mit Gemüse 203
Lammrücken mit Kartoffelkruste 204
Lammschnitzel in Kräuter-Knoblauch-Panade 205
Lammschnitzel verhüllt mit provenzalischem Gemüse 206
Minirouladen aus dem Backofen 232
Ofenschnitzel 250
Orientalische Hackfleischtorte 253
Poulardengeschnetzeltes mit Apfelspalten . 274
Pute, gefüllt 276
Putenbraten mit Kräutern 278
Puten-Pilz-Gulasch 280
Putenrollbraten, gefüllt 280
Putenröllchen auf schwedische Art 281
Putenrouladen mit Schafkäse und Paprikareis 282
Putenschnitzel à la Bordelaise 282
Putensteaks und Ananas vom Grill 283
Räuber-Paprika-Hackbraten 290
Reisnudeln mit Schweinefilet 294
Rheinisches Sauergulasch 296
Riesenroulade 297
Rindergulasch mit Feta 300
Rinderrouladen, süß-sauer 300
Rippe mit Backobst 303
Rosenkohltorte mit Kasseler 306
Salzbraten 315
Schichtbraten 324
Schinkenbraten „Hawaii“ 326
Schlemmerbraten 328
Schmetterlingssteaks „Hawaii“ 330
Schnitzel mit Gemüsesauce 332
Schnitzel-Sahne-Pfanne 333
Schnitzel „Utrechter Art“ 334
Schweinefilet im Zwiebelbett 340
Schweinekotelettbraten 342
Schweinelendchen in Kräuter-Käse-Sauce . . 342
Schweinemedaillons in Käsesauce 343
Schweinemedaillons in Lauchpanade 344
Schweinenacken im Salzmantel 345
Schweinenackensteaks, mit Kräutern und Malzbier gebeizt 346
Schweineragout mit Früchten 346
Schweinerippchen, gegrillt mit Paprika-Butter-Gemüse 347
Schweinerücken, gefüllt 348
Schweinerückenschnitzel in Majoranpanade 349
Schweineschnitzel „Jägerart“ 350
Schweineschulter, gefüllt 351
Schweinesteaks in Zwiebel-Sahne-Sauce . . 352
Senfbraten 354
Spareribs 362
Tandoori-Spieße 372
Truthahn 390
Westfälische Schnitzel 408
Wildschweingeschnetzeltes mit Mango-Chutney 410
Wildschweinkeule 411
Würfelbraten 414
Wurst-Kartoffel-Gulasch 415
Zigeunerbraten 417
Zigeuner-Hackklößchen 418
Zwiebel-Sahne-Schnitzel 424

Partygerichte mit Fisch und Meeresfrüchten

Asiatische Fischpäckchen 13
Atlantikzungenröllchen „Kreolische Art" . . . 16
Doraden mit Tomaten vom Grill 63
Fischgulasch mit Sauerkraut 78
Fisch mit Kruste 79
Fisch-Mixed-Grill 80
Fischragout mit Fenchel 80
Garnelen in Kräutermarinade vom Grill 94
Garnelen-Limetten-Spieße 94
Grillfische 120
Heilbutt mit Gemüse in Folie gegrillt 138
Kabeljaufilet in Folie gegrillt 158
Kabeljaufilet „Italienische Art" 158
Kabeljauschnitzel in Dillpanade 159
Lachskoteletts vom Grill 198
Lachsschnitten mit Dill und Gurken-Tomaten-Salat 198
Makrelen auf Mittelmeerart 216
Makrelenfilets „Bretonische Art" 216
Meeresfrüchteragout mit Pasta 224
Rotbarschfilet in Cornflakes-Hülle 308
Schollenfilets „Frühlingsart" 338
Sizilianische Fischrouladen 356
Tintenfischspieße mit Knoblauchdip 376
Tunfischsteaks mit Kräutern und Knoblauch, gegrillt 393
Viktoriabarschfilets in einer Käsehülle 404
Zanderrouladen 416

Vegetarische Partygerichte

Blumenkohl-Curry 28
Cannelloni mit Ricotta-Spinat-Füllung 46
Champignongulasch mit Zuckerschoten 47
Chinesische Gemüsepfanne 52
Couscous mit Gemüse 55
Frühlingsgemüse mit Penne 90
Gemüse-Carpaccio 99
Gemüseecken mit Käsesauce 100
Gemüsekasserolle mit Maiskölbchen 103
Gemüseragout mit Kartoffeln 106
Indisches Currygemüse 146
Kartoffel-Carpaccio 170
Kartoffel-Feta-Puffer vom Grill 170
Kartoffelgulasch mit Frühlingszwiebeln . . . 172
Kartoffeln vom Blech 174
Kartoffel-Schicht-Torte 178
Käsespätzle 184
Nudelspieße 247
Ofenkartoffeln mit Gemüse-Quark-Füllung . 250
Paprikagemüse, gegrillt 256
Paprikalasagne 256
Pfifferlings-Kartoffel-Gulasch 259
Tortilla vom Blech mit Spargel 388
Wirsinggulasch in Balsamicosauce 412
Zucchini mit Kürbis-Paprika-Gemüse gefüllt 422

Desserts

Apfelauflauf 9
Birnen-Ananas-Auflauf 25
Diplomatencreme 62
Erdbeerklöße mit Vanillesauce 70
Erdbeer-Sekt-Dessert 71
Früchte-Clafoutis 88
Giraffencreme 113
Götter-Schicht-Speise 114
Himbeer-Tiramisu 142
Joghurt-Himbeer-Crème 157
KiBa-Quark 190
Marmorpudding 220
Orangen-Tiramisu 252
Pfirsich-Kirsch-Auflauf 260
Pflaumen-Schupfnudel-Auflauf 261
Quarkauflauf mit Äpfeln 284
Quarkcremeauflauf 284
Quarkflammeri 285
Quarkspeise mit Obst 286
Rote Grütze 308
Schichtdessert 324
Schokobananen am Spieß 335
Schokokuss-Schichtspeise 335
Schokoladenauflauf mit Aprikosen 336
Schokoladenpudding 337
Vanillecreme mit Schokoladensauce 398
Vanille-Kirsch-Speise mit Eierlikör 398

Cocktails, Bowlen und Drinks mit Alkohol

Altbierbowle 6
Ananasbowle 6
Bellini 24
Black Velvet 25
Bloody Mary 27
Blue Dream 27
Caipirinha 43
Campari-Orange 45
Champagner Fizz 46
Cosmopolitan 54
Cuba Libre 56
Daiquiri 58
Eierpunsch mit Arrak 64
Erdbeerbowle mit Schwips 70
Feeling Well 74
Feuerzangenbowle 77
Gin Fizz 113
Glühwein 114
Green Door 116
Kalte Ente 167
Kir Royal 190
Maibowle 214
Manhattan 219
Margarita 219
Martini 220
Mojito 236
Pina Colada 264
Planter's Punch 272
Sangria-Bowle 316
Sommerbowle 357
Swimming Pool 369
Tequila Sunrise 373
White Lady 410

Cocktails, Bowlen und Drinks ohne Alkohol

Apfelsaft-Cocktail 11
Daylight 60
Eisdrink „King Louis" 66
Erdbeerbowle ohne Alkohol 70
Exotika 71
Früchtebowle 88
Heidelbeer-Molke-Shake 138
Ipanema 147
Joghurtshake 157
Johannisbeer-Shake 157
Strawberry Flip 369
Tizian 378
Vanille-Kirsch-Drink 398
Waldfreude 408

Chutneys, Dips und Dressings

Aprikosen-Curry-Butter 11
Frischkäse-Pesto-Kugeln 87
Frühlings-Dip mit Kresse 89
Frühlingsdip mit Möhren und Kräutern 89
Frühlingsdip mit Zwiebeln und Petersilie . . . 89
Joghurt-Dressing 156
Kräuter-Vinaigrette 196
Kürbis-Chutney 196
Mango-Chutney 218
Mango-Salsa 218
Meerrettichsauce, scharfe 225
Olivensauce 252
Quarkdip 285
Relish, provenzialisch 296
Rouille 311
Safran-Fenchel-Butter 312
Schinken-Quark-Dip 328
Senfsauce, pikant 355
Teufelssauce 374
Texas-Salsa 374
Thousand-Island-Dressing 376
Tomatensauce provenzalisch 383
Tunfisch-Sardellen-Dip 392
Zigeunersauce 418
Zucchini-Honig-Dip 420

Partygerichte für Kinder

Apfel-Fleisch-Spießchen 10
Bananentoast 22
Brokkoli-Blumenkohl-Auflauf 38
Eierigel 64
Eisbergsalat „Alaska" 65
Eisdrink „King Louis" 66
Frühlingsgratin 90
Gemüsepfeile „Robin Hood" 105
Gespenstergrütze 112
Giraffencreme 113
Götterspeise, kunterbunt 115
Hähnchen im Gemüsebett 130
Häschensuppe 136
Hexentrunk 140
Hick-Hack-Pfanne 141
Johannisbeer-Shake 157
Kartoffel-Hack-Pizza 173
Kartoffel-Schinken-Tortilla 179
Kartoffel-Tomaten-Pizza 182
KiBa-Quark 190
Kohlrabi-Hack-Auflauf 192
Konfetti-Pizza 194
Mini-Pizzen 230
Musketier-Spieße 238
Nudelauflauf mit Würstchen 242
Nudelräder mit Tomatensauce 245
Nudelsalat mit Putenstreifen 246
Piratenspieße 264
Pizzagesichter 266
Quark-Erdbeer-Speise 285
Rolle-Rückwärts-Spieße 305
Sandwichtaschen mit vegetarischer Füllung 316
Schatzkartoffeln 322
Schinken-Käse-Brötchen 327
Schneckenpost 331
Schokobananen am Spieß 335
Schokoladenauflauf mit Aprikosen 336
Spaghetti mit schneller Bologneser Sauce . 358
Spanisches Rührei 361
Spätzle Schätzle 364
Sterntalersuppe 369
Tomaten-Gurken-Schiffchen 380
Würstchenspieße „Zwerg Nase" 414
Zimttoast mit Obstspießen 420

Pastagerichte

Auberginen à la Pasta 17
Bandnudeln auf Tomaten-Paprika-Ragout . . 23
Cannelloni mit Ricotta-Spinat-Füllung 46
Lasagne all' Arrabiata 208
Lasagne mit Gemüse 209
Nudelauflauf chinesischer Art 240
Nudelauflauf mit Garnelen und Schinken . . 241
Nudelauflauf mit Lachs-Sahne-Dill-Sauce . . 242
Nudelauflauf mit Würstchen 242
Nudelgratin mit Lamm 243
Nudeln vom Blech 244
Nudelräder mit Tomatensauce 245
Nudelsalat mit Fleischsalat 246
Nudelsalat mit Putenstreifen 246
Nudelspieße 247
Nudelvariationen 248
Paprikalasagne 256
Quark-Nudel-Auflauf 286
Ratatouille-Lasagne 289
Ravioliauflauf 292
Rotkohllasagne 310
Schmetterlingsnudel-Pfanne 329
Schupfnudeln mit Gartengemüse 339
Senfnudeln 354
Spaghetti mit schneller Bologneser Sauce . 358
Spaghettini mit bunten Linsen 359
Spaghettitorte mit Tomatensauce 360
Spätzle-Linsen-Salat 364
Spätzle Schätzle 364
Tomatenlasagne 381
Tortellini-Mangold-Auflauf 385
Tunfisch-Nudel-Salat 392
Vegetarische Bolognesesauce mit Spaghetti 399
Vollkornlasagne mit Pinienkernen 404

Schnelle Partygerichte

Apfel-Camembert-Toast 10
Bandnudeln auf Tomaten-Paprika-Ragout .. 23
Bratwurstpfanne 37
Brokkoli-Käse-Suppe 39
Brühwürste, gefüllt 41
Chicken Wings, mariniert 49
China-Suppe, scharfe 51
Chinesischer Reisnudelsalat 53
Curry-Ananas-Rahmsuppe 56
Dänischer Heringssalat 58
Erbseneintopf 69
Farmerkartoffeln 73
Feuertopf 76
Fisch mit Kruste 79
Flammküchle, schnelle 82
Frischkäse-Pesto-Kugeln 87
Garnelen-Limetten-Spieße 94
Gemüsetörtchen mit Ziegenkäse 109
Gurken-Joghurt-Salat 121
Gurkensuppe mit Joghurt 121
Hähnchen-Avocado-Salat 128
Indische Ofensuppe 146
Jägersuppe 154
Kaiser-Wilhelm-Kartoffelsuppe 160
Kartoffelauflauf 169
Kartoffelrösti, raffiniert belegt 174
Kartoffelsalat mit Pesto 177
Korsischer Tomatensalat 196
Lachskoteletts vom Grill 198
Lammgulasch 200
Leberkäsesalat 210
Maistopf 214
Mexikanischer Bohnen-Geflügel-Topf 228
Ofenkartoffeln mit Gemüse-Quark-Füllung . 250
Pfefferonen „italienisch" 258
Pfefferonen „mexikanisch" 258
Pfifferlings-Kartoffel-Gulasch 259
Pfundstopf 262
Präsidentensuppe 274
Radieschensalat mit Cocktailwürstchen ... 288
Radieschensalat mit Tunfisch 288
Reissalat 294
Röstiauflauf 307
Salsa-Suppe 314
Sauerkrautauflauf mit Quarkguss 317
Sauerkrautsuppe mit Croûtons 319
Schichtsalat mit Forellenfilets 326
Schmetterlingssteaks „Hawaii" 320
Schupfnudeln mit Gartengemüse 339
Schweinenackensteaks, mit Kräutern
und Malzbier gebeizt 346
Schweinesteaks in Zwiebel-Sahne-Sauce .. 352
Tandoori-Spieße 372
Teufelssalat 373
Tomatenlasagne 381
Tunfisch-Mais-Salat 391
Würfelbraten 414

Pizzen & Co.

Asiatische Hackfleischpizza 14
Gemüseecken mit Käsesauce 100
Gyros-Pizza 122
Hackfleischpizza 126
Hot-Chicken-Pizza 145
Kartoffel-Hack-Pizza 173
Kartoffel-Tomaten-Pizza 182
Konfetti-Pizza 194
Mett-Pizza 226
Mini-Pizzen 230
Pizzagesichter 266
Pizza-Grundrezept 268
Quiche mit Gemüse 287
Salami-Pfirsich-Pizza 312
Sauerkrautpizza 318
Texanische Pizza 375
Tomatenpizza mit Kräuterteig 382
Vollkorn-Sahne-Quiche vom Blech 406

Buffets

Mittelmeer-Party-Buffet 8
Reis-Party-Buffet 29
Halloween-Party-Buffet 43
Faschings-Party-Buffet 49
Vegetarisches Party-Buffet 54
Salat-Party-Buffet 60
Neujahrs-Party-Buffet 67
Winter-Party-Buffet 77
Löffel-Party-Buffet 87
Osterbrunch-Buffet 111
Partybuffet mit Gerichten aus dem Ofen .. 119
Hackfleisch-Party-Buffet 127
Grill-Party-Buffet 129
Balkon-Party-Buffet 133
70er-Jahre-Party-Buffet 155
Party-Buffet zum Herbstanfang 163
Mai-Party-Buffet 165
Länder-Party-Buffet 168
Hüttenabend-Party-Buffet 176
Schnelles Party-Buffet 200
Heimweh-Party-Buffet für Süddeutsche ... 210
Meeres-Party-Buffet 223
Fingerfood-Party-Buffet 230
Kinder-Party-Buffet 239
Nudel-Party-Buffet 249
Lunch-Party-Buffet 254
Mitbring-Party-Buffet 262
Strand-Party-Buffet 266
Pizza-Party-Buffet 269
Kleines Weinfest-Party-Buffet 275
Weihnachts-Party-Buffet 276
Einweihungs-Party-Buffet 298
Mittags-Familien-Party-Buffet 301
Cocktail-Party-Buffet 304
Tanz-Party-Buffet 321
Heimweh-Party-Buffet für Nordlichter 338
Nikolaus-Party-Buffet 340
Landhaus-Party-Buffet 345
Mittsommernachts-Party-Buffet 362
Picknick-Party-Buffet 366
Camper-Party-Buffet 370
Kartenspieleabend-Party-Buffet 389
WG-Party-Buffet 400
Schnitzel-Party-Buffet 409
Video-Party-Buffet 419

Umwelthinweis Dieses Buch und der Einband wurden auf chlorfrei gebleichtem Papier gedruckt. Die Einschrumpffolie – zum Schutz vor Verschmutzung – ist aus umweltfreundlichem und recyclingfähigem PE-Material.

Wenn Sie Anregungen, Vorschläge oder Fragen zu unseren Büchern haben, rufen Sie uns unter folgender Nummer an 05 21 155-25 80 oder 5206-45 oder schreiben Sie uns: Dr. Oetker Verlag KG, Am Bach 11, 33602 Bielefeld oder besuchen Sie uns im Internet unter www.oetker.de.

Redaktion Andrea Gloß, Ines Rascher

Innenfotos Thomas Diercks, Kai Boxhammer, Hamburg (S. 18, 19, 21, 22, 24-27, 30, 34, 36, 38, 41, 44, 46, 52, 59, 61, 64, 68, 80, 82, 83, 84, 86, 88, 89, 95, 97-101, 104-111, 114, 118, 120, 122, 127, 128, 135, 138-143, 146, 148-150, 152-154, 156-158, 161, 165, 166, 168, 169, 171, 173, 174, 180, 183, 185, 187, 191, 193, 196, 198, 199, 202, 213, 216, 222, 223, 231, 235, 237, 240-244, 246-248, 250, 251, 256, 261, 263, 265, 267, 271-274, 279, 282-284, 287, 288, 291, 294, 300, 302, 305, 309, 311, 313, 314, 317, 319, 320, 325, 332, 335, 336, 346, 352, 353, 356, 358, 364, 367, 376, 384, 386, 387, 388, 393, 397, 401, 402, 408, 415, 416, 419, 420)
Ulli Hartmann, Bielefeld (S. 7, 9, 10, 13, 15, 16, 17, 20, 23, 25, 39, 42, 47, 53, 65, 66, 69, 71-75, 79, 82, 85, 86, 90, 91, 93, 95, 96, 102, 103, 105, 109, 113, 117, 123, 126, 129-132, 134, 136, 147, 151, 158-160, 162, 170, 173, 178, 179, 181, 186, 190, 194, 200, 202, 203, 205, 206, 208, 212, 217, 219, 220, 225, 232, 233, 238, 239, 245, 252, 257, 258, 259, 261, 263, 274, 278, 280, 281, 283, 293, 295, 296, 299, 302, 305, 308, 315, 316, 322, 323, 326, 328, 329, 331, 333-335, 337, 339, 341, 343, 347-350, 365, 368, 371, 372, 374, 380, 381, 383, 392, 404, 407, 410, 412, 415, 418, 422)
Hans-Joachim Schmidt, Hamburg (S. 14, 31, 32, 45, 56, 58, 78, 92, 112, 115, 121, 124, 125, 137, 145, 167, 188, 192, 195, 204, 209, 221, 226, 229, 236, 251, 253, 264, 268, 272, 277, 291, 292, 297, 307, 312, 318, 324, 339, 342, 344, 355, 365, 373, 375, 382, 385, 411, 417)
Brigitte Wegner, Bielefeld (S. 28, 35, 37, 48, 50, 51, 55, 57, 88, 94, 107, 156, 162, 183, 189, 211, 214, 234, 247, 255, 256, 285, 296, 310, 354, 373, 396, 406, 413, 414, 423)
Norbert Toelle, Bielefeld (S. 6, 33, 40, 43, 47, 48, 64, 79, 112, 115, 119, 141, 177, 211, 217, 212, 227, 260, 264, 285, 295, 303, 311, 327, 351, 380, 395, 405)
Axel Struwe, Bielefeld (S. 12, 35, 54, 74, 116, 123, 144, 147, 187, 197, 198, 218, 289, 299, 306, 378, 379, 391, 403, 408, 425)
Bernd Lippert (S. 20, 195, 201, 207, 228, 290, 292, 315, 330, 361, 363, 377, 389, 390)
Ulrich Kopp, Sindelfingen (S. 31, 51, 56, 73, 76, 215, 330, 374, 392, 398)
Antje Plewinski, Berlin, (S. 91, 172, 175, 177, 184, 363, 399)
Bela Hoche, Hamburg (S. 27, 60, 70, 71, 190, 316, 369)
Christiane Pries, Borgholzhausen (S. 62, 63, 255, 286)
Kramp & Gölling, Hamburg, (S. 320, 357, 421)
Teubner Foodfotos, Füssen (S. 81, 424)
Walter Cimbal, Hamburg (S. 359)
Studio Büttner, Bielefeld (S. 214)
Herbert Maas, Hamburg (S. 182)

Rezeptberatung Anke Rabeler, Berlin
Mechthild Plogmaker, Bielefeld, Dr. Oetker Versuchsküche

Nährwertberechnungen Nutri Service, Hennef

Grafisches Konzept, kontur:design, Bielefeld
Titelgestaltung kontur:design, Bielefeld

Reproduktionen und Satz Mohn media Mohndruck GmbH, Gütersloh
Druck und Bindung Appl Druck, Wemding

ISBN-10: 3-7670-0568-9
ISBN-13: 978-3-7670-0568-6